革命文献与民国时期文献
保护计划

成 果

国家图书馆 编

民国时期
图书总目

经　济

（二）

国家图书馆出版社

农业经济

05428

国防与农业　董时进著

重庆：商务印书馆，1944.7，158 页，32 开（复兴丛书）

重庆：商务印书馆，1945.10，再版，158 页，32 开（复兴丛书）

上海：商务印书馆，1945.12，158 页，32 开（复兴丛书）

上海：商务印书馆，1947.3，再版，158 页，32 开（新中学文库）（复兴丛书）

　　本书共 16 章，内容包括：经济合作与农业、发展畜牧、发展森林、水土保持与利用问题、土地及佃农问题等。

　　收藏单位：安徽馆、长春馆、重庆馆、东北师大馆、广东馆、广西馆、国家馆、河南馆、黑龙江馆、湖南馆、吉大馆、江西馆、辽大馆、辽东学院馆、辽宁馆、柳州馆、南京馆、内蒙古馆、宁夏馆、上海馆、首都馆、天津馆、浙江馆

05429

农民问题研究　（日）河西太一郎著　周亚屏译

上海：民智书局，1927，262 页，32 开

上海：民智书局，1928，再版，262 页，25 开

　　本书共 3 编：农业问题底基础的考察、农业理论及农业政策底研究、农民运动。

　　收藏单位：安徽馆、重庆馆、广东馆、广西馆、贵州馆、桂林馆、国家馆、河南馆、湖南馆、吉大馆、吉林馆、南京馆、内蒙古馆、上海馆、首都馆、西南大学馆、浙江馆

05430

农业经济概论　梁庆椿主编　中国农民银行汉译社会科学百科全书译辑委员会编译

重庆：正中书局，1944.6，20+77 页，32 开（汉译社会科学百科全书 农业篇1）

上海：正中书局，1946.2，20+77 页，32 开（汉译社会科学百科全书 农业篇1）

上海：正中书局，1947.12，3 版，20+77 页，32 开（汉译社会科学百科全书 农业篇1）

上海：正中书局，1948.2，5 版，20+77 页，32 开（汉译社会科学百科全书 农业篇1）

　　本书共两部分：农业经济学导论、农业。收录《美国之农业经济学》（努尔斯著，李惟峨译）、《欧洲之农业经济学》（霍布生著，李惟峨译）、《原始农业》（惟斯勒著，姚炯章译）、《上古及中世纪农业》（格拉斯著，储瑞棠译）、《英国之农业革命》（爱因尔著，李惟峨译）、《近代欧洲农业》（斯卡尔怀特著，曹锡光译）等论文。

　　收藏单位：安徽馆、重庆馆、广东馆、国家馆、湖南馆、近代史所、辽大馆、南京馆、天津馆、浙江馆

05431

农业经济论丛　张农　翟克编

[广州]：国立中山大学农学院推广部，1934.11，286 页，16 开（农声汇刊1）

　　本书收文 37 篇。分 7 部分，内容包括：农村经济之部、农村社会之部、农业合作及金融之部、农业土地问题之部、粮食问题之部等。

　　收藏单位：南京馆

05432

农业论丛（初集）　宋希庠著

南京：农业周报社，1934.10，138 页，22 开

　　本书收文 50 篇，内容包括：《专家与农业》《崇农与劝农》《研究与试验》《解放农村妇女》《春耕与农政》等。分 5 类：通论类、农政类、经济类、教育类、杂税类。

　　收藏单位：重庆馆、国家馆、南京馆、上海馆

05433

农业问题讨论大纲　唐启宇等提请　宋炳炎等记

中央政治学校，1933，1 册，32 开

收藏单位：南京馆

05434

协大农经资料（第 1 卷 第 1 号） 福建协和大学农业经济系资料室编

福建协和大学农业经济系资料室，1944 印，油印本，1 册，16 开

本书内容包括：邵武战时简易生活费指数编制说明、邵武战时简易生活费指数、邵武每家每月最低生活费等。

收藏单位：福建馆

农业经济理论

05435

地积计算表 金文琦著

金文琦，1933.8，40 页，32 开

本书共 3 章：用法、原理、制表。

收藏单位：广东馆、国家馆

05436

地价概论 廖仲衡讲

重庆市地政人员训练班，[1944.1]，1 册，18 开

本书共 5 章：价值和价格的意义、地价发生的由来、土地收益与地价的关系、查估地价的方法、我国土地法中的土地税。附《土地税》全文。目录页题名：地价概论讲义。

收藏单位：广西馆

05437

地租论 （日）鹫野隼太郎著 史文忠译

南京：县市行政讲习所，1937.3，144 页，22 开（县政丛书）

本书共 3 章：李嘉图地租论的说明、李嘉图地租论批评、李嘉图的地租学说与土地国有化运动。附《经济学的 Rent》（尼可尔逊）、《地租》（菲利维奇）。本书原名：李嘉图的地租论。

收藏单位：安徽、国家馆、河南馆、湖南馆、浙江馆

05438

地租论 （苏）拉比杜斯（I. Lapidus）著 王纯一译

上海：南强书局，1930.7，149 页，32 开

本书共 3 章：资本主义经济中的地租、资本主义以前的地租形式、苏联经济中的地租问题。附苏联经济中农民分化过程的特征、伊里几的地租论。

收藏单位：重庆馆、国家馆、辽大馆、南京馆、内蒙古馆、上海馆

05439

地租论 郑学稼著

上海：黎明书局，1932.12，24+240 页，22 开

本书共 11 章，内容包括：地租意义之一般的解释、等差地租第一形态、变剩余利润为地租、绝对地租、资本主义地租之史的发展等。附地租思想之史的发展、论报酬递减律。

收藏单位：安徽馆、重庆馆、贵州馆、桂林馆、国家馆、河南馆、湖南馆、吉大馆、江西馆、辽大馆、南京馆、内蒙古馆、上海馆、首都馆、西南大学馆、浙江馆、中科图

05440

地租思想史 （日）高畠素之著 王亚南译

上海：神州国光社，1931.6，15+217 页，22 开

本书共 8 章，内容包括：重农学派的地租观、亚丹斯密的地租观、里嘉图的地租学说、地租论与土地改革运动等。

收藏单位：重庆馆、广西馆、国家馆、湖南馆、近代史所、辽大馆、南京馆、山西馆、上海馆、天津馆、浙江馆

05441

地租思想史 （日）高畠素之著 夏维海 胡一贯译

新使命出版社，1930，283 页，32 开

收藏单位：重庆馆、东北师大馆、河南馆、吉林馆、南京馆、浙江馆

05442

佃农纳租平议 （美）卜凯（John Lossing Buck）乔启明著

出版者不详，1928.12，10页，23开（金陵大学农学院农林丛刊46）

出版者不详，1934，再版，10页，23开（金陵大学农学院农林丛刊47）

　　本书共两部分：导言、本篇研究之范围。

05443

高级农业职业学校林政学 曾济宽编著 国立编译馆主编

上海：正中书局，1947，135页，32开

　　收藏单位：国家馆、南京馆

05444

各国合作农场制度 阮模编著

台湾省合作事业管理委员会合作农场指导室，1947.11，25页，32开（合作农场指导丛刊9）

　　收藏单位：南京馆

05445

合作概论讲义

西康省地方行政干部训练团，[1935—1949]翻印，53页，32开

　　本书共3编：总论、乡村合作组织的一般问题、合作法规。附合作社法、合作社法实行细则、划一合作社名称说明书、社员信用程度评定规程、合作社应用表式。封面题名：合作概论。

　　收藏单位：重庆馆

05446

合作讲义 于树德著

南京：中国合作学社，1934.6，130页，32开

南京：中国合作学社，1935.4，再版，130页，32开

　　本书共6编：农村合作社是什么、农民合作概论、信用合作社讲义、贩卖合作社讲义、利用合作社讲义、农仓合作社讲义。

　　收藏单位：安徽馆、长春馆、重庆馆、贵州馆、国家馆、吉林馆、江西馆、辽大馆、南京馆、内蒙古馆、上海馆、首都馆、浙江馆

05447

合作农仓概要 江西省地方行政干部训练团编

江西省地方行政干部训练团，1940.8，70页，36开（分组训练教材75）

　　本书共10部分，内容包括：农仓的意义、农仓的效能、农仓的业务、联合农仓、农仓必须由合作经营等。

　　收藏单位：重庆馆、国家馆

05448

合作农场手册 农林部农村经济司编

南京：农林部农村经济司，1948.3，50页，32开

　　本书共5部分：合作农场之意义、合作农场组织程序、合作农场之业务经营与劳动管理、我国合作农场事业之过去与现在推行概况、附录。

　　收藏单位：重庆馆、国家馆、吉林馆、南京馆、首都馆、浙江馆

05449

合作农场须知 台湾省行政长官公署民政处合作事业管理委员会编

[台湾省行政长官公署民政处合作事业管理委员会]，1947.1，87页

　　本书共3章：绪论、合作农场的组织、合作农场的经营。

　　收藏单位：近代史所、南京馆

05450

合作农场业务 阮模编著

台湾省合作事业管理局委员会合作农场指导室，1947.11，22页，32开（合作农场指导委员丛书4）

　　收藏单位：南京馆

05451

合作农场与农村工业化 王培树编

重庆：联友出版社，1948，40页，32开

　　本书分6章论述合作农场的意义与特质、

在我国推行之必要与可能，及农村工业化问题、合作农场与农村工业化等。

收藏单位：重庆馆

05452
合作农场之计划 常宗会著
上海：世界书局，[1928—1949]，60页，32开

收藏单位：南京馆

05453
合作农场之理论与实际 鲁昌文著
农林部辅导重庆南岸合作农场办事处，1941.12，76页，32开（合作农场丛刊2）

本书共4部分：引言、合作经营之方法、利益分配计算法、各国合作农场实况。

收藏单位：重庆馆、广东馆、南京馆、首都馆

05454
合作社初步训练讲本（第1册） 张文放 李泰来原著 海雨原增订
北平：平教会，1934.12，石印本，68页，25开

本书以问答形式介绍农村合作社。平教会即中华平民教育促进会。封面题名：合作社初步练习讲本（第1册）。

05455
合作须知 华北农业合作事业委员会编
华北农业合作事业委员会，1937，106页，50开

本书共10部分：农业合作浅说、信用合作、供给及消费合作、生产合作、运销合作、公用合作、联合社大意、农仓经营、合作社组织步骤、信用合作经营。

收藏单位：南京馆、陕西馆、上海馆、首都馆、浙江馆

05456
合作须知 新民合作社中央会编辑股编辑
北京：[新民合作社中央会]，1939.8，60页，32开（新民合作社中央会丛刊 第1类）（合作丛书）

北京：[新民合作社中央会]，1940.9，3版，60页，32开（新民合作社中央会丛刊 第1类）（合作丛书）

收藏单位：国家馆

05457
合作运动与农村经济之改造 袁家海著 湖南省建设厅合作事业设计委员会编
湖南省建设厅合作事业设计委员会，[1932]，5页，32开，环筒页装

本书介绍各种合作制度与农村经济的关系。

收藏单位：国家馆

05458
简易合作农场之计划 常宗会著
农林部河北垦业农场，[1928—1949]，6页，32开

本书介绍开办经营小型合作农场的步骤。

收藏单位：吉林馆、南京馆

05459
近代农村经济的趋向 [（德）考茨基（Karl Johann Kautsky）著] 宗华译
国立中央研究院社会科学研究所，1931，115页，22开（国立中央研究院社会科学研究所农村经济参考资料3）

本书共两部分：资本主义的农村经济、资本主义农村经济发展过程中的农民。据《土地问题：近代农业的趋向及社会民主党的农村政策》第5、8章节译。

收藏单位：重庆馆、广西馆、国家馆、吉林馆、辽宁馆、南京馆、浙江馆

05460
经济农场经营法 胡宏基著
胡宏基[发行者]，1945.7，146页，32开

本书分前、后两编。前编共6章，内容包括：经营经济农场之目的、经济农场之经济手段、经济农场之土地、经济农场之劳力与组织等；后编共6章，内容包括：观赏植物栽培之技术、栽培花卉重要之技术、牛羊经营之技术等。

收藏单位：国家馆

05461
垦荒与合作 冯紫岗著
[重庆]：黎明书店，1939，90页，32开（合作运动丛刊）
重庆：黎明书店，1940，92页，32开（合作运动丛刊）

本书共9章，内容包括：垦荒之重要性、垦殖政策与合作、垦务经营与合作、合作经营举例、垦荒合作之种类等。

收藏单位：安徽馆、重庆馆、广东馆、国家馆、吉林馆、南京馆、宁夏馆

05462
垦殖方法论 施珍著 江西省地方行政干部训练团编
江西省地方行政干部训练团，1941，148页，32开

本书共6章，内容包括：垦殖概念、荒地调查、垦民选择、垦殖经营之制度、农事管理等。附非常时期难民移垦条例等15种。

收藏单位：重庆馆

05463
垦殖概论 施珍著
中央训练委员会，1942，92页，32开

本书共7章：垦殖之概念、荒地调查问题、垦民选择问题、垦殖经营之制度问题、垦殖经营之农事问题、垦殖经营之管理问题、我国垦殖事业概况。

收藏单位：重庆馆、广东馆、贵州馆、国家馆、湖南馆、江西馆、南京馆、浙江馆

05464
垦殖浅说 蒋荫松编
重庆：正中书局，1940.3，75页，32开（特教丛刊3）

本书共7章：垦殖概说、垦殖的步骤、垦荒的农具、垦荒的方法、新垦地的运用和管理、垦民的组织、垦殖实验设计。

收藏单位：重庆馆、广东馆、贵州馆、国家馆、吉大馆、吉林馆、江西馆、南京馆、

内蒙古馆、宁夏馆、浙江馆

05465
垦殖学 舒联莹编著
上海：中国文化服务社，1948.4，10+351页，32开（青年文库）

本书分上、中、下3编：垦殖概观、垦殖程序、垦殖技术。上编共8章，内容包括：垦殖之功用、垦殖之内涵及分类、中国垦殖史等；中编共10章，内容包括：垦殖机关之组织、垦区调查、垦区清丈等；下编共6章，内容包括：垦殖方法、垦区与农具、垦区与旱农等。

收藏单位：重庆馆、大庆馆、国家馆、南京馆、上海馆、天津馆、浙江馆

05466
垦殖学 唐启宇著
上海：商务印书馆，1936.10，292页，22开
重庆：商务印书馆，1944.4，316页，25开

本书共13章，内容包括：垦策、垦制、垦民、垦地、垦果等。附关于移垦章则者、关于国营农场者等。

收藏单位：重庆馆、广东馆、贵州馆、国家馆、湖南馆、南京馆、上海馆、天津馆、浙江馆

05467
利用合作经营论 吴藻溪著
重庆：农村科学出版社，1940.6，40页，32开（农村合作丛书）

本书共9章：利用合作的意义、土地利用合作社、农业机械利用合作社、耕畜利用合作社、汽车利用合作社、电气利用合作社、医疗利用合作社、建筑利用合作社、生活改善利用合作社。

收藏单位：安徽馆、重庆馆、广东馆、国家馆、吉林馆、南京馆、上海馆

05468
利用合作经营要论 秦亦文 尹树生著
邹平（滨州）：乡村书店，1937.5，292页，32开

本书共 7 章：利用合作的性质、利用合作事业的种类、利用合作与农村、各国利用合作运动概况、利用合作经营要项、产业的利用合作事业的经营、生计的利用合作事业的经营。

收藏单位：重庆馆、国家馆、吉林馆、江西馆、南京馆、天津馆、浙江馆

05469

利用合作提要　童玉民著

上海：新学会社，1929.7，74 页，32 开（合作丛书 3）

本书共 11 章：利用合作社之意义、利用合作社之种类及其性质、产业的利用合作社之必要、经济的利用合作社之必要、事业之种类及业务、成功之要件、理事之心得、事业之经营、耕地利用合作社、工厂利用合作社、住宅合作社。

收藏单位：国家馆、江西馆、南京馆、陕西馆

05470

利用合作总论　李安陆著

中国合作文化协社，1941，208 页，32 开

本书共两章：利用合作的特性，利用合作的本质。附三民主义国家之合作制度、由土地私有制的弊害谈到平均地权的实行、从利用合作谈到中国合作问题等。

收藏单位：重庆馆、贵州馆、国家馆、吉大馆、江西馆、南京馆

05471

林业经济学　曾济宽编

上海：新学会社，1927.1，247 页，25 开

上海：新学会社，1933.1，再版，247 页，25 开

本书为农业专门学校高级林业用书。分两编：绪论、林业经济论。

收藏单位：安徽馆、重庆馆、广东馆、广西馆、贵州馆、国家馆、南京馆

05472

林政学　（日）川濑原著　李英贤编译

上海：新学会社，1929.4，再版，321 页，25 开

上海：新学会社，1931.9，3 版，12+321 页，22 开

本书共 3 编：森林经济论、森林所有论、森林政务论。

收藏单位：国家馆、湖南馆、江西馆、南京馆、上海馆

05473

林政学　贾成章编述

北平：国立北平大学农学院，1936，石印本，1 册，16 开，环筒页装

收藏单位：首都馆

05474

林政学　曾济宽编著　国立编译馆主编

上海：正中书局，1948.10，2 版，135 页，32 开

本书为高级农业职业学校用书。共 8 章：总论、森林之效用、保安林、世界各国之林业政策、森林业权、森林警察、林业教育、木业经济。

收藏单位：上海馆

05475

棉业论（上卷）　工商部编纂科编

工商部编纂科，1913.9，260 页，22 开（基本产业论 1）

本书共 7 章，内容包括：棉业之起源、棉之种类、植棉方法、棉花之纤维、世界棉花之生产消费状况等。

收藏单位：重庆馆、国家馆、辽宁馆、首都馆、浙江馆

05476

农仓经营概要　王一蛟著

桂林：国防书店，1942，84 页，25 开

本书共 15 章，内容包括：农仓之意义与性质、农仓法规、农仓之筹设、农仓之建筑、农仓之组织、农仓之经营、中国农民银行农仓事业概况等。附农仓业法、农仓业法施行条例、非常时期简易农仓暂行办法。

收藏单位：重庆馆、广东馆、南京馆

05477

农仓经营概要　新民合作社中央会编辑股编

北京：新民印书局，1939.8，9页，32开（新民合作社中央会丛刊第1类）（合作丛书16）

　　本书共4章：中国原有之仓储制度、农业仓库概述、农业仓库之经营、农业仓库之业务。

　　收藏单位：国家馆

05478

农仓经营论　（日）井上龟五郎原著　欧阳瀚存译述

上海：商务印书馆，1935.1，23+637页，22开，精装（经济丛书）

　　本书共5编：绪论、农仓法规、农业仓库之经营、农业仓库之资料、农业仓库之实务。附日本农业仓库业法、日本农业仓库业法施行规则、社仓事目、中国农仓法草案。

　　收藏单位：安徽馆、重庆馆、广西馆、贵州馆、国家馆、湖南馆、江西馆、辽大馆、辽宁馆、南京馆、内蒙古馆、山西馆、上海馆、天津馆、西交大馆、西南大学馆、浙江馆、中科图

05479

农场簿记　罗大凡著

上海：中华书局，1936，144页，32开

上海：中华书局，1937.2，再版，144页，32开

上海：中华书局，1940.9，3版，144页，32开

　　本书为大学本科及专科学校教材。共9章：簿记之根本观念、复式簿记原理、帐簿及记帐法、试算表、决算、特种原始簿、各种辅助簿、单式簿记、簿记规则。

　　收藏单位：安徽馆、重庆馆、贵州馆、国家馆、黑龙江馆、湖南馆、江西馆、辽大馆、辽宁馆、南京馆、内蒙古馆、上海馆、首都馆、浙江馆

05480

农场管理　褚黎照编

上海：中华书局，1930.10，22页，32开（民众农业丛书9）

上海：中华书局，1932.9，再版，22页，36开

　　本书内容包括：农场管理、经营计划、劳力分配和监督、农产物贩卖等。

　　收藏单位：重庆馆、湖南馆、江西馆、山西馆、上海馆

05481

农场管理　杨开道著

上海：商务印书馆，1929.10，97页，32开（万有文库第1集598）（农学小丛书）

上海：商务印书馆，1933，97页，32开（农学小丛书）

上海：商务印书馆，1934，再版，97页，32开（万有文库第1集598）（农学小丛书）

上海：商务印书馆，1934，3版，97页，32开（农学小丛书）

上海：商务印书馆，1935.4，4版，97页，32开（农学小丛书）

上海：商务印书馆，1935，5版，97页，32开（农学小丛书）

上海：商务印书馆，1939.12，97页，25开（万有文库 第1、2集简编500种238）（农学小丛书）

上海：商务印书馆，1947.9，8版，97页，36开（农学小丛书）

　　本书共11章，内容包括：择业、择农、农业资本、农业土地、农具及农业材料、农场之选购、农产之销售、农家账目等。

　　收藏单位：安徽馆、长春馆、重庆馆、大连馆、东北师大馆、广东馆、广西馆、贵州馆、国家馆、黑龙江馆、湖南馆、吉大馆、江西馆、辽大馆、辽师大馆、柳州馆、南京馆、内蒙古馆、宁夏馆、上海馆、天津馆、浙江馆

05482

农场管理学　杨开道编

上海：商务印书馆，1933.9，175页，32开

长沙：商务印书馆，1938.9，5版，175页，32开

上海：商务印书馆，1947.6，6版，175页，32开

上海：商务印书馆，1948.1，7版，175页，32开

本书为高级农业学校教科书。共11章，内容包括：农场主人、大农制与小农制、农场单位、农作制度、农业资本、农业土地、农工和动力、农具和材料、农产的销售等。

收藏单位：安徽馆、广东馆、广西馆、国家馆、江西馆、辽宁馆、南京馆、内蒙古馆、上海馆、天津馆、浙江馆

05483

农场经营须知　邹序儒　伍忠道编

重庆：商务印书馆，1944.12，41页，32开（内政丛书）（地方自治业务参考丛刊11）

本书介绍农场中的农业管理知识。共16部分，内容包括：农场之种类、农场作物种类、品种与种子、作物之栽培、播种方法、病虫害之防除、施肥、农产制造、农具等。

收藏单位：重庆馆、广西馆、贵州馆、国家馆、吉林馆、南京馆

05484

农场经营指导人员工作须知

出版者不详，[1928—1949]，油印本，53页，16开

本书共7部分，内容包括：农场经营指导的意义、农场经营指导的原则、农场经营指导的进行程序、农场经营指导的准备工作、工作检讨与改进等。

收藏单位：国家馆

05485

农村合作　董时进著

北平：国立北平大学农学院经济系，1931.4，234页，22开（国立北平大学农学院丛书第1种）

本书共3编：概论、合作之种类、合作运动发展状况。附中国华洋义赈救灾总会之信用合作社模范章程等24种。

收藏单位：安徽馆、长春馆、重庆馆、广东馆、贵州馆、国家馆、辽大馆、辽宁馆、

南京馆、内蒙古馆、天津馆、浙江馆

05486

农村合作　侯哲安著

上海：黎明书局，1937.2，284页，32开

本书分8章概述农村合作的意义、组织，农村购买、贩卖、利用、信用合作的职能及中国农村合作运动情况。附合作法规及参考章则等。著者原题：侯哲荄。

收藏单位：安徽馆、重庆馆、广西馆、国家馆、湖南馆、首都馆、浙江馆

05487

农村合作　[侯哲安著]

[南昌]：文化书店，[1928—1949]，108页，32开（扫荡丛书8）

收藏单位：重庆馆、东北师大馆、广东馆、南京馆

05488

农村合作　江西省政府教育厅编

出版者不详，[1928—1949]，58页，32开

本书为江西省义务教育师范资训练教材。

收藏单位：南京馆

05489

农村合作　王慧民著

上海：大华书局，1933，310页，25开

上海：大华书局，1935.6，310页，25开

本书共8篇：引论、合作社之意义及其分类、农村信用合作、农村利用合作、农村购买合作、农村运销合作、合作社的组织系统与联合制度、农村合作运动应有的趋向。附中华民国合作社法、组织农村合作社的方法与步骤等。

收藏单位：重庆馆、广西馆、国家馆、河南馆、湖南馆、吉林馆、近代史所、南京馆、内蒙古馆、宁夏馆

05490

农村合作　尹树生讲述　陕西省训练团编

陕西省训练团，1942，54页，36开

本书内容包括：合作与合作社、合作社之

特质、合作社之效用、组社之步骤等。

收藏单位：重庆馆

05491

农村合作

出版者不详，[1928—1949]，138 页，32 开

本书共 4 编：信用合作、信用合作附录、消费合作、生产合作。

05492

农村合作大纲 杨觉天著

中央训练团印刷所，1942.1，236 页，32 开

本书概述世界合作运动，合作社之组织与财政，农村的信用合作、产运销合作、购买合作、保险合作，及丹麦与中国的农村合作等。附合作社法、合作金库规程、县各级合作社组织大纲、参考书目。

收藏单位：重庆馆、广东馆、国家馆

05493

农村合作概论 周国才著

江西省全省农村合作社供运业务代办处，[1913—1949]，[76] 页，22 开

本书共 4 章：农村合作运动、农村合作社组织法、农村合作社经营法、结论。

收藏单位：江西馆

05494

农村合作概要 河南省政府编

[河南省政府]，1935.12，312 页，32 开（河南省乡村师资训练所讲义）

本书共两编：绪论、本论。"绪论"共 5 章，内容包括：农村合作的概念、农村信用合作、农村供给合作等；"本论"分 9 章论述组织农村合作社的方法与步骤及社员、社股等。

收藏单位：河南馆

05495

农村合作讲演录 江西省政府秘书处编

江西省政府秘书处，1932.10，40 页，大 64 开

收藏单位：江西馆

05496

农村合作浅说 河北省农矿厅编

出版者不详，[1928—1949]，14 页，32 开

收藏单位：南京馆

05497

农村合作社簿记讲义

出版者不详，[1928—1949]，32 页，64 开

本书分 9 章介绍农村合作社的记帐方法。

封面题名：合作社簿记。

收藏单位：重庆馆

05498

农村合作社的办法 张天放著

北平：中华平民教育促进会，1932.12，26 页，50 开（平民读物 140）

北平：中华平民教育促进会，1933，26 页，50 开（平民读物 140）

本书以问答形式介绍怎么成立农村合作社及要注意哪些问题。

收藏单位：国家馆、浙江馆

05499

农村合作社的意义 李泰来著

[北平]：中华平民教育促进会，1932，22 页，50 开（平民读物 139）

收藏单位：国家馆

05500

农村合作社讲义 许叔矶编著

[北平]：国立北平大学农学院，1934，石印本，138+13 页，18 开，环筒页装

本书分 17 章介绍合作社的定义、性质、种类等。附农村合作社暂行规则。

收藏单位：重庆馆

05501

农村合作社设施法 梁子美编

济南：山东省立民众教育馆出版部，1931.12，60 页，32 开（社会常识丛书 2）

本书分 5 章概述农村合作社的性质、功用及组织法，并收录山东省合作社暂行章程、乡村信用无限合作社模范章程等。

收藏单位：重庆馆、国家馆、首都馆

05502

农村合作社是什么?　湖北省农村合作委员会编

湖北省农村合作委员会，[1928—1949]，16页，36开

　　本书介绍合作社的意义、原则、特性、效用、组织以及使命等。

　　收藏单位：重庆馆、广东馆、南京馆

05503

农村合作事业讲话　徐侠成编

江西省民众干部训练所，1937.3，240页，25开（干部训练教材）

　　本书共10讲：农村合作概论、农村信用合作、农村供给合作、农村生产合作、农村运销合作、农村消费合作、农村公用合作、农村保险合作、农村合作社的联合及兼营、合作农仓。

　　收藏单位：江西馆

05504

农村合作研究初步　李任之编著

李任之，1937，139页，32开

　　收藏单位：首都馆

05505

农村合作运动　侯哲安著

上海：黎明书局，1931.10，210页，32开

上海：黎明书局，1932.12，再版，210页，32开

上海：黎明书局，1934.9，3版，210页，32开

上海：黎明书局，1941，210页，32开

　　本书共8章，内容包括：农村合作的意义、农村合作的组织及其事业、农村购买合作、农村利用合作、中国之农村合作运动等。附农村合作法规、各种农村合作社参考章程。著者原题：侯哲葊。

　　收藏单位：安徽馆、重庆馆、广东馆、广西馆、国家馆、河南馆、湖南馆、吉大馆、吉林馆、江西馆、南京馆、内蒙古馆、山西馆、上海馆、首都馆、浙江馆

05506

农村经济　（日）清水长乡著　张佳玖译

番禺县农业技术班，1934，210页，23开

　　本书论述农业经营、农地、农村金融、自耕农、佃耕农等问题。

　　收藏单位：重庆馆、内蒙古馆

05507

农村经济　（日）清水长乡著　张佳玖译

上海：商务印书馆，1935.6，213页，22开，精装（经济丛书）

上海：商务印书馆，1936，再版，213页，22开，精装（经济丛书）

　　本书共6编：总论、农业经营、农地问题、农村金融、自耕农问题、佃耕农问题。

　　收藏单位：重庆馆、广东馆、广西馆、贵州馆、国家馆、湖南馆、吉林馆、江西馆、辽大馆、南京馆、内蒙古馆、山西馆、浙江馆

05508

农村经济　唐启宇　宋希庠著

上海：世界书局，1931.6，133页，32开（农村生活丛书）

上海：世界书局，1932.11，再版，133页，32开

上海：世界书局，1934，3版，133页，32开（农村生活丛书）

上海：世界书局，1934.9，4版，133页，32开（农村生活丛书）

上海：世界书局，1935.3，5版，133页，32开（农村生活丛书）

　　本书共11章，内容包括：农村经济的意义及性质、农业生产与土地利用、农业生产与劳力及资本、农场的经营、运输与贩卖等。

　　收藏单位：安徽馆、重庆馆、广东馆、广西馆、国家馆、河南馆、湖南馆、吉林馆、江西馆、近代史所、南京馆、宁夏馆、陕西馆、上海馆、首都馆、武大馆、浙江馆

05509

农村经济　朱剑农编

上海：中华书局，1948，123页，32开（中华

文库 民众教育 第 1 集）

本书共 7 章：绪论、农村土地问题、农村劳动形态、农村金融、农产运销与商业资本、农村生产者的负担及生活状况、农村经济危机与其解决的途径。

收藏单位：安徽馆、重庆馆、桂林馆、国家馆、上海馆

05510

农村经济底基本知识　许涤新著

大连：光华书店，1948，209 页，32 开（社会科学丛书）

本书共 7 章：封建社会底农业生产关系、农业中资本主义发展底特殊法则、农业经营中的土地所有问题、农业经营中的劳动问题和资本问题、殖民地农村经济底特质、资本主义社会底农业恐慌、农业改良政策和苏联底农业革命。附近代中国地租概况、抗战中中国大后方土地关系的变化、中国土地法大纲。

收藏单位：国家馆、吉大馆、辽宁馆、山东馆、天津馆

05511

农村经济底基本知识　薛暮桥著

上海：新知书店，1936.12，141 页，32 开（新知丛书 5）

上海：新知书店，1937.1，141 页，32 开

上海：新知书店，1937.5，再版，141 页，32 开

上海：新知书店，1939，3 版，154 页，32 开

上海：新知书店，1946，154 页，32 开（新知丛书 5）

上海：新知书店，1947，再版，154 页，32 开（新知丛书 5）

上海：新知书店，1948，再版，209 页，32 开（社会科学丛书）

本书内容同《农村经济底基本知识》（许涤新）。

收藏单位：重庆馆、东北师大馆、广东馆、广西馆、贵州馆、国家馆、黑龙江馆、湖南馆、江西馆、辽大馆、南京馆、内蒙古馆、山西馆、上海馆、首都馆、西南大学馆

05512

农村经济概论　陈醉云编

上海：中华书局，1936.1，170 页，32 开（中华百科丛书）

上海：中华书局，1941.2，3 版，170 页，32 开（中华百科丛书）

本书共 11 章，内容包括：农用土地、劳力与资源、农村金融、中国固有的合会制度、农业合作、农业种类、农业计画、水利设施、救荒设备等。

收藏单位：安徽馆、重庆馆、广东馆、广西馆、国家馆、黑龙江馆、吉林馆、江西馆、辽大馆、辽宁馆、南京馆、内蒙古馆、上海馆、首都馆、天津馆、浙江馆

05513

农村经济及合作　陈位烨编

福州：教育图书出版社，1946.8，3 版，118 页，25 开

福州：教育图书出版社，1947，修订 4 版，137 页，32 开

福州：教育图书出版社，1947.8，修订 5 版，137 页，25 开

本书适用于各级师范学校。分 13 章论述农村经济中的土地、资本、劳力、农场管理及农村合作的种类、业务、组织、经营、联合等问题。

收藏单位：福建馆、广西馆、浙江馆

05514

农村经济及合作　陈位烨编著

沙师消费合作社，1941，197 页，32 开

收藏单位：福建馆

05515

农村经济及合作　冯和法编著

浙江省教育厅，1937.8，92 页，32 开（民众教育辅导丛书）

本书共 7 章，内容包括：土地问题、农产市场、农业金融、农业劳动、农村合作等。编著者原题：冯静远。

收藏单位：重庆馆、广东馆、贵州馆、国家馆、湖南馆、江西馆、武大馆、浙江馆

05516

农村经济及合作　孙天泰著

国立西北师范学院附设中心国民学校教员函授学校，1946.11，78页，25开

本书共两编：农村经济、农村合作。附合作社法、合作社法施行细则等。

收藏单位：国家馆

05517

农村经济及合作　郑林庄编

上海：商务印书馆，1935.10，118页，25开

上海：商务印书馆，1946，10版，118页，32开

上海：商务印书馆，1947，12版，118页，32开

[上海]：商务印书馆，1949.2，14版，118页，25开

本书为乡村师范学校教科书。共12章，内容包括：农村经济概论、农业、土地、农场管理、中国农村经济情形及问题等。

收藏单位：安徽馆、重庆馆、广东馆、广西馆、国家馆、吉大馆、江西馆、辽大馆、辽宁馆、南京馆、宁夏馆、天津馆

05518

农村经济研究　（日）中泽辨次郎著　莫仇林梓译

北平：平凡社，1933.1，260页，32开，精装

本书共8章：农村经济序论、都市和农村的经济关系、农业恐慌之世界的发展、日本农业恐慌概说、失业现象与农村人口过剩、近郊农村之社会的变动、农村经济与新兴运动、米价问题研究。

收藏单位：重庆馆、广西馆、国家馆、近代史所、南京馆、山西馆、首都馆、天津馆、浙江馆

05519

农村经济与合作　滑秉懿编　支清海校

贵州省立绥阳国民学校师资训练所，1943，石印本，64页，21开

本书概述农业劳动、金融问题、农场管理、国民经济建设及合作社的种类、组织、经营等问题。共两编：农村经济、农村合作。

收藏单位：贵州馆

05520

农村经济与合作　寿勉成　李士豪编著

南京：正中书局，1936，185页，32开

南京：正中书局，1936，2版，185页，32开

南京：正中书局，1938.2，10版，182页，32开

重庆：正中书局，1938，12版，125页，32开

金华：正中书局，1941.6，21版，125页，36开

上海：正中书局，1946.8，125页，36开

上海：正中书局，1946.8，2版，125页，36开

上海：正中书局，1946.8，3版，125页，36开

上海：正中书局，1947，29版，125页，36开

上海：正中书局，1948.5，5版，125页，36开

本书适用于乡村师范学校及简易乡村师范学校。共3编：农村经济概说、农村经济的改进与农政设施、农村合作。每编下又分多章，各章末均有注释和习题。

收藏单位：安徽馆、重庆馆、东北师大馆、广东馆、国家馆、湖南馆、辽大馆、南京馆、西南大学馆、浙江馆

05521

农村经济与合作事业　林缵春编著

林缵春[发行者]，1943.2，46页，32开（合作丛刊6）

本书共4章：农村经济、合作事业、合作事业与农村经济、结论。

收藏单位：重庆馆、国家馆

05522

农村利用合作经营讲话　侯哲安著

上海：社会书店，1932.4，80页，32开

本书共10部分，内容包括：农村利用合作的本质、农村利用合作的事业及其准备、农村土地利用合作、肥料配合利用合作、农产储藏利用合作、农村副业利用合作、农村经济的利用合作等。附农村利用合作参考章程。著者原题：侯哲荪。

收藏单位：安徽馆、重庆馆、广东馆、国家馆、江西馆、近代史所、南京馆、内蒙古馆

05523

农村利用合作社是什么 贵州省农村合作委员会编

贵州省农村合作委员会，[1928—1949]，18页，36开（训练小丛书4）

本书共5部分：利用合作社设立的背景及其意义、利用合作社的设备及其利益、利用合作社之最高目的、利用合作社资金的运用、利用合作社组织的特点。逐页题名：利用合作社是什么。

收藏单位：国家馆

05524

农村利用合作社是什么？ 湖北省农村合作委员会编

湖北省农村合作委员会，[1928—1949]，22页，32开

收藏单位：重庆馆、南京馆

05525

农村利用合作社意造账 江西省农村合作委员会编

江西省农村合作委员会，1935.7，38页，22开（江西省农村合作委员会丛刊6）

本书收录流水帐、总帐、营业库存簿、社股帐、利用费用分类帐、利用进益分类帐、社营产品分户帐等表。

收藏单位：重庆馆、国家馆

05526

农村利用合作之理论与实施 罗虔英编著

出版者不详，[1928—1949]，156页，22开（中央合作指导人员训练所讲义）

收藏单位：浙江馆

05527

农村社会合作经济概论 李寅北编著

南京：正中书局，1936.3，87页，25开（社会科学丛刊）

南京：正中书局，1939.4，再版，87页，25开（社会科学丛刊）

上海：正中书局，1947.10，87页，25开（社会科学丛刊）

本书共9章，内容包括：农村合作事业的种类、合作社的组织、合作社的责任、合作社的经营、合作社的管理、合作社各种簿表等。

收藏单位：重庆馆、广东馆、广西馆、贵州馆、国家馆、河南馆、湖南馆、辽大馆、南京馆、陕西馆、上海馆、天津馆、浙江馆

05528

农家成本帐 邵仲香著

出版者不详，1936.11，22页，16开

本书介绍农业成本帐的目的、户头、登记、工作记载等。为金陵大学农学院《农林新报》第13年第31期抽印本。

05529

农家记帐的利益和记帐的简单方法 冯锐著

北京：中华平民教育促进会总会，[1935—1949]，14页，18开（中华平民教育促进会总会普及农业科学院丛书5）

收藏单位：国家馆

05530

农家记帐法 汤惠荪 杜修昌著

实业部中央农业实验所，1937.8，48页，22开（杂刊7）

本书共7部分，内容包括：农家概况调查、农家财产估计、收支日记帐、帐目之分类、帐目之结算等。

收藏单位：国家馆、南京馆

05531

农家会计簿 （日）德永一之丞 （日）大庭政世编

产业组合实务研究会，[1935—1949]，1册，16开

本书内容包括：月收支表、所得现物收支内译、所得现金收支内译、贷借内译、贷借豫定表、家计收支一览表等表。

收藏单位：国家馆

05532

农家清查账 邵仲香著

南京：金陵大学农学院推广部，1935.5，16页，22开（金陵大学农学院农林推广丛刊4）

本书内容包括：什么是账、清查账的功用、怎样清查、清查的困难等。附农家清查表。

收藏单位：广东馆、国家馆

05533

农垦 宋希庠著

上海：商务印书馆，1930.10，124页，32开（万有文库 第1集594）（百科小丛书）

上海：商务印书馆，1931.10，124页，32开（百科小丛书）

上海：商务印书馆，1935.5，国难后1版，123页，32开（百科小丛书）

本书共6章：绪论、农垦经营之设计、农垦进行程序及其计利、世界各国农垦概况、中国之农垦问题、中国各地之农垦状况。

收藏单位：安徽馆、重庆馆、大庆馆、东北师大馆、广东馆、广西馆、贵州馆、国家馆、黑龙江馆、湖南馆、吉林馆、江西馆、辽大馆、辽师大馆、南京馆、内蒙古馆、宁夏馆、上海馆、浙江馆

05534

农林概要 段天爵编述

安徽省区政训练所，1935，22页，16开（安徽省区政训练所讲义）

本书共3章：土壤、肥料及施肥、作物之栽培及管理。

收藏单位：国家馆

05535

农民合作概论 广东第六届农民运动讲习所编

杭州国民书店，1927.4翻印，36页，32开

收藏单位：国家馆

05536

农民合作概论

出版者不详，[1928—1949]，48页，32开

本书内容包括：合作社的性质及效用、信用合作社、购买合作社、贩卖合作社、生产合作社和利用合作社、合作社之兼营及合作社联合会等。

收藏单位：东北师大馆

05537

农民记帐法（家庭常识） 董汰生编

济南：山东省民众教育馆联合会，1934，24页，32开（民众读物3）

收藏单位：重庆馆

05538

农业 （苏）布雪 （苏）梭科洛夫著 陈洪进译

重庆[等]：生活书店，1940.5，50页，32开（百科小译丛11）

本书共6部分，内容包括：农业的定义、农业的起源、奴隶制经济中农业的发展、社会主义的农业等。译自《苏联大百科全书》。

收藏单位：重庆馆、广东馆、贵州馆、国家馆、南京馆、首都馆

05539

农业 董时进讲述

江西省县政人员训练所，1936.6，188页，23开（县训丛刊 建设类 第3种）

收藏单位：江西馆

05540

农业 贵州省地方行政干部训练委员会编

贵州省地方行政干部训练委员会，[1935—1949]，376页，32开

本书内容包括：农业经济学概论、主要农作物、垦荒、造林、农田水利、畜牧等。

收藏单位：重庆馆、贵州馆

05541

农业 江西省地方行政干部训练团编

江西省地方行政干部训练团，1941.5，262页，25开（分组训练教材17）

收藏单位：江西馆

05542

农业簿记教科书 （日）泽村康著 孙寿恩译

述

上海：新学会社，1913，72 页，22 开

上海：新学会社，1927，4 版，72 页，25 开

　　本书为农学校用书。共 4 章：总论、单式记入法、复式记入法、计算科目。

　　收藏单位：重庆馆、首都馆

05543

农业仓库经营论　侯哲安编著

南京：正中书局，1937.2，231+38 页，32 开，精装（合作丛书第 11 种）

重庆：正中书局，1940.8，4 版，231+38 页，32 开（合作丛书第 11 种）

上海：正中书局，1946.5，231+38 页，32 开（合作丛书第 11 种）

　　本书共 12 章，内容包括：农业仓库的本质、农业仓库的要素、农业仓库的效能、农业仓库的业务、农业仓库的经营、农业仓库的资金调度等。附农仓业法、修正中央模范农业仓库暂行章程等 12 种。编著者原题：侯哲荃。

　　收藏单位：安徽馆、重庆馆、广东馆、贵州馆、国家馆、河南馆、湖南馆、吉大馆、辽大馆、辽宁馆、南京馆、宁夏馆、上海馆、浙江馆

05544

农业仓库论　徐渊若撰述

上海：商务印书馆，1935.1，252+51 页，22 开，精装（行政院农村复兴委员会丛书）

上海：商务印书馆，1935，再版，252+51 页，22 开，精装（行政院农村复兴委员会丛书）

上海：商务印书馆，1937.4，3 版，252+51 页，22 开，精装（行政院农村复兴委员会丛书）

　　本书分上、下两编。上编共 5 章：农业仓库概述、农业仓库之经营、农业仓库之资金、农业仓库之业务、联合农业仓库；下编共两章：我国原有之仓储制度、我国现有农仓之实况。附农仓法草案、中央模范农业仓库暂行章程、修正中央模范农业仓库暂行章程、江苏省筹办农业仓库办法、日本农业仓库奖励规则等 20 种。

　　收藏单位：安徽馆、重庆馆、甘肃馆、广东馆、广西馆、贵州馆、国家馆、河南馆、黑龙江馆、湖南馆、辽大馆、南京馆、内蒙古馆、宁夏馆、山西馆、首都馆、天津馆、武大馆、西交大馆、西南大学馆、浙江馆

05545

农业仓库论　徐渊若著　四川省农村合作指导人员训练所编

四川省农村合作指导人员训练所，1937，236+63 页，25 开

　　收藏单位：重庆馆

05546

农业大意　江西省政府教育厅编

江西省政府教育厅，[1935—1949]，58 页，25 开

　　收藏单位：江西馆

05547

农业大意　赵立编

上海：中华书局，1934.7，22 页，32 开（民众农业丛书 10）

　　本书共 7 部分，内容包括：什么叫做农业、农业和民生的关系、农业的特性、中国现在的农业等。

　　收藏单位：重庆馆、国家馆、黑龙江馆、湖南馆、江西馆

05548

农业大意讲义

出版者不详，[1935—1949]，1 册，22 开

　　本书内容包括：农业之意义、农业之特质、农业之效用等。

　　收藏单位：黑龙江馆、浙江馆

05549

农业大意讲义（第 1 届后期甲组）　葛敬铭编

出版者不详，[1935—1949]，1 册，22 开

　　本书收录农业土木学编等。

　　收藏单位：浙江馆

05550

农业的社会化　（德）考茨基（Karl Johann

Kautsky）马希阿尼著　邓毅译

上海：新生命书局，1929.12，228页，22开

　　本书收文两篇：《农业社会化论》（喀尔考茨基）、《农业社会化策》（喀尔马希阿尼）。据日译本转译。

　　收藏单位：安徽馆、重庆馆、广东馆、广西馆、国家馆、河南馆、湖南馆、吉林馆、江西馆、南京馆、山西馆、上海馆、首都馆、天津馆、浙江馆

05551

农业负担办法　第四专员公署 [编]

第四专员公署，1948.5，1 册，32 开

　　收藏单位：国家馆

05552

农业概论

四川省训练团，1940.10，62 页，32 开（四川省训练团讲义）

　　收藏单位：南京馆

05553

农业国家合作问题与方法　（英）甘贝尔（W. K. H. Campbell）著　黄肇兴译

外文题名：Cooperation for economically un-developed countries

长沙：商务印书馆，1940，124 页，36 开（社会行政丛书 合作事业类）（南开大学经济研究所丛书）

重庆：商务印书馆，1944，122 页，32 开（社会行政丛书 合作事业类）

　　本书共 12 章，内容包括：绪论、合作的需要及其推动的步骤、信用、无限责任信用合作社、政府的协助、银行放款、运销合作社、薪工人员合作社等。

　　收藏单位：重庆馆、广西馆、贵州馆、国家馆、南京馆、上海馆、浙江馆

05554

农业合作　（法）吉德（Charles Gide）著　郭竞武译

上海：商务印书馆，1931.10，185 页，22 开，精装（经济丛书）

上海：商务印书馆，1932.9，国难后 1 版，185 页，22 开，精装（经济丛书）

上海：商务印书馆，1934.11，国难后 2 版，185 页，22 开，精装（经济丛书）

上海：商务印书馆，1935.5，国难后 3 版，185 页，22 开，精装（经济丛书）

上海：商务印书馆，1939，国难后 4 版，185 页，22 开，精装（经济丛书）

　　本书共 8 章，内容包括：农业合作之形式与其发展之障碍、农业工团、互助信用结社、贩卖合作社、生产合作社、农业合作与土地问题等。著者原题：基特。

　　收藏单位：安徽馆、长春馆、重庆馆、广东馆、贵州馆、国家馆、河南馆、黑龙江馆、湖南馆、吉大馆、吉林馆、江西馆、辽大馆、南京馆、内蒙古馆、宁夏馆、上海馆、天津馆、浙江馆

05555

农业合作　（法）吉德（Charles Gide）著　彭师勤译

上海：中国合作学社，1930.3，364 页，32 开（合作名著）

　　本书著者原题：季特，译者原题：彭补拙。

　　收藏单位：安徽馆、重庆馆、广西馆、国家馆、吉林馆、江西馆、南京馆、内蒙古馆、山西馆、首都馆、浙江馆、中科图

05556

农业合作　江苏各县筹备义务教育联合办事处编

江苏各县筹备义务教育联合办事处，[1928—1949]，56 页，21 开（师资训练函授部讲义 23）

05557

农业合作　蓝渭滨　蓝名诂编

镇江：农村经济月刊社，1935.10，376 页，25 开（农村经济月刊社丛书 2）

　　本书收文 10 篇：《中国合作运动的回顾与前瞻》《我国农产品掷入国际市场之重要及合作制度之运用》《农村信用合作社的症结及其

对策》《农村信用合作社对于目前农村金融的作用》《波兰的农业合作》《挪威的农业合作》《芬兰的农业合作》《匈牙利的农业合作》《爱沙尼亚的农业合作》《推进江苏合作事业之计划》。附农村合作社社员之训练。

收藏单位：重庆馆、国家馆、南京馆、上海馆

05558

农业合作 李撝谦编著

成都：金陵大学农学院农业经济系，1943.9，220 页，32 开

收藏单位：贵州馆

05559

农业合作 张德粹编

重庆：商务印书馆，1944.3，282+11 页，25 开

上海：商务印书馆，1946.11，282+11 页，25 开

上海：商务印书馆，1947.7，再版，282+11 页，25 开

上海：商务印书馆，1947.10，3 版，282+11 页，25 开

上海：商务印书馆，1948.8，4 版，282+11 页，25 开

本书共 15 章，内容包括：近代之合作运动、合作社、德国之农业信用合作社、农业保险合作、农产运销合作、政府与农业合作等。

收藏单位：长春馆、重庆馆、东北师大馆、广东馆、广西馆、贵州馆、国家馆、湖南馆、近代史所、辽大馆、南京馆、上海馆、西南大学馆、浙江馆、中科图

05560

农业合作 中国合作学社编著

上海特别市合作运动宣传周委员会，[1928—1949]，15 页，32 开

本书论述中国农业不振的原因，介绍农业合作事业、合作种类及其相互间的关系。

收藏单位：首都馆

05561

农业合作

出版者不详，[1928—1949]，138 页，32 开

本书内容包括：信用合作、消费合作、生产合作、消费合作社经营法等。逐页题名：农业合作讲义。

收藏单位：国家馆、南京馆

05562

农业合作簿记 谢允庄编著

重庆：正中书局，1945.1，135 页，32 开（合作指导丛书）

上海：正中书局，1946.4，135 页，32 开（合作指导丛书）

上海：正中书局，1947.10，4 版，135 页，32 开（合作指导丛书）

本书共 3 编：中式簿记、复式簿记、节工分工。第 1 编共 4 章：簿记概说、记帐实务、月结报表、期结报表；第 2 编共 4 章：记帐收付原理、期中记帐实务、期末整理转帐、期末决算结帐；第 3 编共 3 章：日记簿的专栏、日记簿的分割、各种分录法的应用。各章后或附习题、问答题等。

收藏单位：重庆馆、广东馆、贵州馆、国家馆、湖南馆、南京馆、首都馆、西南大学馆、浙江馆

05563

农业合作概要 永嘉县第三期农业合作讲习会编

出版者不详，[1936]，[58] 页，16 开（永嘉县第 3 期农业合作讲习会讲义）

本书内容包括：合作概论、信用合作经营论、运销合作经营论、消费合作经营论、利用合作经营论、农业仓库论、农业概论等。

收藏单位：浙江馆

05564

农业合作经营 程大森著

[南京]：中央合作金库，1948.8，176 页，32 开

本书共 6 章，内容包括：农业合作史的演进、农业生产合作农场组织、业务管理、财

务管理等。附农业生产合作推进办法。

收藏单位：南京馆、浙江馆

05565

农业合作经营论　王世颖著

上海、南京：正中书局，1939.4，396+10页，32开（合作丛书）

本书共16章，内容包括：农业之概念、农业合作之意义、农业合作社之组织及其运用、农业合作社之贩卖政策、农业合作社之成功的基础、棉花贩卖合作社、耕种合作社、农业合作之将来等。

收藏单位：安徽馆、国家馆、上海馆

05566

农业合作经营论

出版者不详，[1928—1949]，202+24页，22开

本书内容包括：农业之概念、农业之意义、农业合作之技能、农业合作之限度等。

收藏单位：国家馆

05567

农业合作社簿记程式　中国华洋义赈救灾总会编

中国华洋义赈救灾总会，1935.9，161页，16开（中国华洋义赈救灾总会丛刊甲种44）

本书内容包括：信用部、运销部、供给部、利用部簿记程式等。

收藏单位：安徽馆、重庆馆、广东馆

05568

农业合作社会计规则　中国华洋义赈救灾总会编

中国华洋义赈救灾总会，1934.11，34页，25开（中国华洋义赈救灾总会丛刊乙种65）

收藏单位：安徽馆、重庆馆、国家馆

05569

农业合作原理与实务　曹锡光著

外文题名：Principle and practice of agriculture cooperation

成都：论坛合作出版社，1948.3，240+56页，18开

本书共上、下两编：合作原理、合作实务。上编共5章，内容包括：合作组织之本质、合作经营之机能、合作制度之比较等；下编共5章，内容包括：社务、业务、财务等。

收藏单位：重庆馆、贵州馆、南京馆、浙江馆

05570

农业建设与合作　李仁柳著

崇安（武夷山）：社会部全国合作社物品供销处东南分处，1944.2，152页，32开（合作丛书2）

本书共6章，内容包括：我国农业建设问题、农业金融的发展及其问题的解决、农产运销合作的理论与实施等。附农业建设与经建干部训练、国父的土地改革理论、农业生产合作推进办法。

收藏单位：重庆馆、国家馆、上海馆、浙江馆

05571

农业讲义　董时进讲述

江西省县政人员训练所，1935.5，68页，24开（县训丛刊10）

收藏单位：广东馆

05572

农业经济概论　胡求真著

上海：中华书局，1937.11，384页，22开，精装

上海：中华书局，1941.4，3版，384页，22开，精装

本书共10章：绪论、土地、耕农、地租、劳工、农业金融、利润、运销、农业管理、农业合作与农业仓库。

收藏单位：重庆馆、贵州馆、国家馆、湖南馆、辽大馆、辽宁馆、南京馆、上海馆、天津馆、浙江馆、中科图

05573

农业经济及法规教科书　日本农业教育协会编著　孙钺编译

上海：新学会社，1911.9，71页，22开

上海：新学会社，1913，再版，72 页，22 开

　　本书为初等农学校用书。共 4 编：经济概说、农业经济概要、法规概说、农业法规概要。

　　收藏单位：首都馆

05574

农业经济教科书　（日）石坂橘树著　沈化夔译

上海：新学会社，1913.8，156 页，32 开

上海：新学会社，1926，4 版，156 页，25 开

　　本书为农学校用书。共 5 编：总论、生产论、交易论、分配论、消费论。

　　收藏单位：重庆馆、湖南馆、首都馆

05575

农业经济论　吴文晖著

南京：中国经济书刊生产合作社，1947，240 页，22 开

　　本书收文 19 篇，内容包括：《农业经济学在农学上之地位》《中国农村社会学之发展》《地产分配的循环》《现代中国土地改革思想与土地政策》《耕者有其田的理论根据》等。

　　收藏单位：重庆馆、广西馆、贵州馆、国家馆、湖南馆、吉林馆、南京馆、上海馆、浙江馆

05576

农业经济学　董时进著

北平：文化学社，1933.6，378 页，32 开

　　本书共 20 章，内容包括：农业之经济的特性、土地之特性及利用、佃租制度及佃租问题、农业信用、农产贩卖、农产之国际贸易、粮食问题、垦殖问题等。

　　收藏单位：安徽馆、重庆馆、国家馆、江西馆、近代史所、辽大馆、南京馆、内蒙古馆、首都馆、天津馆

05577

农业经济学　龚厥民编

上海：商务印书馆，1926.6，75 页，32 开

上海：商务印书馆，1928.11，再版，75 页，32 开

上海：商务印书馆，1930，3 版，75 页，32 开

上海：商务印书馆，1932，国难后 1 版，75 页，32 开

重庆：商务印书馆，1945，5 版，改编本，127 页，32 开

　　本书为新学制初级农业学校教科书。共 5 章：总论、农业之要素、农业组织、农场、农场管理法。

　　收藏单位：重庆馆、东北师大馆、广东馆、湖南馆、江西馆、南京馆、内蒙古馆、浙江馆

05578

农业经济学　（日）河田嗣郎著　郑里镇译

上海：文华书局，1934.9，619+10 页，22 开

　　本书共 8 编：绪论、农业经济之一般性状、农业经营、农业企业、农地、农业劳动、农业资金、农产之买卖。

　　收藏单位：广东馆、国家馆、湖南馆、辽大馆

05579

农业经济学　黄毅编述

上海：新学会社，1913，3 版，98 页，18 开

上海：新学会社，1928，5 版，98 页，25 开

　　本书论述农业经济的材料、组织、经理、簿记等问题。

　　收藏单位：重庆馆、首都馆

05580

农业经济学　（苏）廖谦珂著　吴觉农　赵南柔　章育武译

上海：黎明书局，1934.9，604 页，22 开（社会科学名著译丛）

　　本书共 8 章，内容包括：农业经济学的对象和方法、农业经济学的自然主义概念和肥沃度递减"法则"、农业经济学上的地租问题等。

　　收藏单位：广东馆、广西馆、国家馆、湖南馆、江西馆、辽大馆、南京馆、内蒙古馆、上海馆、首都馆、天津馆、武大馆、西南大学馆、浙江馆、中科图

05581

农业经济学　林伦彦著

香港：中原出版社，1949.6，183 页，32 开（社会科学丛书）

本书分 3 篇：农业经济的发展、资本主义农业的规律、农业改革。

收藏单位：重庆馆、东北师大馆、国家馆、辽宁馆、天津馆。

05582

农业经济学　（英）欧伯利昂（G. O'Brien）原著　巫宝三译述

外文题名：Agricultural economics

上海：商务印书馆，1935.7，198 页，22 开

上海：商务印书馆，1935.10，再版，198 页，22 开

上海：商务印书馆，1937.4，3 版，198 页，22 开

本书共 3 章：一般农产品的价格、个别农产品的价格、国家与农业。

收藏单位：安徽馆、重庆馆、东北师大馆、广西馆、贵州馆、国家馆、江西馆、近代史所、辽大馆、辽宁馆、南京馆、陕西馆、上海馆、首都馆、天津馆、西南大学馆、浙江馆、中科图。

05583

农业经济学　孙文郁编著

成都：金陵大学农学院农业经济系，1941，218 页，16 开

本书共 18 章，内容包括：农场组织、土地、土地利用、农场劳动、农场资本、租佃制度（一、二）、生产各要素间之组合关系、乡村借贷、合作、农产销运、国际贸易、农业与关税、生产成本等。书中题名：农业经济学讲义。

收藏单位：国家馆。

05584

农业经济学　唐启宇编

南京：东南大学农科推广部，1926.5，325 页，25 开（国立东南大学农科丛书 1）

本书共 25 章，内容包括：农业经济之意义及其范围、独立国应产何种农产品、农场设备、地租与利息、中国农业经济问题等。

收藏单位：重庆馆、内蒙古馆、浙江馆。

05585

农业经济学　唐启宇编

中华农学会，1933.6，再版，271 页，16 开（农学丛书）

本书共 30 章，内容包括：农人之利润、地租与利息、交易所、农业合作、农业保险、中国农业经济问题等。

收藏单位：国家馆、南京馆、上海馆。

05586

农业经济学　童玉民著

上海：新学会社，1931.7，276 页，22 开

本书为高等农科中学、乡村师范学校教科书。共两编：总论、本论。总论共 6 章，内容包括：经济学之分类、农学之分类、农业经济学之意义等；本论共 3 章：生产论、交易论、分配论。

收藏单位：重庆馆、广西馆、国家馆、吉林馆、南京馆、内蒙古馆、天津馆、西南大学馆、浙江馆。

05587

农业经济学　童玉民著

上海：中国农业书局，1936.9，再版，276 页，22 开

收藏单位：广东馆、贵州馆、国家馆。

05588

农业经济学　许璇著

重庆：商务印书馆，1943.4，181 页，25 开（中国地政研究所丛刊）

重庆：商务印书馆，1943.9，再版，181 页，25 开（中国地政研究所丛刊）

上海：商务印书馆，1947.10，3 版，181 页，25 开（中国地政研究所丛刊）

上海：商务印书馆，1948.8，4 版，181 页，25 开（中国地政研究所丛刊）

本书共 11 章，内容包括：农业经济学之意义及其范围、农业经济学之地位及其发达、

农业之特性、农业土地、农业经营、自耕农及佃农等。

收藏单位：安徽馆、重庆馆、甘肃馆、广东馆、广西馆、贵州馆、国家馆、河南馆、湖南馆、近代史所、辽大馆、南京馆、上海馆、首都馆、武大馆、西南大学馆、浙江馆

05589

农业经济学　中央政治学校编
出版者不详，[1933—1949]，128 页，16 开

收藏单位：安徽馆、南京馆

05590

农业经济学（改编本）　龚厥民编　邵德馨改编
长沙：商务印书馆，1938，127 页，32 开
长沙：商务印书馆，1939.4，再版，127 页，32 开，精装
长沙：商务印书馆，1940，3 版，127 页，32 开
上海：商务印书馆，1946.10，6 版，127 页，32 开
上海：商务印书馆，1947.10，7 版，127 页，25 开
上海：商务印书馆，1948，8 版，127 页，36 开
上海：商务印书馆，1949，9 版，127 页，32 开，精、平装

本书为职业学校教科书。共 5 章：总论、农业之要素、农村金融、农产贸易、农场经营。

收藏单位：安徽馆、重庆馆、甘肃馆、国家馆、湖南馆、辽大馆、南京馆、内蒙古馆、浙江馆

05591

农业经济学（下卷 资本主义的农业底体系）
（苏）廖谦珂著　吴觉农　薛暮桥译
上海：黎明书局，1936.9，408 页，22 开（社会科学名著译丛）

本书共 6 章：农业经济底诸组织及农业生产底诸形态、市场与农业、农业的配设问题、农业的收益分配问题、资本主义的农业恐慌、农业与资本主义。

收藏单位：安徽馆、重庆馆、广东馆、贵州馆、国家馆、湖南馆、江西馆、上海馆、首都馆、西南大学馆、浙江馆

05592

农业经济学大纲　王一蛟　谢澄著
[武昌]：农业经济学会，1947.3，13+454 页，32 开（湖北省立农学院丛书）

本书共 20 章，内容包括：农业发展之阶段及农业之经济特性、土地、土地利用、农业资本、农业劳工、农业组织等。

收藏单位：重庆馆

05593

农业经济学导论　金陵大学农学院农业经济系编著
四川省政府教育厅，1943，198 页，36 开

本书共 15 章，内容包括：农场组织、农场管理、土地、农地利用、农业劳工、乡村借贷、农业合作等。

收藏单位：重庆馆、南京馆

05594

农业经济学导论　（美）约德（F. R. Yoder）著　万国鼎译
外文题名：Introduction to agricultural economics
南京、上海：正中书局，1936.8，20+396 页，22 开（地政学院丛书）
上海：正中书局，1947，20+395 页，25 开
上海：正中书局，1948.6，2 版，396 页，25 开

本书共 20 章，内容包括：美洲农业的发育和农业经济学、农业人口和农家生活、农业和价格经济、土地收入和土地价值、土地制度、土地政策、农业中社会的资本、农业信用、农场劳动、农场管理、农产品贩卖、农夫和赋税、农民运动等。

收藏单位：安徽馆、重庆馆、广西馆、贵州馆、国家馆、湖南馆、近代史所、辽大馆、南京馆、宁夏馆、上海馆、首都馆、武大馆、西南大学馆、浙江馆、中科图

05595

农业经济学的范围　吴文晖著

国立武汉大学，1943.7，18页，18开

本书内容包括：理论农业经济学、应用农业经济学等。为《国立武汉大学社会科学季刊》第8卷第1期单行本。

收藏单位：浙江馆

05596

农业经济学概论　王伟民著

南京：中国合作图书用品生产合作社，1948.6，226页，25开

南京：中国合作图书用品生产合作社，1948.11，增订本再版，226页，25开

本书论述农业经济、农场的组织及管理方法等。

收藏单位：浙江馆

05597

农业经济学讲义　何一平编

出版者不详，[1933—1949]，230页，16开

收藏单位：南京馆

05598

农业经济学新编　顾鸣盛编

上海科学书局，1915，186页，22开（农学丛书22）

本书共两编：纯正经济学、农业经济学。第1编内容包括：经济学之根本概念、生产论、交易论等；第2编内容包括：农业之要素、农场、农业之管理等。

收藏单位：安徽馆、南京馆、首都馆、浙江馆

05599

农业经营　梁庆椿主编　中国农民银行汉译社会科学百科全书译辑委员会编译

重庆：正中书局，1945.3，140页，32开（汉译社会科学百科全书 农业篇4）

上海：正中书局，1946，140页，32开（汉译社会科学百科全书 农业篇4）

本书收录译文17篇，内容包括：《农场》（福尔斯特著，李惟峨译）、《农场管理》（荷尔蒙斯著，李惟峨译）、《土壤》（马勃特著，孟复译）、《农业机械》（格来著，黄仲熊译）、《农业机械工业》（库次涅斯著，杨玉昆译）等。

收藏单位：长春馆、重庆馆、广东馆、贵州馆、国家馆、湖南馆、辽大馆、辽宁馆、南京馆、农大馆、首都馆、浙江馆

05600

农业经营　杨国藩著

上海：大华书局，1934.12，104页，25开

本书共5章：绪论、农业经营的基础观念、农业经营的类别、农业的要素、农业经营的实施。

收藏单位：重庆馆、广西馆、国家馆、江西馆、南京馆

05601

农业经营学（第4届前期）　王益滔编

浙江省地方自治专修学校，[1933—1949]，183页，22开

本书概述农业经营学之史观、农业之范围、农业之要素。

收藏单位：浙江馆

05602

农业理论之发展　（日）河西太一郎著　黄枯桐译

上海：乐群书店，1929.10，218页，32开

本书共7章，内容包括：马克斯的农业理论及政策、恩格尔斯的农民政策、烈宁的农业理论及政策、第三国际的农民政策、批判及反批判等。原载于日本改造社发行的《经济学全集》第26卷《马克思经济学说之发展》（上）。

收藏单位：安徽馆、北师大馆、重庆馆、国家馆、黑龙江馆、江西馆、近代史所、南京馆、内蒙古馆、首都馆、天津馆

05603

农业社会化运动　（日）河田嗣郎著　黄枯桐译

上海：启智书局，1928.12，192页，32开（社

会科学丛书 4）

　　本书收文 6 篇:《农业社会化运动》《英国劳动党底农政方针》《德奥社会民主党底农政纲领》《意大利底农业社会化运动》《捷克斯拉夫国底土地制度改革》《俄国底新经济政策及其农业》。

　　收藏单位：重庆馆、东北师大馆、广东馆、国家馆、吉林馆、近代史所、南京馆、上海馆、天津馆、西南大学馆、浙江馆

05604

农业生产点滴

出版者不详，[1933—1949]，85 页，25 开

　　收藏单位：长春馆、东北师大馆、江西馆、南京馆

05605

农业生产合作簿记　河南省训练团编

[河南省训练团]，1947.3，48 页，32 开

　　本书共 3 章：佃田分耕合作社会计、田地共耕合作社会计、农场饲养牲畜会计。

　　收藏单位：国家馆

05606

农业生产经济学

出版者不详，1946，影印本，506 页，25 开

　　收藏单位：山西馆

05607

农业生产指南　秦杰等著

新华书店，1947.1，212 页，36 开（大众文库）

　　本书共 10 部分，介绍怎样种植棉、小麦、高粱、谷子、地瓜、苞米及山东四种重要果树和栽培法等。

　　收藏单位：山东馆、陕西馆、首都馆

05608

农业通论大意　江苏各县筹备义务教育联合办事处编

江苏各县筹备义务教育联合办事处，[1933—1949]，44 页，23 开（师资训练函授部讲义21）

　　收藏单位：南京馆

05609

农业问题论　（德）考茨基（Karl Johann Kautsky）著　章子建译

上海：神州国光社，1930.8，189 页，32 开

　　本书共 3 部分：农业与资本主义、农业劳动手段、农业与社会主义。附农民是教育者。

　　收藏单位：重庆馆、广东馆、广西馆、国家馆、湖南馆、吉林馆、江西馆、辽大馆、南京馆、上海馆、首都馆、天津馆、浙江馆

05610

农业问题之理论　（日）河西太一郎著　李达译

上海：昆仑书店，1930.1，274 页，32 开

　　本书内容同《农业理论之发展》。

　　收藏单位：重庆馆、东北师大馆、国家馆、湖南馆、吉大馆、近代史所、南京馆、山西馆、上海馆、首都馆、天津馆、西南大学馆、浙江馆

05611

农业研究统计法　（美）洛夫（H. H. Love）著　沈骊英译述

外文题名：Application of statistical methods to agricultural research

上海：商务印书馆，1937.1，495 页，22 开，精装

上海：商务印书馆，1937.3，再版，495 页，22 开，精装

上海：商务印书馆，1937，3 版，495 页，22 开，精装

　　本书共 15 章，内容包括：次数分配、地位常数、复相关与净相关、曲线配合、试验技术问题等。附表 11 种及参考文献和译名中英文对照表。

　　收藏单位：重庆馆、广东馆、广西馆、贵州馆、国家馆、江西馆、辽大馆、南京馆、内蒙古馆、农大馆、首都馆

05612

农业政策　李克明编

安徽大学，[1928—1949]，76 页，16 开

05613

社会主义的农业理论 （苏）米留金（V. P. Miljutin）著　蒯君荣译

上海：联合书店，1930.6，172 页，32 开

本书共 10 章，内容包括：关于农业之发达方向的论争、土地问题、农业组合、苏维埃直接经营地、田园劳动者阶级的组织等。著者原题：密尔郁汀。

收藏单位：重庆馆、广西馆、黑龙江馆、吉林馆、近代史所、南京馆、内蒙古馆、上海馆、天津馆、西南大学馆

05614

社会主义农业企业组织教学提纲

北京机械化农业学院，[1935—1949]，油印本，11 页，18 开

本书为机械化农业系用书。

收藏单位：国家馆

05615

社会主义与农业（反马克斯的农业问题论战）

Eduard David 讲　林梓译

北平：平凡社出版部，1933.10，66 页，32 开

收藏单位：上海馆

05616

社会主义与农业问题 （苏）米留金（V. P. Miljutin）著　邹敬芳译

中国国民党中央执行委员会农民部，1926，158 页，32 开（农民丛书 9）

本书内容同《社会主义的农业理论》。

收藏单位：国家馆

05617

实用农场管理学 陈玉伦编

[陈玉伦]，1949，188 页，25 开

本书除简要论述农场管理之原理、原则及方法外，将农场所需各项资料如栽培、饲养方法及灾害预防要点等项，一一抄附、列表作图、举例说明，供从业人员参考使用。

收藏单位：重庆馆

05618

实用农场管理学 王一蛟　袁业铣编著

武昌：农业经济学会，1946，201 页，32 开（湖北省立农学院丛书）

本书为农学院农场管理学教材。

收藏单位：重庆馆

05619

实用农村簿记 毛嶙峋著

上海：黎明书局，1937.5，268 页，22 开

本书共 12 章，内容包括：财产、交易、会计科目、收入付出、处理主要帐簿、结算报告等。附簿记规则、统计应用。

收藏单位：重庆馆、广西馆、贵州馆、国家馆、湖南馆、南京馆、上海馆、首都馆、天津馆、浙江馆

05620

实用农村合作 沈经保著

重庆：正中书局，1940.1，57 页，32 开（特教丛刊 6）

重庆：正中书局，1940.4，57 页，32 开（特教丛刊 6）

重庆：正中书局，1942，5 版，57 页，32 开（特教丛刊 6）

上海：正中书局，1947.6，57 页，32 开（特教丛刊 6）

本书共 8 部分：合作原理、合作运动的起源与发展、合作的效能、合作的种类、合作社的组织、合作的经营、合作社的困难与解决、结论。附棉花运销合作社预算表、普通农村经济调查项目、主要合作参考书目等 13 种。

收藏单位：重庆馆、广东馆、广西馆、国家馆、湖南馆、江西馆、南京馆、宁夏馆、天津馆、浙江馆

05621

适用农场簿记法 孙文郁著

[南京]：[金陵大学]，1926.7，22 页，22 开（金陵大学农林科农林丛刊 32）

本书共 3 部分：资本登记簿、工作簿、流水簿。

收藏单位：国家馆

05622

适用农场簿记法　孙文郁著

南京：金陵大学农学院农林新报社，1935.4，26页，23开（金陵大学农学院农林推广丛刊1）

本书收录资产统计簿、工作簿及分类收支簿等项。

05623

土地登记概论　李振著

[曲江（韶关）]：新建设出版社，1940.8，35页，32开（广东施政常识小丛书）

本书共8部分，内容包括：土地登记的意义、土地登记的效力、土地登记的利益、应登记的土地权利、土地登记的实际问题等。

收藏单位：重庆馆、国家馆、南京馆

05624

土地改革论（德）达马斯基（Adolf Damaschke）著　张丕介译

中国地政研究所，1947.8，322页，25开（中国地政研究所丛书2）

本书共9章，内容包括：土地改革与工业进步、土地改革与农业问题、德国之土地改革等。著者原题：达马熙克。

收藏单位：东北师大馆、广东馆、国家馆、湖北馆、湖南馆、吉林馆、辽大馆、南京馆、上海馆、天津馆

05625

土地公有论（日）安部矶雄著　张知本译

上海：华通书局，1932.8，150页，32开

本书共5部分，内容包括：土地公有的论据、土地所有制的历史经过、土地公有的方法等。

收藏单位：重庆馆、国家馆、吉林馆、江西馆、南京馆、山西馆、上海馆、天津馆、浙江馆

05626

土地估价之理论与方法　孟光宇编

孟光宇[发行者]，[1928—1949]，528页，32开

本书共6章：土地价格与土地估价、收益地价与市场地价、地价变动与自然增价、论农地价格及其估计法、论市地价格及其估计法、定着物价格及其估计法。

收藏单位：东北师大馆、国家馆、南京馆

05627

土地国有论的派别和主张　熊伯蘅著

国立西北农学院编辑出版委员会，[1928—1949]，14页，16开

本书共4部分：土地国有论的派别及实行方法、改良派的土地国有论、农业社会主义的土地国有论、社会主义派的土地国有论。

收藏单位：重庆馆

05628

土地经济　梁庆椿主编　中国农民银行汉译社会科学百科全书译辑委员会编译

上海：正中书局，1947.7，294页，32开（汉译社会科学百科全书 农业篇5）

本书共19部分，每一部分摘译自一种西文著作，内容包括：土地问题、地主与佃户、地产、地租、土地估价、土地转让、不动产、垦荒等。

收藏单位：重庆馆、甘肃馆、贵州馆、国家馆、湖南馆、辽大馆、南京馆、陕西馆、上海馆、天津馆、浙江馆

05629

土地经济论（日）河田嗣郎原著　李达　陈家瓒译述

上海：商务印书馆，1930.10，193+323页，22开（经济丛书）

上海：商务印书馆，1933.8，国难后1版，323页，22开（大学丛书）

本书分前、后两篇：地代论、土地问题。前篇共5章：地代之发达、地代之发生、地代之增减、地代之本性、特殊地代；后篇共4章：土地之价格（地价）、自然增价及增价税、土地之所有、土地公有论。

收藏单位：安徽馆、长春馆、重庆馆、东

北师大馆、广东馆、广西馆、桂林馆、国家馆、黑龙江馆、湖南馆、江西馆、辽大馆、南京馆、宁夏馆、陕西馆、上海馆、西南大学馆、浙江馆、中科图

05630

土地经济学 李显承著

中央训练团地政人员训练班，1947.2，116页，32开

本书共5编：绪论、地租论、地价论、土地利用论、土地所有权论。

收藏单位：重庆馆、国家馆、湖南馆

05631

土地经济学 （美）伊利（Richard Theodore Ely）（美）魏尔万（G. S. Wehrwein）著 李树青译

外文题名：Land economics

重庆：商务印书馆，1944.12，2册，25开（人文科学社丛书名著翻译1）

上海：商务印书馆，1947.7，2册（262+198页），25开（大学丛书）

本书共14章，内容包括：土地与人口、农地、农地租佃与土壤保存、森林地、环境与娱乐地、水利资源等。著者"伊利"原题：伊黎。

收藏单位：安徽馆、重庆馆、东北师大馆、广东馆、广西馆、贵州馆、桂林馆、国家馆、黑龙江馆、湖南馆、吉林馆、辽大馆、南京馆、内蒙古馆、山西馆、上海馆、首都馆、浙江馆

05632

土地经济学 章植著

上海：黎明书局，1930，[34]+594页，25开

上海：黎明书局，1931，再版，35+686页，22开

上海：黎明书局，1932.9，3版，35+686页，22开

上海：黎明书局，1934.3，4版，35+686页，22开

本书共15章，内容包括：土地经济问题、土地经济学与经济学原理、土地的特点及其

分类、利用土地概观、农地之利用等。

收藏单位：安徽馆、重庆馆、东北师大馆、广东馆、广西馆、贵州馆、国家馆、湖南馆、吉林馆、江西馆、近代史所、辽大馆、南京馆、内蒙古馆、山西馆、上海馆、首都馆、天津馆、西南大学馆、浙江馆、中科图

05633

土地经济学导论 张丕介著

重庆：中华书局，1944，140页，22开（中山文化教育馆社会科学丛书）

上海：中华书局，1947，再版，140页，22开（中山文化教育馆社会科学丛书）

本书共10章，内容包括：土地之定义分类与特性、土地与人口、论农地、论市地、论富源地等。

收藏单位：安徽馆、重庆馆、广东馆、广西馆、贵州馆、国家馆、湖南馆、吉大馆、吉林馆、辽宁馆、南京馆、内蒙古馆、山西馆、上海馆、西南大学馆、浙江馆

05634

土地经济学原理 朱剑农著

成都：国立四川大学农业经济系，1947.4，478页，18开

本书共4编：土地利用论、地租论、地价论、土地所有权论。

收藏单位：贵州馆、浙江馆

05635

土地论 蔡墉著

蔡墉[发行者]，[1944]，22页，32开

本书共3章：绪论、土地国有、收买土地为国有的方法。

收藏单位：广东馆、国家馆

05636

土地评价要义 谭可庵著

[曲江（韶关）]：新建设出版社，1940.10，32页，32开（广东施政常识小丛书）

本书共5章：土地评价之重要、土地的价值与价格、地价变动之因素、土地评价之实施、评价人员应具备之条件。

收藏单位：重庆馆、国家馆、湖南馆、吉林馆、南京馆

05637

土地问题　黄通编

上海：中华书局，1930.10，110 页，22 开

上海、昆明：中华书局，1941.6，再版，110页，22 开

　　本书共 5 部分：土地问题的意义、土地制度的沿革、土地问题的理论、土地问题的对策、平均地权论。

　　收藏单位：重庆馆、东北师大馆、广东馆、广西馆、贵州馆、桂林馆、国家馆、河南馆、黑龙江馆、湖南馆、江西馆、辽宁馆、南京馆、宁夏馆、山西馆、陕西馆、上海馆、天津馆、浙江馆

05638

土地问题　（德）考茨基（Karl Johann Kautsky）原著　岑纪译　上海中山文化教育馆编辑

上海：商务印书馆，1936.3—1937.4，2 册（436+275 页），25 开（中山文库）

　　本书共两卷：资本主义社会中农村经济之发展、社会民主主义的土地政策。上卷内容包括：农民与工业、封建时代之农村经济、近代的农村经济、大生产与小生产等；下卷内容包括：社会民主党是否需要土地政纲、保护农业无产阶级、保护农村经济利益、保护农业人口、社会革命与土地所有者土地之没收等。附《农村经济中之资本主义》（列宁）。

　　收藏单位：安徽馆、重庆馆、东北师大馆、广东馆、广西馆、贵州馆、国家馆、黑龙江馆、湖南馆、吉林馆、江西馆、近代史所、辽大馆、南京馆、内蒙古馆、山西馆、上海馆、首都馆、浙江馆

05639

土地问题　郑震宇讲

[中央训练团党政训练班]，1942.9，14 页，32 开（中央训练团党政训练班讲演录）

　　本书共 7 部分：土地问题之性质、平均地权之释义、土地税问题、耕者有其田问题、土地公有问题、地尽其利问题、目前土地行政上两项目标。

　　收藏单位：重庆馆、广东馆、国家馆、南京馆

05640

土地问题理论　（苏）列宁（Владимир Ильич Ленин）著

沈阳等：东北新华书店，[1946]，318 页，32开

　　本书共两部分：农业中的资本主义、土地问题与"马克思底批判家"。

　　收藏单位：北师大馆、东北师大馆、吉林馆、内蒙古馆

05641

土地问题理论（上卷）（苏）列宁（Владимир Ильич Ленин）著

苏北新华书店，1949.9，224 页，32 开

　　收藏单位：国家馆、南京馆、山西馆

05642

土地问题理论（上卷）（苏）列宁（Владимир Ильич Ленин）著　曹葆华译

解放社，1948.11，259 页，32 开

解放社，1949.9，259 页，32 开

　　收藏单位：东北师大馆、广东馆、国家馆、黑龙江馆、南京馆、山西馆、天津馆

05643

土地问题理论（上卷）（苏）列宁（Владимир Ильич Ленин）著　曹葆华译

济南：山东新华书店，1949，268 页，32 开

　　本书根据解放社 1949 年版翻印。

　　收藏单位：广东馆、广西馆、国家馆、湖北馆、山东馆、天津馆

05644

土地问题论　（德）李卜克内西（Wilhelm Liebknecht）著　郭之奇译

上海：启智书局，1929.10，309 页，32 开（社会科学丛书 6）

　　本书收文 78 篇，内容包括：《问题之规

定》《财产的历史性》《希腊人的财产观念》《罗马人的财产观念》《犹太人的财产观念》等。著者原题：李布克内希特。

收藏单位：重庆馆、广东馆、桂林馆、湖南馆、近代史所、上海馆、西南大学馆、浙江馆

05645

土地问题浅说　广东省政府秘书处编译室编译

广东省政府秘书处第二科，1942.12，38页，32开（政治常识小丛书10）

本书介绍土地分配、利用、租佃、金融等问题。

收藏单位：重庆馆

05646

土地问题浅说　张原絜编

上海：商务印书馆，1928.1，36页，50开，精装（新时代民众丛书）

上海：商务印书馆，1928.5，3版，36页，50开（新时代民众丛书）

上海：商务印书馆，1928.11，7版，36页，50开（新时代民众丛书）

本书共5章：土地问题之意义、中国土地法之沿革（上、下）、欧美各国解决土地问题之方法、解决中国土地问题之意见。

收藏单位：广东馆、国家馆、河南馆、江西馆

05647

土地问题讨论大纲　地政学院编

[南京]：地政学院，[1928—1949]，1册，25开

本书收文8篇，内容包括：《土地利用问题》（傅莘耕、冯小彭）、《垦殖问题》（李积新）、《土地分配问题》、《中国佃租问题》（富靖、贺明缨）、《土地重划问题》（冯小彭、傅莘耕）、《估计地价问题》（鲍德澂）等。

收藏单位：桂林馆、国家馆、南京馆

05648

土地问题研究项目　土地委员会编

土地委员会，1934.12，38页，23开

本书内容包括：地价、地权、地税、地用、土地测量及登记等。

05649

土地征收之学理与实施研究　（法）罗班（R. Robin）原著　万锡九译

长沙：商务印书馆，1938，461页，25开（地政丛书）

本书共16章，内容包括：土地征收应具之条件、评定偿金前应有之措施、征收陪审委员会、偿金之确定、征收字据之形式通知与登记等。

收藏单位：重庆馆、东北师大馆、贵州馆、国家馆、吉林馆、江西馆、南京馆、上海馆

05650

土地制度与土地使用之社会管制　崔永楫编著

正中书局，1947.9，74页，25开（中国地政研究所丛刊）

本书收录1938年第五届国际农业经济学者年会上狄采、戴乐、斯突渥、布莱克等人的文章15篇。分3部分：论文、讨论、戴乐答辩。

收藏单位：重庆馆、广东馆、贵州馆、国家馆、湖南馆、辽宁馆、南京馆、上海馆、天津馆、浙江馆、中科图

05651

养蚕业收支计算法　陈兆耕 [著]

成都：四川大学农学院蚕桑系，1941.7，手写本，35页，16开

本书共6章：蚕业计理之概念、蚕业要素之评价、蚕业簿记之记帐方法、蚕业计理之决算、蚕业经营之生产费、蚕业计理之结果。

收藏单位：国家馆

05652

应用农业经济学　（日）北原金司著　章澄若译

上海：商务印书馆，1937.7，340页，22开，

精装

　　本书共 5 编：总论、农业要素论、农业组织论、农业管理论、农业市场论。

　　收藏单位：安徽馆、重庆馆、东北师大馆、广东馆、国家馆、吉林馆、辽大馆、南京馆、内蒙古馆、宁夏馆、上海馆、天津馆、西南大学馆、浙江馆

05653

怎样处理农会的帐务　中国农民银行南京分行编

中国农民银行南京分行，1948.11，42 页，32 开（农民服务丛书 7）

　　本书共 7 部分，内容包括：农会需要那几种帐簿、怎样拟定帐户、怎样决算盈亏、帐表格式和说明等。

　　收藏单位：国家馆

05654

怎样经营农村供给合作社

湖北省农村合作委员会，[1928—1949]，26 页，32 开

　　本书分 9 章论述供给合作社的原则、组织、职员选择的条件、出货问题、社务发达之必要条件、一般的困难及其解答等。

　　收藏单位：重庆馆

05655

中等农业经济学　颜纶泽编　陆费执校

上海：中华书局，1925.12，113 页，32 开

上海：中华书局，1928.3，3 版，113 页，25 开

上海：中华书局，1929，6 版，113 页，32 开

上海：中华书局，1930，10 版，113 页，32 开

上海：中华书局，1933.12，14 版，113 页，32 开

上海：中华书局，1935，15 版，113 页，24 开

上海：中华书局，1939，16 版，113 页，32 开

　　本书为新学制农业教科书。共两编：泛论、本论。泛论分两章：农业经济之性质、农业经济学之定义；本论分两章：生产、交易。

　　收藏单位：安徽馆、重庆馆、湖南馆、南京馆、上海馆

05656

中国农家经济之记帐的研究（民国二十四年度上下伍旗余粮庄湘湖乌江四区农家记帐之结果）　汤惠荪　杜修昌著

实业部中央农业实验所，[1936.12]，[101] 页，32 开（实业部中央农业实验所研究报告 第 1 卷 12）

世界农业经济

05657

巴拿马博览会农业调查报告　章祖纯编

[农商部]，1916.7，1 册，22 开

　　本书介绍农业馆陈列概况，如美国、加拿大、日本的农具、食品、园艺、牲畜等。

　　收藏单位：重庆馆、广东馆、广西馆、国家馆、辽宁馆、南京馆、上海馆、首都馆、中科图

05658

蚕丝业泛论　戴礼澄编

上海：商务印书馆，1936.11，134 页，32 开

上海：商务印书馆，1938.7，192 页，32 开

长沙：商务印书馆，1939，再版，192 页，32 开，精装

上海：商务印书馆，1941，3 版，192 页，32 开，精、平装

　　本书为高级农业职业学校教科书。共 8 章：蚕丝业之概念、蚕丝业之溯源、蚕丝之沿革、世界之蚕丝业、我国蚕丝业之地位、蚕业经营之现状、蚕业之保护奖励、蚕业之将来。

　　收藏单位：安徽馆、重庆馆、广东馆、国家馆、湖南馆、辽大馆、南京馆、内蒙古馆、山西馆、上海馆、西南大学馆

05659

出席国际土壤学大会暨沿途考察农业与农业教育概况报告书　邓植仪编述

广州：国立中山大学农学院广东土壤调查所，1935.12，74 页，22 开

本书共4部分：出席国际土壤学大会之意义及附带任务、行程、出席国际土壤学大会经过、考察。

收藏单位：国家馆、南京馆

05660

从佃户到自耕农 吴景超著

[北平]：国立清华大学，1934，20页，16开

本书概述世界各国佃户变成自耕农的过程及其客观条件。为《清华学报》单行本。

收藏单位：国家馆

05661

第二次国际生丝专门会议状况报告 李安编

李安[发行者]，[1929]，22页，16开

本书共6部分：会议性质、会议经过、争论焦点、会议表现及结果、会议感想、结论。附调查概况及挽救我国蚕丝业要略。

收藏单位：国家馆、上海馆

05662

封建社会的农村生产关系 陈翰笙著

国立中央研究院社会科学研究所，1930，26页，22开（农村经济参考资料1）

本书探讨西欧、俄国、日本封建社会的农村生产关系。共3部分：赋役制、强役制、工偿制。

收藏单位：重庆馆、广东馆、广西馆、国家馆、南京馆、上海馆、中科图

05663

各国经界纪要 经界局编译所编辑

经界局编译所，1915.6，1册，18开

经界局编译所，1928，1册，18开

本书内容侧重于所述国家及地区的地租、地制问题。

收藏单位：国家馆、近代史所、上海馆、天津馆

05664

国防与农业统制 徐钧达著

上海：汗血书店，1937.1，144页，32开（国防实用丛书10）

本书共4部分：国防与农业统制问题、各国农业统制之国防化、国防农业统制方案、农业生产技术之统制。

收藏单位：安徽馆、重庆馆、广西馆、贵州馆、国家馆、江西馆、南京馆、内蒙古馆、上海馆

05665

国际经济会议之农业问题 （日）佐藤宽次著 黄枯桐译

上海：启智书局，1928.10，90页，32开

本书共9部分，内容包括：农业底悲况、农业人口、世界经济上底农业的价值、国际经济会议底决议事项等。为佐藤宽次等合著《国际经济会议及其问题》中的1篇。

收藏单位：重庆馆、国家馆、河南馆、湖南馆、辽宁馆、上海馆、浙江馆

05666

国际小麦协定

出版者不详，[1948]，26页，18开

本协定由阿富汗、奥地利、比利时、巴西、加拿大、中国、古巴、丹麦、埃及、希腊、印度、荷兰、秘鲁、波兰、瑞士、英国、美国等36国代表于1948年3月6日在美国华盛顿签署。

收藏单位：国家馆、南京馆

05667

国立中山大学东亚农业考察团报告书 梁光商 黎献仁编

广州：国立中山大学东亚农业考察团，1935.12，52页，16开

本书共10部分，内容包括：组织、行程、日本农业考察结果、考察日记等。

收藏单位：国家馆

05668

海军与渔业 沈遵晦著

海军总司令部政工处，[1948]，50页，32开（海军政训教材参考丛书）

本书共7部分，内容包括：我国海洋渔业区之概况、我国渔业技术之史的发展、世

界渔业国状况举例、渔业与科学研究之先例、海军与渔业之关系等。附海南岛之渔业。

收藏单位：国家馆、南京馆

05669

合作与农民　刘梅庵编著

上海：卿云图书公司，1930.5，252 页，32 开（民众丛书 5）

本书共 6 章：引端、前论、合作制度与民生主义、农业合作经营论、各国农业合作运动概况、各国合作运动者传略。

收藏单位：安徽馆、重庆馆、东北师大馆、广西馆、国家馆、江西馆、近代史所、南京馆、上海馆、天津馆

05670

垦殖与建设　张开滇编著

合作同仁互助社，1938，106 页，22 开

本书共 5 章：绪论、垦殖事业之今昔观、各国垦殖之概况、今后垦殖政策、结论。

收藏单位：国家馆

05671

拉斯基的农业政策　楚材著

国魂书店，[1933—1949]，18 页，25 开（国论经济丛刊 75）

收藏单位：重庆馆

05672

林业政策　安事农著

上海：华通书局，1933.5，11+468 页，25 开，精装

本书共 25 章，内容包括：总论、森林直接效用、森林之间接效用、中国林业政策、德国之林业政策、美国之林业政策、公有林等。

收藏单位：重庆馆、广东馆、广西馆、国家馆、湖南馆、吉林馆、江西馆、南京馆、浙江馆

05673

马克思与列宁之农业政策　刘宝书编译

上海：太平洋书店，1928.10，再版，66 页，

50 开（社会问题丛书）

本书共两部分：马克思之农业政策、列宁之农业政策。附恩格斯之农业政策、农业问题之于社会民主党与共产党。

收藏单位：重庆馆、湖南馆、上海馆、首都馆

05674

米谷统计　全国经济委员会农业处编

外文题名：Rice statistics

全国经济委员会农业处，1934.7，[140] 页，16 开（农业专刊 1）

本书为汉英对照，全部为表。共两部分：世界之部、中国之部。世界之部收录表 20 种，中国之部收录表 40 种，均依生产、消费、贸易、市价、其他 5 类编排。

收藏单位：广东馆、国家馆、近代史所、南京馆、上海馆

05675

农业的起源　（英）哈洛培克（Harold Peake）著　曲直生译

外文题名：The origins of agriculture

南京：近代出版社，1932.9，84 页，32 开

本书分 6 章探讨农业起源的时间、地点、过程及其与文化发展史的关系，同时研究亚非两洲的农业起源问题。

收藏单位：重庆馆、国家馆、上海馆、首都馆、浙江馆

05676

农业地理　盛叙功编译

上海：商务印书馆，1929，259 页，22 开（地理丛书）

上海：商务印书馆，1931.8，259 页，22 开（地理丛书）

上海：商务印书馆，1934.3，国难后 1 版，259 页，22 开

本书分两章：绪论、农业。第 1 章共 4 节：生产、生产与地理、生产与原料之自然分布、生产与人民；第 2 章共 8 节，内容包括：农业与地理、世界农业之概观、谷物、衣用植物等。

收藏单位：重庆馆、广东馆、广西馆、国家馆、江西馆、南京馆、内蒙古馆、上海馆、首都馆、天津馆、西南大学馆、浙江馆

05677

农业经济史 陈其鹿著

上海：商务印书馆，1930.4，200页，32开（万有文库第1集599）（新时代史地丛书）

上海：商务印书馆，1931.9，200页，32开（新时代史地丛书）

上海：商务印书馆，1933.5，国难后1版，200页，32开（新时代史地丛书）

上海：商务印书馆，1934，国难后2版，200页，32开（新时代史地丛书）

上海：商务印书馆，1939.9，200页，25开（万有文库第1、2集简编500种239）（新时代史地丛书）

本书共15章，内容包括：经济发达之各时期、农业发达之各时期、中古之食邑制、法国一七八九年以来农业之发展、丹麦近世农业之发展、中国农业经济之当前问题等。

收藏单位：安徽馆、长春馆、重庆馆、大连馆、东北师大馆、广西馆、贵州馆、国家馆、黑龙江馆、湖南馆、吉林馆、江西馆、辽大馆、辽东学院馆、辽宁馆、辽师大馆、南京馆、内蒙古馆、宁夏馆、山西馆、上海馆、绍兴馆、天津馆、武大馆、西南大学馆、浙江馆、中科图

05678

农业十篇 汤佩松　巫宝三编著

重庆：独立出版社，1943.1，98页，32开

本书共10部分：天地人、战后土地利用问题、国人营养与战后农产品生产问题、论农村人口过剩及其对策、农业机械化的展望、平均地权与地尽其利的实行、论农产品运销政策、论农业金融制度及其贷款政策、乡村工业的过去现在与未来、农业与经济变动。

收藏单位：安徽馆、重庆馆、广东馆、国家馆、河南馆、柳州馆、南京馆、浙江馆

05679

农业政策 （德）艾瑞葆（F. Aereboe）原著

陈彝寿译述

长沙：商务印书馆，1939，2册（666页），22开（地政丛书）

本书分上、下两册：农业政策之国民经济学与经营学之基础、农业政策之最重要问题及其解决。上册共8篇，内容包括：农业之一般经济学基础、国家为农业与一般经济之范围、价格与技术辅助品对于农业上农场价值与土地价值之影响等；下册共7篇，内容包括：农业租税与租税政策、农业关税政策及物价政策、农业信用政策、农业劳工政策等。著者原题：艾雷贝。

收藏单位：重庆馆、广东馆、广西馆、贵州馆、国家馆、黑龙江馆、南京馆、内蒙古馆、天津馆、浙江馆

05680

农业政策 （奥）菲里波维（Eugen Philippovich）著 马君武译

上海：中华书局，1921.4，280页，32开，精装（新文化丛书）

上海：中华书局，1921.8，再版，280页，32开（新文化丛书）

上海：中华书局，1923，3版，280页，32开（新文化丛书）

上海：中华书局，1928.3，6版，280页，32开（新文化丛书）

上海：中华书局，1928，7版，280页，32开（新文化丛书）

上海：中华书局，1930，8版，280页，32开（新文化丛书）

上海：中华书局，1931.2，9版，280页，32开（新文化丛书）

上海：中华书局，1936.2，10版，280页，32开（新文化丛书）

本书共两部分：农业生产之组织、农业之生产政策。前者分4篇：现代生产组织之基础、土地分配政策、农业团体、农业生产组织中工人之地位；后者分两篇：农业经营、农业信用。为《国民生计政策》1912年改正第6版中的第1部。

收藏单位：安徽馆、重庆馆、广东馆、广西馆、贵州馆、桂林馆、国家馆、河南馆、

黑龙江馆、湖南馆、吉林馆、江西馆、近代史所、辽宁馆、南京馆、内蒙古馆、山西馆、天津馆、西南大学馆、浙江馆

05681

农业政策 梁庆椿主编 中国农民银行汉译社会科学百科全书译辑委员会编译

正中书局，1947.5，189 页，32 开（汉译社会科学百科全书 农业篇 3）

本书收文 16 篇，内容包括:《农业政策概论》《农业救济》《授地》《地租管制》《归农运动》《粮食供给》《谷物法》《渔猎法》《农业工团主义》《国际农业协会》《反对谷物条例同盟》《美国国会之农业派》等。

收藏单位:安徽馆、重庆馆、贵州馆、国家馆、湖南馆、南京馆、浙江馆

05682

农业政策 刘光华著

上海:南京书店，1932.8，256 页，25 开

本书共 5 篇:绪论、农业土地政策、农业劳动政策、农业金融政策、农业合作政策。

收藏单位:安徽馆、重庆馆、广西馆、国家馆、黑龙江馆、吉林馆、江西馆、南京馆、上海馆、天津馆、西交大馆、浙江馆

05683

农业政策 （日）气贺勘重原著 谭国栋译述

上海:商务印书馆，1935.11，291 页，22 开

本书共 9 章，内容包括:土地所有权之分配及其经营、农业团体、农业劳动关系、耕地改善政策、农业保险、农业信用等。

收藏单位:重庆馆、东北师大馆、广东馆、贵州馆、国家馆、湖南馆、江西馆、辽大馆、南京馆、内蒙古馆、宁夏馆、上海馆、首都馆、武大馆、浙江馆

05684

农业政策 唐启宇著

南京:公孚印刷所，1927.2，520 页，22 开

南京:公孚印刷所，1927，再版，520 页，24 开

本书共 34 章，内容包括:农业政策之意义及范围、土地等级之制定、移民开垦、农业经营、土地分配之方法、灌溉及排水事业、农业贷款、关税政策、支配政策、消费政策、日本之农业政策等。逐页题名:农政学。

收藏单位:安徽馆、重庆馆、国家馆、上海馆

05685

农业政策 熊伯蘅著

国立西北农学院农业经济学会，1948.1，290 页，22 开

本书介绍经济政策及农业政策的意义、现代农业制度的确立、农业政策历史的发展等。

收藏单位:重庆馆、浙江馆

05686

农业政策 张受均编

上海:泰东图书局，1924，190 页，32 开

上海:泰东图书局，1927.3，再版，190 页，32 开

上海:泰东图书局，1929.6，3 版，189 页，32 开

本书分两编:通论、本论。共 8 章，内容包括:农业之性质与国家之关系、农业政策之范围、适合的生产政策、独立的生产政策、中小农民保全政策等。

收藏单位:安徽馆、重庆馆、广西馆、国家馆、河南馆、近代史所、南京馆、山西馆、上海馆、首都馆、天津馆、浙江馆

05687

农业政策

安徽大学，[1930—1939]，[40] 页，18 开

本书内容包括:农业资金论、农业保险论等。

收藏单位:国家馆

05688

农业政策讲义（第 1 届后期） 王益滔编述

出版者不详，[1930—1939]，154 页，22 开

出版者不详，[1930—1939]，152 页，22 开

本书内容包括:农业及农业政策、尊农

论、中国农业论、农业土地问题、农业金融等。

收藏单位：浙江馆

05689

农业政策讲义（第 2 届后期） 孔涤庵编述

出版者不详，[1930—1939]，154 页，22 开

本书内容包括：农业政策概说、农业土地问题等。

收藏单位：浙江馆

05690

农业政策讲义（第 5 届后期） 孔涤庵编述

出版者不详，[1930—1939]，114 页，22 开

本书内容包括：农业及农业政策、农业之特质、农业在国民经济上之地位、农业之经营等。

收藏单位：浙江馆

05691

农业政策讲义（第 6 届后期） 孔涤庵编述

出版者不详，[1930—1939]，114 页，22 开

收藏单位：浙江馆

05692

农业制度 梁庆椿主编　中国农民银行汉译社会科学百科全书译辑委员会编译

重庆：正中书局，1944.8，75 页，32 开（汉译社会科学百科全书 农业篇 2）

上海：正中书局，1946.3，75 页，32 开（汉译社会科学百科全书 农业篇 2）

上海：正中书局，1947，3 版，75 页，32 开（汉译社会科学百科全书 农业篇 2）

本书收文 8 篇，内容包括：《庄园制度》（开许克著，李惟峨译）、《圈地》（希敦著，曹锡光译）、《农奴制度》（奈特著，洪瑞坚译）、《家宅垦地》（希巴特著，李惟峨译）、《农民》（迪替济著，李惟峨译）、《乡村社会》（禅墨门著，徐昭译）等。

收藏单位：重庆馆、广东馆、国家馆、河南馆、湖南馆、吉林馆、辽大馆、辽宁馆、南京馆、首都馆、西南大学馆、浙江馆

05693

农政学 唐启宇著

上海：黎明书局，1931，614 页，22 开

收藏单位：湖南馆、首都馆、浙江馆

05694

农政学 唐启宇编著

南京：中国农政学社，1931.2，3 版，613 页，22 开

收藏单位：安徽馆、重庆馆、广东馆、国家馆、河南馆、湖南馆、吉林馆、南京馆、上海馆

05695

欧战各国粮食政策 张孝仲编述

[南京]：京华印书馆，1937，200 页，25 开（军需学校丛书）

本书共 4 章：概论、战时粮食之统制、粮食之增产政策、粮食输送与交通。

收藏单位：重庆馆

05696

森林要览 凌道扬编

上海：商务印书馆，1918.4，32 页，16 开，精装

上海：商务印书馆，1922.7，再版，32 页，16 开，精装

本书共 13 部分，内容包括：各国森林面积比较、各国森林面积所占土地百分比较、各国林政经费比较、各国国有森林每年收入之净利、森林利益等。

收藏单位：国家馆、首都馆

05697

食料与人口 董时进著

外文题名：Food and population

上海：商务印书馆，1929.11，189 页，22 开，精装（经济丛书）

上海：商务印书馆，1933.3，国难后 1 版，189 页，22 开，精装（经济丛书）

本书共 8 章，内容包括：关于世界食料与人口之概念、欧洲各国之食料与人口、亚洲各国之食料与人口、海洋洲之食料与人口等。

附世界各国之粮食贸易额。

收藏单位：安徽馆、重庆馆、东北师大馆、广东馆、广西馆、国家馆、河南馆、黑龙江馆、湖南馆、吉林馆、近代史所、辽大馆、辽宁馆、南京馆、宁夏馆、山西馆、上海馆、天津馆、浙江馆

05698

世界蚕丝业概观 朱美予编著

上海：商务印书馆，1934.3，159页，32开（商学小丛书）

上海：商务印书馆，1934.6，再版，159页，32开（商学小丛书）

本书概述蚕丝业的沿革、现状及其前途，分述各国蚕丝业的概况。

收藏单位：重庆馆、广东馆、国家馆、河南馆、湖南馆、辽大馆、南京馆、宁夏馆、上海馆、首都馆、浙江馆

05699

世界茶业概观 福建省政府建设厅茶业管理局编

福建省政府建设厅茶业管理局，1939，39页，32开，环筒页装（福建茶业丛书4）

本书分两部分：世界之茶业国、世界之茶业贸易。第1部分共6章，论述印度、锡兰、日本等地的茶叶；第2部分共3章：茶之生产、茶叶输出限制协定、茶之消费。

收藏单位：重庆馆

05700

世界各国战时粮食管理之实施 中国国民党中央执行委员会宣传部编

中国国民党中央执行委员会宣传部，1941，42页，32开（粮食问题小丛书）

本书共9章：前言、英国战时之粮食管理、德国战时之粮食管理、美国战时之粮食管理、日本战时之粮食管理、苏联战时之粮食管理、意大利战时之粮食管理、法国战时之粮食管理、结论。

收藏单位：重庆馆、广东馆、广西馆、贵州馆、国家馆、河南馆、湖南馆、吉林馆、江西馆、南京馆、武大馆、西南大学馆、浙江馆

05701

世界各国之农业组织与其产业合作社之发达 李正谊编著

上海：艺林书局，1931.5，184页，32开

上海：艺林书局，1934，184页，32开

上海：艺林书局，1935，184页，32开

本书分21章介绍丹麦、德国、法国、比利时、意大利、荷兰、匈牙利、澳大利亚、瑞典、芬兰、波兰、美国、加拿大、英国、苏联、日本等国的农业组织及农业合作情况。附中央执行委员会农民协会章程。

收藏单位：重庆馆、国家馆、上海馆、天津馆、浙江馆

05702

世界各国之食粮政策 日本农林省米谷局编 沐绍良等译述

上海：商务印书馆，1937.3，665页，22开，精装

本书分两部分：总论、各论。总论概述1931—1934年的世界农业情势；各论分述英、美、德、法、意、挪威、瑞士、巴西、捷克等国的粮食政策。

收藏单位：安徽馆、重庆馆、东北师大馆、贵州馆、桂林馆、国家馆、黑龙江馆、湖南馆、吉大馆、吉林馆、江西馆、近代史所、辽大馆、辽宁馆、南京馆、山西馆、上海馆、绍兴馆、首都馆、天津馆、浙江馆、中科图

05703

世界各国之糖业 陈骐声著

上海：商务印书馆，1928.5，234页，25开

上海：商务印书馆，1935.4，国难后1版，250页，22开（实业丛书）

本书共11章，内容包括：总论、古巴之糖业、美国之糖业、日本及其属地之糖业、欧洲各国之糖业、英国属地之糖业、中国之糖业等。

收藏单位：重庆馆、广东馆、国家馆、湖南馆、江西馆、辽大馆、南京馆、内蒙古馆、

宁夏馆、山西馆、上海馆、首都馆、天津馆、浙江馆

05704

世界粮食恐慌的剖视　傅尚霖著

傅尚霖，[1948]，61 页，16 开

　　本书概述世界米、麦、糖、渔业产量的危机及食油、畜产品等的生产情况。附汉英对照的欧洲大陆各国国内粮食生产表、主要粮食每人平均消费量表、各国谷物产量表、谷物输出估计表、面食谷物存量表、稻米产量及国际贸易表等 34 种表及注释 94 条。

　　收藏单位：国家馆、吉林馆、近代史所、首都馆

05705

世界粮食问题　梁庆椿著

上海：商务印书馆，1936，281 页，32 开（万有文库 第 2 集 118）（现代问题丛书）

上海：商务印书馆，1937.2，281 页，32 开（现代问题丛书）

上海：商务印书馆，1937.4，再版，22+281 页，32 开（现代问题丛书）

长沙：商务印书馆，1938.5，3 版，281 页，32 开（现代问题丛书）

长沙：商务印书馆，1939.9，2 册（281 页），32 开（万有文库 第 1、2 集简编 500 种 79）（现代问题丛书）

　　本书共 7 章，内容包括：概论、世界之粮食生产、世界之粮食消费、世界粮食贸易、世界粮食之将来等。

　　收藏单位：安徽馆、长春馆、重庆馆、大连馆、大庆馆、东北师大馆、广东馆、广西馆、贵州馆、国家馆、河南馆、黑龙江馆、湖南馆、吉林馆、江西馆、辽大馆、辽宁馆、南京馆、内蒙古馆、宁夏馆、上海馆、天津馆、武大馆、西南大学馆、浙江馆

05706

世界林业之沿革及其趋势　陈嵘著

南京：首都造林运动委员会，1930，8 页，32 开

　　本书论述森林变迁及林业走向工业化、商业化的趋势。

　　收藏单位：国家馆

05707

世界棉业概况及统计　胡竟良鉴定　章祖纯辑译

上海：农林部棉产改进咨询委员会，1946.9，89 页，16 开（农林部华中棉产改进特刊 1）

　　本书共 3 部分：世界棉业概况、世界棉业统计表、最近世界棉产低落概略。

　　收藏单位：重庆馆、国家馆、吉林馆、近代史所、南京馆、上海馆

05708

世界农业史　董之学编

上海：昆仑书店，1930.11，230 页，32 开

　　本书内容包括：罗马农业史、中世纪的农业、英国农业的发展、法国农业的发展、德国农业的发展、俄国农业的发展、欧洲东南的农业史、美国农业发展史。

　　收藏单位：安徽馆、重庆馆、国家馆、湖南馆、吉林馆、近代史所、南京馆、内蒙古馆、山西馆、上海馆、首都馆、天津馆、浙江馆、中科图

05709

世界农业状况　吴觉农编

上海：大东书局，1930.6，274 页，32 开（世界经济丛书 2）

　　本书共 10 章：总论、农政、米谷、麦类、棉花、蚕丝、茶、林业、畜产、水产。附世界耕地比较图。

　　收藏单位：安徽馆、重庆馆、东北师大馆、广东馆、广西馆、国家馆、黑龙江馆、吉林馆、江西馆、近代史所、辽大馆、辽宁馆、南京馆、内蒙古馆、宁夏馆、上海馆、天津馆、浙江馆

05710

世界之渔业　黄肇曾译

出版者不详，1947.9，15 页，23 开

　　本书内容包括：各洲渔业之产量、主要鱼产国之渔民、渔船及鱼产统计、各洲各国渔民

渔船鱼产额及价值统计、海洋之产量表等。据1945年美国内政部渔猎局《渔业活页》第109号"The fisheries of the world"转译。为《水产月刊》第2卷第5期抽印本。

收藏单位：上海馆

05711

世界主要产棉国家之棉业金融问题　科斯坦佐（G. Costanzo）著　王益滔译

外文题名：The financing of the growing and marketing of cotton

北平：国立北平大学农学院农业经济学系，1937.2，54页，16开

本书涉及美国、印度、埃及等国家。附西班牙之植棉问题。据 International review of agriculture 1936年1月号所载"The financing of the growing and marketing of cotton"一文翻译。

收藏单位：国家馆、天津馆

05712

糖鉴　财政部食糖运销管理委员会编辑

财政部食糖运销管理委员会，1935，2册（214+202页），25开

本书分两辑收录有关糖业论文77篇，内容包括：《世界糖业之概况》《近五年来世界糖产与爪哇糖产之比较》《国际食糖协定之经过》《日本之甜菜糖业》《加拿大糖业之近况》等。附最近各国货币与关金之折合、民国二十三年上半年与二十四年上半年洋货进口品别比较表、《说糖》《新货币制度与关金价格之关系》等6种。

收藏单位：重庆馆、广东馆、国家馆、湖南馆、江西馆、近代史所、南京馆、宁夏馆、山西馆、上海馆、首都馆、浙江馆

05713

土地登记制度　孟光宇著

重庆：天地出版社，1944.7，234页，32开

本书分上、下两编：总论、分论。上编共9章，内容包括：土地登记概说、土地登记对象、土地登记效力、土地登记机构、土地登记人员等；下编分9章论述英国、美国、加拿

大的土地登记制度等。附登记通则、不动产登记条例及其施行细则、土地法及其施行法、土地登记等。

收藏单位：重庆馆、东北师大馆、国家馆、近代史所、南京馆、天津馆、浙江馆、中科图

05714

土地登记制度　潘信中编

重庆：正中书局，1945，188页，25开（中国地政研究所丛刊）

重庆：正中书局，1946.1，288页，25开（中国地政研究所丛刊）

本书共6章，内容包括：登记通论、第一次登记、登记之效力、国家对损害之赔偿等。

收藏单位：重庆馆、广东馆、广西馆、贵州馆、国家馆、湖南馆、吉林馆、近代史所、南京馆、中科图

05715

土地改革论　胡伊默著

汉口：中华大学经济学会，1949.8，365页，32开

本书共15章，内容包括：土地关系、土地改革、由战国至秦的土地改革、英国圈地运动、法国大革命中的土地改革、德国农民战争与土地改革、美国土地制度的创建、苏联土地改革、东南欧各国土地改革、土地改革与农民问题、近代土地改革思想、土地改革的中心问题等。

收藏单位：湖北馆、吉大馆、辽大馆

05716

土地政策研究　宋斐如著

北平：西北书局，1932.11，10+302页，32开

本书共6章，内容包括：直接自由创定主义、直接强制创定主义、间接自由创定主义、间接强制创定主义等。

收藏单位：安徽馆、重庆馆、国家馆、湖南馆、南京馆、浙江馆、中科图

05717

小麦统计　全国经济委员会农业处编

全国经济委员会农业处，1934.7，1册，16开（农业专刊2）

本书为汉英对照。收录有关世界各国小麦生产、消费、贸易、市价的统计图表。

收藏单位：东北师大馆、国家馆、近代史所

05718

原始社会之土地形态的研究 秦元邦著

上海、重庆：商务印书馆，1946.2，112页，32开

本书共12章，内容包括：土地共通进化的过程、瑞士之共有地、法国之共有地、中国通过村落共同体时期等。

收藏单位：安徽馆、重庆馆、东北师大馆、广东馆、广西馆、贵州馆、桂林馆、国家馆、河南馆、吉林馆、江西馆、近代史所、辽大馆、辽宁馆、南京馆、内蒙古馆、上海馆、首都馆、西南大学馆、浙江馆、中科图

05719

战时农业经济之统制观 陈安仁著

汉口：前进出版社，1938，37页，32开

本书共5部分：绪论、统制经济之意义与实质、中国须实行统制经济之理由与条件、各国对于农业经济统制实施之概况、对于安全省区实施农业经济统制之管见。

收藏单位：广西馆、贵州馆、国家馆

05720

战时食粮政策 华北政务委员会总务厅情报局编

华北政务委员会总务厅情报局，1943，38页，32开（时局丛书22）

本书介绍德国、苏联、英国、美国在两次世界大战中所推行的粮食政策。

收藏单位：国家馆

05721

战争与农村（二次大战中的各国农村）（苏）瓦尔加（E. C. Bapra）等著 中国农村经济研究会编译

重庆：农学书店，1942.9，203页，32开

本书内容包括：资本主义国家中的农民生活、战争与殖民地农业危机、欧战带来的农业恐慌、侵略战争中日本农村经济的崩溃、中国沦陷区的农村经济等。

收藏单位：安徽馆、北师大馆、重庆馆、广西馆、桂林馆、国家馆、吉林馆、江西馆、近代史所、南京馆、内蒙古馆、宁夏馆、上海馆、西南大学馆、浙江馆

05722

蔗糖统计资料续编 广东省调查统计局编

广州：广东省调查统计局，1937，12页，16开（广东省三年施政计划统计丛刊 杂项类 第4种）

本书收录译文两篇：《爪哇糖需给的将来》《爪哇产糖的将来与需给状况》，以及有关世界糖产量、消费、价格等的统计表6种。附去年食糖到销总数、汕头糖产销概况。

05723

中国雇农与雇农保护 毛福全著

出版者不详，[1911—1949]，23页，16开

本书列表说明复兴农村委员会，保护雇农的重要性。附著者自拟的《雇农保护法草案》。

收藏单位：重庆馆

05724

中外渔业概观 费鸿年著

上海：商务印书馆，1931.4，107页，32开（万有文库第1集643）（百科小丛书）

上海：商务印书馆，1933，107页，32开（百科小丛书）

上海：商务印书馆，1939.12，107页，25开（万有文库第1、2集简编500种81）

本书共5章：各国渔业之现状、中国渔业概况、各种特殊渔业、渔业上之设施、渔业与科学研究。

收藏单位：安徽馆、长春馆、重庆馆、大理馆、大连馆、大庆馆、东北师大馆、广东馆、广西馆、贵州馆、国家馆、河南馆、黑龙江馆、湖南馆、江西馆、辽大馆、辽师大馆、南京馆、内蒙古馆、宁夏馆、上海馆、

首都馆、天津馆、西南大学馆、浙江馆

05725

最近国内外茶叶概况及中国茶叶公司工作大要　中国茶叶公司编译统计室编著

中国茶叶公司编译统计室，1939，油印本，15页，13开（中国茶叶丛刊）

　　收藏单位：国家馆

中国农业经济

05726

1945年大生产运动总结参考材料　晋察冀边区行政委员会实业处编

晋察冀边区行政委员会实业处，1946.1，油印本，220页，32开

　　收藏单位：国家馆

05727

安徽办理中央委购粮概况　安徽省政府购粮委员会编

安徽省政府购粮委员会，1946.3，油印本，1册，16开

　　收藏单位：南京馆

05728

安徽粮政

安徽省粮食管理局，[1943]，80页，32开

　　本书共12部分：前言、调查统计、粮食管制、征购军粮、统筹公粮、调剂民食、粮食运输、粮食仓储、建仓积谷、收拨程序、财务行政、结论。

　　收藏单位：重庆馆、国家馆、南京馆

05729

安徽农林建设概况（二十四年份）　安徽建设厅编

安徽建设厅，1936.2，130+56页，16开

　　本书共3部分：农业、林业、防治病虫害。第1部分概述稻作、麦作、棉作、蚕业、茶业、种畜改良等，第2部分概述育苗、造

林、林地调查等，第3部分概述防治虫害、病害。目录页题名：民国二十四年份安徽农林建设概况。

　　收藏单位：安徽馆、上海馆、中科图

05730

安徽农业概况调查　王劲草著

出版者不详，[1928—1939]，17页，16开（安徽省立第一农区农场研究丛刊2）

05731

安徽省财政厅土地陈报讨论会讨论集　安徽财政厅土地陈报处编

安徽财政厅土地陈报处，[1928—1939]，油印本，1册，16开

　　收藏单位：南京馆

05732

安徽省当涂县土地陈报概略　财政部整理地方捐税委员会编

财政部整理地方捐税委员会，[1935]，26页，16开（土地陈报调查报告1）

　　本书共4部分：陈报经过及结果、陈报以后省县库收分配办法、田赋沿革述略、附表。

　　收藏单位：重庆馆、国家馆、吉林馆、南京馆、宁夏馆、上海馆、天津馆、中科图

05733

安徽省二十九年度粮食减产情形

出版者不详，[1928—1939]，油印本，1册，16开

　　收藏单位：南京馆

05734

安徽省立茶业改良场祁门县茶业调查报告

安徽省立茶业改良场编

安徽省立茶业改良场，[1930—1939]，34页，36开

　　本书介绍该县茶叶产地、产额、面积、茶商集资办法，茶号、茶叶装潢方法、运销、税捐缴纳等情况。

　　收藏单位：南京馆

05735

安徽省农仓事业进行概况 安徽省政府农仓管理处编

[安徽省政府农仓管理处], 1936, 16 页

收藏单位: 近代史所

05736

安徽省农村合作事业概况 安徽省农村合作委员会编

安徽省农村合作委员会, 1934.12, 24 页, 16 开

安徽省农村合作委员会, 1936, 58 页, 32 开

本书共 7 部分, 内容包括: 本会之创设及其组织概况、本会推行合作区域与工作方针、各县合作组织之进展情形、合作贷款及其用途等。

收藏单位: 安徽馆、重庆馆、广东馆、国家馆、南京馆、首都馆

05737

安徽省农村合作委员会工作概述 安徽省农村合作委员会编

安徽省农村合作委员会, 1938.8, 58 页, 16 开

本书共 7 部分: 本会组织、合作组织、合作业务、合作贷款、合作教育、战时合作事业、尾语。

收藏单位: 国家馆

05738

安徽省农业推广一年来工作报告 安徽省建设厅农业推广处编

安徽省建设厅农业推广处, 1930.8, 1 册, 16 开

本书内容包括: 法规、计划、公牍、推广纪实、调查、统计等。附《办理农业推广的几个根本问题》(刘行骥)。

收藏单位: 国家馆

05739

安徽省土地陈报之研究 陈少书著

陈少书 [发行者], 1935, 手写本, 1 册, 18 开

本书共 5 章: 绪言、安徽省土地陈报之筹

办及进行、当涂县土地陈报实况、和县土地陈报实况、结论。附统计表 43 种。

收藏单位: 国家馆

05740

安徽省皖南茶叶三十七年度产销计划草案

安徽省立祁门茶叶改良场编

安徽省立祁门茶叶改良场, [1948], 油印本, 17 页, 16 开

收藏单位: 广东馆

05741

安徽省之人口密度与农产区域 胡焕庸著

南京: 地理学报社, 1935.3, 10 页, 16 开

本书附安徽省各县面积人口及重要农产表、安徽省地形图、安徽省稻米分布图、安徽省农产区域图、安徽省人口分布图、安徽省人口密度图等。为《地理学报》第 2 卷第 1 期单行本。

收藏单位: 国家馆、南京馆、浙江馆

05742

安徽省之土地分配与租佃制度 郭汉鸣 洪瑞坚编著

外文题名: Land distribution and farm tenancy in Anhwei

南京: 正中书局, 1937.1, 94 页, 16 开 (中央政治学校地政学院研究报告 5)

本书分 3 编: 总论、土地分配、租佃制度。第 1 编共 9 部分, 内容包括: 自然地理、人口分布、耕地面积等; 第 2 编共 4 章: 土地分配问题鸟瞰、地权所有之大小、土地之集中及其趋势、土地经营之大小; 第 3 编共 6 章, 内容包括: 租约、租期、租额等。附表 66 种。

收藏单位: 安徽馆、重庆馆、贵州馆、国家馆、湖南馆、吉林馆、南京馆、山西馆、上海馆、浙江馆、中科图

05743

安徽试办土地清丈特刊 [安徽省土地整理筹备处编]

安徽省土地整理筹备处, 1933, [368] 页, 18

开

本书内容包括：论著、计划、章则、工作报告、会议纪录等。"论著"部分收文6篇，内容包括：《对于皖省八都湖试办地籍测量之刍言》《整理土地应有之认识》《安徽整理土地之必要及实施之方案》等。附安徽省土地整理筹备处八都湖试办理区开始清丈告民众书、地政新闻、福建土地调查筹备处白话布告、福建土地调查处韵文布告、本处举行测量员开学典礼演说词等。

收藏单位：安徽馆、国家馆、南京馆、首都馆

05744
安康县土地陈报章则辑要
出版者不详，[1936]，1册，22开，环筒页装

本书共两部分：省订法规择要、本处章则。内容包括：陕西省土地陈报试办章程、陕西省土地陈报指导员服务规则、土地陈报业户须知事项、划界分段办法、土地纠纷调解原则等。

收藏单位：国家馆

05745
安溪茶业调查　庄灿彰调查
福安茶叶改良场，[1937—1949]，128页，22开

本书共14部分，内容包括：社会背景、栽培环境、栽培历史、栽培面积与生产数量、栽培与管理方法等。

收藏单位：国家馆、湖南馆

05746
八都湖试办土地测量计划书　[安徽省土地整理筹备处编]
安徽省土地整理筹备处，1932，12页，16开

收藏单位：南京馆

05747
巴县合川南充蓬溪柑桔调查报告　杨定纶著
出版者不详，[1928—1949]，31页，16开

本书共15部分，内容包括：调查经过之路程、调查地之农业情形及农村经济情形、调查地之历史及沿革、栽培方法、销路及贩卖情形等。

收藏单位：国家馆、南京馆

05748
巴县建设局农林试验场计划书　巴县建设局编
巴县建设局，1929，油印本，9页，16开，环筒页装

本书共7节：沿革及地势、地积的分配、试验的目的、作业计划、用具之添置、会计年度、簿记及记录表册。

收藏单位：重庆馆

05749
巴县农林试验场经营计划书　陈伯宣拟
巴县农林试验场，1935，24页，25开

本书共两节：设计要旨、部分区划。第2节内容包括：办理农艺、森林、园艺、畜养、农林制造、气象、推广等。

收藏单位：重庆馆

05750
把解放区的农业生产提高一步
华中新华书店，1948.11，46页，64开

收藏单位：南京馆、山东馆

05751
把咱农业生产提高一步　吉林农民报编
吉林书店，1948.11，18页，32开

本书内容包括：把咱农业生产提高一步、保护私有财产改善插犋换工。

收藏单位：东北师大馆

05752
白龙池拓荒公社章程
成都：协美印刷局，[1911—1949]，32页，32开

本书内容包括：章程、工作计划大纲、征求社员文件等。

05753
搬掉大石头整顿队伍

中共冀东区党委，1947，12 页，32 开

本书共两部分：搬掉大石头整顿队伍、全体农民起来平分土地。

收藏单位：国家馆

05754

办合作社

东北书店牡丹江分店，1947，25 页，64 开（生产小丛书）

本书收文 3 篇：《论合作社》（毛泽东）、《办合作社的几个经验》（刘建章）、《南区合作社分红的新办法》（刘建章）。

收藏单位：国家馆

05755

办理仓储须知　何南陔编

四川省政府民政厅，1939.11，14 页，36 开

本书共 3 章：积谷、建仓、仓储法规。

收藏单位：重庆馆、南京馆

05756

办理土地陈报文件　财政部整理地方捐税委员会编

财政部整理地方捐税委员会，1934.8，18 页，16 开

本书收录办理土地陈报纲要。附乡镇长陈报清册式样、土地营业执照式样等。

收藏单位：国家馆

05757

宝山棉业改良刍议　季钟和著

上海：宝山县立植棉试验场，1925.7，40 页，22 开

收藏单位：上海馆

05758

宝山清丈局报告书（光绪三十三年起中华民国三年止）　钱淦编

上海：宝山清丈局，1915.2，382 页，16 开，精装

本书共 3 编：文牍、章程（附各项程式）、表册。第 2 编内容包括：清丈办法大要、绘丈学堂简章、清丈章程、丈务规程等；第 3 编内

容包括：绘丈学堂职教员一览表、绘丈生实习分数表、各分局支款统计表等。

收藏单位：国家馆、近代史所、南京馆、上海馆、中科图

05759

保证责任吴江县震泽蚕业生产合作社联合社卅六年度工作报告　[吴江县震泽蚕业生产合作社联合社编]

[吴江县震泽蚕业生产合作社联合社]，[1911—1949]，油印本，[76] 页，18 开

本书内容包括：成立经过、社务概况、业务情形、经费决算、大事记等。

收藏单位：浙江馆

05760

北碚地籍整理业务报告　北碚地籍整理办事处编

北碚地籍整理办事处，1944.9，1 册，16 开

本书共 3 部分：土地测量、土地登记、规定地价。

收藏单位：重庆馆、国家馆

05761

北碚扶植自耕农示范区纪实　樊克恩编

中国农民银行土地金融处，1946.12，46 页，32 开（中国农民银行土地金融处丛书）

本书共 3 部分：办理经过、办理完成后之设施、效果及影响。

收藏单位：重庆馆、国家馆、南京馆、内蒙古馆、宁夏馆、浙江馆

05762

北碚管理局农业改进五年计划大纲

出版者不详，[1946]，16 页，36 开

本书共 5 部分：导言、改进目标、改进步骤、结论、北碚管理局农业改进五年计划分年进度表。

收藏单位：重庆馆

05763

北方大港港址渔业调查报告　李书田　张恩奎编辑

交通部、铁道部北方大港筹备委员会，1935.7，28 页，16 开

本书共 6 章：总论、张网渔业、大网渔业、钓渔业、挂网及围网渔业、结论。

收藏单位：国家馆、黑龙江馆、上海馆、天津馆

05764

北满农业 东省铁路经济调查局编辑

哈尔滨：东省铁路经济调查局，1928.4，310 页，16 开，精装

本书共 11 章，内容包括：农业之资本、农业之进益、农民之饮食等。

收藏单位：安徽馆、重庆馆、国家馆、黑龙江馆、近代史所、辽宁馆、南京馆、上海馆、天津馆、西南大学馆

05765

北平市四郊农村调查 北平市政府编

北平市政府，1934.9，54 页，22 开

本书共 4 部分：南郊调查报告、东郊调查报告、北郊调查报告、西郊调查报告。附统计表 10 种。

收藏单位：国家馆、吉林馆、近代史所、陕西馆、上海馆、浙江馆

05766

北岳区粮库组织与工作暂行办法（草案）

北岳行政公署，1948.11，油印本，5 页，16 开

收藏单位：国家馆

05767

被窒息的农村建设事业 王艮仲著

上海：中国建设服务社，1948.10，20 页，32 开

本书收文两篇：《基本工作再检讨》（王艮仲）、《南汇土地改革实施方案草目》（浦东地工委）。

收藏单位：南京馆

05768

本会规章汇编（第 1 辑） 华北农业合作事业委员会编

华北农业合作事业委员会，1934.10，32 页，25 开（华北农业合作事业委员会丛刊 1）

本书内容包括：提案、华北农业合作事业委员会章程、助理调查员服务规程、办公室规则、本会委员一览表等。

收藏单位：国家馆

05769

本会规章汇编（第 2 辑） 华北农业合作事业委员会编

华北农业合作事业委员会，1935.4，64 页，大 32 开（华北农业合作事业委员会丛刊 5）

收藏单位：南京馆

05770

本会规章汇编（第 3 辑） 华北农业合作事业委员会编

华北农业合作事业委员会，1936.4，106 页，25 开（华北农业合作事业委员会丛刊 13）

本书收录该委员会及下设办事处、贷放股、视察股、合作社、互助社等的规章。

收藏单位：安徽馆、国家馆、南京馆

05771

本年度粮食增产工作进度表（第 5 次） [农林部编]

[农林部]，[1941]，油印本，2 页，8 开

收藏单位：国家馆

05772

本省地政概要 浙江地政讲习所编

浙江地政讲习所，1932.11，[50] 页，32 开

本书内容包括：整理土地的计划、土地查丈办法、丘地清册说明、清丈整理土地进行计划方案等。

收藏单位：浙江馆

05773

本省重要作物产量估计表 广东建设厅农林局经济系编

广东建设厅农林局推广课，1936，42 页，32 开（农情丛书 7）

本书共 8 部分，内容包括：粳稻面积及产量估计表、糯稻面积及产量估计表、麦类面积及产量估计表、糖蔗面积及产量估计表、烟叶面积及产量估计表等。

收藏单位：上海馆

05774

边疆屯垦员手册　黄奋生著

[重庆]：青年出版社，1944.6，226 页，32 开（五项建设手册 4）

[南京]：青年出版社，1946.8，再版，226 页，32 开（五项建设手册 4）

本书共 6 章：中华民族的融合史略、中国边疆的涵义与区别、边疆的自然概述、边疆的人文概述、边疆政策、边疆屯垦。附总裁"开发西北的方针"训示、边疆从政人员奖励条例、推进全国垦殖事业纲领等。

收藏单位：重庆馆、广西馆、国家馆、湖南馆、吉林馆、南京馆、上海馆、浙江馆

05775

边区的劳动互助　新华书店编

山东新华书店，1945.6，107 页，32 开（生产运动丛书 34）

本书收文 5 篇：《边区农村旧有的各种劳动互助形式》《边区劳动互助的发展》《劳动互助在发展农业生产上的作用》《新的劳动互助的组织形式和它的性质》《边区组织劳动互助的主要经验和今后工作》。

收藏单位：国家馆、南京馆、山东馆

05776

边区的劳动互助　中共西北中央局调查研究室编

[中共西北中央局调查研究室]，1944，94 页，32 开（陕甘宁边区生产运动丛书）

收藏单位：重庆馆、南京馆、山西馆

05777

边区的劳动互助（陕甘宁生产运动介绍）

晋察冀新华书店，[1948]，65 页，36 开

收藏单位：北师大馆、东北师大馆、国家馆

05778

变工互助的发展形式——变工合作社　晋绥边区行政公署编

晋绥边区行政公署，[1939—1949]，17 页，32 开（晋绥边第四届群英大会丛书 4）

本书共 3 部分：变工合作是变工互助的发展形式、组织形式举例、变工合作社与综合性合作社贸易机构的关系。

收藏单位：重庆馆、国家馆、山西馆

05779

变工互助的几个具体问题　晋绥边区生产委员会编

晋绥边区生产委员会，1946.2，15 页，32 开（晋绥边区生产会议材料 2）

本书共 3 部分：组织形式举例、变工组织的普及与提高问题、折工记工与算账问题。

收藏单位：重庆馆、国家馆、山西馆

05780

兵农合一　阎锡山著

出版者不详，[1928—1949]，3 册（248+282+228 页），32 开

本书分上、中、下 3 卷：言论汇编、章则问答、实施程序。上卷共 4 部分，内容包括：关于收复区施行兵农合一指示方面、关于施行兵农合一理论方面等；中卷共 4 部分，内容包括：编组之部、份地之部等；下卷共 44 部分，内容包括：武装警察式搜索、安顿干部生活、划定村界等。

收藏单位：北师大馆、重庆馆、东北师大馆、贵州馆、国家馆、湖南馆、南京馆、山西馆、上海馆、首都馆、武大馆、西南大学馆、中科图

05781

兵农合一编组章程　山西省军管区司令部编

山西省军管区司令部，1945.12 印，126 页，32 开

本书内容包括：遵照兵役法实行兵农合一、兵农合一编组方案、兵农合一编组方案实施细则等。附乡干部守约。

收藏单位：国家馆、南京馆、山西馆

05782

兵农合一补充问答

兵农合一会议，1946.2，12 页，32 开

本书内容包括：编组问题解答、份地问题解答、均粮问题解答、救济问题解答、县村经费原则等。

收藏单位：山西馆

05783

兵农合一的理论与实践　任琦著

北平：华北大学出版部，1947.4，36 页，36 开

本书共 10 部分，内容包括：中国应走的路子、我们理想的中国、中国历史的特点、兵农合一的经济、兵农合一的不流血一次革命等。

收藏单位：国家馆

05784

兵农合一辑要　阎锡山著

正中书局，1948.1，250 页，25 开

本书分上、下两编：理论、章则。上编共 18 部分，内容包括：在重庆对兵农合一讲稿、兵农合一施政纲领、告谕人民三则等；下编共 5 部分：编组部分、划分份地部分、平均粮石部分、教育救济及其他部分、兵农合一实施程序。

收藏单位：重庆馆、国家馆、南京馆、山西馆

05785

兵农合一教材

出版者不详，[1928—1949]，198 页，32 开

本书共 18 部分，内容包括：兵农合一方案、兵农合一细则、兵农合一漏丁惩处办法、工作日程纲目、国民兵身份证实施办法等。

收藏单位：国家馆

05786

兵农合一举要　阎锡山等著　山西省政府编

出版者不详，1945.12，49 页，32 开

本书内容包括：兵农合一编组方案实施细则、修正划分份地实施大纲、修正百川均粮法等。逐页题名：在重庆对兵农合一讲稿。

收藏单位：重庆馆、东北师大馆、广东馆、国家馆、南京馆、上海馆、浙江馆

05787

兵农合一平均粮石章程　阎锡山著

阎锡山 [发行者]，[1945—1949]，82 页，32 开

本书内容包括：修正百川均粮法、均粮的次序、均粮分等计算标准表、均粮核算表及均粮算式实例、估评产量规则、土地赋税减免规程等。

收藏单位：国家馆、山西馆

05788

兵农合一评议　景梅九著

国风日报社，1946.12，23 页，32 开（国风日报丛书 3 ）

本书为评论阎锡山推行的兵农合一政策。

收藏单位：国家馆、南京馆

05789

兵农合一言论选　阎锡山著

山西兵农合一会议，[1945—1949]，[102] 页，36 开

本书共 16 部分，内容包括：在重庆对兵农合一讲稿、与美武官柯约瑟君关于兵农合一的谈话、兵农合一施政纲领序、兵农合一的政治事项等。附人民对兵农合一的反映、国民兵答词等。著者原题：阎伯川。

收藏单位：国家馆、南京馆、山西馆

05790

兵农合一与平民经济论述　山西省政府新闻处编

山西省政府新闻处，1947.11，64 页，32 开

本书分上、下两篇：兵农合一、平民经济。上篇共 7 部分，内容包括：中国社会经济的核心问题、中国农村破产的基本原因、兵农合一与土地问题等；下篇共 13 部分，内容包括：中国当前经济的危机、经济危机下的国民经济、经济危机下的社会现象等。

收藏单位：国家馆、近代史所、首都馆

05791

兵农合一增订章令问答

兵农合一会议，1946.7，25+21 页，32 开

本书内容包括：常备兵应制被服标准及逐年补充被服规定、常备兵在营食用折粮计算、公有耕地处理办法、谁种谁收谁负担办法、救济份地领种及负担办法等。

收藏单位：重庆馆、国家馆、吉林馆、南京馆、山西馆

05792

兵农合一章令汇编（编组之部） 山西省军管区司令部编

山西省军管区司令部，1944.10，136 页，32 开

本书内容包括：兵农合一方案、实施细则、发动工作纲要、敌我交错区兵农合一工作实施大纲、兵农合一漏丁惩处办法、敌区编组办法、纯国民兵编组范围等。附兵农合一民众课本等。

收藏单位：山西馆

05793

兵农合一章令汇编（分地之部） 山西省军管区司令部编

山西省军管区司令部，1944.10，1 册，25 开

本书共 15 部分，内容包括：划分份地实行大纲及说明、划分份地实行程序、并组计算法、果木份地之规定、夺田办法、份地明分暗不分强制纠正办法、份地指示问答等。

收藏单位：山西馆

05794

勃利县一九四九年农业生产计划（《合江日报》增刊） [合江日报社编]

出版者不详，1949.2，8 页，32 开

05795

[财政部对美国所提战后国际经济问题之意见]

出版者不详，[1943]，油印本，1 册，18 开，环筒页装

本书内容包括：财政部对美国所提战后国际经济问题之意见、粮食部中国战后之粮食问题、经济部意见书、世界粮食会议提案等。

收藏单位：国家馆

05796

财政部四川烟叶示范场概况 财政部四川烟叶示范场编

财政部四川烟叶示范场，1940，12 页，25 开，环筒页装

本书内容包括：本场暨所属示范烟圃留种烟圃路线表、本场场务概况简表、本场二十九年度工作概况简表等。

收藏单位：重庆馆、贵州馆、南京馆

05797

财政部四川烟叶示范场三十一年度工作总报告 财政部四川烟叶示范场编

财政部四川烟叶示范场，[1942]，油印本，47 页，16 开，环筒页装

本书内容包括：各项试验与研究工作述要、留种烟圃、川省美烟推广沿革等。

收藏单位：重庆馆

05798

财政部浙江沙田局年终报告（十七至二十年） 浙江沙田局编

杭州中华印刷公司，1929—1932.11，4 册，16 开

本书收录该局历年摄影、序文、公牍、图表等。

收藏单位：国家馆、吉林馆、近代史所、上海馆、浙江馆、中科图

05799

蚕桑建设 建设委员会编

[南京]：建设委员会，1929，8 页，32 开（建设小丛书 5）

本书内容包括：织物大王、不胜今昔之感、三年内可偿还全部外债、总理之真知灼见等。

收藏单位：国家馆、南京馆、天津馆

05800

蚕丝改良事业工作报告（中华民国二十三年）

全国经济委员会蚕丝改良委员会编

全国经济委员会蚕丝改良委员会，1934，1册，18开

本书内容包括：成立大会演词及事业计划大纲、工作报告、附属机关工作报告等。附国内蚕丝业重要区域之近况、章则、职员录。目录页题名：全国经济委员会蚕丝改良委员会二十三年份工作报告。

收藏单位：广东馆、国家馆、河南馆、湖北馆、湖南馆、南京馆、上海馆、天津馆

05801

仓储技术管理法

华东区粮食局编委会，1949，24页，23开（粮政小丛书1）

本书介绍粮食进仓前、进仓时及进仓后的管理方法。

收藏单位：重庆馆

05802

仓储讲义　龙璆编

广西省地方行政干部训练委员会，1941，124页，36开（广西省地方行政干部训练团）

本书共6部分，内容包括：历代仓储之种类与性质、历代仓储之利弊、广西历年仓储行政之演进、广西本年来县以下各级仓储之积谷数量等。

收藏单位：重庆馆

05803

仓储述要　吕咸讲述

江西省县政人员训练所，1935.5，115页，32开（县训丛刊13）

本书共3章：我国仓储之沿革、江西仓储之今昔、江西仓储今后之改进。附农仓业法。

收藏单位：贵州馆

05804

仓储统计　内政部统计处编

内政部统计处，1938.5，66页，16开（战时内务行政应用统计专刊3）

本书内容包括：本部督促各地方办理仓储之经过、本刊各表编制总说明、各省市仓储积谷统计总表、各省仓储积谷统计计分表等。附各地方建仓积谷办法大纲、各地方仓储报告书式、各省建仓积谷实施方案、全国建仓积谷查验实施办法、各省市仓储法规一览表。

收藏单位：重庆馆、国家馆、吉林馆、南京馆、上海馆

05805

仓储行政　张泰曾编

江西省地方政治讲习院出版股，1939.8，56页，32开

本书论述建仓积谷的意义、积谷仓的种类、收谷手续、保管方法，以及建仓的程序、地点、设备等。

收藏单位：重庆馆

05806

仓储行政

江西省地方行政干部训练委员会，1942.3，42页，32开（各县训练所训练乡镇干事教材）

本书共6章：总论、仓廒之建筑、积谷之筹集、积谷之保管、积谷之用使、本省改进仓储计划。

收藏单位：广西馆

05807

仓储行政（民政概要）　江西省地方政治讲习院编

江西省地方政治讲习院，1940.4，92页，32开（分组训练教材5）

收藏单位：安徽馆、重庆馆、江西馆、南京馆

05808

仓储行政纲要　四川省训练团编

四川省训练团，1940，14页，32开（四川省训练团讲义）

收藏单位：重庆馆

05809

仓储与救恤　徐志廉编

金华：国民出版社，1940.9，52 页，32 开（地方自治丛书 2）

本书分 7 章论述派募积谷的对象标准、数额、办法、手续及仓储的运用、管理、救济、抚恤等。

收藏单位：重庆馆、国家馆、吉林馆、南京馆

05810

查阶级查历史 合江军区政治部编

合江军区政治部，1947.11，94 页，64 开（土地改革教育教材 11）

收藏单位：国家馆

05811

茶叶产销 行政院新闻局编

行政院新闻局，1947.11，42 页，36 开

本书共 6 部分：茶之起源与流传、茶之种类与功用、茶树生长之自然环境、我国茶区分布、茶叶产量估计、茶叶外销概况。

收藏单位：安徽馆、重庆馆、广东馆、广西馆、国家馆、河南馆、湖南馆、吉林馆、江西馆、辽大馆、辽宁馆、南京馆、内蒙古馆、宁夏馆、山西馆、上海馆、首都馆、天津馆、武大馆、浙江馆

05812

察哈尔省政府民政厅地政工作报告

察哈尔省政府民政厅，1947.9，4 页，16 开

收藏单位：广西馆

05813

察哈尔绥远开垦略志

出版者不详，[1930—1949]，油印本，1 册，16 开

本书介绍察哈尔地区的重要性、开垦的经过等。附垦务总局事务一览表等。

收藏单位：国家馆

05814

成都平原之土地利用

出版者不详，[1911—1949]，1 册，16 开

收藏单位：南京馆

05815

成都市附近七县米谷生产与运销之调查 潘鸿声著

成都：四川省政府建设厅，[1940—1949]，84 页，16 开（建设丛书 51）

本书共 5 部分：总论、产区概况、米谷之生产成本、米谷之运销、结论与建议。

收藏单位：重庆馆、国家馆、吉林馆、近代史所、南京馆

05816

成都市附近七县米谷生产与运销之研究（初步报告） 金陵大学农学院农业经济系调查编制

[成都]：金陵大学农学院农业经济系，1941.4，11 页，16 开

本书共 4 部分：引言、米谷生产成本、米谷之运销、结论与建议。

收藏单位：重庆馆、国家馆、南京馆、上海馆

05817

呈国民代表大会文（敬请检讨渔业善后物资管理处） 全国渔业公司联合办事处上海市渔轮业同业公会筹备处编

全国渔业公司联合办事处上海市渔轮业同业公会筹备处，1948.4，12 页，32 开

收藏单位：广东馆、南京馆

05818

赤区土地问题 成圣昌著

中国出版合作社，1934，176 页，22 开

本书共 3 编：赤区土地问题之意义与概观、赤区土地问题与社会诸阶段、赤区土地问题之实际与批判。

收藏单位：国家馆、湖南馆、江西馆、近代史所、浙江馆、中科图

05819

重庆南岸合作农场组织经过及其发展 鲁昌文述

农林部辅导重庆南岸合作农场办事处，1947.6，10 页，32 开

收藏单位：南京馆

05820

重庆食粮政策之概要

出版者不详，[1928—1949]，手抄本，26 页，24×24cm

　　收藏单位：广东馆

05821

重庆市地政局土地行政工作报告

出版者不详，[1928—1949]，17 页，16 开

　　本书共 3 部分：行政组织、工作概况、结论。第 2 部分内容包括：土地测量、土地登记、规定地价、使用区之划分、土地征收事项、救济房荒、耕地租用等。附重庆市土地面积、土地登记业务、地政局土地权利经常登记、重估旧市区各区面积地价、旧市区各地价区面积地价、地政局三十三年重估新市区地价成果表。

　　收藏单位：重庆馆、广西馆

05822

筹办河北省棉场指导区棉产调查进行方法（本会单行册第 2 号） 河北省棉产改进会编

河北省棉产改进会，1936，8 页，窄 16 开

　　收藏单位：上海馆

05823

出席全国生产会议报告 伍廷扬 赵曾珏撰

出版者不详，[1939]，油印本，25 页，大 16开

　　本书介绍全国生产会议开会情形、参观中央辅导下各农工生产机关情形等。

　　收藏单位：浙江馆

05824

储政法令汇编 四川省民政厅编

四川省民政厅，[1928—1949]，34 页，18 开，环筒页装

　　本书内容包括：各地方建仓积谷办法大纲、饬各市县屯局分期筹募镇乡仓谷令、各市县屯局筹设镇乡仓及分期募集谷石办法等。附四川省二十五年度各市县实存仓谷数目一

览表。

　　收藏单位：重庆馆

05825

处理沙田官产事务章程汇编

出版者不详，[1911—1949]，7 页，16 开，环筒页装

　　本书收录江苏省清理沙田章程、清查官有财产章程、管理官产规则、官产处分条例等。

05826

川北蚕业推广区域视察报告 何乃仁著

成都：新新新闻文化服务部，[1938]，32 页，32 开

　　本书共 3 部分：此次视察意义、出发日程、所见所感。第 3 部分内容包括：关于推广指导及民间反应、关于推广指导的效用与经费支用的经济、关于民间栽桑养蚕及其现有之合作组织等。所涉时间为 1938 年 9 月 4—15 日。

　　收藏单位：国家馆

05827

川北、遂宁棉花与粮食作物生产成本之研究 张德粹 谢森中著

财政部花纱布管制局、国立中央大学农学院，1945.7，62 页，16 开（国立中央大学研究院、农科研究所农业经济学部丛刊）

　　本书共 7 章，内容包括：棉花之生产成本、水稻之生产成本、小麦之生产成本、棉量价格统制问题等。

　　收藏单位：国家馆、南京馆

05828

川东农业调查 叶懋 王嘉谟编

四川省政府建设厅，1939.5，2 册，16 开

　　本书分上、下两编。上编共 6 章，内容包括：调查缘起与经过、自然环境、田场经营、农佃制度等；下编分 18 章记录荣昌县、大足县、永川县、武胜县、合川县、铜梁县、璧山县、江津县、綦江县、巴县、长寿县、忠县等地的农业概况。

收藏单位：重庆馆、国家馆、浙江馆

05829

川丝整理委员会二十三年春季试育改良蚕种报告书 川丝整理委员会编

川丝整理委员会，[1935]，26 页，16 开

本书共 4 部分：绪言、巴县蚕业指导所概况、潼川蚕业指导所概况、结论。附试育秋蚕报告。

收藏单位：重庆馆

05830

川西区农林牧各业统计表

出版者不详，[1911—1949]，油印本，1 册，10 开

本书收录表 20 种，内容包括：川西区各县土地户口人口统计表、川西各县主要食粮作物统计表、川西区各县蔗糖烟草棉花油菜产量表、川西区果树栽培面积及产量表等。

收藏单位：重庆馆

05831

创办合作农场为农业建设之中心论 沈遵晦著

海军总司令部新闻处，[1928—1949]，34 页，32 开（海军小丛书 10）

收藏单位：重庆馆、国家馆、南京馆

05832

创设福建标准自耕农场计划 郑式亚编

出版者不详，1941，12 页，32 开

收藏单位：福建馆

05833

创设裕群蚕种制造场计划草案 [俞诚如等编]

南浔：俞诚如，[1940—1949]，1 册，18 开

本书内容包括：创设裕群蚕种制造场缘起、裕群蚕种场招股草章、裕群蚕种制造场业务计划大纲等。

收藏单位：国家馆

05834

创造厚生副业大成 苍德玉编

旅顺：农业进步社，1944.3，再版，284 页，25 开

本书介绍副业的利益和原则。其他题名：副业大成。

收藏单位：东北师大馆、首都馆

05835

春耕大生产的法令和指示 辽北省春耕运动委员会编

辽北省春耕运动委员会，1947，20 页，32 开

本书内容包括：东北政委会生产令、东北政委会关于开展农村生产运动指示、辽北省政府关于开展春耕大生产指示、辽北省三十年农业生产条令、辽北省春耕运动委员会组织条例等。

收藏单位：重庆馆

05836

春耕生产讲话要点 辽北省委宣传部编

[辽北省委宣传部]，1949，12 页，32 开

收藏单位：辽宁馆

05837

从垦人员手册 江西省垦务处编

江西省垦务处，[1942]，84 页，32 开

本书内容包括：总类、垦地、垦民、垦殖经营、经费及贷款等。附江西省垦务处三十一年度重要业务统计、与垦务有关的法规条文摘录等。

收藏单位：重庆馆、国家馆、江西馆、南京馆

05838

大豆产销 行政院新闻局编

行政院新闻局，1947.12，38 页，32 开

本书共 6 部分：大豆之起源与种类、大豆之用途及其营养价值、大豆生长之自然环境、大豆产区分布、大豆产量估计、大豆外销概况。

收藏单位：安徽馆、重庆馆、大庆馆、广东馆、广西馆、贵州馆、国家馆、河南馆、

黑龙江馆、湖南馆、吉林馆、江西馆、近代史所、辽大馆、柳州馆、南京馆、内蒙古馆、山西馆、上海馆、首都馆、武大馆、浙江馆、中科图

05839

大豆生产与贸易 罗真尚整理
香港：国际贸易丛刊社，1949.4，39 页，32 开（国际贸易丛刊 第 2 种）

　　本书共 6 章：大豆性状、大豆之经济价值、中国大豆之生产、各国大豆生产与贸易、中国大豆之贸易、东北之大豆业。

　　收藏单位：国家馆

05840

大后方农村经济破坏的惨象 新华社编
冀鲁豫书店，1945.9，石印本，20 页，大 64 开，土纸本

　　收藏单位：复旦馆、南京馆

05841

大江农林企业股份有限公司概况
上海：大江农林企业股份有限公司，1947，4 页，16 开

　　收藏单位：浙江馆

05842

大粮户统计表（三十二年度） 粮食部调查处编
粮食部调查处，1945，手抄本，43 页，横 8 开

　　本书全部为表。内容包括：三十二年度各省市大粮食户调查统计表、三十二年度各省市壹百市亩以上大粮食户分级统计表、各省粮户数及其所有之田亩数等。

　　收藏单位：重庆馆

05843

大麻 安徽省建设厅编
安徽省建设厅，1942.8，22 页，32 开（经济丛刊 2）（安徽特产调查 2）

　　本书概述皖西六安、立煌两县大麻产销状况。共 10 章，内容包括：形态、品质及用途、栽培、病虫害、剥制等。附霍邱叶家集大麻产销概况。

　　收藏单位：重庆馆、国家馆、南京馆、浙江馆

05844

大生产参考材料 冀中行政公署农林厅编
冀中行政公署农林厅，1946.11，石印本，79 页，32 开

　　收藏单位：国家馆

05845

大同垦殖股份有限公司创业报告书 大同垦殖股份有限公司编
上海：大同垦殖股份有限公司，1946.6，47 页，25 开

　　本书分 3 编：简史、组织、业务。第 1 编共 6 节，内容包括：缘起、实地调查、决计创业的八大原则等；第 2 编共两节：立法、人事；第 3 编共 9 节，内容包括：林场、农场、第一煤场、农村合作社等。所涉时间为 1937—1941 年。书中题名：大同垦殖股份有限公司创业经过报告书。

　　收藏单位：国家馆

05846

大咸垦牧股份有限公司组织纲要 大咸垦牧股份有限公司编
大咸垦牧股份有限公司，[1930—1949]，9 页，32 开

　　本书收录该公司的缘起、计划及招股简章。

05847

大元仓库、海运记
北平：文殿阁书庄，1936.9 重印，123 页，32 开（图学文库 第 37 编）

　　本书为文言体，无圈点。共 3 部分：《大元仓库记》（据《广仓学窘丛书》重印）、《大元海运记》（据《雪堂丛刻》重印）、《元海运志》（据《学海类编》重印）。

　　收藏单位：国家馆、山西馆

05848

大中华农业史　张援编著

上海：商务印书馆，1921.8，14+164 页，24
开

本书共 3 编：胚胎及兴盛时代、变迁及维
持时代（自秦至唐是为中世期）、中落及渐进
时代（自五季至清是为近世期）。

收藏单位：重庆馆、国家馆、南京馆、陕
西馆、上海馆

05849

丹阳　张汉林编

江苏省农民银行总行，1930.9，126 页，32 开
（江苏各县农村经济调查丛书）

本书共上、下两编。上编共两部分：概
说、农村经济概况；下编分别介绍该县下属
12 个区的面积、户数、人口、居民职业、地
价、耕地及产量、重要商业、农民生活状况
等。为 1929 年 11 月江苏省丹阳县农村经济
调查材料。版权页题名：丹阳农村经济调查。

收藏单位：重庆馆、东北师大馆、广西
馆、国家馆、近代史所、辽宁馆、上海馆、
西交大馆、西南大学馆、浙江馆、中科图

05850

当前的粮政和役政　白崇禧讲

[中央训练团党政训练班]，1942.11，11 页，
32 开（中央训练团党政训练班讲演录）

本书内容包括：粮政问题、役政问题等。

收藏单位：重庆馆、国家馆、南京馆

05851

当前粮食之剖视　翁之镛著

中国农民银行经济研究处，[1940—1949] 印，
26 页，16 开

本书内容包括：我国粮食供需概况、抗战
期间粮食设施、粮食问题的症结等。原载于
《中农月刊》第 2 卷第 1 期。

收藏单位：国家馆、首都馆

05852

当前粮政改进问题刍议　唐棣编

泸县县政府粮政科，[1940—1949]，油印本，

1 册，16 开

收藏单位：南京馆

05853

当前我国农村经济问题　陈颖光著

重庆：国民图书出版社，1944.1，68 页，32
开

本书共 6 部分：当前我国农业应有之改
进、今后我国农业金融应有之改进、农业金
融与粮食增产应有之配合、战时农村储蓄运
动之推进及其办法、我国农仓制度之商榷、
近年我国农村建设的实绩。著者原题：陈颖
光。

收藏单位：重庆馆、广东馆、广西馆、贵
州馆、国家馆、湖南馆、吉大馆、吉林馆、
近代史所、南京馆、浙江馆

05854

党的土地政策

东北民主联军总政治部，1947.10，33 页，32
开

本书共 3 部分：抗战时期、一九四六年
五四指示、自卫战争时期。

收藏单位：国家馆、南京馆

05855

到田间去　南满洲铁道株式会社农事试验场
编　汤尔和译述

上海：商务印书馆，1930.8，10+179 页，22 开，
精装（东省丛刊）

上海：商务印书馆，1933，国难后 1 版，10+
179 页，22 开，精装（东省丛刊）

本书共 6 编：总论、农产泛论、农产各
论、蔬菜园艺、畜产、树木。

收藏单位：安徽馆、长春馆、重庆馆、东
北师大馆、广东馆、广西馆、贵州馆、国家
馆、黑龙江馆、湖南馆、江西馆、近代史所、
辽大馆、辽宁馆、辽师大馆、南京馆、内蒙
古馆、宁夏馆、山西馆、上海馆、首都馆、
天津馆、浙江馆

05856

稻作活动　邰爽秋计划　李纪生编著

重庆：教育编译馆，1944.5，石印本，82 页，32 开（中国民生建设实验院民生经济活动教材丛刊 1）

本书内容包括：序、前言、稻作活动目标、稻作活动教材纲要、稻作活动教程、稻作活动教材、稻作活动教师参考资料。附国民学校民生经济活动中心课程编制计划。

收藏单位：重庆馆、国家馆、南京馆、浙江馆

05857

德庆县卅二年度扩大春耕督导专刊   德庆县政府编

德庆县政府，[1943]，47 页，32 开

收藏单位：广东馆

05858

邓政委在渤海区党委高干会议上的总结报告   邓子恢著

中共渤海土地会议，1948.1，46 页，32 开

收藏单位：国家馆

05859

敌寇统制下之华北棉产：三十年来敌寇开发华北棉产之透视   特种经济调济调查处编

重庆：特种经济调济调查处，1941.6，油印本，1 册，16 开

收藏单位：南京馆

05860

敌人对我农业资源之侵略   余先亮编

出版者不详，1944，油印本，1 册，18 开，环筒页装

收藏单位：国家馆

05861

敌伪之粮食管制

出版者不详，1941.2，油印本，1 册，16 开，环筒页装

本书内容包括：粮食管制、沦陷区米荒严重民不聊生、向全国粮食会议大会报告词等。

收藏单位：国家馆

05862

地籍调查报告书

出版者不详，[1940—1949]，复写本，1 册，16 开

收藏单位：国家馆

05863

地籍整理   诸葛平著

行政院新闻局，1948.3，115 页，36 开

本书共 5 部分：地籍整理与土地政策、地籍整理方法、推行地籍整理机构、人员经费与仪器、各省市地籍整理概况。

收藏单位：安徽馆、长春馆、重庆馆、大庆馆、东北师大馆、广东馆、广西馆、贵州馆、桂林馆、国家馆、河南馆、湖南馆、吉林馆、江西馆、近代史所、南京馆、内蒙古馆、宁夏馆、上海馆、首都馆、天津馆、浙江馆

05864

地籍整理手册   福建省地政局编

福建省地政局，1943.4，116 页，64 开

收藏单位：南京馆

05865

地籍整理业务规程   地政总局编

地政总局，1942，172 页，16 开

本书共 12 章，内容包括：总则、精密调查、应急调查、指导及监查、咨询、审决、公示等。附参考法规及有关资料共 18 种。

收藏单位：国家馆

05866

地权述要   郑震宇著

出版者不详，[1911—1949]，64 页，32 开

收藏单位：南京馆

05867

地权限制及分配计划书草案   内政部编

内政部，1929.2，12 页，16 开

本书共 5 部分：绪论、办法、制定法律、确定地方土地行政机关、实施顺序。

收藏单位：国家馆、南京馆

05868

地政　张伯举编

广西省县政公务员政治训练班，[1920—1949]，106 页，32 开（广西省县政公务员政治训练班函授部讲义）

本书共 8 节：地政之意义、土地测量、土地陈报、土地登记、土地使用、土地征收、土地赋税、土地调查统计。

收藏单位：桂林馆、国家馆

05869

地政报告　李敬斋讲

出版者不详，[1920—1949]，8 页，32 开

收藏单位：南京馆

05870

地政部实政报告　地政部编

地政部，[1920—1949]，6 页，16 开

本书共 10 项，内容包括：健全机构、人员培训、地籍整理、规定地价、限制地租等。

05871

地政部主管三十七年下半年度第二级普通岁入概算书

地政部，1948，油印本，1 册，大 16 开，环筒页装

收藏单位：国家馆

05872

地政刍议　李如汉著

出版者不详，1936.8，170 页，16 开

本书共 5 部分：绪论、组织、经费、业务、结论。书中题名：改进各级政府推行地政意见书。

收藏单位：重庆馆、国家馆、南京馆、人大馆

05873

地政概要　丁相灵编

安徽省土地局，1935，152 页

本书共 8 章，内容包括：世界各国土地制度、中国历代土地制度、平均地权、土地法要义、各省市地政近况、安徽省地政概况等。

收藏单位：安徽馆、近代史所

05874

地政概要　贵州省地方行政干部训练委员会编

贵州省地方行政干部训练委员会，1942，204 页，36 开

本书共 6 章：中国土地问题之现状、土地政策、土地法、地籍整理、土地税、地政与地方自治。

收藏单位：重庆馆、南京馆

05875

地政讲义　张伯举编

广西省县政公务员政治训练班，[1920—1949]，106 页，32 开

本书共 8 节：地政之意义、土地测量、土地陈报、土地登记、土地使用、土地征收、土地赋税、土地调查统计。

收藏单位：桂林馆、国家馆、南京馆

05876

地政论丛　黄通编著

出版者不详，[1920—1949]，138 页，16 开

收藏单位：广东馆、内蒙古馆

05877

地政人员手册　汪浩编

湖南省民政厅制图处附设印刷所，1942，174 页，32 开

收藏单位：广东馆

05878

地政人员手册

湖南省民政厅制图处附设印刷所，[1942—1949]，174 页，32 开

收藏单位：广西馆、湖南馆

05879

地政通诠　庞树森著

上海：新中国建设学会，1935.3，12+342+32 页，22 开（新中国建设学会丛书 18）

本书共 3 编：中国历朝之地政、现代各国

之地政、中国之土地与农业概况土地行政之
组织及改革方针。

收藏单位：重庆馆、国家馆、湖南馆、吉
林馆、辽大馆、南京馆、绍兴馆、首都馆、
浙江馆、中科图

05880

地政统计（民国三十二年） 地政部统计室编

[地政部统计室]，1943，64页

收藏单位：近代史所

05881

地政统计提要 地政部统计室编

地政部统计室，1947.6，1册，16开

本书共3部分：总说明、统计图、统计
表。统计表分5类：行政组织、地籍测量、土
地登记、规定地价、地权处理。

收藏单位：重庆馆、国家馆、吉林馆、辽
宁馆、南京馆、浙江馆、中科图

05882

地政问题 郑震宇讲　中央训练团党政高级
训练班编

中央训练团党政高级训练班，1943.6，28页，
32开（教40）

本书共两部分：土地行政之方针、土地行
政之概况。目录页题名：地政问题纲要。

收藏单位：国家馆

05883

地政问题纲要 郑震宇讲

中央训练团党政高级训练班，1943，28页，
32开

中央训练团党政高级训练班，1944，22页，
32开

本书讲述土地行政的方针概况。附表。
封面题名：地政问题。

收藏单位：重庆馆、桂林馆、南京馆

05884

地政问题纲要 郑震宇讲

中央训练团戡乱建国干部训练班，1948.1，
218页，80开

05885

地政研究 杨及玄等讲述

四川省政府县政人员训练所，[1936]印，
12+126页，22开

本书共3部分：地政研究纲领、地政研究
参考资料、土地村有办法说明。

收藏单位：国家馆

05886

地政研究所计划书 中国地政学会编

[南京]：中国地政学会，[1920—1949]，18
页，22开

本书共4部分：缘起、已有基础、研究计
划、招收研究生办法。

收藏单位：国家馆、南京馆

05887

地政组学员手册 湖南省地方行政干部训练
团编

湖南省地方行政干部训练团，1941.12，224
页，32开（训练团出版物304）

本书收录蒋中正于1941年6月在第三次
全国财政会议扩大纪念周上的讲话1篇，及
论文5篇、主要法规10种。论文内容包括：
《平均地权真铨》（萧铮）、《辟农有以达国有
论》（万国鼎）、《土地问题与土地政策》（黄
通）等。附中国近六十年地政大事年表。

收藏单位：重庆馆

05888

地主是敌人 和柯著

威县：冀南书店，1947，再版，26页，32开
（工农兵丛书）

收藏单位：山西馆

05889

地租调查事业成绩报告书 台湾省民政处地
政局编

台北：台湾省民政处地政局，1946.3，791页，
16开

本书收录地租调查事迹表9种。内容包
括：田收益查定书、畑收益查定书、养鱼地收
益查定书、山林收益查定书等。

收藏单位：国家馆、南京馆

05890

第二届建设厅行政会议四川省第一林场工作报告书　四川省第一林场编

四川省第一林场，[1911—1949]，石印本，[144]页，16开，环筒页装

　　收藏单位：国家馆

05891

第一次农林行政会议纪录

出版者不详，[1941]，油印本，1册，16开

　　收藏单位：南京馆

05892

第一次全国地政会议南京市土地行政报告

南京市政府编

南京市政府，1935.9，60页，16开

　　本书共5部分：本市地政机关组织沿革、本市以前整理土地情形、本市土地清丈概况、本市土地登记现状、本市地价变动及评估情形。附修正南京市不动产卖典暂行规则、南京市财政局勘丈建筑用地暂行规则、公有地处理规则、南京市旗产登记章程等法规57种。

　　收藏单位：国家馆、南京馆、上海馆

05893

第一届常会议案　台湾省烟业耕种事业改进社编

台湾省烟业耕种事业改进社，[1940—1949]，53页，16开

　　本书分两部分：开会式、常会。内容包括：追认民国三十五年度一般会计岁入岁出预算案、讨论民国三十六年度事业计画、讨论民国三十六年度一般会计岁入岁出预算等。

　　收藏单位：上海馆

05894

第一届国民大会代表询问粮政答复案（第1批）　粮食部编

粮食部，[1945—1949]，30页，16开

　　本书收录国民大会代表询问粮政的答复

案36件。

　　收藏单位：安徽馆、重庆馆、广东馆、广西馆、国家馆、湖南馆、吉林馆、南京馆

05895

第一届全国农业讨论会汇刊　全国农业讨论会编

全国农业讨论会，1923.6，1册，22开

　　本书内容包括：议案类、审查报告、全国农业讨论会章程草案、第一届本会执行部委员姓名录、第一届全国农业讨论会各省代表人名录等。"议案类"共4部分：关于农业教育案、关于农业试验案、关于行政者、农业意见书。

　　收藏单位：国家馆、湖南馆、吉林馆、南京馆、上海馆

05896

佃农减租宣传大纲　中国国民党浙江省执行委员会宣传部编

[杭州]：中国国民党浙江省执行委员会宣传部，1929.11，38页，32开

　　收藏单位：国家馆、陕西馆

05897

佃农减租运动　浙江党务指导委员会宣传部编

浙江党务指导委员会宣传部，1929.1，144页，32开

　　本书共4部分：弁言、特载、论著、附录。论著内容包括：《农民问题不解决一切问题都不能解决》《二五减租的经济根据》《二五减租的意义》《减租与农业生产的关系》等。

　　收藏单位：浙江馆、中科图

05898

佃权国有的复兴农村计划　张济川著

重庆：文化服务社，1943.4，12+58页，32开
重庆：文化服务社，1944.4，58页，32开

　　本书共4章，主张在保留土地所有权的前提下，把佃权收归国有。并收录与黄炎培、梁漱溟等人讨论的来往函件。

　　收藏单位：重庆馆、南京馆

05899

调查京包路线卓旗陶厚药材报告书 赵崇福著

蒙古文化研究所，1941，油印本，86页，16开

本书共4部分：调查凉城县卓资山镇药材报告书稿、调查武川县旗下营药材报告书稿、调查陶卜斋药材报告书稿、调查厚和市药材报告书稿。

收藏单位：国家馆

05900

调研材料 胶东区党委调查研究室编

胶东区党委调查研究室，1944.10，1册，32开

本书为合订本。共8期，内容包括：招莱边的阶级关系、栖牟边的阶层变化、调查研究工作的几点意见与点滴经验等。

收藏单位：浙江馆

05901

定海县渔业调查报告 金之玉编

定海（舟山）：浙江省水产试验场，1935.8，30页，16开（浙江省水产试验场水产汇报 第2卷2）

收藏单位：浙江馆

05902

定县农村工业调查 张世文著

北平：中华平民教育促进会，1936.2，1册，16开（社会调查丛书）

本书共3卷：定县家庭工业概况调查、定县作坊工业调查、定县六村家庭工业详细调查。附定县新旧度量衡折合表、民国二十一年定县六村详细家庭工业调查统计摘要。

收藏单位：重庆馆、广西馆、国家馆、辽大馆、辽宁馆、内蒙古馆、上海馆、首都馆、天津馆

05903

定县农村工业调查统计图

北平：中华平民教育促进会，1936.2，24页，9开

本书全部为图。内容包括：河北省定县全图、定县家庭工业与作坊工业种类比较图、定县各种作坊工业分布图等。

收藏单位：国家馆、辽宁馆、上海馆

05904

定县农村合作社县联合社民国二十四年度报告书 定县农村合作社县联合社编

定县农村合作社县联合社，1936.1，石印本，60页，16开

本书共3章：概论、本社工作概况、结语。

收藏单位：国家馆

05905

定县农村合作社章则汇编（第1辑） 中华平民教育促进会编

北平：中华平民教育促进会，1936.4，118页，32开

本书内容包括：农村合作社联合总会章程、农村合作社联合总会委员会规程、农村合作实验银行章程等。

收藏单位：国家馆

05906

定县土地调查 李景汉著

[北平]：国立清华大学，1936，104页，16开

本书共10节：绪言、按田权类别土地分配的状态、按田产面积土地分配的状态、按耕田面积土地分配的状态、土地的分散、地价、地租、农作物、田赋、契税。

收藏单位：国家馆

05907

东北的农业 管世楷编

上海：中华书局，1933.10，40页，32开（东北小丛书）

本书共6部分：东北究竟在那里、东北的农业现状、主要农产物、森林、畜牧、东北农产物的输出贸易。

收藏单位：国家馆、湖南馆、华东师大馆、近代史所、南京馆、天津馆、浙江馆

05908

东北解放区各级粮食局组织与工作暂行条例
　　[东北行政委员会编]
东北行政委员会，1947.11，8 页，32 开
　　本条例分 4 章：总则、组织机构与工作任务、管理与供给、附则。
　　收藏单位：国家馆

05909

东北农林事业的检视　　中央训练团林垦人员训练班编
出版者不详，1947.3，32 页，32 开（农业调查丛书）
　　本书共 8 部分，内容包括：堪称谷仓的东北、农垦的自然环境、农业资源的一斑、森林的开发问题、明日的农业建设等。
　　收藏单位：南京馆

05910

东北农业统计
东北科学技术学会，1946，143 页，横 8 开
　　收藏单位：广东馆、国家馆、黑龙江馆

05911

东北农作物生产消费统计（民国三十三年度）
　　东北行辕经委会农林处编
东北行辕经委会农林处，1947.5，176 页，16 开（农业统计 第 1 号）
　　本书全部为表。收录有关大豆、高粱、小麦、水稻、荞麦、落花生、棉花、烟草等作物的统计资料。
　　收藏单位：长春馆、国家馆、近代史所、辽大馆、辽宁馆

05912

东北商租权问题　　王新命编辑
上海：日 本 研 究 社，1931.11，69 页，50 开（东北问题一角丛书）
　　本书共 8 部分，内容包括："三位一体的商租土地、合办农业及杂居""日本外务省对商租土地、合办农业的解释"等。
　　收藏单位：东北师大馆、广东馆、国家馆、黑龙江馆、吉林馆、南京馆、上海馆

05913

东北收复区（辽宁、辽北、吉林省）农产物生产量调查报告书（中华民国三十五年）　国民政府主席东北行辕经济委员会经济调查研究处编
沈阳：国民政府主席东北行辕经济委员会经济调查研究处，1946，62 页，16 开（经济调查研究处丛刊 2）
　　本书共 3 部分：调查及统计方法之概要、调查结果之梗概、统计表。
　　收藏单位：重庆馆、国家馆、吉林馆、近代史所、上海馆、首都馆

05914

东北特产之价值　许阶平编　东三省官银号调查股校阅
东三省经济月刊编辑处，1931.1，150 页，25 开（东三省官银号经济月刊编辑处丛书 1）
　　本书共 7 章，内容包括：东三省之农产面积、东三省各种主要农产物及豆饼豆油近年之生产数量、东三省特产近年输往境外分布各地数量等。
　　收藏单位：国家馆、上海馆

05915

东北土地总检讨　　调查委员会编
出版者不详，1945，油印本，29 页，16 开
　　收藏单位：国家馆

05916

东北之大豆・东北农产物流通过程　东北物资调节委员会编
[沈阳]：东北物资调节委员会，[1945—1949]，60 页，32 开（物调研究丛刊 1）
　　本书为合订本。《东北之大豆》共 5 章，内容包括：大豆之用途及大豆加工工业、大豆之出口进关状况、美国大豆之生产及消费状况等。《东北农产物流通过程》共两章：自由经济时代、统制经济时代。
　　收藏单位：国家馆

05917

东桂农村设计试验

出版者不详，[1927]，88 页，18 开

收藏单位：江西馆

05918

东海人民呼吁书"驳议"　江苏灌云县人民著

江苏省立印刷厂，1913.1，66 页，18 开

收藏单位：上海馆

05919

东陵林垦政务辑要（第 1 期）　河北省第一林垦局编

河北省第一林垦局，1930.2，1 册，16 开

本书内容包括：总论、组织、林务、垦务、副业、学校、各项章程及成绩表等。所涉时间为 1928 年 10 月 26 日至 1929 年 10 月。

收藏单位：国家馆、辽宁馆、南京馆、首都馆

05920

东南各省外销茶区茶树更新工作总报告（中华民国三十一至三十三年度）　财政部贸易委员会外销物资增产推销委员会茶叶研究所编

财政部贸易委员会外销物资增产推销委员会茶叶研究所，1945.9，33 页，18 开

收藏单位：国家馆

05921

东三省水田志　黄越川著

上海：开明书店 [等]，1930.1，10+111 页，25 开

本书共 12 章，内容包括：东三省水田之沿革、栽培水稻之优点及缺点、东三省水稻作与自然要素、东三省水稻作之现状、水稻作之收支计算等。

收藏单位：重庆馆、广东馆、国家馆、黑龙江馆、江西馆、宁夏馆、上海馆、浙江馆、中科图

05922

东三省畜产志　黄越川著

上海：开明书店 [等]，1930.1，13+172 页，25 开

本书共 12 章，内容包括：东三省畜产业之沿革、畜产业之状态及其头数、家畜之饲料及管理、家畜之瘟病及灾害等。

收藏单位：重庆馆、东北师大馆、广东馆、国家馆、黑龙江馆、吉林馆、江西馆、辽宁馆、上海馆、浙江馆

05923

东三省之柞蚕业　徐丽生译

东北新建设杂志社，1929，30 页，16 开（东北新建设丛书 1）

本书内容包括：柞蚕业之沿革、柞蚕丝制造法、柞蚕收获率、柞蚕茧产地及产额、输出额等。

收藏单位：重庆馆、国家馆、湖南馆、上海馆

05924

东三省租佃制度　王药雨编

天津：南开大学经济研究所，1934，29 页，16 开

本书共 8 部分：分布、租约、租期及转佃、缴租的时期、缴租方法、缴租与租税、缴租手续、结论。

收藏单位：国家馆

05925

东省林业　苏林著

中东铁路经济调查局，1931.1，304+52 页，16 开

本书分 3 编，共 19 章，内容包括：中国森林之现状、东三省之森林、西线林区、中东铁路之林场、东三省制材业、木材之运输等。

收藏单位：国家馆、黑龙江馆、华东师大馆、辽宁馆

05926

东省特别区地亩管理局统计报告书　东省特别区地亩管理局编

东省特别区地亩管理局，[1931.9]，758 页，10 开，精装

本书共 3 章：总务、经租、调查。

收藏单位：国家馆

05927

东省之农业　南满洲铁道株式会社兴业部农务课编

大连：满洲日日新闻社印刷所，1927.10，62页，32开

本书共4章：地理、农业、林业、畜产。

收藏单位：国家馆、辽宁馆

05928

动荡中之中国农村　蔡丹华著

上海：良友图书印刷公司，1933.2，56页，64开（一角丛书57）

本书共11部分，内容包括：世界农业恐慌及其形态、中国农业恐慌底特质、封建地租与农村经济、一年来农村之骚动等。

收藏单位：重庆馆、国家馆、湖南馆、江西馆、上海馆

05929

读萧铮先生《评阎锡山氏之土地村有》以后　徐青甫著

出版者不详，1935.10，12页，16开

收藏单位：上海馆

05930

对山西省参议会兵农合一施政报告（第一届三、四次大会）

出版者不详，1947.11—1948，2册，32开

收藏单位：南京馆

05931

对于吾国水产行政设施之意见　侯朝海编

出版者不详，[1911—1949]，1册，16开

收藏单位：南京馆

05932

多打粮食——在大连县劳模大会闭幕及县府两周年纪念报告　王西萍讲

大连县政府，1947，8页，32开

收藏单位：南京馆

05933

鄂北光化（附襄阳枣阳）棉花及其他农产品生产成本之研究　杨蔚　潘鸿声著

外文题名：Cost of producing cotton & other farm products in Northern Hupeh, China(in Chinese with English summary)

金陵大学农学院，1939.6，184页，22开（研究丛刊3成都号）

本书共13章，内容包括：自然环境、田场土地、作物、劳力情况、棉花之生产成本、小麦之生产成本等。附棉花生产成本费用调查表等。

收藏单位：重庆馆、国家馆、上海馆、首都馆

05934

鄂城棉业调查记　金陵大学农学院农业经济系调查及编制

[南京]：金陵大学农学院农业经济系，1934.6，油印本，8页，16开（豫鄂皖赣四省农村经济调查初步报告 第8号）

收藏单位：国家馆、近代史所、首都馆、中科图

05935

鄂棉产销研究　梁庆椿[等]撰述

重庆：中国农民银行经济研究处，1944.12，486页，32开（中国农民银行经济研究处研究专刊第2集）

本书共6编：绪论、沙道观之棉花产销、三茅之棉花产销、老河口之棉花产销、樊城之棉花产销、湖北全省棉花产销概述。

收藏单位：重庆馆、广东馆、贵州馆、国家馆、吉林馆、近代史所、南京馆、山西馆、上海馆、首都馆、浙江馆、中科图

05936

二办区生产建设计划及各种实施办法　三专署第二办事处编辑

三专署第二办事处，1941，1册

收藏单位：山西馆

05937

二十八年度浙江省茶业管理计划书 浙江省油茶棉丝管理处茶叶部编

浙江省油茶棉丝管理处茶叶部，[1939]，48页，25开

本书共12章：总论、一般管理、价格管理、产制管理、仓运管理、茶业贷款、茶业组织、干部训练、茶业建设、调查研究、特区管理、结论。附二十八年度本部工作进度表。

收藏单位：国家馆、南京馆、上海馆、浙江馆

05938

二十九年度农业中心工作计划 [福建省农业改进处编]

[福建省农业改进处]，[1940]，油印本，1册，13开

本书共9部分，内容包括：增加粮食生产、倡植工艺作物、指导荒地利用、增植经济林木等。书中题名：二十九年度农业改进处中心工作计划。

收藏单位：福建馆

05939

二十七年度管理全国茶叶产销报告书 财政部贸易委员会编

出版者不详，1939.1，110页，16开

收藏单位：南京馆

05940

二十三年度推广美棉产销工作社工作报告 建设厅编

山东建设厅，1935，458页，16开

收藏单位：近代史所

05941

二十四年度施政报告资料 民政厅第六科编

出版者不详，1937，油印本，1册，16开

收藏单位：南京馆

05942

二十五年临朐蚕业合作指导报告 陈世灿著

山东省政府建设厅合作事业指导处编

山东省政府建设厅合作事业指导处，1936.10，26页，16开

本书共4部分：前述、养蚕指导、运销指导、结述。

收藏单位：国家馆、河南馆、湖南馆、南京馆、天津馆

05943

发起江苏江北沿海信托集团农场计划书草案 江苏江北沿海信托集团农场编

江苏江北沿海信托集团农场，1932.7，43页，16开

本书内容包括：发起江苏江北沿海信托集团农场计划书草案、五年工程及生产计划、五年生产计划预算表。附农业合理化。

收藏单位：上海馆、首都馆

05944

发展安徽蚕业计划 李安著

安徽省建设厅编译处，1930.7，51页，32开（安徽省建设厅建设丛书）

收藏单位：安徽馆、国家馆、南京馆

05945

发展广东糖业意见书 石作秋著

广州：冼天成印务局，1935.4，53页，16开

本书内容包括：国内外糖业形势、糖业发展的条件、糖业发展的措施、具体计划。

05946

发展江西林业计划

全国经济委员会江西办事处，1935，8页，16开

收藏单位：南京馆

05947

发展我国蚕业刍议 钱天鹤 万国鼎著

南京：金陵大学农林科，1920，26页，22开（金陵大学蚕业丛刊1）

本书内容包括：蚕业在我国之重要、世界蚕业之概况、蚕丝销费额增加之趋势等。

收藏单位：安徽馆、浙江馆

05948

发展新式富农经济向石振明看齐 [建标著]
太岳行署编
太岳行署，1946，22 页，32 开

本书内容包括：千辛万苦跳不出穷苦的牢笼、石振明的翻身、老石在一九四六年拟出新的初步计划等。

收藏单位：北师大馆、山西馆

05949

樊城经济概况 金陵大学农学院农业经济系编制
[南京]：[金陵大学农学院农业经济系]，1934，油印本，12 页，13 开（豫鄂皖赣四省农村经济调查初步报告 第 3 号）

收藏单位：首都馆、中科图

05950

繁荣威海卫计画之二（农林事业） 威海卫管理公署编
威海卫管理公署，1932.8，14 页，25 开，环简页装

本书内容包括：果树事业、蚕桑事业、果苗事业、养鸡事业等。

收藏单位：国家馆

05951

非常时期的粮食缺乏问题与补救方针 张国田著
出版者不详，1940，42 页，16 开

收藏单位：国家馆

05952

非常时期福建粮食统制方案 福建省政府秘书处统计室编
福建省政府秘书处统计室，1938.2，油印本，43 页，16 开，环简页装（非常时期统计资料丛刊 第 8 号）

本书共 5 章：引言、福建粮食产销的一般情形、问题的展开和症结的所在、解决的办法和实施、结论。

收藏单位：国家馆

05953

非常时期乡村工业之建设 陈启天著
上海：汗血书店，1937.3，148 页，32 开（国防实用丛书 18）

本书共 16 部分，内容包括：乡村工业的衰落过程、各国乡村工业在国民生活中的地位、日本乡村工业现况、德国乡村工业现况、乡村工业与农村经济、乡村工业与非常时期的关系等。

收藏单位：安徽馆、重庆馆、广西馆、国家馆、江西馆、南京馆、上海馆

05954

非常时期增加粮食生产宣传纲要汇编 四川省第三区行政督察专员公署编
[四川省第三区行政督察专员公署]，[1930—1949]，56 页，32 开

本书内容包括：战时粮食生产中心工作纲要、战时小麦杂粮紧急措施纲要提要、战时粮食管理条例、四川省战时增加粮食生产办法、四川省第三区行政督察专员公署在非常时期增加食粮生产之筹划（附实施办法）、四川省督垦荒地大纲、四川省承垦荒地实施大纲等。

收藏单位：重庆馆

05955

非常时期浙江粮食统制方案 梁庆椿等编
[杭州]：国立浙江大学，1936.5，35 页，16 开（国立浙江大学农学院专刊 第 3 号）

本书附吾国应采之粮食政策及实施纲领。

收藏单位：广东馆、湖南馆、江西馆、南京馆、陕西馆、上海馆、浙江馆

05956

非常时期之农民 吴铁峰编
上海：中华书局，1937.4，102 页，32 开（中国新论社非常时期丛书）
上海：中华书局，1937，再版，102 页，32 开（中国新论社非常时期丛书）
香港：中华书局，1938，3 版，102 页，32 开（中国新论社非常时期丛书）

本书共 4 部分：绪言、中国农村复兴底根

本问题、非常时期之农业统制政策、非常时期农民应负之使命。

收藏单位：安徽馆、重庆馆、甘肃馆、广东馆、广西馆、贵州馆、桂林馆、国家馆、黑龙江馆、吉大馆、近代史所、南京馆、内蒙古馆、天津馆、浙江馆

05957

非常时期之食粮　徐颂周编

上海：中华书局，1937.4，86页，32开（中国新论社非常时期丛书）

上海：中华书局，1937.7，再版，86页，32开（中国新论社非常时期丛书）

[上海]：中华书局，1938，3版，86页，32开

本书共5部分：我国历代食粮政策概述、欧美诸国的农业关税及食粮统制、我国食粮自给的可能性的估计、非常时期之食粮自给策、食粮统制政策。

收藏单位：重庆馆、东北师大馆、广东馆、广西馆、桂林馆、国家馆、吉林馆、辽宁馆、南京馆、内蒙古馆、宁夏馆、天津馆、浙江馆

05958

分田中石头工作初步总结　昌顺县农会保卫部编

昌顺县农会保卫部，1948.4，油印本，50页，32开

收藏单位：国家馆

05959

分益小作专论　赵仰夫　严竹书编译

上海：新学会社，1929，62页，50开（小作农丛书7）

收藏单位：重庆馆、广西馆

05960

丰顺县木薯运动纪实　刘禹轮主编

丰顺县政府收发室，1941.11，36页，32开

收藏单位：南京馆

05961

奉天屯的调查　东北军政大学总校编

东北军政大学总校，1947.9，36页，32开（土地问题教学参考材料1）

本书收文3篇：《奉天屯（自政村）的翻身》《两个农民积极分子的思想发展》《地主的剥削方法》。

收藏单位：东北师大馆、浙江馆

05962

扶植自耕农保障佃农　行政院新闻局编

行政院新闻局，1947.11，74页，32开

本书共7部分：耕地与农民、自耕农与佃农、"耕者有其田"方案的提出、如何实现这种政策、实施以来成绩一斑、结语、附录。

收藏单位：安徽馆、重庆馆、东北师大馆、广东馆、广西馆、贵州馆、国家馆、河南馆、湖南馆、吉林馆、江西馆、近代史所、辽宁馆、柳州馆、南京馆、上海馆、首都馆、天津馆、浙江馆

05963

扶植自耕农与保障佃农　王慰祖编著

南京：地政部地政研究委员会，1948.6，42页，32开（地政丛刊2）

本书共6部分：引言、耕地与农民、自耕农与佃农、扶植自耕农、保障佃农、结论。附经济改革方案农业部份实施办法。

收藏单位：广东馆、国家馆、南京馆、浙江馆

05964

扶植自耕农在龙岩　屠剑臣编述

龙岩县政府、龙岩县地权调整办事处，1948，61+49页，28开

本书共7章，内容包括：绪言、龙岩土地问题的回顾、扶植自耕农办理概况、业务完成后的管理维护、扶植自耕农业务的检讨等。附福建省扶植自耕农暂行办法、龙岩县政府扶植自耕农计划书等。

收藏单位：重庆馆、广东馆、湖南馆、南京馆

05965

茯苓与漆　安徽省建设厅调查

立煌：中原出版社，1941，31 页，32 开（经济丛刊 3）（安徽特产调查 3）

立煌：中原出版社，1942.8，32 页，32 开（经济丛刊 3）（安徽特产调查 3）

　　收藏单位：重庆馆、南京馆、浙江馆

05966

福建佃农经济史丛考　傅衣凌著

邵武（南平）：福建协和大学中国文化研究会，1944.8，78 页，25 开（福建协和大学中国文化研究会文史丛刊 2）

　　本书分上、下两编，共 3 部分：明清时代福建佃农风潮考证、近代永安农村的社会经济关系、永安农村赔田约的研究。

　　收藏单位：国家馆、吉林馆、近代史所、首都馆、天津馆

05967

福建福安茶业　[福建省福安县立职业学校编]

[福建省福安县立职业学校]，1935，16 页，16 开（福建省福安县立职业学校茶场丛刊 1）

　　本书分 15 部分，内容包括：物产、人口、产地及产额、栽培、茶号等。

　　收藏单位：福建馆

05968

福建合作新村要览

出版者不详，1941，[8] 页，25 开

　　收藏单位：国家馆

05969

福建粮食问题　陈明璋著

永安（三明）：福建省研究院编译出版室，1943，200 页，32 开（福建省研究院社会科学丛刊 4）

　　本书共 3 部分：本省粮食问题及其解决的办法、本省粮政应有的设施、本省粮食增产实施纲要。

　　收藏单位：国家馆、中科图

05970

福建农林　福建省政府秘书处统计室编

福建省政府秘书处公报室，1938，95 页，16 开（福建省统计年鉴分类 8）

　　本书大部分为表。内容包括：农户与农地、农产、租佃制度、农林机关、农业经济等。

05971

福建省长乐县人口农业普查报告　福建省政府编

福建省政府，1937.7，113 页，16 开

　　本书内容包括：调查之始末、调查结果之分析、统计表、分布图等。附长乐县人口农业普遍调查奖惩规则、长乐县人口农业普遍调查人员分配。

　　收藏单位：重庆馆、国家馆、近代史所、浙江馆、中科图

05972

福建省长乐县土地陈报　第一行政督察专员公署编

第一行政督察专员公署，1938.3，190 页，16 开

　　本书共 8 章，内容包括：概说、举办陈报、举办复查、寺田、学田、推收制度、过去征收情形、结论。附办理土地陈报疑义解释、土地陈报标语等。

　　收藏单位：国家馆、湖南馆

05973

福建省初步整理土地概况　福建省政府编

福建省政府，1939.3，90 页，32 开（闽政丛刊）

　　本书共 5 章：概述、实施步骤、完成县份、尚在进行县份、统计材料。

　　收藏单位：重庆馆、福建馆、广西馆、国家馆、南京馆、西南大学馆、浙江馆

05974

福建省地政概况　福建省地政局编

福建省地政局，1939.3，52 页，32 开（闽政丛刊）

本书共 39 部分，内容包括：福建国民军训、福建战时民校、禁烟概况、福建省银行概况等。

收藏单位：重庆馆、福建馆、广西馆、国家馆、近代史所、南京馆、浙江馆

05975

福建省地政工作报告　福建省地政局编

福建省地政局，1947.9，26 页，16 开

本书共 12 部分，内容包括：土地编查、地籍整理、荒地勘测等。

收藏单位：广西馆、国家馆、近代史所

05976

福建省地政局第一次土地编查会议特刊

出版者不详，1939.3，86 页，16 开

本书内容包括：会议始末纪要、法规、图表、会议纪录、议案、附录等。

收藏单位：重庆馆、福建馆

05977

福建省调查大户存粮办法　[福建省粮政局编]

福建省粮政局，[1942] 印，23 页，32 开

本书共 8 部分，内容包括：粮食部调查大户存粮办法纲要、福建省各县（区）调查大户存粮实施办法（附表）、调查大户存粮问答等。

收藏单位：福建馆

05978

福建省各县农村副业概况调查纲要　国民经济建设运动委员会福建省分会编

国民经济建设运动委员会福建省分会，1937.2

本书共 5 部分：什么叫农村副业、为什么要提倡农村副业、提倡农村副业的先决条件和方法、农村副业的普通分类、我们这次所要调查的项目和调查人员所应注意的几点。

收藏单位：福建馆

05979

福建省各县区农业概况　福建省农业处统计室编述

福建省政府统计处，1942.12，2 册（528 页），25 开

本书分 7 章概述 7 个行政区下属各县区农业概况。

收藏单位：重庆馆、福建馆、广东馆、贵州馆、国家馆、吉林馆、近代史所、南京馆、首都馆、浙江馆

05980

福建省耕地面积数字之商榷　郑林宽著

福建省农业改进处调查室，1946.9，[28] 页，16 开（农业经济研究丛刊 7）

本书内容包括：耕地面积估计数、新估计之标准、耕地面积、垦殖指数、耕地人口密度、每户平均耕地面积、待耕地面积等。

收藏单位：国家馆、辽宁馆、南京馆、首都馆

05981

福建省建设厅附设农林机关二十四年度工作报告　[福建省建设厅编]

[福建省建设厅]，[1936]，304 页，22 开

本书收录长乐农场、南平林场、福州苗圃林场、漳浦农场、福安茶业改良场二十四年度工作报告。附福州、漳州柑桔类品评会报告。

收藏单位：福建馆

05982

福建省教育团公有林二周年纪念开会情形及训词之大要

出版者不详，[1935]，9 页，16 开

本书附实业部林业专门委员来函及本林收支概况表。

收藏单位：福建馆

05983

福建省教育团公有林五周年工作报告书　李先才编

出版者不详，1938.8，54 页，23 开

05984

福建省粮食管理概况　福建省粮食管理局研

究室编

[福建省粮食管理局研究室]，1941.2，10 页，32 开（福建省粮食小丛书 1）

本书共 14 部分，内容包括：组织、管制、调查、调剂、分配、评价、业务、运输、仓储、节约等。

收藏单位：福建馆、广东馆、南京馆

05985

福建省粮食管理行政之机构　福建省粮食管理局研究室编

福建省粮食管理局研究室，1941.2，12 页，32 开（福建省粮食小丛书 2）

本书共 4 部分：本省粮食管理机构之沿革、本省现行之粮食管理机构、本省现行之军粮机构、本省粮食管理机构之要点。

收藏单位：广东馆、国家馆、南京馆

05986

福建省粮政局民国三十二年度施政计划　[福建省粮政局编]

[福建省粮政局]，[1943]，油印本，1 册，16 开

本书共 9 部分，内容包括：粮食管制、粮食调查、粮食供应、粮食运输、粮食加工、仓储积谷等。

收藏单位：福建馆

05987

福建省粮政局三十年度报告书　[福建省粮政局编]

[福建省粮政局]，[1942]，油印本，1 册，16 开

收藏单位：福建馆

05988

福建省农村经济参考资料汇编　傅衣凌主编

福建省银行总管理处经济研究室，1941.1，414 页，22 开（福建省银行经济研究室丛书）

本书分上、下两编。上编总述福建农村经济概况；下编分述土地关系与租佃制度、农业经营与农业劳动、农村金融、农产买卖、农村副业、农民生活、农村组织、灾害等情

况。主编者原题：傅家麟。

收藏单位：重庆馆、国家馆、吉林馆、近代史所、辽宁馆、浙江馆、中科图

05989

福建省农林公司筹募资金及历年清理盈亏暨本届改组清理财产决定经过与办理情形说明书　[福建省农林特种股份有限公司编]

[福建省农林特种股份有限公司]，[1946]，油印本，10 页，大 16 开（福建文库）

本书内容包括：本公司资金筹募经过及历年盈亏情形、本公司与农行合作后之清估经过、各农茶场历年经营情形等。

收藏单位：福建馆

05990

福建省农林公司事业概况　福建省农林公司编

福建省农林公司，[1940—1949]，17 页，32 开

本书介绍该公司之沿革、目的、资本、组织及业务概况。该公司于 1946 年改名为福建省农林股份有限公司。

05991

福建省农民生活费用与食物消费之分析　郑林宽著

永安（三明）：福建省农林处农业经济研究室，1943，31+33 页，18 开（农业经济研究丛刊 1）

本书共 6 部分：绪言、资料搜集方法及范围、农民家庭收支总论、农民家庭生活费支出之分析、农民家庭食物总论、结论。

收藏单位：重庆馆、国家馆、南京馆、首都馆、中科图

05992

福建省农业改进处卅年度工作概况

出版者不详，[1930—1949]，油印本，1 册，16 开

收藏单位：南京馆

05993

福建省农业特征初步调查报告　陈明璋　陈心渊　叶兰卿 [编]

福建省农业改进处，1947，181—208 页，32 开（农业经济研究丛刊 14）

　　本书概述该省农业的特殊环境、农作活动、自然植物、土地利用及农业劳工情况等。

　　收藏单位：中科图

05994

福建省三十一年度粮食增产实施计划　[福建省粮食增产总督导处编]

福建省粮食增产总督导处，1942.3，1 册，16 开

　　本书共 3 部分：福建省政府训令两通、福建省三十一年度粮食增产实施计划、附录。

　　收藏单位：福建馆

05995

福建省三十一年夏季粮食收获陈报实施办法及说明　[福建省粮食局编]

[福建省粮食局]，[1942]，油印本，10 页，13 开

　　收藏单位：福建馆

05996

福建省松木产销调查报告　翁绍耳著

私立协和大学农学院农业经济学系，1941.6，62 页，13 开（农业经济调查报告 1）

　　本书介绍福建松木经营史、松木的特性和用途、闽松与农工商的关系、现阶段闽松八大问题、经营情况等。

　　收藏单位：重庆馆、广东馆、国家馆、吉林馆、近代史所、南京馆、中科图

05997

福建省土地改革与民众组训　福建省政府民众组训会议编

[福建省政府民众组训会议]，[1948]，22 页，16 开

　　本书共 4 部分：福建省土地改革、福建省加强民众组训实施方案、福建省民众组训工作成果统计表、福建省政治革新方案。

　　收藏单位：福建馆

05998

福建省渔业调查报告（民国二十三年）　陈子英主编

厦门大学理学院生物学系，1935.5，1 册，16 开（厦门大学理学院生物学系刊物 第 2 卷）

　　本书为福建省沿海 17 县的渔业情况调查报告，调查项目有交通、风俗、渔具、产量等。

　　收藏单位：福建馆、天津馆

05999

福建省蔗糖事业概况及其复兴之商榷　古桂芳著

出版者不详，1935，28 页，16 开

　　本书为《岭南农刊》第 1 卷第 3 期抽印本。

　　收藏单位：福建馆

06000

福建省政府建设厅办理茶仓之概况　[福建省政府建设厅编]

[福建省政府建设厅]，[1936]，16 页，32 开

　　本书共 3 部分：本年政府收回茶仓之本旨、茶仓之沿革、现在茶仓整理之情形及办法。

　　收藏单位：福建馆

06001

福建省之农村劳动　郑林宽著　福建省农业改进处调查室编辑

[福建省农业改进处调查室]，1946.12，4 页，16 开

　　本书共 4 部分：农家之供需、农工工资概况、牛工之供需、牛工工资概况。

　　收藏单位：福建馆

06002

福建省之农林

出版者不详，[1939]，50 页，32 开，环筒页装（闽政丛刊）

　　本书共 6 章：福建农业之环境、打破

"衣""食"之难关、本省农林特产之发展、移食就民与移民从垦、求食与求知、防虫与防饥。

收藏单位：国家馆、南京馆

06003

福建省之蔗糖业　陈明璋著

福建省农业改进处调查室，1947.1，42 页，16 开（农业经济研究丛刊 12）

本书共 4 编：蔗糖业概说、本省糖产之栽培、本省蔗糖之产制、本省蔗糖之运销。

收藏单位：国家馆、中科图

06004

福建省租佃制度之统计分析　郑林宽　黄春蔚著

福建省农业改进处调查室，1946.6，[42] 页，16 开（农业经济研究丛刊 4）

本书共 3 章：地权之分配及其形态、福建租佃制度概况、田租之重量。附民国三十一年福建省各县（区）农佃分布情况、各种农户普遍每家耕地亩数、田地租期情形、租佃收租情形等表 9 种。

收藏单位：国家馆、南京馆、首都馆

06005

福建小农经营之初步研究　徐天胎著

[协和大学农报]，[1941]，1 册，22 开

本书为《协大农报》抽印本。

收藏单位：福建馆

06006

福建战时食粮问题研究　徐天胎著

连城：生力学社，1939.7，46 页，32 开（生力丛书乙种）

本书共 6 章，内容包括：增加生产只解决了问题之一半、运销机构的改革是第一着、总括上面的话等。附食粮动员之研究。

收藏单位：东北师大馆、国家馆

06007

福建之茶　唐永基　魏德端编

福建省政府统计处，[1941.10]，2 册（444+41

页），22 开（福建省调查统计丛书 5）

本书共 14 章，内容包括：简史、生产概况、生产组织、茶叶市场、管理与改进等。附二十九年度茶业管理概况、闽侯之香花。

收藏单位：安徽馆、福建馆、国家馆、江西馆、近代史所、浙江馆

06008

福建之地政　王慰祖编著

福建省政府秘书处，1944.5，107 页，32 开（福建建设丛书 7）

本书共 6 章：绪言、福建土地问题的中心、福建地政的沿革、地籍整理、土地政策的初步实施、结论。附福建省重要地政单行法规目录、非常时期地籍整理实施细则等。

收藏单位：重庆馆、福建馆、桂林馆、国家馆、吉林馆、南京馆、上海馆、浙江馆

06009

福建紫阳村经济调查　陈希诚编

福州：福建协和学院农业经济系，1937.1，54 页，22 开

本书共 4 部分。调查内容涉及地理、职业、人口、风俗、农民生活、农业及农家副业、农村金融、田赋、教育等情况。附编后之感想。

收藏单位：国家馆

06010

福清惠安同安三县荒地调查　[福建荒地调查团编]

[福建荒地调查团]，[1936]，114 页，22 开

本书内容包括：福建荒区调查团工作计划大纲、福建省之荒地调查、荒地土壤之性质、荒地之作物、荒地与家畜事业、荒地与家禽事业、荒地与昆虫问题、荒地区域之应用肥料、果树之考察、木荒之状况及补救之方法、省会以南七县农业经济统计数字提要等。

收藏单位：北师大馆、福建馆

06011

福州二南乡柑桔之产销　福建省农业改进处调查室编

福建省农业改进处调查室，1946.10，35 页，18 开（农业经济研究丛刊 9）

本书为作者于 1941—1943 年间对福州南屿、南通两乡 20 余村的雪柑、红桔产销情况所作的调查报告。共 6 章：绪论、柑桔生产概况、柑桔之栽培法及病虫害、运销概况、成本估计、结论及建议。

收藏单位：国家馆

06012
福州市郊农村经济之调查与分析　福建省农业改进处编

福建省农业改进处，1947，38 页，16 开（农业经济研究丛刊 13）

本书内容包括：调查之方法及范围、调查区域之状况、各项调查表等。

收藏单位：中科图

06013
福州市台江区小船户各种统计及其生活状况的调查　邹德珂　项孝挺著

出版者不详，[1930—1949]，1 册，16 开

收藏单位：广东馆

06014
福州土地登记　福建省地政局编

福建省地政局，[1939]，34 页，32 开（闽政丛刊）

本书共 5 章：概说、组织及经费、办理程序、困难之检讨、附录。

收藏单位：重庆馆、福建馆、广西馆、国家馆、南京馆

06015
妇女生产的几个问题　晋察冀边区五专区抗联会编

晋察冀边区五专区抗联会，1945.7，油印本，4 页，32 开

收藏单位：国家馆

06016
附录及其他　伪满兴农合作社清理处辽北省分处编

伪满兴农合作社清理处辽北省分处，1946，油印本，1 册，18 开，环筒页装

本书内容包括：接收各类兴农合作社注意事项、取得证明文件报请省支部核准等。所涉时间为 1946 年 7—9 月。

收藏单位：国家馆

06017
复兴滇省蚕丝初步详细计划及预算书

出版者不详，[1930—1940]，16 页，32 开（云南省建设厅蚕桑改进印刷品 第 1 号）

本书共两部：创设复兴之中心、推广复兴之工作。

收藏单位：国家馆

06018
复兴农村概论　谢鹿苹著

武汉：青年协会宣传部，[1930—1949]，68 页，32 开（青协丛书 6）（工训班讲义）

收藏单位：南京馆

06019
复兴台湾糖业意见书　李择一著

出版者不详，[1946]，39 页，32 开

本书共 4 章：绪论、台湾糖业之生产目标、台湾糖业之进展路径、结论。

收藏单位：国家馆、上海馆

06020
复兴云南省蚕丝方案及计划书　常宗会著

昆明：[大中印刷厂]，[1939.6] 印，油印本，1 册，16 开

本书共 6 部分，内容包括：云南蚕桑之史略及其失败之原因、云南蚕桑境环之优良及其复兴之理由、复兴蚕桑进行办法等。

收藏单位：南京馆

06021
复兴中国农村问题　萧一飞著

出版者不详，[1935.9]，600 页，25 开

本书分析中国农村衰落的原因，并提出复兴方案。

收藏单位：东北师大馆、南京馆

06022

改进广东全省农业计画 陆精治著

上海：三民书店，1928，128 页，32 开

本书共 18 章，内容包括：农业、设立全省有系统的农事试验机关、改良及发展农业经济政策、村行政区域、农业教育等。附农村社会的实际调查事项、整理耕地的利益。

收藏单位：重庆馆、河南馆

06023

改进河南农业计划 张钫著

河南省建设厅，[1929]，42 页，22 开（河南省建设厅建设丛书 2）

本书共 5 章：河南农业之现状、河南农业衰颓之原因、改进河南农业之计划、本计划进行之程序、结论。

收藏单位：国家馆

06024

改进湖北棉产刍议 洛夫等著

洛夫[发行者]，[1911—1949]，12 页，窄 16 开，环筒页装

06025

改进江西粮食调节及农仓管理意见 四川省农村合作指导人员训练所编

四川省农村合作指导人员训练所，1937.11，16 页，22 开

本书共 5 部分：导言、设置统筹机关、江西农仓应采行之制度、农业仓库之建筑及管理、施行米谷检验。

收藏单位：国家馆

06026

改进西北农业应取之程序 沈宗瀚著

出版者不详，1934.1，6 页，16 开

本书为金陵大学《农林新报》第 11 年第 1 期抽印本。

06027

改进中国蚕业之第一步 葛敬中著

中国合众蚕桑改良会镇江蚕种制造场，[1911—1949]，20 页，22 开

收藏单位：国家馆

06028

改进中国农业与农业教育意见书 （美）白德斐（K. L. Butterfield）著　傅焕光译

教育部，1922.5，28 页，22 开

本书内容包括：白博士最近摄影及小传、白博士致教育部陈次长函、白博士意见书等。

收藏单位：安徽馆、北师大馆、广东馆、国家馆、湖南馆、南京馆、上海馆

06029

改进中国农业之途径（中美农业技术合作团报告书） 中美农业技术合作团编著

上海：商务印书馆，1947.8，367 页，25 开

上海：商务印书馆，1948.1，再版，18+369 页，22 开

本书记载该团在京、沪两地的考察情况。共 15 篇，内容包括：农业建设计划概要、农业金融、土地政策、农产运销、租佃制度、农业教育与研究等。为《中美农业技术合作团报告书》的正式出版物。

收藏单位：安徽馆、重庆馆、广西馆、贵州馆、国家馆、湖南馆、吉大馆、吉林馆、辽大馆、辽宁馆、内蒙古馆、上海馆、首都馆、天津馆、西南大学馆、浙江馆

06030

改良广东蚕丝第二期三年施政计划（中华民国二十五年至二十七年） 广东建设厅蚕丝改良局　广东全省蚕业改良实施区总区编

广东建设厅蚕丝改良局、广东全省蚕业改良实施区总区，[1930—1939]，112 页，16 开

本书介绍该省在蚕种、栽桑、缫丝、丝织、蚕丝贸易等方面的改良。

收藏单位：上海馆

06031

改良湖北全省棉产八年计划书（民国二十三年至三十年） 杨显东著

湖北棉业改良委员会，1933.12，40 页，16 开

本书附民国二十三年实施计划大纲。

06032

改良推广中国棉作应取之方针论 孙恩麟著

国立东南大学农科，1933，68 页，22 开

收藏单位：国家馆

06033

改良中国蚕业之计划及其方法 中国合众蚕桑改良会编

中国合众蚕桑改良会，[1911—1949]，14 页，22 开

本书共 3 部分：法令部份、技术部份、工商业部份。

收藏单位：国家馆、上海馆

06034

改善农业之要素·福州在农业上之位置 刘崇伦讲述

福州电气公司农村电化部，1931.11，再版，19 页，32 开（福州电气公司讲演集 第 2 编）

本书收录演讲稿两篇：《改善农业之要素》《福州在农业上之位置》。

收藏单位：重庆馆、首都馆

06035

甘宁青三省林政之概况及其改进之刍议 芬次尔著 齐敬鑫译

陕西省林务局，[1930—1949]，26 页，16 开

收藏单位：南京馆

06036

甘肃河西荒地区域调查报告（酒泉 张掖 武威） 张丕介等编纂

农林部垦务总局，1942.5，58 页，18 开（农林部垦务总局调查报告 1）

本书共 8 章，论述该区的自然环境、经济状况、社会风貌、土地概况及其沿用制度、水利、农业经营等情况，为移民垦殖提供依据。

收藏单位：甘肃馆、国家馆、南京馆

06037

甘肃岷潭垦区调查报告书 张丕介 徐书琴[编]

[中国地政研究所垦殖系研究室]，1942.10，手写本，1 册，16 开，环筒页装

本书共 9 章，内容包括：垦地自然概况、垦区荒地分布、垦区农业、垦殖设备与垦荒方式、垦区社会情形、垦区经济状况等。

收藏单位：国家馆

06038

甘肃省举办土地陈报纪实 甘肃省政府编

甘肃省政府，1942.2，26 页，32 开

本书共 4 章：甘肃土地概况、中央接管前办理土地陈报经过、中央接管后之实施、中央接管后第一期举办土地陈报各县之进度。

收藏单位：重庆馆、甘肃馆、广东馆、国家馆、南京馆、西南大学馆

06039

甘肃省农业概况估计 甘肃省政府编

甘肃省政府，1945.9，1 册，13 开

本书共 6 章：天然环境、土地、农民、作物、家畜、农场规模。附统计图表。

收藏单位：甘肃馆、国家馆、吉林馆、上海馆

06040

甘肃省农业概况估计办理经过说明

甘肃省政府，1946，油印本，1 册，横 16 开

收藏单位：国家馆

06041

甘肃省试办扶植自耕农初步成效报告 甘肃省政府编

甘肃省政府，1946.10，30 页，32 开

本书介绍皋兰、永登两县间的湟惠渠和绥远县所属靖丰渠两个灌溉区扶植自耕农的情形。附湟惠渠灌溉区域土地整理办法、靖丰渠淤区土地放领实施办法等。

收藏单位：甘肃馆、国家馆、吉林馆、上海馆

06042

甘肃省一年来之粮食增产 甘肃省粮食增产委员会编

甘肃省粮食增产委员会，1942.3，石印本，16页，32开，环筒页装

本书共6部分：引言、增产计划、工作经过、工作成效、经费概况、检讨与展望。

收藏单位：甘肃馆、国家馆

06043

甘肃省灾区合作预备社组织及放款程序 甘肃省农村合作委员会编

甘肃省农村合作委员会，1936，10页，32开

收藏单位：甘肃馆

06044

甘肃省之土地行政 甘肃省政府编

甘肃省政府，1942.2，1册，32开

本书共6部分：前言、城市土地测量、城市土地登记、土地征用、地政人员训练、结论。

收藏单位：重庆馆、广东馆、国家馆、吉林馆、近代史所、南京馆、西南大学馆

06045

甘肃水利林牧公司成立两年概况 甘肃水利林牧公司编

甘肃水利林牧公司，1943.8，油印本，1册，13开，环筒页装

甘肃水利林牧公司，1943，石印本，1册，16开

本书内容包括：创设经过、水利工程、森林事业等。

收藏单位：贵州馆、国家馆、吉林馆

06046

甘肃水利林牧公司概况 甘肃水利林牧公司总管理处编

甘肃水利林牧公司总管理处，1942.7，12页，16开

本书内容包括：内部组织、经营方针、各部份工作计划、业务近况等。

收藏单位：甘肃馆、国家馆

06047

甘肃水利林牧公司人事规章汇编 甘肃水利

林牧公司编

甘肃水利林牧公司，1944.12，石印本，1册，16开，环筒页装

本书共14部分，内容包括：职员任免规则、职员薪津规则、职员职务津费规则、河西职员特种津贴规则、人事管理须知等。

收藏单位：国家馆

06048

甘肃水利林牧公司职员须知

甘肃水利林牧公司，1942.2，6页，32开

收藏单位：国家馆

06049

甘肃药材产销概况调查报告 贸易委员会西北办事处调查课 [编制]

贸易委员会西北办事处调查课，1945，1册，16开

收藏单位：国家馆

06050

高宝湖区土地经济调查报告 导淮委员会编

导淮委员会，1933.10，168页，16开

本书共7章，内容包括：面积及人口、气候地形及土壤、土地利用、土地经营、农村经济及社会状况等。附度量衡之换算。

收藏单位：广东馆、国家馆、近代史所、南京馆

06051

高宝湖区新地兴垦计划 屯垦委员会编

屯垦委员会，[1930—1939]，64页，16开

本书为苏北高邮、宝应地区的新地兴垦计划。

收藏单位：南京馆、上海馆

06052

告棉农书 河北省棉产改进会编

河北省棉产改进会，1936，5页，32开（浅说1）

本书向棉农介绍该会概况、任务等。

06053
各地团员协助川省实施粮食管理宣传大纲
三民主义青年团中央团部编
三民主义青年团中央团部，1940.9，48页，
32开
　　收藏单位：南京馆

06054
各解放区劳动互助经验介绍　东北书店辽宁
分店编
东北书店辽宁分店，1948，133页，32开（生
产运动学习材料）
　　本书收文6篇：《陕甘宁边区农村旧有的
各种劳动互助形式》《陕甘宁边区劳动互助的
发展》《陕甘宁边区新的劳动互助的组织形式
和它的性质》《晋绥边区变工互助的发展形
式——变工合作社》《晋绥边区一年来劳武结
合的新发展》《晋绥边区关于变工互助的几个
具体问题》。
　　收藏单位：广东馆、国家馆

06055
各省荒地概况统计　内政部统计司编
内政部统计司，1931.11，1册，横16开
　　本书收录《内政部咨请江苏等省政府调
查所属荒地以备统筹办理文》（附录第三届中
央执行委员第二次全体会议关于确立农业政
策决议案）、江苏等21省荒地统计表及荒地
现状概述等。
　　收藏单位：国家馆、南京馆、上海馆、浙
江馆

06056
**各省粮食增产工作进度报告（第9—11次修
正数）**　农林部粮食增产委员会编
[农林部]，1941，油印本，3册（3+4+3页），
18开，环筒页装
　　收藏单位：国家馆

06057
各省粮食增产之检讨　陈济棠[编]
[农林部]，[1941]，油印本，[7]页，18开
　　收藏单位：国家馆

06058
各省农村劳力征调概况　陈洪进　周扬声著
重庆：农林部农产促进委员会，1943.12，44
页，18开（研究专刊10）
　　本书共5部分，内容包括：征调情况、被
征者之情形、劳力征调对农业生产的影响等。
　　收藏单位：重庆馆、国家馆、近代史所、
浙江馆

06059
各省农工雇佣习惯及需供状况　陈正谟编著
南京：中山文化教育馆，1935.2，94页，16开
　　本书共7部分：各省雇佣短工与长工之多
少、短工、长工、农工对于长工短工之志愿
及农户对于长短工之雇用、各省农工之勤苦
与耕作能力及雇农之多寡、各省农工之需要
状况、结论。附本馆所调查之各省县名。
　　收藏单位：重庆馆、东北师大馆、广东
馆、国家馆、江西馆、上海馆、天津馆、浙
江馆

06060
各省清查粮食粮款收支及结报办法
出版者不详，[1930—1949]，34页，16开
　　本书内容包括：总则、各省经管中央粮食
实物收拨及变售之清查等。
　　收藏单位：广西馆、浙江馆

06061
各省市第一次（二十年份）仓储积谷报告书
　　内政部汇编
内政部，1933.6，32页，16开
　　本书共3部分：绪言、各省市二十年份积
谷总数表、各县市积谷款产细数表。
　　收藏单位：国家馆

06062
各省市奖励农产通则
出版者不详，1937，油印本，1册，16开
　　收藏单位：南京馆

06063
各省市粮政工作报告摘要

出版者不详，1941，油印本，1册，16开，环筒页装

　　本书内容包括：陕西省粮政局三十年度工作报告摘要、河南省粮政局工作报告摘要等。封面题名：各省市粮政报告。

　　收藏单位：国家馆

06064

各省市租佃制度调查表（二十九年度）　中央执行委员会社会部编

社会部，[1941]，油印本，1册，8开

　　收藏单位：国家馆

06065

各省推广冬耕成绩报告（二十九至三十年）　农林部编

农林部，[1941]，10页，18开（农林部粮食增产专门报告1）

　　本书内容包括：引言、办理经过、结果统计等。

　　收藏单位：国家馆、南京馆

06066

各省小麦生产调查　王维骃著

出版者不详，[1911—1949]，[39]页，16开

　　本书概述各省小麦耕地面积及产量。为《经济学季刊》第6卷第2期抽印本。

　　收藏单位：上海馆

06067

耕牛问题如何解决　晋绥边区生产委员会编

晋绥边区生产委员会，1946.2，15页，32开

　　本书为晋绥边区生产会议材料附件。

　　收藏单位：国家馆、山西馆

06068

耕与战　唐启宇编著

江西省垦务处，[1938.11]，18页，22开（江西省垦务处丛刊第3种）

　　本书概述农力与战力的关系。

　　收藏单位：国家馆、天津馆

06069

耕者要有其田　严仲达著

上海：民智书局，1928.4，86页，32开

上海：民智书局，1928.7，再版，86页，32开

　　本书共4章：中国现代土地制度之危机、土地制度之沿革、土地制度在中国历史上之经过、耕者要有其田。

　　收藏单位：安徽馆、重庆馆、广东馆、广西馆、国家馆、河南馆、湖南馆、吉林馆、江西馆、陕西馆、上海馆、天津馆、浙江馆

06070

耕者有其田浅说　中国国民党中央执行委员会民众运动指导委员会编

中国国民党中央执行委员会民众运动指导委员会，[1911—1949]，22页，32开

　　本书以问答形式讲解耕者有其田的含义、意义及实现方法。

　　收藏单位：广东馆、国家馆、南京馆

06071

工业化与中国农业建设　韩稼夫著

重庆：商务印书馆，1945.4，87页，32开（国民经济研究所丙种丛书第2编）

上海：商务印书馆，1946.2，87页，32开（国民经济研究所丙种丛书第2编）

上海：商务印书馆，1947.5，再版，87页，32开（国民经济研究所丙种丛书第2编）

　　本书共8章，内容包括：我国之农业资源、中国农业之现状、农村工业化、工业化的农业改进方针等。

　　收藏单位：重庆馆、东北师大馆、广东馆、广西馆、国家馆、黑龙江馆、近代史所、辽大馆、南京馆、上海馆、首都馆、天津馆、浙江馆

06072

工作报告　伪满兴农合作社清理处辽北省分处编

伪满兴农合作社清理处辽北省分处，1946，油印本，1册，16开，环筒页装

　　收藏单位：国家馆

06073

公产调查　林诗旦等编

将乐（三明）：风行印刷社，1941.5印，28页，25开（将乐地政实验丛书5）

本书共7章，内容包括：公产来源、以前公产管理概况、分布情形、今后公产之管理等。

收藏单位：重庆馆、国家馆

06074

公产调查　叶镜允　林诗旦主编

将乐（三明）：风行印刷社，1940.12，3册，32开（将乐地政实验丛书5）

收藏单位：南京馆

06075

公地放租手册　台湾省行政长官公署民政处地政局编

台湾省行政长官公署民政处地政局，[1940—1949]，140页，32开

本书共9部分，内容包括：公地放租的理论与实际、公地放租办法表释、公地放租执行程序表释、问答等。

收藏单位：国家馆

06076

句容种马牧场十年经营计划　崔步青著

军政部句容种马牧场，1935.9，134页，22开（句容种马牧场特刊）

本书共3章：实施总纲、二十一年至二十三年既往之设施、二十四年至三十年未来之预定。

收藏单位：广东馆、国家馆、南京馆

06077

关东农村若干问题的调查　地委调查研究室编

地委调查研究室，1948，156页，32开

收藏单位：国家馆

06078

关于变工互助的几个具体问题　晋绥边区行政公署编

晋绥边区行政公署，1945，31页，32开（晋绥边区第四届群英大会丛书3）

本书共3篇：关于组织形式的举例、关于计工问题、关于组织领导的问题。

收藏单位：国家馆

06079

关于改造二流子　晋绥边区生产委员会编

晋绥边区生产委员会，1946.2，6页，32开（晋绥边区生产会议材料9）

本书为1944年以来改造二流子群众运动的工作总结。

收藏单位：重庆馆、国家馆、宁夏馆、山西馆

06080

关于"耕者有其田"的理论与实际　何干之等著

冀南书店，1946.9，56页，32开

本书内容包括：中国农业发展的新方向、土地改革与中国资本主义的发展、抗战中中国大后方土地关系的变化等。

收藏单位：山东馆、浙江馆

06081

关于农村阶级划分标准与具体划分的规定　太行区党委辑

太行区党委，1946.10，15页，32开

收藏单位：国家馆

06082

关于推广苎麻事业之意见　鄞云鹤著

鄞云鹤[发行者]，[1911—1949]，9页，36开

本书概述苎麻史略、产区、用途、与新中国经济的关系等。

06083

关于新解放区1945年贯彻政策发动群众初步总结与今后意见　晋察冀边区冀晋区各界抗日救国联合会编

晋察冀边区冀晋区各界抗日救国联合会，[1946]，油印本，42页，32开

收藏单位：国家馆

06084

关于一九三三年两个文件的决定　中国共产党中央委员会颁发

新华印刷厂，[1948]，24 页，32 开

　　本书共两部分：怎样分析阶级、关于土地斗争中一些问题的决定。其他题名：中共中央关于一九三三年两个文件的决定。

　　　　收藏单位：重庆馆、山东馆

06085

关于灾害防止林造林经营之考察　（日）中野武二郎编

[华北政务委员会建设总署]，1942，手抄本，66 页，16 开

　　　　收藏单位：国家馆

06086

关于中国林业问题的商榷　皮作琼著

南京：首都造林运动委员会，1930.3，22 页，32 开

　　本书内容包括："林业何以是中国最迫切的问题？""中国的林业应怎样去振兴？"。

　　　　收藏单位：重庆馆、贵州馆、国家馆

06087

关于中国土地法大纲及有关重要文件　[冀南区党委编]

冀南区党委，1948.1，31 页，32 开

　　　　收藏单位：国家馆

06088

贯彻减租　胶东各救总会编

胶东各救总会，1945.10，89 页，64 开（干部学习材料 2）

　　　　收藏单位：国家馆

06089

贯彻政策发动群众　晋察冀边区各界抗日救国联合会编

晋察冀边区各界抗日救国联合会，1945.8，朱墨油印本，21 页，32 开（典型材料报告 2）

　　　　收藏单位：国家馆

06090

灌溉有限合作社模范章程

江苏省农矿厅，1930.6，8 页，32 开

　　　　收藏单位：南京馆

06091

广东蚕丝复兴运动专刊　广东建设厅蚕丝改良局编

广东建设厅蚕丝改良局，1933.10，1 册，16 开

　　本书内容包括：弁言、发刊词、论著、概况、报告、研究、统计、计划等。"论著"部分收文 10 篇，内容包括：《广东蚕丝业复兴之途》（廖崇真）、《复兴粤丝贸易的几个方案》（廖崇真）、《复兴蚕村经济社会之根本方策》（罗石民）、《广东蚕丝复兴运动声中关于日本蚕丝业推进原动力之探讨》（罗石民）等。

　　　　收藏单位：国家馆、吉林馆、南京馆

06092

广东蚕丝业概况　广东农林局编

曲江（韶关）：新建设出版社，1941.3，61 页，32 开（广东施政常识小丛书）

　　本书共 5 部分：引言、本省蚕丝事业施政大纲、本省蚕丝事业技术实施办法、今后生丝对外贸易之改善、结论。

　　　　收藏单位：国家馆

06093

广东地政　广东省地政局编

广东省政府秘书处第二科，1940.6，177 页，32 开（广东省政丛书 7）

　　本书共 8 部分：现阶段土地行政的意义及其使命、广东土地行政史略、广东省地政局组织、各部门工作概况、今后广东地政的展望、工作人员应具的条件、结论、附录各种法规计划。

　　　　收藏单位：安徽馆、重庆馆、广西馆、桂林馆、国家馆、南京馆、浙江馆

06094

广东地政　广东省政府秘书处编译室编

广东省政府秘书处第二科，1943.8，96 页，

32 开（广东省政丛书）

收藏单位：国家馆、南京馆

06095

广东建设厅农林局二十一年度施政计划大纲
广东建设厅农林局编著
广东建设厅农林局推广课，1932.10，34 页，
25 开（计划丛书 3）

本大纲共 3 方面：政务、试验、推广（包括材料与人才）。

收藏单位：广西馆

06096

广东建设厅农林局计划规程汇编 广东省建设厅农林局推广股编
广东省建设厅农林局推广股，1930.12，195页，25 开

本书内容包括：农业课各股进行计划、林业课各股进行计划、附属场所各种进行计划、规程等。

收藏单位：国家馆、南京馆

06097

广东建设厅生丝检查所年报（二至四周年）
广东建设厅生丝检查所编
广东建设厅生丝检查所，[1933—1935]，3 册，16 开

收藏单位：国家馆、南京馆

06098

广东建设厅顺德县蚕业改良实施区工作计划及实施方针 广东建设厅蚕丝改良局 广东建设厅顺德县蚕业改良实施区总区编
广东建设厅蚕丝改良局、广东建设厅顺德县蚕业改良实施区总区，1934.12，再版，46页，32 开

本书共 6 章：导言、计划大纲、组织大纲（附组织系统表）、实施方针、实施系统、结论。

收藏单位：国家馆、南京馆、上海馆、浙江馆

06099

广东连县之大龙山、阳山之茶田、乳源之平水荒区调查报告 甘尚武等编
农林部垦务总局，1942.5，34 页，16 开（农林部垦务总局调查报告 2）

本书共 9 章，内容包括：垦殖设备与垦荒方式、垦区社会情形、垦荒经济状况、调查意见等。

收藏单位：国家馆、南京馆

06100

广东粮食概况 黄菩生著 凌道扬校
广州：行政院善后救济总署广东分署编译室，1946.9，23 页，16 开

本书共 8 部分，内容包括：本省粮食生产之环境、消费方面、贸易方面、价格方面、调节与救济方面等。

收藏单位：国家馆

06101

广东粮食统计 广东省政府秘书处统计股编
广东省政府秘书处，1933.7，238 页，32 开（广东统计丛刊 第 2 种）

本书分上、下两编：广东粮食状况、广东粮食增加生产之方策。上编共 4 部分：概论、历年出入口状况、出入口之类别、各关粮食进口之比较；下编共 10 部分，内容包括：农民之解放、机器问题、肥料问题等。目录页题名：粮食。

收藏单位：国家馆、吉林馆、近代史所、南京馆、上海馆

06102

广东粮食问题 广东粮食调节委员会编
广州：广东粮食调节委员会，1935.1，72 页，22 开

本书共 7 部分，内容包括：广东粮食之概况、广东粮食之出产量、广东粮食之运销、广东粮食调节之设施等。附本会粮食调节草案。版权页名：广东粮食调节委员会广东粮食问题。

收藏单位：重庆馆、国家馆、南京馆、上海馆

06103

广东粮食问题　黄菩生著

广州：东成印务局，1937，70 页，32 开

本书共 5 章：绪论、广东粮食生产状况、广东粮食消费状况、广东粮食之调节与救济、结论。

收藏单位：南京馆

06104

广东粮食问题研究　广东省政府秘书处编译室编

广东省政府秘书处编译室，1941.12，216 页，32 开

本书分上、下两编。上编收文 19 篇，内容包括：《建立国家财政经济的基础及推行粮食土地政策的决心》（蒋介石）、《粮食问题与抗战建国》（孙科）、《广东的粮食问题》（李汉魂）、《广东的粮食管理》（胡铭藻）、《广东的粮价解决问题》（刘耀燊）、《公耕与民下》（何彤）、《垦植杂粮与推行公耕之意义》（黄元彬）等；下编专门论述粮食管理概况及粮食增产经过。附广东省粮食增产督导办法、战时荒地承垦条例、节约粮食办法等章则 20 种。

收藏单位：重庆馆、国家馆、吉林馆、南京馆、西南大学馆

06105

广东粮政　广东省政府秘书处编译室编

广东省政府秘书处编译室，1942.7，140 页，32 开（广东省政丛书 12）

本书共 8 部分，内容包括：粮政之缘起及意义、广东省粮政局史略、本省各级粮政机构组织与现状、粮食管理政策之确定等。附修正广东省粮政局组织规程、粮政局储运处组织规程草案等 20 种。

收藏单位：重庆馆、广西馆、国家馆、南京馆、西南大学馆

06106

广东粮政概述　广东省粮政局编

广东省粮政局，1942.5，25 页，36 开

本书共 5 章：一年来办理粮政简述、最近

粮食概况、征实情形、现时救济办法、结论。

收藏单位：重庆馆、国家馆、湖南馆、南京馆

06107

广东林业概况　广东农林局编

曲江（韶关）：新建设出版社，1941.3，46 页，32 开（广东施政常识小丛书）

本书共 5 编：概论、本省森林行政、广东造林树种述要、造林计划举例、承领荒地造林指南。

收藏单位：国家馆

06108

广东农村生产关系与生产力　陈翰笙主编

上海：中山文化教育馆，1934.12，90 页，18 开

本书为中山文化教育馆岭南大学广东农村经济调查团的调查报告。共 3 部分：耕地所有权与使用情况、田租税捐利息负担与生产力、生产力低落与农村劳动力。附广东三十八县一百五十二村村户统计、稻作区域和生菜区域的雇工比较等。

收藏单位：国家馆、近代史所、南京馆、上海馆、天津馆、西南大学馆、浙江馆、中科图

06109

广东农林　广东省建设厅农林局编

广东省建设厅农林局，1931.5，1 册，16 开

本书收录论文 15 篇、调查报告 10 篇、计划 4 篇、法规 14 篇、工作报告 3 篇，内容包括：《发展广东农业方针的商榷》（廖崇真）、《广东农业建设谈》（谢申）、《广东农业上的三角问题》（张景欧）、《森林与国民经济之关系》（戴旭昇）、《荒山造林要诀》（张福达）等。附广东建设厅农林局成立宣言。

收藏单位：国家馆

06110

广东农林　广东省建设厅农林局编

广东省政府秘书处第二科，1942.3，108 页，32 开（广东省政丛书 10）

本书共 5 部分：广东农林环境、广东农林局之沿革、广东农业局之组织、广东农林局工作概况、广东农林事业今后措施。附修正广东省建设厅农林局组织章程、森林法、广东省各林业促进指导区推广乡镇保有公有林面积表等。

收藏单位：重庆馆、国家馆、南京馆、西南大学馆

06111

广东农林建设政策及一年来实施之状况　冯锐著

广东建设厅农林局推广课，1933，12 页，24 开（报告丛书 6）

本书概述该省自实行集中管理、分工经营之农业政策以来，在农艺、园艺、林业及畜牧兽医等方面取得的成绩。

06112

广东农业概况　广东农林局编

曲江（韶关）：新建设出版社，1941.1，83 页，32 开（广东施政常识小丛书）

本书共 8 章：改进稻作、推广种植杂粮、推广棉麻、推广种植油料作物、改良肥料、改良农具、防除病虫害、防治兽疫保育家畜。

收藏单位：重庆馆

06113

广东农业概况调查报告书　邓植仪编

广州：国立广东大学农科学院，1925.9，472 页，16 开

本书共 4 部分：东江流域及潮梅各属、西北江流域、高雷各属、海南岛（琼崖各属）。调查项目包括地理位置、气候、耕地状况、农民经济状况、作物、园艺、特产等。

收藏单位：东北师大馆、国家馆、吉林馆、上海馆

06114

广东农业概况调查报告书续编（上卷）　钟桃编辑

广州：国立中山大学农科学院，1929.8，386 页，16 开

本书共 3 部分：东江流域及潮梅各属、珠江及西北江流域各属、高雷各属。

收藏单位：国家馆、南京馆

06115

广东农业概况调查报告书续编（下卷）　卓正丰　钟桃编辑　国立中山大学农学院编

广州：国立中山大学出版部，1933.8，124 页，16 开

本书共 3 部分：惠属海丰及陆丰县、珠江及西北江流域各县、钦廉各县。

收藏单位：国家馆

06116

广东农业三年建设计划纲要　冯锐编

广东建设厅农林局推广课，1933，36 页，25 开（计划丛书 6）

收藏单位：广西馆

06117

广东全省蚕业改良实施区总分区成立之经过及三年来之工作概况　广东全省蚕业改良实施区总区编

广东全省蚕业改良实施区总区，[1936.6]，50 页，16 开

收藏单位：上海馆

06118

广东全省土地测量意见书　广东陆军测量局编

广东陆军测量局，1928，1 册，25.9cm

收藏单位：广西馆

06119

广东沙田　丘斌存著

曲江（韶关）：新建设出版社，1941.3，29 页，32 开（广东施政常识小丛书）

本书共 4 章：概说、弊窦一般、整理之阶段、结论。

收藏单位：重庆馆、国家馆

06120

广东沙田问题　张超良著

[广东财政厅]，1937，144 页，32 开

本书共 11 章，内容包括：沙田面积、沙田术语、现行各属征收外之组织、承商公司、业主与佃农、整理沙田问题之探讨、设置沙田新农村计划等。

收藏单位：重庆馆

06121

广东生丝统计　广东省政府秘书处统计股编

广东省政府秘书处统计股，1934.7，185 页，32 开（广东统计丛刊第 3 种）

本书共 7 部分：绪论、广东生丝在对外贸易上之地位、丝业盛衰对于广东经济之影响、丝厂与丝庄、生丝之输出、生丝之价格、救济丝业方案。

收藏单位：国家馆

06122

广东省蚕业调查报告书　刘伯渊调查编辑

广东省地方农林试验场，1922.1，91 页，16 开

本书共 14 部分，内容包括：全省蚕业之现象、桑苗之调查、养蚕之调查、茧市之贸易调查、丝市之贸易调查等。

收藏单位：国家馆

06123

广东省地籍测量规则　广东省政府民政厅编

广东省政府民政厅，[1935]，68 页，18 开

本书内容包括：广东省地籍测量规则、广东民政厅测量队暂行组织规程、广东省民政厅测量队业务实施细则、广东省民政厅测量队职员服务规则、广东省民政厅测量队职员奖惩规则等。

收藏单位：桂林馆、国家馆

06124

广东省地籍测量计划　广东省政府民政厅编

广东省政府民政厅，[1932.12]，16 页，18 开

本书共 11 部分，内容包括：绪论、土地测量方法之决定、地政机关之组织、技术人材之养成及征用、地籍测量分年进行程序等。

收藏单位：桂林馆、国家馆

06125

广东省地政局土地行政报告　广东省地政局编

广东省地政局，[1941—1942]，30 页，32 开，环筒页装

本书共 7 部分，内容包括：完成连县南雄始兴等三县之地籍整理、曲江乳源两县工作概况、举办乐昌仁化两县测量情形、积极倡导垦殖事业等。所涉时间为 1938 年 11 月至 1941 年 10 月。

收藏单位：重庆馆、广西馆、国家馆、南京馆

06126

广东省地政局土地行政报告

出版者不详，1938.11，30 页，32 开

收藏单位：南京馆

06127

广东省荒地承领造林暂行规程　广东建设厅农林局编

广东建设厅农林局推广课，1932，再版，8 页，32 开（法规丛书第 1 号）

广东建设厅农林局推广课，1933，5 版，8 页，32 开（法规丛书第 1 号）

广东建设厅农林局推广课，1934，6 版，8 页，32 开（法规丛书第 1 号）

本规程共 27 条，分两章：总纲、承领。附广东省荒地承领限制章程。

收藏单位：重庆馆、国家馆

06128

广东省荒地垦殖办法

广东省农林处，[1930—1949]，8 页，32 开

收藏单位：南京馆

06129

广东省加强粮食增产实施办法　广东省建设厅编

广东省建设厅，1943.9，24 页，16 开

收藏单位：南京馆

06130
广东省建设厅农林局民国廿八年至三十二年五年工作概况 广东建设厅农林局编辑
广东建设厅农林局，[1944]，65页，18开
　　本书内容包括：沿革、广东农业环境、工作概况、农村经济、林业等。附农业法规索引、广东省建设厅农林局出版刊物一览。目录页题名：广东省建设厅农林局（二十八年至卅二年）五年概况。
　　收藏单位：国家馆、南京馆

06131
广东省解决粮食问题实施方案 广东省政府编
广东省政府，1943，58页，32开
　　本书共6部分：厉行粮食增产、加强粮食管理、灵活粮盐运输、搞活农村金融、加紧救济、移民垦荒。
　　收藏单位：重庆馆、国家馆、南京馆

06132
广东省历年地籍整理成果统计 广东省政府地政局编
广东省政府地政局，[1947]，43页，横16开
　　本书所涉时间为1939年1月至1947年6月。
　　收藏单位：国家馆

06133
广东省粮食产销状况统计报告书 行政院善后救济总署广东分署编
广州：行政院善后救济总署广东分署周报社，1946，32页，16开
　　本书为汉英对照，全部为表。内容包括：广州市各月雨量分配表、广州市货币价格表、广东交通运输概况表等。
　　收藏单位：国家馆、南京馆

06134
广东省粮食管理概况 广东省粮食管理局编
广东省粮食管理局，1941.5，43页，32开
　　本书概述该省粮食管理政策、机构、购粮基金来源与运用及粮食购销、运输、仓储等情况。附修正广东省人民或人民团体购运洋米入口遭受意外损失补偿暂行办法大纲、广东省非常时期限制粮食输运出省暂行办法及补充办法等14种。
　　收藏单位：重庆馆、国家馆

06135
广东省卅一年度征收征购粮食经过及其分配情形提要 广东省政府粮政局编
广东省政府粮政局，[1943]，26页，25开
　　收藏单位：江西馆

06136
广东水产建设计划汇刊（第1集） 广东建设厅水产试验场编辑
广东建设厅水产试验场，1931.6，81页，32开
　　本书收文5篇：《广东水产建设的方针》《水产试验场迁场汕尾计画书》《调查广东全省水产事业计画书》《广东水产展览会计画书》《渔业简易传习所筹备计画书》。
　　收藏单位：浙江馆

06137
广东土地行政刍议 龙商禧著
南京：大功坊王吉源印刷号，1928.11，66页，32开
　　本书共6部分，内容包括：土地行政之意义、广东土地行政之历史、广东土地行政经费与人材之推算法等。附广东土地厅筹备全省土地测量事宜计划书、广东省土地税条例草案、广东省土地税条例施行细则等。
　　收藏单位：广西馆、国家馆、湖南馆、江西馆

06138
广东新会慈溪土地分配调查 赵承信著
[北平]：燕京大学社会学系，1931.6，18页，16开（燕京大学社会学系丛刊丙组40）
　　本书共6部分：绪论、土地分配总论、田产权分配情形、农田耕有分配情形、农田分配上的几个问题、结论。原载于1931年6月《社会学界》第5卷。

收藏单位：国家馆、南京馆

06139

广东渔业概况 广东农林局编

曲江（韶关）：新建设出版社，1941.1，14 页，36 开（广东施政常识小丛书）

　　本书共两章：绪论、广东渔业之设施。附修正小规模渔业章程。

　　收藏单位：重庆馆、国家馆、南京馆

06140

广西仓储概况 广西省政府民政厅编

广西省政府民政厅，1938.6，1 册，32 开

　　本书共 8 部分，内容包括：历代仓储概况、本省历年仓储行政之演进、仓谷募集方法、仓谷之保管、仓谷之使用等。附各县请示解释办理村街仓疑点表、内政部公布各地方建仓积谷办法大纲、各省建仓积谷实施方案、各地方仓储管理规则。

　　收藏单位：广东馆、桂林馆、国家馆、南京馆

06141

广西仓谷会计 丁苏民著

广西省政府会计处，1939.9，72 页，32 开（桂岭会计丛刊 14）

　　本书共 8 章，内容包括：广西农仓经营概况及其会计现状、广西省县乡（镇）村（街）积谷仓之筹集保管及使用、会计之基本观念、本省各级积谷仓库所发生之会计事务应备之书表格、各项凭证之格式及填制方法等。

　　收藏单位：重庆馆、桂林馆、南京馆、浙江馆

06142

广西地政纪实（第 1 辑） 郑湘畴 谭士裘 张伯举编

广西省政府民政厅，1939.4，1 册，16 开

　　本书内容包括：土地测量、土地登记、土地陈报、附录、专载等。

　　收藏单位：桂林馆、南京馆、浙江馆

06143

广西地政纪实（第 2 辑） 郑湘畴等编

广西省政府民政厅，1939.6，1 册，16 开

　　本书收录该省土地陈报计划、地政相关法规等。

　　收藏单位：桂林馆

06144

广西地政纪实（第 3 辑） 郑湘畴等编

广西省政府民政厅，1939，248 页，16 开

　　收藏单位：广东馆、桂林馆

06145

广西第二区区农场工作报告书（三十至三十二年度） 广西第二区区农场编

桂平：广西第二区区农场，1942.9—1944.6，3 册，16 开

　　收藏单位：重庆馆、广东馆、桂林馆、国家馆、近代史所、南京馆、上海馆、中科图

06146

广西各县办理乡镇农村仓库须知 广西省政府民政厅编

广西省政府民政厅，[1934]，79 页，32 开，环筒页装

　　本书收录广西各县办理乡镇农村仓库章程、农村仓库办事细则、各项簿记式样以及记帐方法概论等。

　　收藏单位：重庆馆、桂林馆、国家馆、浙江馆

06147

广西粮食调查 广西省政府总务处统计室编

广西省政府总务处，1938.5，237 页，16 开（广西统计丛书第 16 种）

　　本书分 8 章阐述粮食生产、粮食问题、粮食运销及郁江、柳江、桂江、浔江流域等主要粮食市场的现状、运输、贸易、价格等。附各县田地价格、农作物栽培面积、零售物价、米粮批发物价、该省内地粮食运销费用、各市场运销数额、输出省外米粮运销费用等。

　　收藏单位：重庆馆、国家馆、南京馆、浙江馆、中科图

06148

广西粮食问题　张培刚著

长沙：商务印书馆，1938.7，145 页，22 开（广西大学经济研究室研究报告）

　　本书共 7 章，内容包括：粮食自给程度、粮食之生产、粮食之消费、粮食之供需关系、粮食运销之机构等。附粮食管理之任务及工作应如何使之适合战时之要求（草案）。

　　收藏单位：重庆馆、贵州馆、国家馆、近代史所、南京馆

06149

广西柳江流域荒地调查报告　吴文晖　冯朝辅　黄鸿辉调查编纂

农林部垦务总局，1942.12，39 页，16 开（农林部垦务总局调查报告 3）

　　本书共 9 章：绪言、荒地自然状况、荒区荒地现况及分布、各荒区附近农业、垦殖设备及垦荒方式、社会情形、经济状况、调查意见、结论。调查编纂者"吴文晖"原题：吴文辉。

　　收藏单位：国家馆、吉林馆、近代史所、南京馆

06150

广西柳州农场报告书（民国廿三年度工作）

[广西柳州农场编]

广西柳州农场，1935.6，32 页，16 开

　　本报告分农艺、园艺、畜牧等方面。

06151

广西农村经济调查报告

广西省立师范专科学校农村经济研究会，1934.6，1 册，32 开

　　收藏单位：东北师大馆、桂林馆、上海馆

06152

广西农村经济概况　雷殷讲述

广西省政府民政厅，[1935—1939]，石印本，214 页，32 开（广西省县政公务员政治训练班讲义）

　　本书共 9 章：导言、广西之土地、广西之气候及雨量、广西之物产、广西各县之人口、广西各县之运输交通、广西之财政、广西各县人民之生活、农村经济问题及其解决之拟议。

　　收藏单位：广东馆、桂林馆、国家馆、南京馆

06153

广西农林　广西省政府统计局编

广西省政府统计局，1936.7，182 页，32 开（广西省政府统计丛书 第 12 种）

　　本书为该局在 1932 年 1 月至 1935 年 6 月对该省柳城、武鸣、兴安、崇善、梧州等县的农村经济、农民生活、鱼苗种类、牲畜概况、养蚕户数及林木情况所作的调查统计。

　　收藏单位：重庆馆、国家馆、南京馆

06154

广西农林考察记　包伯度著

上海：中国农学社，1935.11，54 页，32 开

　　本书收录著者对农林行政、农村及农产状况、农村建设等所作的考察结果，并有改进农林方案和增产建议。附桂游日记。

　　收藏单位：国家馆、南京馆、上海馆、浙江馆

06155

广西农林设施概要汇编　广西农村建设试办区编

[广西农村建设试办区]，1936.6，174 页，16 开

　　本书收录计划章则 21 条，内容包括：广西农林施政沿革、广西农林实施方案、广西省有林经营大纲、广西省县立苗圃规程、广西省各县公有林营造办法、广西省造林奖励规则等。附森林法、森林法施行规则、土地法、土地法施行法、合作社法等。

　　收藏单位：重庆馆

06156

广西农田水利贷款委员会农田水利贷款章程　广西农田水利贷款委员会编

广西农田水利贷款委员会，[1938]，26 页，32 开

本书附广西各县地方水利协会组织通则。

收藏单位：国家馆

06157

广西清亩特刊（第1—2期合刊） 广西清理田亩总局编辑处编

广西清理田亩总局编辑处，[1930—1939]，198页，16开

本书收录该局颁布的法规、公牍35种。书前有论文《历代土地制度之变迁及现在应循之途径》（覃懋材）。

06158

广西清亩特刊（第3期） 广西清理田亩总局编辑处编

广西清理田亩总局编辑处，[1930—1939]，254页，16开

本书收录该局颁布的呈文、函电、训令、指令、章则等56种，并有该局工作概况介绍。

06159

广西省办理土地陈报章则 广西省政府民政厅编

广西省政府民政厅，[1936]，30页，16开

广西省政府民政厅，[1936]，32页，16开

收藏单位：广东馆、桂林馆、南京馆

06160

广西省参议会第一届第四次大会广西田赋粮食管理处田粮施政报告

出版者不详，[1947]，油印本，24页，16开

本书共8部分：前言、征收田赋、整理赋籍、运拨军粮、调节民食、清理粮账、调整机构、结语。

收藏单位：桂林馆

06161

广西省苍梧县梧州市区土地登记特刊 梧州警察局编

梧州警察局，1937，1册，16开

收藏单位：南京馆

06162

广西省地政工作概况 广西省政府地政局编

广西省政府地政局，1947.9，22页，32开

本书内容包括：机构设置、人员训练、地籍整理、耕地租用、扶植自耕农、荒地发放等。

收藏单位：广西馆、桂林馆、南京馆、浙江馆

06163

广西省二十七年增加冬季作物生产实施办法 广西省政府农业管理处 [编]

广西省政府农业管理处，[1938]，71页

收藏单位：南京馆

06164

广西省官荒承垦规则（中华民国二十七年）

广西省政府，1938，12页，32开

本规则于1938年3月16日由广西省政府委员会第319次会议通过。

收藏单位：国家馆

06165

广西省粮食增产实施计划纲要（三十至三十一年度） 广西省政府建设厅农业管理处编

广西省政府建设厅农业管理处，1941—1942，2册，16开

本书内容包括：水稻、提倡冬作、小麦、玉米、肥料、农田水利等。

收藏单位：国家馆、南京馆

06166

广西省农村调查 行政院农村复兴委员会编辑

上海：商务印书馆，1935.1，385页，22开，精装（行政院农村复兴委员会丛书）

上海：商务印书馆，1935.7，再版，385页，22开，精装（行政院农村复兴委员会丛书）

本书共8编：概说、土地问题、租佃制度、副业、灾害、借贷、赋税、政治。

收藏单位：重庆馆、甘肃馆、广东馆、贵州馆、桂林馆、国家馆、河南馆、湖南馆、

吉林馆、辽大馆、南京馆、宁夏馆、山西馆、陕西馆、天津馆、浙江馆

06167

广西省农业生产计划草案　广西省政府农业管理处编

广西省政府农业管理处，1938.4，2 册（148 页），16 开

　　本书共 5 部分：关于农务部分、关于林务部分、关于渔牧部分、关于垦殖水利部分、关于农村经济部分。

　　收藏单位：国家馆、近代史所

06168

广西省平乐县田赋管理处办理土地陈报成果复查点验实施办法

出版者不详，1944.5，石印本，4 页，25 开，环筒页装

　　收藏单位：桂林馆

06169

广西省清查荒地章程暨施行细则

出版者不详，[1932]，8 页，18 开

　　收藏单位：桂林馆

06170

广西省卅一年农林督导会议专刊　广西省农林督导会议编

广西省农林督导会议，[1942]，138 页，16 开

　　本书共 8 部分：出席会员座次表、会员一览表、会议简章、会员须知、议事日程、工作报告程序、开幕典礼纪录、会议纪录。

　　收藏单位：重庆馆、国家馆

06171

广西省三十一年度提倡冬季作物实施办法

广西省政府农业管理处，[1942]，1 册，32 开

　　收藏单位：桂林馆、南京馆

06172

广西省提倡栽培冬季作物办法纲要

出版者不详，1939，1 册，16 开

　　收藏单位：南京馆

06173

广西省有荒地处理、发放、请领规则　广西农林局编

广西农林局，1934.7，1 册，32 开

　　本书内容包括：广西省有荒地处理规则、广西省有荒地发放规则、广西省有荒地请领规则等。

　　收藏单位：国家馆

06174

广西田粮施政概要　广西田赋粮食管理处编

广西田赋粮食管理处，1947.4，27 页，32 开

　　本书共 7 部分：机构沿革、赋籍整理、征实征借、军公粮配拨与购补、粮食调节与管制、粮食之储运、推行仓储制度。

　　收藏单位：南京馆

06175

广西桐油种植压榨及贸易调查报告　刘华振校

出版者不详，1936，46 页

　　收藏单位：南京馆

06176

广西土地问题之症结　广西省政府统计处编

广西省政府统计处，1948.7，油印本，1 册，16 开（广西统计资料分析研究报告 第 7 号）

　　本书内容包括：引言、土地分配情形、农户种类分析、农民生活实况、各类荒地调查等。

　　收藏单位：桂林馆

06177

规定地价　李遇隆编

江西省训练团，1946.9，50 页，32 开

　　本书共 5 章，介绍地价的种类、重要性、等级、计算、整理等。

　　收藏单位：国家馆

06178

规定地价　徐钟渭著

浙江省民政厅，1943.6，32 页，32 开（乡镇自治指导读物 4）

本书共 5 章，内容包括：什么叫作地价、为什么要规定地价、怎样规定地价等。

收藏单位：重庆馆、南京馆、浙江馆

06179

规章汇编　华北农业合作事业委员会 [编]

出版者不详，1936.12，142 页，25 开

本书收录该会委员会、办事处、贷放股、视察股、合作社、互助社等的相关规章。

收藏单位：贵州馆

06180

贵州地政　贵州省地政局编辑委员会编

贵阳：贵州省地政局，1945.10，106 页，10 开（贵州省地政局丛书）

本书共 6 章：总论、地籍整理、规定地价、土地征收、土地使用、公地管理。

收藏单位：重庆馆、贵州馆、南京馆

06181

贵州柑桔之经济地理　周永林编

出版者不详，1944.12，10 页，18 开

本书共 4 项：种类、产区、分布、产量。为《农场经营指导通讯》第 2 卷第 11—12 期抽印本。

收藏单位：重庆馆

06182

贵州省第五区区农场概况　陈玉伦编

出版者不详，1947.9，36 页，25 开

本书介绍该农场自 1939 年起设立 8 年来的工作情况。

收藏单位：贵州馆

06183

贵州省林业调查报告　皮作琼等调查

出版者不详，[1930—1949]，复写本，1 册，16 开，环筒页装

本书调查该省的地势、森林概况、树种类别、林业副产等情况。

收藏单位：重庆馆

06184

贵州省棉业调查报告摘要　全国经济委员会棉业统制委员会编

全国经济委员会棉业统制委员会，[1930—1949]，10 页，16 开

本书共 6 部分：风土、棉纱、土布、棉布、贵阳之商场、煤产及售价。

收藏单位：贵州馆、国家馆、首都馆、西南大学馆、浙江馆

06185

贵州省农业改进所单行章则及办法汇编（第 1 辑）

农业改进所，1940，51 页

收藏单位：南京馆

06186

贵州省农业概况调查　经济部资源委员会经济部中央农业实验所　贵州省农业改进所编

贵州省农业改进所，1939.1，68 页，16 开

本书内容包括：地理概说、人口、土地、农产、农业经营、副业所得及财产所得、农家所得及农家盈余等。据资源委员会农垦组 1937 年在贵州省的部分调查材料整理编成。

收藏单位：重庆馆、国家馆、吉林馆、南京馆、西南大学馆、浙江馆、中科图

06187

贵州省清查田亩特刊　贵州清查田亩总局特刊编辑处编

贵阳：贵州全省清查田亩总局，1932.6，1 册，16 开

本书内容包括：论著、计划、法规、公牍、图表、工作报告、特载、附录、临时增刊等。目录页题名：贵州清查田亩特刊第二期，版权页题名：清查田亩特刊（第二期临时增刊合订本）。

收藏单位：国家馆、南京馆

06188

贵州省试办贵阳县土地陈报报告书　贵州财政厅土地陈报处编

贵州财政厅土地陈报处，1938.1，89 页，16

开

本书附贵州省办理土地陈报问题解答与宣传大纲。

收藏单位：贵州馆、国家馆、近代史所、南京馆、中科图

06189

贵州省土地陈报汇编 贵州省政府财政厅土地陈报处编

贵州省政府财政厅土地陈报处，[1940—1949]，250页，16开

本书共9章，介绍该省土地陈报前后的状况及陈报经过、程序、经费、机构、问题处理办法等。附有关组织、业务及人事法规共17种，各种表式17张，宣传文件。

收藏单位：重庆馆、贵州馆、国家馆、南京馆

06190

贵州省政府地政局三十五年工作报告 贵州省政府民政厅地政局编

出版者不详，[1946]，1册，16开

收藏单位：贵州馆

06191

贵州省政府粮政局工作报告 粮政局编

出版者不详，1943.3，1册，16开

本书介绍该局组织机构的调整及工作概况等。封面题名：贵州省粮政局社会处报告。

收藏单位：贵州馆

06192

贵州省直辖区联合农场概况 贵州省农业改进所 农村建设协进会 [编]

贵州省农业改进所、农村建设协进会，1939.1，油印本，20页，18开

本书介绍该农场的缘起、沿革、设备、工作大纲等。封面题名：贵州省农业改进所农村建设协进会合办贵州省直辖区联合农场概况。

收藏单位：国家馆

06193

贵州省直辖区区农场概况 贵州省政府民政厅编

贵州省政府民政厅，1948.7，1册，18开

收藏单位：贵州馆

06194

贵州田赋研究 李荫乔著

出版者不详，1938.12，2册，25开

收藏单位：贵州馆

06195

贵州威宁、毕节、铜仁荒地区域调查报告 张迦陵等编

农林部垦务总局，1942.5，20页，18开（农林部垦务总局调查报告4）

本书调查内容包括：垦地自然概况、荒地现状及其分布、垦区的农业、社会及经济状况、垦殖设备及开荒方法等。

收藏单位：重庆馆、国家馆、近代史所、南京馆

06196

贵州之白耳业 陈建棠调查 张宗弼审查 刘大钧核定

出版者不详，1939.4，晒印本，7张，大16开（中国经济统计研究所 总字第297号 林业门杂项类 第2号）

收藏单位：上海馆、中科图

06197

国防与粮食问题 尹以瑄著

南京：正中书局，1936，142页，25开（国防教育丛书）

南京：正中书局，1937.10，再版，142页，25开（国防教育丛书）

本书分两编：平时的粮食问题、战时的粮食统制。共11章，内容包括：人口和土地、世界的粮食问题、战时粮食统制的重要、粮食品的节约方法、我国战时食粮问题的检讨等。

收藏单位：重庆馆、广东馆、贵州馆、国家馆、湖南馆、吉大馆、吉林馆、江西馆、

南京馆、陕西馆、上海馆、天津馆、西南大学馆、浙江馆

06198

国父关于粮食问题的遗教 中国国民党中央执行委员会宣传部编

中国国民党中央执行委员会宣传部，1941.9，35页，32开（粮食问题小丛书）

中国国民党中央执行委员会宣传部，1942.2，35页，32开

　　收藏单位：安徽馆、重庆馆、广西馆、国家馆、湖南馆、吉林馆、江西馆、近代史所、南京馆、上海馆、浙江馆

06199

国父论粮食 中国国民党浙江省党部编

中国国民党浙江省党部，1942.4，38页，32开

　　本书共6章，内容包括：粮食问题的重要性、中外各国粮食盈亏概述、粮食生产的先决问题等。

　　收藏单位：浙江馆

06200

国立浙江大学农学院农村社会研究会讲演集

出版者不详，[1930—1949]，1册，32开

　　本书收录《农村自治问题》《从特殊农学与一般农学的关系说到人群对于自然的斗争及社会的合作》《米价问题与米谷关税》《西北的展望》等。

　　收藏单位：浙江馆

06201

国立中山大学第一模范林场概况 国立中山大学附设第一模范林场办事处编

广州：国立中山大学附设第一模范林场办事处，1933.8，132页，23开

06202

国民参政会第四届第三次大会农林部询问答案 农林部编

农林部，1947.5，12页，16开

　　本书收录10位参政员关于农林的询问答案。

　　收藏单位：国家馆、南京馆、上海馆

06203

国民参政会四届三次大会经济部答复案

出版者不详，1947，油印本，1册，28×37cm

　　收藏单位：国家馆

06204

国民革命与农村问题 （日）田中忠夫著　李育文译

北平：村治月刊社，1931.6—1932.9，2册（250+270页），32开（村治丛书2）

　　本书共8篇，内容包括：中国农业与资本主义的发展样式、中国的农村组织、中国的农民问题、中国的农民运动等。

　　收藏单位：重庆馆、广西馆、国家馆、湖南馆、近代史所、南京馆、天津馆、西南大学馆、浙江馆

06205

国民经济建设运动下我国畜牧事业之展望

刘行骥著

出版者不详，[1930—1949]，8页，16开

　　本书共3部分：由我国地理与人民生活习惯证之、由我国国际贸易情形证之、由合理化之科学农业管理法证之。为《中国实业杂志》第1卷第12期抽印本。

　　收藏单位：国家馆

06206

国民政府军事委员会委员长南昌行营粮食会议录 南昌行营粮食会议秘书处编

南昌行营粮食会议秘书处，1933.10，220页，16开

　　本书共11部分，内容包括：会议事项、会议纪录、各代表提案分类整理、各代表提案原文、各地方报告等。版权页题名：南昌行营粮食会议录。

　　收藏单位：广东馆、国家馆

06207

国统区农民泪 哈尔滨中苏友好协会编

哈尔滨：兆麟书店，1946.12，44 页，32 开

本书收录有关国统区各地强征军粮的通讯报导 11 篇。附粮官舞弊内幕。

收藏单位：北师大馆、重庆馆、东北师大馆、国家馆、南京馆

06208

国营金水流域农场办事细则　[国营金水流域农场编]

[国营金水流域农场]，[1930—1949]，10 页，22 开

本细则共 51 条。

收藏单位：国家馆

06209

国营金水流域农场契证审查及土地评价规则　[国营金水流域农场编]

[国营金水流域农场]，[1936.4]，9 页，22 开

国营金水流域农场，[1936]，2 页，18 开，环筒页装

本书收录国营金水流域农场契证审查及土地评价规则、国营金水流域农场征收土地评价办法。

收藏单位：国家馆

06210

国营金水流域农场授佃章程　国营金水流域农场编

国营金水流域农场，[1936]，3 页，22 开

收藏单位：国家馆

06211

国营金水流域农场土地出售规则　国营金水流域农场编

国营金水流域农场，[1936]，5 页，22 开

收藏单位：国家馆

06212

国营金水流域农场土地清理规程　国营金水流域农场编

国营金水流域农场，[1936]，9 页，22 开

本规程共 35 条，分 5 章：总则、登记、调查、清丈、附则。

收藏单位：国家馆

06213

国营金水流域农场土地清理规程施行细则
国营金水流域农场编

国营金水流域农场，[1936]，11 页，22 开

收藏单位：国家馆

06214

国营金水流域农场征收土地规则　国营金水流域农场编

国营金水流域农场，[1936.4]，3 页，22 开

本规则共 11 条。

收藏单位：国家馆

06215

汉代土地制度　王恒编著

重庆：正中书局，1945.11，79 页，25 开（中国地政研究所丛刊）

上海：正中书局，1947.10，79 页，25 开（中国地政研究所丛刊）

本书共 12 章，内容包括：农业生产、地权分配、地价、地税、农田劳力、租佃制度、地主阶级及其生活、耕者之生活等。

收藏单位：重庆馆、东北师大馆、广东馆、贵州馆、桂林馆、国家馆、湖南馆、近代史所、辽大馆、南京馆、宁夏馆、天津馆、西南大学馆、浙江馆、中科图

06216

汉口棉花调查　朱金寿　沈青山编

交通银行，[1930]，65 页，32 开

06217

汉口市地政业务概况　汉口市政府编

汉口市政府，1947.9，23 页，16 开

本书共 3 部分：概述、地政业务概况、将来计划。

收藏单位：广西馆、近代史所

06218

汉口桐油调查　朱金寿编

交通银行，[1930]，31 页，32 开

06219

杭县县政府发给土地图照处业务概述　杭县县政府编

杭县县政府，1936.1，84 页，16 开

本书共 6 部分：导言、发照之起因、发照机关之组织、分处业务、总处业务、结论。

收藏单位：国家馆

06220

合作买牛问题的研究　张荣等著

晋绥行署，[1948] 印，油印本，2 页，32 开

收藏单位：国家馆

06221

合作棉业示范场计划书　社会部全国合作社物品供销处东南分处拟

崇安（武夷山）：社会部全国合作社物品供销处东南分处，[1945]，52 页，32 开

本书内容包括：合作棉业示范场计划纲要、概算摘要、各项概算表等。附发展全国棉业计划刍议。

收藏单位：国家馆、黑龙江馆、上海馆、浙江馆

06222

合作社必读　刘建章等著

华北书店，1949，32 页，64 开

本书共 4 部分：毛主席指示办合作社四要点、陕甘宁边区合作社联席会决议、中共中央西北局关于贯澈合作社联席会决议的决定、办合作社的几个经验。

收藏单位：国家馆

06223

合作社必读　刘建章等著

冀鲁豫书店，1944，32 页，64 开

收藏单位：南京馆

06224

合作社参考材料　晋察冀边区行政委员会农林处编

晋察冀边区行政委员会秘书处，1946.8，126 页，32 开（大生产运动丛书 5）

本书共 19 部分，内容包括：《论合作社》（毛泽东）、毛主席指示办合作社四要点、办合作社的几个经验、怎样办合作社等。

收藏单位：国家馆、近代史所、山东馆

06225

合作社应用书表填法　第二届农村合作讲习会编

江西省农村合作委员会，[1913—1949]，24 页，22 开

收藏单位：江西馆

06226

合作养鱼的利益　浙江省水产试验场编

定海（舟山）：浙江省水产试验场，1936.1，12 页，32 开（推广丛书 4）

收藏单位：南京馆

06227

河北垦业农场之过去现在与将来　常宗会著

出版者不详，1946，13 页，36 开

收藏单位：广东馆

06228

河北棉花之出产及贩运　曲直生著

上海：社会调查所，1931.4，314 页，22 开（社会研究丛刊）

本书共 3 编：直隶棉花的出产、直隶棉花的贩运、直隶棉业的改进。

收藏单位：重庆馆、东北师大馆、广东馆、国家馆、河南馆、湖南馆、江西馆、辽宁馆、南京馆、上海馆、天津馆、浙江馆

06229

河北农事调查　葛荫萱 [著]

[水利局农地科]，1942，865 页，16 开

收藏单位：国家馆

06230

河北全省农产品评会专刊　河北省建设厅技术室编辑

河北省建设厅，1936，[257] 页，16 开

本书讨论该会筹办、开幕经过，各县农

产品之调查统计、农业技术指导等。

06231

河北省八县合作社农民耕田状况之一部分
曲直生著

社会调查所，[1932]，67 页，16 开

　　本书为华洋义赈救灾总会于 1932 年对河北省河间、蠡县、安平、深泽、无极、赵县、元氏、肥乡 8 县所作的调查。为《社会科学杂志》第 4 卷第 1 期抽印本。

　　收藏单位：国家馆

06232

河北省东北河区域棉业调查报告书　陈天敬
　　吴光明著

实业部天津商品检验局，1932.10，26 页，24 开，环筒页装（实业部天津商品检验局棉业特刊 2）

　　本书附改良河北省东北河棉产计划草案。

　　收藏单位：天津馆

06233

河北省二十六县五十一村农地概况调查　杨
　　汝南著

[北平]：国立北平大学农业经济学系，1935.12，27 页，16 开（国立北平大学农业经济学系调查研究报告 第 6 号）

　　本书共 10 部分，内容包括：人口家庭与土地分配、经营面积、土地所有、农业经营之种类、农地租佃情形、农场大小与牲畜分配等。

　　收藏单位：国家馆、南京馆、上海馆、天津馆

06234

河北省二万五千家乡村住户之调查　董时进
著

出版者不详，1932.5，20 页，16 开（国立北平大学农业经济系调查研究报告 第 4 号）

　　本书内容包括：人口、栽培土地面积、所有地面、租地情形、居住情形、职业分配情形等。

　　收藏单位：国家馆、南京馆

06235

河北省立实验乡村民众教育馆农业展览会特刊　河北省立实验乡村民众教育馆编

河北省立实验乡村民众教育馆，1932.12，[130] 页，22 开

　　本书内容包括：题词、讲演、纪载、论评等。

　　收藏单位：国家馆、南京馆、浙江馆

06236

河北省良乡县吴店村　满铁·北支经济调查所 [编]

满铁·北支经济调查所，1942.11，油印本，1 册，18 开，环筒页装（北支惯行调查资料之部 第 95 辑 2）（公租公课篇 第 16 号 2）

　　本书内容包括：良乡县吴店村全村地亩帐、田赋地粮征收簿、田赋清查报表、税率及缴纳手续、良乡县三十一年度地方岁出入概算书等。

　　收藏单位：国家馆

06237

河北省棉产产销问题　河北省棉产改进会编
河北省棉产改进会，1936，17 页，32 开

　　本书介绍该省棉花产销概况、棉产改进工作及该会成立以来的工作及计划等。

06238

河北省棉产调查报告（民国二十三至二十五年）　河北省棉产改进会编

河北省棉产改进会，1937，2 册（254+273 页），16 开（河北省棉产改进会特刊第 2 种）

　　本书收录该省该年份棉田面积、皮棉产量与全国各省的比较图，调查缘起及筹备经过，河北省棉产调查分区图，各区的调查报告等。

　　收藏单位：安徽馆、广东馆、国家馆、河南馆、近代史所、辽大馆、内蒙古馆、首都馆、天津馆、浙江馆、中科图

06239

河北省棉产改进会工作概况（第一年度至第三年度上半期）　河北省棉产改进会编

河北省棉产改进会，[1936—1968]，3 册，18
开

　　本书内容包括：现行组织、事业进行概
况、收支概况等。

　　收藏单位：国家馆、吉林馆、上海馆

06240

河北省棉产改进会之棉花运销合作事业　卢
广绵著

河北省棉产改进会，[1937]，27 页，16 开

　　本书介绍该会组织与工作情况。

　　收藏单位：上海馆

06241

河北省棉产改进五年计划大纲草案

河北省棉产改进会，1936.3，8 页，18 开（河
北省棉产改进会单行册 第 1 号）

　　收藏单位：上海馆

06242

河北省农林渔牧特产品调查统计　河北省政
府建设厅农林科编

河北省政府建设厅农林科，1943.11，油印本，
1 册，16 开

　　本书内容包括：河北省农林渔牧特产分类
统计、河北省农林渔牧特产分道统计、河北
省农林渔牧特产分县统计等。

　　收藏单位：国家馆

06243

河北省深泽县农场经营调查　韩德章著

社会调查所，[1934]，[69] 页，16 开

　　本书大部分为表。内容包括：农场经营
方式、营业分析、田权与租佃、借贷等。为
《社会科学杂志》第 5 卷第 2 期抽印本。

06244

河北省土地陈报章程草案

出版者不详，[1920—1949]，油印本，1 册，
16 开

　　收藏单位：南京馆

06245

河北省渔业志　张元第著

天津：河北省立水产专科学校出版委员会，
1936.6，122 页，18 开（水产丛书 1）

　　本书共 5 章：旧式渔业、渔民生活状况、
本省需要之水产制品、本省渔业行政、本省
水产教育。

　　收藏单位：重庆馆、国家馆、近代史所、
天津馆、浙江馆

06246

河北盐山县一百五十农家之经济及社会调查
（美）卜凯（John Lossing Buck）著　孙文
郁译

[南京]：金陵大学农林科，1929.9，188 页，
22 开（金陵大学农林科农林丛刊 51）

　　本书为文言体。共 5 章：绪言、农场之组
织、农家与人口、盐山其他之社会经济等问
题、结论。

　　收藏单位：广东馆、国家馆、湖南馆、吉
大馆、吉林馆、近代史所、上海馆、首都馆、
天津馆、西南大学馆

06247

河南林务特刊

出版者不详，[1929]，114 页，32 开（河南建
设厅林业丛书 1）

　　本书内容包括：图画、序言、法规等。法
规共 12 部分，内容包括：河渠插柳办法、森
林法、狩猎法、狩猎法施行细则等。

　　收藏单位：国家馆

06248

河南棉业　全国经济委员会棉业统制委员会
河南省棉产改进所编

全国经济委员会棉业统制委员会河南省棉产
改进所，1936.12，124 页，16 开（全国经济
委员会棉业统制委员会河南省棉产改进所专
刊 1）

　　本书内容包括：河南棉产统计、河南棉花
运销、河南棉纺工业、河南棉产改进事业设
施概况等。

　　收藏单位：国家馆、首都馆、天津馆

06249

河南南阳县土地清丈专刊　河南第六区行政督察专员公署编

河南南阳县整理田赋委员会，1936.10，1 册，16 开

　　本书内容包括：插图、题词、土地丈量经过、计划及章则、表册、统计图等。附南阳县整理田赋委员会委员姓名籍贯暨现任职务一览表等。

　　收藏单位：国家馆、南京馆、中科图

06250

河南全省棉业调查报告书　河南实业厅编

河南实业厅，1925.1，326 页，16 开

　　本书概述该省 98 县棉花生产、运销及棉业运销合作情况。

　　收藏单位：重庆馆、河南馆、近代史所

06251

河南省产烟叶区之调查报告　金陵大学农学院农业经济系调查及编制

南京：金陵大学农学院农业经济系，1934.6，油印本，17 页，16 开（豫鄂皖赣四省农村经济调查初步报告 第 6 号）

　　本书共 5 部分：引言、烟叶之生产、烟叶之市场、烟叶目前之困难问题、解决目前问题之几点意见。

　　收藏单位：国家馆

06252

河南省地政创刊　河南省地政筹备处编

开封：河南省地政筹备处，1934.11，1 册，16 开

　　本书收录该处一年来所颁布的章则、业务计划、公牍、指令、公函、训令、布告、批示 170 余种。附该处职员录、会议纪录、河南省土地清丈业务进行报告等。

　　收藏单位：国家馆、南京馆

06253

河南省第二区农林局成立三周年纪念刊

出版者不详，1935.10，46 页，大 32 开

　　收藏单位：南京馆

06254

河南省第二区农林局二十二年概况　河南省第二区农林局编

河南省第二区农林局，[1933]，[34] 页，16 开

　　本书介绍该局组织沿革、经费来源及农务、林务、事务等工作概况。并收录河南省各区农林局的办事细则、局务会议规则、工役管理规则、推广实施办法大纲等 19 种。

　　收藏单位：国家馆

06255

河南省第二区农林局民国二十五年重要工作报告　河南省第二区农林局编

河南省第二区农林局，[1936]，118 页，16 开

　　本书共 3 部分：农务方面、林务方面、事务方面。

　　收藏单位：国家馆

06256

河南省第五区农林局概况　河南省第五区农林局编

河南省第五区农林局，1935.11，14 页，22 开

　　本书共 7 部分：位置、沿革、作业区、经费、建筑物、地亩、事业概要。

　　收藏单位：国家馆

06257

河南省第五区农林局三年计划书　河南省第五区农林局编

河南省第五区农林局，1933.12，48 页，16 开

　　本书共 3 部分：表证区之计划、指导区之计划、本局试验及经营之计划。所涉时间为 1933—1935 年。

　　收藏单位：国家馆

06258

河南省第一期土地陈报陕县试办报告　河南省土地陈报处编

河南省土地陈报处，1936.10，84 页，18 开

　　本书共 4 部分：序言、插图、报告、附录。第 3 部分共 5 章：选县经过、陈报程序、田赋概况、改订科则、经费预算。

　　收藏单位：国家馆、湖南馆、南京馆、上

海馆

06259

河南省建设厅全省农林会议汇编 [河南省建设厅编]

河南省建设厅，1932.10，1 册，16 开

本书共 5 部分：图表、章则、演词、会议纪录、议决案。

收藏单位：国家馆

06260

河南省农村调查 行政院农村复兴委员会编

上海：商务印书馆，1934.8，166 页，22 开，精装（行政院农村复兴委员会丛书）

上海：商务印书馆，1934.9，再版，166 页，22 开，精装（行政院农村复兴委员会丛书）

本书共 5 章，内容包括：地权底分配及农田底使用、五年来地权分配及农田使用的变化、乡村政治组织及税捐等。附调查日记、许昌五村分村表等。

收藏单位：安徽馆、长春馆、重庆馆、甘肃馆、广东馆、广西馆、贵州馆、国家馆、湖南馆、吉林馆、辽大馆、南京馆、山西馆、上海馆、天津馆、西南大学馆、浙江馆

06261

河南省农村合作委员会第一期核准登记各县农村合作社一览 河南省农村合作委员会[编]

河南省农村合作委员会，1934.9，1 册，16 开

收藏单位：南京馆

06262

河南省农村合作委员会工作概况 河南省农村合作委员会编

河南省农村合作委员会，1935.1，[244] 页，横 16 开

本书内容包括：河南省农村合作委员会第一、二期工作总报告，本会第二期核准登记各县合作社概况表等。附前期核准登记各社在本期中社员社股及股金更动表。

收藏单位：国家馆、天津馆

06263

河南省农村合作委员会工作实施概况 河南省农村合作委员会编

河南省农村合作委员会，1936.9，8 页，16 开

本书内容包括：推行合作县区概况、指导组织合作社及联合会暨预备社概况、指导经营业务概况、办理贷款概况、实施训练工作概况等。

收藏单位：广东馆、国家馆、吉林馆、南京馆

06264

河南省农村合作委员会近一年来工作报告

河南省农村合作委员会，1939.10，17 页，32 开

本书共 3 部分：绪言、社务方面、业务方面。所涉时间为 1938 年 8 月至 1939 年 9 月。

收藏单位：重庆馆、贵州馆、国家馆

06265

河南省农村合作委员会三年来工作报告 河南省农村合作委员会编

河南省农村合作委员会，1937.7，1 册，16 开

本书内容包括：影片、绪言、本会之组织沿革、本会工作概况、附录等。

收藏单位：国家馆、南京馆

06266

河南省农业改进所概况 河南省农业改进所编

河南省农业改进所，1947.9，44 页，16 开

本书大部分为表。内容包括：沿革、组织、经费、设备等。

收藏单位：国家馆、南京馆

06267

河南省乡村建设工作方案 新民会河南省总会编

新民会河南省总会，1933，52 页，25 开

收藏单位：首都馆

06268

河南省整理土地各种计划章则汇刊 李敬斋

编著

河南省政府民政厅，1933.5，1 册，16 开

本书内容包括：河南省整理土地计画大纲、河南省整理县区行政区域方案、河南省试办土地清丈实施计画、河南省清丈人员训练大纲等。

收藏单位：广东馆、国家馆、湖南馆、吉林馆、南京馆、中科图

06269

河南省整理土地宣传大纲　河南省民政厅编

河南省民政厅，1933.3，1 册，16 开

收藏单位：南京馆

06270

河南省政府邓县垦荒计划　河南省政府编

河南省政府，1938.1，56 页，32 开

本书内容包括：垦荒办法大纲、移垦机关之组织、地权处理办法、土（荒）地登记办法、治安维持办法等。

收藏单位：国家馆

06271

河南之棉花　河南农工银行经济调查室编

河南农工银行经济调查室，1941.7，112 页，18 开（河南农工银行经济丛刊 3）

本书共 6 章：河南棉花之生产概况、河南棉花之销售概况、河南棉花之运输概况、河南棉花之检验与分级、河南棉业金融、河南棉业改进刍议。

收藏单位：重庆馆、广东馆、国家馆、南京馆

06272

河南之牛羊皮　河南农工银行经济调查室编

河南农工银行经济调查室，1943.1，42 页，32 开（河南农工银行经济丛刊 6）

本书共 7 部分：绪论、河南牛羊皮之生产、河南牛羊皮之运销、河南牛羊皮之交易、河南牛羊皮之税捐、河南牛羊皮之制造、结论。

收藏单位：重庆馆、国家馆

06273

河南之桐油与漆　河南农工银行经济调查室编

河南农工银行经济调查室，1942.4，63 页，32 开（河南农工银行经济丛刊 5）

本书共 8 章：引言、河南之桐树与桐油、河南之漆树与漆液、河南油漆之产地与产量、河南之油漆业、河南之油漆价格、河南油漆之储运、河南桐油之改进。

收藏单位：重庆馆、广东馆、国家馆、南京馆

06274

河南之烟叶　貊菱编述

河南农工银行经济调查室，1939.1，132 页，32 开（河南农工银行经济丛刊 1）

本书共 7 章，内容包括：河南烟叶生产概况、河南烟叶运销概况、河南烟叶交易概况、河南烟叶之改进等。

收藏单位：重庆馆、国家馆、南京馆

06275

鹤山烟茶产销状况调查报告　广东建设厅农林局经济系编

广东建设厅农林局经济系，1936.3，16 页，32 开（农情丛书 9）

收藏单位：南京馆

06276

黑龙江流域的农民与地主（中日俄记载中中国黑龙江流域农民地主农业经济概况）　陈翰笙　王寅生著

国立中央研究院社会科学研究所，1929，16 页，16 开，精装（国立中央研究院社会科学研究所专刊第 1 号）

本书共 4 部分：本著的地理范围、本著的原料、农民地主农业经济的分析、农民地主农业经济的趋势。

收藏单位：重庆馆、广东馆、国家馆、湖南馆、近代史所、辽宁馆、南京馆

06277

黑龙江省农业概况估计报告　张心一著

立法院统计处，[1920—1949]，19 页，16 开
　　本书估计项目包括该省各县农民户数、农地面积、作物产量等。
　　收藏单位：吉林馆

06278

黑龙江省清丈兼招垦计划书　清丈兼招垦总局编
清丈兼招垦总局，1914.7，1 册，16 开，精装
　　收藏单位：南京馆

06279

衡岳林场造林案概况　湖南第二林务局编
湖南第二林务局，1934.10，100 页，16 开
　　收藏单位：湖南馆

06280

虹桥猪场计划书　虹桥猪场编
虹桥猪场，[1933.5]，23 页，32 开
　　本书附虹桥猪场股份两合公司章程草案。

06281

后套垦地问答　西北垦务筹办会编
西北垦务筹办会，1926，56 页，23 开
　　本书分上、下两卷。共 3 章：总说、垦地之预备、农事。
　　收藏单位：重庆馆、湖南馆

06282

湖北棉业建设五年计划　杨显东著
湖北农业复员委员会，1946.12，15 页，23 开

06283

湖北农村建设协进会会报　湖北农村建设协进会总务股编
湖北农村建设协进会总务股，1934.8，123 页，25 开
　　本书共 4 编：公文、议案、会章、附录。附录湖北农村建设协进会职员名录、会员捐款芳名录、湖北农村建设协进会经费收支概况等。
　　收藏单位：国家馆、南京馆

06284

湖北省地政概况报告　杨卓庵著
湖北省地政局，1937，34 页
　　收藏单位：近代史所

06285

湖北省地政工作报告　湖北省地政局编
湖北省地政局，[1920—1949]，16 页，16 开
　　收藏单位：广西馆、南京馆

06286

湖北省抗战时期中民生主义土地政策之实施（第 1 辑）　湖北省政府编
湖北省政府，[1920—1949]，412+18 页，32 开（湖北省参考资料 财政类 11）
　　本书共 3 部分：土地陈报、照价收税、专载。收录关于土地政策的实施纲要、办法、组织规程、规则、训练计划、注意事项等 54 种。书前有代序《平均地权的意义与土地陈报实施的要领》。
　　收藏单位：国家馆

06287

湖北省扩大粮食增产运动及扩大春耕实施办法　湖北省政府秘书处编
湖北省政府秘书处，1941.1，8 页，32 开
　　本书共 3 篇：扩大粮食增产运动事项、粮食增产宣传大纲、湖北省扩大春耕实施办法。
　　收藏单位：重庆馆、广东馆

06288

湖北省粮政局三十年度业务报告　[湖北省粮政局编]
湖北省粮政局，1942.5，油印本，1 册，16 开，环筒页装
　　本书共 3 部分：本省粮食一般情形、业务实施概况、业务之检讨与建议事项。
　　收藏单位：国家馆

06289

湖北省农村调查报告　湖北省政府秘书处统计室编
湖北省政府秘书处统计室，1937—1938，8

册，16 开

本书共 8 册：武昌县、六萝县、光化县、应城县、随县、汉阳县、荆门县、监利县。每册 10 部分：全县概况、人口、农田、农户、家畜、农产、农产运销、粮食消费、农民借贷、农民副业。

收藏单位：广东馆、国家馆、南京馆

06290

湖北省农村合作委员会成立宣言　湖北省农村合作委员会编

湖北省农村合作委员会，1934，10 页，36 开

本书共 3 部分："解释为什么要办农村合作？""村合作社是什么？""说明本会的任务"。

收藏单位：重庆馆

06291

湖北省农业建设概述　湖北省政府建设厅编

湖北省政府建设厅，[1920—1949]，34 页，32 开

本书收录章则 5 种，内容包括：湖北省农业改进所组织规程、湖北省各县农林事业改进办法、湖北省棉花生产运销联合办事处组织规程等。附湖北省合作事业之动向、保田制度为解决乡村经费问题及增加生产之基础。

06292

湖北省田粮工作分级负责表　湖北省政府编

湖北省政府，[1920—1949]，88 页，32 开（湖北省政参考资料 13）

收藏单位：南京馆

06293

湖北省土地测量规则　湖北省政府民政厅编

湖北省政府民政厅，1934.7，46 页，16 开

本书共 8 部分，内容包括：湖北省土地测量规则、湖北省小三角测量实施细则、湖北省户地求积实施细则等。附湖北省政府民政厅武汉市区土地测量队组织规则、湖北省政府民政厅武汉市区测丈人员外勤费支给规则、湖北省政府整理樊口地亩章程。

收藏单位：国家馆、南京馆、浙江馆

06294

湖北省土地清查各项规则　湖北财政厅编

湖北财政厅，1933.6，1 册，16 开

收藏单位：南京馆、中科图

06295

湖北省完成土地整理工作四年计划大纲　李庆麟　高信拟

出版者不详，[1930—1949]，1 册，32 开

本书为中国地政学会《地政月刊》第 4 卷第 10 期单行本。

收藏单位：南京馆

06296

湖北省学生食粮及团队警察粮饷划分统筹办法　湖北省政府秘书处编

湖北省政府秘书处，1940.12，5 页，32 开

收藏单位：广东馆、南京馆

06297

湖北土地测量汇编　湖北省政府民政厅编

湖北省政府民政厅，1935.9，216 页，22 开（民政丛刊 6）

本书共 5 编：湖北土地测量纪要、湖北省土地测量规则、湖北省土地测量支用经费书表、湖北土地测量计划、附录。

收藏单位：重庆馆、广东馆、国家馆、河南馆、湖南馆、江西馆、南京馆、西南大学馆

06298

湖北土地陈报概况暨改进方案　帅仲言著

武昌：椿华楼印刷所，1936.8，124 页，16 开

本书内容包括：绪论、各县土地陈报概略、各县业务之检讨、业务改进之意见、人事改善问题等。附湖北省财政厅签呈、湖北省政府训令、湖北省各县调查田亩实施纲要。目录页题名：湖北土地陈报概况暨改进方案上篇。

收藏单位：桂林馆、国家馆、南京馆

06299

湖北土地清丈登记汇编　湖北省政府民政厅

编

湖北省政府民政厅，1935.9，162 页，22 开
（民政丛刊 7）

本书共 4 编：湖北土地清丈登记纪要、湖
北土地清丈登记法令、湖北省土地清查会议、
附录。

收藏单位：国家馆、河南馆、湖南馆、江
西馆、南京馆、西南大学馆、浙江馆

06300

湖北羊楼洞老青茶之生产制造及运销　金陵
大学农学院农业经济系编

南京：金陵大学农学院农业经济系，1936.6，
43 页，16 开（豫鄂皖赣四省农村经济调查报
告 第 11 号）

本书共 6 部分：绪言、生产、制造、运
销、输出贸易、结论。

收藏单位：甘肃馆、广东馆、桂林馆、国
家馆、湖南馆、江西馆、南京馆、首都馆、
浙江馆

06301

湖北整理土地纪要　湖北省政府民政厅编

湖北省政府民政厅，1935.9，40 页，22 开
（湖北民政丛刊 6）

本书共两编：土地测量、土地清丈登记。
附湖北全省清查土地总计划。

收藏单位：南京馆、浙江馆、中科图

06302

湖北之棉业（民国二十五年）

出版者不详，1937，62 页，16 开（湖北省棉
产改进处刊物 第 1 类 第 2 种 棉产篇）

收藏单位：首都馆

06303

湖南安化茶业调查（茶叶经营及茶农经济）

经济资源委员会经济部中央农业实验所编

经济资源委员会经济部中央农业实验所，1939.4，
54 页，16 开（经济部中央农业实验所特刊
22）

本书为雷男、任承宪、陆年青等人的调
查报告。调查时间为 1937 年 7 月。

收藏单位：重庆馆、广东馆、国家馆、湖
南馆、近代史所、南京馆、上海馆、西南大
学馆、浙江馆

06304

湖南白蜡调查　湖南省银行经济调查室编

耒阳（衡阳）：湖南省银行经济调查室，
1942.3，42 页，22 开（湖南省银行经济丛刊
3）

本书概述白蜡的沿革、用途，介绍湘西、
新宁、临武白蜡的生产情况，包括品种、产
量、价格、生产成本、交易及运销等。

收藏单位：重庆馆、国家馆、湖南馆

06305

湖南滨湖各县农产品概况　湖南省银行经济
研究室编

耒阳（衡阳）：湖南省银行经济研究室，
1942.1，140 页，22 开（湖南省银行经济丛刊
1）

本书收录表 88 种，内容包括：滨湖各县
稻田面积及每亩产额比较、滨湖各县杂粮产
量估计、滨湖各县棉花苎麻产量估计、滨湖
各县稻谷消费量及盈余数估计等。分两编：湖
南滨湖区域农产概况、湖南滨湖各县农产品
集散市场调查。目录页题名：湖南滨湖各县农
产品调查。

收藏单位：广东馆、国家馆、南京馆

06306

湖南茶业视察报告书　吴觉农著

出版者不详，[1930—1949]，18 页，16 开（中
国实业杂志 1）

本书内容包括：湘茶发展之史的叙述、湘
茶产量及产区、湘茶之生产费与历年茶价、
湘茶改进之管见等。

收藏单位：重庆馆

06307

湖南第三林务局工作报告（第 2 期）　湖南第
三林务局编

湖南第三林务局，1936.9，1 册，16 开

本书内容包括：业务纪要、工作报告、成

绩统计、经济概况、公文摘要、论著等。目录页题名：湖南第三林务局二十三、四年度工作报告书。

收藏单位：国家馆、湖南馆

06308

湖南洞庭湖内舵杆洲面圣嘴金盆北洲等处拟办新农村合作社计画书 陶傻侬 李庆林 [撰]

出版者不详，[1930—1949]，5页，25开

收藏单位：国家馆

06309

湖南粮食产销调查 财政部初级整理田赋人员训练所湖南省分所编

财政部初级整理田赋人员训练所湖南省分所，[1930—1949]，70页，32开

收藏单位：广东馆

06310

湖南粮食生产调查 张人价编述

湘米改进委员会粮食调查委员会，1938.5，66+22页，16开

本书分上、下两编：湖南粮食生产概况估计、湖南稻谷生产成本调查。上编共5章，内容包括：湖南各县稻田面积之估计、湖南二十五年与二十六年稻谷产量之估计等；下编共9章，内容包括：人工、畜工、肥料、农具、种子等。附湖南各县当地衡量折合市制表、湖南各县利率表、湖南各县耕牛普通租价表、湖南各县主要肥料价格表等9种。

收藏单位：广东馆、国家馆、湖南馆、南京馆

06311

湖南棉产调查报告（民国十九至二十年）

湖南棉业试验场，[1930—1931]，2册，16开（湖南棉业试验场刊物 第2类）

收藏单位：广东馆、国家馆、湖南馆

06312

湖南省滨湖洲土视察团视察报告书 湖南省政府编

湖南省政府，1947.3，272页，32开（湘政丛编）

本书概述该团的产生、任务及视察区域，介绍视察区的人口、土地、土地的分布、水利、堤务及土地使用、收益等情况。

收藏单位：重庆馆、广东馆、国家馆、湖南馆

06313

湖南省地政局团体会员报告书 [湖南省地政局编]

湖南省地政局，1947.3，12页，32开

本书共4部分：地籍整理方面、地权调整方面、土地使用方面、今后工作计划。

收藏单位：国家馆、南京馆

06314

湖南省第四次扩大行政会议地政组审查报告

湖南省第四次扩大行政会议秘书处议事科编

[湖南省第四次扩大行政会议秘书处议事科]，1942.12，油印本，1册，16开

收藏单位：湖南馆

06315

湖南省粮政概况 湖南省粮政局编

出版者不详，[1939—1941]，1册，32开

本书共6部分，内容包括：二十八年概况及附表、三年来购粮概况总表、三年来军粮基价递增表、三年来军粮民粮价值比较表等。

收藏单位：南京馆

06316

湖南省粮政局三年粮政业务概况报告 湖南省粮政局编

出版者不详，1941，1册，32开

收藏单位：广东馆

06317

湖南省农产品展览会纪实 雷锡龄著

衡阳力报社第一印刷厂，1942.2，44页，32开

收藏单位：南京馆

06318

湖南省农林特种股份有限公司第一期业务计划概要

出版者不详，[1930—1949]，24 页，25 开

　　本书共 3 节：总则、业务概要、收支概算。

　　　　收藏单位：重庆馆

06319

湖南省农业改进所油桐增产报告　湖南省农业改进所编

[长沙]：湖南省农业改进所，[1940]，98 页，16 开

　　本书内容包括：提要、推广增产部份、实验示范部份、调查部份等。目录页题名：湖南省农业改进所二十九年度油桐增产报告，逐页题名：油桐增产报告。所涉时间为 1940 年4 月至 1941 年 3 月。

　　　　收藏单位：重庆馆、国家馆

06320

湖南省土地陈报编查人员应用章则辑要

出版者不详，1942.3，1 册，32 开

　　　　收藏单位：南京馆

06321

湖南省土地陈报章则汇编　财政部湖南省田赋管理处编

财政部湖南省田赋管理处，1942.6，70 页，22 开

　　本书收录章则 41 种。分 9 类：总则、组织及服务、调查、训练、宣传、外业、内业、督导、其他。

　　　　收藏单位：国家馆

06322

湖南之茶　湖南省银行经济研究室编

耒阳（衡阳）：湖南省银行经济研究室，1942.4，136 页，22 开（湖南省银行经济丛刊 4）

　　本书共 13 部分，内容包括：沿革、产地、品类、产量、生产方法、交易及运销等。附中国茶叶大事纪、饮茶风俗起源及其传播、中国茶叶出口统计提要、湖南茶叶产销统计。

　　　　收藏单位：安徽馆、重庆馆、国家馆、湖南馆

06323

湖南之谷米　张人价编

湖南省经济调查所，1936，104+38 页，16 开（湖南省经济调查所丛刊）

　　　　收藏单位：重庆馆、广西馆、国家馆

06324

湖南之棉花及棉纱　孟学思编述

湖南省经济调查所，1935，[194] 页，16 开（湖南省经济调查所丛刊）

　　本书介绍该省棉花与棉纱的生产、运销、交易、改进等情况。

　　　　收藏单位：重庆馆、广东馆、湖南馆、中科图

06325

湖南之木材　曾仲刚著

长沙：湖南省银行经济研究室，1942，102 页，32 开（湖南省银行经济丛刊 5）

　　本书介绍该省木材之生产概况（造林、伐林）、产区分布及产量、运输方法、市场情况、价格与成本等。

　　　　收藏单位：湖南馆

06326

湖南之农业　华恕编著

长沙：亚光书局，1946，38 页，22 开

　　本书共 7 章：自然环境、农村经济、作物、森林及其产品、园艺及其产品、畜牧及其产品、农业改进。

　　　　收藏单位：广东馆、国家馆

06327

湖南之桐茶油　曾仲刚编述

长沙：湖南省银行经济研究室，1943.5，218 页，25 开（湖南省银行经济丛书）

　　本书共 8 部分：绪言、贸易沿革、种类及用途、生产方法、产区及产量、运销概况、价格及成本、结论。书前有调查经过纪略。附相关法规 8 种。

收藏单位：重庆馆、广东馆、桂林馆、国家馆、湖南馆、近代史所、南京馆、天津馆、浙江馆

06328

湖南之桐油与桐油业 李石锋编述

湖南经济调查所，1935.6，112页，16开

本书介绍该省桐树种类与种植、桐油的生产运销状况及桐油价格。

收藏单位：湖南馆、南京馆、西南大学馆、中科图

06329

湖南之蔗糖 游彦甫著

耒阳（衡阳）：湖南省银行经济研究室，1942.12，120页，22开（湖南省银行经济丛刊6）

本书分13章论述湖南道县、宁远、东安、新田等10余个地方蔗糖的产区产量、品类价格、种蔗制糖、榨厂与糖坊、交易与运销、制造成本与运销费用等问题。

收藏单位：安徽馆、重庆馆、国家馆、湖南馆、近代史所、南京馆

06330

互助生产综合研究 生产运动与生产英雄大会编辑委员会编 彭淯等整理

太行群众书店，1946，92页，32开

收藏单位：国家馆

06331

华北河渠建设事业关系各县农事调查报告书 吴技正编

建设总署水利局农地科，1942，865页，18开

本书涉及华北昌黎、乐亭、宁河、衡水、邯郸、平乡等24个县。

收藏单位：东北师大馆、国家馆、中科图

06332

华北棉产改进会丰润指导区第五次区务会议记录 [华北棉产改进会编]

[华北棉产改进会]，1940.12，油印本，1册，

13开

本书共两部分：主席致开会词、报告事项。

收藏单位：上海馆

06333

华北棉花及其增产问题 叶笃庄著

南京：资源委员会经济研究所，1948.10，340页，22开（资源委员会经济研究所丛刊3）

本书共7章：华北棉花的地位、华北棉花的分布、中国棉花的沿革、华北棉花与小麦的竞争关系、日本对于华北棉花的图谋、战时及战后华北棉花的生产与消费、华北棉产之展望。

收藏单位：广东馆、国家馆、吉林馆、近代史所、南京馆、首都馆、天津馆、浙江馆、中科图

06334

华北棉花事情 华北棉产改进会调查科编

华北棉产改进会调查科，1939.11，50页，22开

本书共10章，内容包括：华北棉花之生产及分布状况、华北棉花需给关系、华北棉花集散地及登市情况、华北棉花之品质、华北棉花检查事项等。

收藏单位：国家馆

06335

华北民众食料的一个初步研究 曲直生著

参谋本部国防设计委员会，1934.2，56页，16开（参谋本部国防设计委员会参考资料3）

本书共5部分：问题的范围及资料搜集的方法、华北食料总论、各省分论、食料组织、结论。

收藏单位：重庆馆、广东馆、国家馆、吉林馆、近代史所、南京馆、上海馆、首都馆、中科图

06336

华北农村生产研究 冯梯霞等著

开封：河南村治学院同学会，1932，1册，32开

本书收文 6 篇:《改良华北农业以增加生产计画书》(冯梯霞)、《养蚕概要》(贺筱棠)、《造林概要》(高韵生)、《养蜂》(高荫普)、《养鸡》(黄绍兴)、《养猪》(黄绍兴)。

收藏单位:重庆馆、近代史所

06337

华北农村问题的实际考察 王镜铭著

天津:佩文斋书局,1935,104 页,32 开

本书共 5 篇:红枪会问题、毒品问题、经济问题、游民问题、贫民问题。

收藏单位:国家馆、天津馆

06338

华北农业合作事业委员会报告书 华北农业合作事业委员会编

华北农业合作事业委员会,1935.7—1936.7,2 册,16 开(华北农业合作事业委员会丛刊)

本报告所涉时间为 1934 年 7 月 23 日至 1936 年 6 月 30 日。

收藏单位:国家馆、湖南馆、上海馆、天津馆

06339

华北农业合作事业委员会规章汇编 华北农业合作事业委员会编

华北农业合作事业委员会,1937.1,142 页,22 开

本书收录该会颁布的规章 33 种。附冀省新工作区域工作应注意事项、合作社用品价目表、合作社法、合作社法施行细则、各省处理互助社暂行办法等。

收藏单位:重庆馆、广东馆、国家馆、南京馆、山西馆、上海馆、首都馆

06340

华北农业合作事业委员会章程及细则(修正本)

华北农业合作事业委员会,[1936],油印本,[4] 页,32 开,环筒页装

收藏单位:国家馆

06341

华北农业生产统计资料(1) 华北人民政府农业部编

华北人民政府农业部,1949.6,138 页,16 开

本书内容包括:人口土地统计、播种面积及产量统计、副业水产统计、农家收入与消耗统计、劳力互助统计、耕畜统计、农具统计、耕锄施肥统计、农田水利统计等。附华北区行政计划。

收藏单位:广东馆、国家馆、吉大馆、近代史所、辽宁馆

06342

华北农业生产统计资料(2) 华北人民政府农业部编

华北人民政府农业部,1949.8,138 页,16 开

收藏单位:国家馆、天津馆

06343

华北区各级粮食机构组织规程 华北人民政府制定

华北人民政府,1949.8,油印本,5 页,16 开

收藏单位:国家馆

06344

华北土地改良五年计画草案 建设总署水利局编

建设总署水利局,[1940—1941],44 页,18 开

本书大部分为表。计划自 1941 年起分 5 年实行。共 7 部分,内容包括:华北土地改良五年计画纲要、华北土地改良五年计画一览表、各年度事业费、各年度作物种类及耕作面积、计画概要等。

收藏单位:国家馆

06345

华北乡村织布工业与商人雇主制度 方显廷著

天津:南开大学经济研究所,1935.10,70 页,32 开(工业丛刊 第 6 种)

本书内容包括:高阳工业制度之演进、商人雇主制度下之工业体系、乡村织布工业中

新工业制度之展望等。

收藏单位：辽宁馆、南京馆、上海馆、中科图

06346

华茶之研究　钱承绪编著

上海：中国经济研究会，1940.7，196 页，18 开

收藏单位：国家馆、南京馆

06347

华家池农村建设实验区概况　华家池农村建设实验区办事处编

杭州：华家池农村建设实验区办事处，1935.7，34 页，18 开

本书介绍该实验区的规章、事业计划、经费预算、职员、初期工作概况等。

收藏单位：浙江馆

06348

华南农场农林出口价目表

出版者不详，[1911—1949]，46 页，32 开

本书共 12 部分，内容包括：订购办法代客包种章程、由上海至本场之途径、森林种子价目、行道树庭园荫木大苗价目、庭园用常绿大苗价目等。

收藏单位：河南馆

06349

华南农事改良策　（日）岩田笃夫著　施学习译

汕头：日本领事馆政务课，1944.11，29 页，32 开（产业指导丛书 1）

本书共两篇：农事经营的改良、农业技术的改良。

收藏单位：国家馆

06350

华商纱厂联合会植棉场报告（民国九年第 1号）

上海：华商纱厂联合会，[1921.3]，58 页，23 开

本书介绍该植棉场之缘起、宗旨、计划、组织、经费、场地及棉花之棉种、栽培方法等。

收藏单位：广东馆、上海馆、首都馆

06351

华西建设股份有限公司各垦区招垦章程

[华西建设股份有限公司]，[1911—1949]，油印本，1 册，16 开

收藏单位：南京馆

06352

华兴实业农场征信录（第 4 册）　华兴农业公司编

华兴农业公司，[1911—1949]，84 页，16 开

本书记录该农场为弥补亏空而出租蚕场等情况，书内为公布的股东、股金及历年收支帐目等。

收藏单位：国家馆

06353

华阳县农村概况　叶懋　潘鸿声著

四川省农业改进所统计室，1942.12，92 页，16 开（乡镇概况调查）

本书调查该县农村自然环境、农业概况、土地分配与利用、农业生产与运销、租佃制度、借贷与副业、农民负担、农村组织等情况。

收藏单位：重庆馆、国家馆、吉林馆、近代史所、南京馆、天津馆、浙江馆

06354

华中蚕丝股份有限公司第九届营业报告书（自中华民国三十二年四月一日至中华民国三十二年九月三十日）　华中蚕丝股份有限公司编

[上海]：华中蚕丝股份有限公司，[1943]，25+18 页，22 开

本书为汉日对照。收录 1943 年度上期业务报告书、贷借对照表、财产目录、损益计算书及利益金处分案等。所涉时间为 1943 年 4 月 1 日至 9 月 30 日。封面题名：第九回营业报告书。

收藏单位：国家馆

06355

华中蚕丝业概况 华中蚕丝股份有限公司编

上海：华中蚕丝股份有限公司，[1930—1949]
重印，44 页，16 开

本书附实业部管理丝茧事业之临时办法
（中日文）等。

06356

华中棉产改进会要览 华中棉产改进会编

华中棉产改进会，1940.10，28 页，32 开

收藏单位：南京馆

06357

划清界线 冀南区党委编

冀南区党委，[1947]，8 页，32 开

本书共 5 部分，内容包括：自报公议进行
四查、母亲的话等。

收藏单位：国家馆

06358

荒地调查 林诗旦等编

将乐（三明）：风行印刷社，1940.12 印，36
页，25 开（将乐地政实验丛书 6）

本书分 6 章概述该县自然地理概况，荒
地分布、利用、分配情况，并介绍该次荒地
调查的人员、方法。

收藏单位：重庆馆、国家馆、南京馆

06359

黄河尾闾淤荒垦殖计划说明书 梁克礼拟

梁克礼 [发行者]，1941，油印本，1 册，16
开，环筒页装

收藏单位：国家馆

06360

黄岩县清丈报告书 洪贤权编 郑志咸校阅

黄岩县总推收所，1935.8，46 页，16 开

本书共 16 章。

收藏单位：浙江馆

06361

机械农垦复员工作概况 农林部善后救济总
署机械农垦复员物资管理处编

农林部善后救济总署机械农垦复员物资管理
处，[1947]，2 册，32 开

本书共 3 部分：机械农垦复员物资管理
工作、农垦机械收发装修工作、各省机械农
垦复员工作概况。附各省农垦机械分布现状
（表）、各省小型农具分配现状（表）、农垦机
械装修收发现况（表）。所涉时间为 1946 年 9
月至 1947 年 6 月。

收藏单位：国家馆、南京馆、内蒙古馆、
上海馆

06362

积谷备荒 鄞县县政府编

鄞县县政府，[1930—1949]，6 页，32 开（鄞
县政府训政宣传品 16）

本书书中题名：为筹办积谷备荒告民众
书。

收藏单位：国家馆

06363

积谷计划 周灵钧著

浙江省兰溪浙区保长训练班，1936.3，14 页，
32 开

收藏单位：内蒙古馆

06364

积谷讲义 浙江省衢县区保长训练班编

浙江省衢县区保长训练班，1936.1，33 页，
32 开

本书讲述粮食储藏问题。

收藏单位：上海馆

06365

积谷宣传纲要 粮食部编

粮食部，[1930—1949]，6 页，32 开

本书介绍积谷的意义及方法。

收藏单位：重庆馆

06366

吉林省地政工作报告

吉林省政府民政厅，1947.9，26 页，16 开

收藏单位：广西馆

06367

吉林省农业概况估计报告　张心一著

立法院统计处，[1930—1949]，17 页，16 开

　　本书估计和统计该省各县农民户数、农地面积、作物产量等。

　　收藏单位：上海馆

06368

吉林省之林业　南满铁路调查课编　汤尔和译述

上海：商务印书馆，1930.8，288 页，22 开，精装（东省丛刊）

　　本书分两部分：总论、各论。第 1 部分共 5 章，内容包括：吉林全省大势、森林及林业、林产工业等；第 2 部分共 8 章，内容包括：松花江上游森林、兰陵河上游森林、中东路沿线森林等。

　　收藏单位：重庆馆、东北师大馆、广东馆、国家馆、黑龙江馆、湖南馆、江西馆、近代史所、辽宁馆、南京馆、内蒙古馆、上海馆、首都馆、天津馆、西交大馆、西南大学馆、浙江馆、中科图

06369

冀北察东三十三县农村概况调查　张培刚著

冀北察东三十三县农村调查委员会，[1930—1939]，[45] 页，16 开

　　本书调查项目包括人口、土地、农作物、雇农工资、借贷利率等。

　　收藏单位：中科图

06370

冀东二十二县官旗产清理处清理概况初编

冀东二十二县官旗产清理处编

冀东二十二县官旗产清理处，1938.7，57 页，18 开

　　本书收录该处及其分处的规程、办事细则、布告、训令、调查表等 16 件。

　　收藏单位：国家馆

06371

冀东区新农会临时委员会告农民书　冀东区新农会临时委员会发布

冀东新华书店，1947.12，14 页，32 开

　　本书收录《中国共产党中央委员会关于公布中国土地法大纲的决议》《中国土地法大纲》等。

　　收藏单位：国家馆

06372

冀、鲁、豫、晋四省棉产量　刘铁孙纂辑

陈忠棨审查　刘大钧核定

出版者不详，1940.8，晒印本，5 张，大 16 开（中国经济统计研究所 总字第 396 号 农业门纤维品类 第 10 号）

　　收藏单位：上海馆

06373

冀中冀晋七县九村国民经济人民负担能力调查材料　晋察冀边区财经办事处编

晋察冀边区财经办事处，1947.8，96 页，32 开

　　本书收录关于冀中区安平、晋县、宁晋、束鹿、藁城 5 县 6 村各阶层经济情况，人民负担能力的考察报告及冀晋区完县、望都两县 3 村 20 个农户的调查情况。

　　收藏单位：国家馆、山西馆

06374

家蚕提早上簇对于减低蚕丝成本之研究　杨碧楼著

成都：四川省政府建设厅，[1943]，52 页，16 开（建设丛书 43）

　　本书共 5 部分：绪言、试验调查、结果分析及讨论、摘要、结论。

　　收藏单位：重庆馆、国家馆

06375

嘉陵江三峡乡村建设实验区概况　嘉陵江三峡乡村建设实验区北碚月刊社编

重庆：嘉陵江三峡乡村建设实验区北碚月刊社，1938.4，114 页，32 开

　　本书共 6 部分：沿革、全区概况、农村状况、经济状况、结语、附录。

　　收藏单位：重庆馆、东北师大馆、国家馆、近代史所、南京馆、上海馆

06376

嘉兴县编造丘地图册报告书　董中生编

嘉兴县政府，1936.12，1 册，16 开

　　收藏单位：近代史所、南京馆

06377

嘉兴县农村调查　冯紫岗编

[杭州]：国立浙江大学、嘉兴县政府，1946.6，1 册，16 开（国立浙江大学丛刊）

　　本书共 10 章：嘉兴概况、土地、农业生产、农业经营、农村副业、农家经济、负债、乡村人口、生活程度、结论。

　　收藏单位：安徽馆、国家馆、吉林馆、近代史所、浙江馆、中科图

06378

嘉兴县秀字地籍员训练班讲稿汇刊　浙江财务学校编

浙江财务学校，[1935.7]，[208] 页，22 开

　　本书收录讲稿 16 篇，内容包括：《财政官吏的修养》（徐绍真）、《整理田赋之要旨及实施步骤》（黄苒园）、《地籍员应有的认识及必要的心理建设》（李叔庚）、《农村调查员是复兴中国农村经济的基本工作》（何兆瑞）、《征收纲要》（张履政）、《推收方法》（吴泽墩）、《征粮册串》（王义方）等。

　　收藏单位：国家馆、南京馆

06379

检查六个村互助工作的简单总结

出版者不详，1944.10，油印本，19 页，32 开

　　收藏单位：国家馆

06380

减少本省入超充裕民生大量增加生产计划书　广东建设厅农林局编

广东建设厅农林局，1936.2，248 页，22 开

　　本书共 12 部分，内容包括：增加粮食生产计划、农畜防疫计划、发展畜产事业计划、复兴烟业计划、振兴农田水利计划等。附督种杂粮管理办法、广东种樟制脑计划等。

　　收藏单位：国家馆

06381

减租减息（参考材料）　晋察冀边区行政委员会北平办事处辑

晋察冀边区行政委员会北平办事处，1943.2，油印本，56 页，64 开

　　收藏单位：国家馆

06382

减租减息纲领

中原新华书店，1948.11，25 页，32 开

　　收藏单位：重庆馆、国家馆、河南馆

06383

减租减息疑问解答　晋冀鲁豫边区政府第一厅编

华北新华书店，[1948]，40 页，64 开

　　本书为问答形式。共 3 部分：关于减租部份、清理旧债部份、特殊土地部份。

　　收藏单位：国家馆、南京馆、山西馆

06384

减租问题（解放农人的第一声）　中国国民党浙江省党部临时执行委员会农人部编

中国国民党浙江省党部临时执行委员会农人部，[1927]，26 页，32 开

　　本书内容包括：浙江省本年佃农缴租实施条例、浙江省本年佃农缴租实施条例说明书、为本年减租问题告全省业主书、减租问题与各方面的关系等。

　　收藏单位：国家馆、上海馆、浙江馆

06385

简易农仓　郁斋著

丽水：江南出版社，1941.4，54 页，32 开

　　本书共 3 章：农仓概况、经营简易农仓的准备、简易农仓经营业务。附龙泉县各乡合作社举办简易仓库须知、非常时期简易农仓暂行办法。

　　收藏单位：国家馆、南京馆

06386

简易农仓概说　姚方仁著

出版者不详，1939.4，44 页，25 开

收藏单位：安徽馆、江西馆、内蒙古馆

06387

简易清丈方法　河南省民政厅编

河南省民政厅，1932.10，1 册，16 开

　　收藏单位：南京馆

06388

建仓积谷须知　内政部编

重庆：商务印书馆，1944.12，34 页，32 开（内政丛书）（地方自治业务参考丛刊 8）

　　本书共 5 节：建仓、积谷、保管、检查、办理积谷之方法与手段。

　　收藏单位：广东馆、广西馆、贵州馆、国家馆、湖南馆、吉林馆、南京馆

06389

建国机械农垦股份有限公司缘起、招股简章、筹划纲要、认股书　[建国机械农垦股份有限公司筹备处编]

重庆：建国机械农垦股份有限公司筹备处，[1940—1949]，1 册，25 开

　　收藏单位：国家馆

06390

建宁泰宁米谷产销调查报告　翁绍耳　林文澄著

福建省农业处、福建省私立协和大学农学院农业经济学系，1943，38 页，13 开（农业经济调查报告 5）

　　本书共 9 章，介绍该地米谷生产、消费、加工、运销概况及仓储情形等。

　　收藏单位：国家馆、南京馆、首都馆、浙江馆、中科图

06391

建农论　唐启宇著

出版者不详，[1940—1949]，14 页，22 开（江西垦务处丛刊 4）

　　本书附农业教育方针应注重实地经营案、举办垦殖干部人员训练班进行垦殖事业以安置难民增加后方生产充实抗战及建国力量案。

　　收藏单位：国家馆

06392

建设农村劳资合作计划　张靖中著

昆明：张靖中 [发行者]，1945.5，72 页，32 开

　　本书共 9 章，内容包括：我国现代农村之经济、我国农村家庭改善问题、建设农村劳资合作计划纲要、建设农村劳资合作问题等。

　　收藏单位：国家馆、南京馆

06393

建设全国林业意见书　凌道扬编

北平大学农学院，1929.3，18 页，18 开

　　本书共 5 部分，内容包括：森林对于民生之重要、振兴森林之办法、建设林业应注意之几点等。

　　收藏单位：国家馆

06394

建设委员会农矿部直辖中央模范林区筹备委员会筹备报告　建设委员会农矿部直辖中央模范林区筹备委员会编

建设委员会农矿部直辖中央模范林区筹备委员会，[1920—1949]，64 页，16 开

　　收藏单位：国家馆、南京馆

06395

建设委员会农矿部直辖中央模范林区委员会工作报告（第 1 期）　姚传法编

南京：中央模范林区委员会，1929，91 页，16 开

　　本书内容包括：本会林区全图、发刊词、章则、大事记、公牍等。

　　收藏单位：国家馆、南京馆

06396

建设中之林业问题　凌道扬编著

北平大学农学院，1928.12，20 页，16 开

　　本书内容同《建设全国林业意见书》。

　　收藏单位：国家馆

06397

健康饲养乳牛合作社（第 6 期社务结束报告书）　健康饲养乳牛合作社编

健康饲养乳牛合作社，1938.6，34页，32开

本书内容包括：第七次社员大会纪录、第二十二次理监联席会纪录、本社经济报告等。

收藏单位：国家馆

06398

江巴区土地清丈办事处组织规程

江巴区土地清丈办事处，[1938]，油印本，1册，13开，环筒页装

收藏单位：国家馆

06399

江津第三区第一六九保农家调查　蔡运模著

平民教育促进会江津实验区，1938.1，18页，32开（社会调查组丛书2）

本书内容包括：农户分类、土地所有、土地使用、租佃调查关系等。

收藏单位：国家馆

06400

江津县二十九年九至十二月份粮食管理工作报告书　[江津县政府编]

江津县政府，[1940]，82页，36开

本书内容包括：江津县二十九期下征购军粮摊派标准及办法、江津县各乡镇新旧量器折合比率一览表、江津县各乡镇加工工具调查约计表等。

收藏单位：重庆馆

06401

江宁县之耕地与人口密度　胡焕庸著

[南京]：国立中央大学地理学系，[1935]，26页，16开

本书内容包括：江宁县之耕地与人口密度、江宁县地形图、山圩田分布图、人口分布图等。原载于中国地理学会《地理学报》第1卷第2期。

收藏单位：国家馆、南京馆

06402

江苏昆山南通安徽宿县农佃制度之比较以及改良农佃问题之建议　乔启明著

南京：金陵大学农林科，1926.5，80页，22开

（金陵大学农林科农林丛刊30）

南京：金陵大学农林科，1929，再版，80页，22开（金陵大学农林科农林丛刊49）

南京：金陵大学农林科，1931.7，3版，80页，22开（金陵大学农林科农林丛刊49）

本书共17章，内容包括：概论、田产权之分布及原因、农佃之消长与其他要素之关系、纳租制之类别与其环境之适应、地主收租之多寡与标准租率之比较、收租法、地主、佃户、地主对于佃户之态度及其两者间之关系、佃种之年限、佃种租约等。

收藏单位：重庆馆、国家馆、近代史所、南京馆、上海馆、首都馆、浙江馆

06403

江苏省蚕业取缔所二周工作报告　江苏省蚕业取缔所编

江苏省蚕业取缔所，1932.3，156页，16开

本书收录江苏省暂行蚕种贩卖登记办法及有关统计图表等38种。附该所职员录及曾任该所职员录。

收藏单位：浙江馆

06404

江苏省地政概况　江苏省地政局编

江苏省地政局，1947.4，油印本，[16]页，大16开，环筒页装

江苏省地政局，1947.9，44页，16开

本书共10部分，内容包括：建立县市地政机构、储备地政人才、整理测量仪器、迁运地籍原图簿册、举办各县市地籍整理、勘划省市县疆界等。

收藏单位：重庆馆、国家馆、南京馆

06405

江苏省地政局工作报告　江苏省地政局编

江苏省地政局，1946.6，14页，32开

本书记录各县市地政机关补办地籍整理、清理土地权利、办理勘界案件、办理房屋救济等情况。

收藏单位：南京馆

06406

江苏省第一林区林务局职员录 江苏省第一林区林务局编

[江苏省第一林区林务局]，1930.12，1册，32开

　　收藏单位：南京馆

06407

江苏省第一林区林务局周年概览 江苏省立第一林区林务局编

江苏省立第一林区林务局，1930.6，86页，16开

　　本书内容包括：本林区全图、本局系统表、江苏省各林区林务局组织条例、本局及直辖各场圃十八年度育苗概况表等。

　　收藏单位：国家馆、上海馆

06408

江苏省各县荒地统计汇编（第1种） 江苏省垦殖设计委员会编

镇江：江苏省垦殖设计委员会，1935.10，152页，25开

　　本书内容包括：江苏省各县荒地统计、江苏省各县荒山荒地概况、江苏省各县垦荒情形等。

　　收藏单位：国家馆、河南馆、湖南馆、江西馆、南京馆、天津馆、浙江馆

06409

江苏省公有地产管理章程

江苏省政府，1946.10，4页，16开

　　收藏单位：南京馆

06410

江苏省江都县土地陈报概略 财政部整理地方捐税委员会编

财政部整理地方捐税委员会，1935.11，15页，16开（土地陈报调查报告3）

　　本书内容包括：办理经过、办理效果等。附6表。

　　收藏单位：国家馆、南京馆、上海馆、天津馆、西南大学馆

06411

江苏省教育林报告书（十八至二十四年） 江苏省教育林编

南京：江苏省教育林，1930.6—1936，6册，16开

　　本书内容包括：大事记、林场成绩比较及统计表、育苗概况、造林概况、保护概况、收入概况、经济概况、公牍摘要等。

　　收藏单位：安徽馆、重庆馆、广东馆、国家馆、湖南馆、南京馆、上海馆、浙江馆

06412

江苏省教育林之概观 江苏省教育林编

南京：江苏省教育林，1932.9，20页，22开

　　本书共8部分：图表、绪论、沿革、组织、事业概况、经费概况、产业估计、结论。

　　收藏单位：国家馆

06413

江苏省教育团公有林报告书（第1—7、9—10期） 江苏省教育团公有林总局编

上海：商务印书馆，1916—1926，9册，大32开

　　本书内容包括：大事记、林场概况、收支帐略、公牍摘要、会议纪略等。

　　收藏单位：近代史所、南京馆

06414

江苏省教育团公有林概要 江苏省教育团公有林总局编

上海：江苏省教育团公有林总局，1924，[88]页，22开

上海：[江苏省教育团公有林总局]，1927.12，88页，32开

　　本书共9部分：沿革、组织、林地、林况、施业计画、造林、保护、利用、试验。附境内树木名录。

　　收藏单位：国家馆、南京馆

06415

江苏省立蚕桑模范场第一期成绩报告（民国六年） 江苏省立蚕桑模范场[编]

江苏省立蚕桑模范场，[1917]，[132]页，23

开

06416

江苏省立第三苗圃第一期成绩报告要览 蒋镜明编

江苏省立第一林区林务局，1919，44页，32开

06417

江苏省立第一造林场报告书 江苏省立第一造林场编

江苏省立第一造林场，1921.10，196页，16开

本书共23部分，内容包括：播种、移植、造林、行道树、民国九年办事月表、林具、经费、资产表等。

收藏单位：安徽馆、国家馆、辽宁馆、南京馆

06418

江苏省农村调查 行政院农村复兴委员会编

上海：商务印书馆，1934.7，245页，22开，精装（行政院农村复兴委员会丛书）

上海：商务印书馆，1935.2，再版，245页，22开，精装（行政院农村复兴委员会丛书）

本书共5章：绪论、田权底分配与农田底使用、五年来田权分配及农田使用底变化、租佃关系及其近年来的变革、乡村政治情形及捐税。附调查日记、邳县六村分村表、盐城县七村分村表等。

收藏单位：安徽馆、长春馆、重庆馆、东北师大馆、广东馆、广西馆、贵州馆、国家馆、湖南馆、吉林馆、辽大馆、辽宁馆、南京馆、宁夏馆、山西馆、上海馆、天津馆、浙江馆、中科图

06419

江苏省农村合作社概况报告

江苏省农民银行总行，1930.11，38页，16开

收藏单位：南京馆、上海馆

06420

江苏省农矿厅蚕业取缔所周年工作报告 江

苏省农矿厅蚕业取缔所编

江苏省农矿厅蚕业取缔所，1931.3，17+160页，16开

本书共4部分：序文、照片、专载、图表。专载内容包括：江苏省取缔蚕种业暂行办法、江苏省取缔蚕种业暂行办法施行细则、本所成立记、本所组织大纲等。所涉时间为1930年4月至1931年3月。

收藏单位：国家馆、浙江馆

06421

江苏省农矿厅第一次蚕业设计委员会会议纪录 [江苏省农矿厅蚕业设计委员会编]

[江苏省农矿厅蚕业设计委员会]，1931.2，52页，18开

本书收录会议纪录、议案录、委员及职员录等。

收藏单位：国家馆、上海馆

06422

江苏省农业仓库管理处一年来办理农业仓库之经过 江苏省农业仓库管理处编

江苏省农业仓库管理处，[1935]，71页，22开

本书共5章：江苏省农业仓库创设之目的及方法、江苏省农业仓库管理机关之设立、省县农业仓库之推广、省县仓库办理食粮收买之经过、农业仓库之推进计划。附修正江苏省农业仓库规程、江苏省农业仓库经营承认暂行办法、修正江苏省调节食粮暂行办法、江苏省农业仓库暂行业务规则等。

收藏单位：国家馆

06423

江苏省农业调查录（沪海道属） 东南大学农科编

[常州]：江苏省教育实业联合会，1924.1，340页，21开

本书概述江苏省沪海道属各县市情况，收录教育、交通、工资、土质、耕地、耕户比例、地权、每亩地价地租、作物成数、施肥、作物栽培、秧田、稻麦收量等调查统计材料。

收藏单位：南京馆、上海馆

06424

江苏省农业调查录（淮扬道属） 东南大学农科编

[常州]：江苏省教育实业联合会，1925.8，750页，21开

收藏单位：上海馆

06425

江苏省农业调查录（金陵道属） 东南大学农科编

常州：江苏省教育实业行政联合会，1923.1，410页，23开

收藏单位：广东馆、南京馆、上海馆、中科图

06426

江苏省农业调查录（苏常道属） 东南大学农科编

常州：江苏省教育实业联合会，1923.8，454页，22开

收藏单位：国家馆、南京馆、上海馆

06427

江苏省农政会议汇编 江苏省农政会议秘书处编

上海：利国印刷所，1929.3，225页，18开

本书收录大会宣言、法规章则、学术演讲、议案等。

收藏单位：广东馆、广西馆、国家馆、上海馆

06428

江苏省清理沙田官产事务章则汇编 江苏省财政厅编

江苏省财政厅，1935.10，52页，23开

本书收录章则11种，内容包括：修正清理江苏沙田章程、清理江苏官产章程等。目录页题名：清理江苏沙田官产事务章程汇编。

收藏单位：南京馆

06429

江苏省上海市改进渔业宣传会纪念册 江苏省上海市改进渔业宣传会编

上海：江苏省上海市改进渔业宣传会，1931.12，1册，16开

本书分前、后两编。前编内容包括：《对于吾国水产行政设施之意见》《振兴渔业与国民经济》《关于流通渔业金融中应有之设施》《提倡渔业合作社为改进渔业之基础》等，并收入统计资料；后编内容包括：组织大纲、办事细则、会议规则、职员名录、会议记录、展览物品目录、往来文件录要等。

收藏单位：重庆馆、国家馆、吉林馆、南京馆、上海馆、中科图

06430

江苏省十八年度农业状况 江苏省农矿厅编

江苏省农矿厅，1931.5，270页，16开

本书共7编：总论、棉作、稻作、麦作及杂谷、园艺、防除虫害、农具与肥料。

收藏单位：广东馆、国家馆、河南馆、辽大馆、南京馆、上海馆

06431

江苏省十七年度蚕业状况 江苏省农矿厅编

江苏省农矿厅第六科，1930.3，58页，22开

本书共5章：蚕业行政、学校蚕业、改良蚕种产额、干茧产额、丝厂概况。

收藏单位：国家馆、河南馆、上海馆

06432

江苏省实业厅蚕业设计委员会会议纪录 [江苏省农矿厅蚕业设计委员会编]

[江苏省农矿厅蚕业设计委员会]，1932.8，58页，18开

本书收录会议纪录、议案录、委员及职员录等。

收藏单位：国家馆

06433

江苏省土地陈报纪要 赵棣华编

江苏省财政厅，1935.9，1册，16开

本书内容包括：纪事、章则、问题解答、

统计、附录等。

收藏单位：国家馆、吉林馆、南京馆

06434

江苏省土地行政报告　江苏省地政局编

江苏省地政局，1936.4，42 页，16 开

本书共 8 部分：土地测量、土地登记、规定地价、土地重划、土地管理、地价税册之编订、土地调查、附录。

收藏单位：国家馆

06435

江苏省推进江北农村副业方案及各项章则

江苏省政府委员会编

江苏省建设厅，[1928—1949]，34 页，32 开

本书内容包括：绪论、推进原则、推进副业之范围、推进办法等。由江苏省政府委员会第 656 次会议决议通过。

收藏单位：国家馆

06436

江苏省萧县土地陈报概略　财政部整理地方捐税委员会编

财政部整理地方捐税委员会，[1935]，19 页，16 开（土地陈报调查报告 2）

本书共 4 部分：陈报进行述略、陈报结果、省县赋额分配办法、附表。

收藏单位：国家馆、南京馆、上海馆、天津馆、中科图

06437

江苏省沿海渔业保护会议纪录（附原案及会员录）　江苏省政府编

江苏省政府，[1931]，2 册（24+50 页），16 开

本书收录江苏省沿海渔业保护会议第一次、第二次大会纪录。会议内容包括：报告事项、决议事项等。

收藏单位：国家馆

06438

江苏省、浙江省蚕业调查报告　黎德昭著

北京：东亚文化协议会，1940.10，62+40 页，

16 开

本书分两编：江苏省蚕业调查报告、浙江省蚕业调查报告。第 1 编内容包括：江苏省蚕业概述、江苏省蚕业机关组织系统表、江苏省改进各县蚕桑事业办法等；第 2 编内容包括：浙江省蚕业概述、浙江省蚕业机关组织系统表、浙江省管理改良蚕丝事业委员会等。

收藏单位：国家馆、浙江馆

06439

江苏省政府土地整理委员会年刊（第 1 号）

江苏省政府土地整理委员会编

江苏省政府土地整理委员会，1930.3，168+160 页，16 开

本书内容包括：沿革、计划、建议案、报告、规程等。报告内容包括：测丈科报告、民国十八年工作报告、测丈队报告、江苏省土地测丈人员养成所报告等；规程内容包括：江苏省政府土地整理委员会组织条例、江苏省政府土地整理委员会办事细则等。

收藏单位：国家馆、南京馆

06440

江苏省之农业区域　胡焕庸著

[江苏省政府]，[1932]，8 页，16 开

本书为《地理学报》创刊号抽印本。

收藏单位：国家馆

06441

江苏无锡县农村经济调查（第 1 集　第 4 区）

顾倬等编辑调查

江苏省农民银行总行，1931.12，182 页，32 开

本书共 4 编：调查缘起、农村调查、农事调查、调查后之感想。逐页题名：无锡县第四区农村经济调查。

收藏单位：重庆馆、近代史所、南京馆、上海馆、西南大学馆、浙江馆

06442

江西地政概况　江西省政府秘书处编译室编

江西省政府秘书处编译室，1943.9，44 页，25 开（江西省政府丛刊 甲种 1）

本书共 5 部分：前言、地籍整理、土地行

政、地政经费、附表。

收藏单位：重庆馆、广东馆、国家馆、辽宁馆、南京馆、西南大学馆、浙江馆

06443

江西粮食调查　孙晓村　罗理编

上海：社会经济调查所，[1935]，76 页，16 开（粮食调查丛刊 3）

本书分 3 章介绍江西全省粮食产运销概况，南昌、九江两地粮食运输情形与米谷价格等。附江西省南昌市米业一览、江西省南昌市豆麦业一览、江西省九江市米业一览。

收藏单位：广东馆、国家馆、近代史所、南京馆

06444

江西粮政之理论与实施　黄汝鉴著

上海：中国印书馆，1946.6，10+422 页，25 开

本书共 14 章：总论、管理办法、粮食市场、收购、资金、分配、公卖平粜、积谷、仓储、加工、运输、包装、业务处理、结论。

收藏单位：国家馆、江西馆、南京馆

06445

江西宁州红茶之生产制造及运销　金陵大学农学院农业经济系调查编纂

南京：金陵大学农学院农业经济系，1936.6，35 页，16 开（豫鄂皖赣四省农村经济调查报告第 13 号）

本书共 8 部分：绪论、茶区范围与茶叶产额、栽培与初制、茶庄制造、运销、输出贸易、宁茶之改进事业、结论。

收藏单位：广东馆、国家馆、南京馆、上海馆

06446

江西农村服务区概况（第 2 号）　全国经济委员会江西农村服务区管理处编

全国经济委员会江西农村服务区管理处，1936.6，18 页，22 开

收藏单位：南京馆、上海馆

06447

江西农村服务十年　农林部江西农村服务区管理处编

农林部江西农村服务区管理处，[1944]，92 页，16 开

本书共 10 部分，内容包括：江西农村服务事业之动机、江西农村服务事业之沿革、服务经费、服务原则、设置服务区选地标准、各区厂场成立简史等。

收藏单位：国家馆

06448

江西农村服务事业计划大纲草案　全国经济委员会江西办事处编

全国经济委员会江西办事处，1934，12 页，16 开

本书共 5 节：设立原则、管理、事业、农村服务协助办法、经费预算提要。

收藏单位：重庆馆

06449

江西农村合作事业概况　江西省农村合作委员会编

[江西省农村合作委员会]，1934.9，50 页，32 开（丛刊 9）

本书共 8 节，内容包括：本省特设推行合作事业机关之意义及其演进、本会推行合作的区域与工作方针、各县合作社及合作预备社组织概况、合作社贷款概况、合作社职社员之训练等。

收藏单位：国家馆、南京馆

06450

江西全省土地整理计划

出版者不详，[1933]，20 页，16 开

本书共 4 部分：整理区域划分、业务进行程度、各区所需整理期间、依据业务之需要预计各区经费。附测量经费概算表 12 种。

收藏单位：国家馆

06451

江西瑞昌湖北阳新大冶苎麻之生产及运销
金陵大学农业经济系调查编纂

成都：金陵大学农业经济系，1938.10，62+13页，16开，环筒页装（豫鄂皖赣四省农村经济调查报告 第15号）

本书共4部分：绪论、各地概况、苎麻生产、苎麻贸易。附瑞昌县分区及产麻区域分布图、大冶阳新两县分区及产麻区域分布图。

收藏单位：重庆馆、国家馆、中科图

06452

江西省地政概况　江西省政府建设厅编
江西省政府建设厅，[1941]，104页，25开（经建丛书13）
江西省政府建设厅，1941，再版，修正本，103页，25开（经建丛书13）

本书共5章：引言、业务、经费、实效、附录。

收藏单位：重庆馆、广东馆、国家馆、江西馆、南京馆、西南大学馆、浙江馆

06453

江西省地政局工作报告
出版者不详，1947.9，18页，32开

本书共3部分：地籍整理、扶植自耕农、保障佃农。

收藏单位：国家馆

06454

江西省地政局职员录　江西省地政局编
江西省地政局，1940.9，20页，32开

收藏单位：南京馆

06455

江西省地政统计图表　江西省地政局编
江西省地政局，1941，油印本，54页，横10开

本书内容包括：江西省土地整理概况图、江西省土地整理历年进程表、江西省南昌等县土地测量概况表、江西省土地面积统计表、吉安县农地面积统计表等。

收藏单位：重庆馆

06456

江西省第七行政区临川县立总苗圃暨各区苗

圃廿四、五年度业务报告
出版者不详，[1937]，1册，16开

本书共8部分：卷首语、像片、章则、图表、学术、计划、文件、关于各种宣传品。

收藏单位：国家馆

06457

江西省改善麻业概况　江西省政府建设厅编
[江西省政府建设厅]，1940.12，18页，22开

本书共6部分：产量估计、试验经过、经验与心得、产销状况一瞥、麻袋之成本与售价、扩充计划。

收藏单位：广东馆、国家馆

06458

江西省谷米概况　江西省政府建设厅编
江西省政府建设厅，1938.6，84页，22开

本书大部分为表。收录谷产数量估计、输出数量、各主要市场米价及逐月谷米批发价、谷米转运价目等统计表11种，并收江西省各县稻谷分布图、谷米运销图及有关粮食刊物表等。

收藏单位：广东馆、国家馆、江西馆、南京馆、浙江馆

06459

江西省垦务概况（中华民国十九、二十八至三十、三十二年）　江西省垦务处编
江西省垦务处，1930—1943，5册，25开

本书内容包括：概述、垦民、垦地、设备、垦区管理、垦殖经营、垦务辅导等。

收藏单位：安徽馆、重庆馆、广东馆、贵州馆、国家馆、江西馆、近代史所、南京馆、首都馆、浙江馆

06460

江西省粮食管理概况
出版者不详，[1941]，112页，32开

本书内容包括：管理政策之演进、实施管理之概况等。附文章16篇。

收藏单位：江西馆

06461

江西省粮政报告 江西省粮政局编
江西省粮政局，1942.5，1 册，32 开
　　收藏单位：南京馆

06462

江西省粮政概况 江西省粮食管理处编
江西省粮食管理处，1941，1 册，16 开
　　收藏单位：南京馆

06463

江西省粮政局提案 ［江西省粮政局编］
江西省粮政局，[1942]，油印本，1 册，16
开，环筒页装
　　本书收录该局的 9 个提案。
　　收藏单位：国家馆

06464

江西省农村合作工作总报告（第 1 辑） 江西
省农村合作委员会编
江西省农村合作委员会，1932.9，1 册，16 开
　　本书共 11 编，内容包括：沿革、组织体
系、法规书表、行政经费、人材养成等。
　　收藏单位：国家馆、浙江馆

06465

**江西省农村合作事业统计（中华民国二十三
年度）** 江西省农村合作委员会编
［江西省农村合作委员会］，[1935]，[12] 页，
横 8 开
　　收藏单位：国家馆

06466

江西省农村合作委员会概况 江西省合作委
员会编
江西省合作委员会，1935.3，8 页，22 开
　　本书内容包括：设立意义、组织沿革、推
行合作区域、推行合作社种类及其数量等。
　　收藏单位：国家馆、江西馆

06467

江西省农村合作委员会工作概况 江西省政
府秘书处编

江西省政府秘书处，1935.5，18 页，22 开
（江西事业丛刊 3）
　　本书介绍该会自 1932 年成立以来的工作
情况。附江西省各县农村合作社分类统计表、
江西省各县合作社区联合会统计表、江西省
农村合作委员会合作贷款分类统计表。
　　收藏单位：重庆馆、国家馆、吉林馆、江
西馆、上海馆

06468

江西省农村合作委员会工作实施概况 江西
省农村合作委员会编
江西省农村合作委员会，1936.7，14 页，16
开
　　本书介绍该会 1935 年度在合作组织、合
作业务、合作金融、合作训练等方面所做的
工作。附注释 14 条、统计表格 7 种。
　　收藏单位：广东馆、国家馆、湖南馆、南
京馆、上海馆

06469

**江西省农村合作委员会民国二十三年全年工
作概况** 江西省农村合作委员会编
江西省农村合作委员会，1934.12，52 页，32
开
　　收藏单位：国家馆、江西馆

06470

江西省农田水利贷款工程进行概况 江西水
利局 江西省农田水利贷款委员会编
江西省农田水利贷款委员会，1939，1 册，16
开
　　本书内容包括：江西省农田水利贷款办法
大纲、江西省农田水利贷款细则、江西省各
县水利协会通则、江西省农田水利贷款工程
工务所管辖范围分配表等。
　　收藏单位：重庆馆

06471

江西省农业仓库管理处筹备处工作总报告
许道夫著
江西省农业仓库管理处筹备处，1940，204
页，25 开

本书共 10 章：绪言、本省农业仓库业务方针说明、业务计划、拟定章则、建仓概况、业务概况、筹办加工、贷款接洽经过、调查工作、附录。逐页题名：工作总报告。所涉时间为 1940 年 3 月 1 日至 1940 年 12 月底。

　　收藏单位：重庆馆、国家馆、黑龙江馆

06472

江西省农业概况　江西省政府建设厅编
江西省政府建设厅，1938.6，72 页，18 开
　　本书共 6 部分：沿革、机关、事业近况、未来计划、实效、该院出版刊物。附江西省农业机关分布图。
　　收藏单位：重庆馆、国家馆、江西馆

06473

江西省农业统计　江西省政府秘书处统计室编
江西省政府秘书处统计室，1939.12，136 页，16 开（统计特刊 3）
　　收藏单位：重庆馆、江西馆、近代史所、南京馆、浙江馆

06474

江西省农业院安福种猪场为划定推广中心区及订定特约农家规则告农民书　江西省农业院编
[南昌]：江西省农业院，1939.10，16 页，25 开
　　收藏单位：江西馆

06475

江西省全省行政会议农村合作委员会工作报告　江西省农村合作委员会编
江西省农村合作委员会，1937.6，16 页，16 开
　　本书共 3 部分：导言、本省合作事业及本会工作之概况、今后之期望。
　　收藏单位：国家馆

06476

江西省三十二年粮食增产法规计划辑要
出版者不详，[1943—1949]，111 页，16 开

　　收藏单位：江西馆

06477

江西省示范合作农场章程
出版者不详，[1940—1949]，油印本，1 册，18 开
　　收藏单位：广东馆

06478

江西省土地改革方案　[江西省政府编]
江西省政府，1949.3，72 页，25 开
　　收藏单位：江西馆

06479

江西省土地局地政特刊　江西省地政局编
江西省地政局，1934.9，1 册，16 开
　　本书内容包括：江西地政机关沿革、法规、计划、公牍、统计、图册实例、报告、记录等。附江西省地政概要、江西省土地局为实施调查新建县田亩告民众书、江西省土地局职员一览表、四种尺制比较表。
　　收藏单位：国家馆、辽宁馆、南京馆

06480

江西省土地局土地调查暂行规则　江西省土地局编
出版者不详，[1930—1939]，油印本，72 页，16 开
　　收藏单位：南京馆

06481

江西省土地局暂行组织规程
出版者不详，[1930—1939]，1 册，16 开
　　收藏单位：南京馆

06482

江西省土地行政报告书　江西省地政局编
江西省地政局，[1936—1937]，2 册，22 开
　　本书内容包括：土地测量、土地调查、估计地价、计算面积、绘制地图、编造册籍、土地登记等。所涉时间为 1932 年 8 月至 1936 年 12 月。
　　收藏单位：国家馆、江西馆、南京馆

06483

江西省土地整理处章则汇编

出版者不详，1934，138 页

　　收藏单位：南京馆

06484

江西省土地整理概况　江西省土地整理处编

江西省土地整理处，1934.4，油印本，1 册，16 开

　　收藏单位：南京馆

06485

江西省土地整理概况　[江西省政府编]

江西省政府，[1930—1939]，4 页，23 开

　　本书共 6 部分：航空测量、土地调查、地价估计、图册编制、土地登记、实行地税。

　　收藏单位：重庆馆

06486

江西省土地整理概况　江西省政府秘书处编

江西省政府秘书处，1935.10，12 页，23 开（江西事业丛刊 10）

　　本书共 5 部分：绪言、地政之沿革、业务之实施、经费之预计、结论。

　　收藏单位：重庆馆、国家馆、吉林馆、南京馆

06487

江西省猪鬃概况调查（卷上）

出版者不详，[1941—1949]，油印本，1 册，横 16 开

　　本书所涉时间为 1941 年 9—11 月。

　　收藏单位：国家馆

06488

江西之茶　江西省政府经济委员会编

南昌：江西省政府经济委员会，1934.8，76 页，25 开（江西省政府经济委员会丛刊 4）

　　本书共 8 节：沿革、茶叶种类及产区分布、培植概况、制造方法、交易及金融、历年之输出、衰败原因、救济计划。

　　收藏单位：广东馆、广西馆、国家馆、湖南馆、江西馆、近代史所、辽大馆、南京馆、宁夏馆、山西馆、陕西馆、上海馆、首都馆、天津馆、浙江馆、中科图

06489

江西之茶业　俞海清著　吴觉农校

实业部商品检验局，1932.10，43 页，22 开（工商部上海商品检验局丛刊 第 8 期）（中国茶业调查）

　　本书共 4 章：引言、重要茶业区一般、宁茶振植有限公司概况、改进意见。

　　收藏单位：国家馆、上海馆、浙江馆

06490

江西之地政　江西省地政局编

江西省地政局，[1947]，18 页，25 开（地政论丛 4）

　　收藏单位：江西馆

06491

江西之米谷　江西省政府秘书处统计室编

江西省政府统计室，1936.9，118 页，16 开（江西经济丛刊 15）

　　本书共 4 编：米谷品种、米谷产量、生产成本、米谷运销情形。

　　收藏单位：国家馆、上海馆、首都馆、中科图

06492

江西之米麦问题　江西省政府经济委员会编

南昌：江西省政府经济委员会，1933.8，54 页，25 开（江西省政府经济委员会丛刊 2）

　　本书共 5 章，内容包括：江西农田及每年米麦产量之估计、江西每年米麦输出入数量之估计、江西今后应采之米麦政策等。附统计表。

　　收藏单位：广东馆、国家馆、湖南馆、近代史所、陕西馆、上海馆、天津馆、武大馆

06493

江西之农佃概况　吴顺友著

北平：文化批判社，1935.1，29 页，25 开（文化批判社小丛书 2）

　　本书共 10 部分，内容包括：农佃之种类、

各县租佃期长短比较、租额及租率、缴租时
期及缴租手续、立约手续及退佃条件、荒年
减租办法、佃农增减趋势及其原因等。

　　收藏单位：国家馆

06494

江西之农业　许允编

南昌市政府经济复兴委员会，1942.6，28+252
页，18 开（南昌市政府经济复兴委员会丛书
经济丛书）

　　本书共 11 章，内容包括：江西之农业生
产、江西之农村经济、江西省农业院工作概
况、江西农村改进实验区概况等。

　　收藏单位：国家馆

06495

江浙蚕业概况　金晏澜编

金晏澜，1930，278 页，16 开

　　本书内容包括：浙江各蚕业机关略史及现
状、改进浙江蚕丝事业之我见、中国蚕业之
将来等。附蚕丝法规暨国际生丝贸易状况。

　　收藏单位：国家馆

06496

将来之农业　穆藕初著

重庆：农产促进委员会，1941.2，14 页，32 开

　　本书为著者于 1941 年元旦在农产促进会
上对职工的讲话。

　　收藏单位：贵州馆、国家馆、南京馆

06497

接收伪华北棉产改造会报告暨建议书

出版者不详，1945，油印本，1 册，16 开

　　收藏单位：国家馆

06498

解放区的生产运动——栽富根　力耕著

香港：中国出版社，1947.7，31 页，32 开（解
放区介绍丛书 3）

　　本书内容包括：一个好地方、自己动手丰
衣足食、大翻身啦、劳动状元等。

　　收藏单位：国家馆、吉林馆

06499

解决春荒问题　群众日报社辑

群众日报社，1948.3，14 页，32 开

　　收藏单位：国家馆

06500

金佛山移垦区第一期工作概况

出版者不详，[1939]，1 册，36 开

　　本书内容包括：金佛山移垦区移垦实施方
案、清理金佛山荒地办法、金佛山荒地登记
表等。

　　收藏单位：重庆馆

06501

金华北山林牧公司第一届报告书　金华北山
林牧公司编

金华北山林牧公司，[1918]，44 页，23 开

　　本书所涉时间为 1915 年 7 月至 1918 年 5
月。

06502

金华城区计口授粮实施报告　金华城区计口
授粮总动员指挥部编

金华城区计口授粮总动员指挥部，1940，62
页，32 开

　　本书共 13 部分，内容包括：本省粮食管
理政策与金华城区计口授粮问题、办理经过
报告、金华计口授粮总动员实施方案、金华
县各乡镇设置粮食公店暂行办法等。目录页
及逐页题名：金华县试办计口授粮章则汇编。

　　收藏单位：国家馆、浙江馆

06503

金水流域国营农场筹备处业务报告　金水流
域国营农场筹备处编

金水流域国营农场筹备处，1934.11，102 页，
16 开

　　本书共 5 章：本处缘起及经过、清理湖
荒、工程建设、农业设施、会计报告。附本
处第一期业务计划草案纲目、本处职员一览
表。

　　收藏单位：国家馆

06504
津郊解决土地问题参考资料　天津市政府秘书处编
天津市政府秘书处，1949.6，56 页，32 开
　　本书内容包括：天津市军事管制委员会公布的市郊农田土地问题暂行解决办法的决定、津郊解决土地问题的情况报告、天津市人民政府公告等。转载北平军事管制委员会的《关于本市辖区农业土地问题的决定》《解决市区农业土地问题发展城市生产与建设》。
　　收藏单位：国家馆、辽宁馆、南京馆

06505
近百年来中国农业之进步　唐启宇著
中央党部印刷所，1933.1，56 页，16 开
　　本书共 8 部分，内容包括：四十年来之农业教育、二十五年来之农业试验、十年来之农业推广、十年来之农业合作等。
　　收藏单位：国家馆、南京馆、上海馆、中科图

06506
近代中国地租概说　陈伯达著
大连：大众书店，1948，增订本，78 页，32 开
　　本书共 6 章，内容包括：近代中国农业的剩余劳动率与剥削率、地租形式、地租量和地租率、地价等。
　　收藏单位：国家馆、南京馆、山西馆、天津馆

06507
近代中国地租概说　陈伯达著
哈尔滨：东北书店，1949.2，82 页，32 开
　　收藏单位：重庆馆、东北师大馆、国家馆、吉大馆、吉林馆、江西馆、山东馆、四川馆、云南馆

06508
近代中国地租概说　陈伯达著
华北新华书店，1947.10，增订本，102 页，32 开
　　收藏单位：重庆馆、广东馆、国家馆、河南馆、南京馆

06509
近代中国地租概说　陈伯达著
晋察冀新华书店，1947.8，增订本，102 页，32 开
　　收藏单位：国家馆、河南馆、宁夏馆、山东馆、天津馆

06510
近代中国地租概说　陈伯达著
山东新华书店，1948.1，增订本，83 页，36 开
　　收藏单位：国家馆、南京馆、山东馆

06511
近代中国地租概说　陈伯达著
太岳新华书店，1948，增订本，96 页，36 开
　　收藏单位：重庆馆、河南馆、山西馆

06512
近代中国地租概说　陈伯达著
新华书店，1949.9，增订本，102 页，36 开
　　收藏单位：重庆馆、福建馆、广东馆、广西馆、国家馆、辽宁馆、南京馆、内蒙古馆、山西馆、上海馆、天津馆、云南馆

06513
近代中国地租概说　陈伯达著
中原新华书店，1949，增订本，83 页，32 开
　　收藏单位：安徽馆、贵州馆、山东馆、天津馆

06514
近代中国地租概说　陈伯达著
出版者不详，1946.7，71 页，32 开（北方文化丛书 1）
　　收藏单位：国家馆

06515
晋察冀边区的劳动互助　晋察冀边区行政委员会实业处　晋察冀边区农会编
晋察冀边区行政委员会实业处，1946.1，72

页，32 开（大生产运动丛书 1）

本书共 4 部分：边区农村几种旧有的劳动互助形式、边区劳动互助的发展及其在农业生产上的作用、新劳动互助的组织形式、怎样组织起来和坚持下去。

收藏单位：东北师大馆、国家馆、辽大馆

06516

晋察冀边区第六区行政督察专员公署关于各区租佃土地问题处理补充办法　晋察冀边区第六区行政督察专员公署颁发

晋察冀边区第六区行政督察专员公署，1945.12，油印本，4 页，32 开

收藏单位：国家馆

06517

晋察冀边区第六区行政督察专员公署关于各种租佃土地问题的处理办法　晋察冀边区第六区行政督察专员公署颁行

晋察冀边区第六区行政督察专员公署，1945.12，油印本，12 页，25 开

收藏单位：国家馆

06518

晋察冀边区行政委员会冀中区行署保护粮食严防走私紧急处理办法　晋察冀边区行政委员会冀中区行署颁布

晋察冀边区行政委员会冀中区行署，1946.6，复写本，4 页，16×21cm

收藏单位：国家馆

06519

晋冀鲁豫边区农村经济参考资料

出版者不详，1948.5，油印本，51 页，8 开

本书介绍全区经济概况，共两部分：收入情况（包括总收入、第一农业收入、第二副业收入）、支出情况（包括总支出、第一生活消耗、第二再生产投资、第三农民负担）。附华北区各地农村调查统计资料。

收藏单位：国家馆

06520

晋冀鲁豫边区政府冀鲁豫边区行署颁发地契

晋冀鲁豫边区政府冀鲁豫边区行署 [颁发]

晋冀鲁豫边区政府冀鲁豫边区行署，1946.4，油印本，3 张，47×33cm，21×30cm，21×30cm

收藏单位：国家馆

06521

晋冀鲁豫边区政府、晋察冀边区行政委员会令（民社字第九号　颁发土地房产所有证式样及填写办法，希遵照印制颁发）　晋冀鲁豫边区政府　晋察冀边区行政委员会颁布

晋冀鲁豫边区政府、晋察冀边区行政委员会，1948.11，油印本，4 页，32 开

收藏单位：国家馆

06522

（晋冀鲁豫）五专署财粮草会议纪录

出版者不详，1948，抄本，33 页，24 开

收藏单位：国家馆

06523

晋绥边区仓库管理办法　晋绥边区行政公署编

晋绥边区行政公署，1948.11，油印本，8 页，32 开

收藏单位：国家馆

06524

晋绥边区关于变工互助的几个问题

冀南书店，1946.4，33 页，32 开

本书共 3 部分：关于组织形式的举例、关于计工问题、关于组织领导问题。附陕甘宁边区组织集体劳动的经验。

收藏单位：国家馆

06525

晋绥边区历年公粮工作总结（草稿）　晋绥边区政府编

晋绥边区政府，1948.3，18 页，16 开

收藏单位：国家馆

06526

晋绥边区生产会议总结　张稼夫著

抗战日报社，1946.2，28 页，32 开

收藏单位：重庆馆、国家馆、宁夏馆

06527

晋县保证责任棉花生产运销合作社联合社第一年度业务报告书

晋县保证责任棉花生产运销合作社联合社，1936.6，70 页，16 开

本书共 6 部分，内容包括：本社成立之经过、本社旨趣及章则、本社组织、一年来的社务业务进行收支状况等。

收藏单位：国家馆、近代史所

06528

京兆直隶棉业调查报告书　刘家璠编

北京：农商部棉业处，1920.12，108+10 页，16 开

本书收录大兴、宛平、平谷等京兆直隶县棉业调查资料。附改良棉业意见书。

收藏单位：国家馆、吉林馆、上海馆

06529

泾惠渠农村概况　行政院新闻局编

行政院新闻局，1948.9，42 页，32 开

本书共 4 部分：灌区农业、灌区农村经济、灌区工业及其他、灌区农业机关及其试验成效。

收藏单位：安徽馆、重庆馆、大庆馆、广东馆、国家馆、吉林馆、江西馆、南京馆、内蒙古馆、上海馆、绍兴馆、浙江馆

06530

经济　绥远省政府乡村建设委员会训练处编

绥远省政府乡村建设委员会训练处，[1930—1949]，82 页，32 开（绥远乡村工作手册）

本书内容包括：农牧研究试验、合作推行与生计训练等。书中题名：农村经济建设。

06531

经济报告　浙江省立第三林场编

丽水：浙江省立第三林场事务部，1930.6，[28] 页，16 开

本书共两部分：经济报告、文牍摘要。

06532

经济部农本局概况　毕云程著

农本局研究室，1942.12，58 页，16 开，环筒页装

本书记述该局自 1936 年成立以来的工作概况。共 7 章：引言、筹创时期、创业时期、进展时期、转变时期、改组时期、结论。附农本局高级主管人员一览表等。

收藏单位：重庆馆、广东馆、国家馆、黑龙江馆、近代史所、南京馆、西南大学馆、浙江馆

06533

经界三书

湖北省财政厅，1928.12，3 册，22 开，精装

本书为合订本。合订书还有：《中国历代经界纪要》《各国经界纪要》《经界法规草案》。

收藏单位：安徽馆、重庆馆、东北师大馆、广西馆、桂林馆、国家馆、河南馆、湖南馆、江西馆、近代史所、辽宁馆、南京馆、人大馆、上海馆、首都馆、浙江馆、中科图

06534

经界臆说　陆锐星著

出版者不详，[1911—1949]，1 册，18 开

本书内容包括：丈田步弓宜改用米达尺又说第二、民田军田及各项官田宜概行统丈说第三、办理清丈宜先定宗旨说第三等。

收藏单位：浙江馆

06535

井田及班田制度之研究　曹四勿著

北平：怀英制版印刷局，1937.6，84 页，25 开

本书分两编：井田制度、班田制度。第 1 编共 8 章，内容包括：三代社会之推测、土地之划分、三代之税制等；第 2 编共 4 章，内容包括：日本之氏族农业制度、班田制度之组织及其经过、班田制度崩溃之原因等。版权页著者题：曹任远。

收藏单位：重庆馆、国家馆、上海馆

06536

井田之迷　万国鼎著

[南京]：金陵大学，1931.11，5 页，16 开

　　本书为《金陵学报》第 1 卷第 2 期抽印本。

06537

井田制度有无之研究　朱执信 [等] 著

上海：华通书局，1930.10，147 页，25 开

　　本书收录朱执信、胡汉民、吕思勉、胡适、季融五、廖仲恺 6 人对中国古代有无井田制的来往信函 8 封。

　　收藏单位：重庆馆、国家馆、吉林馆、辽大馆、辽宁馆、南京馆、陕西馆、上海馆、天津馆、浙江馆、中科图

06538

救济棉花对外贸易入超的一个意见　王又民著

实业部正定棉业试验场，1933.3，再版，30+16 页，18 开

　　本书共 13 部分，内容包括：作者灌溉棉田之写真、华北气候与改良棉作之关系、改进棉作试验与推广的意见、前途之瞻望等。

　　收藏单位：国家馆、绍兴馆、浙江馆

06539

救济棉业计划　穆藕初著

出版者不详，1928.6，24 页，23 开

　　本书著者原题：穆湘玥。

06540

救济农村办法具体计划初稿　张邦翰拟

出版者不详，1935，油印本，80 页，13 开，环筒页装

　　本书共 4 部分：总论、方案、章则、结论。第 1 部分内容包括：中国政治经济社会组织应重视农村、中国农民和农村目前情状、历史事实之情势等；第 2 部分内容包括：本方案救济农村之意见及其施行办法、救济农村办法之要点、指导训练使农村组织日渐完备等；第 3 部分内容包括：农村信用消费合作社组织说明、农村建筑合作说明等。

　　收藏单位：国家馆

06541

救济中国农村之根本办法　涂闻政著

江西省立南昌乡村师范学校，1934.4，34 页，25 开

　　本书书中题名：救济中国农村之根本办法——土地私有国营制。

　　收藏单位：重庆馆、贵州馆

06542

举办农业展览会经过报告　河南省立实验乡村民众教育馆编

河南省立实验乡村民众教育馆，1932.10，12 页，25 开

　　本书内容包括：筹备经过、开会情形、结束事项。

　　收藏单位：国家馆、南京馆、浙江馆

06543

决算报告书（民国三十六年度）　通县合作社联合社 [编]

北平：通县合作社联合社，1948，油印本，9 页，16 开

　　收藏单位：国家馆

06544

开发甘肃河西农田水利三十二年度实施计划

出版者不详，[1943]，油印本，20 页，16 开，环筒页装

　　收藏单位：国家馆

06545

开发满蒙农业指南　南满洲铁道株式会社兴业部农务课编

大连：满洲日日新闻社印刷所，1925.3，32 页，32 开

　　收藏单位：国家馆、上海馆

06546

开发神农架森林计划书　湖北省开发神农架森林筹备处编

湖北省开发神农架森林筹备处，1947.1，18+15 页，16 开

　　本书共 3 部分：勘测实况、开发计划、前

途展望。附图表。

收藏单位：国家馆

06547

开封县各乡农业概况调查纪要　河南大学农业推广部编

河南大学农业推广部，1929，110页，32开（河南大学农业推广部农业丛书23）

河南大学农业推广部，1930.12，再版，110页，32开（河南大学农业推广部农业丛书23）

收藏单位：重庆馆、国家馆、南京馆

06548

开垦荒地　杜瑮生编著

浙江省民政厅，1943.6，86页，32开（乡镇自治指导读物5）

本书分6章介绍我国荒地的形成、种类、面积，垦荒的步骤、方法，垦地的改良，垦区的管理和设施等。附非常时期难民移垦条例、堤防造林及限制倾斜地垦殖办法等10种。

收藏单位：重庆馆、国家馆、南京馆、浙江馆

06549

开垦荒地和吃饭问题的关系　文炳著

江苏省农矿厅，1929，8页，32开（江苏省政府农矿厅农矿浅说第3号）

收藏单位：上海馆

06550

开垦荒地须知　邹序儒编

重庆：商务印书馆，1944.12，62页，32开（内政丛书）（地方自治业务参考丛刊10）

本书共15部分，内容包括：总裁对地方自治训示辑要、户籍行政须知、编整保甲须知、办理地方卫生须知、水利工程须知等。

收藏单位：重庆馆、贵州馆、国家馆、湖南馆、吉林馆、南京馆、上海馆

06551

开辟学田以树农场模范而广教育基金计划

韩少奇拟

出版者不详，[1911—1949]，20页，16开

收藏单位：南京馆

06552

开展生产运动　济南市总工会编

济南市总工会，1949.9，92页，32开（济南市第一届职工代表大会参考文件2）

本书共两部分："各地指示、论文""经验介绍"。

收藏单位：长春馆、辽宁馆、南京馆

06553

抗建期中畜牧兽医青年应有的觉悟　文中进讲

陆军兽医学校大学部，[1945]，16页，42开

本书共7部分，内容包括：畜牧兽医与国计民生之关系、从研读国父遗教中获得注重畜牧兽医之凭证、今后畜牧兽医青年应有的几点觉悟等。

收藏单位：国家馆、南京馆

06554

抗建下我国稻作建设　赵连芳著

农林部实验所稻作系，1942.7，12页，16开

本书共7部分，内容包括：引言、我国稻作区域、战前稻米改进工作、战时稻米改进与粮食增产、战后之稻米经济建设等。为农产促进委员会《农业推广通讯》第4卷第7期《抗战胜利后的农业建设》专号抽印本。

收藏单位：国家馆

06555

抗日根据地关于执行土地政策的几个重要文件

第五专署，[1942]，油印本，18页，32开

收藏单位：天津馆

06556

抗日民主根据地的土地政策与法令　华北新华书店编

华北新华书店，1943，30页，32开

本书共5部分：中共中央关于抗日根据地

土地政策的决定（带附件）、晋冀鲁豫边区土地使用暂行条例、陕甘宁边区租佃条例草案（附说明）、抗战中土地问题获得圆满解决、保障佃权是减租交租的关键（《解放日报》社论）。

收藏单位：国家馆

06557

抗日战争中之绥远地政　绥远省地政局编

绥远省地政局，1947.7，98 页，16 开

本书分 3 部分：总述、业务概况、附录本省重要单行法规。第 1 部分收文 6 篇：《河套土地的开发与现状》（周北峰）、《绥远垦务与土地行政》（赵国鼎）、《河套地政之今昔》（永泉）、《耕者有田在河套》（王振兴）、《抗战期间河套地籍的整理》（杨同次）、《河套地区的地籍测量》（叶正明）；第 2 部分共 8 章，内容包括：机构组织、地籍整理、农地利用状况等。

收藏单位：国家馆、近代史所

06558

抗战建国的农业政策　徐鼐著

重庆：青年书店，1940，114 页，32 开

本书共 7 章，内容包括：实行农业政策的几个先决问题、怎样增加农业生产、农村工业化与工业农村化、确立农业金融系统、农产品的统制问题等。

收藏单位：安徽馆、重庆馆、广东馆、贵州馆、国家馆、湖南馆、吉林馆、柳州馆、南京馆、陕西馆、上海馆、西南大学馆、浙江馆

06559

抗战建国中之农业经济政策　胡元民著

重庆：中山文化教育馆，1938.9，32 页，36 开（抗战丛刊 55）

本书共 4 部分：绪言、我国农业经济之危机、急应实施之农业经济政策、结论。

收藏单位：重庆馆、贵州馆、国家馆、湖南馆、吉林馆、南京馆、人大馆

06560

抗战期中四川农业仓库实施之研究　沈曾侃　夏文华著

成都：沈曾侃 [发行者]，1938.6，57 页，32 开

收藏单位：重庆馆

06561

抗战四年来之农业　农林部编

农林部，1941.10，52 页，32 开

本书共 7 部分：引言、调整农业机构、增进农业生产、发展林垦渔牧、发展农村经济、其他农业改进事项、结论。

收藏单位：重庆馆、国家馆、南京馆

06562

抗战以来各省地权变动概况　王光仁　林锡麟编

重庆：农产促进委员会，1942.2，30 页，18 开（研究专刊 2）

本书共 6 章：地权问题之重要、地权变动、地权分配、租佃押金及佃期、地租变动、结论。

收藏单位：重庆馆、国家馆、浙江馆

06563

抗战以来中国地政学会总报告

出版者不详，[1911—1949]，6 页，大 32 开

收藏单位：南京馆

06564

抗战与茶业改造　吴觉农著

财政部贸易委员会茶叶研究所、外销物资增产推销委员会茶叶研究所，1945.3，118 页，22 开

本书内容包括：茶叶统销政策与湘茶前途、茶叶栽培与经营问题、国茶机械化的方针、中国茶叶贸易与茶业金融、最近国茶运销状况与今后对策、中国茶业的发展与合作运动、我国茶叶研究改进史等。

收藏单位：广东馆、国家馆、绍兴馆

06565

抗战与农产　李仪祉 [等] 执笔

汉口：独立出版社，1938.6，82 页，32 开（战时综合丛书第 2 辑）

重庆：独立出版社，1938.12，6 版，82 页，32 开（战时综合丛书第 2 辑）

　　本书共 13 章，每章为 1 篇文章，内容包括：《调整战时农业》（田三立）、《抗战期中之粮食生产》（汪呈因）、《战时粮食如何自给》（长诚）、《战时农村金融问题》（张家良）、《战时农业教育之改进》（曾济宽）、《国民政府的治水事业》（一正）等。

　　收藏单位：重庆馆、广东馆、广西馆、贵州馆、国家馆、湖南馆、江西馆、南京馆、陕西馆、上海馆、武大馆、西南大学馆、浙江馆

06566

抗战与农产　中国国民党中央执行委员会宣传部编

中国国民党中央执行委员会宣传部，1939.2，79 页，32 开

　　本书取《抗战与农产》（李仪祉等执笔）中的 7 章编成。

　　收藏单位：重庆馆、广东馆、国家馆、吉林馆、江西馆、南京馆

06567

抗战与农村经济　许性初著

长沙：商务印书馆，1938.1，51 页，32 开（抗战小丛书）

长沙：商务印书馆，1938.2，再版，51 页，32 开（抗战小丛书）

长沙：商务印书馆，1938.2，3 版，51 页，32 开（抗战小丛书）

长沙：商务印书馆，1938.3，4 版，51 页，32 开（抗战小丛书）

长沙：商务印书馆，1938.3，5 版，51 页，32 开（抗战小丛书）

　　本书共 5 章：绪论、现代战争之经济的基础、中国抗战之前途、中国农村衰落之救济、中国民族复兴之关键。

　　收藏单位：重庆馆、东北师大馆、广西馆、贵州馆、国家馆、河南馆、湖南馆、江西馆、近代史所、南京馆、内蒙古馆、陕西馆

06568

抗战与生产　教育部社会教育司编

重庆：正中书局，1938.12，60 页，32 开（教育部教育播音小丛书 14）（抗战演讲集 第 6 辑）

　　本书收文 5 篇：《持久抗战的农业生产》（邹树文）、《抗战期中的垦殖问题》（邹树文）、《抗战期中农业生产问题》（曾济宽）、《抗战期中乡村手工业问题》（钱天鹤）、《战地应用小工艺》（周汝杰）。

　　收藏单位：安徽馆、重庆馆、广东馆、贵州馆、国家馆、湖南馆、吉林馆、南京馆、内蒙古馆、宁夏馆、武大馆

06569

抗战中的中国农村动态（农村通讯选辑）　中国农村经济研究会编

桂林：新知书店，1939.6，238 页，32 开

　　本书共 4 部分：敌人铁蹄下的中国农村、斗争中的中国农村、生长中的中国农村、中国农村在抗战中的黑影。附一年来农业经济素描。

　　收藏单位：重庆馆、东北师大馆、广东馆、贵州馆、国家馆、吉林馆、南京馆、山西馆、上海馆

06570

考察四川农业及乡村经济情形报告　董时进著

[北平]：[国立北平大学农学院]，1931.2，20 页，18 开（国立北平大学农学院调查研究报告 第 3 号）

　　本书概述该省农业经济及农民生活状况。附研究中国农业及农村问题之重要。逐页题名：考察四川农业及农民经济情形报告书。

　　收藏单位：重庆馆、国家馆、近代史所、上海馆

06571

考察四川植棉事业报告　俞启葆编

省农业改进所工艺作物组，[1911—1949]，18页，16开

　　收藏单位：南京馆

06572

考察浙江植物重兴森林计划书　陆鼎恒著

黄鼎勋译

上海：华洋义赈会，1923，33+14 页，32 开

　　收藏单位：吉林馆、浙江馆

06573

垦户须知　中国杭建垦殖社编

出版者不详，1932.10，1 册，32 开

　　收藏单位：南京馆

06574

垦荒调查法　陆海望著

出版者不详，1941，6 页，32 开

　　本书共 8 部分：地理概要、气候、土质、水利、物产、交通、人民、治安。

　　收藏单位：浙江馆

06575

垦荒和增加农产的捷径　穆藕初撰

重庆：农产促进委员会，[1911—1949]，10页，32 开

　　收藏单位：国家馆、南京馆

06576

垦荒实施方案　行政院公布

经济部，1938.3 重印，44 页，32 开

　　本书共 9 部分，内容包括：荒地调查、山陵荒地之开垦、盐碱荒地之开垦、开垦步骤、栽培概要等。由行政院于 1937 年 1 月公布。

　　收藏单位：国家馆、南京馆

06577

垦荒运动　陕西省垦务委员会编

陕西省垦务委员会，1940，90 页，32 开

　　本书介绍该省收容难民推行垦荒的具体措施、办理经过及各垦区之现状。附非正式垦区之办理情况、垦务有关之各项章制。

　　收藏单位：重庆馆

06578

垦荒造林　贵州省地方行政干部训练委员会编

贵州省地方行政干部训练委员会，1941.6，138 页，50 开

　　本书共两章：垦荒、造林。

　　收藏单位：重庆馆

06579

垦植协会报告（第 1 期）　垦植协会编

北京：垦植协会，1913，322+109 页，18 开

　　本书内容包括：本会成立之历史、本会会务之规定、各支部之组织及成绩、各隶属机关之组织及成绩、调查及报告等。目录页题名：垦植协会第一期报告书。

　　收藏单位：国家馆

06580

垦殖概要　广东西北区移垦局编

广东西北区移垦局，1933.10，66 页，22 开

广东西北区移垦局，1933.11，再版，64 页，22 开

　　本书共 13 部分，内容包括：本局组织章程、本局组织系统表、本局移垦办法、请领垦地之手续、垦民应守之规则、优良动植物品种之推广、第一移垦区之建设等。

　　收藏单位：重庆馆、国家馆、南京馆、上海馆

06581

垦殖有限合作社模范章程

江苏省农矿厅，1930，18 页，32 开

　　收藏单位：南京馆

06582

垦殖政策　张丕介著

重庆：商务印书馆，1943.9，119 页，25 开（中国地政研究所丛刊）

　　本书共 8 章，内容包括：绪论、垦殖之必要、垦殖之可能、特质与原则、垦殖政策问

题等。附推进全国垦殖事业纲领、战时及战后垦殖问题决议文、参考文献。

收藏单位：安徽馆、重庆馆、广西馆、贵州馆、国家馆、黑龙江馆、吉林馆、近代史所、南京馆、内蒙古馆、上海馆、武大馆

06583

垦殖政策实施运动　任峄编

任峄，1932.10，58 页，18 开

本书收录行政院、内政部、绥远省政府、察哈尔省政府等有关实施垦殖政策的训令、文件 35 种。

收藏单位：重庆馆、国家馆、南京馆、天津馆

06584

苦水　华中一地委宣传部编

华中一分区新华书店，[1911—1949]，56 页，64 开

本书收录诉苦材料 12 篇。

收藏单位：国家馆、南京馆

06585

昆山清丈局报告书　昆山清丈局编

昆山清丈局，1926.10，18+192 页，16 开

本书共 5 编：文牍、章程、舆图、表册、附录（昆山县全境水利说略、清丈始末记）。收录 1912—1925 年的有关资料。

收藏单位：吉林馆、南京馆、上海馆

06586

昆山清丈局第一届报告书　昆山清丈局编

昆山清丈局，[1914—1919]，160 页，25 开

本书收录章程、文牍及统计等资料。所涉时间为 1911 年 1 月至 1914 年 6 月。

收藏单位：南京馆

06587

扩种冬作运动手册　浙江省农业改进所编著

浙江省农业改进所，1941.10，增订版，55 页，32 开

本书内容包括：为什么扩种冬季作物、怎样扩种冬季作物、扩种冬作努力者赏不努力

者罚、五大冬季作物等。

收藏单位：重庆馆、广东馆、南京馆

06588

兰溪农村调查　冯紫岗编

杭州：国立浙江大学，1935.1，140 页，16 开（国立浙江大学农学院专刊第 1 号）

本书分两编：农村概况、二千零四十五家各类村户之社会的经济的分析。第 1 编共 15 部分，内容包括：人口、教育、土地与生产、地价、田赋、乡村自治等；第 2 编共 14 部分，内容包括：材料来源、人口与家庭、土地之利用与分配、村民房屋、农具等。

收藏单位：重庆馆、国家馆、近代史所、南京馆、山西馆、上海馆、浙江馆

06589

兰溪实验县清查地粮纪要　陈开泗编　何隽修订

兰溪实验县县政府秘书室，1935.7，14+172 页，16 开（兰溪实验县县政府出版物 15）

本书分上、下两编：整理前之一般情形、清查地粮之经过。共 15 章，内容包括：同治清赋纪略、土地册籍、地权凭证、清查之机关、登记册书等。附兰溪县政府所颁布的有关章则 10 种。

收藏单位：南京馆

06590

兰溪实验县土地概况

兰溪实验县县政府秘书室，1936.5，26 页，22 开

本书共 6 部分：绪言、全县土地、田地山塘、耕地、土地分配、结论。

收藏单位：广东馆、浙江馆

06591

兰溪乡村建设实验区计划书　国立浙江大学农学院编

杭州：国立浙江大学农学院，1935.7，36 页，22 开

本书内容包括：兰溪实验县的施政步骤、乡村建设委员会的组织经过和内容、兰溪乡

村建设的初期设计纲领等。

收藏单位：浙江馆

06592

劳动互助的典型例子和经验　晋察冀边区行政委员会实业处编

晋察冀边区行政委员会实业处，1946，50 页，32 开（大生产运动丛书 2）

本书共 10 部分，内容包括：龙华新解放区两个村劳动互助是怎样组织起来的、坟庄的拨工组是怎样活跃起来的、战胜旱灾耕三余一的龙家铺拨工组、盂县箭和村张润槐的变工、肃宁南于庄吕凤荣的拨工组是怎样整理的等。

收藏单位：东北师大馆、辽宁馆

06593

劳动互助论集　南虹编

大连：大众书店，1948.4，117 页，32 开

本书内容包括：两三年内完全学会经济工作、建立新的劳动观念、关于动员生产问题、论集体劳动、各地互助运动介绍等。

收藏单位：国家馆、山东馆

06594

劳力与武力结合起来

苏中出版社，1945.4，30 页，64 开（生产运动小丛书）

收藏单位：国家馆、南京馆

06595

劳模的选举、培养及使用问题　晋绥边区生产委员会编

晋绥边区生产委员会，1946.2，8 页，32 开（晋绥边区生产会议材料 8）

收藏单位：重庆馆、国家馆

06596

劳资合一的垦殖边荒办法拟议　刘杰　王聪之著

太原：劳资合一研究会，[1942—1949]，120 页，32 开

本书收录发表于《西北月刊》与《三民

半月刊》的文章两篇:《垦殖边荒办法拟议》《新农村建设计划大纲》。

收藏单位：国家馆、内蒙古馆

06597

梨苹果葡萄栽培收支概算　青岛市农林事务所编

青岛市农林事务所，1934.5，17 页，25 开

06598

黎坪垦区垦务概况　农林部陕西黎坪垦区管理局编

农林部陕西黎坪垦区管理局，1942，[370] 页，32 开

本书介绍该区沿革、行政、垦务、林业、牧业、合作、土地、水利、交通、副业、卫生、教育、工商矿业等。

收藏单位：国家馆、浙江馆

06599

历城县农业调查录　历城县劝业公所编

历城县劝业公所，1922.10，58 页，22 开

本书为文言体。内容包括：农业地理、农业机关、农民状况、农作耕种、园艺栽培、蚕业、畜产、林业、农业改进等。

收藏单位：国家馆

06600

历代森林史略及民国林政史料　陈嵘编著

南京：金陵大学农学院森林系林业推广部，1934.12，176 页，22 开

本书分两编：历代森林史略、民国林政史料。第 1 编分 12 章介绍上古、周秦、汉至明清历代森林史；第 2 编共 5 章：民国元年至十二年林政及法令、营林事业、林业教育。

收藏单位：重庆馆、广东馆、桂林馆、国家馆、黑龙江馆、近代史所、南京馆、宁夏馆、山西馆、上海馆、浙江馆

06601

历代屯垦研究　唐启宇编著

重庆：正中书局，1944.3—1945.10，2 册（536 页），32 开

上海：正中书局，1947.11，2 册（536 页），32
开

本书共 20 章，内容包括：屯垦制度之方
式及成分、屯田官制及田制、屯垦种类之分
析、黄河中下游之屯垦、大漠南北之屯垦、
川康之屯垦等。

收藏单位：重庆馆、广东馆、贵州馆、国
家馆、吉大馆、南京馆、上海馆、天津馆、
西南大学馆、浙江馆

06602

历代屯田考　张君约著
长沙：商务印书馆，1939.6，2 册（660 页），
25 开（新中国建设学会丛书）

本书根据典籍考证两汉至明代的屯田制
度，引用原文均注明出处。分上、下两卷，
共 9 章。附《国史上一种奇伟之农本政策》
（曾载于《复兴月刊》第 1 卷第 6 期）、苏维
埃集团农业起因。

收藏单位：重庆馆、东北师大馆、广东
馆、贵州馆、国家馆、吉林馆、近代史所、
辽大馆、辽宁馆、南京馆、山西馆、首都馆、
西南大学馆、浙江馆、中科图

06603

利用保证合作社模范章程
陆海空军总司令部行营党政委员会地方赈济
处，1931，22 页，36 开

收藏单位：国家馆

06604

利用合作社评定委员会规则
陆海空军总司令部行营党政委员会地方赈济
处，1931，4 页，36 开

本规则于 1931 年 11 月 13 日公布。

收藏单位：国家馆

06605

**利用合作社设备电话网守望队乡贤祠国术馆
准则**
陆海空军总司令部行营党政委员会地方赈济
处，1931，4 页，36 开

本准则于 1931 年 11 月 13 日公布。

收藏单位：国家馆

06606

**连云港埠区域地价变迁及地权分配概况调查
报告书**
出版者不详，[1911—1949]，60 页，25 开

本书介绍该区域土地面积及人口、地价
变迁及其趋势、地权分配概况、政治经济及
文化概况等。

收藏单位：南京馆

06607

联益合作农场　联益合作农场编
联益合作农场，[1911—1938]，10 页，32 开

本书共 3 部分：联益合作农场缘起、联益
合作农场第一场社员领地规约、联益合作农
场领地预约券。

收藏单位：国家馆

06608

联总运华病虫药械分配及运用情形报告　农
林部农业复员委员会病虫药械专门委员会编
述
农林部农业复员委员会病虫药械专门委员会，
1947，油印本，1 册，10 开

收藏单位：国家馆

06609

量沙纪略　张鸿编
出版者不详，1915，1 册，16 开
出版者不详，1917，再版，1 册，16 开

本书论述浙江的土地制度。共 6 章：沿
革、区域、调查、设置、章程、刍议。

收藏单位：浙江馆

06610

粮管统计　第九战区购粮委员会　第九战区
粮食管理处编
第九战区购粮委员会、第九战区粮食管理处，
1940，石印本，1 册，横 16 开

本书全部为图表。共 7 项：总类、生产、
采购、运输、调节、仓储、会计。

收藏单位：重庆馆、广东馆、国家馆

06611

粮情简报　粮食部调查处编
粮食部调查处，1942，油印本，1 册，横 8 开
　　收藏单位：广东馆

06612

粮食（国防资源）　沈宗瀚讲
国防研究院，1943.1，42 页，32 开
　　本书共 4 部分：战前粮食状况、抗战时期粮食状况、战后粮食生产与分配之方针、结论。
　　收藏单位：国家馆、南京馆

06613

粮食部报告（中华民国三十年至三十四年）
徐堪 [报告]
出版者不详，[1941—1945]，油印本，5 册，13 开，环筒页装
　　收藏单位：国家馆、南京馆

06614

粮食部仓库工程管理处三十二年度工作检讨报告书
粮食部，[1943]，油印本，14 页，18 开，环筒页装
　　本书共 4 部分：前言、原定建仓计划、实施工作概况、结论。
　　收藏单位：国家馆

06615

粮食部对第二届国民参政会第二次大会参政员询问案之答复
出版者不详，[1940—1949]，油印本，1 册，16 开
　　收藏单位：南京馆

06616

粮食部对第三届国民参政会第二次大会参政员询问案之答复
[粮食部]，[1943]，油印本，1 册，16 开，环筒页装
　　收藏单位：国家馆

06617

粮食部对第四届国民参政会第一次大会参政员询问案之答复
粮食部，[1945]，油印本，24+10 页，18 开，环筒页装
　　本书内容包括：答复王参政员维之询问陕省灾情严重请免购军粮及减免粮赋案、答复朱参政员之洪等 15 人询问四川军粮负担可否减少及征实何时终止案等。并收口头询问答复 15 个。
　　收藏单位：国家馆

06618

粮食部对第四届国民参政会第三次大会参政员询问案之答复
粮食部，1947，油印本，1 册，16 开，环筒页装
　　本书内容包括：答复邹参政员树文询问案、答复刘参政员中一询问案、答复伍参政员纯武询问案等。
　　收藏单位：国家馆

06619

粮食部工作报告
出版者不详，[1943]，油印本，28 页，16 开，环筒页装
　　本书共 7 部分：储备事项、分配事项、管制事项、调查事项、督导考核事项、调整机构事项、参加国际粮食会议。
　　收藏单位：重庆馆、国家馆

06620

粮食部三十二年度施政计划
粮食部，[1942]，油印本，22+4 页，16 开，环筒页装
　　本书内容包括：粮政设施之基本方针、普通政务计划、特别建设计划等。
　　收藏单位：国家馆

06621

粮食部三十年度工作检讨报告
粮食部，[1942]，油印本，87 页，13 开，环筒页装

本书共 8 部分，内容包括：本年青黄不接期间之应急措施、本年秋收后一年间军粮民食之准备、粮食之管理、财务上之调度及收支概况等。

收藏单位：国家馆

06622

粮食部三十七年下半年度施政计划纲要

出版者不详，[1948]，4 页，16 开

收藏单位：南京馆

06623

粮食部三十三年度工作计划

粮食部，1943.11，油印本，25 页，16 开，环筒页装

本书共两部分：普通政务计划、特别建设计划。附工作计划简明表、工作计划分期进展表。

收藏单位：国家馆

06624

粮食部三十一年度工作考察（总评 提要 对照简表 报告）

粮食部，[1943]，油印本，14 页，16 开

本书为关于粮食部修建仓库及仓库管理、储备、供应等方面的考察报告。

收藏单位：国家馆

06625

粮食部施政计划纲要 粮食部编

出版者不详，[1940—1949]，油印本，1 册，16 开，环筒页装

本书共 5 章：今年应急之政策、从明年起实施政策之纲要、省县机构之改进、人事训练考核、预防本年歉收之补救办法。

收藏单位：重庆馆

06626

粮食部四川粮食储运局粮船押运员服务须知 粮食部四川粮食储运局编

粮食部四川粮食储运局，[1940—1949]，油印本，5 页，16 开，环筒页装

本书分 5 章，共 33 条。

收藏单位：重庆馆

06627

粮食部四川粮食储运局三十二年度工作报告

粮食部四川粮食储运局，1943，油印本，1 册，18 开，环筒页装

本书共 5 部分：组织、经费、业务、视察与奖惩、结论。

收藏单位：国家馆

06628

粮食部四川粮食储运局所属各分局各处仓配运粮食暂行办法 粮食部四川粮食储运局编

粮食部四川粮食储运局，1944.11，162 页，22 开

本书共 18 章，内容包括：总则、调配、拨交、粮食收支报告、集中运输、外运计划、运输工具之调配与选择、运输合约之签订、运价与运费、粮食的品质检验与交接、粮食运输程序等。附四川省各县县政府办理粮食集中运输须知。

收藏单位：重庆馆、国家馆、南京馆

06629

粮食部田粮业务检讨会议汇编 粮食部编

粮食部，[1947]，198 页，16 开

本书共 17 部分，内容包括：粮食部田粮业务检讨会议规则、开幕式、分组审查目录等。

收藏单位：国家馆、南京馆

06630

粮食仓储及运输损耗率计算规则 粮食部编

粮食部，1945.4，8 页，25 开

本规则共 11 条。

收藏单位：国家馆、天津馆

06631

粮食产销合作之组织与经营 王树基 邢公仪编著

南京：中央合作金库，1948.1，112 页，32 开（中央合作金库合作实务丛书 1）

本书共 10 章：粮食产销合作之意义、粮

食产销合作之组织、业务经营之基本工作、粮食增产技术之辅导、粮食征集与品级检定、粮食仓库之设置、运销方法、粮价计算、财务与会计、结论。附中央合作金库发展全国粮食产销合作实施计划、中央合作金库辅导合作社附设农业仓库办法。

收藏单位：广东馆、国家馆、南京馆、人大馆、浙江馆

06632

粮食的管制及增产　国防部政工局编

国防部政工局，1948.12，20页，32开

本书共3部分：粮食的管制、粮食的增产、结论。

收藏单位：国家馆、吉大馆、吉林馆、南京馆

06633

粮食调查资料　农业部调查处编

[粮食部调查处]，[1943]，油印本，1册，横8开

本书全部为表。内容包括：后方各省市户口统计总表、中国男女人口各年龄组所估之百分比、全国土地耕地面积比较、民国三十一年各省主要夏季粮食作物产量最后估计、各省主要粮食之盈亏比较、抗战以来各重要城市粮物价指数比较等。

收藏单位：重庆馆

06634

粮食丰收运动　江西省第四区行政督察专员公署编

江西省第四区行政督察专员公署，1942.5，28页，25开

本书内容包括：粮食丰收运动的意义、新赣南建设中的粮食丰收运动、粮食丰收运动与春耕、粮食丰收运动与防洪防旱等。

收藏单位：广东馆、南京馆、浙江馆

06635

粮食管理　江西省地方行政干部训练委员会编

江西省地方行政干部训练委员会，1942.6，42页，25开（各县训练所训练乡镇干事教材）

收藏单位：江西馆

06636

粮食管理处章则　第九战区粮食管理处购粮委员会编

第九战区粮食管理处购粮委员会，1940.12，油印本，1册，16开

本书内容包括：总则、采购章则、调节章则、会计章则等。封面题名：粮管章则。

收藏单位：广东馆、国家馆

06637

粮食管理概论　西康省地方行政干部训练团编

西康省地方行政干部训练团，1942.10，164页，32开，环筒页装

本书共3编：粮食管理概说、粮食调查、积谷概说。

收藏单位：国家馆

06638

粮食管理篇　杨礼恭编著

重庆：正中书局，1938.6，国难本初版，132页，32开（中等学校特种教材）

本书共8章：战时粮食管理概论、粮食调查与统计、粮食生产管理、粮食分配管理、战时粮食消费节约、粮食制造与储藏、各国战时粮食管理政策、中国战时粮食政策之检讨。

收藏单位：广东馆、贵州馆、国家馆、湖南馆、吉林馆、南京馆

06639

粮食管理实施之商讨　杨品吉编著

杨品吉[发行者]，[1940]，油印本，1册，16开

本书内容包括：生产、征催、运输、销售等。

收藏单位：国家馆

06640

粮食管理研究意见书　浙江省粮食管理处编

浙江省粮食管理处，1940.11，32+34页，25开

　　本书共6部分：奉颁法令与本省现行办法不同之要点、问题之检讨、一般主张改变政策之理由、政策改变后之后果与影响、补救办法之拟议、结论。

　　收藏单位：贵州馆、国家馆、南京馆、浙江馆

06641

粮食管理与公卖

江西省粮政局，1942.5，62页，32开

　　收藏单位：南京馆

06642

粮食管理与人民应行注意事项　福建省粮食管理局编

福建省粮食管理局，1941.2，10页，32开（福建省粮食小丛书6）

　　本书共6部分：余粮应声请公沽局收购、住户食粮应向零售商购买、余粮不可漏报匿报短报、粮食不可囤积居奇、粮食不可私运资敌、不可造谣煽惑破坏粮食政策。

　　收藏单位：广东馆、国家馆

06643

"粮食国有"之我见　陈东之著

国防部，1948.3，17页，48开

　　本书内容包括：粮食国有、计口授粮、以城市控制乡村等。附粮食国有实施办法大纲。

　　收藏单位：南京馆

06644

粮食会议决议　山东省粮食总局编

山东省粮食总局，1948.1，油印本，4+5页，24开

　　收藏单位：国家馆

06645

粮食纪实　第九战区粮食管理处购粮委员会编

第九战区粮食管理处购粮委员会，1940.12，1册，13开

本书共两部分：粮管处业务纪要、购委会业务纪要。附湖南之粮食管理、战时粮政人员应有之认识与修养、湖南粮食管理近况。

　　收藏单位：广东馆、国家馆、南京馆、中科图

06646

粮食紧急购储会工作总报告　粮食购储会编

粮食购储会，1949.6，54页，23开

　　本书内容包括：成立经过、组织、配价、供应、采购、运输工作、美粮动态、会计制度等。

06647

粮食实物会计概要　西康省地方行政干部训练团编

西康省地方行政干部训练团，1942，36页，36开

　　本书内容包括：粮食实物会计之意义、粮食实物会计与普通公务会计商业会计之区别、粮食实物会计之目的等。

　　收藏单位：重庆馆

06648

粮食收发保管经验汇辑　太岳行署财政处编

太岳行署财政处，1946.12，52页，32开（财政干部业务学习材料3）

　　本书收录《毛泽东同志论仓库工作》等。附运粮工作中的几个问题。

　　收藏单位：国家馆、山西馆

06649

粮食问题　徐堪讲

中央训练团党政训练班，1942.2，18页，32开（中央训练团党政训练班讲演录）

　　本书介绍抗战时期粮食管理的重要性及粮食部的工作概况。

　　收藏单位：重庆馆、广东馆、国家馆、南京馆

06650

粮食问题　许璇著

上海：商务印书馆，1935.3，187页，25开（中

华农学会丛书）

长沙：商务印书馆，1938.5，3 版，187 页，25 开（中华农学会丛书）

本书共 5 章：人口问题、粮食生产问题、粮食自给问题、粮食问题与农业关税、粮食统制问题。

收藏单位：安徽馆、重庆馆、广东馆、广西馆、贵州馆、国家馆、河南馆、黑龙江馆、湖南馆、近代史所、辽大馆、辽宁馆、南京馆、内蒙古馆、宁夏馆、上海馆、首都馆、天津馆、武大馆、西南大学馆、浙江馆、中科图

06651

粮食问题概要　涂在编

西康省地方行政干部训练团，1941，112 页，36 开

本书内容包括：粮食问题之重要、历代之食粮政策、各国之粮食统制、我国粮食概况等。

收藏单位：重庆馆

06652

粮食问题讲义　龙璆编

广西省地方行政干部训练委员会，1941，142 页，36 开（广西省地方行政干部训练团）

本书共 5 章：粮食与人口、全国粮产与消费、广西人口与粮产供销、广西战时粮政史略、广西粮食管理之重要与今后应有之管理工作。

收藏单位：重庆馆、广东馆

06653

粮食问题论　徐天胎著

福州文化企业社，1949，100 页，32 开（文化丛书）

本书共 7 章：绪论、生产问题、消费问题、运销问题、贸易问题、价格问题、结论。

收藏单位：福建馆

06654

粮食问题浅说　广东省政府秘书处编译室编

广东省政府秘书处编译室，1942.12，37 页，

32 开（政治常识小丛书 11）

本书共 5 节：绪论、粮食增产、粮食管理、消费节约、结论。

收藏单位：重庆馆、国家馆、河南馆、西南大学馆

06655

粮食问题研究　汗血月刊社编

上海：汗血书店，1936.6，302 页，32 开（汗血丛书 6）

本书分 4 部分：序言、战时粮食研究、平时粮食研究、综合研究。收文 11 篇，内容包括：《中国战时粮食统制问题》（胡宗谦）、《战时粮食统制研究》（刘翀）、《我国战时粮食统制方案》（朱大仑）、《吾国粮食的自立问题之过去与未来》（朱良穆）、《现阶段中国粮食恐慌及其自救方策》（刘广惠）等。

收藏单位：安徽馆、重庆馆、国家馆、湖南馆、南京馆、内蒙古馆、上海馆、天津馆、浙江馆

06656

粮食问题之研究　徐青甫著

丽水：浙江印刷厂，1942.1，10+110 页，32 开

本书共 6 编，内容包括：粮食供求实况、现行粮管政策述评、粮管政策之改进等。附田赋改征实物之商榷、田赋征实施行上的各种问题。

收藏单位：重庆馆、广东馆、国家馆、南京馆、内蒙古馆、浙江馆

06657

粮食行政　粮政局编

贵州地方行政干训委员会，1944.6，358 页，32 开

本书共 5 章：粮食征集、配拨、储运及加工、管制、调查。附各类法规及统计表。

收藏单位：国家馆

06658

粮食行政

出版者不详，1947，油印本，1 册，16 开

本书共 8 章，内容包括：粮食行政之意义、粮政机构、田赋整理、粮食征收等。

收藏单位：浙江馆

06659

粮食业务电报手册 粮食部四川粮食储运局编

粮食部四川粮食储运局，1942.9，28 页，25 开

本书共 5 部分，内容包括：粮食业务电报特约办法、填写粮食业务电报发电纸须知、报告市场情况所用简语编号表等。附各处各仓送发粮食业务电报时间证明旬单格式。

收藏单位：国家馆

06660

粮食增产 [农林部粮食增产委员会编]

[农林部]，[1941]，油印本，1 册，18 开

收藏单位：国家馆

06661

粮食增产工作进度（第 4 次） [农林部粮食增产委员会编]

[农林部]，1941，油印本，3 页，18 开

收藏单位：国家馆

06662

粮食增产工作进度报告（第 2 周） [农林部编]

农林部，1941，油印本，2 页，18 开

收藏单位：国家馆

06663

粮食增产问题 饶荣春著

重庆：商务印书馆，1942.4，135 页，32 开

赣县（赣州）：商务印书馆，1943.4，135 页，32 开，精装

重庆、赣县（赣州）：商务印书馆，1944，2 版，135 页，32 开

本书共 8 章，内容包括：战时粮食的重要性及其所发生的问题、扩展土地生产面积具体问题、改良生产品类与改进农耕技术、农村金融问题之解决等。

收藏单位：安徽馆、重庆馆、广东馆、广西馆、贵州馆、桂林馆、国家馆、黑龙江馆、吉林馆、江西馆、辽大馆、辽宁馆、南京馆、上海馆、武大馆、西南大学馆、浙江馆

06664

粮政报告 康宝志 [著]

出版者不详，[1940—1949]，14 页，32 开

收藏单位：南京馆

06665

粮政概论 吴文源编著

安徽省地方行政干部训练团，1941.8，88 页，32 开

本书内容包括：粮食管理的原则、粮食管理的机构、粮食的调查统计、粮食的生产、仓储管理等。附蒋介石在第三次全国财政会议开幕典礼上的训词。

收藏单位：重庆馆、南京馆

06666

粮政机构 西康省地方行政干部训练团编

西康省地方行政干部训练团，1942.11，24 页，32 开

本书共 4 章：古代之粮政、现代之粮政、本省粮政机构、粮政人事及奖惩。

收藏单位：国家馆

06667

粮政文辑 四川省粮政局编

成都：四川省粮政局，1941.10，24 页，32 开（粮食小丛书 1）

收藏单位：南京馆

06668

粮政须知 四川省政府粮政局编

四川省政府粮政局，1941，22 页，36 开（粮政小丛书 2）

本书收录问题 24 个，内容包括："田赋征实的历史根据为何？""全川征购粮食多少？""粮额是怎样推算的？""各县每粮一两应缴纳购征粮食多少？"等。

收藏单位：重庆馆、南京馆

06669

两个乡村的观察和比较　金陵大学农林科编

[南京]：金陵大学农林科，1924.5，17页，36开（农林浅说3）

金陵大学农学院，1930，再版，18页，50开（农林浅说3）

　　本书所述两个乡村为皖北的刘府镇与耿家村。

　　收藏单位：重庆馆、国家馆

06670

两年来合作社工作的检讨和怎样加强领导提高一步　中共汪清县委编

中共汪清县委，1948，38页，32开

　　收藏单位：国家馆、黑龙江馆

06671

辽宁省地政局工作报告　辽宁省地政局编

辽宁省地政局，1947.8，32页，16开

　　本书共5部分：本省各级地政机构之组织及其编制概况、本省地政人员训练概况、有关地籍工作概况、有关地价工作概况、有关地权工作概况。

　　收藏单位：广西馆、近代史所

06672

辽宁省农业概况估计报告　张心一著

立法院统计处，[1940—1949]，24页，16开

　　本书大部分为表。内容包括：辽宁省各县农民户数、农地面积、作物产量等。

　　收藏单位：上海馆

06673

料量家计·经营副业　陈醉云编

上海：中华书局，1948.5，24页，32开（中华文库 民众教育 第1集）

　　本书共两部分：料量家计、经营副业。第1部分内容包括：日用品须尽量自给、不可随便借债赊货、不可忘记储蓄等；第2部分内容包括：经营副业的好处、荒地空地的利用、副业的种类等。

　　收藏单位：东北师大馆、上海馆

06674

列强林业经营之效果与我国林政方案之商榷　陈嵘著

[成都]：金陵大学农学院森林系，1939.4，8页，16开（森林推广丛刊 蓉字1号）

　　本书所述列强为德国、法国、美国、日本等国。

　　收藏单位：国家馆、湖南馆

06675

林产　东北物资调节委员会研究组编

沈阳：东北物资调节委员会，1948.2，174页，32开，精装（东北经济小丛书4）

　　本书共8章，内容包括：林野行政、利用开发状况、林野试验、东北林业之将来等。

　　收藏单位：安徽馆、长春馆、重庆馆、东北师大馆、广东馆、国家馆、河南馆、黑龙江馆、辽大馆、辽东学院馆、辽师大馆、内蒙古馆、宁夏馆、人大馆、上海馆、首都馆、天津馆、西南大学馆

06676

林垦　庐山暑期训练团军训组编

庐山暑期训练团军训组，1937.7，134页，32开

　　本书共5编：造林须知、造林实施方案、公路植树须知、垦荒实施方案、各种垦植事业概况。

　　收藏单位：重庆馆、广东馆、国家馆、南京馆

06677

[林务所所务纪要]

出版者不详，[1921]，52+40+10页，18开

　　本书内容包括：历年经费支出预算表、历年经费收入决算表、长沙县第一至第四苗圃历年出苗成绩一览表、长沙县第一至第四苗圃历年造林成绩一览表、林务所及各苗圃历年植树节植树成绩表等。附布告整理公益行捐、续订拓利桑园契约、大贤镇苗圃简章等。

　　收藏单位：国家馆

06678

林业　行政院新闻局编

行政院新闻局，1947.12，124 页，32 开

本书共两章：林业概述、林业实验与研究。附森林法。

收藏单位：安徽馆、重庆馆、大庆馆、广东馆、贵州馆、国家馆、河南馆、湖南馆、吉林馆、江西馆、近代史所、辽宁馆、柳州馆、南京馆、内蒙古馆、山西馆、上海馆、首都馆、天津馆、西交大馆、西南大学馆、浙江馆

06679

林业合作社章程范本　广东建设厅农林局林业系编

广东建设厅农林局，1933，5 版，8 页，32 开（推广丛书 20）

广东建设厅农林局，1935.8，6 版，10 页，32 开（推广丛书 20）

收藏单位：南京馆

06680

林业合作社章程式样　福建省农业改进处编

[福建省农业改进处]，1938.10，8 页，25 开

本书共 8 章：总则、社员、社股、职员及会议、业务、盈余分配及损失分担、解散、附则。附林业合作社保护森林规约式样、林业合作社设立程序。

收藏单位：福建馆

06681

林业浅说　林骙著

上海：商务印书馆，1924.2，41 页，36 开（百科小丛书 35）

上海：商务印书馆，1926，再版，41 页，36 开（百科小丛书 35）

上海：商务印书馆，1929.10，38 页，32 开（万有文库 第 1 集 628）（百科小丛书）

上海：商务印书馆，1933.4，国难后 1 版，38 页，32 开（百科小丛书）

上海：商务印书馆，1934，再版，38 页，32 开（万有文库 第 1 集 628）（百科小丛书）

上海：商务印书馆，1935，国难后 2 版，37 页，32 开（百科小丛书 35）

上海：商务印书馆，1939.12，38 页，25 开

（万有文库 第 1、2 集简编 500 种 247）（百科小丛书）

本书共 10 部分，内容包括：森林之意义及其种类、森林与社会、林业之意义、林业发达情形、林学与林业之关系等。

收藏单位：安徽馆、长春馆、重庆馆、大理馆、大连馆、大庆馆、东北师大馆、广东馆、广西馆、贵州馆、国家馆、河南馆、黑龙江馆、湖南馆、惠州馆、吉林馆、江西馆、辽大馆、辽宁馆、辽师大馆、南京馆、内蒙古馆、宁夏馆、上海馆、首都馆、天津馆、武大馆、西南大学馆、浙江馆

06682

林业有限合作社章程范本　江苏省建设厅编

江苏省建设厅，1935，23 页

本书附施业计划书式样及造林须知。

收藏单位：南京馆

06683

刘玉厚与郝家桥　中共西北中央局调查研究室编

中共西北中央局调查研究室，1944，54 页，64 开（陕甘宁边区生产运动丛书）

本书内容包括：劳动英雄刘玉厚、模范的郝家桥、为创造模范乡而奋斗等。

收藏单位：山西馆

06684

琉球经界纪要

出版者不详，[1911—1949]，1 册，18 开

本书为合订本。

收藏单位：国家馆

06685

六立霍茶麻产销状况调查报告　安徽省政府建设厅编

安徽省政府建设厅，1936.2，16 页，16 开

本书所述地区有安徽六安、立煌、霍山、霍邱等地。

收藏单位：重庆馆

06686

龙岩县扶植自耕农纪实　赵钜恩编
福建省地政局，1947.9，48 页，16 开

　　本书共 11 章，内容包括：龙岩土地问题之回顾、地权破坏之经过、恢复业权之尝试、征收土地之创议、扶植自耕农之筹划等。附福建省扶植自耕农暂行办法、龙岩县土地信用合作社章程等。

　　收藏单位：重庆馆、广西馆、国家馆、南京馆、浙江馆

06687

龙岩之土地问题　林诗旦　屠剑臣编
福建龙岩县政府，1943.12，228 页，22 开

　　本书共 4 章：龙岩农村环境之鸟瞰、龙岩土地问题之前因、龙岩土地问题之实质、龙岩土地问题之对策。附中国农民银行土地金融处土地改良放款规则等。

　　收藏单位：重庆馆、国家馆、近代史所、南京馆、中科图

06688

陇东羊毛产销调查报告　财政部贸易委员会西北办事处第一科审编
财政部贸易委员会西北办事处第一科，1944，油印本，50 页，16 开，环筒页装

　　本书共 4 部分：陇东概况、羊毛生产与羊毛产量、羊毛市场、结论。

　　收藏单位：国家馆

06689

鲁北区之棉花（张店背后地）　中国纺织建设股份有限公司青岛分公司编
中国纺织建设股份有限公司青岛分公司，1948.10，54 页，25 开

　　本书共 10 章，内容包括：棉作之沿革、气候、土壤、棉花栽培面积及生产量、美棉种之退化等。

　　收藏单位：辽宁馆

06690

禄村农田　费孝通著
重庆：商务印书馆，1943.11，198 页，32 开

（社会学丛刊乙集 1）
赣县（赣州）：商务印书馆，1944，193 页，32 开（社会学丛刊乙集 1）

　　本书为私立燕京大学、国立云南大学合作的社会学研究报告。共 12 章，内容包括：农作、劳力的利用、农田的担负、农田分配、劳力的出卖、租营、生计、农村金融等。

　　收藏单位：安徽馆、重庆馆、东北师大馆、广东馆、贵州馆、国家馆、黑龙江馆、吉林馆、近代史所、南京馆、宁夏馆、浙江馆

06691

沦陷九年的东北农村　于毅夫著
出版者不详，1940.8，1 册，32 开

　　本书共 5 部分：殖民地农业的特点、东北土地利用的程度和土地关系、土地的掠夺、剥削和榨取、日寇殖民地化东北的结果。为《反攻》第 9 卷第 1 期附册。

　　收藏单位：贵州馆、国家馆、江西馆、浙江馆

06692

论农民土地问题
出版者不详，[1911—1949]，油印本，59 页，32 开，环筒页装

　　本书收文 12 篇，内容包括：《学习晋绥日报的自我批评》（新华社社论）、《土地问题》（毛泽东）、《中国的农民土地问题》（陈伯达）等。

　　收藏单位：国家馆

06693

论整顿队伍
冀中新华书店，[1947]，54 页，64 开

　　收藏单位：国家馆、河南馆、山东馆

06694

罗道庄之经济及社会情形　国立北平大学农学院编
[北平]：[国立北平大学农学院]，1930，14 页，32 开（国立北平大学农学院调查研究报告 2）

本书从人口、智识、职业、本村房屋、地亩、牲畜6方面进行调查。附罗道庄住户详细状况。

收藏单位：近代史所

06695

罗主任在1948年第一次生产会议上关于在平分运动的火热基础上开展今年大生产运动的报告

出版者不详，1948，油印本，12页，32开

收藏单位：国家馆

06696

洛河下游的农村经济与纺织业 中国工业合作协会晋豫区处经济研究室编

中国工业合作协会晋豫区处经济研究室，[1940—1949]，118页，32开（战地经济调查）

本书分上、下两编：农业经济、农村纺织业。上编共6部分，内容包括：土地经营、捐税与高利贷等；下编共5部分，内容包括：纺织业的兴衰、参加纺织业的劳动者、家庭纺织业与商业资本等。

收藏单位：重庆馆、国家馆、江西馆

06697

骆腾云互助组 赵君哲 孙克著

淮南日报社，[1940—1949]，41页，32开

本书内容包括：介绍骆腾云互助组、领导互助组的经验、骆腾云小传等。

收藏单位：国家馆

06698

满蒙农业经营之研究 黎援译

南满洲铁道株式会社兴业部农务课，1930.10，130页，16开（东北新建设丛书3）

收藏单位：浙江馆

06699

满洲农家之生产与消费 （日）野中时雄编
黄越川译

大连：南满洲铁道株式会社庶务部调查课，1925.5，221页，22开（汉译调查资料 第8编）

本书分4篇：绪论、生产款项、消费款项、结论。第2篇共4章：植产收入、副业收入、生产费、农业经营收支；第3篇共8章，内容包括：农家之主食品、农家之副食品、农民食费、农民衣服等。

收藏单位：广东馆、国家馆

06700

满洲农业 （日）河村清著

新京（长春）：满洲事情案内所，1939.9，34+20页，22开（满洲事情案内所报告58）

收藏单位：国家馆、吉林馆、南京馆、中科图

06701

满洲农业经济概论 刘祖荫著

新京（长春）：建国印书馆，1944.11，480页，32开

收藏单位：黑龙江馆、吉大馆、首都馆

06702

满洲农业增产之要诀 建国印书馆编纂

[新京（长春）]：建国印书馆，1944，143页，32开

收藏单位：东北师大馆、首都馆

06703

满洲食粮搜集机构与搜粮对策（为检讨满华北食粮事项之比较研究） 华北综合调查研究所紧急食粮对策调查委员会编

华北综合调查研究所紧急食粮对策调查委员会，[1943]，18页，25开

本书内容包括：搜集食粮统制机构之展开、交易场、粮栈、特约收买人、共同籴粮、搜粮对策之展开、1942年度和1943年度搜粮对策等。

收藏单位：国家馆

06704

满洲土地问题发达史年谱 （日）田中一男编

出版者不详，[1941]，1册

收藏单位：国家馆

06705
茅丽农场种植计划书

出版者不详，[1911—1949]，18 页，16 开

收藏单位：广东馆

06706
蒙地参考资料　满铁产业部土地制度调查小委员会编

满铁产业部土地制度调查小委员会，1936.12，43 页，16 开

本书内容包括：丈放昌怀等 6 县租佃地亩章程、凭照、局照、户管、更名执照、登记证明书、前郭旗地局执照、土地执照、布特哈旗土地执照、海拉尔市土地执照等。

收藏单位：国家馆

06707
米谷生产成本调查及川粮管理问题　陈正谟著

重庆：中山文化教育馆，1940.12，106 页，25 开（抗战特刊 5）

本书共 5 章：民国二十八九年北碚米谷生产成本、粮价高涨的原因及其影响、平抑粮价的问题、增加粮食生产的问题、节约粮食的问题。附战时粮食问题的解决方法、米谷生产成本调查表等。

收藏单位：安徽馆、重庆馆、广东馆、贵州馆、桂林馆、国家馆、黑龙江馆、吉林馆、南京馆、上海馆、西南大学馆

06708
米粮统制委员会各种章则

出版者不详，[1911—1949]，1 册，32 开

收藏单位：南京馆

06709
米脂杨家沟调查

中共西北中央局调查研究室，1944，250 页，32 开（农村调查材料 2）

收藏单位：山西馆

06710
棉产调查报告（民国八至十一、十八年）　华

商纱厂联合会调查部编

上海：华商纱厂联合会，1920.5—1930，5 册，32 开

本书大部分为表。调查对象为山东、山西、陕西、江苏、浙江、江西、湖北等省，调查项目为棉花产量、质量、栽培、运销与包装情况。

收藏单位：国家馆、浙江馆

06711
棉产改进事业工作总报告（中华民国二十三年至二十四年）　[全国经济委员会棉业统制委员会编]

[全国经济委员会棉业统制委员会]，[1934—1935]，2 册，16 开（全国经济委员会棉业统制委员会专刊）

本书收录该年度中央棉产改进所，江苏、陕西、河南棉产改进所，山西植棉指导所，山东棉虫研究所等机构的工作报告、植棉教育报告。附二十四年份棉产改进事业计划大纲及经费概算草案、二十五年份棉产改进事业计划大纲及经费概算草案。

收藏单位：重庆馆、广东馆、桂林馆、国家馆、南京馆、首都馆、天津馆、武大馆

06712
棉产改进事业工作总报告（中华民国二十五年）　[河北省棉产改进会编]

河北省棉产改进会，1937，208+52 页，16 开（河北省棉产改进会特刊 第 3 种）

本书内容包括：本会之五年改进计划、二十五年份工作概要、收支概况等。"工作概要"共 9 部分，内容包括：棉场之设施、指导区之设置、试验、繁殖良种、指导推广等。附章则、报告。

收藏单位：东北师大馆、国家馆、吉林馆、辽大馆

06713
棉产统计报告书（民国十二、十四年）　通如海棉业公会编

南通：通如海棉业公会，1924.1—1926.1，2 册，16 开

本书收录南通、如皋、海门 3 县该年棉产统计调查表。

收藏单位：重庆馆、国家馆

06714

棉花产销　行政院新闻局编

行政院新闻局，1947，50 页，36 开

本书共 5 部分：棉花种类与用途、棉花生长之自然环境、我国棉区分布、我国棉产统计、我国棉花贸易。附《我国棉产改进事业》（华恕）。

收藏单位：安徽馆、重庆馆、大庆馆、东北师大馆、广东馆、广西馆、国家馆、河南馆、湖南馆、吉林馆、江西馆、近代史所、辽大馆、辽宁馆、南京馆、内蒙古馆、宁夏馆、上海馆、首都馆、天津馆、浙江馆

06715

棉花产销合作社模范章程　全国经济委员会棉业统制委员会编

全国经济委员会棉业统制委员会，1935.3，21 页，50 开

06716

棉花产销合作社之组织与经营　王一蛟著

上海：中华书局，1939.8，140 页，32 开（合作丛书）

上海：中华书局，1941.2，再版，140 页，32 开（合作丛书）

本书共 8 章，介绍棉花产销合作社之意义、经营、帐簿、决算及报告表等。附合作社法、全国经济委员会棉业统制委员会棉产销合作社模范章程、保证责任农村运销合作社章程、取缔棉花搀水搀杂条例施行细则。

收藏单位：重庆馆、东北师大馆、国家馆、辽大馆、辽宁馆、南京馆、上海馆、天津馆、浙江馆

06717

棉花产销合作之组织与经营　王树基　鲁镇湘编著

南京：中央合作金库，1948.4，126 页，32 开（中央合作金库合作实务丛书 2）

本书共 9 章，内容包括：棉花产销合作之意义、棉花产销合作社之组织、棉花产销合作业务经营之基本工作、推广优良棉种、植棉技术指导、棉价清算等。附中央合作金库辅导全国棉花产销合作实施计划等。

收藏单位：重庆馆、国家馆、浙江馆

06718

棉花统计　全国经济委员会棉业统制委员会统计课编

全国经济委员会棉业统制委员会统计课，1933.12，40 页，16 开（棉业统制委员会丛刊）

本书收录我国产棉各省及美国、印度等国家的棉花统计资料。共 4 类：生产、消费、分配、市价。

收藏单位：广东馆、国家馆、近代史所、南京馆、上海馆、天津馆

06719

棉农应当怎样支劣去伪　江西省农业院编

[南昌]：江西省农业院，1939，10 页，32 开（推广丛书 作字 5）

收藏单位：广东馆

06720

棉业改良刍义　李红著

农业浅说周刊社、晋新书社，1919.4，181 页，32 开

收藏单位：南京馆

06721

棉业特刊　青岛工商学会棉业试验场编

青岛工商学会棉业试验场，[1934.4]，[184]页，16 开

本书介绍该场成立经过、总场和分场工作计划与工作成绩等。

06722

苗圃经营　程世抚　贺善文著

上海园艺事业改进协会出版委员会，1947.4，35 页，32 开（上海园艺事业改进协会丛刊 1）

本书共 7 章，内容包括：分办怎样的一个

苗圃、认识通用的苗木名称、寻求适宜的地点、整个苗圃的设计等。

收藏单位：国家馆、南京馆、浙江馆

06723

民国 31 年度棉冬作物生产费调查成绩　华中棉产改进会编

华中棉产改进会，1944.2，13 页，16 开

收藏单位：国家馆

06724

民国二十九年福建粮食普查报告　福建省政府统计处编

福建省政府统计处，[1941]，油印本，26 页，16 开

本书共 5 部分：前言、调查之方法、调查之经过、调查结果之分析、统计表。

收藏单位：福建馆

06725

民国二十六年河南治蚜经过　傅胜发　凌傅逮著

外文题名：Cotton aphid control work in the year 1937 in Honan province

开封：河南省棉产改进所，1937，52 页，16 开

收藏单位：重庆馆、西南大学馆

06726

民国二十六年江西省农村合作事业概况　江西省农村合作委员会编

江西省农村合作委员会，1938.6，104 页，16 开

本书内容包括：沿革、机关组织、事业近况、工作实效等。附二十六年农村合作统计图 16 种。

收藏单位：广东馆、国家馆

06727

民国二十三年河北省棉产概况　王又民编

实业部正定棉业试验场，1935.9，100 页，16 开

本书共 10 部分，内容包括：河北省产棉

区域略图、河北省洋棉区域略图、二十三年河北省南御河棉区各县第二次棉产估计统计表、河北省东北河棉区民国二十三年度棉田棉产比较表等。逐页题名：河北省棉产概况。

收藏单位：国家馆、上海馆、中科图

06728

民国二十四年份联合推广棉业报告书　实业部正定棉业试验场津南农村生产建设实验场编

实业部正定棉业试验场津南农村生产建设实验场，[1935]，63 页，16 开

本书内容包括：推广计划之确定、本年推广成绩之迈进、推广中心区棉作之灾害等。书中题名：实业部正定棉业试验场、津南农村生产建设实验场二十四年份联合推广棉业报告书。

收藏单位：国家馆

06729

民国二十五年十一月十五日至民国三十六年二月二十日晋冀鲁豫边区赤契

出版者不详，[1936—1947]，手写本，6 页

收藏单位：国家馆

06730

民国三十四年四月二十一日至民国三十六年六月二十六日晋冀鲁豫边区赤契

出版者不详，[1935—1947]，手写本，19 页

收藏单位：国家馆

06731

民国间江西省永丰县土地证

出版者不详，[1911—1949]，手写本，27 页

收藏单位：国家馆

06732

民国经界行政纪要　曹经沅编

[北京]：内务部编译处，1917.12，106 页，18 开

本书共 6 章：办理经界之缘起、筹办时期、实行时期、停办时期、各省办理清丈情形、结论。

收藏单位：重庆馆、国家馆、近代史所、首都馆、天津馆

06733

民国三十二年主要农作物生产费调查报告书（河北省高邑、定兴县） 华北棉产改进会编

华北棉产改进会，1944.3，油印本，88 页，18 开，环筒页装

本书共两编。调查对象为高邑县（花园村）、定兴县（册上辛庄）。

收藏单位：国家馆

06734

民国三十年度成都平原米谷生产成本 金陵大学农学院农业经济系编

南京：金陵大学农学院农业经济系，1941.9，10 页，18 开

本书共 4 部分：绪言、三十年度之水稻生产、谷米之生产成本、结论。

收藏单位：重庆馆、甘肃馆、国家馆

06735

民国三十年各省主要冬季作物面积初步估计 农林部中央农业实验所农业经济系编

出版者不详，[1941]，油印本，1 册，26×42cm

收藏单位：广东馆

06736

民国三十三年度河南省农业增产方案实施要领 华北政务委员会农务总署编制

华北政务委员会农务总署，1944，油印本，4 页，16 开，环筒页装

收藏单位：国家馆

06737

民国三十三年度主要农作物生产费调查报告书（河北省高邑县、河南省彰德县） 华北棉产改进会编

华北棉产改进会，1944.12，87 页，16 开，环筒页装

本书共两编。调查对象为高邑县（花园村）、彰德县（前后营）。

收藏单位：国家馆

06738

民国三十三年至民国三十六年晋冀鲁豫契纸

出版者不详，[1944—1947]，手写本，38 页

收藏单位：国家馆

06739

民国三十四年六月至民国三十六年四月二十五日晋冀鲁豫契纸

出版者不详，[1947—1949]，手写本，24 页

收藏单位：国家馆

06740

民国三十五年度业务报告书 通县合作社联合社编

[北平]：通县合作社联合社，[1946]，石印本，[52] 页，16 开，环筒页装

本书大部分为表。共两章：社员及社股、三十五年度办理各项业务报告。

收藏单位：国家馆

06741

民国叁拾年农事调查 中华民国新民会山西省总会编

中华民国新民会山西省总会，1941.10，165 页，横 13 开（农业调查资料 1）

本书全部为表。共 27 部分，内容包括：农家户数调查、耕地面积人口调查、家畜头数调查、各作物收获期调查等。

收藏单位：国家馆

06742

民国十三年通如海棉业公会棉业年报 通如海棉业公会编

南通：通如海棉业公会，1925.8，[196] 页，16 开（通如海棉业公会乙种出版书 2）

06743

民国四年七月十五日安徽许泽田等立订界协议 许泽田　文斌立 [著]

出版者不详，1915，手写本，2 页

收藏单位：国家馆

06744

民林督导特刊

农林部洪江民林督导实验区，1947.10，39页，16开（特刊第1号）

本书共5章：创设沿革、组织与备设、人事与经费、督导区之概况、业务。

收藏单位：广东馆、南京馆

06745

民生主义的土地政策　黄通编著

重庆：独立出版社，1939.4，63页，50开（抗战建国小丛书）

本书共4部分：土地政策之概念、现代土地问题之诸相、土地政策之变迁、民生主义的土地政策之理想与实践。

收藏单位：重庆馆、国家馆、南京馆

06746

民生主义土地政策　朱剑农著

重庆：商务印书馆，1942.11，156页，32开

重庆：商务印书馆，1943，再版，155页，36开

赣县（赣州）：商务印书馆，1944.4，155页，32开，精装

本书共9章，内容包括：平均地权底目的、涨价归公底理论与办法、减租护佃底现实作用、耕者有其田底评价、集体农场底创立与功用等。

收藏单位：重庆馆、东北师大馆、广西馆、贵州馆、桂林馆、国家馆、河南馆、黑龙江馆、湖南馆、吉林馆、江西馆、南京馆、宁夏馆、上海馆

06747

民生主义与土地问题　唐启宇编

江苏省政府农工厅合作社指导员养成所，1928，56页，16开（江苏省政府农工厅合作社指导员养成所丛书3）

本书共6章，内容包括：土地问题的意义、解决土地问题的政策、农地政策、都市土地政策等。附佃租制度之背景以及中国佃租制度之改良办法。

收藏单位：南京馆、上海馆

06748

民族革命战争中的土地政纲问题　陈传钢著

民族革命出版社，1940.1，77页，25开（战地文化丛书8）

本书共6节，内容包括：问题的提出与提法、土地问题在民族革命战争中的严重性之滋长、由民族危机深刻化掀起之各派土地政策在观念上与行动上的转变、中国现阶段土地改革的形式问题等。

收藏单位：国家馆

06749

民族生存战争与土地政策　萧铮著

武昌：中国地政学会，1938.1，62页，32开（中国地政学会战时地政丛书）

本书共3部分：从全面考察民族生存战争、民族生存战争中的土地问题、民族抗战中之土地政策。

收藏单位：安徽馆、重庆馆、东北师大馆、广东馆、贵州馆、国家馆、吉林馆、近代史所、南京馆、上海馆

06750

闽东八县渔业调查报告　高哲理编

永安（三明）：福建省农业改进处，1942.5，15页，18开（调查报告第2号）

本书共8部分，内容包括：各县重要渔村及其港湾概况、各县渔业概况表、渔盐概况、渔业衰落原因等。

收藏单位：广东馆、国家馆、中科图

06751

闽侯科贡乡农村改良过去进行之成绩及将来之计划　刘崇伦讲

福州电气公司农村电化部，1931，8页，25开（福州电气公司讲演集 第4编）

本书介绍该乡自1928年实行电力灌溉以来，减除水患、改良农业的成绩。

收藏单位：重庆馆、南京馆

06752

闽侯田亩查报　蔡如海编

福建省政府，1935.4，80页，32开

本书分 9 部分介绍田亩查报的动机与目的，事前准备，办理之经过，办理时之困难及其对策，经费，成效等。附田亩查报册、田赋征收册、闽侯县田亩查报办法、工作纲要、填查报单应注意事项、统计员应注意事项、田亩统计表等 13 种。

收藏单位：国家馆、南京馆、上海馆

06753

闽省初步整理土地后之地籍管理　福建省政府编

福建省政府，[1939]，65 页，25 开（闽政丛刊）

本书共 39 部分，内容包括：福建国民军训、福建战时民校、福建巡回教育、福建兵役概况、保甲概况、禁烟概况、社会事业概况、县政人员训练等。

收藏单位：重庆馆、福建馆、广东馆、广西馆、国家馆、南京馆、西南大学馆

06754

明代屯田考　万国鼎著

南京：金陵大学，1932，14 页，16 开

本书为文言体。考述明代屯田之建立、制度、管理、功效和废弛等。为《金陵学报》第 2 卷第 2 期抽印本。

收藏单位：南京馆、中科图

06755

明代郧阳农民的垦荒斗争　赖家度著

北京：中国科学院，[1949]，1 册，16 开

收藏单位：国家馆、首都馆

06756

亩的差异（无锡 22 村稻田的 173 种大小不同的亩）　陈翰笙等著

国立中央研究院社会科学研究所，1929，41 页，16 开（国立中央研究院社会科学研究所集刊第 1 号）

本书共 7 部分，内容包括：亩的差异及其意义、调查稻田大小的方法、稻田的亩的差异总表、稻田的亩的差异分村表等。

收藏单位：重庆馆、国家馆、吉林馆、辽

大馆、南京馆

06757

目前生产运动中的几个问题　北岳行署编

北岳行署，[1911—1949]，油印本，15 页，32 开

收藏单位：国家馆

06758

南昌墨山村土地利用调查　江西省财委会编

南昌：江西省政府经济委员会，1934.9，40 页，18 开（江西经济委员会丛刊 8）

本书共 9 章：绪言、人口、土地、作物、家畜、人工、食物之分析、借债及其用途、结论。

收藏单位：重庆馆、国家馆

06759

南昌全县农村调查报告　江西省农业院推广部编

南昌：江西省农业院，1935.1，130 页，22 开（江西省农业院专刊第 1 号）

本书共 6 章：调查之经过、全县农村之概况、土地及耕作制度、农作物及副业、各区农村状况摘要、结论。

收藏单位：重庆馆、国家馆、近代史所

06760

南昌县地政纪实　江西省地政局编

江西省地政局，[1937]，66 页，22 开，精装

本书共 4 部分：疆域、地积、地价、地税。

收藏单位：国家馆、吉林馆、近代史所、南京馆、上海馆

06761

南充县农业调查　叶懋　刘学伊编

出版者不详，[1940—1949]，28 页，16 开

本书共 10 章：绪言、概况、人口、农地、田赋、作物、副产、主要粮食消费量、牲畜、农村经济状况。

收藏单位：重庆馆、国家馆

06762

南川金佛山垦殖计划书   南川金佛山垦殖委员会筹备会编

南川县政府，1938.4，18 页，32 开

本书介绍该地垦殖的重要性、各种相关调查及具体的垦殖计划。

收藏单位：重庆馆、南京馆

06763

南京甘泉农场章程

出版者不详，[1930—1949]，1 册，16 开

收藏单位：南京馆

06764

南京粮食调查   林熙春   孙晓村编

上海：社会经济调查所，1935，67 页，16 开（粮食调查丛刊 2）

本书共 3 章：粮食业、粮食之来源及其运输概况、粮食价格。附南京市米铺一览表、南京市粮食行一览表、南京市碾米场一览表。

收藏单位：重庆馆、广东馆、国家馆、湖南馆、近代史所、首都馆、浙江馆

06765

南京旗地问题   万国鼎著

外文题名：Problems of "Banner Land" in Nanking

南京：正中书局，1935.9，80 页，16 开（中央政治学校地政学院研究报告 2）

本书共 5 章：旗地之由来、民国以来对于旗地之处理、旗地之面积及岁入、产权之移转与纠纷、旗民生计。

收藏单位：重庆馆、广西馆、贵州馆、国家馆、湖南馆、吉林馆、南京馆、上海馆、浙江馆、中科图

06766

南京市土地登记审查注意事项   王仲年编

[南京市财政局]，1935.8，158 页，32 开

本书大部分为表。内容包括：执业证立户办法、长度比较表、保证书样式、土地证明书据名称说明等。逐页题名：土地登记审查注意事项。

收藏单位：国家馆、南京馆

06767

南京市之食粮与燃料   实业部中央农业实验所   南京技术合作委员会给养组编

实业部中央农业实验所、南京技术合作委员会给养组，1932.11，108 页，32 开

本书分两篇：南京市之食粮、南京市之燃料。第 1 篇共 5 章，内容包括：南京市食粮之来源及运输、南京市食粮之价格及其变迁、南京市关于食粮问题之各种组织等；第 2 篇共 4 章，内容包括：南京市燃料之种类、南京市燃料之来源及运输等。附南京市煤炭业一览表、南京市煤油业一览表、南京市柴业一览表。

收藏单位：重庆馆、国家馆、河南馆、南大馆、南京馆、山西馆、上海馆

06768

南满几个农村调查材料

群众编委会，[1920—1949]，107 页，32 开

收藏单位：辽大馆、南京馆

06769

南满洲铁道附属地农事统计（昭和五年度）   （日）松岛鉴编

[大连]：南满洲铁道株式会社殖产部农务课，1931.5，41 页，32 开

本书全部为表。统计项目有耕地面积、农作物产量等。

06770

南宋稻米的生产与运销   全汉升著

出版者不详，1941.1，403—431 页，16 开

收藏单位：南京馆

06771

南通农校棉作展览会报告   孙观澜编辑

南通农校，1915.11，1 册，18 开

本书内容包括：缘起、会章、事务、审查、选录、杂纂等。目录页题名：南通私立甲种农业学校棉作展览会报告。

收藏单位：国家馆

06772

南中国丝业调查报告书 （美）考活 （美）布土维著　黄泽普译

广州：岭南农科大学，[1925]，194 页，18 开

　　本书共 12 章，内容包括：广东蚕丝史、南中国之丝业、种桑之调查、育蚕之调查等。附顺香两县各桑区肥料调查报告书、广东气象观测表。

　　收藏单位：东北师大馆、国家馆、近代史所

06773

难民与垦殖 唐启宇著

出版者不详，1938.10，14 页，22 开（江西垦务处丛刊 2）

　　收藏单位：国家馆、南京馆、天津馆

06774

内地的农村 费孝通著

上海：生活书店，1946.7，131 页，32 开

上海：生活书店，1947.1，再版，131 页，32 开

　　本书收文 15 篇，内容包括：《农村土地权的外流》《土地继承和农场的粉碎》《农田的经营和所有》《抗战和农村劳力》《农民的离地》《我们要的是人口还是劳力？》《生活到反抗》等。封面题名：内地农村。

　　收藏单位：重庆馆、东北师大馆、国家馆、黑龙江馆、吉林馆、辽大馆、内蒙古馆、上海馆、西交大馆、中科图

06775

内政部第一次全国地政会议报告书 内政部第一次全国地政会议编

内政部第一次全国地政会议，[1930—1949]，164 页，16 开

　　本书共 5 部分，内容包括：会议概略、提案、演词及论著等。"论著"部分内容包括：《地政会议开会词》（陶履谦）、《地政会议之使命》（许修直）、《地政会议与土地问题》（骆力学）、《所希望于地政会议者》（祝平）。目录页题名：第一次全国地政会议报告书。

　　收藏单位：国家馆、南京馆、上海馆

06776

廿九年度农产促进委员会主办事业预期效果报告书 农产促进委员会编

[重庆]：农产促进委员会，1940.7，44 页，16 开

[重庆]：农产促进委员会，1941.1，76 页，16 开

　　本书共 5 部分：前言、事业辑要、经费概况、事业效果、结语。

　　收藏单位：重庆馆、广东馆、国家馆、西南大学馆

06777

宁夏灌溉区整理计划之探讨 须恺著

出版者不详，1943.11，油印本，26 页，16 开

　　收藏单位：南京馆

06778

宁夏农林经费报告 周之翰编

宁夏农林局，1943，1 册，32 开（建设丛书）

　　本书介绍该地农林经费的来源、分配等。

　　收藏单位：浙江馆

06779

宁夏省地亩统计 ［宁夏地政局编］

［宁夏地政局］，1940.6，2 册，16 开

　　收藏单位：南京馆

06780

宁夏省地政工作报告 宁夏省地政局编

宁夏省地政局，1947.9，18 页，22 开

　　本书共 11 部分，内容包括：土地行政沿革概况、地政人员之训练与整刷、大片荒地之勘测、扶植自耕农、举办市地改良贷款、办理土地征收等。

　　收藏单位：国家馆

06781

宁夏省地政实施计划书 宁夏省地政局编

宁夏省地政局，1936，54 页，22 开

　　本书共 3 章：土地整理、土地使用、土地征收。附图 6 种。

　　收藏单位：国家馆、河南馆、湖南馆、南

京馆、宁夏馆、上海馆

06782

宁夏省荒地区域调查报告　胡希平等编

胡希平[发行者]，1942.12，51页，16开（农林部垦务总局调查报告5）

本书共9章，内容包括：绪言、荒区自然概况、荒区农药、垦殖设备与垦荒方式、经济状况等。

收藏单位：国家馆、南京馆

06783

宁夏省垦务实施概况　[宁夏地政局编]

[宁夏地政局]，1941，石印本，1册，16开，环筒页装

本书共8部分，内容包括：概论、本省土地整理之回顾、地权分配与利用状态、垦荒实施之经过等。书中题名：宁夏省垦荒实施概况。

收藏单位：国家馆、南京馆

06784

宁夏省垦殖总局工作概况　[宁夏省垦殖总局编]

[宁夏省垦殖总局]，1935，油印本，1册，16开，环筒页装

本书内容包括：清丈之动机、清丈地亩之推行经过、继续清丈及改进办法等。

收藏单位：国家馆

06785

宁夏省垦殖总局章则　宁夏省垦殖总局编

宁夏省垦殖总局，[1935.4]，1册，18开，环筒页装

本书内容包括：宁夏省垦殖总局组织暂行章程、修正宁夏省荒地承垦条例、宁夏省城市区村公有土地承领暂行条例等。

收藏单位：国家馆

06786

宁夏省难民垦荒调查概述　宁夏省政府地政局编

宁夏省政府地政局，1939.1，6页，32开

本书共8部分：地理概要、气候、土质、水利、物产、交通、人民、治安。

收藏单位：广东馆、国家馆、南京馆

06787

宁夏省清丈土地概要　宁夏省地政局编

宁夏省地政局，1938.11，再版，22页，大32开

收藏单位：南京馆

06788

宁夏省土地使用新方案　马少云著

宁夏省地政局，1939.6，4页，32开

收藏单位：南京馆

06789

宁夏省土地使用新方案之实施办法　宁夏省地政局拟定

宁夏省地政局，1940，10页，32开

收藏单位：广东馆、南京馆

06790

宁夏省夏朔平金灵卫宁农田清丈登记总报告　宁夏省地政局编

宁夏省地政局，1940.3，62页，25开，环筒页装

本书共4部分：清查时期、清丈时期、结论、附录。附录宁夏省地政局组织章程、地政局土地测量队组织章程、办事细则等法规8种，以及清丈成果一览表、田赋增减比较表、人民负担增减表、放荒田亩统计表4种。书中题名：宁夏省夏朔平卫宁金灵七县农田清丈登记总报告。

收藏单位：广东馆、国家馆、南京馆

06791

宁夏省畜牧考察报告　（美）蒋森（R. G. Johnson）著　南秉方等译　罗时宁校订

宁夏省政府农林处，1944，13页，18开，环筒页装

本书共9部分，内容包括：考察区域内之牧畜状况、改良管理制度之利益、采用新管理制度以减低死亡率等。

收藏单位：国家馆、南京馆

06792

宁夏省畜牧总场事业概况　宁夏省畜牧总场编

宁夏省畜牧总场，1941.5，石印本，12 页，16 开，环筒页装

　　本书介绍该场自 1939 年 11 月成立以来的业务概况及今后的工作计划。共 3 部分：序言、概况、图表。附二十九年度决算统计表。

　　收藏单位：重庆馆、甘肃馆、国家馆

06793

宁夏新农政　周之翰等著　孙步瀛　胡宗尧校

农林处第二科，1946.9，168 页，16 开

　　本书共 6 部分：行政部份、森林园艺部份、农艺粮增部份、畜牧兽医部份、农林推广部份、附录。逐页题名：宁夏省农政七年。

　　收藏单位：国家馆、中科图

06794

宁兴雩会瑞石广七县农村救济土地处理工作实施报告　江西省农村合作委员会编

江西省农村合作委员会，1936.7，108 页，16 开（江西省农村合作委员会工作报告 2）

　　本书共 5 章：绪言、七县农村于遭匪乱之前前后后、简易合作方式之农村救济工作、纳简易合作事业于合作正轨工作之推行、土地处理工作之实施。

　　收藏单位：重庆馆、国家馆、河南馆、湖南馆、南京馆、山西馆

06795

农本局进行计划纲要草案　农本局编

农本局，1936，18 页，16 开

　　本书附组织章程草案。

　　收藏单位：重庆馆

06796

农本局农业仓库筹设须知　农本局编

农本局，[1935—1949]，28 页，64 开

　　本书介绍各地农业企业和生产组织。

收藏单位：国家馆

06797

农本局业务报告　农本局统计室编

农本局统计室，1939.3，油印本，16 页，16 开，环筒页装

　　本书共 4 部分：合作金库、农业仓库、农业生产贷款、农业购销。

　　收藏单位：重庆馆、近代史所

06798

农本局业务报告（中华民国二十七至二十九年）　农本局研究室编

农本局研究室，1939.1—1941，3 册（90+128+80 页），16 开

　　本书介绍该年度农业经济、合作金库业务、农业仓库业务、农业生产贷款、农产运销等。

　　收藏单位：重庆馆、国家馆、吉林馆、南京馆、上海馆

06799

农本主义之实践　王广杰著

上海：农本主义研究会，1944.1，53 页，32 开（农村建设小丛书 1）

　　收藏单位：南京馆

06800

农产（合作社篇）　东北物资调节委员会研究组编辑

[沈阳]：东北物资调节委员会研究组，1948，131 页，32 开，精装（东北经济小丛书）

　　收藏单位：广东馆、黑龙江馆

06801

农产（加工篇）　东北物资调节委员会研究组编辑

沈阳：东北物资调节委员会，1948.2，121 页，32 开，精装（东北经济小丛书 3）

　　本书共 3 章：大豆油坊、制粉工业、特种油坊。

　　收藏单位：安徽馆、重庆馆、东北师大馆、广东馆、国家馆、河南馆、黑龙江馆、

吉大馆、辽东学院馆、辽师大馆、内蒙古馆、宁夏馆、上海馆、首都馆、天津馆

06802

农产（生产篇） 东北物资调节委员会研究组编辑

沈阳：东北物资调节委员会，1948.2，178 页，32 开，精装（东北经济小丛书 3）

本书共 3 章：东北农业概要、作物别耕作面积及产量、东北农产物将来之增产方策。

收藏单位：安徽馆、重庆馆、东北师大馆、广东馆、国家馆、河南馆、辽东学院馆、辽师大馆、内蒙古馆、上海馆、首都馆、天津馆

06803

农产标准（设立农产分级标准改良农产运销五年计划） 杨显东著

出版者不详，1941，油印本，1 册，16 开，环筒页装

本计划受川康经济建设委员会之托拟就，介绍该计划的沿革、需要、目的、标准与整个运销改进、机构的设立、计划摘要、实施进度及经费概算等。

收藏单位：重庆馆

06804

农产储藏有限合作社模范章程 江苏省农矿厅编

江苏省农矿厅，1930.6，18 页，32 开

收藏单位：南京馆

06805

农产促进委员会各项章则及办法汇辑 农产促进委员会编

[重庆]：农产促进委员会，1941.1，101 页，22 开

本书内容包括：全国农业推广实施计划纲要、农产促进委员会工作实施方案、各级农业推广人员训练纲要、农业推广督导组织纲要、农业推广巡回辅导团实施计划纲要等。

收藏单位：国家馆、南京馆

06806

农产促进委员会工作实施方案 农产促进委员会编

[重庆]：农产促进委员会，1939.4，14 页，16 开

本书共 5 部分：引言、树立农业推广机构、训练推广人员及农民领袖、确定农业推广业务、健全农业推广督导制度。

收藏单位：重庆馆、国家馆

06807

农产促进委员会之任务及希望 穆藕初撰

重庆：农产促进委员会，1939，8 页，32 开

重庆：农产促进委员会，1941，8 页，36 开

收藏单位：重庆馆、国家馆、吉林馆、南京馆

06808

农产促进委员会主办事业效果报告书（二十八至二十九年度） 农产促进委员会编

[重庆]：农产促进委员会，1940—1941，2 册，16 开

收藏单位：重庆馆、贵州馆、国家馆、江西馆、近代史所、南京馆

06809

农产调查 嘉定县公署编

出版者不详，[1930—1949]，1 册，横 32 开

收藏单位：南京馆

06810

农场报告

杭州：国立浙江大学农学院，1930，16 册，22 开（国立浙江大学农学院丛刊 1）

本书介绍该农场操作经营、开发试验状况，内容包括：农场要览、稻作、棉作、特作、麦作、作物研究报告、畜牧概况、大豆纯系育种报告、龙花生纯系育种报告、麦作试验报告、特种试验报告、稻作试验报告、棉作试验报告、龙花生单本性质变化之研究、农场要览。

收藏单位：浙江馆

06811

农村常识　宋其正编

上海：华中书局，1935.8，1 册，18 开

　　本书内容包括：农村法规、农村理论、农村合作、农村史料、农业常识等。

　　收藏单位：安徽馆、重庆馆、国家馆、上海馆、西南大学馆

06812

农村调查表　（美）卜凯（John Lossing Buck）编　徐澄译

[南京]：金陵大学农林科，1924.8，54 页，横 16 开（金陵大学农林科农业丛刊 7）

　　本书共 9 章，内容包括：农民经济状况、农产、地势、人口、教育、普通情形等。

　　收藏单位：国家馆、近代史所、上海馆

06813

农村调查表　国立中央研究院社会科学研究所编

国立中央研究院社会科学研究所，1928，100 页，横 16 开

　　本书共 8 章，内容包括：教育、健康及卫生、农民经济状况、农产、地势等。

06814

农村调查表　金陵大学农林科编

[南京]：金陵大学农林科农林经济部，1922，46 页，32 开

　　本书内容包括：农民经济状况、农产、荒歉、地势、人口、健康与卫生、教育及其他社会情况等。

　　收藏单位：重庆馆

06815

农村调查表　浙江农民银行筹备处编

浙江农民银行筹备处，[1920—1949]，[28] 页，横 16 开

　　本书调查项目有农村概况、位置、地势、气候、交通、户口等。

06816

农村服务区概况　[全国经济委员会江西办事处编]

全国经济委员会江西办事处，[1920—1949]，6 页，22 开

　　本书共 4 部分：设立经过、组织、经费、事业。

　　收藏单位：国家馆

06817

农村服务人员训练班讲义录　善后救济总署冀热平津分署农村改进事业保定区中心站编

保定：振北旬刊社，1947.9，1 册，32 开

　　本书收录《特用作物（棉，蒜，烟草）》（谷端贺）、《农村副业》（刘传薪）、《农作物病虫害防除法》（农林部）、《治蝗指南》（保定中心站）等。

　　收藏单位：国家馆、南京馆

06818

农村复兴与乡教运动　金轮海编著

上海：商务印书馆，1934.12，383 页，22 开（师范丛书）

上海：商务印书馆，1935.6，再版，383 页，22 开（师范丛书）

　　本书共 10 章，内容包括：农村现状、农民运动的憧憬、乡教运动与学校教育、乡教运动与社会教育等。

　　收藏单位：重庆馆、东北师大馆、广东馆、广西馆、贵州馆、国家馆、河南馆、湖南馆、江西馆、南京馆、内蒙古馆、陕西馆、西南大学馆、浙江馆

06819

农村复兴之理论与实际　章鹏若著

上海：商务印书馆，1934.5，203+140 页，22 开，精装（经济丛书）

　　本书共 9 章，内容包括：农村复兴之前提、农村金融、土地问题、农村合作、农村副业等。附土地法、清理荒地暂行办法、督垦原则等。

　　收藏单位：安徽馆、重庆馆、东北师大馆、广东馆、广西馆、国家馆、湖南馆、吉大馆、吉林馆、辽大馆、辽宁馆、南京馆、内蒙古馆、宁夏馆、上海馆、天津馆、浙江

馆

06820

农村副业　农村副业社编

北平：农村副业社，1936，1 册，32 开

　　本书为期刊合订本。

　　收藏单位：首都馆

06821

农村副业与手工业　实业部统计处编

南京：实业部总务司第四科，1937.5，276 页，16 开

　　本书收文 16 篇，内容包括：《国民经济与手工业》（罗敦伟）、《中国之乡村建设》（许仕廉著，彭家礼译）、《发展我国手工业之途径》（曾宪琳）、《世界重要茶业市场之剖析》（余知勇）、《我国蛋业与世界蛋业市场》（沙琳）、《鄂西茶业》（戴啸洲）等。为《实业部月刊》第 2 卷第 6 期抽印本。

　　收藏单位：国家馆、湖南馆、吉林馆、山西馆、上海馆、浙江馆

06822

农村改进会第一届农村改进讲习会汇刊　南京市社会局农村改进委员会编

南京市社会局农村改进委员会，1936.6，440 页，22 开

　　本书共 6 部分：照片、训词、来宾演讲、讲习会纪事、讲辞、附录。其中大部分为有关农、林、牧、副、渔、合作、卫生等方面的论文。目录页题名：南京市农村改进委员会第一届讲习会汇刊。

　　收藏单位：国家馆、黑龙江馆、南京馆

06823

农村改进会一年来工作报告　南京市社会局农村改进委员会编

南京市社会局农村改进委员会总务组，1937.1，40 页，21 开

　　本书共 8 部分，内容包括：农村改进委员会组织系统表、农村改进委员会成立经过及其现状、一年来之农村改进、南京市农村之各种重要统计、法规等。附呈请审核中之暂订南京市强迫造林办法。

　　收藏单位：国家馆、南京馆

06824

农村工业救国论　郑维著

重庆：中山文化教育馆，1938.11，60 页，32 开（抗战丛刊 69）

　　本书分两编：农村工业与抗战建国概论、农村工业实施计划。第 1 编共 3 章：农村工业定义、农村工业与抗战前途、农村工业与建国大计；第 2 编共 5 章，内容包括：提倡农村工业之基本原则、农村工业内容提要、农村工业之发展动向等。

　　收藏单位：重庆馆、国家馆、江西馆、南京馆、浙江馆

06825

农村合作的实际问题（实际方面）　王坦编

四川省社会军训干部训练班，[1928—1949]，138 页，24 开

　　本书共 25 部分，内容包括：农村合作社的组织、增加社员、呈请登记、接受调查及指导、领取证书、开始经营业务的前后、解散登记等。

　　收藏单位：重庆馆、贵州馆

06826

农村合作互助运动中三大结合的研究　晋冀鲁豫边区政府合作所编

晋冀鲁豫边区政府合作所，1948.3，46 页，32 开

　　本书内容包括：《对三大结合互助运动的研究》（合作厅互助组整理）、《黎城"组织起来"的新发展》（黎城联合办公室）、《群众的创造——三合互助组》（史占道）、《关于三大结合的商榷》（平顺联合办公室研究林华执笔）、《羊井底三大结合的新发展》（王巨林）、《生产运动的范例西黄须劳资互助合作》（黎城联合办公室）、《黎城仁庄三大结合的检查》（太行行署黎城工作组）。

　　收藏单位：国家馆、山西馆

06827

农村合作社推行新生活要则

中国农民银行总行，1935.1，4 页，64 开

　　收藏单位：南京馆

06828

农村合作社暂行规程　益都县合作社指导所编

益都县合作社指导所，1932.3，14 页，32 开（丛刊 7）

　　收藏单位：南京馆

06829

农村合作社暂行规程（附合作社组织程序款义解释）

遂昌县政府建设科，[1928—1949]，47 页，32 开

　　本规程内容包括：总则、设立、社股、社员、职业及会议等。

　　收藏单位：浙江馆

06830

农村合作社暂行会计规则

[贵州省农村合作委员会]，1937，30 页，22 开（贵州省农村合作委员会丛刊）

　　本规则共 5 章：总则、会计科目、账表、决算、附则。

　　收藏单位：国家馆

06831

农村合作社章则（第 9 辑）　中国华洋义赈救灾总会编

中国华洋义赈救灾总会，1936，96 页，25 开（中国华洋义赈救灾总会丛刊乙种 74）

　　本书收录章则 39 种。

　　收藏单位：重庆馆

06832

农村合作事业在国民经济建设中的地位　文群讲演

出版者不详，[1935]，18 页，16 开

　　本书为作者于 1935 年 3 月 7 日在湖北全省行政会议上的演讲词。

　　收藏单位：南京馆

06833

农村合作手册　江西省农村合作委员会编

江西省农村合作委员会，1935，172 页，22 开

　　收藏单位：首都馆、西南大学馆

06834

农村合作手册　南昌县政府编

南昌县政府，[1928—1949]，34 页，22 开（合作丛书 1）

　　本书共 12 部分，内容包括：南昌县推行合作事业计划、南昌县推行合作事业办法、南昌县创办合作农仓办法、南昌县农村保证责任合作社章程、南昌县农村保证责任合作社农仓章程等。

　　收藏单位：国家馆、南京馆

06835

农村合作手册（第 1 辑）　江苏省立教育学院编

[无锡]：江苏省立教育学院，[1932—1939]，392 页，32 开

　　本书收录相关法令、章则、组织程序等共 43 种。

　　收藏单位：重庆馆、广东馆、国家馆

06836

农村合作问答（宣传品）

四川省农村合作委员会，[1930—1949]，16 页，32 开，精装

　　本书以问答形式介绍为何要推行农村合作、农村合作的意义、如何增加生产等。

　　收藏单位：重庆馆

06837

农村合作与农村造产　安徽省地方行政干部训练委员会编

安徽省地方行政干部训练委员会，1941，32 页，36 开（县训练所教材 5）

　　本书内容包括：合作之意义、合作社的种类、合作社组织的方法、合作社组织的步骤

等。

收藏单位：重庆馆

06838

农村合作运动　中国国民党浙江省党务指导委员会编

杭州：中国国民党浙江省党务指导委员会，1929.1，50 页，32 开（宣传部丛书 16）

本书共 4 章：农村合作运动宣传大纲（附口号标语）、什么是农村信用合作社、农村信用合作社应当怎样去组织、浙江省农村信用合作社暂行条例。

收藏单位：广东馆、近代史所、浙江馆

06839

农村合作运动宣传大纲　[中国国民党中央执行委员会宣传部编]

中国国民党中央执行委员会宣传部，[1920—1949]，12 页，32 开

本书内容包括：农村合作的意义、本党与农村合作运动、农村合作社的性质、农村合作社的效用、农村合作社的类别、农村合作运动的进行办法等。

收藏单位：广东馆、国家馆

06840

农村合作造产之研究　黄维时编著

上海：农村合作研究社，1929.8，184 页，32 开

本书共 3 编：农村概论、农村合作造产之必要、农村合作造产之实施。附农村合作造产社法草案。

收藏单位：重庆馆、国家馆、南京馆、内蒙古馆、天津馆、浙江馆

06841

农村合作之理论与实际　张铭编著

河南第十一区行政督察专员公署农村经济研究会，1935.1，230+35 页，18 开

本书共两编：农村合作的理论、农村合作的实际。附中华民国合作社法等 3 种。

收藏单位：重庆馆、国家馆、河南馆、江西馆、辽大馆

06842

农村合作指导的初步实验　汪洋编述　陈贻荪校订

杭州：浙江省立民众教育实验学校，1937.4，68 页，32 开（研究实验丛刊）

本书概述组织合作社、举办农业仓库等内容。

收藏单位：浙江馆

06843

农村合作组织与经营　广西民团干部学校编

广西民团干部学校，[1920—1949]，344 页，32 开

收藏单位：广东馆、桂林馆

06844

农村建设概要　廖斗光　陈时枭编

广西省政府，[1920—1949]，192 页，32 开

本书内容包括：农业生产、农业政策、农业经济等。

收藏单位：桂林馆

06845

农村建设概要　四川省训练团编

四川省训练团，1940.4，144 页，32 开

本书为区训练班教材。讲述农业常识、农业调查、农业推广、农家副业、气象大意、林业常识以及垦务、矿业、水利等方面的知识。

收藏单位：重庆馆

06846

农村建设问题　冀鲁豫新华书店编辑部编

冀鲁豫新华书店，1949，100 页，32 开

本书收文 7 篇，内容包括：《把解放区的农业生产提高一步》（新华社社论）、《保护耕畜》（新华社短评）、《加强农业生产领导的计划性与组织工作》（《华北日报》专论）等。附华北人民政府关于农业税调查评议工作的指示、华北人民政府公布的新农业税、贯彻执行新农业税等 5 种。

06847
农村建设问题 解放社编
北平：新华书店，1949，辽1版，70页，32开

06848
农村建设协进会概况 ［农村建设协进会编］
贵阳：农村建设协进会，1939.1，油印本，1册，16开，环筒页装
　　本书共4部分：缘起、沿革、组织、工作计划及进行状况。附农村建设协进会职员录、乡政学院教职员名录等。
　　收藏单位：国家馆

06849
农村建设协进会乡政学院农业组贵州省农业改进所农村建设协进会合办定番县合作农场七八两月份工作报告
出版者不详，[1930—1949]，油印本，1册，16开，环筒页装
　　本书内容包括：农业改良剂生产指导、农业推广、农业推广人员训练、农场筹备工作等。
　　收藏单位：国家馆

06850
农村经济 王云五　李圣五主编
上海：商务印书馆，1933.12，2册（91+98页），50开（东方文库续编）
　　本书为东方杂志社三十周年纪念刊。上册收文3篇：《一九三二年中国农业恐慌底新姿态》《中国农村经济的破产》《中国农民经济的困难和补救》；下册收文两篇：《中国农民担负的赋税》《佃租制度之背景与中国佃租制度》。
　　收藏单位：安徽馆、重庆馆、大庆馆、东北师大馆、广东馆、国家馆、河南馆、黑龙江馆、湖南馆、辽大馆、南京馆、内蒙古馆、上海馆、天津馆、武大馆、浙江馆

06851
农村经济调查表 江苏省立徐州民众教育馆编
江苏省立徐州民众教育馆，[1933]，8页，17×22cm
　　本书全部为表。内容包括：人口、耕地的分配、耕地的使用、租佃制度、作物及产量等。
　　收藏单位：国家馆

06852
农村经济及合作 蒋镇编
上海：黎明书局，1935，188页，32开（黎明乡村教育丛书）
上海：黎明书局，1936.10，再版，188页，32开（黎明乡村教育丛书）
　　本书共4编：最近农村经济的实况、农村的消费、农村的生产、农村合作。
　　收藏单位：安徽馆、重庆馆、广东馆、国家馆、江西馆、南京馆、内蒙古馆、天津馆

06853
农村经济及合作 王世颖　冯和法编
上海：黎明书局，1934.10，20+336页，32开
上海：黎明书局，1935，再版，336页，32开
上海：黎明书局，1935，3版，336页，32开
上海：黎明书局，1935.9，4版，336页，32开，精装
上海：黎明书局，1936，6版，20+336页，32开
　　本书为师范教本。共16章，内容包括：什么是合作、农业、土地问题、农业经营、农业劳动等。编者"冯和法"原题：冯静远。
　　收藏单位：安徽馆、重庆馆、广东馆、广西馆、贵州馆、国家馆、河南馆、吉林馆、江西馆、近代史所、辽大馆、南京馆、内蒙古馆、上海馆、首都馆、浙江馆、中科图

06854
农村经济及合作 朱若溪编
上海：中华书局，1935.8，158页，32开
上海：中华书局，1935.8，4版，158页，25开
上海：中华书局，1935.8，5版，158页，25开
上海：中华书局，1935.8，12版，158页，32开
上海：中华书局，1947.4，17版，158页，32开
　　本书为新课程标准乡村师范、简易乡村师范学校用书。共13章，内容包括：绪论、

中国的农业、农业生产的要素、土地问题、农村金融、农村改进之设施、农村合作之实施等。附合作社法、合作社法施行细则。

收藏单位：安徽馆、重庆馆、广东馆、广西馆、国家馆、河南馆、南京馆、内蒙古馆、上海馆、西南大学馆、浙江馆

06855

农村经济及合作文选　中国农民银行总行编
中国农民银行总行，[1930—1939]，[244]页，16开

本书收文 20 篇，内容包括：《农村合作七问》（王世颖）、《合作运动与合作政策》（王志莘）、《三民主义与合作运动》（寿勉成）、《合作法规通论》（王世颖）、《农业合作》（唐启宇）等。附《中国农村经济的特征》（樊仲云译）、《怎样提倡农村副业》（钱天鹤）等。

收藏单位：广东馆、贵州馆、国家馆、南京馆、首都馆

06856

农村经济讲话　余霖著
上海：青年协会书局，1934.9，28页，50开（社会问题小丛书 12）

本书共 6 部分：农村经济是研究什么、中国农村社会的特征、土地关系、商业资本和高利贷资本、税捐和勒索、中国农村经济的前途。

收藏单位：重庆馆

06857

农村经济教材　向乃祺讲
[贵州省县政人员训练所]，[1930—1949]，1册，13开

收藏单位：贵州馆

06858

农村经济论辑　农村经济研究会编
华北书店，1943.9，185页，32开

本书共 3 章：社会经济的几个理论问题、战前中国农村经济诸问题、战时中国农村经济。

收藏单位：国家馆、近代史所、首都馆

06859

农村经济论辑　农村经济研究会编
冀鲁豫书店，1944.10，263页，32开

收藏单位：国家馆

06860

农村经济史　陈具鹿著
上海：商务印书馆，1933，国难后 1 版，200页，32开（新时代史地丛书）

收藏单位：广东馆

06861

农村经济与调查　陈垅生　刘天与编
福建省民众教育师资训练所，1938.4，212页，22开

本书共 4 章：研究农村经济的意义、中国农村经济的机构、农村经济的调查、农村经济调查的统计及分析。

收藏单位：福建馆、广东馆、贵州馆

06862

农村经济与农民运动　张定华讲
出版者不详，[1928—1949]，30页，32开（贵州各县党部书记长训练班讲义）

收藏单位：南京馆

06863

农村经营法　江苏各县筹备义务教育联合办事处编
江苏各县筹备义务教育联合办事处，[1928—1949]，34页，21开（师资训练函授部讲义22）

本书共 5 讲，内容包括：江苏省的农业状况、农业的要素、农业的组织等。

收藏单位：南京馆

06864

农村利用合作社模范章程
江西省农村合作委员会，1932.6，36页，32开

收藏单位：南京馆

06865

农村利用合作之理论与实施

出版者不详，[1928—1949]，1 册，32 开

收藏单位：浙江馆

06866

农村棉产通信调查员须知 华北棉产改进会调查科编

华北棉产改进会调查科，[1941.3]，改订版，[28] 页，16 开

本书共 4 部分：农村棉产通信调查员须知、农村棉产通信调查员考绩奖励办法、通信调查表内所用各种名词说明、通信调查表样式。

收藏单位：国家馆

06867

农村社会福利事业之研讨 章柏雨编

重庆：农产促进委员会，1942，32 页，18 开（研究专刊 5）

本书收录《何谓社会福利事业》《我国社会福利事业述略》《农村社会福利事业之现状》《办农村社会福利事业之刍议》等。

收藏单位：重庆馆、国家馆、浙江馆

06868

农村生产兵指示问答 山西省经济管理局编

山西省经济管理局，1943.1，14 页，32 开

本书采用问答形式宣传生产兵，共包含 69 个问题。

收藏单位：国家馆

06869

农村生产合作 朱若溪编著

江苏省立教育学院研究实验部，1934.6，274 页，32 开（江苏省立社会教育机关辅导丛刊）

本书共 5 章：总说、养鱼合作社（上、下）、养蚕合作社（上、下）。附中华民国合作社法、江苏省各县合作协会设立规程、养鱼合作社章程、江苏省各县合作协会章程范本等。

收藏单位：重庆馆、广东馆、国家馆、吉大馆、吉林馆、上海馆

06870

农村通讯 中国农村经济研究会编

上海：中华书局有限公司，1935.1，124 页，32 开（新中华丛书 社会科学汇刊）

本书汇辑半年来《新中华》杂志所发表的农村通讯 30 篇，内容包括：《桂林六塘的劳动市场》（暮桥）、《广西镇边县的白苗》（凌焕衡）、《浙江临海县渔民生活》（仲民）、《从许昌到鄢陵》（作周）、《南通的农村》（湛然）、《苍梧农村杂记》（端）、《山东峄县的南乡》（黄鲁珍）、《浙江丽水县的农村》（韦任之）、《浙江平湖的蚕桑业》（吴晓晨）、《新化的茶》（杜劳）等。

收藏单位：重庆馆、广东馆、广西馆、贵州馆、国家馆、黑龙江馆、吉林馆、近代史所、辽宁馆、南京馆、内蒙古馆、首都馆、天津馆、西南大学馆、浙江馆

06871

农村问题 蔡日秋编著

汉口市职业学校生产消费合作社，1933.8，116 页，32 开

本书共 10 章，内容包括：农业的起源、中国农村问题的发生、农民、土地、租税、耕作、农村教育等。

收藏单位：湖南馆、浙江馆

06872

农村问题 闽西农村工作人员训练所编

闽西农村工作人员训练所，[1933]，92 页，32 开

本书论述中国农村经济概况、社会概况、中国土地与劳农问题及关于中国农村政策的建议等。附闽西现行之土地政策及闽西特区几个重要问题的解决方案。

收藏单位：湖南馆

06873

农村问题 吴正编

中央军校特别训练班教务组，1935.8，352 页，35 开（政治丛书 9）

本书共 7 编：农村问题之意义、农村现状、农村衰落之原因及其改造方针、农村组

织问题、农村经济问题、农村教育问题、农村合作社。

06874

农村问题（中国农村崩溃原因的研究） 徐正学著

南京：中国农村复兴研究会，1934.9，[476]页，22开，精装（农村问题丛书）

南京：中国农村复兴研究会，1934.11，2册，大32开

南京：中国农村复兴研究会，1935，[520]+12页，22开

南京：中国农村复兴研究会，1936.3，再版，2册，22开

　　本书共7章，内容包括：帝国主义与中国农村、军阀与中国农村、苛捐杂税与中国农村、高利贷和各种灾害对我国农村的影响等。

　　收藏单位：重庆馆、东北师大馆、广东馆、国家馆、湖南馆、近代史所、辽大馆、南京馆、内蒙古馆、上海馆、西南大学馆、浙江馆

06875

农村问题及其对策 赵仰夫　盛莘夫译

上海：新学会社，1930.5，179页，32开

　　本书共6部分，内容包括：农村问题与其救济政策、农业改造方策、都会和农村的分裂、农民土地爱着心冷却的倾向等。

　　收藏单位：广西馆

06876

农村问题集 文群讲述

[江西省合作同仁互助社印刷所]，[1934]，90页，22开，环筒页装

　　本书内容包括：农村工作在国策上之重要性、农村工作应如何着手、省政与农村建设、从国联调查团报告书说到合作救国、从振济灾民说到推行农村合作制度等。

　　收藏单位：重庆馆、广东馆、贵州馆、国家馆、南京馆、浙江馆

06877

农村问题集 文群讲述

南昌：新记合群印刷公司，1934，132页，长20开，精装

　　本书讲述者原题：文诏云。

　　收藏单位：河南馆、南京馆

06878

农村问题论文集 王枕心著

南昌：江西农村改进社，1935，136页，22开（农村论文集 第1集）

　　本书收文10篇，内容包括：《目前中国农村危机及其救济意见》《中国农村破产的原因和我们的认识》《中国农村改进运动往那里去》《各地农村事业考察实况及意见》《农村教育之理论与实施》等。

　　收藏单位：国家馆、吉林馆、南京馆、首都馆、浙江馆

06879

农村与都市 千家驹等著

上海：中华书局有限公司，1935.3，92页，32开（新中华丛书 社会科学汇刊）

　　本书收文5篇：《救济农村偏枯与都市膨胀问题》（千家驹）、《中国农村经济中的借贷问题》（哲明）、《国际帝国主义与中国农村经济》（章子建）、《中国佃农问题之检讨》（章子建）、《中国土地问题之检讨》（冯和法）。

　　收藏单位：重庆馆、贵州馆、国家馆、河南馆、黑龙江馆、辽宁馆、南京馆、内蒙古馆、宁夏馆、首都馆、天津馆、西南大学馆、浙江馆

06880

农村造产方法 李蔚霞编

广东省地方行政干部训练团，1942，22页，36开（农林类1）

　　本书内容包括：农村造产之作用、农村造产之工作计划、造产要素之筹划、实施办法等。

　　收藏单位：重庆馆

06881

农村振兴讲话　苍德玉编

旅顺：农业进步社，1941.12，100 页，32 开

　　本书共 11 部分，内容包括：注意农业、农村教育、乡村生活原理、村长的责任、农村青年、乡村服务者等。

　　　　收藏单位：东北师大馆、国家馆

06882

农地调查课本　福建省政府编

[福建省政府]，1948.8，14 页，32 开

　　本书共 4 部分：为什么要实施农地调查、如何利用现成的调查资料、社员经营农地的调查方法、调查收获量与核定租额。

　　　　收藏单位：福建馆

06883

农地改革及组设农产社手册　福建省政府编

福建省政府，1947.1，46 页，32 开

　　本书内容包括：福建省各县市保农业生产合作社经营农地实施办法、保农业生产合作社章程准则及实施须知等。

　　　　收藏单位：重庆馆、国家馆、南京馆

06884

农家副业概况　陈洪进　薛维宁著

重庆：农林部农产促进委员会，1943.10，20 页，16 开（研究专刊 9）

　　本书共 9 部分，内容包括：农家副业之种类、各类地形之副业、各类农户之副业、农家人口与副业、各类副业与农家收入等。

　　　　收藏单位：国家馆、浙江馆

06885

农家经济调查表　江苏省立徐州民众教育馆编

江苏省立徐州民众教育馆，[1930—1939]，1 册，22 开

　　本书全部为表。内容包括：农村经济调查表、耕地的分配、耕地使用、租佃制度、作物及产量、教育程度、耕地价格及税捐、农村副业等。

　　　　收藏单位：国家馆

06886

农家救贫之道　苍德玉著

[旅顺]：农业进步社，[1942]，153 页，32 开

　　本书共 3 部分：农家为什么穷、农家决无穷困之理、农家救贫之道。

　　　　收藏单位：国家馆、辽宁馆

06887

农建之路　宋之英著

福州：农讯出版社，1949.4，230 页，32 开（之英农建论丛 第 1 集）

　　本书收论文、演讲词等 20 篇，内容包括:《中国合作的新任务》《中国本位文化的合作运动》《战时的合作运动》《从物资动员谈到工业合作》《农村组织与合作》《纪念一九四〇年国际合作节》《所望于全国合作讨论会者》《农贷与合作的检讨》《健全合作金属之途径》《试拟中国农民银行农业金融业务实施要点》等。

　　　　收藏单位：福建馆、国家馆、浙江馆

06888

农矿部垦务会议汇编　农矿部设计委员会特种会议秘书处编

农矿部设计委员会特种会议秘书处，1929.7，232 页，16 开

　　本书共 9 部分，内容包括：演说、议程、决议案、审查报告、议案、记录等。

　　　　收藏单位：广东馆、国家馆、南京馆、上海馆

06889

农矿部林政会议汇编　农矿部设计委员会特种会议秘书处编

农矿部设计委员会特种会议秘书处，1929，260 页，16 开

　　本书内容包括：演说、决议案、审查报告、议案等。

　　　　收藏单位：广东馆、国家馆、吉林馆、辽宁馆、南京馆、上海馆、天津馆、浙江馆

06890

农矿部农政会议汇编　农矿部设计委员会特

种会议秘书处编

农矿部设计委员会特种会议秘书处，1930，366 页，16 开

本书共 9 部分，内容包括：法规、图表、演说、议程、决议案、审查报告、议案等。

收藏单位：国家馆、吉林馆、近代史所、南京馆、宁夏馆、中科图

06891

农矿部中央农业实验所苗木目录　中央农业实验所森林系编

中央农业实验所秘书处，1940.12，8 页，大 32 开

收藏单位：南京馆

06892

农矿部中央农业实验所章则计划汇编　中央农业实验所技正秘书室编辑

中央农业实验所技正秘书室，1940，27 页

收藏单位：南京馆

06893

农林部赣韩江水源林区管理处概况

出版者不详，1945，29 页，16 开

收藏单位：广东馆

06894

农林部工作报告书（民国三十至三十二年）　农林部编

农林部，[1942—1944]，油印本，3 册（[152]+24+26 页），18 开，环筒页装

本书内容包括：农业建设、农村经济建设、林业建设等。各分册所涉时间分别为：1941 年 10 月之前、1941 年 10 月至 1942 年 8 月、1942 年 9 月至 1943 年 7 月。

收藏单位：国家馆、南京馆

06895

农林部海南岛农林试验场组织条例草案（审查修正案）

出版者不详，[1947]，油印本，1 册，16 开

本书内容包括：讨论事项、农林部海南岛农林试验场组织条例、行政院从叁字第一零

六一号公函、农林部中央水产实验所组织条例草案等。

收藏单位：国家馆

06896

农林部河北垦业农场三十五年秋季业务会议勖勉同人之讲词　常宗会讲

出版者不详，[1946]，9 页，32 开

收藏单位：南京馆

06897

农林部河北垦业农场之过去现在与将来　常宗会著

北平：常宗会，1946.11，1 册，32 开

本书与《抗战期间后方一个农场建设之回忆》（附录农林部湖北省政府合办金水农场宣言）合订。

收藏单位：国家馆、近代史所、南京馆、天津馆

06898

农林部洪江民林督导实验区五年来工作概况

农林部洪江民林督导实验区，1947，39 页，16 开

收藏单位：广东馆

06899

农林部华北棉产改进处业务报告　农林部华北棉产改进处编

农林部华北棉产改进处，1946，油印本，1 册，16 开

收藏单位：国家馆

06900

农林部粮食增产计划大纲（三十一至三十三年度）　农林部编

农林部，1942—1944，3 册，16 开

本书收录该年度各省粮食增产计划大纲、各项工作说明及进行办法等。

收藏单位：广东馆、国家馆、南京馆

06901

农林部粮食增产委员会三十二年度工作汇报

农林部编

农林部，1943，18 页，16 开

本书共 5 部分：各省粮食增产进度报告、三十二年度各省粮产情况、半年来粮食增产与农贷之联系、陪都蔬菜肉类增产工作、协导各省防治病虫害。所涉时间为 1943 年 1—7 月。

收藏单位：南京馆

06902

农林部棉产改进处三十六年度两月来业务报告 农林部棉产改进处编

农林部棉产改进处，1947，油印本，6 页，16 开，环筒页装

本书共 7 部分，内容包括：设立棉场、设立植棉指导区、国内良种收购与推广、国外良种引进与推广、扶植美棉生产等。

收藏单位：国家馆

06903

农林部棉产改进处三十六年度事业计划草案

[农林部棉产改进处]，1947，油印本，17 页，16 开，环筒页装

收藏单位：国家馆

06904

农林部棉产改进处之组织与事业 农林部棉产改进处编

农林部棉产改进处，1948，再版，12 页，16 开

收藏单位：国家馆

06905

[农林部民国三十年度农林行政设施报告]

[农林部编]

[农林部]，1941，油印本，1 册，18 开，环筒页装

本书内容包括：农村经济、林业、渔业、垦务等。

收藏单位：国家馆

06906

农林部岷江流域国有林区管理处二周年纪念

刊 农林部岷江流域国有林区管理处编

农林部岷江流域国有林区管理处，1943.8，112 页，16 开

本书共 5 部分：本处组织、工作概况、计划设施、人事经费、重要规章。

收藏单位：国家馆、中科图

06907

农林部秦岭国有林区管理处工作汇报 农林部秦岭国有林区管理处编

农林部秦岭国有林区管理处，1946，100 页，16 开

本书共 3 编：历年工作概况、历年勘查报告、论著。

收藏单位：国家馆

06908

农林部三十二年度各省粮食增产中心工作说明书 农林部编

农林部，[1943]，35 页，18 开

本书内容包括：工作项目及办理之省份、各项工作报告及赍送专报期限、增加稻米生产、增加小麦杂粮生产等。

收藏单位：重庆馆、南京馆

06909

农林部三十一年度行政计划书

出版者不详，[1942]，油印本，1 册，16 开

收藏单位：南京馆

06910

农林部施政计划（三十二、三十八年度）

出版者不详，1942.12，油印本，2 册，16 开

收藏单位：国家馆、南京馆

06911

农林部所属营业机关三十七年下半年度损益及盈亏拨补总表

出版者不详，1948.7，1 册，16 开

本书内容包括：上海实验经济农场等四单位详表、总说明及本部审核意见等。

收藏单位：南京馆

06912

农林部战后外交资料整理研究初步报告

[农林部]，[1946]，油印本，1 册，18 开，环筒页装

　　本书共 4 部分：敌寇对我经济侵略概况、敌寇在华经营之农林事业及其收益之调查、农林损失估计、其他。

　　收藏单位：国家馆

06913

农林部直辖第四经济林场三周年纪念刊

出版者不详，1946，152 页，16 开

　　收藏单位：广东馆

06914

农林部中央农业实验所三年来之农情报告概况　沈宪耀著

农林部中央农业实验所，1941.3，11 页，16 开

　　本书共两部分：农情报告、乡村物价。

　　收藏单位：国家馆、吉林馆

06915

农林建设　陈济棠讲

农林部，[1941]，14 页，32 开（中央训练团党政训练班讲演录）

　　本书共 4 部分：绪言、政策、事业、结论。

　　收藏单位：重庆馆、贵州馆、国家馆、南京馆

06916

农林建设　钱天鹤讲　中央训练团党政高级训练班编

中央训练团党政高级训练班，1943.6，10 页，32 开

　　本书共 4 部分：农林政策之重要、实施农林政策之三要素、中国农林行政与农林建设之现状、目前农林建设之趋势及将来可能之发展。

　　收藏单位：重庆馆、国家馆、南京馆

06917

农林建设　沈鸿烈讲

中央训练团党政高级训练班，1942，22 页，32 开（中央训练团党政训练班讲演录）

　　本书内容包括：农业建设、林业建设、渔牧建设、农村经济建设、建设机构、实施计划等。附农林部直属机关系统表。

　　收藏单位：重庆馆、广东馆、南京馆

06918

农林建设（第 1 分册）　广西省政府建设厅农业管理处编　广西省地方行政干部训练团教务处第二股主编

广西省地方行政干部训练团，1942.2，62 页，32 开（广西省地方行政干部训练团各区训练班教材）

　　本书内容包括：水稻增产、如何增加棉麻生产、如何栽培杂粮、如何防止病虫害等。

　　收藏单位：桂林馆

06919

农林建设（第 4 分册）　广西省政府建设厅农业管理处编

广西省地方行政干部训练团，1942.3，142 页，32 开（广西省地方行政干部训练团各区训练班教材）

　　本书内容包括：本省农林建设概要、如何发展林业、肥料增给、提倡栽培冬季作物等。附农情报告范围概况调查表、广西省农情报告各月份调查表（一九四二年）。

　　收藏单位：桂林馆、国家馆、南京馆

06920

农林建设实施要领讲义　陈大宁编

广西省地方行政干部训练委员会，1941.2，5+52 页，32 开

　　本书共 5 部分，内容包括：本省过去对于农林设施概况、本省今后对于农林设施计划及各项业务实施、各项困难问题解决方法之意见等。

　　收藏单位：桂林馆

06921

农林局十四项增加农林生产工作概况及预计
　冯锐编著
广东建设厅农林局，1933，30 页，22 开（广东建设厅农林局报告丛书 第 8 号）
　　本书内容包括：用抽水机救旱以增加生产之工作、繁殖北京鸭种以增加卵肉之生产量工作等。
　　收藏单位：国家馆

06922

农林垦牧　沈崇瀚讲
中央训练团党政训练班，1939.6，20 页，32 开（中央训练团党政训练班讲演录）
　　本书共 4 部分，内容包括：改进农林垦牧之迫切性、改进生产技术之步骤、全国农业机构之联系及工作之协调等。
　　收藏单位：重庆馆、广东馆、国家馆

06923

农林统计手册（民国三十七年）　农林部统计室编
农林部统计室，1948，136 页，横 18 开
　　本书全部为表。收录农事、森林、渔业、畜牧、垦殖、农业经济等方面的统计资料。附各省市农林经费等。
　　收藏单位：重庆馆、国家馆、南京馆、首都馆、浙江馆

06924

农林行政参考资料（第 1—5 辑）　福建省农林处编
福建省农林处，1943，5 册，32 开
　　本书共 5 辑，内容包括：农林机构及农林建设事业、兴修农田水利、育苗造林与护林、农田水利等。
　　收藏单位：福建馆

06925

农林要览　延陵陶编
上海：生生农场，1937.6，再版，206 页，48 开
　　本书为该农场宣传品。内容包括：生生农场的成绩报告、各种树木种植法等。
　　收藏单位：上海馆

06926

农林渔牧统计报告书　农林部编
农林部，1913.12，[140] 页，23 开

06927

农民生计调查报告　中华职业教育社编
上海：中华职业教育社，1929.6，53 页，32 开（农村教育丛辑 第 5 辑）
　　本书为该社在 1929 年 2 月 20 日至 5 月 10 日对江苏省 17 个县所作调查，共 4 部分：引言、统计、结论及意见、附录。调查项目有每户平均口数、自种田与租种田亩数、每户种田亩数、每户农作物种数、雇工状况及工价、每亩雇工费及肥料费等比较表。
　　收藏单位：广西馆、国家馆、南京馆、上海馆、首都馆、浙江馆

06928

农民阵线　蓝渭滨著
镇江：农村经济月刊社，1934，108 页，32 开（农村经济月刊社丛书 1）
　　本书共 4 部分：展开农民阵线、农村社会事业之理论与实施、苏联各邦农业行政组织与农业政策、江苏徐海之农业与农民生活。
　　收藏单位：重庆馆、国家馆、浙江馆

06929

农民政策
上海：大东书局，1927，60 页，64 开
　　收藏单位：广东馆

06930

农民坐天下（土地法教材）　李聪编著
华中新华书店，1948.1，31 页，64 开（翻身小丛书 1）
　　收藏单位：国家馆、山东馆

06931

农情报告汇编（民国二十二至二十三年）　实业部中央农业实验所编

外文题名：Crop reporting in China

实业部中央农业实验所，1934.5—1936.8，2册，16开（实业部中央农业实验所特刊）

　　本书大部分为表。介绍该年农产估计、牲畜估计、农佃、地价、田赋等情况。

　　收藏单位：国家馆、南京馆

06932

农情报告是什么　农林部中央农业实验所编

农林部中央农业实验所，[1934]，14页，22开（农林部中央农业实验所浅说1）

　　收藏单位：国家馆

06933

农情报告是什么　实业部中央农业实验所农业经济科撰

实业部中央农业实验所农业经济科，1934，18页，22开（实业部中央农业实验所浅说1）

实业部中央农业实验所农业经济科，1936.10，3版，23页，22开（实业部中央农业实验所浅说1）

　　本书内容包括：什么是农情报告、农情报告里报告些什么、农情报告有什么用处、农情报告的方法等。附民国二十五年农情报告员的分布等。

　　收藏单位：安徽馆、国家馆、湖南馆、南京馆、上海馆、浙江馆

06934

农情报告是什么

经济部中央农业实验所，1938，4版，22页，22开

　　收藏单位：广东馆

06935

农桑集　姚克让著

南京：国民印刷局，1934.10，182页，23开

　　本书收录《农林建设刍议》《复兴农村之我见》《中国农村病之诊断》《与江苏省当局论治苏意见》《中国蚕业行计划大纲草案》《改进蚕桑初步四年计划》《中国蚕业问题》等。

　　收藏单位：广东馆、浙江馆

06936

农田革新　屈均畹著

屈均畹[发行者]，[1920—1949]，52页，36开

　　本书为文言体，加圈点。内容包括：绪论、田制、管理、经界、移垦、沟洫、赋税、农政、金融、合作、保险等。

　　收藏单位：南京馆、上海馆

06937

农业仓库　钟昌才著　广西省地方行政干部训练团教务处编

广西省地方行政干部训练团，1941，26页，36开（广西省地方行政干部训练团教材）

　　本书共4部分：举办目的、过去概况、今后方针、实施办法。

　　收藏单位：重庆馆

06938

农业仓库经营　谢松培编述

广东省地方行政干部训练团，1940.5，76页，32开

　　收藏单位：重庆馆

06939

农业仓库事件　句容县政府编

句容县政府，1933.12，66页，22开（句容县行政报告1）

　　本书共4章：创办农业仓库之经过、农业仓库之业务进行、设置农业仓库分仓、尾言。

　　收藏单位：国家馆

06940

农业调查　四川省农村合作指导人员训练所编

四川省农村合作指导人员训练所，1937.11，174页，32开

　　本书共8章，内容包括：农业调查之演进、农业普查之种类、调查材料之审核与分类、调查材料之分析及表现等。

　　收藏单位：重庆馆、国家馆

06941
农业负担政策讲授提纲
出版者不详，1949，15页，32开
　　收藏单位：天津馆

06942
农业合作 ABC　王世颖著
上海：ABC丛书社，1928.7，102页，32开（ABC丛书）
上海：ABC丛书社，1929.3，再版，102页，32开（ABC丛书）
上海：ABC丛书社，1929，3版，102页，32开（ABC丛书）
　　本书共7章，内容包括：农业消费合作、农业生产合作、农业信用合作等。
　　收藏单位：安徽馆、重庆馆、广东馆、广西馆、国家馆、河南馆、湖南馆、江西馆、辽大馆、辽宁馆、南京馆、内蒙古馆、宁夏馆、上海馆、首都馆、天津馆、浙江馆

06943
农业合作社经营初步　华北农业合作事业委员会编
华北农业合作事业委员会，1935.12，73页，16开（华北农业合作事业委员会丛刊12）
　　本书共3部分：农业信用合作社、运销合作社、供给合作社的经营方法。附合作社法、合作社法施行细则等11种。
　　收藏单位：国家馆、南京馆

06944
农业建设　钱天鹤讲
中央训练团党政高级训练班，1944.5，15页，32开（编教48）
　　本书内容包括：三民主义的农业政策、农业增产之重点及农业建设之重要方策等。
　　收藏单位：重庆馆、南京馆、天津馆

06945
农业建设的重心问题　张天福著　福建省农业改进处编
福建省农业改进处，1947，3页，32开
　　本书内容包括：中国农业政策、农业工业化、农地改革、农业推广与配合等。为《福建农业》第7卷单行本。

06946
农业建设方略　邹亚雄著
长沙：湖南实业杂志社，1929.8，16+226页，32开
　　本书分上、下两编：理论、方略。上编共10章，内容包括：中国农业建设与政治经济之关系、经济关系与物价问题、中国经济组织之剖解、合作社之意义与种类等；下编共两章：关于政治的、关于经济的。
　　收藏单位：贵州馆、国家馆、湖南馆

06947
农业建设问题　华东人民革命大学教务处编
华东人民革命大学教务处，1949.6，41页，32开（学习参考材料10）
　　本书收文7篇，内容包括：《关于农业社会主义问答》《把解放区的农业生产提高一步》《保护耕畜》《加强农业生产领导的计划性与组织工作》等。
　　收藏单位：重庆馆

06948
农业建设问题　冀鲁豫新华书店编辑部编
冀鲁豫新华书店，1949.7，100页，32开
　　收藏单位：国家馆、近代史所、山东馆、天津馆

06949
农业建设问题　解放社编
沈阳：东北新华书店，1949.9，70页，32开
　　收藏单位：东北师大馆

06950
农业建设问题　解放社编
济南：山东新华书店，1949，57页，36开
　　收藏单位：安徽馆、国家馆、辽宁馆、山东馆、天津馆

06951
农业建设问题　解放社编

皖北新华书店，1949.6，58 页，32 开
　　收藏单位：辽宁馆

06952
农业建设问题　解放社编
北平：新华书店，1949.5，70 页，36 开
北平：新华书店，1949.6，再版，70 页，32 开
　　收藏单位：重庆馆、广东馆、国家馆、湖北馆、吉大馆、南京馆

06953
农业建设问题　解放社编
新华书店辽东分店，1949，46 页，32 开
　　收藏单位：国家馆

06954
农业建设问题（标准本）　中共中央中原局宣传部编
中原新华书店，1949.5，标准本，48 页，32 开（中国共产党政策选辑 1）
　　收藏单位：重庆馆、国家馆、湖北馆

06955
农业经济调查表式　江苏省农矿厅合作事业指导委员会编
江苏省政府印刷局，1929.4，18 页，32 开
　　收藏单位：南京馆

06956
农业经济问题　唐启宇编
上海：民智书局，1928.5，28 页，16 开
　　收藏单位：南京馆

06957
农业救国　居励今著
居励今，[1927—1949]，28 页，32 开
　　本书共 4 部分：概论、消极去农之害、绩极兴农之利、结论。
　　收藏单位：国家馆、南京馆

06958
农业立国意见书　吕瑞庭著
吕瑞庭，1920，32 页，18 开

　　本书从历史、地理、政治、经济、财政、统计、军事、风俗、卫生、人口 10 方面论述中国应以农业立国。
　　收藏单位：国家馆

06959
农业清查　唐启宇讲
中央统计联合会，1934.4，15 页，16 开（中央统计联合会联合演讲 10）
　　本书论述清查之意义与目的、组织及人员、经费与步骤等。
　　收藏单位：上海馆

06960
农业善后计划纲要　联合国善后救济总署冀热平津分署农业善后组编
北平：大华印书局，[1947.7]，[93] 页，23 开
　　收藏单位：国家馆

06961
农业生产合作经营原论　王树基著
甘肃省地方行政干部训练委员会，[1911—1943]，1 册
　　收藏单位：国家馆、吉林馆

06962
农业生产有限合作社模范章程　江苏省实业厅编
出版者不详，[1928—1949]，14 页，32 开
　　收藏单位：南京馆

06963
农业特刊　农矿部上海农产物检查所编
上海：农矿部上海农产物检查所，1930.7，[208] 页，16 开
　　本书共 6 部分：插图、发刊词、撰述、报告、要牍、法规。
　　收藏单位：国家馆、南京馆

06964
农业推广　储劲编
上海：黎明书局，1935.9，112 页，32 开
上海：黎明书局，1935.10，再版，112 页，32

开

　　本书共 15 部分，内容包括：农业推广之意义与范围、农业推广之行政组织、农业推广人才之养成、农业推广材料问题等。

　　收藏单位：安徽馆、重庆馆、广西馆、国家馆、江西馆、南京馆、内蒙古馆、陕西馆、浙江馆

06965

农业推广　管文元 [著]
上海：中华书局，1941，4 版，308 页

　　收藏单位：山西馆

06966

农业推广　管义达　陆费执　许振著
上海：中华书局，1935.11，398+10 页，32 开（农业丛书）
上海：中华书局，1948.3，398+10 页，32 开（农业丛书）
上海：中华书局，1948，3 版，398+10 页，32 开（农业丛书）

　　本书共 5 编：总论、调查、计画、农业推广实施、模范农业推广区。附农业推广规程。

　　收藏单位：重庆馆、广东馆、贵州馆、国家馆、河南馆、黑龙江馆、江西馆、辽大馆、辽宁馆、南京馆、内蒙古馆、宁夏馆、陕西馆、首都馆、天津馆、浙江馆

06967

农业推广　林平著
重庆：新建农业出版社，1945.3，68 页，36 开

　　本书共 7 部分：机构、人员、经费、材料、业务、方法、记载。

　　收藏单位：重庆馆、国家馆、南京馆、浙江馆

06968

农业推广　章之汶　李醒愚著
上海：商务印书馆，1936.2，253 页，22 开，精装（大学丛书 教本）
上海：商务印书馆，1936.5，再版，17+253 页，22 开，精装（大学丛书）

上海：商务印书馆，1937.4，再版，253 页，23 开（大学丛书 教本）
上海：商务印书馆，1939.6，3 版，253 页，23 开（大学丛书 教本）

　　本书共 14 章，内容包括：概论、历史、组织、事业、农事指导、乡村建设等。

　　收藏单位：重庆馆、东北师大馆、广东馆、广西馆、贵州馆、国家馆、黑龙江馆、辽大馆、南京馆、内蒙古馆、宁夏馆、上海馆、首都馆、天津馆、西南大学馆、浙江馆

06969

农业推广机构
出版者不详，1945，手写本，1 册，16 开，环筒页装

　　本书共 5 部分，内容包括：中央农业推广机构、省农业推广机构、县农业推广机构等。

　　收藏单位：国家馆

06970

农业研究试验统计用表　新农企业股份有限公司编译室编
上海：新农企业股份有限公司，1947.7，200 页，16 开

　　本书共 4 部分：农业计算用表、农业统计用表、田间试验用表、附录。

　　收藏单位：重庆馆、广东馆、内蒙古馆、农大馆

06971

农业与国防　汪洪法著
南京：正中书局，1936.7，137 页，25 开（国防教育丛书）
上海、南京：正中书局，1936.10，再版，137 页，25 开（国防教育丛书）
重庆：正中书局，1940.5，5 版，137 页，25 开（国防教育丛书）

　　本书共 8 章，内容包括：农业的性质、农业的要素、中国的农业、土地与动力问题、资本问题、农业经济上的自给问题等。

　　收藏单位：安徽馆、重庆馆、广东馆、广西馆、贵州馆、国家馆、湖南馆、吉林馆、南京馆、内蒙古馆、上海馆、天津馆、西南

大学馆、浙江馆

06972

农业展览会特刊　中国农业科学研究社编

中国农业科学研究社，1948.4，19 页，16 开

本书收录《农展感言》（马保之）、《写在农展会前》（唐鸣时）、《农展筹备经过》（善文）、《从工商业看农业》（杨谋）等。目录页题名：首次农业展览会特刊。

收藏单位：国家馆

06973

农业政策　郑垂述著

出版者不详，[1928—1949]，136 页，23 开

本书为文言体。共 6 章，内容包括：农制、农场、农夫、农会等。

06974

农业政策　郑泽编述

[成都]：国立四川大学，[1930—1949]，211 页，22 开，环筒页装

本书共 13 编，内容包括：绪论、农业土地政策及其范围、中国土地实况、农业金融政策、农业合作政策、农业教育等。

收藏单位：重庆馆、湖南馆

06975

农作物收支纪实　东南大学农事试验场农作物部编

东南大学农事试验场农作物部，1921.10，47 页，24 开（东南大学农事试验场农作物成绩报告 第 1 册）

本书内容包括：试验之缘起、试验之农作物、试验之方法、环境之情形、报告之内容、试验成绩表等。附农具费用表、主要农作物价目表、肥料价目表。

收藏单位：国家馆

06976

努力增产　华北政务委员会总务厅情报局编

华北政务委员会总务厅情报局，1944.3，16 页，64 开

本书共 6 部分：我们为甚么必须要增产、应该注意的几件事情、怎样预防庄稼的病虫害、防止水旱灾、城市住民也要协力菜蔬增产、丰收的预想。

收藏单位：国家馆、吉林馆

06977

瓯海渔业志　方扬编

[浙江省政府建设厅第三区渔业管理处]，1938.8，253 页，16 开

本书共 4 章：绪言、渔业概况、渔区鸟瞰、渔业行政。

收藏单位：广东馆、国家馆、近代史所、南京馆、浙江馆

06978

番禺增城东莞中山糖业调查报告书　国立广东大学农科学院编

[广州]：国立广东大学农科学院，1925.9，80 页，18 开

本书介绍番禺、增城、东莞、中山 4 个县的自然环境、种蔗情形及制糖方法等。目录页题名：番禺增城东莞香山糖业调查报告书。

收藏单位：国家馆、近代史所

06979

贫雇农路线　东北书店编

佳木斯：东北书店，1948.2，92 页，32 开

本书内容包括：开展由雇贫农作主的覆查与平分土地运动、怎样使雇贫农掌握丈地权、关于雇贫农掌握领导权问题等。

收藏单位：东北师大馆、国家馆、吉大馆、南京馆

06980

平分手册

冀南新华书店，1948.2 翻印，36 页，32 开

冀南新华书店，1948.3，31 页，32 开

收藏单位：国家馆、南京馆、山东馆

06981

平分土地与整顿队伍　华中二地委宣传部编

新华书店二分店，1948，120 页，32 开

收藏单位：国家馆

06982

平分土地与整顿队伍（彭真同志在边区土地会议上的报告和结论述要）　彭真著

冀中新华书店，[1947]，16 页，32 开

收藏单位：国家馆

06983

平汉沿线农村经济调查　陈伯庄著

上海：交通大学研究所，1936.12，1 册，18 开（交通大学研究所社会经济组专刊 4）

本书共 6 章，内容包括：农作物的生产消费及售出、农作的收支及其所得、副业及其收入、佃农问题等。附农户调查表、自耕农每人总收入净收入净所得及购买力表等。

收藏单位：重庆馆、广东馆、广西馆、国家馆、吉林馆、近代史所、辽大馆、上海馆、首都馆、天津馆、西交大馆、西南大学馆、中科图

06984

平湖县土地行政概况　平湖县政府编

上海：民益荧记印刷公司，1937.3，152 页，16 开

收藏单位：南京馆

06985

平湖县之地政实验　平湖县政府编

平湖县政府，1936.3，28 页，16 开

平湖县政府，1937.3，28 页，16 开

本书内容包括：导言、地政实验之意义、平湖县土地概况、地政实验之准备、地政实验一年计划及其开始等。

收藏单位：南京馆、浙江馆

06986

平湖之土地经济　中央政治学校地政学院平湖县政府编

南京：中央政治学校地政学院、平湖县政府，1937.1，204 页，12 开

南京：中央政治学校地政学院，1937，[20]+204 页，18 开

本书共 11 章：绪言、地理、人民、土地利用与农产、地权分配、租佃制度、地价、田赋、农业经营、农村金融、农民生活状况。

收藏单位：重庆馆、国家馆、吉大馆、南京馆、上海馆、天津馆、浙江馆

06987

平津一带鸡卵之产销　郑林庄著

郑林庄，1937.5，38 页，16 开（燕京大学经济学系中国经济研究丛刊 4）

本书分两部分：生产之部、运销之部。第 1 部分共 4 章：养鸡事业与农家经济、饲养及产卵情形、卵之种类及品质、雏鸡之供给；第 2 部分共 5 章，内容包括：供给来源之分析、市场之体系及内容、运输及分级等。

收藏单位：重庆馆、国家馆、南京馆、天津馆

06988

平均地权　刘宝书著

上海：太平洋书店，1928.7，90 页，32 开

上海：太平洋书店，1928，再版，90 页，32 开

上海：太平洋书店，1929.9，4 版，90 页，32 开

本书共 6 节：民生主义之真意、平均地权之意义、平均地权之理由、平均地权之方法、着手平均地权以前之准备、平均地权以后人民所享之利益。

收藏单位：重庆馆、广西馆、贵州馆、桂林馆、国家馆、湖南馆、江西馆、南京馆、宁夏馆、上海馆、西交大馆、浙江馆

06989

平均地权　万国鼎讲　沈海鸣记

出版者不详，[1930—1949]，油印本，1 册，16 开（土地政策讲义）

收藏单位：南京馆

06990

平均地权　吴尚鹰讲

[重庆]：中山文化教育馆，1939，30 页，16 开

本书为作者于 1939 年春受蒋中正邀请在

中央训练团党政训练班上所作的演讲稿。

收藏单位：重庆馆、广西馆、国家馆、江西馆、南京馆

06991

平均地权　吴尚鹰讲

中央训练团党政训练班，1939.4，20 页，32 开（中央训练团党政训练班讲演录）

收藏单位：重庆馆、国家馆

06992

平均地权本义（上）　萧铮著

[南京]：建国出版社，1947.8，251+6 页，25 开（中国地政研究所丛书 1）

本书分上、中两编：要义疏、言论考。上编共 13 部分，内容包括：泛论革命之目的与平均地权、平均地权与地尽其利、平均地权与耕者有其田、平均地权宜行于建国之始等；中编共 51 部分，内容包括：上李鸿章书、中国同盟会军政府宣言、民生主义之实施、国民党政见宣言等。

收藏单位：长春馆、广东馆、国家馆、湖南馆、近代史所、南京馆

06993

平均地权初步之商榷　向绍轩著

上海：太平洋书店，1929，142 页，32 开

本书共 8 章：土地行政规划、田亩清理程序、田赋整理办法、田亩测绘工程、地亩清理程序、地税整顿办法、赋税整顿后财政结果之预测、土地问题之商榷。

收藏单位：重庆馆、东北师大馆、广西馆、贵州馆、桂林馆、国家馆、湖南馆、吉林馆、江西馆、南京馆、山西馆、上海馆、天津馆、西南大学馆、浙江馆

06994

平均地权的理论与实践　李健人著

上海：泰东图书局，1929.1，106 页，32 开

本书共 8 章，内容包括：土地所有权变迁之历史、中国历代平均地权之思想及运动、中国土地分配及农业经济之现状、平均地权之原理等。

收藏单位：重庆馆、桂林馆、河南馆、上海馆、西交大馆、浙江馆

06995

平均地权的讨论　中国国民党河北省党务指导委员会宣传部编

中国国民党河北省党务指导委员会宣传部，1928.8，115 页，32 开（宣传丛书 1）

本书收文 6 篇：《土地所有权之变迁》（平凡）、《平均地权的理论的根据》（谭振民）、《平均地权》（周佛海）、《平均地权的讨论》（雪崖）、《土地问题研究》（平凡）、《中国农民问题》（公孙愈之）。

收藏单位：广西馆、近代史所、上海馆

06996

平均地权方法论　邹枋著

上海：大东书局，1933.4，66 页，32 开（社会科学基础丛书）

本书共 6 章，内容包括：近代方法论的新趋势、归纳法的平均地权论、统计法的平均地权论等。

收藏单位：重庆馆、广东馆、广西馆、国家馆、湖南馆、江西馆、近代史所、南京馆、上海馆、天津馆、浙江馆

06997

平均地权浅说　中国国民党中央执行委员会宣传部编

中国国民党中央执行委员会宣传部，1929.2，38 页，32 开

本书共 7 章，内容包括：中国土地分配制度的沿革、中国土地分配的现状、平均地权的方法等。附土地法原则。

收藏单位：安徽馆、重庆馆、桂林馆、江西馆、南京馆、西交大馆、浙江馆

06998

平均地权浅说　中央宣传部编撰科编

中央宣传部出版科，1931.1，再版，44 页，32 开

收藏单位：国家馆、湖南馆、江西馆

06999

平均地权宣传大纲 内政部编

内政部，1929.3，16 页，16 开

收藏单位：南京馆

07000

平均地权与土地改革 张继 萧铮等撰

重庆：商务印书馆，1943.3，176 页，25 开（中国地政研究所丛刊）

赣县（赣州）：商务印书馆，1944.3，176 页，25 开

本书收文 7 篇，内容包括：《平均地权史话》（张继）、《民生哲学与平均地权》（萧铮）、《平均地权思想之演进》（万国鼎）、《平均地权在三民主义中之地位》（缪启愉）、《民生主义体用论》（苏渊雷）等。

收藏单位：重庆馆、东北师大馆、甘肃馆、广东馆、广西馆、贵州馆、桂林馆、国家馆、黑龙江馆、湖南馆、江西馆、南京馆、宁夏馆、首都馆、浙江馆

07001

平均地权政策讲话 丘式如编

重庆：青年书店，1939.12，100 页，32 开（三民主义丛书通俗读物 3）

本书共 9 讲，内容包括：土地私有制的形成原因、我国先朝土地制度述略、我国目前土地的分配情形、平均地权政策的实行等。

收藏单位：重庆馆、东北师大馆、广西馆、贵州馆、国家馆、湖南馆、吉林馆、江西馆、南京馆、浙江馆

07002

平均地权之理论与实施 李从心著

重庆：国民图书出版社，1942，148 页，32 开（党义丛书）

本书共 3 编：平均地权与中国土地问题之解决、地政实施概况、今后怎样贯澈平均地权。

收藏单位：重庆馆、广东馆、广西馆、贵州馆、国家馆、黑龙江馆、湖南馆、吉林馆、江西馆、近代史所、辽大馆、南京馆、内蒙古馆、上海馆、天津馆、西南大学馆、浙江馆

07003

平里茶叶运销信用合作报告 安徽省立茶业改良场编

出版者不详，1934.7，26 页，16 开（安徽省立茶业改良场丛刊第 4 种）

本书内容包括：导言、收支总表、盈余支配表、支出细帐。逐页题名：祁门平里茶叶运销合作社报告书。

收藏单位：重庆馆、广东馆、国家馆、吉林馆、南京馆

07004

平武北川农垦调查报告 唐湜远等编

四川省政府建设厅建设周讯编辑部，1938，40 页，16 开

本书共 16 章，内容包括：荒地所在区域、荒废原因、荒地面积、荒地所有权、荒地地价、荒地之坡度、荒地气候、荒地土壤等。

收藏单位：重庆馆、国家馆、南京馆

07005

评"考察四川农业及乡村经济情形报告"（四川的水利，冬作，实业，交通，及经济问题） 伍玉璋著

北碚农村银行，1936，再版，20 页，32 开（北碚农村银行丛刊第 3 种）

收藏单位：国家馆

07006

祁茶漫纪 刘树藩编著

南昌：合群印刷公司，1938.1，306 页，32 开（运销合作实务研究丛书）

本书共 20 部分，内容包括：茶社之创立、指导一般、改进工作、红茶之产运、到上海去、红茶之检验、中国茶叶公司访问记等。

收藏单位：国家馆

07007

祁红茶复兴计划 吴觉农 胡浩川著

实业部上海商品检验局农作物检验组，1933.11，18 页，16 开（农字单行本 6）

本书共 4 部分：绪言、祁红概况、复兴计划、结论。

　　收藏单位：重庆馆、国家馆、南京馆

07008

祁红复兴计划　费同泽著

安徽地方银行经济研究室，[1937.2]，[100] 页，16 开（安徽地方银行专刊 4）

　　本书为祁红之运销计划。附祁门茶叶视察报告。封面题名：祁红。

07009

祁门茶业改良场第一年工作报告　[祁门茶业改良场编]

[祁门茶业改良场]，1935，8 页，16 开

　　本书所涉时间为 1934—1935 年。为《中国实业杂志》第 1 卷第 10 期抽印本。

　　收藏单位：安徽馆

07010

祁门冬期茶业合作训练班讲演集（第 1 期）

全国经济委员会农业处编

全国经济委员会农业处，1936，164 页，16 开（全国经济委员会农业处农业专刊 8）

　　本书共 3 部分：各科讲义、专家讲演、附录。第 2 部分收录《祁门茶业改良场目前事业及其意义》《合作运动与茶业改良》《迁场之理由及其经过》。附录祁门冬期茶业合作训练班办法大纲、课程表、学员姓名一览表、工作报告等。目录页题名：全国经济委员会农业处祁门冬期茶业合作训练班讲演集。

　　收藏单位：国家馆、南京馆、浙江馆

07011

祁门红茶之生产制造及运销　金陵大学农学院农业经济系调查编纂

南京：金陵大学农学院农业经济系，1936.6，130 页，16 开（豫鄂皖赣四省农村经济调查报告 第 10 号）

　　本书内容包括：祁门天然环境、茶地与产额、茶叶生产、红茶精制、红茶运销等。

　　收藏单位：安徽馆、重庆馆、甘肃馆、广东馆、国家馆、湖南馆、江西馆、南京馆、

宁夏馆、首都馆、天津馆、浙江馆

07012

钱塘江渔业志　林书颜撰

定海（舟山）：浙江省水产试验场，1936.5，33 页，16 开（浙江省水产试验场水产汇报 第 2 卷 3）

　　收藏单位：浙江馆

07013

强制造林办法　中央模范林区管理局编订

南京：中央模范林区管理局，1931.2，4 页，32 开（中央模范林区管理局林务专刊 2）

　　收藏单位：国家馆

07014

秦豫棉况一瞥　通成公司天津分公司棉业部编

通成公司天津分公司棉业部，1936，48 页，16 开

　　本书介绍郑州、洛阳、陕州、灵宝、渭南、咸阳、泾阳、西安的棉业情况，包括种类、质量、交易手续、运输等。附河南历年棉产统计表、河南省各县历年棉产统计表、陕西历年棉产统计表、陕西省各县历年棉产统计表。

　　收藏单位：国家馆

07015

青岛果产股份有限公司营业报告书（中华民国三十年度）　青岛果产股份有限公司编

青岛果产股份有限公司，[1941—1939]，10 页，16 开

07016

青岛农林　青岛市农林事务所编

青岛市农林事务所，[1932]，176+29+14 页，16 开

　　本书共 7 部分，内容包括：沿革及组织、工作报告、规章、统计等。附本所李村农场之土质、中山公园木本植物名表、本所职员录。

　　收藏单位：重庆馆、国家馆、南京馆、上

海馆、浙江馆

07017

青岛市地政局工作报告

出版者不详，[1947]，31 页，16 开

　　本报告所涉时间为 1946 年 1 月至 1947 年 8 月。

　　收藏单位：广西馆、南京馆

07018

青岛市地政述要　青岛市财政局编

青岛市财政局，1937.4，56 页，16 开

　　收藏单位：南京馆

07019

青岛市牛业调查　青岛市社会局编

出版者不详，[1933.6]，8 页，16 开

　　收藏单位：中科图

07020

青岛市农林事务所冬期农事讲演会纪要　青岛市农林事务所编

青岛市农林事务所，1932.12，146 页，22 开

　　本书共 6 部分：弁言、开会词、规章、讲演日程、讲演事项、逐日听讲员到会统计。

　　收藏单位：国家馆、南京馆

07021

青海农村经济　丘咸初稿

[青海省党务特派员办事处]，1934.11，88 页，16 开

　　本书调查对象为该省贵德、大通、循化、互助、湟源、西宁、化隆、民和等 11 个县，调查项目有耕地面积、地价、农村户口、耕地亩植产价格、农户畜产价格、雇农工资、地租及缴纳方法、农民借贷利率及其增减情形等。

　　收藏单位：贵州馆、国家馆、近代史所、浙江馆

07022

青海省政府地政局工作报告　[青海省政府地政局编]

[青海省政府地政局]，[1946]，石印本，[36] 页，16 开，环筒页装

07023

青海省中部荒区调查报告　陈恩凤等著

农林部垦务总局，1942.12，43 页，16 开（农林部垦务总局调查报告 6）

　　本书共 9 章，调查内容包括：垦区自然概况、垦区荒地现况及其分布、垦区农业、垦殖设备与开荒方法、垦区社会情形、垦区经济状况等。

　　收藏单位：重庆馆、甘肃馆、国家馆、近代史所、南京馆

07024

青黄初期之榕粮调节　徐天胎著　福建省粮政局福州粮食调节处编

福建省粮政局福州粮食调节处，1943，19 页，36 开，环筒页装（榕粮丛刊 1）

　　本书为福州粮食调节处 1943 年 5—6 月工作报告。

　　收藏单位：重庆馆

07025

清查地粮纪要　陈开泗编

浙江兰溪实验县土地移转推收处，1934.11，16+384 页，18 开（浙江兰溪实验县县政建设实验）

　　本书分上、下两篇：整理前之一般情形、清查地粮之经过。共 16 章，内容包括：同治清赋纪略、册书与卯簿、土地册籍、清查之方针及其步骤、清查之机关、登记册书等。附光绪戊戌册案稿、公牍摘要、重要图表。

　　收藏单位：重庆馆、东北师大馆、广东馆、广西馆、国家馆、河南馆、湖南馆、江西馆、近代史所、南京馆、上海馆、天津馆、浙江馆

07026

清理所属各林场营林区域内民地办法　中央模范林区管理局编订

南京：中央模范林区管理局，1931.2，4 页，32 开（中央模范林区管理局林务专刊 6）

收藏单位：国家馆

07027

清雍正朝试行井田制的考察　魏建猷著

北平：燕京大学历史学会，[1933—1949]，[14]页，16开

　　本书内容包括：考察试行的原因、区域、田数及年代、井田的民户、井田经界与授田法、井田区的政治组织、试行办法、试行的失败等。为《史学年报》第5期第113—126页单行本。

07028

清远、英德、曲江、始兴、南雄烟茶产销调查报告　广东建设厅农林局经济系编

广东建设厅农林局推广课，1936，12页，32开（农情丛书10）

　　收藏单位：南京馆

07029

清苑的农家经济　张培刚著

国立中央研究院社会科学研究所，1936—1937，3册（65+[80]+[67]页），16开

　　本书分上、中、下3册，分别为：《社会科学杂志》第7卷第1期、第2期，第8卷第1期抽印本。共3部分：一般的农业生产要素、农家的农业经营、农家的收支与借贷。

　　收藏单位：重庆馆、广东馆、国家馆、湖南馆、上海馆、中科图

07030

清丈胜录　乔懋敬等著

[赣县（赣州）]：商务印书馆，1932.10，3版，86页，16开（梦琴楼丛书13）

　　收藏单位：桂林馆、南京馆

07031

清丈特刊　云南省财政厅编

云南省财政厅，1936.1，1册，16开

　　本书内容包括：论述、法规公牍、布告、记载、题名等。

　　收藏单位：南京馆

07032

清丈特刊（第2期）　云南省财政厅清丈处编

云南省财政厅清丈处，1933.4，276页，18开

　　本书收录《清丈人员制服释义》（熙）、《我国今后土地政策的新趋向》（吴其荣），及云南省财政厅清丈处所颁布的法规、命令、有关统计图表、职员录等。

　　收藏单位：国家馆

07033

琼崖各县农业概况调查报告　国立中山大学农学院推广部编

广州：国立中山大学出版社，1937.5，94页，32开

　　收藏单位：南京馆

07034

琼崖农村　林缵春著

广州：琼崖农业研究会，1935.6，84页，18开（琼崖农业研究会丛书2）

　　本书研究对象为海南岛下属文昌、乐山、琼东、儋县4县52村。分上、下两篇：琼崖农村经济研究，琼崖考察记。上篇共7部分，内容包括：土地分配、农业经营、农民阶级、租佃关系、剥削作用等。附调查之范围及方法、琼崖农村经济崩溃中一小农村的实况。

　　收藏单位：广西馆、国家馆、近代史所、上海馆

07035

全国地政检讨会议报告　地政部编

地政部，[1947—1949]，160页，16开

　　本书共7部分：导言、会议规章、会员一览及秘书处职员、会议日程、会议记录、训词及演词、提案原文。会议于1947年9月29日召开。

　　收藏单位：重庆馆、近代史所、南京馆、上海馆

07036

全国各市县土地人口调查　内政部统计司编

内政部统计司，1935.8，78页，横16开

　　本书内容包括：全国各县局人口分组统计

表、人口密度分组统计表、人口密度曲线配分统计表等。书脊题名：各市县土地人口调查。

收藏单位：重庆馆、贵州馆、国家馆、南京馆、上海馆、首都馆

07037

全国经济委员会棉业统制委员会三年来工作报告 全国经济委员会棉业统制委员会编

全国经济委员会棉业统制委员会，1937.6，34页，16开

本书共4部分：绪言、原棉之部、纺织之部、结论。

收藏单位：广东馆、国家馆、河南馆、吉林馆、南京馆、上海馆、首都馆、浙江馆

07038

全国经济委员会棉业统制委员会委员会议录 全国经济委员会编

全国经济委员会，[1935—1949]，[130]页，16开

本书内容包括：议事程序、会议记录、报告类、提议类等。附棉业统制会事业计划草案。

07039

全国粮食概况 行政院新闻局编

行政院新闻局，1947.9，18页，32开

本书共5部分：我国粮食生产情形、近年来国外输入粮食情形、粮食部办理增产工作经过、调济民食办法、田赋征实征借情形。附全国各省粮食战前历年平均产量表、三十五年全国各省主要粮食产量表、三十五年全国各省主要粮食产消盈亏估计表。

收藏单位：安徽馆、长春馆、重庆馆、大庆馆、东北师大馆、广东馆、广西馆、国家馆、河南馆、湖南馆、吉林馆、江西馆、近代史所、辽宁馆、南京馆、内蒙古馆、山西馆、上海馆、首都馆、天津馆、武大馆、浙江馆

07040

全国粮食会议报告 全国粮食管理局编

全国粮食管理局，1941.6，160页，16开

本书内容包括：为召开全国粮食会议文电、出席列席人员表、会议日程、训词、演词、报告等。附大会秘书处组织规则、大会秘书处职员表。

收藏单位：重庆馆、广东馆、国家馆、辽大馆、南京馆、上海馆、西南大学馆

07041

全国粮政会议席上蒋委员长训词 四川省政府粮政局编

四川省政府粮政局，1942.6，14页，32开（粮政小丛书8）

收藏单位：南京馆

07042

全国农会联合会第一次纪事 农林部编

农林部，1913.5，202+16页，25开

本书内容包括：全国农会联合会通告、农会联合会会议规则、各省代表之农业报告、参观纪事等。逐页题名：全国农会联合会纪事。

收藏单位：广东馆、贵州馆、国家馆、湖南馆、浙江馆

07043

全国农业地理新书 王汝通著

上海：国华书局，1922.8，1册，25开

本书为著者在京兆直隶省、山东省、江苏省等地的实地考察资料。共26章，内容包括：地势、气候、土质、农副产品等。

收藏单位：广东馆、国家馆、河南馆、近代史所、辽宁馆、南京馆、上海馆、绍兴馆、浙江馆

07044

全国农业生产会议汇刊 中央人民政府农业部编

北平：中央人民政府农业部，1949，93页，16开

收藏单位：国家馆

07045

全国农业统计调查报告规则

农业部，1929.12，4 页，16 开

　　收藏单位：南京馆

07046

全国土地测量调查登记计划书草案　内政部
编

内政部，1929.2，10 页，16 开

　　本书分两部分：导言、方法。第 2 部分共
3 期，内容包括：筹设土地行政机关、实行地
形测量及图根测量、绘制全国总分地图等。

　　收藏单位：国家馆

07047

全国土地调查计画大纲　全国土地调查筹备
处评议会编

全国土地调查筹备处评议会，[1911—1920]，
18 页，16 开

　　本书为文言体。为作者于 1914 年为内务
部土地调查筹备处评议会所草拟。共 6 部分：
程序、办法、组织、年限、人材、经费。书
中题名：内务部全国土地调查计画大纲（民国
三年拟）。

　　收藏单位：国家馆

07048

全国已调查之荒区概况一览　农林部垦务总
局编

农林部垦务总局，1941，油印本，22 页，16
开，环筒页装

　　本书全部为表。内容为四川、云南、贵
州、广东等 14 省 204 处荒地的面积、气候、
土壤、宜种作物及交通等情况。

　　收藏单位：重庆馆

07049

**确立我国农业政策（敬贡献于首届全国农林
会议之前）**　徐国屏著

徐国屏，[1940—1949]，20 页，32 开

　　本书共 6 部分：导言、农业政策之重要、
确立农业政策之先决问题、农业政策之内容
与要点、农业政策之制订、结语。为著者在

成都广播电台的播音修正稿。

　　收藏单位：贵州馆、国家馆、南京馆

07050

群众工作丛书（第 5 集）　中共辽南省委宣传
部编

中共辽南省委宣传部，1948.3，56 页，32 开

　　本书收录有关土改春耕及生产的社论等。

　　收藏单位：国家馆

07051

热河全省经界委员会第一期清理土地章则

热河全省经界委员会编

热河全省经界委员会，[1911—1949]，38 页，
16 开

　　本书内容包括：热河全省经界委员会议事
规程、热河全省经界委员会办事细则、各县
经界事务所办事细则等。附调查表式、通知
书式、交款收据式、县经界事务所旬报表格
式等。

　　收藏单位：国家馆

07052

热河省地政局业务报告　热河省地政局编

热河省地政局，1947.9，油印本，1 册，16
开，环筒页装

　　本书共 6 部分，内容包括：概说、本局成
立之经过、地籍整理、地权清理等。

　　收藏单位：国家馆

07053

人地管理　林诗旦等编

将乐（三明）：风行印刷社，1941.5 印，89 页，
25 开（将乐地政实验丛书 3）

　　本书共 7 章，内容包括：人地室成立经
过、人员组织、开展户口复查、地籍整理、
抄缮人地册等。

　　收藏单位：重庆馆、国家馆

07054

人地管理　叶镜允　林诗旦主编

将乐县政府，1940.12，3 册，32 开（将乐地
政实验丛书 3）

收藏单位：南京馆

07055

日本统治下的台湾林业   中央设计局台湾调查委员会编

中央训练团，1944.12，44页，32开（中央训练团台湾行政干部训练班参考资料）

　　收藏单位：南京馆

07056

日本统治下的台湾农业   中央设计局台湾调查委员会编

中央训练团，1944，74页，32开（中央训练团台湾行政干部训练班参考资料）

　　本书介绍台湾特殊土壤，米、甘蔗、蔬菜、甘薯、茶、落花生、麦、芝麻、烟草、纤维植物、染料植物、药用植物等的产量、收获与种植，及畜产、家禽、养蚕等事业概况。

　　收藏单位：重庆馆、南京馆

07057

日本统治下的台湾糖业   中央设计局台湾调查委员会编

中央设计局台湾调查委员会，1945.2，1册，32开

　　收藏单位：南京馆

07058

荣昌县猪鬃概况调查   袁友仁编著   技术处调查科编

技术处调查科，1941.11，油印本，1册，16开

　　本书共4部分：生产区域概况、生产概况、交易概况、包装及运输。

　　收藏单位：国家馆

07059

荣隆内江两中心区养猪调查报告（民国二十八年）   许振英著

中央大学农学院畜牧兽医系、四川农业改进所畜牧兽医组，1940.5，16页，16开

　　本书为1939年5月对四川荣昌、隆昌两县的良种白猪所作的调查。内容包括：品种检

定、种畜改良、防疫等项。目录页题名：隆荣内江两中心区养猪调查报告。

　　收藏单位：国家馆、南京馆

07060

荣隆内资资简六县养猪调查报告

四川省农业改进所，1942.4，10页，16开（农业丛刊18）

　　收藏单位：南京馆

07061

荣誉军人生产建设计划   军政部湖南省荣誉军人生产事务筹备处编

军政部湖南省荣誉军人生产事务筹备处，[1940]，40页，25开

　　本书内容包括：垦区概况、组织机构、资金筹集、垦殖计划、垦区设施等。附靖县垦区图。

　　收藏单位：重庆馆、广东馆

07062

如何促进农业及手工业生产   穆藕初著

重庆：农业促进委员会，1939.3，16页，32开

　　本书为著者在教育部的播音演讲稿。

　　收藏单位：重庆馆、国家馆、南京馆、首都馆

07063

如何节约粮食消费   [福建省粮食管理局研究室编]

[福建省粮食管理局研究室]，[1941]，10页，32开

　　本书共两部分：限制或防止不正当之粮食消耗、倡导民众要自动厉行节约。

　　收藏单位：福建馆、广东馆

07064

如何进行复查参考材料   冀南书店编辑部编

冀南书店，1947.9，27页，32开

　　收藏单位：国家馆

07065

如何举办农产展览会   胡勤业   王镜铭编

赫君铮校

河北省立实验乡村民众教育馆，1936.7，50
页，32开（乡村工作实验丛书1）

本书共4节：序、农产展览会的重要与其
目的、农产展览会之发展、农产展览会之实
际问题。

收藏单位：重庆馆、广西馆、国家馆、南
京馆、首都馆、浙江馆

07066

如何组织劳动互助　冀中行政公署农业处编

冀中行政公署农业处，1949，20页，32开
（生产手册2）

收藏单位：近代史所、天津馆

07067

**三民主义的合作制度（行营颁行合作农场章
程）**

出版者不详，[1928—1949]，1册，50开

收藏单位：南京馆

07068

三年来福安茶业的改良　福建省农业改进处
茶叶改良场编

福州：福建省农业改进处茶叶改良场，1939.1，
82页，16开

本书内容包括：导言、概况、报告、编
后、附录。

收藏单位：福建馆、国家馆

07069

三年来江苏地政述要　江苏省地政局编

江苏省地政局，[1937]，46页，16开

本书内容包括：土地测量、土地登记、城
市地价申报、地价税、土地调查、土地重划、
土地征收等项。所涉时间为1933年10月至
1936年9月。

收藏单位：国家馆、南京馆

07070

三年来农产促进委员会工作概况　农产促进
委员会编

重庆：农产促进委员会，1941.9，48页，16开

本书共10部分：成立经过、组织、经费、
推广机构、督导制度、人材训练、设计与材
料供应、推广业务与效果、工作展望、附录。
附录该会工作实施方案简表等。

收藏单位：国家馆、江西馆、近代史所、
南京馆、浙江馆

07071

**三年来浙江蚕丝合作事业——暨卅八年蚕丝
合作事业计划（民国三十五年至三十七年）**

浙江省合作社联合社　浙江省第一合作丝厂
编

浙江省合作社联合社、浙江省第一合作丝厂，
[1946—1948]，15页，16开

本书内容包括：浙江蚕丝改进工作与蚕丝
合作事业、三年来浙江蚕丝合作之发展及其
检讨、三十八年新计划。附表9张。

收藏单位：浙江馆

07072

三年来之绍兴地政概况

出版者不详，1937.7，1册，16开

本书内容包括：清丈计划及实施程序、组
织及人员、业务实施概况等。

收藏单位：南京馆、浙江馆

07073

**三十二年度第二次农产物（玉米、高粱、谷
子）生产费调查报告（华北四省）**　新民会中
央统会编辑

上海：新民会中央统会，1945，1册，32开

收藏单位：首都馆

07074

三十二年度粮食之筹办情形

[储备司]，1943.10，油印本，6页，16开，
环筒页装

收藏单位：国家馆

07075

三十二年调整各省粮政机构专案报告　[管制
司编]

出版者不详，1943，油印本，1册，16开，

环筒页装

本书内容包括：省田赋粮食管理处、粮食市场管理处、重庆市粮食管理室、粮食调节处等。附成立日期、总系统图、各省系统图。

收藏单位：重庆馆

07076

三十六年份第二次棉产估计　全国纺织业联合会编

上海：全国纺织业联合会，1947，8 页，26 开（纺联会刊第 2 辑 1）

本书由农林部棉产改进咨询委员会、中华民国机器棉纺织工业同业会联合会根据河北、山东、山西、河南、陕西、湖北、湖南、江西、安徽、江苏、浙江、四川、辽宁、南京、上海、天津等 15 省市棉产情况编制而成。

收藏单位：重庆馆

07077

三十年度各省粮食增产初步报告　农林部粮食增产委员会编

农林部粮食增产委员会，1941.11，8 页，16 开

本书共两部分：增产机构、工作之进展及成效。

收藏单位：重庆馆、国家馆、南京馆

07078

三十年度各省粮食增产计划大纲　农林部编

农林部，1941，12 页，18 开

收藏单位：南京馆

07079

三十年度各省粮食增产总报告　农林部编

农林部，[1940—1949]，28 页，16 开

本书共 3 部分：增产之机构、工作之鸟瞰、各省之进度。附三十年度各省粮食增产计划大纲。

收藏单位：重庆馆、国家馆、南京馆

07080

三十年度农产促进委员会主办事业效果报告书　农产促进委员会编

[重庆]：农产促进委员会，1942.1，78 页，16 开

本书共 4 部分：引言、经费、事业与效果、结语。

收藏单位：重庆馆、国家馆、近代史所、南京馆、上海馆

07081

三十年度农产促进委员会主办事业预期效果报告书　农产促进委员会编

[重庆]：农产促进委员会，1941.7，54 页，16 开

收藏单位：国家馆

07082

三十七年度夏季、秋季护粮方案　山西省政府　太原绥靖公署编

太原绥靖公署，1948，2 册，25 开

收藏单位：山西馆

07083

三十七年上半年度农林部中心工作计划　[农林部编]

农林部，[1948]，油印本，1 册，16 开

收藏单位：国家馆

07084

三十七年五月三日善后事业委员会及农林部召集渔业问题座谈会讨论事项　国民大会渔业团体代表提

出版者不详，[1948]，8 页，32 开

收藏单位：南京馆

07085

三十七年下半年度农林部施政计划纲要　农林部编

农林部，[1948]，12 页，32 开

本书共 3 部分：农林部施政方针、行政部份、事业部份。第 2 部分共 7 章，内容包括：一般政务、急要政务、农事、农村经济等。

收藏单位：国家馆、南京馆

07086

三十三年度全国大粮户统计表底稿 粮食部
调查处第二科编

粮食部调查处第二科，1945，手抄本，13 页，
横 8 开

本书全部为表。内容包括：三十三年度
全国大粮户统计表、安徽省大粮食户统计表、
湖北省大粮户统计表等。

收藏单位：重庆馆

07087

三十三年夏季农作物分析 四川省政府统计
处编

四川省政府统计局，1945，石印本，12 页，
16 开，环筒页装（四川省统计丛刊 4）

本书共 3 部分：三十三年夏季作物种植面
积、三十三年夏季作物产量、近五年来夏季
作物收成当十足年百分比暨产量比较。

收藏单位：国家馆

07088

三位一体民林督导法 农林部洪江民林督导
实验区编

农林部洪江民林督导实验区，[1928—1949]，
22 页，32 开（民林督导丛刊）

本书共 8 部分，内容包括："三位一体
之意义""第一位——林贷办事处""第二
位——林警分驻所"等。

收藏单位：国家馆、南京馆

07089

桑蚕改进所生产农场半年来的工作报告 常
宗会负责报告

昆明：大中印刷厂，1939.7 印，16 页，32 开
（云南省建设厅蚕桑改进所印刷品 第 2 号）

本书封面题名：生产农场半年工作报告。
所涉时间为 1938 年 11 月至 1939 年 5 月。

收藏单位：国家馆

07090

森林有限合作社模范章程 江苏省农矿厅编

[江苏省农矿厅]，[1930]，14 页，32 开

本书共 8 章：总则、社员、社股、业务、

职员、会议、存立及解散、附则。

收藏单位：国家馆

07091

森牲园营业汇编（第 6 期）

[镇江森牲园农林公司]，1929，37 页，18 开

本书为广告宣传刊物。

07092

沙河全年生产初步总结 沙河县联合办公室
编

沙河县联合办公室，1947.11，油印本，17
页，32 开

本书附秋收种麦工作、土地入股的研究。

收藏单位：国家馆

07093

**山东第一林区林务局工作报告（民国十八年
至二十三年）** 山东第一林区林务局编

山东第一林区林务局，1935，144 页，16 开

本书共 12 部分，内容包括：本局沿革及
组织、关于苗圃事项、关于林场事项、历年
各费收支数目概况、本局自十八年至二十三
年大事记等。

收藏单位：国家馆

07094

山东旧济南道属农村经济调查 黄孝方著

山东乡村建设研究院，1934.10，24 页，16 开

本书共 5 部分：农产品之价格、日用品之
贵贱、农民之负担、地价之低落、人工之低
贱。

收藏单位：重庆馆、广东馆、国家馆、湖
南馆、吉林馆、江西馆、近代史所、辽大馆、
南京馆、中科图

07095

山东棉花概况 （日）渡部诚著 青纺编委会
编

中国纺织建设公司青岛分公司，1947.8，93
页，32 开

本书共 8 章，内容包括：山东棉花之沿
革、产地及产额、山东棉花之品种、山东棉

花鉴别法等。

收藏单位：重庆馆、广东馆、广西馆、贵州馆、国家馆、河南馆、湖南馆、江西馆、辽宁馆、南京馆、上海馆、首都馆、天津馆、浙江馆

07096

山东棉业调查报告 金城银行总经理处天津调查分部编

金城银行总经理处天津调查分部，1936，238页，16开

本书共5编：概述、棉花之生产、棉花之运销、山东棉业运销合作、调查意见。调查时间为1935年。

收藏单位：重庆馆、国家馆、近代史所、上海馆、天津馆、中科图

07097

山东农村合作事业概况 山东省建设厅合作事业指导委员会编

山东省建设厅合作事业指导委员会，1935.4，10页，18开

本书介绍美棉、蚕业、烟业等产销合作事业概况。

07098

山东农林报告 山东省政府实业厅编

[济南]：山东省政府实业厅，1931.10，566页，18开

本书附山东省各县面积耕地面积人口及农民统计表、山东省各县人口及农民曲线图等。

收藏单位：国家馆、湖南馆、首都馆

07099

山东全省沿岸渔业概况 山东省建设厅合作事业指导委员会编

山东省建设厅合作事业指导委员会，1935.4，34页，16开

本书内容包括：山东全省沿岸港湾情形、渔业状况、鱼类回游轨道、栖息场所、渔泛时期、渔具渔法、各重要鱼类形态习性等。

收藏单位：重庆馆、国家馆、天津馆、中科图

07100

山东森林问题 高秉坊编

济南：启明印刷社（印），1921.1，14页，18开

本书附山东森林缺乏之状况图说、山东林业进行之状况图说。

收藏单位：国家馆、内蒙古馆

07101

山东省第一区农场民国二十四年份工作报告 山东省第一区农场编

山东省第一区农场，[1936.1]，48页，16开（工作报告 第1号）

本书共4部分：绪言、试验、调查、事务。

收藏单位：国家馆

07102

山东省建设厅全省林业推广委员会视察指导各县林业报告书 林业推广委员会编

林业推广委员会，1935.12，280页，16开

本书内容包括：各县林业报告书、蒙山天然林调查概况、各县苗圃经费比较图等。目录页及逐页题名：山东省建设厅林业推广委员会林业报告书。报告时间为1935年10月。

收藏单位：国家馆

07103

山东省胶东区卅五年度征粮办法

出版者不详，1946，24页，32开

本书内容包括：山东省胶东区卅五年度征粮办法（第一办法）、山东省胶东区卅五年度征粮办法（第二办法）、山东省胶东区三十五年度征粮办法第二办法实施说明。

收藏单位：国家馆

07104

山东省粮草暂行收支程序 华东财经办事处编

华东财经办事处，1948.2，7页，32开

收藏单位：国家馆

07105

山东省农产区域之初步研究　邹豹君著

[北平]：国立北平师范大学，1936.11，28
页，16开

　　本书共6部分，内容包括：山东省之地理
概况、与农业有关之各种地理因素、本省农
作物之分布、山东省农产区域之划分等。为
国立北平师范大学《师大月刊》第31期抽印
本。

　　　　收藏单位：国家馆、南京馆、中科图

07106

**山东省农村经济状况实地调查报告（第1号
齐东县）**　张文涛编

山东省政府建设厅合作事业指导处，1937.8，
36页，16开

　　本书共8章，内容包括：人口与家庭、
三百户农家全年收支状况、主要农作物栽培
面积比较、农地分配与分割情况、家畜种类
与数量等。书中题名：山东省齐东县三百户农
民经济状况挨户调查。

　　　　收藏单位：重庆馆

07107

山东省三十六年度征收公粮暂行办法　山东
省政府颁行

山东省政府，1947.4，6页，32开

　　　　收藏单位：国家馆、山东馆

07108

**山东省政府建设厅二十三年度推广美棉产销
合作工作报告**　山东省政府建设厅合作事业
指导处编

山东省政府建设厅合作事业指导处，1935，
458页，18开

　　本书内容包括：前述、推广之设计、推广
之筹备等。目录页题名：二十三年度推广美棉
产销合作社工作报告。

　　　　收藏单位：国家馆

07109

**山东省政府建设厅利广沽移民办事处工作报
告书**　山东省政府建设厅利广沽移民办事处

编

山东省政府建设厅利广沽移民办事处，
[1936]，316页，16开

　　本书共12章，内容包括：筹办移民垦殖
经过、垦民生活状况、筹堵乱荆子河岔经过
情形、划分垦田之经过、本处之经济报告等。
逐页题名：移垦专刊。

　　　　收藏单位：国家馆、首都馆

07110

山东省滋阳县县联概况乡村实态调查书　华
北合作事业总会调查科编

华北合作事业总会，1944.7，77页，24开
（调查资料甲第15辑）

　　本书共3章：该县概况、县合作社联合会
概况、滋阳县辛北庄农村实态调查报告。

　　　　收藏单位：近代史所

07111

[山东所属各县农业经济调查]　[郭葆琳著]

出版者不详，1922，1册，22开

　　本书内容包括：山东各县农业经营之概
况、农作物之耕作、家畜饲养之情形、蚕桑、
将来改进之方针等。

　　　　收藏单位：国家馆

07112

山东西北移垦辑要　山东西北移垦事务所编

山东西北移垦事务所，1924，1册，18开

　　本书共3部分：公牍、讲演报告、调查报
告。

　　　　收藏单位：国家馆、中科图

07113

山东之落花生　尹喆鼎著

实业部青岛商品检验局，1934.6，92页，25
开（实业部青岛商品检验局专刊）

　　本书分6章：落花生之生产概况、落花生
之性状、花生油之性状、落花生之用途、落
花生之交易概况、落花生之贸易概况。

　　　　收藏单位：国家馆、上海馆、浙江馆

07114

山东之农业概况 山东农业调查会编辑
济南：启明印刷社，1922.7，1 册，22 开

本书介绍山东淄川、长山、桓台等县的农业经营之概况、农作物之耕作、家畜饲养之情形、蚕桑、森林、将来改进之方针等情况。

收藏单位：国家馆、湖南馆

07115

山林名言录 汪秉全编
农林出版社，1942.3，27 页，32 开

本书内容包括：林政、林业、林学。

收藏单位：重庆馆、国家馆

07116

山西林业刍议 任承统著
山西旅京学友会，1929.1，31 页

本书共 3 章：山西林业之现状及其问题、改进山西林业现时应取之方针、山西林业计划草案。

收藏单位：南京馆

07117

山西农桑总局成绩报告 山西农桑总局编
山西农桑总局，1916.12，484 页，18 开（中华民国四年成绩报告书 第 1 期）

07118

山西农学（第 13 本 农业经济论） 山西农学编辑会编
山西农学编辑会，[1920—1949]，石印本，33 页，25 开，环筒页装

本书共 7 章，内容包括：农业的要素、农家的分别、农家的副业、农家的互助、农家的费用等。

收藏单位：国家馆

07119

山西全省荒地荒山森林统计表 王丕荣 张晟编 董秉乾校
文蔚阁，[1920]，624 页，18 开

本书收录该省有关荒地、荒山、森林方面的统计表 109 种。

收藏单位：国家馆

07120

山西省二十五年份棉业改进及推广各项实施办法
[太原] : [造产救国社]，1936.3，28 页，25 开

本书内容包括：山西省二十五年份改进棉业实施办法、山西省冀雁区二十五年份棉业推广试种办法、保赔试种棉场办法、收买保赔试种棉场棉产品办法、保赔试种棉场棉户奖励办法等。

收藏单位：国家馆、山西馆

07121

山西省各县土地面积及耕地面积调查表
出版者不详，1941.1，石印本，[8] 页，16 开，环筒页装

收藏单位：国家馆

07122

山西省荒地荒山森林面积统计比较表
出版者不详，[1930—1949]，624 页，16 开

收藏单位：浙江馆

07123

山西省农业概况估计报告 张心一著
立法院统计处，[1930—1949]，47 页，16 开

本书全部为表。内容包括：农民户数、农地面积、作物产量等。为《统计月报》抽印本。

07124

山西省政府建设厅民国二十五年份办理改进蚕桑事业总报告 山西省政府建设厅编
山西省政府建设厅，1936，20 页，18 开

本书共 4 部分：筹备情形、实施改进情形、收茧及烘茧情形、结论。

收藏单位：国家馆

07125

陕甘宁边区合作社联席会决议·西北局关于

贯彻合作社联席会议决议的决定　陕甘宁边区合作社联席会颁布·中共西北中央局颁布

出版者不详，1944.7，13 页，32 开

　　收藏单位：国家馆

07126

陕甘宁边区神府县直属乡八个自然村的调查

　　中共西北中央局调查研究室编

中共西北中央局调查研究室，1943，128 页，32 开（农村调查材料 1）

　　本书共 41 部分，内容包括：行政区分、自然条件、政治环境、土地质量、农具等。

　　收藏单位：山西馆

07127

陕甘宁边区组织劳动互助的经验

华北书店，1944，50 页，大 64 开

　　本书共 3 部分：边区组织劳动互助的主要经验和今后工作、各地互助运动介绍、论集体劳动。

　　收藏单位：国家馆

07128

陕甘青宁绥五省农作物调查（下册）　沈宗瀚　雷男　任承宪编

资源委员会农垦组，1937，油印本，1 册，16 开，环筒页装

　　本书介绍豆菽类、纤维类、油类、块球类、特用类等农作物的来历、土宜气候、分布、播种等。

　　收藏单位：国家馆

07129

陕西长安县草滩泾阳县永乐店农垦调查报告

　　华源实业调查团编

南京：华源实业调查团，1933.3，62 页，16 开

　　本书共 4 章：绪言、永乐店、草滩、结论。

　　收藏单位：国家馆、吉林馆、近代史所、南京馆、上海馆

07130

陕西泾惠渠永乐区保证责任棉花生产运销合作社第一次工作报告（中华民国二十三年度）

　　陕西永乐合作社编辑

陕西永乐合作社，1934.12，59 页，16 开

　　本书共 4 章：总论、社务、业务、结论。目录页题名：陕西泾惠渠永乐区保证责任棉花生产运销合作社第一届报告书，逐页题名：陕西泾惠渠永乐区棉花生产运销合作社第一年报告。

　　收藏单位：国家馆、南京馆、上海馆

07131

陕西黎平垦区调查报告　陕西黎平垦区调查团编

陕西黎平垦区调查团，1939.3，116 页，16 开

　　本书共 5 章：绪言、垦区之土地、垦区之出产、垦区之先决问题、垦区之实施计划。

　　收藏单位：甘肃馆、吉林馆、近代史所、南京馆、天津馆

07132

陕西棉产　李国桢编

南京：中国棉业出版社，1949.1，88 页，16 开

　　本书共 6 章，内容包括：历年全省棉田面积及产量、各县历年棉田面积及产量、各县分乡棉田百分数及每亩产量等。附各县棉产分布图。

　　收藏单位：广东馆、国家馆、吉林馆、西南大学馆、浙江馆

07133

陕西棉产改进所推行合作事业报告　陕西棉产改进所编

陕西棉产改进所，1936，32 页，16 开

　　本书共 3 部分：沿革、二十四年度事业情形、二十五年度事业大要。

　　收藏单位：国家馆、南京馆、天津馆

07134

陕西棉产估计调查报告（中华民国二十三年）

　　陕西棉产改进所编

陕西省棉产改进所，1934，65 页，16 开（陕西棉产改进所专刊 1）

本书内容包括：总论、陕西关中区各县棉产概况、陕南棉业报告等。目录页题名：民国二十三年陕西棉产估计调查报告。

收藏单位：重庆馆、国家馆

07135

陕西棉业 李国桢编

陕西省农业改进所，1947.3，314 页，16 开

本书共 5 章：陕西棉业之今昔、陕西植棉之自然环境、陕棉之栽培及改良、陕棉之品质检定及分级检验工作、棉业经济。

收藏单位：安徽馆、重庆馆、国家馆、近代史所、上海馆

07136

陕西棉业之回顾 李国桢编

南京：中国棉业出版社，1935.12，96 页，16 开

收藏单位：重庆馆、广东馆、上海馆、天津馆、西南大学馆、中科图

07137

陕西农业合作事务局报告书

出版者不详，1935.10，16 页，16 开

收藏单位：南京馆

07138

陕西农业合作事业委员会第四次常会议程

出版者不详，[1928—1949]，油印本，1 册，16 开

本书附各种合作章程。

收藏单位：南京馆

07139

陕西农业经济调查研究 熊伯蘅 万建中编

国立西北农学院，1942.5，42 页，32 开（国立西北农学院农业经济丛刊 3）

本书为陕西省临潼、兴平两县的调查材料。共 7 部分，内容包括：农村人口、土地利用及分配、田场经营状况、农家生活程度等。附调查村庄及农家户数表、人口密度表等。

收藏单位：重庆馆、国家馆、近代史所、南京馆、浙江馆

07140

陕西省地政业务报告

出版者不详，[1928—1949]，油印本，1 册，16 开，环筒页装

本书共 9 章：概述、组织、人员训练、土地测量、土地登记、地价税、土地使用（垦荒）、土地征收、地权处理。

收藏单位：重庆馆

07141

陕西省第一届棉业讨论会会刊 陕西省建设厅编

陕西省建设厅，1932.5，1 册，16 开

本书共 10 部分，内容包括：提案、报告、会议录、议决案、学术讲演、言论、调查等。

收藏单位：甘肃馆、国家馆、南京馆

07142

陕西省防旱工作中林业之任务 齐敬鑫著

陕西省林务局，1935.9，22 页，16 开

收藏单位：南京馆

07143

陕西省各林场最近五年育苗成绩调查统计表·陕西省各林场最近五年造林成绩调查统计表（二十四年至二十八年） [陕西省水林局编]

[陕西省水林局]，[1939]，6 页，横 16 开

收藏单位：国家馆

07144

陕西省灌溉事业经济价值粗测 陕西省水利局 [编]

陕西省水利局，1939，晒印本，1 册，横 16 开

收藏单位：国家馆

07145

陕西省黄龙山垦区第二期扩大垦务计划书（草案） 陕西省黄龙山垦区编

陕西省黄龙山垦区，1937，28 页，32 开

07146

陕西省粮政局工作总报告

出版者不详，1942，油印本，1 册，16 开，环筒页装

　　收藏单位：国家馆、南京馆

07147

陕西省粮政局三十年度政绩比较表　陕西省粮政管理局秘书室编

陕西省粮政管理局秘书室，1942，1 册，16 开

　　收藏单位：南京馆

07148

陕西省林业发展之十年计划　芬次尔原拟
齐敬鑫编译

陕西省林务局，[1928—1949]，18 页，16 开

　　收藏单位：南京馆

07149

陕西省农村调查　行政院农村复兴委员会编

上海：商务印书馆，1934.8，180 页，22 开，精装（行政院农村复兴委员会丛书）

上海：商务印书馆，1934，再版，180 页，22 开，精装（行政院农村复兴委员会丛书）

　　本书分两部分：土地关系、乡村政治及税捐。第 1 部分共 5 部分：绪言、渭南、凤翔、绥德、比较；第 2 部分共 4 章：政治组织、公务人员的地位、警卫实力、税捐。附调查日记。

　　收藏单位：安徽馆、重庆馆、东北师大馆、甘肃馆、广东馆、广西馆、贵州馆、国家馆、河南馆、湖南馆、吉林馆、辽大馆、南京馆、内蒙古馆、宁夏馆、山西馆、陕西馆、上海馆、首都馆、天津馆、浙江馆

07150

陕西省农业调查　汤惠栋等 [编著]

资源委员会农垦组，1936，油印本，1 册，13 开

　　收藏单位：首都馆

07151

陕西省农业改进所卅一年度工作总报告　陕西省农业改进所编

[陕西省农业改进所]，1943，82 页

　　本书共 7 部分，内容包括：农艺部份、森林果木部份、分级检验部份、畜牧兽医部份等。

　　收藏单位：湖南馆、近代史所

07152

陕西省土地制度调查研究　熊伯蘅　王殿俊编

国立西北农学院农业经济系，1941.12，32 页，32 开（国立西北农学院农业经济丛刊 2）

　　本书共 5 部分：绪言、土地分配状况、土地使用状况、租佃制度、地价。附图表 28 种。

　　收藏单位：重庆馆、国家馆、南京馆、浙江馆

07153

陕西省政府地政工作报告　陕西省地政局编

陕西省地政局，[1935—1949]，72 页，16 开

　　本书共 11 部分，内容包括：小史、机构、地籍整理、规定地价、地权调整、土地利用、人员训练等。附陕西省地政大事年表。所涉时间为 1935 年 3 月至 1947 年 8 月。

　　收藏单位：广西馆、近代史所

07154

陕西省之农业建设　[陕西省农业改进所编]

陕西省农业改进所，1942.3，石印本，[80] 页，18 开

　　本书介绍该省以往的农艺试验、农业推广、林务工作情况，并提出今后各项工作的进展计划。

　　收藏单位：重庆馆、南京馆、西南大学馆

07155

善后救济总署冀热平津分署农业技正室工作总报告

出版者不详，[1928—1949]，1 册，16 开

　　收藏单位：国家馆

07156

善后救济总署冀热平津分署农业善后工作概况　农业技正室编

农业技正室，1947，16 页，16 开

收藏单位：国家馆、近代史所

07157

善后救济总署江西分署江西省垦务处合办冬垦复村运动办法（民国三十五年度）　善后救济总署江西分署编

善后救济总署江西分署，1946，彩色石印本，1 册，25 开

本书为汉英对照。

收藏单位：国家馆

07158

上海各渔业团体维护领海渔权特刊

上海市渔业仇货检查委员会，1934.7，27 页，16 开

收藏单位：南京馆

07159

上海粮食问题　朱一鸣著

上海：现代经济通讯社，1949.5，29 页，32 开（现代经济丛刊第 4 辑）

本书共 6 章，内容包括：全国粮食生产概况、上海粮食市场组织、主要粮食的供销情况、粮价波动与政府管制问题、计口授粮制度等。

收藏单位：国家馆、上海馆

07160

上海民食问题　上海市粮食委员会编

上海市社会局，1931.6，338 页，18 开

本书共 6 部分，内容包括：论著、粮食统计、社会局之民食行政等。"论著"部分收录该会会员论文 15 篇，内容包括：《整顿民食办法》（潘公展）、《中国食粮问题》（黄枯桐）、《食粮进口与免税问题》（吴觉农）、《中国谷物之探源》（冯柳堂）、《筹建义仓私议》（顾复）、《世界米谷的生产与其需给》（吴觉农）等。

收藏单位：广东馆、国家馆、吉林馆、近代史所、上海馆、首都馆、天津馆

07161

上海市农业概况　徐天锡著

上海：园艺事业改进协会，1947.10，29 页，32 开（上海园艺事业改进协会丛刊 21）

本书共 6 部分：引言、农村状况、农作物产销状况、畜牧状况、园林状况、公私农业机构。

收藏单位：国家馆、首都馆

07162

上海市渔轮业之回顾（民国二十一年）　上海市市立渔业指导所编

上海市市立渔业指导所，1933.2，1 册，22 开

本书共 4 章：本市轮船渔业之今昔、本市轮船渔业之渔场、本市各轮船渔业公司一年来营业状况、本市冰鲜鱼业之市场与渔轮业之关系。附上海港港务规则摘要、上海港航行规则、上海港万国通用旗语应用规则摘要等 7 种。目录页题名：民国二十一年上海市渔轮业之回顾。

收藏单位：广西馆、贵州馆、国家馆、上海馆、中科图

07163

上海特别市各区农家主要事项调查表　上海特别市政府社会局编

上海特别市政府社会局，1928.8，10 页，18 开（上海特别市政府社会局刊物 第 1 辑）

本书全部为表。共 5 部分：概状、农业组织、管理、资产及生活费、杂项。

收藏单位：国家馆

07164

上海特别市粮政工作报告（民国卅一年上半年）　上海特别市粮食管理局编

上海特别市粮食管理局，1942.10，103 页，16 开

本书共 8 章。附上海特别市粮食管理局办事细则、上海特别市粮食管理局管理粮食暂行办法等 25 种。

07165

上海之农业　上海市社会局编

上海：中华书局，1933.12，321 页，22 开

　　本书共 4 编：农业、园林、畜产、渔业。

　　收藏单位：安徽馆、广东馆、贵州馆、国家馆、河南馆、黑龙江馆、湖南馆、吉林馆、江西馆、辽宁馆、南京馆、内蒙古馆、宁夏馆、上海馆、首都馆、天津馆、浙江馆

07166

邵武建阳崇安三县茶业调查　翁绍耳撰

私立福建协和大学农学院农业经济学系，1940 印，42 页，22 开

　　收藏单位：福建馆

07167

邵武米谷产销调查报告　翁绍耳著

私立福建协和大学农学院农业经济学系，1942，45 页，13 开（农业经济调查报告 3）

　　本书共 6 章：绪论、邵武米谷生产概况、邵武米谷加工概况、邵武米谷运销情形、邵武米谷仓储情形、战时邵武粮食管理概况。

　　收藏单位：国家馆、近代史所、南京馆、首都馆、中科图

07168

邵武农村经济调查报告书　陈兴乐　郑林宽著

私立福建协和大学农学院农业经济学系，1946.7，60 页，18 开

　　本书共 8 章：绪言、租佃制度、农村金融、农村副业、农产贸易、农村劳动、农家生活、建议。

　　收藏单位：国家馆、中科图

07169

邵武县农业经济调查　邵武县政府　协大农经系编

出版者不详，1941.5，油印本，1 册，13 开

　　本书共 10 部分，内容包括：自然环境、人口、农村经济、农场作业等。

　　收藏单位：福建馆

07170

绍兴县耕地总调查手册　绍兴县田赋粮食管理处编

绍兴县田赋粮食管理处，1947，16 页，32 开

　　本书内容包括：举办耕地总调查之意义、调查耕地人员应负之使命、调查耕地须详实准确等。

　　收藏单位：绍兴馆、浙江馆

07171

社务须知　江西省农村合作委员会编

江西省农村合作委员会，1937，40 页，25 开（合作训练教材 2）

江西省农村合作委员会，[1939]，154 页，22 开（区讲习教材 3）

　　本书共 6 章：组织、登记、会议、报告、簿表文件之处理、训练社员。附合作社股份证书、合作社社员名册等。

　　收藏单位：国家馆、江西馆、上海馆

07172

什么是十一运动　晋察冀边区第二届群英大会编

晋察冀边区第二届群英大会，[1947]，16 页，32 开

　　本书所收文章均为《解放日报》社论。

　　收藏单位：国家馆

07173

审查华北农业合作事业委员会章程及细则意见　何宇铨　罗缑笙 [起草]

冀察政务委员会，[1936]，油印本，2 页，13 开，环筒页装

　　本意见附修正条文。

　　收藏单位：国家馆

07174

生产的组织领导问题　晋绥边区生产委员会编

晋绥边区生产委员会，1946.2，28 页，32 开（晋绥边区生产会议材料 1）

　　收藏单位：国家馆、山西馆

07175

生产发家　和柯改编

冀南书店，1947.7，34 页，32 开（工农兵丛书）

　　收藏单位：山东馆、山西馆

07176

生产法令经验汇集　晋绥新华书店晋南分店编

晋绥新华书店晋南分店，1937，2 册（43+60 页），32 开

　　本书分上、下两编。内容包括：晋绥边区行政公署关于抓紧领导冬季生产切实准备明年大生产的指示、晋绥行署关于发展生产的指示、晋绥边区农业生产奖励办法、解决革命军属烈属生产困难暂行办法等。

　　收藏单位：重庆馆、山西馆

07177

生产教材　项柏仁　高一光合编　晋察冀边区行政委员会编写委员会编

晋察冀边区教育阵地社，1946.2，43 页，32 开（群众宣讲教材）

　　本书共 12 课，内容包括：大生产为自己、组织起来好处多、怎样才能多打粮食、办好合作社、发展手工业和副业、生产不忘学习等。

　　收藏单位：国家馆、山西馆

07178

生产救灾、秋收种麦、秋耕宣传手册　中央河北省委宣传部编

中央河北省委宣传部，1949，17 页，32 开

　　本书共 5 部分：生产救灾、秋收种麦、秋耕、组织和帮助烈军工属生产、党员干部带头生产。

　　收藏单位：国家馆、山东馆

07179

生产课本　东北行政委员会教育部编

佳木斯：东北书店，1949.1，50 页，32 开

　　本书指导翻身农民从事农业生产。共 5 部分：发财致富、组织起来、农业改良、副业

生产、合作社。

　　收藏单位：长春馆、国家馆、黑龙江馆、辽宁馆、南京馆、山东馆

07180

生产手册　嫩江省委秘书处编

嫩江省委秘书处，1948.7，17 页，32 开

　　本书共 3 部分：嫩江省春耕运动总结、具体组织与领导铲蹚运动、争取铲蹚运动的胜利。

　　收藏单位：国家馆

07181

生产训练教材　湖南省民众训练指导处编

湖南省民众训练指导处，1938.1，24 页，32 开

　　收藏单位：重庆馆

07182

生产运动参考材料

出版者不详，1948，32 页，32 开（干部学习材料）

　　本书收文 8 篇：《毛主席关于领导群众生产指示摘录》《东北局关于平分土地总结摘录》《晋察冀中央局发布关于土地改革后农村发展生产的指示》《检查春耕迎接铲蹚》《健全夏锄的互助组织》《关于记工还账问题》《组织妇女参加农业生产的几个问题》《向严重的春荒作斗争》。

　　收藏单位：广东馆、国家馆、天津馆、云南馆

07183

生产运动与生产斗争　太行二届群英大会编辑委员会编

太行群众书店，1947，68 页，32 开

　　收藏单位：国家馆

07184

生产运动中的思想教育经验　冀南书店编

冀南书店，1947.6，29 页，32 开

　　本书共 4 部分：太行区四六年生产运动中的思想教育、石寸金在生产中怎样进行思想

教育、王桃海的思想转变、曹善魁的思想领导和宣传鼓动工作。

收藏单位：北师大馆、国家馆、山东馆

07185

生产运动中的思想教育经验 太行区党委宣传部编

太行区党委宣传部，1947，29 页，64 开

收藏单位：国家馆

07186

生产组织与农村调查 毛泽东著

香港：新民主出版社，1946.5，62 页，32 开

本书收文 4 篇：《论合作社》《组织起来》《农村调查序言二》《兴国调查》。附如何进行农村调查。

收藏单位：国家馆、山东馆

07187

生丝产销 行政院新闻局编

行政院新闻局，1947，38 页，32 开

本书共 6 部分：生丝之特点与用途、生丝之种类、蚕桑之自然环境、生丝产区分布、生丝产量估计、生丝外销概况。附本年蚕丝产销计划纲要。

收藏单位：安徽馆、重庆馆、广东馆、广西馆、贵州馆、国家馆、河南馆、湖南馆、吉林馆、江西馆、近代史所、辽宁馆、南京馆、内蒙古馆、上海馆、首都馆、天津馆、浙江馆、中科图

07188

牲畜管理处周年纪念刊 [北京市警察局牲畜管理处编]

北京市警察局牲畜管理处，[1938]，1 册，22 开

收藏单位：国家馆

07189

省、县、区保证责任棉花生产运销合作社模范章程 陕西省棉产改进所编

陕西省棉产改进所，1934.5，12 页，18 开

本书章程分 10 章，内容包括：总则、社

员、组织、会议及表决、业务等。

收藏单位：国家馆

07190

胜利以来我国农村经济概况 石桦著

石桦 [发行者]，[1946—1949]，11 页，16 开

本书共 8 节，内容包括：农村复员与救济、农民组织之发展、农村金融之调剂等。

收藏单位：上海馆

07191

嵊山渔村调查 江苏省立渔业试验场编

江苏省立渔业试验场，[1911—1949]，78 页，22 开

收藏单位：上海馆

07192

十年来之蚕丝事业 谭熙鸿 夏道湘著

中华书局，[1948]，63 页，32 开（经济部成立十周年纪念丛刊 十年来之中国经济）

本书共 5 部分：绪言、抗战前之蚕丝业、抗战期中之蚕丝业、胜利后之蚕丝业、结论。

收藏单位：国家馆、吉林馆、首都馆

07193

十年来之江西农业建设 萧纯锦编

[江西省政府]，1941，40 页，16 开

本书共 5 部分：前言、江西农业建设之沿革、农业建设新制之创立、十年来农业建设事绩、结论。

收藏单位：国家馆

07194

十年来之陕西地政 刘培桂等编

刘培桂 [发行者]，1946.11，216 页，16 开

本书共 8 部分：序言、陕西地政小史、机构、业务、人员训练、经费、论著、附录。"论著"部分收论文《陕西省垦殖问题之商榷》(刘学诗)。

收藏单位：广东馆、国家馆、吉林馆、南京馆、上海馆、天津馆、浙江馆

07195

十年来之中国地政学会 中国地政学会编

[南京]：中国地政学会，[1944]，8页，32开

本书介绍该会自1933年1月成立以来所开展的各项工作。内容包括：宪草运动、修正土地法运动、整理地籍运动、租佃改革运动、战时垦殖与战士授田运动、建立土地金融制度与土地行政制度运动等。

收藏单位：国家馆、南京馆

07196

十五年来中国之林业 陈植著

上海：中华学艺社，1933.4，14页，16开（学艺小丛书6）

收藏单位：重庆馆、国家馆、上海馆

07197

十月来之粮食增产 农林部粮食增产委员会编

[农林部]，[1941]，1册，18开

本书共3部分：增产办法、工作机构、工作成绩。

收藏单位：国家馆

07198

石明德与白原村 中共西北中央局调查研究室编

中共西北中央局调查研究室，1944，22页，64开（陕甘宁边区生产运动丛书）

本书共5部分：劳动英雄石明德、白原村是模范村、石明德领导的全村人畜搭工组、白原村一九四四年生产计划、石明德一九四三年生产总结与一九四四年生产计划。

收藏单位：山西馆

07199

时闻简报增刊（农展专号） 河北省立实验乡村民众教育馆编

河北省立实验乡村民众教育馆，1932.10，32页，22开

本书内容包括：农业展览会的意义及其筹备经过、筹备委员会各委员名单、展览会组织概要等。

收藏单位：国家馆、南京馆

07200

实施国家总动员法与粮食动员 詹显哲编著

重庆：国民图书出版社，1943.11，85页，32开

本书共3部分：为什么要实施国家总动员法、粮食动员的意义、粮食动员的各方面。

收藏单位：安徽馆、重庆馆、广东馆、贵州馆、国家馆、黑龙江馆、湖南馆、吉林馆、近代史所、辽宁馆、南京馆、首都馆、天津馆、浙江馆

07201

实施全国农业推广计划草案 中央农业推广委员会编

中央农业推广委员会，1930.8，28页，16开

本书介绍实施全国农业推广计划的目标、原则、期限、指导人员、农业研究及试验等。

收藏单位：国家馆、南京馆

07202

实施食粮统制之具体方案 孙慕迦著

民生主义计划经济研究所，1941，50页，32开（当前经济问题小丛刊2）

本书共5部分：说明、设立粮食管理机关、平时粮食统制政策、战时粮食统制政策、实施步骤。

收藏单位：重庆馆、广东馆、国家馆、吉林馆、南京馆、上海馆

07203

实施四川粮食管理 蒋中正著

中国国民党中央执行委员会宣传部，1940.9，36页，64开

本书为军事委员会委员长兼四川省政府主席蒋为实施粮食管理告四川省民众书。附四川省政府管理全省粮食暂行办法、四川省粮食调查暂行办法、实施粮食管理标语。

收藏单位：国家馆、南京馆

07204

实施土地陈报参考资料　湖北省地方行政干部训练团编

湖北省地方行政干部训练团，1942.1，88 页，32 开

　　本书收演讲稿 5 篇：《建立国家财政经济的基础及推行粮食与土地政策之决心》（蒋介石）、《本届（第三次）财政会议之任务与实施土地政策之必要》（蒋介石）、《平均地权的意义与土地陈报实施的要领》（陈诚）、《如何完成办理土地陈报的使命》（陈诚）、《实施本党土地政策之我见》（陈诚）。附湖北省办理土地陈报实施纲要。

　　收藏单位：重庆馆

07205

实行兵农合一之商榷

山西省政府，1947.1，38 页，32 开

山西省政府，1947，40+46 页，32 开

　　本书共 6 部分，内容包括：孔庸之诸同乡先生致阎兼主席亥卅二电、阎兼主席覆孔庸之诸同乡先生子歌代电、贾煜如先生致阎兼主席江辰电、阎兼主席覆贾煜如先生函（一、二、三）。附阎兼主席子冬晚会谈话等。

　　收藏单位：安徽馆、重庆馆、东北师大馆、广东馆、广西馆、国家馆、河南馆、湖南馆、江西馆、近代史所、南京馆、内蒙古馆、山西馆、上海馆、天津馆、武大馆、西南大学馆、中科图

07206

实行双减与调整土地　豫西日报社编

豫西日报社，1948，24 页，36 开

　　本书内容包括：豫西行政公署关于颁布停止土改实行双减条例布告、豫西行政公署实行双减调整土地条例、停止土改实行减租减息等。

　　收藏单位：重庆馆

07207

实验粮食管理　艾怀瑜撰述

泰和：江西省粮政局编审委员会，1942.4，40 页，22 开（粮政小丛书 1）

　　本书分两篇：粮食行政与业务、粮食成本与单位。第 1 篇共 4 章：前言、粮食行政、粮食业务、总论；第 2 篇共 8 章，内容包括：粮食成本公式、稻米加工成本、杂粮价格等。

　　收藏单位：重庆馆、国家馆、吉林馆、江西馆、南京馆

07208

实业部改进华北棉产计画大纲草案　实业部编

实业部，[1930—1949]，68 页，18 开

　　本书共 14 部分，内容包括：设计原则、国内棉产供求概况、邻近之国际市场需要棉花情形、最近华北各省棉产状况等。

　　收藏单位：国家馆、南京馆

07209

实业部民国三十一年度农业改进计划　实业部编

实业部，[1942]，12 页，32 开

　　本书内容包括：实业部农业改进区组织暂行规程、工作纲要、实业部特约农家办法、实业部示范农场办法。

07210

实业部三十一年度垦荒计划

出版者不详，[1942]，1 册，32 开

　　本书附各项垦荒法则。

　　收藏单位：南京馆

07211

实业部水产产销管理局周年工作概况　实业部水产产销管理局编

实业部水产产销管理局，1939，190 页，16 开

　　本书内容包括：组织、工作概况、报告、统计、法规、计划、专载、大事记。

　　收藏单位：广东馆、国家馆、南京馆、上海馆、中科图

07212

实业部中央模范林区管理局工作报告　实业部中央模范林区管理局编

[实业部中央模范林区管理局]，1934，1册，16开

本书内容包括：造林、育苗、成绩统计、天然林与野生树、推广、合作、经济、法规等。

收藏单位：国家馆

07213

实用土地登记　沈文侯编著

台北：沈文侯[发行者]，1948.9，520页，32开，活页精装

本书共5编，内容包括：基本法则、一般须知、关系法令等。

07214

食粮问题　于矿著

江苏省立第三农业学校，1921.6，170页，22开

本书共4章：食粮与国家之关系、各国之食粮状况、中国之食粮状况、政策（附各国之食粮政策）。

收藏单位：河南馆、农大馆、中科图

07215

食粮问题专号　实业部上海商品检验局编

实业部国际贸易局，1936.6，358页，16开（国际贸易导报 第8卷6）

收藏单位：浙江馆

07216

食粮增产须知　河北省公署情报处编

河北省公署情报处，1942.2，8页，32开（协力大东亚战争丛书 第3号）

本书共3部分：告河北省农民、什么是增产、凿井的利益。

收藏单位：国家馆

07217

食粮增产运动特刊　山西省立新民教育馆编

[山西省立新民教育馆]，1934.4，20页，32开

收藏单位：南京馆

07218

食料管理　黄绍绪编著

长沙：商务印书馆，1938.1，66页，32开（战时常识丛书）

长沙：商务印书馆，1938，再版，66页，32开（战时常识丛书）

本书共4章：叙论、中国粮食供求状况、食粮生产的改进、食粮管理的方法。附战时粮食管理条例、食粮资敌治罪条例。

收藏单位：重庆馆、甘肃馆、广西馆、贵州馆、国家馆、黑龙江馆、湖南馆、吉林馆、南京馆、西南大学馆、浙江馆

07219

事业概况　福建省农林特种股份有限公司编

[福建省农林特种股份有限公司]，1946.1，12页，32开（福建文库）

本书分5部分介绍福建省农林特种股份有限公司之沿革、目的、资本、组织、事业概况。

收藏单位：福建馆

07220

试办句容县人口农业总调查报告　张心一等著

参谋本部国防设计委员会，1934.3，194页，16开

本书共11部分，内容包括：粮食对外贸易在全部对外贸易中的地位、全部粮食对外贸易的趋势及其变迁、米进口贸易的趋势及其变迁等。附米进口净数表等30种、洋米进口数量图等19种。

收藏单位：安徽馆、重庆馆、广东馆、国家馆、河南馆、南京馆、上海馆

07221

视察山西农林牧畜水利报告　谢嗣燮著

出版者不详，1928.12，石印本，1册，16开，环筒页装

本书内容包括：山西旧三道属农民调查表、农桑总局之调查等。附山西省各县及农业机关特产种子一览表等。

收藏单位：国家馆

07222

双流县合作农场规章草案汇编

四川省合作事业管理处巡回辅导团，1949，石印本，50页，18开，环筒页装

　　收藏单位：重庆馆

07223

水产　东北物资调节委员会研究组编辑

沈阳：东北物资调节委员会，1948.2，208页，32开，精装（东北经济小丛书6）

　　本书共5编：总说、水产行政之变迁、淡水渔业、海洋渔业、水产物之供求及运销。

　　收藏单位：安徽馆、长春馆、重庆馆、东北师大馆、广东馆、国家馆、河南馆、黑龙江馆、辽大馆、辽师大馆、南京馆、内蒙古馆、宁夏馆、上海馆、首都馆、天津馆、西南大学馆

07224

水产报告书　东北科学技术学会编

东北科学技术学会，1945.9，油印本，129页，16开

　　本书共3编，内容包括：东北水产业之今后问题、水产行政机构改革案之意见等。

　　收藏单位：长春馆、国家馆、黑龙江馆

07225

水产调查报告　山东省建设厅编

山东省建设厅合作事业指导委员会，1934，10页，16开

　　本书分8章介绍山东沿海渔民生活情形、山东产鱼期、产区、产量及其价值，渔具与捕鱼方法等。

07226

水产制品合作贩卖的利益及办法　浙江省水产试验场编

定海（舟山）：浙江省水产试验场，1936.4，6页，32开（推广丛书6）

　　收藏单位：南京馆

07227

水利事业与中国粮食　须君悌讲述　导淮讲习会编

导淮讲习会，1935.7，7页，16开

07228

顺德县第一次蚕丝展览会纪念刊　顺德县第一次蚕丝展览会宣传部编

广州：顺德县第一次蚕丝展览会宣传部，1934.2，1册，16开

　　本书内容包括：论文、展览会组织概述、展览会各项内容等。"论文"部分收文14篇，内容包括：《广东妇女界对于蚕丝复兴运动应有之贡献》（廖崇真）、《从棉麦借款说到广东蚕丝复兴与国防》（廖崇真）、《改良蚕丝和抗日》（陆公望）、《我国民宜注重农业议》（麦式剑）、《到蚕丝展览会去》（龙式文）等。

　　收藏单位：国家馆、南京馆

07229

说说农产比赛会　张幼鸣编

河南中山大学农业推广部，1930.4，12页，32开（河南中山大学农业推广部农业丛书12）

　　本书介绍该比赛会的进行方式，包括计划、征集出品、预备、开会秩序、发奖等。书中题名：劝告农友快来参加农产比赛会的一篇话。

　　收藏单位：国家馆

07230

丝业与棉业　吴兆名　黎名郇著

上海：商务印书馆，1933.12，118页，42开（东方文库续编）

上海：商务印书馆，1934.4，再版，118页，42开（东方文库续编）

　　本书为东方杂志社三十周年纪念刊。收文两篇：《中国丝业的危机》（吴兆名）、《中国棉业问题》（黎名郇）。

　　收藏单位：重庆馆、大庆馆、东北师大馆、广东馆、国家馆、河南馆、黑龙江馆、湖南馆、辽大馆、南京馆、内蒙古馆、宁夏馆、山西馆、陕西馆、上海馆、天津馆、浙江馆

07231

四川白蜡之生产与运销　四川省农业改进所编

四川省农业改进所，1941.6，28页，16开（农业经济丛刊4）

　　本书共11部分，介绍白蜡之生产、制造、运销、等级、价格等。附各商数每年经营白蜡数量、各县包装种类及容量等15种。

　　收藏单位：重庆馆、广东馆、国家馆、湖南馆、南京馆、首都馆、中科图

07232

四川蚕丝产销调查报告　钟崇敏　朱寿仁调查编著

重庆：中国农民银行经济研究处，1944.6，284页，32开（中国农民银行经济研究处经济调查丛刊4）

　　本书共5章，介绍乐山、三台、南充、合川主要蚕丝区的蚕丝金融、农民的栽桑、育茧、制种、缫丝、织绸情况及农工商的关系。

　　收藏单位：重庆馆、广东馆、贵州馆、桂林馆、国家馆、吉林馆、近代史所、南京馆、上海馆、首都馆、西南大学馆、浙江馆

07233

四川蚕丝业　姜庆湘　李守尧编著

重庆：四川省银行经济研究处，1946.3，163页，32开（四川经济研究专刊4）

　　本书共6章：概说、四川蚕丝业的概况、四川蚕丝的生产、四川蚕丝的运销、战时的蚕丝管制工作、四川蚕丝的前途与展望。附有关生丝之法令、四川蚕丝业论著索引。

　　收藏单位：重庆馆、国家馆、吉林馆、近代史所、山西馆、西南大学馆、浙江馆

07234

四川蚕业改进史　尹良莹著

上海：商务印书馆，1947.9，375页，32开（中国蚕丝丛书）

　　本书共10章，内容包括：四川自然环境、四川蚕业分布、四川蚕业改进事业之扩展、四川主要蚕业县份概况等。

　　收藏单位：安徽馆、重庆馆、东北师大馆、广东馆、国家馆、湖南馆、近代史所、辽大馆、辽宁馆、南京馆、内蒙古馆、上海馆、首都馆、浙江馆

07235

四川大麻调查　四川省农业改进所编

四川省农业改进所，1941.8，27页，16开（农业丛刊23）（农业经济调查报告2）

　　本书共6章：绪论、生产、制造、运输、贸易、结论。

　　收藏单位：广东馆、国家馆、南京馆、首都馆、中科图

07236

四川东南边区西秀黔彭石五县垦殖调查报告书　程绍行编

成都：四川省政府建设厅，1938.12，72页，16开（建设丛书）

　　本书共6章：五县自然概况、五县农村经济概况、五县农村社会概况、五县荒地概况、结论、附录。封面题名：西秀黔彭垦殖调查报告。

　　收藏单位：重庆馆、广东馆

07237

四川峨夹乐三县茶业调查报告　金陵大学农学院森林系编

四川省政府建设厅，[1939—1940]，38页，16开（建设丛书）

　　本书共5节，调查四川省峨眉、夹江、乐山3县茶叶的产量、栽培、制造、运售、捐税等情况。附电报表式样、申请书式样等。报告完稿于1939年。

　　收藏单位：国家馆

07238

四川金堂橙桔生产运销成本之研究　潘鸿声　陈鸿根著

[金陵大学农学院]，1941.10，13页，16开

　　本书共8部分：绪言、金堂之概况与农艺方式、橙桔之生产、橙桔之生产成本、影响橙桔生产成本之因素、橙桔之贸易方法与费

用、桔饼之制造成本、结论与建议。

收藏单位：重庆馆、广东馆、国家馆、南京馆、上海馆、中科图

07239

四川蓝靛之生产与运销 杨显东著

四川省农业改进所，1941，41页，16开（农业丛刊29）（农业经济组调查报告7）

收藏单位：南京馆、首都馆

07240

四川粮食储运局运输处工作报告 四川粮食储运局运输处编

四川粮食储运局运输处，[1942]，油印本，1册，18开，环筒页装

本书内容包括：运输机构之设置、再度集中粮食应支口粮预算之编制、运费预算之编制、各项运输章则办法之拟订、重庆大小河及唐家沱三运输站之裁撤等。所涉时间为1941年10月1日至12月31日。

收藏单位：重庆馆

07241

四川粮食问题 张梁任著

重庆：振华印书馆，1941.1，60页，25开

本书共4章：绪论、四川粮食供给足敷需要吗、最近米粮价格上涨的原因、粮食应如何管理。附各县供应重庆市及疏建区粮食办法实施纲要。

收藏单位：重庆馆、国家馆、南京馆、首都馆、浙江馆

07242

四川粮政三问题 四川省政府粮政局编

四川省政府粮政局，1941.10，16页，32开（粮政小丛书3）

收藏单位：南京馆

07243

四川林业之动向（三十二） 胡子昂著

出版者不详，1943，1册，32开

本书内容包括：四川省林业改进实施方案、育苗须知、植树须知、栽植行道树须知、

重要法令等。

收藏单位：重庆馆、国家馆、南京馆

07244

四川棉产资料

出版者不详，[1920—1949]，抄本，1册，14开

本书内容包括：棉产估计（1935.9）、棉纺织业概况（1938）、棉田面积（1938）、各县平均皮棉产量（1938）、纤维长度表、天灾损失表（1927—1936）等。

收藏单位：重庆馆

07245

四川宁属农牧调查报告 李明良著

成都：开明书店，1937.12，78+10页，16开

本书共7章，内容包括：地势气候及土壤、宁属农产、宁属之畜产、宁属之荒地、宁属开发之刍议等。附英文提要。

收藏单位：重庆馆、广东馆、国家馆、南京馆、浙江馆、中科图

07246

四川农村经济 吕平登编著

上海：商务印书馆，1936.6，18+590页，22开，精装（社会经济调查所丛书）

上海：商务印书馆，1936，再版，590页，22开（社会经济调查所丛书）

本书共16章，内容包括：四川之地理与气候、财政金融、交通、农村教育、土地、农民阶层、佃租制度、农田经营等。

收藏单位：安徽馆、长春馆、重庆馆、东北师大馆、广东馆、广西馆、贵州馆、国家馆、黑龙江馆、湖南馆、吉林馆、辽大馆、辽宁馆、南京馆、宁夏馆、山西馆、上海馆、天津馆、浙江馆

07247

四川农林（第2编1食粮考察报告）

出版者不详，[1938]，1册，32开

本书共12部分，内容包括：四川粮食产额及消费情形、调查市场概述、米之交易地点与集期、产品市价等。

收藏单位：广西馆、国家馆

07248

四川邛名雅荥四县茶业调查报告　刘轸著
四川省政府建设厅编
四川省政府建设厅，[1920—1949]，58 页，16
开

　　本书共 5 节：全省茶业概况，南路茶生产
现况、腹岸茶之产销、边岸茶之产销、四川
茶叶之绩弊及其改良方法。

　　收藏单位：重庆馆、国家馆、南京馆

07249

四川三台蚕丝之产销研究　刘润涛　潘鸿声
著
外文题名：A study of the production and market-
ing of silk in the Santai District of Szechwan
金陵大学农学院，1940，116 页，16 开（研
究丛刊 4）

　　本书共 16 部分，内容包括：研究方法、
产区概况、三台县之农业方式、桑叶之生产
成本、价格等。附各种主要农产品之生产成
本、英文撮要。

　　收藏单位：重庆馆、广东馆、国家馆、近
代史所、首都馆

07250

四川省仓储概况　何南陔编述
四川省政府，[1940]，36 页，32 开（四川省
民政厅民政丛刊民叁 6）

　　本书介绍该省募集粮食建立粮仓的情况
及 1941 年的改进计划。

　　收藏单位：重庆馆、南京馆

07251

四川省地政概况　祝平编
四川省地政局，1942.8，54 页，18 开（四川
省地政丛刊 1）

　　本书共 14 部分，内容包括：组织、经费、
土地测量、土地登记、规定地价、土地分类
调查、清理荒地、房屋救济、调整租佃制度、
扶植自耕农、土地征收等。

　　收藏单位：重庆馆、国家馆、南京馆、中

科图

07252

四川省地政局工作报告　四川省地政局编
四川省地政局，[1936—1949]，44 页，16 开

　　本书介绍该局组织及工作概况。所涉时
间为 1936 年 8 月至 1947 年 6 月。

07253

四川省地政局业务报告　四川省地政局编
四川省地政局，[1942]，1 册，16 开

　　本书共 14 部分，内容包括：土地测量、
土地登记、土地分类调查、清理荒地、调整
租佃制度等。

　　收藏单位：重庆馆、近代史所

07254

**四川省第三区开发东西山物产初步调查报告
书**　四川省第三区开发东西山筹备委员会编
四川省第三区开发东西山筹备委员会，1936.5，
42 页，16 开

　　本书内容包括：调查统计该地区荒原、林
木、煤矿等。附永荣铜壁大东西两山矿产竹
木分布图。

　　收藏单位：重庆馆、广东馆、国家馆

07255

四川省二十八年蚕业推广报告目次　四川省
农业改进所编
四川省农业改进所，1940.3，13 页，16 开
（农林丛刊 13）

　　收藏单位：南京馆

07256

四川省二十九年冬季食粮作物增产实施计划
　四川省农业改进所编
四川省农业改进所，1940.8，70 页，32 开

　　收藏单位：南京馆

07257

**四川省非常时期积极增加米粮生产之工作及
其进行计划**　曾鸿拟
出版者不详，[1920—1949]，石印本，5 页，

32 开

07258

四川省各县土地陈报成果统计办法及表式

财政部四川省土地陈报办事处编

财政部四川省土地陈报办事处，1941，油印本，1 册，横 8 开

本书共两部分：实施办法、整理须知。

收藏单位：国家馆

07259

四川省各县土地分类调查纲要　财政部四川省土地陈报办事处编

财政部四川省土地陈报办事处，1941，油印本，1 册，18 开，环筒页装

收藏单位：国家馆

07260

四川省立教育学院农事试验场售品目录

重庆：四川省立教育学院农事试验场，1937.12，56 页，18 开

本书内容包括：售品规则、园艺类、森林类、作物类、病虫害类、农艺化学类等。附种畜交配规则。

收藏单位：国家馆

07261

四川省粮食统计汇编　行政院经济会议秘书处编

行政院经济会议秘书处，1941.7，182 页，20×34cm

本书收录图表 35 种，内容包括：生产、运输、仓储、消费、粮价、田赋、农佃等，所涉时间为 1937—1940 年。

收藏单位：国家馆、近代史所、南京馆

07262

四川省棉产调查报告（二十六至二十七年）

四川省农业改进所编

四川省农业改进所，[1938—1939]，2 册，16 开

本书内容包括：棉产概况、棉农副业、棉作病虫害、棉花税捐、棉花市价等。

收藏单位：重庆馆、国家馆、中科图

07263

四川省农场经营　戈福鼎编

重庆：中国文化服务社，1941.12，52 页，16 开（中国农民银行四川省农村经济调查委员会调查报告 第 2 号）

本书共 11 章，内容包括：农场大小、农场土地、农场资本、农场收入、农场支出、生产、农场经营之利润等。封面题名：四川农场经营。

收藏单位：安徽馆、重庆馆、国家馆、黑龙江馆、湖南馆、辽大馆、上海馆、中科图

07264

四川省农村合作委员会工作计划及其进行概况　四川省农村合作委员会编

四川省农村合作委员会，1936，24 页，32 开

四川省农村合作委员会，1946.9，24 页，32 开

本书共 4 部分：绪言、本会成立经过及其组织情形、本会工作计划及其进行概况、结论。

收藏单位：重庆馆、国家馆、湖南馆、南京馆

07265

四川省农村经济调查委员会调查报告（总论）　欧阳莘编

重庆：中国文化服务社，1941.12，114 页，16 开

本报告由中国农民银行组织编写。

收藏单位：南京馆

07266

四川省农村经济调查总报告　潘鸿声编

重庆：中国文化服务社，1941.11，66 页，16 开（中国农民银行四川省农村经济调查委员会调查报告 第 1 号）

本书共 9 章，内容包括：自然环境、租佃制度、农场经营、粮食成本、粮食运销、农业金融、农村物价等。

收藏单位：安徽馆、重庆馆、广东馆、国家馆、湖南馆、近代史所、南京馆、上海馆、

中科图

07267

四川省农地减租实施办法 [四川省政府编]
[四川省政府], [1949], 16 页, 32 开

本书为四川省农地减租实施办法、四川省农地租约登记及换订租约办法、四川省办理农地租约登记及换订租约工作须知的合订本。

收藏单位: 重庆馆

07268

四川省农林建设现状
出版者不详, [1940], 油印本, 11 页, 13 开, 环筒页装

收藏单位: 国家馆

07269

四川省农林水利 中国人民解放军西南服务团研究室编
中国人民解放军西南服务团研究室, 1949, 80 页, 32 开 (四川省参考资料 5)

本书共 4 节: 简述、概况、重要农林水利机构 (除成渝二市)、次要农林水利机构。

收藏单位: 重庆馆

07270

四川省农业改进所重庆森林事务所二十七年度工作报告 四川省农业改进所重庆森林事务所 [编]
四川省农业改进所, 1938, 油印本, 1 册, 18 开, 环筒页装

本书内容包括: 沿革、营林目的、工作情形等。

收藏单位: 国家馆

07271

四川省农业改进所甘蔗改良场四年来事绩摘要 四川省农业改进所编
四川省农业改进所, 1942.12, 30 页, 16 开 (农业丛刊 34)

收藏单位: 南京馆

07272

四川省农业改进所岷江林管区二十七年度工作报告二十八年度计划纲要 四川省农业改进所编
四川省农业改进所, [1939], 石印本, 1 册, 16 开, 环筒页装

本书共 3 部分: 林政管理报告、事业及工作报告、二十八年事业计划纲要。

收藏单位: 国家馆

07273

四川省农业改进所农业经济组二十七年度工作报告 四川省农业改进所农业经济组 [编]
四川省农业改进所, 1938, 油印本, 1 册, 18 开, 环筒页装

收藏单位: 国家馆

07274

四川省三十二年农作物种植面积及产量 四川省政府统计处编
四川省政府统计处, 1943.12, 石印本, 15 页, 16 开 (四川省统计丛刊 2)

本书共 5 部分: 三十二年农作物种植面积百分比、三十二年农作物种植面积数量、三十二年农作物收成当十足年之百分率、三十二年农作物产量、结论。

收藏单位: 国家馆

07275

四川省三十三年小春农作物种植面积及产量 四川省政府统计处编
四川省政府统计处, 1944.7, 油印本, 12 页, 13 开, 环筒页装 (四川省统计丛刊 3)

本书共两部分: 三十三年小春农作物种植面积、三十三年小春农作物产量。

收藏单位: 国家馆

07276

四川省土地陈报办事处各县指导人员训练所第一、二期学员毕业纪念刊 财政部四川省土地陈报办事处 各县土地陈报指导人员训练所编
财政部四川省土地陈报办事处、各县土地陈

报指导人员训练所，1939.7，1 册，16 开，环筒页装

本书共 7 部分：摄影、题词、弁言、讲坛、法规、通讯录、补载。"讲坛"部分内容包括：《土地陈报工作的重要与公务人员应守的信条》（王缵绪）、《人格修养问题》（陈筑山）、《坚定抗战必胜建国必成之心理信念》（李琢仁）等。

收藏单位：国家馆

07277

四川省土地分类调查报告（第 2 号 温江县）

四川省土地陈报办事处　金陵大学农学院农业经济系调查编纂

四川省土地陈报办事处，1939.6，37+10 页，16 开

本书共 8 部分：温江县之自然环境、温江县土地之分类及各区土地利用之现状、土地分类区内之地价与田赋、土地分类区内之作物产量、土地分类区内之农佃制度、土地分类区内之农家经济现状、总结、附录。

收藏单位：国家馆、吉林馆、中科图

07278

四川省土地行政概况　梅光复编

四川省地政局，1940.4，42 页，32 开

本书共 6 部分：本省地政机关组织沿革、土地清丈、整理各县插花飞地、本局代办各机关征用土地概况、办理房屋救济、今后本局业务之展望。

收藏单位：重庆馆、桂林馆、国家馆、吉林馆、近代史所、南京馆、天津馆、中科图

07279

四川省土地整理业务概况　祝平著

成都：明明印刷局，1941.5，12 页，16 开

本书从土地测量、土地陈报、土地分类调查 3 方面说明四川省土地整理业务情况。

收藏单位：重庆馆、国家馆、南京馆、首都馆

07280

四川省油菜推广实施计划　四川省农业改进

所编

四川省农业改进所，1939，18 页，16 开（农业专刊 1）

本书内容包括：推广区域及面积、推广办法、肥料贷款实施办法、油菜肥料贷款表等。

收藏单位：重庆馆、南京馆

07281

四川省战时增加粮食生产办法

出版者不详，[1930—1949]，14 页，50 开

本书内容包括：积极的增加粮食办法、消极的增加粮食办法等。

收藏单位：重庆馆

07282

四川省战时增加粮食生产方案　四川省政府建设厅编

四川省政府建设厅，[1930—1949]，28 页，16 开

本书共 4 部分：扩充粮食生产面积、增加每亩粮食生产数量、贷与增加粮食生产之资金、推动增加粮食生产工作人事上之分配。

收藏单位：重庆馆

07283

四川省政府地政局工作报告　四川省政府地政局编

四川省政府地政局，1947，44 页，16 开

收藏单位：重庆馆、广西馆、近代史所

07284

四川省政府通南巴垦殖视察督导报告书　四川省政府通南巴垦殖视察督导团编

成都：四川省政府建设厅，1938.8，35 页，16 开

本书共 5 章：通南巴概论、通南巴农业生产概况、通南巴农村经济概况、通南巴农村社会概况、通南巴荒地概况。

收藏单位：重庆馆、广东馆、国家馆、近代史所、南京馆

07285

四川省之畜牧兽医事业　四川省政府建设厅

秘书室编审股主编

四川省政府建设厅秘书室编审股，1943.6，14页，16开

　　本书概述猪、牛、羊等品种改良、饲养情况及兽疫流行概况、防疫效果等。

　　收藏单位：重庆馆、国家馆

07286

四川省之药材　杨显东　谭炳杰著

四川省农业改进所，1941.8，57页，16开（农业丛刊24）（农业经济组调查报告3）

　　本书共5章：四川药材之重要、四川药材之生产、四川药材之运销、四川药材之进出口贸易、四川药业衰落之原因及改进意见。

　　收藏单位：国家馆

07287

四川省之药材　中国银行重庆分行编

中国银行总管理处经济研究室，1934.9，172页，25开（四川经济丛刊4）

　　本书分上、下两编：药材、药业。上编共两章：产销状况、分类概述；下编共两章：组织、贸易。

　　收藏单位：重庆馆、东北师大馆、广东馆、国家馆、近代史所、南京馆、上海馆、首都馆、天津馆、浙江馆

07288

四川省之药材调查报告　四川省农业改进所编

四川省农业改进所，1941.8，58页，16开（农业经济丛刊3）

　　本书共5章：四川药材之重要、四川药材之生产、四川药材之运销、四川药材之进出口贸易、四川药材衰落之原因及改进之意见。据《四川省之药材》（杨显东、谭炳杰）编出。

　　收藏单位：国家馆

07289

四川省之猪鬃　史道源编

重庆：四川省银行经济研究处，1945.8，61页，16开（四川经济研究专刊3）

　　本书共8章，内容包括：四川之猪鬃加工、抗战期间之猪鬃统制、抗战期间四川猪鬃产销之变化、战后展望等。附全国猪鬃统销办法、修正全国猪鬃统销办法等。

　　收藏单位：重庆馆、国家馆、吉林馆、近代史所、南京馆、山西馆、陕西馆、浙江馆

07290

四川省之主要物产　江昌绪编著

重庆民生实业公司经济研究室，1936.7，108页，32开（民主经济丛刊2）

　　本书介绍四川省8个主要物产：生丝、药材、糖、猪鬃、牛皮、羊皮、纸、五倍子，并分别介绍其生产和运销情况。

　　收藏单位：重庆馆、国家馆、吉林馆、近代史所、南京馆、上海馆、浙江馆、中科图

07291

四川省主要食粮作物生产成本　戈福鼎著

重庆：中国农民银行四川省农村经济调查委员会，1941.12，128页，16开（中国农民银行四川省农村经济调查委员会调查报告第3号）

　　本书共6章，介绍稻米、小麦、甜薯、玉米的生产成本。

　　收藏单位：安徽馆、广东馆、国家馆、黑龙江馆、湖南馆、近代史所、南京馆、上海馆、首都馆、浙江馆

07292

四川省租佃制度　应廉耕编

重庆：中国文化服务社，1941.12，38页，16开（中国农民银行四川省农村经济调查委员会调查报告第7号）

　　本书共10章，内容包括：地权之消长与分布、租佃制度之内容、地主投资农场之报酬、佃农之生活概况等。

　　收藏单位：安徽馆、重庆馆、桂林馆、国家馆、湖南馆、近代史所、辽大馆、南京馆、上海馆、首都馆

07293

四川食米调查报告　国民经济研究所纂辑

国民经济研究所，1940，油印本，30页，大

16 开（总第 164 号农业门食粮类）

本书共 12 部分：序言、四川粮食产额及消费情形、调查地之水旱及农户比较、调查地之土壤及种植状况、调查地之粮食输出入及储存状况、调查市场概述、各县稻米运输状况、米之交易地点与集期、米之交易状况、产品市价、调查地之农村及米业金融状况、结言。

收藏单位：国家馆

07294

四川松理懋茂汶屯区屯政纪要 邓锡侯编

邓锡侯，1936.2，144 页，16 开

本书共 12 章，内容包括：屯政机关、交通、垦务、民政、农林牧畜等。

收藏单位：安徽馆、长春馆、重庆馆、东北师大馆、广东馆、贵州馆、国家馆、黑龙江馆、湖南馆、吉林馆、近代史所、辽师大馆、宁夏馆、上海馆、首都馆、天津馆、中科图

07295

四川松潘草地畜牧兽医调查报告 蒋次昇著

成都：四川省政府建设厅，1941.8，44 页，18 开（建设丛书 45）

本书共 5 部分：引言、行程纪要、畜牧篇、兽医篇、改进意见。正文首页、版权页及逐页题名：四川松潘草地畜牧兽医调查报告书。

收藏单位：重庆馆、广东馆、国家馆

07296

四川桐油之生产与运销 孙文郁 朱寿麟著

金陵大学农学院，1942.2，319 页，22 开（研究丛刊 7 成都号）

本书共 10 章，内容包括：四川之桐树、四川桐油之产区产量与品质、桐农田场之经营与桐米之生产、榨坊经营桐油业务之分析等。

收藏单位：重庆馆、国家馆、南京馆、上海馆、天津馆

07297

四川土地陈报概要 祝平著

[四川省训练团]，1940.4，13 页，36 开（四川省训练团讲义）

本书讲述土地陈报办理程序及四川省工作进行概况等。

收藏单位：重庆馆、南京馆

07298

四川土地陈报纪要（第 1 辑） 财政部四川省土地陈报办事处编

财政部四川省土地陈报办事处，[1942]，470 页，16 开

本书共 3 章：绪论、业务实施经过、成果一般。附重要文电函牍、本省土地陈报法规、土地陈报暨征实准备工作提示要点、四川省土地陈报办事处职员录。

收藏单位：南京馆

07299

四川土地陈报纪要（第 2 辑） 财政部四川省土地陈报办事处编

财政部四川省土地陈报办事处，1942.12，1 册，18 开

本书为各县土地分类调查。共 3 章：总论、调查及整理方法、调查成果。

收藏单位：重庆馆、国家馆、近代史所、南京馆

07300

四川西北边区垦牧调查报告 四川省政府建设厅编

成都：四川省政府建设厅，1938，1 册，16 开

本书共 4 部分：由成都经灌县汶川而至茂县、由茂县沿岷江大路而至松潘、由松潘经上下包坐热尔盖夺骂墨凹而至下让口、由下让口至威州（附青城山）及全区社会概况。附四川西北边区垦牧调查提要、开发四川西北边区之建议。

收藏单位：国家馆、南京馆、中科图

07301

四川西南之茶叶 杨显东 李正才著

四川省农业改进所，1941.9，38 页，16 开
（农业丛刊 27）（农业经济组调查报告 5）

本书共 10 部分：茶之生产、茶之制造、茶之种类、茶之包装、茶之价格、茶之贸易、茶之运输、茶之捐税、茶叶同业公会、结论。

收藏单位：贵州馆、南京馆

07302

四川畜产 陈兆耕 许宗岱编

成都：四川省农业改进所，1941.12，1 册，16 开（农业丛刊 30）（农业经济调查报告 8）

本书共 6 篇，概述该省猪鬃、牛皮、羊皮、兔皮、羊毛、鸭毛的情况，涉及生产、运输、贸易、制造等方面。

收藏单位：重庆馆、国家馆、近代史所、南京馆、首都馆

07303

四川烟草调查 莫钟骙编

农业改进所，1940，44 页，16 开（农业经济丛刊 1）

本书共 6 章：绪论、生产、制造、运输、贸易、结论。附摘要。

收藏单位：重庆馆、国家馆、南京馆

07304

四川蔗糖产销调查 朱寿仁调查 钟崇敏撰述

重庆：中国农民银行经济研究处，1941.11，228 页，32 开（经济调查丛刊 1）

收藏单位：重庆馆、东北师大馆、广东馆、广西馆、贵州馆、国家馆、吉林馆、近代史所、辽宁馆、南京馆、上海馆、首都馆、浙江馆

07305

四川征购粮食办法概论 四川省银行经济研究室主编

重庆：四川省银行经济研究室，1941.9，[10]+62 页，32 开（四川经济研究小丛书 3）

本书共 9 部分，内容包括：何谓征购粮食、为什么要征购粮食、依什么标准来征购粮食、向什么人征购粮食等。附张兼主席甘

兼处长为征购粮食事会衔布告、田赋征收实物滞纳处分办法。

收藏单位：重庆馆、东北师大馆、广东馆、国家馆、南京馆、上海馆、浙江馆

07306

四川之漆 杨显东著

农业改进所，1941，22 页，16 开（农业丛刊 24）（农业经济组调查报告 6）

收藏单位：广东馆、湖南馆、南京馆、首都馆

07307

四川租佃问题 郭汉鸣 孟光宇著

重庆：商务印书馆，1944.8，163 页，25 开（中国地政研究所丛刊）

本书共 14 章，内容包括：租佃之普遍、租佃手续与租期、租约、租额、副租陋习与中间剥削等。

收藏单位：重庆馆、广西馆、贵州馆、国家馆、吉林馆、南京馆、上海馆、浙江馆、中科图

07308

四年来的农业建设 中国国民党中央执行委员会宣传部编

中国国民党中央执行委员会宣传部，1941.7，48 页，32 开（抗战第四周年纪念小丛书）

本书共 5 部分：调整农业机构、增进农业生产、发展林垦渔牧、发展农村经济、其他农业改进事项。

收藏单位：重庆馆、广东馆、广西馆、贵州馆、国家馆、黑龙江馆、近代史所、南京馆、上海馆、天津馆

07309

泗礁岛渔业调查 江苏省立渔业试验场编

江苏省立渔业试验场，[1930—1949]，48 页，24 开

07310

松江省粮食管理局一年来工作报告

松江省粮食管理局，1947.7，打印本，16 页，

16 开

　　本报告所涉时间为 1946 年 5 月至 1947 年 6 月。

　　收藏单位：国家馆

07311

松理懋汶四县森林调查报告　刘有栋著

成都：国立四川大学农学院森林学系，1938，42 页，32 开（国立四川大学农学院林学丛刊）

　　本书调查松潘、理番、懋县、汶川 4 县的山脉与河流、气候、地质与土壤、森林之分布等。

　　收藏单位：重庆馆

07312

苏鲁沿海渔盐之调查　张乃高　陈厚载著

出版者不详，[1930—1939]，58 页，16 开

　　本书为《中国实业》第 1 卷第 11 期及第 2 卷第 1 期抽印本。

　　收藏单位：南京馆、上海馆、天津馆、浙江馆

07313

绥靖区处理地权扶植自耕农实施计划纲要草案　董中生　王非拟

出版者不详，[1946.12]，34 页，32 开

　　收藏单位：国家馆、南京馆

07314

绥靖区土地问题之处理　行政院新闻局编

行政院新闻局，1947.8，12 页，32 开

　　本书共 3 部分：实施法令之制订、施行程序之规划、督导工作之实施。

　　收藏单位：安徽馆、重庆馆、广东馆、广西馆、贵州馆、桂林馆、国家馆、河南馆、湖南馆、吉林馆、江西馆、近代史所、辽大馆、辽宁馆、南京馆、内蒙古馆、上海馆、首都馆、天津馆、中科图

07315

绥区屯垦工作报告书（第一至四年）　绥区屯垦督办办事处编

包头：绥区屯垦督办办事处，1933—1936，4 册，16 开，精装

　　收藏单位：东北师大馆、广东馆、国家馆、近代史所、南京馆、中科图

07316

绥西垦务计划　石华严编

石华严 [发行者]，[1932.1]，124 页，18 开，环筒页装

　　收藏单位：国家馆

07317

绥西垦殖计划纲要　宿正中著

宿正中，1929，84 页，18 开

　　收藏单位：国家馆

07318

绥西移垦记（第 1 册）　段绳武著　何容　姬子平校

通俗印刷所，1941.3，28 页，16 开（河北移民协会工作报告）

　　本书共 8 部分，内容包括：到西北去、从调查到实验、伟大的合作社、第一批移民等。

　　收藏单位：广东馆、国家馆、湖南馆、南京馆、西南大学馆

07319

绥远产马比赛会报告书　周晋熙编

[北平]：中华印书局，1932，1 册，23 开

　　收藏单位：重庆馆

07320

绥远垦务辑要　绥远垦务总局编

北平：中华印书局，1929.7，64 页，18 开

　　本书内容包括：绥垦过去之沿革、绥远垦务总局组织暂行条例、禁止私放蒙荒通则、清理积欠荒租办法等。

　　收藏单位：广东馆、国家馆、近代史所、首都馆

07321

绥远垦务计画　[石华严著]

[绥远垦务总局]，[1932]，1 册，21 开，环筒

页装

　　本书分上、下两编。上编内容包括：绥远概史、绥远现在政治系统表、绥远垦务之经过等；下编内容包括：绥远垦殖委员会组织大纲、民垦办法、新农村创设办法等。附绥远垦务计画附编。

　　收藏单位：重庆馆、国家馆、湖南馆、近代史所、南京馆

07322

绥远领垦须知　绥远垦务总局编

绥远垦务总局，1925，6 册（22 页），32 开，环筒页装

　　本书为绥远垦务总局通告。内容包括：设局的地点、道路的方向、领垦的办法、地亩的等则、交款的期限、租款的交纳等。

07323

绥远农产比赛会特刊　绥远建设厅第三科编

绥远建设厅第三科，1932.12，62 页，22 开

　　本书共 6 部分：序文、图影、章则、文电、比赛之经过、宣言开会词标语。

　　收藏单位：国家馆

07324

绥远农垦调查报告　汤惠荪编

汤惠荪，[1920—1949]，35 页，22 开

　　本书介绍绥远之沿革及疆域、交通、气候及土壤、水利、农业、农作物及其栽培法、垦务、农民生活及风俗人情等情况。

　　收藏单位：国家馆、上海馆、浙江馆

07325

随县农村调查报告　湖北省政府秘书处统计室编

湖北省政府秘书处统计室，1938，60 页，16 开

　　本书报告介绍该县人口、农田、农户、牲畜、农产、运销、副业、借贷等情况。

07326

孙总理整个的土地政策　刘竞渡著　钱天范校

出版者不详，[1911—1949]，166 页，25 开

　　本书共 9 章，内容包括：总理整个土地政策的鸟瞰、总理为什么注意土地问题、总理为什么要解决土地问题、总理土地政策的原理等。

　　收藏单位：重庆馆、湖南馆、南京馆、上海馆

07327

台湾茶业　台湾省行政长官公署农林处农业推广委员会编

台湾省行政长官公署农林处农业推广委员会，1947.2，43 页，25 开（农业推广丛刊 2）

　　本书介绍该省茶叶的沿革、种类、特性、贸易、栽培概况、制茶方法等。附今后台湾省茶业改进意见。

　　收藏单位：安徽馆、广东馆、国家馆、南京馆、上海馆、天津馆

07328

台湾茶业　庄晚芳著

福建省农林公司，1945.8，38 页，32 开（福建省农林公司丛书 1）

　　本书介绍台湾茶叶的产、制、运、销情形等。

　　收藏单位：国家馆、绍兴馆

07329

台湾的租佃制度　瞿明宙著

国立中央研究院社会科学研究所，1931，28 页，22 开（农村经济参考资料 2）

　　本书共 5 部分：导言、租佃制度的过去、地权的集中、租佃契约、田租。

　　收藏单位：重庆馆、广东馆、广西馆、国家馆、吉林馆、辽宁馆、南京馆、上海馆、浙江馆、中科图

07330

台湾地政统计　台湾省行政长官公署民政处地政局编

台湾省行政长官公署民政处地政局，1947.4，127 页，21×31cm

　　本书全部为图表。共 3 部分：土地概况、

业务概况、附录。

收藏单位：国家馆、南京馆

07331

台湾林产管理概况　台湾省政府农林处林产管理局出版委员会编

台湾省政府农林处林产管理局，1948.4，325页，16开

本书共6章：沿革、组织、规章、工作概况、各附属场厂概况、本局三年建设计划。附台湾林业视察后之管见、台湾之林业及森林资源、本局职员录。

收藏单位：重庆馆、广东馆、贵州馆、国家馆、湖南馆、近代史所、南京馆、上海馆、武大馆、西南大学馆

07332

台湾林产统计汇报（民国三十六年度）　台湾省政府农林处林产管理局编

台湾省政府农林处林产管理局，1948.4，65页，横16开

收藏单位：国家馆、湖南馆、南京馆、浙江馆

07333

台湾林业（台湾省政府农林处林产管理局工作述要）　台湾省政府农林处林产管理局编

台湾省政府农林处林产管理局，1948.10，[18]页，32开

本书概述该局组织系统、林业行政、营林、生产、供需等情况。

收藏单位：江西馆

07334

台湾林业史概论及其林业之特异性　丘文球著

林务局，1947.2，22页，22开

本书共3章：台湾山林经过状态今昔之怀感、台湾土地总面积及其土地之种别、台湾林业之特异性。

收藏单位：浙江馆

07335

台湾林业行政概要　林务局编

出版者不详，[1940—1949]，20页，32开

本书内容包括：台湾林业行政概论、过去状况、林务行政机关沿革等。

收藏单位：浙江馆

07336

台湾农林（第1辑）　台湾省行政长官公署农林处编

台湾省行政长官公署农林处，1946.11，378页，16开

本书分5部分：陈长官训示、序、图表、目次、编后。目次部分共8章：农业、农田水利、林业、渔业、畜牧、农产检验、农业团体、农林法规。

收藏单位：重庆馆、广东馆、国家馆、湖南馆、吉大馆、吉林馆、近代史所、首都馆、天津馆

07337

台湾农务概况　台湾省行政长官公署农林处农业推广委员会编

台北：民锋印书馆，1947.1，203页，22开（农业推广丛刊1）

本书共7章：食粮作物、园艺作物、蔗糖、棉麻及药用作物、茶叶、农业资材、病虫害。

收藏单位：安徽馆、广东馆、国家馆、湖南馆、吉林馆、南京馆、上海馆

07338

台湾农业考察记　雷男编著

出版者不详，1932.10，58页，16开

本书内容包括：台湾的农业机耕、农业教育、规章及农产品等。

07339

台湾农业与渔业　行政院新闻局编

行政院新闻局，1947.8，51页，32开

本书共3部分：总说、台湾农业、台湾渔业。

收藏单位：安徽馆、重庆馆、大庆馆、广

东馆、广西馆、国家馆、河南馆、黑龙江馆、湖南馆、江西馆、近代史所、柳州馆、南京馆、内蒙古馆、宁夏馆、上海馆、首都馆、天津馆、武大馆、西南大学馆、浙江馆、中科图

07340

台湾省公地放领手册　台湾省政府民政厅地政局编

台湾省政府民政厅地政局，[1948]，92+10页，32开

　　本书内容包括：放领与放垦的理论、法令根据、公地放领的准备工作、公地放领的工作要义等。封面题名：公地放领手册。

　　　收藏单位：浙江馆

07341

台湾省合作农场概况　台湾省社会处合作事业管理处合作指导室编

出版者不详，1935，20页，32开（合作农场指导丛刊1）

　　　收藏单位：南京馆

07342

台湾省粮政法规　台湾省粮食局编

台湾省粮食局第三科，1946.12，144页，22开，精装

　　本书共3部分：法规类、命令类、附录。

　　　收藏单位：南京馆、浙江馆

07343

台湾省农林处林务局高雄山林管理所概况　高雄山林管理所编辑

屏东：高雄山林管理所，1947.4，60页，横25开

　　本书共8部分，内容包括：沿革、组织及经费、自然形势及气候等。

　　　收藏单位：浙江馆

07344

台湾省实验合作农场计划大纲

出版者不详，[1946]，油印本，11页，13开，环筒页装

　　本书共16部分，内容包括：设立目标、推行原则、进行方式、经营设计、事业组织、业务计划、工作程序、经营方针、劳动管理、实验事项、利益分配、行政监督等。附台湾省集中公有地分布情形统计表、各县公有地面积及佃农户数比较表、实验合作农场现金支出概算、农家经营规模比较表。

　　　收藏单位：国家馆

07345

台湾省行政长官公署农林处林务局台中山林管理所卅五年度工作报告　台中山林管理所编

台中山林管理所，[1947]，32页，25开

　　本书共8章，内容包括：沿革、辖区、组织、经费、工作、后记等。

　　　收藏单位：重庆馆

07346

台湾省行政长官公署农林施政报告　台湾省农林处编

台湾省农林处，1946.5，41页，16开

　　本书所涉时间为1945年10月25日至1946年4月24日。

　　　收藏单位：国家馆、吉林馆、近代史所、南京馆、上海馆

07347

台湾省畜牧概况　台湾省农林处编

[台湾省农林处]，1948.10，45页，32开（台湾省农林丛刊第3号）

　　本书共6部分，内容包括：台湾省畜牧改良增殖的根本政策、台湾省畜牧三年增殖计划、畜牧统计、台湾省畜牧行政机构系统表等。

　　　收藏单位：近代史所

07348

台湾省长官公署农林处林务局三十五年度工作概况三十六年度中心工作　台湾省长官公署农林处林务局编

台湾省长官公署农林处林务局，1936，16页

　　本书分甲、乙两部分：三十五年度工作

概况、三十六年度中心工作。甲部分共 7 章，内容包括：造林工作、保林工作、林道修筑等；乙部分共 6 章，内容包括：奖励民营林业、举办林业产品展览会、增加木材生产等。附台湾省林业统计资料。

收藏单位：近代史所

07349

台湾省政府民政厅地政局工作报告 台湾省政府民政厅地政局编

台湾省政府民政厅地政局，1947.9，63 页，16 开

本书共 6 部分：地籍整理、勘测荒地、管理公地、清理地权、土地征收、开发地利救济失业。

收藏单位：广西馆、近代史所

07350

台湾省政府农林处嘉义山林管理所三十六年度工作概况报告书

台湾省政府农林处嘉义山林管理所，1947，1 册，16 开

收藏单位：南京馆

07351

台湾水产有限公司概况（中华民国三十五年）

[台湾水产有限公司编]

[台湾水产有限公司]，[1947]，21 页，16 开

本书共 3 部分：接收及筹备经过、组织及人事、业务概况。

收藏单位：国家馆、吉林馆、南京馆、上海馆

07352

台湾土地制度考查报告书 程家颖编

出版者不详，[1915.4]，158 页，21 开

本书为文言体。内容包括：土地制度之沿革、土地调查概要、条陈闽省清地办法大纲等。

收藏单位：东北师大馆、近代史所、上海馆

07353

台湾畜产公司概况 戈福江著

出版者不详，[1947.5]，5 页，18 开

本书为《台湾农业推广通讯》第 1 卷第 1 期抽印本。

07354

台湾一年来之地政 台湾省行政长官公署民政处地政局编

台湾省行政长官公署，1946.12，19 页，36 开（新台湾建设丛书 17）

本书共 6 部分：概论、台省土地状况、台省一年来之地政设施、结论等。

收藏单位：重庆馆、南京馆

07355

台湾一年来之粮政 台湾省行政长官公署粮食局编

台湾省行政长官公署粮食局，1946，23 页，32 开（新台湾建设丛书 11）

本书共两部分：接收概况、一年来之工作。

收藏单位：重庆馆

07356

台湾一年来之农林 台湾省行政长官公署农林处编

台湾省行政长官公署宣传委员会，1946.11，52 页，32 开（新台湾建设丛书 10）

本书共 4 章，概述农业、林业、渔业及畜牧业接收时期状况及一年来工作概要等。

收藏单位：重庆馆、吉林馆、内蒙古馆

07357

台湾樟脑事业概况 台湾省樟脑局编

台湾省樟脑局，1948.10，19 页，32 开

本书共 6 部分：绪言、沿革、樟脑局组织现况、生产概况、营业情形、今后展望。

收藏单位：江西馆、上海馆、浙江馆

07358

台湾之林业及其研究 林渭访著

台湾省林业试验所，1948.2，55 页，16 开

（台湾省林业试验所参考资料 4）

本书内容包括：台湾森林概况、林业沿革、林业行政机构的变迁、林业实施概况、林业团体、林业教育、林业研究试验、林业发展情况等。为《台湾银行季刊》第 1 卷第 4 期抽印本。

07359
台湾之米 于景让著
出版者不详，1949.1，36 页，16 开
收藏单位：南京馆

07360
太行区 1945 年生产运动的概述 晋冀鲁豫边区政府太行行署编
晋冀鲁豫边区政府太行行署，1946，38 页，32 开
收藏单位：国家馆

07361
太行区 1946 年生产计划 太行行署编
太行行署，1946.3，6 页，32 开
收藏单位：国家馆

07362
太行区 1947 年灾荒调查材料
太行区贸易总公司，1947.12，油印本，21 页，32 开
收藏单位：国家馆

07363
太行区组织劳动互助的经验
冀南书店，1946.4，30 页，32 开
本书共 4 部分："如何建立与发展劳动互助组织""等价交换中记工、折工、还工等具体经验与办法""如何组织半劳力参加农业生产""组织生产活动的几个问题"。
收藏单位：国家馆

07364
太嘉宝农事改良研究会干事部报告
出版者不详，[1934—1949]，12 页，25 开
本报告所涉时间为 1934 年 11 月至 1936 年 6 月。
收藏单位：上海馆

07365
太平山林场概况 台湾省行政长官公署农林处林务局林场管理委员会第一组太平山林场编
台湾省行政长官公署农林处林务局林场管理委员会第一组太平山林场，1947.1，16 页，25 开

07366
太岳区农业负担试行办法草案 太岳行署编
太岳行署，1948.5，10 页，32 开
本书共 7 章，内容包括：总则、不负担与负担的规定、免征点及消耗扣除、计算与征收、老区半老区负担分数表等。
收藏单位：国家馆

07367
泰安县花生、花生油调查报告书 山东省政府建设厅合作事业指导委员会编
山东省政府建设厅合作事业指导委员会，1935.2，10 页，16 开

07368
唐代庄园考·唐宋柜坊考 （日）加藤繁著 王桐龄译
北平：国立北平师范大学，1933，28 页，16 开
本书为《师大月刊》第 2 期抽印本。
收藏单位：国家馆

07369
桃源新村概况
出版者不详，1948.8，1 册，13 开，环筒页装
本书内容包括：桃源新村计划、桃源新村三十七年度中学工作、工作报告、感想等。
收藏单位：浙江馆

07370
滕副司令员在中央局土地会议闭幕会上的讲话 晋冀鲁豫中央局编

[晋冀鲁豫中央局]，[1948.1]，15 页，32 开

本书收文 3 篇：《中国共产党晋冀鲁豫中央局告全体党员书》《晋冀鲁豫边区农会筹备委员会告农民书》《滕副司令员在中央局土地会议闭幕会上的讲话》。

收藏单位：国家馆

07371

提高农业生产支援全国解放　农民报编辑部编

吉林书店，1949.1，32 页，32 开

本书据东北局所发《关于东北今年农业生产的总结与明年农业生产任务的决定》改写，与《新区应当怎样搞土改》一文合并出版。

收藏单位：国家馆、吉林馆、辽宁馆

07372

天府万人村计划书　周苗福著　杨子寿校

上海：周苗福，1947.5，56 页，32 开

本书内容包括：各期发展计划、招股章程、收支预算、人事行政等。

收藏单位：国家馆、吉林馆、南京馆、上海馆

07373

天祜垸新农场各项建设计划暨生产状况说明书　天祜垸新农场编

天祜垸新农场，[1936]，30 页，16 开

本书共 14 部分，内容包括：天祜垸之形势、本垸经过之略历、本垸内部之组织、生产之程度、堤防工程实在施工计划、各种合作事实等。

收藏单位：国家馆

07374

天津棉花统计　金城银行总经理处天津调查分部编

金城银行总经理处天津调查分部，1939.1，23 页，16 开

本书内容包括：民国二十六年全国棉田面积百分比、最近八年河北省棉田面积及皮棉产额表、天津出口棉商报验数量统计表等。

所涉时间为 1937—1938 年。

收藏单位：国家馆、上海馆

07375

天津棉花需求——价格相关之研究　叶谦吉著

天津：南开大学经济研究所，1935，32 页，16 开

本书内容包括：天津棉花需求种类及其性质、棉花需求与棉价之关系、天津外棉输入与棉价之关系、天津棉花需求之变动率等。为原载于《政治经济学报》的单行本。

收藏单位：重庆馆

07376

天津市农业调查报告　吴瓯主编　陈举编辑

天津市社会局，1931，36 页，16 开

本书共两篇：总论、各村概况。封面题名：天津市社会局农业调查报告。

收藏单位：东北师大馆、国家馆、山西馆、首都馆、中科图

07377

田家乐（农艺浅说）　袁炳昌编著

南京：正中书局，1936，46 页，32 开（国民说部 第 6 集 国民生产经济集 6）

本书共 8 部分，内容包括：开村会登台讲演、谋自救组织农民、求改革到处受阻碍、善劝导开手整农田等。

收藏单位：重庆馆、南京馆、首都馆、浙江馆

07378

田亩丈量法　湖南省财政厅编

湖南省财政厅，1933，32 页，24 开

收藏单位：南京馆

07379

通海垦牧公司开办十年之历史　通海垦牧公司编辑

通州：翰墨林编译印书局，1911.6，2 册，22 开

本书内容包括：奏咨开办、印委清理案

牍、海境缴价案牍、清理兵田案牍、报灾等。

收藏单位：广东馆、国家馆、近代史所、上海馆

07380

桐油产销　行政院新闻局编

行政院新闻局，1947.9，36 页，32 开

本书共 6 部分：桐树与桐油之品种、桐油之用途、桐树栽培之地理环境、世界桐区分布、中国桐油产量估计、中国桐油外销概况。

收藏单位：安徽馆、重庆馆、大庆馆、广东馆、广西馆、国家馆、河南馆、湖南馆、吉林馆、江西馆、近代史所、辽大馆、辽宁馆、南京馆、宁夏馆、上海馆、首都馆、天津馆、西南大学馆、浙江馆、中科图

07381

桐油改进计划草案　农林部编

农林部，1948.1，14 页，32 开

本书共 6 部分：引言、改进目标、工作要点、设立改进机构、经费概算（三十七年度）、工作进度及预计效果。

收藏单位：国家馆、南京馆

07382

铜山农村经济调查　金维坚编

江苏省农民银行总行，1931.8，99 页，32 开（江苏省各县农村经济调查丛书）

本书分上、下两编：一般情形、农村概况。上编共 10 节，内容包括：位置及沿革、地势及面积、气候及土壤、水陆交通、户口与居民职业等；下编共 7 章，内容包括：农村资产之价值、佃租与租额、农业之经营、农产品之交易等。

收藏单位：重庆馆、东北师大馆、广东馆、广西馆、吉林馆、辽宁馆、南京馆、西南大学馆、浙江馆

07383

统制中国粮食问题　杜邦纪著

武昌：杜邦纪 [发行者]，1934.8，20 页，16 开

07384

土地　胡有敦　甘德恒著

江苏省区长训练所，[1911—1949]，1 册，32 开（江苏省区长训练所政治丛书 16）

收藏单位：南京馆

07385

土地编查　林诗旦等编

将乐（三明）：风行印刷社，1941.5 印，44 页，25 开（将乐地政实验丛书 4）

本书分 5 章介绍土地编查队的筹备经过、经费来源、办理工作等。

收藏单位：重庆馆、国家馆

07386

土地编查　叶镜允　林诗旦主编

将乐县政府，1940.12，3 册，32 开（将乐地政实验丛书 4）

收藏单位：南京馆

07387

土地陈报　李如汉编

广东省地方行政干部训练团，1940.11，49 页，32 开（财政类 1）

本书讲述土地陈报之意义、目的，现行之田赋制度，土地陈报史略及其实施等。书中题名：土地陈报讲义。

收藏单位：重庆馆

07388

土地陈报　西康省地方行政干部训练团编

西康省地方行政干部训练团，1941.5，23 页，32 开

收藏单位：重庆馆

07389

土地陈报案经过　财政会议编

财政会议，1934，22 页，16 开（财政会议参考资料 2）

本书内容包括：提议整理田赋先举行土地陈报案、举办土地陈报补充办法、行政院令等。附修正整理田赋先行举办土地陈报办法大纲草案及说明书。

收藏单位：国家馆、上海馆

07390

土地陈报改进工作表解及要旨　四川省田赋
管理处汇编

四川省田赋管理处，1943.5，24 页，32 开

本书收录有关土地陈报的文录、训令、
文电等 12 种。

收藏单位：重庆馆、吉林馆、南京馆

07391

土地陈报概述　财政部江西省田赋管理处编

财政部江西省田赋管理处，[1941.11]，34 页，
22 开

收藏单位：江西馆

07392

土地陈报概要　黄星韶著　湖南省地方行政
干部训练团编

湖南省地方行政干部训练团，1941，44 页，
36 开

本书共 4 章：绪论、土地陈报之实施业务
（上、下）、特殊土地编查及审核契据须知。

收藏单位：重庆馆、湖南馆

07393

土地陈报概要　吴致华编著

四川省训练团，1944.6，48 页，32 开

本书为四川省县训练所用书。共 6 章：绪
论、土地陈报之实施与目的、编查业务、业
户陈报、过册及发照、四川省办理土地陈报
概况。

收藏单位：国家馆

07394

土地陈报汇编　济南市公署编

济南市公署，1941.4，156 页，16 开

收藏单位：南京馆

07395

土地陈报讲义　广西民团干部学校编

广西民团干部学校，[1920—1949]，112 页，
32 开

本书为广西民团干部学校教本。共 11
章，内容包括：总编、推行地政之作用、本省
办理土地陈报之计划、土地陈报之内容等。

收藏单位：桂林馆

07396

土地陈报讲义　何让编

甘肃省地方行政干部训练委员会，[1920—
1949]，48 页，32 开

收藏单位：南京馆

07397

土地陈报特刊　浙江省民政厅编辑

浙江省民政厅，1930.9，1 册，16 开

本书共 10 部分，内容包括：插图、序文、
议案、法规、专载、公牍、图表、附录等。
"议案"部分收录土地整理第一期办法大纲提
案、拟设土地陈报督促专员分区设立办事处
督促区内各县土地陈报事宜案等 7 种；"法规"
部分收录浙江省土地陈报办法大纲、浙江省
土地陈报施行细则等 6 种。"附录"部分收录
各县市及各区督促专员办事处计划及方针、
各县市政府办理土地陈报概况、本厅及各县
暨督促区复查抽丈办法等 5 种。

收藏单位：安徽馆、广东馆、国家馆、近
代史所、南京馆、浙江馆、中科图

07398

土地陈报提示要点　财政部四川省土地陈报
办事处编

财政部四川省土地陈报办事处，1940.12，10
页，13 开

本书共 4 部分：举办土地陈报之意义、办
理程序、本省改订科则之推进、专员县长应
注意事项。附土地陈报问题解答。

收藏单位：国家馆

07399

土地陈报问题解答　陕西省民政厅　陕西省
财政厅编

出版者不详，[1920—1949]，30 页，32 开

收藏单位：南京馆

07400

土地陈报问题解答 席征庸编
教育部民众读物编审委员会，[1920—1949]，
20 页，50 开（民众文库）

07401

土地陈报之过程与目的及其具体办法 郭培
师著
山东邹平乡村建设研究院，1936.2，72 页，
16 开（乡村建设半月刊）
　　本书共 3 章：田赋舞弊及其影响、一般田
赋整理与土地陈报办法之概述、土地陈报之
过程与目的及其具体办法简说。附土地陈报
处柜台式办公制办法。
　　收藏单位：长春馆、重庆馆、国家馆、湖
南馆、辽宁馆

07402

土地陈报之理论与实务 帅仲言编
出版者不详，1937.1，76 页，16 开
　　本书共 4 章：土地情况及田赋沿革之调
查、章则图册之编订、陈报人员之甄选训练、
扩大宣传之举行。
　　收藏单位：国家馆

07403

土地村公有案及与各方之讨论 山西绥省两
署防共联席会议编
山西绥省两署防共联席会议，1935.10，92
页，22 开
　　本书对阎锡山倡议的土地村公有办法作
说明和解答。内容包括：土地村公有办法大
纲、答土地村公有质疑、关于土地村公有问
题之讨论等。
　　收藏单位：广东馆、国家馆、南京馆、山
西馆、上海馆

07404

土地村公有办法大纲及说明
出版者不详，[1920—1949]，24 页，22 开
　　本书封面题：太原绥靖主任阎锡山、山西
省政府主席徐永昌呈请国民政府准由山西先
行试办土地村公有呈文暨土地村公有办法大
纲及说明。
　　收藏单位：国家馆、陕西馆

07405

土地村公有问题言论集（第 1 辑） 土地村公
有实施办法讨论会编
土地村公有实施办法讨论会，1935.11，210
页，22 开
　　本书共 3 部分：阎主任讲话、国内报章社
评选辑、国内学者关于土地村公有问题言论
选辑。内容包括：《农村复兴与土地公有》（天
津《大公报》）、《解决土地问题》（北平《世
界日报》）、《土地村有问题》（上海《晨报》）、
《土地村有之商榷》（上海《时事新报》）、《再
论土地村有制》（天津《益世报》）、《土地公
有答议》（江亢虎）等。
　　收藏单位：广东馆、国家馆、山西馆

07406

土地村有办法大纲 阎锡山拟订
西北周报社，1935.10，32 页，大 64 开，环
筒页装
　　本书附土地公有实施办法讨论会章程等。
拟订者原题：阎百川。
　　收藏单位：国家馆、南京馆

07407

**土地村有问题（各方对土地村有问题意见汇
编）** 中国地政学会编
[南京]：中国地政学会，1935.11，168 页，
22 开（地政丛刊 3）
　　收藏单位：重庆馆、东北师大馆、吉林
馆、近代史所、南京馆、上海馆、浙江馆

07408

土地登记须知 广西省政府地政局编
出版者不详，[1920—1949]，48 页，32 开
　　本书共 6 章，内容包括：广西土地登记审
查注意事项、审查申请登记人籍贯应行注意
事项、补契登记办理程序等。
　　收藏单位：广西馆

07409

土地登记须知　湖南省民政厅编

湖南省民政厅，1937.4，56 页，32 开

　　本书共 6 篇：土地登记的意义、土地登记的范围、土地登记的责任与强力、土地登记的种类与次序、第一次土地登记、第一次土地登记以后之土地登记。

　　　　收藏单位：浙江馆

07410

土地登记要览　江西省地政局编

江西省地政局，1936.12，76 页，23 开

江西省地政局，1937.4，50 页，16 开

[江西省地政局]，1940，1 册，32 开

江西省地政局，1941.12，1 册，32 开

　　本书内容包括：土地登记实施纲领、土地登记问答、土地登记人员须知等。

　　　　收藏单位：广东馆、南京馆

07411

土地登记之理论与实务　朱霄龙编著

军技印刷所，1945.11，236+46 页，25 开

　　本书共 10 章，内容包括：土地登记的概念、我国土地登记概况、办理各种登记的程序、办理各种登记的方法、登记资料与图册处理等。附土地登记主要应用书表、土地登记问题释疑。

　　　　收藏单位：国家馆

07412

土地登记之理论与实务　朱霄龙编著

中央训练团地政人员训练班，1947，22+158 页，21 开

　　　　收藏单位：重庆馆

07413

土地调查须知　广西省政府民政厅编

广西省政府民政厅，1935.2，19 页，32 开

　　本书内容包括：对于一般事项、关于县调查表、关于区调查表、关于农家普查表、关于农家周年出入调查表、关于地主田场周年出入调查表等。

　　　　收藏单位：国家馆、南京馆

07414

土地调查宣传大纲　中国国民党中央执行委员会宣传委员会编

中国国民党中央执行委员会宣传委员会，1934.10，16 页，32 开

　　本书共 6 部分：前言、土地与国家之关系、我国土地概况与民食情形、土地调查之意义与需要、结语、标语口号。

　　　　收藏单位：重庆馆、国家馆、南京馆

07415

土地分配问题　陈太先著

[曲江（韶关）]：新建设出版社，1940.10，28 页，32 开（广东施政常识小丛书）

　　本书共 5 部分：土地与土地问题、土地分配问题之诸相、我国土地分配问题底具体内容、现阶段的土地分配问题、战时如何处理土地分配问题。

　　　　收藏单位：重庆馆、国家馆

07416

土地改革案及参考资料　立法院地政委员会编

立法院地政委员会，1941，1 册，16 开

　　　　收藏单位：南京馆

07417

土地改革的实践　魏文涛编

大连：大众书店，1947.5，108 页，32 开

　　本书内容包括：《争取春耕前完成土地改革》（延安《解放日报》）、《王家对河土地改革中的几点经验》（张云树、林风）、《土地改革后的几项紧急工作》（《大众日报》）等。

　　　　收藏单位：辽宁馆

07418

土地改革方案的分析　张丕介著　土地改革编辑委员会编

南京：建国出版社，1948.4，24 页，32 开（土地改革丛刊 3）

　　本书共 8 部分，内容包括：土地改革的根本精神、重心与目标、原则与方法、地政与役政的配合、维护新自耕农等。附土地改革

方案。

收藏单位：重庆馆、广东馆、广西馆、国家馆、南京馆、天津馆

07419

土地改革实施纲领草案

出版者不详，[1912—1949]，10 页，32 开

本书内容包括：关于土地者、土地改革实施的办法。

收藏单位：广西馆

07420

土地改革问题 孙文等著

上海：国讯书店，1948.6，94 页，36 开

本书收文 10 篇，内容包括：《耕者要有其田》（孙文）、《中国土地制度之回顾与前瞻》（刘师昂）、《中共现阶段之土地改革运动》（《中央日报》）、《"土地法大纲"及"土地改革方案"》（聂犇）、《对于中共土地法的看法》（《民主周刊》）、《"解放区"的土地改革》（上海《密勒氏评论报》）、《论划时代的土地改革》（狄白超）等。附中央督导各省实施土地改革计划、国民政府扶助自耕农计划、国民政府关于收复区土地处理办法、中国土地改革协会的土地改革方案、关于公布中国土地法大纲的决议等 11 种。

收藏单位：重庆馆、广西馆、贵州馆、桂林馆、国家馆、黑龙江馆、吉林馆、近代史所、辽大馆、辽宁馆、南京馆、宁夏馆、上海馆

07421

土地改革与民众组训 福建省政府新闻处编

福建省政府新闻处，1948.7，48 页，32 开

本书内容包括：福建的土地改革、福建省各县市保农业生产合作社农地承租经营办法、福建省保障佃农办法、福建省加强民众组训实施方案等。

收藏单位：重庆馆、上海馆

07422

土地改革与新中国之道路 李中严著

南京：中国文化服务社，1948.6，64 页，32

开

本书共 6 章："天下大事，尚可有为乎？""且言土地问题""大刀阔斧改革土地""来一个农村都市化""治标乎？治本乎？""新中国之道路"。

收藏单位：广东馆、国家馆、吉大馆、南京馆、宁夏馆、首都馆、浙江馆

07423

土地改革与中国前途（为什么要实施土地改革） 吴文晖著 土地改革编辑委员会编

南京：建国出版社，1948.5，28 页，32 开（土地改革丛刊 4）

本书共 7 部分，内容包括：现行的土地制度恶劣亟需改革、土地改革可以促进农业建设、土地改革可以促进工业化、土地改革可以解决社会问题、土地改革可以实现真正的民主等。

收藏单位：广西馆、国家馆、南京馆

07424

土地经济调查 林诗旦 屠剑臣编

将乐（三明）：风行印刷社，1941.5 印，148 页，25 开（将乐地政实验丛书 2）

本书共 9 章：人文概况、地理概况、地权分配、农业经营与土地利用、农村金融、地价、田赋、农业灾害、农民生活。

收藏单位：重庆馆、国家馆

07425

土地经济调查 叶镜允 林诗旦主编

将乐县政府，1940.12，3 册，32 开（将乐地政实验丛书 2）

收藏单位：南京馆

07426

土地委员会报告（第 4 种 研究报告）

出版者不详，1935，油印本，1 册，大 8 开

收藏单位：国家馆

07427

土地委员会报告（第 29 种 盐垦）

出版者不详，1935，油印本，1 册，大 8 开

收藏单位：国家馆、上海馆

07428
土地委员会报告（第 37 种 土地行政）
出版者不详，1935，油印本，1 册，大 8 开
　　收藏单位：国家馆

07429
土地委员会报告（第 38 种 中国八大都市之地价）
出版者不详，1935，油印本，1 册，大 8 开
　　收藏单位：国家馆、南京馆、上海馆

07430
土地委员会报告（第 39 种 各方对土地法之意见）
出版者不详，1935，油印本，1 册，8 开
　　收藏单位：广东馆、国家馆、南京馆

07431
土地委员会会务报告（报告第 2 种）
出版者不详，1935，油印本，1 册，大 8 开
　　收藏单位：广东馆、国家馆、南京馆

07432
土地委员会盐区土地调查报告　李积新主编
出版者不详，1935，277 页
　　本书共 7 编：两淮、松江、两浙、福建、山东、长芦、总论。
　　收藏单位：近代史所

07433
土地问题　吴尚鹰著
中央训练团党政训练班，1939.5，28 页，32 开
　　本书为著者在中央训练团党政训练班所作的演讲稿。共 4 部分：导言、总理平均地权的精义、我国现行土地法精神、各派学说解决土地问题的理论与方法及各国进行实例。
　　收藏单位：广东馆、国家馆、南京馆

07434
土地问题　武仙卿主编
北平 [等]：国立北京大学出版组，[1949]，10+250 页，18 开（中国经济史料丛编 唐代篇 2 ）
　　本书内容包括：内庄宅使、长春宫使、实封、屯田、庄田、水利、土地所有权的转移等。版权页丛书名题：唐代经济史料丛编。
　　收藏单位：东北师大馆、广东馆、国家馆、辽大馆、首都馆

07435
土地问题　向乃祺著
北平：宣内槐抱椿树庵，1931.4，410 页，22 开
　　本书共 9 章，内容包括：土地与古代经济制度之关系、历代土地制度之变迁、近世各国之土地制度、土地所有权之研究、我国土地问题及其政策等。
　　收藏单位：重庆馆、国家馆、黑龙江馆、湖南馆、吉林馆、近代史所、辽大馆、南京馆、山西馆、上海馆、首都馆、天津馆、中科图

07436
土地问题　章渊若著
[上海]：泰东图书局，1930.11，160 页，32 开（社会科学丛书 5 ）
　　本书共 3 编：土地与人生、土地生产、土地分配。附广州都市土地税条例草案、广东省土地税条例草案、广东省土地税条例施行细则、江苏土地登记条例草案、浙江土地所有权调验费条例。版权页题名：中国土地问题。
　　收藏单位：重庆馆、国家馆、南京馆、上海馆、天津馆

07437
土地问题的综合研究　黄俊民著
国防部政工局，1948.8，8 页，32 开
　　本书共 5 部分，内容包括：土地问题的重要性、中国土地问题的症结、我们的土地政策等。
　　收藏单位：国家馆、南京馆

07438

土地问题及其文献　姜圣如编著

上海：学生书局，1937.3，296页，32开

　　本书共18章，内容包括：土地之意义、土地之性质、土地之种类、土地制度在历史上的演变、三代之井田制度、新莽之王田制度、太平天国之公田制度、孙中山之土地政策、中国共产党之土地政策、各国的土地政策等。

　　收藏单位：山西馆

07439

土地问题选集　东北大学教务处编

[沈阳]：东北大学教务处，1948.3，44页，32开

　　收藏单位：东北师大馆、国家馆

07440

土地问题与土地法　韦孝先著

首都女子法政讲习所，1934.12，1册，22开

　　本书分两部分：绪论、本论。第1部分共6章：土地问题之起源及其演进、土地分配不均之害、中国历代土地政策、最近欧洲各国之土地政策、中国学者对改革土地之意见、外国学者改革土地之意见；第2部分共5编：总则、土地登记、土地使用、土地税、土地征收。

　　收藏单位：重庆馆、广西馆、桂林馆、国家馆、南京馆、宁夏馆、首都馆

07441

土地问题与土地法　吴尚鹰著

上海：商务印书馆，1935.6，187页，22开（大学丛书 教本）

上海：商务印书馆，1935.7，再版，187页，22开（大学丛书 教本）

　　本书共7部分：国民党平均地权政策之由来、人口增加与地价增涨之因果、土地私有制度下之问题、土地共有问题、土地法内容概要、土地法条文要义、土地法施行法。附土地法原则。

　　收藏单位：安徽馆、长春馆、重庆馆、东北师大馆、广东馆、广西馆、贵州馆、国家

馆、河南馆、黑龙江馆、湖南馆、江西馆、近代史所、辽大馆、南京馆、内蒙古馆、宁夏馆、山西馆、陕西馆、上海馆、首都馆、天津馆、浙江馆、中科图

07442

土地问题与土地法　吴尚鹰著

中国国民党广东省执行委员会党务工作人员训练所编辑部，1931.8，167页，32开（中国国民党广东省执行委员会党务工作人员训练所丛刊3）

　　本书共5部分：国民党平均地权政策之由来、人口增加与地价增涨之因果、土地私有制度下之问题、土地共有问题、土地法内容概要。附土地法、土地法原则。著者原题：吴尚膺。

　　收藏单位：广东馆、国家馆、宁夏馆

07443

土地问题与土地政策　于飞黄编著

抗战复兴出版社，1941.1，234页，32开

　　本书共9章：绪论、中国历代土地制度与田制理论、现代中国的土地经济概况、世界各国的土地政策与各学者对土地问题的主张、民生主义的土地政策、现行土地法、土地村公有、中共的土地革命、结论。

　　收藏单位：重庆馆、国家馆、南京馆、陕西馆、上海馆、天津馆、西南大学馆

07444

土地问题与土地政策研究　山东分局宣传部编

山东分局宣传部，1943.6，64页，64开

　　收藏单位：国家馆

07445

土地问题指南　西北局宣传部编

西北局宣传部，1947，64页，36开

　　本书内容包括：《湖南农民运动考察报告》（毛泽东）、《刘少奇同志给晋绥同志的信》、《中国土地法大纲》、《晋绥边区农会临时委员会告农民书》等。

　　收藏单位：重庆馆

07446

土地行政　董中生著
上海：大东书局，1948.9，150 页，32 开（地方行政实务丛书）

　　本书共 7 章：总论、地籍整理、定地价和地价税、土地使用、地权处理和土地征收、绥靖区土地问题之处理、结论。

　　收藏单位：广东馆、湖南馆、南京馆、上海馆

07447

土地行政　傅角今著
中央训练委员会、内政部，[1940—1949]，93 页，32 开

　　本书共 4 章：土地行政的意义、土地行政的内容、中国土地行政概况、土地行政现行法规举要。附土地重划计划书式、有关征收土地各种书件式样。

　　收藏单位：安徽馆、重庆馆、广东馆

07448

土地行政　黄桂著
江西省地政局，[1947]，118 页，32 开（地政论丛 2）

　　本书共 10 章：概述、地政机关、地籍整理、规定地价、土地税、土地使用、土地征收、地权处理、土地金融、结论。附土地法及土地法施行法。

　　收藏单位：重庆馆、国家馆、江西馆、南京馆、浙江馆

07449

土地行政　江西省地方行政干部训练团编
江西省地方行政干部训练团，[1941]，68 页，32 开（分组训练教材 6）

　　收藏单位：江西馆

07450

土地行政　李振编　广东省地方行政干部训练团编
广东省地方行政干部训练团，1940，96 页，32 开

　　本书内容包括：地政机关、土地测量、登记、土地税、土地使用、征地等。附江西省有关地政机关组织章程及土地登记、地价估计、垦荒移民、征地等规章 8 种。

　　收藏单位：重庆馆

07451

土地行政　[陕西省地方行政干部训练团编]
陕西省地方行政干部训练团，1942，72 页，32 开（训练教材）
陕西省地方行政干部训练团，1943.2，74 页，32 开

　　收藏单位：重庆馆、南京馆

07452

土地行政　王晋伯著
重庆：文信书局，1943，90 页，32 开

　　本书共 7 章：土地行政之定义、土地行政之要领、土地行政之特性、土地行政与一般行政之关联、土地行政之实质、土地行政之组织、现时地政之实况。附地政法规辑要等。

　　收藏单位：重庆馆、广东馆、桂林馆、国家馆、湖南馆、吉林馆、南京馆、上海馆

07453

土地行政　中央训练委员会编
中央训练委员会，1945.1，118 页，32 开
中央训练委员会，1945.5，73 页，32 开

　　本书为县各级干部人员训练教材、乡镇干部人员训练教材。共 7 章：绪论、土地政策、土地行政、地籍整理、规定地价、土地使用、地权调整。

　　收藏单位：广西馆、贵州馆、国家馆、辽宁馆、南京馆、浙江馆

07454

土地行政（民政概要）　江西省地方政治讲习院编
江西省地方政治讲习院，1939.10，60 页，32 开（分组训练教材 6）
江西省地方政治讲习院，1940.3，60 页，32 开（分组训练教材 6）
[江西省地方政治讲习院]，1940.8，64 页，32 开（分组训练教材 6）

收藏单位：安徽馆、重庆馆、江西馆、浙江馆

07455

土地行政概论

出版者不详，[1920—1949]，180 页，32 开

收藏单位：广西馆、南京馆

07456

土地行政概论（上册） 唐陶华著

重庆：唐陶华 [发行者]，1944.7，226 页，32 开

本书分两编：土地行政之概念及组织系统、土地整理。内容包括：土地测量、登记、地价规定、土地陈报之程序等。

收藏单位：重庆馆、广西馆、贵州馆、桂林馆、南京馆、宁夏馆

07457

土地行政纲要　冯小彭编著

四川省训练团，1944.6，19 页，32 开

收藏单位：南京馆

07458

土地行政纲要　罗孝先编著

安徽省地方行政干部训练团第六七八区联合训练班，1941.4 翻印，90 页，32 开

本书内容包括：我国地政史略及现况、国民党之土地政策及实施、地方行政中之土地行政实务及地政机关等。附法令法规目录。

收藏单位：安徽馆、重庆馆

07459

土地行政·土地使用　傅角今　邹序儒编著

中央训练委员会，1941.12，[172] 页，32 开

本书为县各级干部人员短期训练班教材合订本。《土地行政》共 4 章：土地行政的意义、土地行政的内容、中国土地行政概况、土地行政现行法规举要。《土地使用》共 5 章，内容包括：我国土地利用的现状、改进土地利用的政策与法令、改进土地利用的技术及措施等。附中央训练委员会及中央各机关编印书刊择要介绍。

收藏单位：重庆馆、东北师大馆、广东馆、广西馆、贵州馆、国家馆、湖南馆、江西馆、南京馆、西南大学馆、浙江馆

07460

土地与人口　广东省政府秘书处统计股编辑

广东省政府秘书处，1932.12，185 页，32 开（广东统计丛刊 第 1 种）

本书分上、下两编：土地、人口。上编内容包括：广东之山脉、广东之河流、广东各地之气象等；下编内容包括：广东之人口统计、黎人之起源及其种类等。

收藏单位：国家馆、湖南馆、吉林馆、南京馆

07461

土地与人口（国防资源）　乔启明讲

国防研究院，1943.1，18 页，32 开

本书共 6 部分：引言、中国土地现状、中国人口现状、中国土地问题、中国人口问题、中国土地与人口问题改进拟议。

收藏单位：国家馆、南京馆

07462

土地整理（民政概要）　江西省地方政治讲习院编

江西省地方政治讲习院，1939.10，70 页，32 开（分组训练教材 7）

江西省地方政治讲习院，1940.4，70 页，32 开（分组训练教材 7）

本书共 8 章：绪论、土地整理方法及实施程序、土地测量、土地调查、地积计算及图册编制、土地登记、实行地价税、结论。附江西省各县地价估计规则、地价估计报告书实例、土地清册式、地税户册式等 8 种。

收藏单位：重庆馆、浙江馆

07463

土地整理纲要　熊漱冰讲述

[江西省地政局]，1935 印，66 页，32 开（县训丛刊 8）

[江西省地政局]，1935.12 印，66 页，22 开

江西省地政局，1936.11，3 版，1 册，32 开

江西省地政局，1942.1，1 册，25 开

　　本书共 8 章：绪论、土地整理方法及实施程序、土地测量、土地调查、地积计算及图册编制、土地登记、实行地价税、结论。附江西省各县地价估计规则、地价估计报告书实例、土地清册式等。

　　收藏单位：重庆馆、广西馆、国家馆、江西馆、南京馆、中科图

07464

土地整理和土地陈报　浙江省民政厅编

浙江省民政厅，1929.8，80 页，22 开

　　本书附土地陈报丈算须知、土地陈报分段编号须知、解释办理土地陈报疑义文件、关于土地陈报疑义之解释（节录）、浙江省土地陈报办法大纲及施行细则。

　　收藏单位：国家馆、内蒙古馆、上海馆、首都馆、浙江馆

07465

土地政策　山东省政府编

山东省政府，1945.11，58 页，32 开

　　收藏单位：国家馆、山东馆

07466

土地政策的检讨兼评土地村有制度　朱通九著

朱通九 [发行者]，1935，13 页，16 开

　　本书内容包括：土地政策检讨的四个根据、土地政策的种类、土地村有制度的批评、我国应该采用的土地政策等。

　　收藏单位：上海馆

07467

土地政策及其实验　陈天秩著

南京：新中国出版社，1947.11，84 页，32 开

　　本书共 6 部分，内容包括：两个政策的比较、如何才能克服我们的弱点保证我们土地政策的澈底推行呢等。附淮阴实验县调整自治机构整编自卫武力统筹自治经费实施概况。

　　收藏单位：重庆馆、国家馆、吉林馆、南京馆、天津馆

07468

土地政策讲义　叶繁编

广东省地方行政干部训练团，1940.11，59 页，32 开（地政类 3）

　　本书内容包括：土地问题的形成和发展、中外各派解决土地问题的学说和批判、我国历代的土地政策、国民党的土地政策的理论与实施等。

　　收藏单位：重庆馆

07469

土地政策述要　萧明新编述

长沙：商务印书馆，1938.5，243 页，32 开

长沙：商务印书馆，1939.12，再版，243 页，32 开

　　本书分两部分：总论、各论。第 1 部分共 5 章：土地政策之意义、土地问题及各派学说、各国土地政策、中国历代土地政策、中国现代土地政策；第 2 部分共 5 章：农地政策、市地政策、矿地政策、林地政策、水力政策。

　　收藏单位：重庆馆、东北师大馆、广东馆、贵州馆、桂林馆、国家馆、近代史所、南京馆、宁夏馆、天津馆、浙江馆

07470

土地政策选集　太岳区党委编

[太岳区党委]，1947.1，[53] 页，32 开

　　本书内容包括：《新民主主义的经济》（毛泽东）、《土地问题》（毛泽东）、《中央关于土地问题指示》、《中央关于土地政策的指示》等。

　　收藏单位：贵州馆

07471

土地政策学习参考文件　中共晋察冀中央局总学委编

中共晋察冀中央局总学委，1946.8，34 页，32 开

　　本书内容包括：《湖南农民运动考察报告》（毛泽东）、《谈湖南农民运动考察报告》（陈伯达）、《土地问题》（节录毛泽东《论联合政府》）、《毛泽东同志和刘少奇同志关于土地政

策发言要点》《中共中央关于清算减租及土地问题的指示》《中共晋察冀中央局关于传达与执行中央五四指示的决定》《中共中央对热河土地问题处理中的几点指示》等。

收藏单位：国家馆

07472
土地政策研究 魏麟编著
南京：人民世纪社，1948.10，69 页，32 开
本书共 10 部分，内容包括：土地问题、政策决定、地权确定、调查登记、试定税率、改革实施等。

收藏单位：广东馆、国家馆、南京馆

07473
土地政策要论 祝平著
重庆：文信书局，1944.5，226 页，32 开
本书收文 10 篇，内容包括：《中国土地改革导言》《目前中国土地问题之重心》《实施土地政策以复兴农村刍议》《实业计划与土地政策》《动员土地资金促进工业化》等。

收藏单位：重庆馆、广东馆、国家馆、吉林馆、南京馆、天津馆、西南大学馆、浙江馆

07474
土地政策与土地法 黄振钺编著
武昌：中国土地经济学社，1949.1，258 页，25 开
本书分上、下两编：土地问题与土地政策、现行土地法诠释。上编共 3 部分：严重的土地问题、平均地权政策、土地法的立法精神；下编共 5 部分：总则、地籍、土地使用、土地税、土地征收。附土地法施行法。

收藏单位：重庆馆、广东馆、广西馆、贵州馆、国家馆、湖南馆、江西馆、南京馆、西南大学馆、浙江馆

07475
土地政策之理论与实际 林诗旦编
将乐（三明）：风行印刷社，1941.5 印，92 页，25 开（将乐地政实验丛书 1）
本书共 7 章，内容包括：福建将乐县推行

土地政策的准备工作、开垦荒地、进行土地分配、重划等。

收藏单位：重庆馆、国家馆、南京馆

07476
土地政策之理论与实际 叶镜允 林诗旦主编
将乐县政府，1940.12，3 册，32 开（将乐地政实验丛书 1）

收藏单位：南京馆

07477
土地制度与土地行政 郑震宇讲
中央政治学校，[1930—1946]，48 页，18 开（中央政治学校公务员训练部高等科讲义）
本书共 7 部分，内容包括：土地问题之内容、作成中国土地分配使用状态之历史的因素、中国土地分配使用概况及所表现之问题等。

收藏单位：国家馆、南京馆

07478
推广美棉三五计划与五三育种计划 王又民著
实业部正定棉业试验场，1933.3，33 页，18 开
本书共 8 部分，内容包括：作者浸种情形、写在前头的几句话、引言、推广美棉三五计划、五三育种计划等。

收藏单位：国家馆、浙江馆

07479
推进棉业三三计划书 朱仙舫著
出版者不详，[1930—1949]，16 页，16 开
本书共 8 部分：绪言、推广棉植改良棉种、增加机器、规定棉纺区域、培养技术人材、资金之筹集、促进委员会之组成、结论。

07480
屯垦救国论 沈毅著
沈毅 [发行者]，1937，78 页，25 开
本书共 17 章，论述屯垦的必要性，屯垦与国防、文化、移民的关系，垦荒的组织、

经费、具体措施等。

07481

屯垦浅说　邹作华著

兴安区屯垦公署，1928.11，7 页，22 开

　　本书为著者的训话内容，讲述屯垦的重要性等。

　　收藏单位：国家馆

07482

屯溪茶业调查　实业部国产检验委员会　实业部上海商品检验局编

实业部国产检验委员会、实业部上海商品检验局，1937.6，23 页，16 开（调查报告 第 2 号）

　　本书内容包括：屯溪茶业概况、屯溪茶厂之经营、屯溪绿茶之制造等。

　　收藏单位：国家馆、上海馆

07483

屯溪绿茶之生产制造及运销　金陵大学农学院农业经济系调查编纂

南京：金陵大学农学院农业经济系，1936.6，50 页，16 开（豫鄂皖赣四省农村经济调查报告 第 12 号）

　　本书共 8 部分：绪言、茶区范围与茶叶产额、栽培与初制、精茶制造、运销、输出贸易、茶价、结论。

　　收藏单位：安徽馆、重庆馆、国家馆、南京馆

07484

沱江流域蔗糖业调查报告　四川省甘蔗试验场编

四川省甘蔗试验场，1938.8，1 册，18 开

　　本书共 8 章：四川蔗糖业概述、甘蔗栽培、蔗糖产制成本、蔗农经济、红糖制造、白糖制造、糖业贸易、四川蔗糖业改进意见。附四川省甘蔗试验场职员表、四川糖业论文索引。

　　收藏单位：重庆馆、东北师大馆、广东馆、国家馆、近代史所、南京馆

07485

外销物资增产五年计划　财政部贸易委员会编

财政部贸易委员会，1941.5，118 页，32 开

　　收藏单位：国家馆、吉林馆、辽大馆、南京馆、上海馆

07486

皖西各县之茶业　安徽省立茶业改良场编

上海：大文印刷所，1934.5，32 页，18 开（安徽省立茶业改良场丛刊 第 2 种）

　　本书共 10 章：概说、茶叶生产、茶叶品质、茶树栽培、茶叶采摘、茶叶制造、茶叶贸易、茶叶税捐、省立茶场、调查后之感想。

　　收藏单位：重庆馆、国家馆、上海馆

07487

皖西各县之茶业　吴觉农编

上海：大文印刷所，[1934.6]，32 页，18 开（农村复兴委员会委托调查 茶业调查 第 2 种）

　　收藏单位：广东馆、国家馆、湖南馆、江西馆、浙江馆

07488

皖浙新安江流域之茶业　安徽省立茶业改良场编辑

上海：大文印刷所，1934.7，26 页，18 开（安徽省立茶业改良场丛刊 第 4 种）

　　收藏单位：上海馆

07489

皖浙新安江流域之茶业　傅宏镇编

上海：大文印刷所，1934.6，68 页，18 开（安徽省立茶业改良场丛刊 第 3 种）

　　本书分两编：皖南徽州、浙西遂淳。介绍两个地区产茶之概况、主要之产地、种制之方法、产茶之品质等。附着色茶取缔之宣传、婺源县上海茶栈驻婺营业情形调查表、皖南及浙西茶栈业调查表。

　　收藏单位：广西馆、国家馆、湖南馆、浙江馆

07490

皖浙新安江流域之茶业 傅宏镇调查 吴觉农编

安徽省立茶业改良场，1934，68页，22开（农村复兴委员会委托调查 茶业调查 第3种）

收藏单位：安徽馆、重庆馆、广东馆、国家馆、黑龙江馆、江西馆、南京馆、天津馆

07491

皖中稻米产销之调查 吴正著

上海：交通大学研究所，1936.6，12+136页，16开（交通大学研究社会经济组专刊2）

本书共5章，内容包括：江以北产区及集中市场、江以南产区及集中地点、农村经济概况附带调查等。

收藏单位：安徽馆、重庆馆、国家馆、近代史所、南京馆、宁夏馆、西交大馆、西南大学馆

07492

维新政府粮食会议报告书 [内政部编]

内政部，[1939]，98页，16开

本书共16部分，内容包括：会议规则、会议计划纲要、提案目录、提案分类目录、议事日程、出席暨列席人名表、分组审查委员会议纪录、提案原文（全部）、会议筹备处职员名单、各县农产调查表等。逐页题名：全国粮食会议报告。目录页题名：内政部召集全国粮食会议报告书。

收藏单位：国家馆、南京馆

07493

伪满兴农合作社清理处吉林省分处工作报告

出版者不详，1946，1册，18开，环筒页装

本书共4部分：接收经过、清理工作、紧急农贷、再筹业务新进展状况。所涉时间为1946年7—10月。

收藏单位：国家馆

07494

为丰衣足食而斗争（把二十万亩荒山变成良田） 八路军留守兵团政治部编

八路军留守兵团政治部，1943，49页，32开

本书共5部分：今年开荒的伟大成绩、开荒前的各种准备工作、开荒中的一般情况、生产的组织与领导、几个经验教训。

收藏单位：重庆馆、国家馆、山西馆

07495

为建设新农村而奋斗 王艮仲等著

上海：中国建设出版社，1947.10，192页，32开（中建丛书）

上海：中国建设出版社，1947.12，再版，192页，32开（中建丛书）

本书分3部分："建立一个集体农场的意愿和信心""中建农场的实践道路""访问记·通讯·专家意见·章程"。收文19篇，内容包括：《论革命政权·革命建设·及私有财产》《顾家荡佃户调查》《怎样展开农场工作》《农村工作一得》《农场答客问》《向集体化迈进》等。附中国建设农场浦东第一场组织章程。

收藏单位：重庆馆、东北师大馆、广东馆、广西馆、国家馆、河南馆、湖南馆、吉林馆、南京馆、内蒙古馆、上海馆、天津馆、浙江馆

07496

为什么要查报余粮 福建省粮食管理局研究室编

福建省粮食管理局研究室，1941.2，8页，32开（福建省粮食小丛书4）

本书共6部分：查报余粮的重要性、查报余粮的办法、各级办理查报人员要认真从事、匿报短报的不可能、匿报短报应受的惩罚、据实填报的好处。

收藏单位：福建馆、广东馆、国家馆

07497

为乡村工业示范处邵阳华中分处部分员工滋事说明本处业务及事件实况 马杰著

[上海]：乡村工业示范处，[1940—1949]，8页，16开

收藏单位：南京馆

07498

温江土地陈报概况 王柄昆 姚家田调查

[成都]：金陵大学文学院政治经济系经济资料研究室，1940.5，油印本，52页，16开（金陵大学文学院政治经济系经济资料研究室报告第8号）

本书共3编：组织、实施办法、温江县土地陈报实录。

收藏单位：国家馆

07499

温区茶叶产制指南 财政部贸易委员会编

财政部贸易委员会，1939.2，34页，32开（茶商指导丛刊）

本书共5部分，内容包括：引言、栽培与管理、制造指南等。

收藏单位：国家馆、南京馆、浙江馆

07500

温属五县渔业调查报告 林茂春 戴行悌编

定海（舟山）：浙江省水产试验场，1936.12，110页，16开（浙江省水产试验场水产汇报第2卷8）

本书调查项目包括：温属五县渔业概况、渔区概况、渔村概况等。

收藏单位：浙江馆

07501

我国佃农经济状况 刘大钧著

上海：太平洋书店，1929.9，194页，36开（建设文库 经济类）

本书共8部分：我国之租佃制度、晋省农佃状况、浙江农佃状况、鄂省农佃状况、湘省农佃状况、广东农佃状况、江苏农佃状况、浙江平湖农业经济状况。附《重租论》（陶煦）。

收藏单位：重庆馆、广东馆、广西馆、贵州馆、国家馆、湖南馆、江西馆、近代史所、辽宁馆、南京馆、内蒙古馆、山西馆、天津馆、浙江馆

07502

我国肥料问题之自行解决方法 刘和 官熙

光著

杭州：国立浙江大学，1935.5，22页，16开（国立浙江大学农学院专刊第2号）

本书分5部分对自然肥料、磷肥、氮肥、钾肥的问题提出解决办法。

收藏单位：国家馆

07503

我国垦殖事业的方针和方式 唐启宇著

出版者不详，1938.10，20页，22开（江西垦务处丛刊1）

本书共8部分，就国民性质上、政治需要上、军事需要上、农业情况上、地势情况上、生产工具上、国民经济及国家财政上、租税负担上研究我国垦殖事业之方针。

收藏单位：广东馆、国家馆、江西馆、天津馆

07504

我国米谷生产统计之检讨 林熙春著

上海：社会经济调查所，[1930—1949]，21页，16开

本书为《社会经济月报》第2—3期抽印本。

收藏单位：南京馆

07505

我国土地之垦殖指数与可耕地指数 唐启宇著

实业部统计处，1936.8，16页，16开

本书共4部分：概述、编制垦植指数及可耕地指数之方法、各省垦植指数及可耕地指数之说明、已耕地及可耕地利用价值之估量。

收藏单位：国家馆

07506

我国西南新茶区之开发及其进展 寿景伟著

中国茶叶公司，[1939]，17页，18开（中国茶叶公司茶叶丛刊）

本书共4部分：开发西南新茶区之目标及其重要性、川康滇黔桂五省茶区之实地调查及设计、川滇黔三省茶厂茶场之设立及开发计划之实施、开发西南新茶区应有之准备及

其前途之瞻望。

收藏单位：国家馆、南京馆

07507

我国战后农业建设计划纲要　邹秉文　章之汶主编

成都：金陵大学农学院农业教育学系，1945.1，180 页，32 开

本书共两编：建设计划纲领、专业计划提要。第 1 编论述战后建设方针、事项、机构以及经费、金融、人才等，第 2 编分食粮、衣被原料、畜产、水产、木材、园艺、牧畜等项。

收藏单位：重庆馆、国家馆、南京馆、上海馆、浙江馆

07508

我国战后农业建设计划纲要（第 1 编 建设计划纲领）　章之汶编

章之汶 [发行者]，1943.12，50 页，32 开

本书共 6 章：总论、建设方针、建设事项、建设机构、经费与金融、建设人才。

07509

我国战时粮食管理　张柱编著

重庆：正中书局，1944.6，189 页，32 开

本书共 8 章，内容包括：粮食征集、粮食储备、粮食运输、粮食分配等。

收藏单位：重庆馆、国家馆、湖南馆、吉林馆、近代史所、南京馆、浙江馆

07510

我们的农村生产　郭大力著

赣县（赣州）：中华正气出版社，1942.9，74 页，25 开

赣县（赣州）：中华正气出版社，1943.3，再版，74 页，32 开

本书共 7 部分，内容包括：地租与蓄积、高利贷与利息、商业资本与商业利润等。

收藏单位：重庆馆、广东馆、国家馆、近代史所、南京馆、上海馆

07511

我们对于改进全国原棉生产事业的意见（南京棉业技术工作者座谈会纪录）

南京：中国棉业出版社，1949.7，24 页

收藏单位：南京馆

07512

我们怎样做农村调查研究　战线社编

[战线社]，1946.8，18 页，32 开

收藏单位：国家馆

07513

我所见到的难民移垦问题　周承澍著

周承澍 [发行者]，[1938]，38 页，22 开（江西垦务处丛刊 5）

本书内容包括：对难民移垦的认识、难民移垦的三个原则、垦区的选择、地形测量、计划、经费、筹备工作、垦民的选拔、难民移垦与难民救济的合作等。

收藏单位：国家馆、江西馆、南京馆、天津馆

07514

乌江棉花之生产及运销　崔毓俊 [著]

出版者不详，1949，44 页，32 开（金陵大学农学院乌江农业推广实验区丛刊 第 3 号）

本书共 5 部分：绪论、棉花生产情况、棉农农场经营及棉花生产成本、棉花运销、总结。

收藏单位：国家馆

07515

乌江农业经济调查　崔毓俊著

南京：金陵大学农学院农业经济系，1948.1，48 页，32 开（乌江农业推广实验区丛刊 1）

本书共 6 部分：调查区域概况、农场经营、农家借贷、租佃制度、棉花生产成本、摘要。

收藏单位：国家馆

07516

乌江农业推广实验区（二十三年度工作报告）　中央农业推广委员会编

中央农业推广委员会，[1934]，185 页，16 开

　　本书共 8 部分：沿革、宗旨、组织系统、合作机关、服务人员、一年来工作进展情况、二十三年度各组工作方法及结果、编后。逐页题名：中央农业推广委员会金陵大学农学院合办乌江农业推广实验区二十三年度工作报告。目录页题名：中央农业推广委员会私立金陵大学农学院合办乌江农业推广实验区二十三年度工作报告。

　　　　收藏单位：国家馆

07517

乌江乡村建设研究（中央农业推广委员会、私立金陵大学农学院安徽和县乌江农业推广实验） 蒋杰著

南京：金陵大学农林新报社，1935.5，364 页，22 开

南京：金陵大学农林新报社，1936.4，再版，364 页，22 开

　　本书共 3 编：过去之乌江、现在之乌江、将来之乌江。

　　　　收藏单位：安徽馆、重庆馆、国家馆、河南馆、吉林馆、南京馆、上海馆

07518

无锡嘉兴蚕农经济与吴兴之比较 吴德麟等调查　李植泉纂辑　刘大钧审查 / 核定

出版者不详，1939.7，晒印本，53 张，大 16 开（中国经济统计研究所 总字第 321 号 经济门农村经济类 第 6 号）

　　　　收藏单位：上海馆

07519

无锡县地籍整理办事处两周年纪念特刊 严保滋主编

无锡县地籍整理办事处，1948.11，1 册，16 开

　　本书内容包括：工作计划、业务、经费、调查、统计、会议记录、法规、书表、职员录等。

　　　　收藏单位：国家馆、吉林馆、近代史所、南京馆、首都馆、中科图

07520

无锡县地籍整理三年完成计划书 无锡县地籍整理处编

无锡印刷所，1947.6，44 页，32 开

　　　　收藏单位：南京馆

07521

芜湖县第四区第三乡农村调查 江国权著

南京：中国农业经济研究会，1944.4，311 页，大 32 开

　　　　收藏单位：南京馆

07522

吴县田业改进会收支报告 吴县田业改进会编

吴县田业改进会，[1945—1949]，33 页，16 开

　　本报告所涉时间为 1945 年 11 月至 1947 年 1 月。

07523

吴兴农村经济 中国经济统计研究所编

上海：中国经济统计研究所，1939.3，157 页，22 开（中国经济统计研究所丛书）

　　本书共 5 章：概况、农家人口与家庭经济、生活费用及生活程度、土地问题、社会概况。附"等成年男子"之计算、房租及燃料估计方法说明、劳工成本之计算、调查经过、蚕桑区农户调查表。

　　　　收藏单位：重庆馆、广东馆、国家馆、吉林馆、辽大馆、南京馆、上海馆、西交大馆

07524

吴兴县二十三年度农业仓库报告书 沈庠浩编

出版者不详，1934，37 页，32 开

　　本书介绍该县农业仓库的筹备经过、组织、营业手续等。

07525

五里亭农村服务部报告 福建福州五里亭农村服务社编

福建福州五里亭农村服务社，1936，30 页

收藏单位：南京馆

07526

五区农业统计简编　浙江省农业改进所第五
农业推广区编
浙江省农业改进所第五农业推广区，1943.10，
1 册，25 开
　　本书收录该区气温、雨量及降雨日数等。
　　收藏单位：浙江馆

07527

武穴粮食调查　刘端生　李廉编
出版者不详，1937.10，18 页，18 开（湖北省
农业改进所专刊 4）
　　本书共 7 部分：引言、粮商、加工、交
易、运销、粮价、结论。
　　收藏单位：国家馆

07528

武穴米业调查记　金陵大学农学院农业经济
系调查
[南京]：金陵大学农学院农业经济系，
1934.7，油印本，8 页，16 开（豫鄂皖赣四省
农村经济调查初步报告 第 18 号）
　　收藏单位：国家馆

07529

武夷茶叶之生产制造及运销　林馥泉著
永安（三明）：福建省农林处农业经济研究
室，1943.6，84 页，18 开（农业经济研究丛
刊 2）
　　本书共 9 章：概说、茶史茶名及产量、生
产经营、岩茶之栽培、岩茶之采制、制茶成
本、岩茶品评、岩茶销售概况、结论。
　　收藏单位：广东馆、国家馆、湖南馆、南
京馆、首都馆

07530

婺源茶情　贸易委员会茶叶研究所编
婺源：贸易委员会茶叶研究所，1941，油印
本，22 页，25 开，环筒页装（万川通讯附刊
第 5 种）
　　本书共 12 部分，内容包括：婺源概况与

毛茶之产量、婺源东乡之四大名家、婺茶栽
培之特点、婺绿之初制、婺源之合作社等。
　　收藏单位：国家馆

07531

西北察绥两区垦务调查报告书　山东公立农
业专门学校农业调查会编
山东公立农业专门学校农业调查会，1923.10，
[176] 页，18 开
　　本书调查察哈尔、绥远两区 11 个县的沿
革、荒地之情形与统计、领荒手续及开垦方
法、气候与作物之关系等。
　　收藏单位：国家馆、辽宁馆、上海馆

07532

西北福源垦殖股份有限公司集股章程　西北
福源垦殖股份有限公司编
[西北福源垦殖股份有限公司]，[1920—1949]，
14 页，22 开
　　收藏单位：国家馆

07533

西北垦殖计划　南运河工程局 [编]
北平：香山慈幼院，1930.7，1 册，16 开（香
山慈幼院丛书）
　　本书为文言体。收录有关公文、规约、
调查报告、调查记录等。附河套水利调查之
参考译文、垦放河套地亩岁租水利经费等项
说明、河套与治河之关系等 12 种。目录页题
名：调查河套报告书。
　　收藏单位：广东馆、国家馆、近代史所、
南京馆、天津馆、武大馆、中科图

07534

西北垦殖论　安汉编著
南京：国华印书馆，1932.11，[16]+320 页，22
开
　　本书分两部：总论、分论。总论共 9 章，
内容包括：西北垦殖之重要、垦殖之种类、西
北垦殖政策、西北垦殖之步骤等；分论共 10
章，内容包括：陕西概况、绥远察哈尔二省概
况、新疆之概括等。
　　收藏单位：重庆馆、国家馆、黑龙江馆、

湖南馆、近代史所、南京馆、上海馆、天津馆、中科图

07535

西北林务局之任务与其工作程序 芬次尔拟

陕西省林务局，[1933—1937]，22 页，16 开

本书附组织大纲。

收藏单位：南京馆

07536

西北农垦工作记（第 2 期） [任承统编]

出版者不详，1932.1，油印本，51 页，18 开，环筒页装

本书为绥远萨县新农试验场 1931 年全年工作报告。内容包括：开发西北实业计划书、筹办西北实业试验场计划书、本场与拟创之林场及牧场图、本场二十年度暨各年财产作价及消耗比较表等。

收藏单位：国家馆

07537

西北农业考察 安汉 李自发编著

南京、西安 [等]：国立西北农林专科学校，1936.4，202 页，22 开（国立西北农林专科学校丛书）

本书为作者于 1934 年夏至年底对西北各省农业所作的考察资料。共 10 章：自然环境调查、农田水利调查、农业经济调查、农作物调查、园艺调查、畜牧调查、肥料调查、垦务调查、结论、筹办甘宁青农业试验场计划。附国立西北农林专科学校甘宁青三省筹设农业试验场调查办法大纲。

收藏单位：安徽馆、重庆馆、国家馆、黑龙江馆、吉大馆、吉林馆、南京馆、首都馆、中科图

07538

西北羊毛与畜牧事业 赵惜梦 张之毅等著

[香港]：中国国货实业服务社，[1945—1949]，67 页，25 开（经济小丛书 2）

收藏单位：广东馆、首都馆

07539

西北引渭治黄中林业将来之任务 芬次尔原拟 齐敬鑫编译

陕西省林务局，[1920—1949]，52 页，16 开

收藏单位：南京馆

07540

西畴垦殖场征求合作之计划书 西畴垦殖场 [编]

西畴垦殖场，1928，16 页，25 开

本书内容包括：近日登报之广告原文、征求合作之细则、代筹独货经营之计画等。书名页著者题：西畴主人。

收藏单位：国家馆

07541

西江各县蚕丝业 邓浩存等著

广东省建设厅农林局西江蚕丝改良场，1942.6，89 页

本书共 7 部分：总论、桑、育蚕、制丝、丝织、蚕种之制造、摘要。

收藏单位：近代史所

07542

西康茶业 钟毓著

重庆：建国书店，1942.12，44 页，32 开

本书共 9 章，内容包括：西康茶叶之重要性、西康茶树之分布及推广问题、西康茶之种类、西康茶树之栽育、西康茶叶之运销等。

收藏单位：重庆馆、国家馆、南京馆

07543

西康督垦章程释义 西康省地方行政干部训练团编

西康省地方行政干部训练团，1941.5，32 页，32 开（桂岭会计丛刊 4）

西康省地方行政干部训练团，1942，32 页，32 开

本书共 6 项：垦殖纲要、公私荒地之清理、承垦程序、权利及义务、垦地之区分、承垦之奖惩。附修正西康省督垦章程条文。

收藏单位：重庆馆

07544

西康南部之森林概况　杨衔晋著

西康省建设厅，[1940—1949]，14 页，16 开
（西康省建设丛刊 第 1 辑 第 2 类）

收藏单位：重庆馆

07545

西康农业建设之回顾与前瞻　西康省农业改进所编

西康省农业改进所，[1940—1949]，20 页，16开

本书收文两篇：《五年来西康农业建设之回顾》（刘贻燕）、《西康农业建设之前瞻》（段天爵）。

收藏单位：国家馆

07546

西康省蚕桑调查报告　赵鸿基编

西康省建设厅，[1940—1949]，34 页，16 开（西康省建设丛刊 第 1 辑 第 6 类）

本书概述西康省的地势、气候、土壤、蚕农生活概况、栽桑养蚕及制丝概况等。

收藏单位：重庆馆

07547

西康省宁属农业展览会报告　徐孝恢编　西康省宁属农业展览会编辑

出版者不详，1940，142 页，16 开

本书内容包括：大会宣言、各机关首长训暨论著、开幕典礼讲演词、陈列概说等。

收藏单位：重庆馆

07548

西康省泰宁实验区之畜牧调查　四川省政府建设厅编

[四川省政府建设厅]，[1940—1949]，23 页，16 开

本书共 5 部分：地理、畜牧、兽疫、附录、结语。

收藏单位：南京馆

07549

西康省药材调查报告　顾学裘编

西康省建设厅，[1940—1949]，42 页，16 开
（西康省建设丛刊 第 1 辑 第 2 类）

收藏单位：重庆馆

07550

西康之食粮　于锡猷调查　国民经济研究所纂辑

国民经济研究所，1940，油印本，11 页，大 16 开（总第 161 号 农业门食品类）

本书共 10 部分，内容包括：食粮种类品质及产量、消费概况、主要来源及数量、主要销路及数量、运输方法及运费、交易方法等。

收藏单位：国家馆

07551

下好最后一着棋　太岳新华书店编

太岳新华书店，1947.7，112 页，32 开（土地改革参考材料）

本书内容包括：《普遍开展为人民立功运动》（《太岳新华日报》社论）、《坚持平均的公平合理的分配土地》（《晋绥日报》社论）、《记武安八区干群团结会》（柳）等。

收藏单位：国家馆、山东馆

07552

夏商周田制田赋考

北京：清华大学，[1911—1949]，油印本，12 页，16 开，环筒页装

本书摘录自清华大学财政史讲义。

收藏单位：国家馆

07553

咸宁县土地陈报纪实　咸宁县土地陈报处编

咸宁县土地陈报处，[1937]，90 页，16 开

本书共 10 节，内容包括：咸宁田赋沿革、咸宁过去征收概况、咸宁土地陈报开始时期、办理土地陈报所得之实验等。

收藏单位：广东馆、贵州馆、桂林馆、国家馆、吉林馆、南京馆、首都馆、浙江馆

07554

县单位农业推广资料　罗次卿编著

[湘光印务馆]，1943.4，158页，22开

　　本书共4章：概况、县农业推广行政、县农业推广材料问题、县农业推广业务实施。

　　　　收藏单位：浙江馆

07555

县基本农林调查表式　广东建设厅农林局经济系编辑

广东建设厅农林局推广课，1936.3，1册，32开（农情丛书3）

　　　　收藏单位：南京馆

07556

县基本农林统计之调查员须知　广东建设厅农林局经济系编

广东建设厅农林局推广课，1936.4，16页，32开（农情丛书5）

　　　　收藏单位：南京馆

07557

县农事调查书　建设总署水利局编

建设总署水利局，[1940—1949]，24页，16开，环筒页装

　　本书大多为表。共3部分：普通调查、农事调查、特殊调查。

　　　　收藏单位：国家馆

07558

县农业统计表　农矿部制

农矿部，[1930]，[28]页，40×39cm

　　　　收藏单位：国家馆

07559

县土地行政

[国防部预备干部局泸县青年职业训练班]，[1928—1949]，112页，32开（国防部预备干部局泸县青年职业训练班讲义）

　　本书共5章：中国土地问题的提出、现行土地政策、县土地行政之意义及其特殊性、县土地行政之任务、县土地行政之实施。附土地法。

　　　　收藏单位：重庆馆

07560

现代我国农村之租佃制度　秦湘著

秦湘[发行者]，[1935—1949]，42页，16开

　　本书共8项：绪论、现行租佃制之方式、租率、租佃契约、押租、租佃期限、收租、结论。

07561

乡村工业示范　行政院新闻局编

行政院新闻局，1947，30页，32开

　　本书共4部分：乡村工业示范组之成立与发展、各示范厂工作概况、研究工作概况、乡村工业之展望。

　　　　收藏单位：安徽馆、长春馆、重庆馆、东北师大馆、广东馆、广西馆、贵州馆、国家馆、河南馆、湖南馆、吉林馆、江西馆、近代史所、辽宁馆、南京馆、宁夏馆、上海馆、首都馆、天津馆、武大馆、浙江馆

07562

乡村工业示范处业务概况　乡村工业示范处编

上海：乡村工业示范处，1949.4，50页，16开（乡工专刊第1号）

　　本书共9部分，内容包括：乡村工业示范处历史、推广与服务、技术训练、合作业务等。附本处三十七年度大事记、本处组织规程。

　　　　收藏单位：国家馆

07563

乡村工业示范工作报告（三十六年度）　行政院善后救济总署乡村工业示范组编

行政院善后救济总署乡村工业示范组，[1947]，28页，16开

　　本书介绍该组第一至第四示范厂工作概况及该组之建设、运输、业务概况。

　　　　收藏单位：湖南馆、南京馆、上海馆

07564

乡村合作社组织须知　华北合作事业总会指导局指导科编

北京：华北合作事业总会指导局指导科，1943.12，30页，32开（华北合作事业总会合作丛书1）

本书共5部分，内容包括：乡村合作社组织程序、乡村合作社的机关、乡村合作社的业务运营等。附乡村合作社章程、重点乡村合作社指导要领。

收藏单位：国家馆、南京馆

07565

乡村合作社组织之次第　新民会中央总会著

北京：新民会中央总会弘报室，1941.11，60页，50开（新民丛书7）

本书内容包括：关于启蒙宣传之工作方法、互助社之组织与发展、组织工作等。

收藏单位：国家馆、首都馆

07566

乡村建设讲义　窦瑞生编授

河南省区政训练所，[1930—1949]，64页，18开（河南省区政训练所讲义）

本书讲述乡村建设的意义。

收藏单位：重庆馆

07567

乡村经济建设概要　广西省政府编

广西省政府，[1920—1949]，122页，32开

本书为广西民团干部学校课本。分上、下两篇：总论、乡村经济建设实施的办法。共14章，内容包括：乡村经济建设的意义、近时乡村经济建设的检讨、振兴农业、改进畜牧、鼓励垦荒等。

收藏单位：桂林馆、宁夏馆

07568

乡村林经营须知　福建省农业改进处 [编]

福建省农业改进处，[1920—1949]，8页，25开（林业推广丛书第1号）

本书共3部分：乡村林经营的必要、乡村林经营的原则、乡村林经营的方法。

收藏单位：福建馆

07569

乡村织布工业的一个研究　吴知著

上海：商务印书馆，1936.1，289页，22开（南开大学经济研究所专刊）

本书共6章：背景与历史、商人雇主、织布工人、制造与成本、原料与出品、最近高阳布业的衰落及其改革的建议。

收藏单位：重庆馆、东北师大馆、广东馆、国家馆、湖南馆、吉林馆、江西馆、近代史所、辽大馆、南京馆、内蒙古馆、首都馆、天津馆、浙江馆

07570

乡镇合作社如何承办征收征购稻谷收储业务　江西省合作事业管理处编

江西省合作事业管理处，1942.9，37页，32开（合作实务丛刊）

本书分两部分：引言、要点。第2部分内容包括：配组联合农仓、设备仓库、置办验收工具、检验收纳、储藏保管等。附财政部田赋征收实物验收暂行通则、验收稻谷登记簿格式、仓库日记账格式等8种。

收藏单位：国家馆

07571

乡镇粮食干事训练教材

出版者不详，[1920—1949]，[88] 页，16开

本书内容包括：粮食管理法令、仓库容量计算方法、会计常识、公文常识、运输常识等。附有关粮食管理的章程、规则12种。

收藏单位：重庆馆

07572

乡镇林业造产　江西省农业院编

[南昌]：江西省农业院，1939.10，22页，32开（江西省农业院专刊第2号）

本书共4部分：乡镇林业造产的必要、乡镇林业造产的三要素、乡镇林业造产初步的顾虑、乡镇林业造产的设计经营。

收藏单位：国家馆、南京馆、西南大学馆

07573

香港渔民概况　谢愤生著

上海：中国渔民协进会，1939.8，167页，32开（中国渔民协进会丛书第3种）

本书共7章：总论、渔民的习性、渔业的失败、最近状况、鱼市概况、改进渔民计划、

结论。版权页著者题：谢愤生、卢维亚。

　　收藏单位：国家馆

07574

协助植棉报告　华北农业合作事业委员会编

华北农业合作事业委员会，[1937]，100页，32开

　　本书共 12 部分，内容包括：宣传改植美棉、发放棉籽、调查棉田办理植棉贷款、生产指导及病虫害之防免等。

　　收藏单位：国家馆、辽宁馆、南京馆、首都馆、天津馆、浙江馆

07575

忻县减租交租单行条例　忻县县政府编

忻县县政府，1944.1，油印本，4页，32开

　　收藏单位：国家馆

07576

新都县农业调查报告　四川省政府调查农业组编

四川省政府调查农业组，1937.6，油印本，1册，16开，环筒页装

　　本书分两编。共 7 章，内容包括：农业概况、自然环境、人口与土地分配、田场经营、主要农产等。

　　收藏单位：重庆馆

07577

新华农场售品目录　新华农场编

南京：新华农场，1936，86页，16开

　　收藏单位：浙江馆

07578

新会县土地局工作报告书（第 3 期）　新会县政府土地局编

新会县政府土地局，1936.4，38页，18开

　　本书总结该局自 1933 年 5 月 1 日成立以来 3 年间的工作情况。共 5 部分，内容包括：局务设施、土地测量概况、办理土地登记程序等。附今后工作计划和执行措施。

　　收藏单位：国家馆、南京馆

07579

新疆民众第二次全体代表大会农业报告（"四—二"二周纪念）　郁文彬报告

新疆民众第二次代表大会，1935.4，29页，21开

07580

新解放区的群众生产　晋绥边区生产委员会编

晋绥边区生产委员会，1946.2，17页，32开（晋绥边区生产会议材料 7）

　　本书共 8 部分，内容包括：新解放区的减租与生产、新解放区群众农业生产的重点、新解放区生产应当解决的几个问题等。

　　收藏单位：国家馆、山西馆

07581

新民主农村的劳动互助　赵练之编

东北书店，1947，84页，32开

　　本书共 4 部分：边区农村几种旧的劳动互助形式、边区劳动互助的发展及其在农业生产上的作用、新劳动互助的组织形式、怎样组织起来和坚持下去。附典型例子、经验教训。据晋察冀边区 1940 年的材料编写。

　　收藏单位：长春馆、东北师大馆、吉大馆、近代史所、辽宁馆

07582

新民主农村的劳动互助　赵练之编

强学出版社，1946.7，96页，32开

　　收藏单位：重庆馆、广西馆、国家馆、上海馆、首都馆

07583

新民主农业政策（论土地改革及其发展）　俞鲤庭著

大众利益出版社，[1920—1949]，16页，36开

　　收藏单位：重庆馆

07584

新农本主义批判　周宪文编

南平：国民出版社，1945.4，156页，32开

本书收文 12 篇，内容包括:《中国不能以农立国》(周宪文)、《中国如何立国?》(杨开道)、《再论中国不能以农立国》(周宪文)、《一个陈旧问题的重新提起》(王亚南)、《中国经济建设之路》(周则民)等。附《论中国不宜工业化》(董时进)、《中国可以不工业化乎》(恽代英)、《农国辨》(章士钊)、《中国可以农立国吗?》(江公怀)等 7 篇。

收藏单位：安徽馆、国家馆、吉林馆、近代史所、上海馆、天津馆、浙江馆

07585

新农场 李劭青著

北平：中华平民教育促进会，1932.7，20 页，50 开（平民读物 121）

本书为常识性平民读物。讲述建立新农场的必要性以及怎样利用新农场等内容。

收藏单位：国家馆

07586

新农村第三四期调查专号 农村教育改进社编

太原：农村教育改进社，1933.9，1 册，22 开

本书内容包括：山西阳曲县二十个乡村概况调查之研究、山西农村破产之原因、晋北盐务调查、太原市粮商调查之研究等。

收藏单位：浙江馆

07587

新农村市镇生产建设计划 沈大公著

上海：时代新印书，1949.4，40 页，32 开（新农村建设丛书）

本书内容包括：人口与土地、农耕地整理与生产、蚕桑改革与生产、山荒林园生产、牧畜改革与生产等。封面题名：回到农村去。

收藏单位：重庆馆

07588

新农村与西北 吴天澈著

新民书报社，1935.5，288 页，32 开

本书共 16 章，评述国内有关新农村的一些主张和办法，研究新农村的创设，提出农村土地、劳力、资本、消费、组织、垦殖、

合作等方面的见解等。

收藏单位：国家馆、内蒙古馆

07589

新土地政策与平均使用地权（土地改革建议书） 何冠群著

何冠群，1949.3，18 页，32 开

本书共 4 部分：平均使用地权、保障地主移转开拓权、保障耕者有其田、地权属于国家。附土地改革实施纲要、土地使用法草案。

收藏单位：北师大馆、国家馆、吉林馆、南京馆

07590

新县制与地政 王晋伯著

重庆：文信书局，1943.1，64 页，32 开

本书共 3 章：县土地行政之意义及其特殊性、县土地行政之任务、县土地行政之实施。附有关土地行政现行法规举要。

收藏单位：重庆馆、国家馆、吉林馆、南京馆、内蒙古馆、上海馆、浙江馆

07591

新中国农业建设协进会概览 新中国农业建设协进会编

重庆：新中国农业建设协进会，1944，20 页，36 开

本书内容包括：新中国农业建设协进会组织缘起、新中国农业建设协进会章、新中国农业建设协进会分支会组织通则、新中国农业建设协进会理事会组织规则等。

收藏单位：重庆馆、南京馆

07592

新中国土地政策及其实践 经济周报社编

上海：经济周报社，1949.5，63 页，32 开

本书收文 14 篇，内容包括:《中国土地法大纲及其决议》《晋冀鲁豫边区政府施行土地法大纲补充办法》《东北解放区实行土地法大纲补充办法》《解放战士烈士分地办法》《减租减息纲领》等。

收藏单位：重庆馆、国家馆、上海馆

07593

信丰赣县草荪调查报告 周承禹著

[南昌]：江西省农业院，1939.12，26 页，32 开（江西省农业院专刊第 7 号）

收藏单位：南京馆

07594

兴安区放荒答问录 李峰著

出版者不详，[1930—1949]，40 页，32 开

本书以问答形式介绍兴安区在哪里、有多大面积、放荒委员会此次放荒的地方在哪里等问题。

收藏单位：国家馆

07595

兴安区屯垦第一年工作概况 兴安屯垦区公署秘书处编

兴安区屯垦公署，1930.4，286 页，16 开

本书分前、后两部分。前部分共 15 编，记述该署成立以来 14 个月的工作概况，内容包括：缘起、移民、农事等；后部分为各附属机关、部队工作报告，内容包括：第一垦殖局工作报告书、汽车队工作报告书等。

收藏单位：国家馆、河南馆、黑龙江馆、吉林馆、辽宁馆、南京馆、上海馆、首都馆、天津馆、浙江馆、中科图

07596

兴安屯垦区第一期调查报告 兴安屯垦区公署编

兴安区屯垦公署，1929.1，66 页，16 开

本书共 8 种：概况、农事、牧畜、矿产、森林、政治经济、铁路路线、附载。

收藏单位：国家馆

07597

兴国县农村合作委员会第一周年工作总报告

集文石印局，[1920—1949]，1 册，22 开

收藏单位：广东馆

07598

兴农精神讲话 苍德玉编

[旅顺]：农业进步社，[1920—1949]，126 页，32 开

本书内容包括：兴农精神、国民与农业、增产之道、归农须知、地力为本等。

收藏单位：国家馆

07599

兴农救国策 袁梓青著

杭州：我存杂志社，1933，134 页，32 开（我存丛书 2）

本书为文言体。内容包括：改建普通公墓、扩大耕地面积、整顿全国土地水利道路、厘订全国土地粮税标准、禁除一切苛例、划一租额等。

收藏单位：南京馆、内蒙古馆、上海馆、浙江馆

07600

邢台县农村实态调查 中华民国新民会中央指导部总务部编

中华民国新民会中央指导部总务部，1940.4，35 页，22 开（工作资料）

本书共 7 章：县概况、土地关系、租种关系、农业劳动及农业外劳动、金融关系、灌溉状况、村落共同体之遗制。

收藏单位：国家馆、首都馆

07601

行总农渔（合订本） 许复七编

行政院善后救济总署农业业务委员会，[1948]，[365] 页，16 开

本书为《行总周报农渔附刊》第 1—12 期合订本。

收藏单位：国家馆

07602

行总之食粮赈济 马黎元著

行政院善后救济总署编纂委员会中央研究院社会研究所，1948.8，56 页，25 开（行政院善后救济总署丛书）

本书共 5 章，内容包括：食粮分配政策、行总储运业务、食粮赈济等。

收藏单位：重庆馆、国家馆、南京馆、上海馆、首都馆、中科图

07603

杏树后屯的春耕总结是怎样进行的　勃利地委编

勃利地委，[1920—1949]，19 页，32 开

　　本书内容包括：勃利县委对杏树总结的意见、杏树后屯的春耕总结是怎样进行的、给勃利县委的信等。

　　　　收藏单位：国家馆

07604

修正广东省地籍测量规则

出版者不详，1936.3，62 页，16 开

　　　　收藏单位：国家馆

07605

修正广东省卅一年度各县征收征购粮食分配表　广东省政府粮政局编

广东省政府粮政局，1943.3，1 册，32 开

　　　　收藏单位：国家馆、南京馆

07606

修正国营金水流域农场组织规程　国营金水流域农场编

国营金水流域农场，[1930—1949]，5 页，25 开

　　本规程共 12 条。

　　　　收藏单位：国家馆

07607

修正农业推广规程

实业部，1933.3，8 页，22 开

　　本规程分 6 章：总则、组织、经费、管理、业务、附则。

　　　　收藏单位：广西馆

07608

畜产　东北物资调节委员会研究组编辑

沈阳：东北物资调节委员会，1948.2，206 页，32 开，精装（东北经济小丛书 5）

　　本书共 9 章，内容包括：畜产施策之经过、畜产工业、东北之马产、东北之绵羊、东北之畜牛等。

　　　　收藏单位：安徽馆、长春馆、重庆馆、东

北师大馆、广东馆、国家馆、河南馆、黑龙江馆、辽大馆、辽东学院馆、辽师大馆、内蒙古馆、上海馆、首都馆、天津馆、西南大学馆

07609

畜牧改良事业报告书　福州电气公司农村电化部编

外文题名：Report on word in improving animal husbandry

福州电气公司农村电化部，1932，32 页，16 开（福州电气公司农村电化部报告 第 2 卷 第 2 号）

　　　　收藏单位：国家馆

07610

畜牧事业　行政院新闻局编

行政院新闻局，1948.10，36 页，32 开

　　本书共 3 部分：前言、畜牧事业之改进、畜牧兽医之研究。

　　　　收藏单位：安徽馆、重庆馆、国家馆、湖南馆、吉林馆、江西馆、南京馆、内蒙古馆、上海馆、浙江馆

07611

续订官房地亩留置规则

出版者不详，[1930—1949]，石印本，1 册

　　　　收藏单位：国家馆

07612

溆浦县农业概况　湖南省农业改进所编

溆浦万福隆石印局，1939，油印本，2 册（57 页），16 开，环筒页装

　　本书大部分为表。共 8 章，内容包括：职员、经费收支、增加食粮生产、推广直棉面积、开办柑橘苗圃等。附湖南省农业改进所溆浦工作站报告。

　　　　收藏单位：国家馆

07613

宣统三年九月当田契　程桂寿当　何氏承当

出版者不详，1911，手写本，2 页

　　　　收藏单位：国家馆

07614

学术演讲集（第1集） 江苏省立劳农学院编

无锡：江苏省立劳农学院，1929.12，148页，18开

本书收文18篇，内容包括：《中国农村建设方案》（冯锐）、《江苏省农业经济问题》（唐启宇）、《社会活动》（邵德馨）、《垦荒问题》（李积新）、《江苏省棉产问题》（孙玉书）、《改良种子的重要和农家选种的方法》（沈宗瀚）、《江苏农民银行》（王志莘）、《信用合作社设施的方法》（徐仲迪）、《合作概论》（张寿伯）、《农业推广》（周明懿）等。

收藏单位：重庆馆、广西馆、国家馆、南京馆、上海馆

07615

鸭绿江采木公司创立十周年营业汇编 鸭绿江采木公司编

鸭绿江采木公司，[1919.1]，89页，22开，精装

本书共7章，内容包括：鸭绿江右岸之森林概论、营业之范围、营业之机关及其变迁、营业之经过、营业上之障碍等。附公司事业年度对照表、各种货币平均时价累年比较表、木材贩卖手续、各年度总损益表、买收木材一览表、买回木材一览表等13种。

收藏单位：国家馆

07616

鸭绿江采木公司规则汇集 鸭绿江采木公司编

鸭绿江采木公司，1917.4，1册，22开

本书共4辑：通则及庶务、事业、会计、杂。收录有关规则92种。

收藏单位：国家馆、辽宁馆

07617

鸭绿江右岸之林业 谢先进著

[中华农学会]，1931，58页，23开

本书共23部分，内容包括：木商料栈之来由、料栈之组织、木材市场之变迁、鸭绿江右岸森林之概况、鸭绿江右岸木材造材之种类等。

07618

烟草产销 行政院新闻局编

行政院新闻局，1948.9，42页，32开

本书共6部分：烟草之起源与功用、烟草之分类与分级、烟草栽培之自然环境、我国烟区分布、烟叶产量统计、烟类贸易概况。附我国烟产分布图、我国美烟分布图。

收藏单位：安徽馆、北师大馆、重庆馆、国家馆、吉林馆、江西馆、南京馆、内蒙古馆、上海馆、浙江馆

07619

烟草经营论 张绍言编著

[上海]：正中书局，1943.9，80页，32开

[上海]：正中书局，1946，[2版]，80页，32开

[上海]：正中书局，1947.7，3版，80页，32开

本书共9章：总论、烟草生产、烟草种子管理、烟草病虫害、烟草生产管理、烟草仓库、烟草加工、烟草分配、烟草金融。

收藏单位：重庆馆、广东馆、国家馆、湖南馆、辽大馆、南京馆、内蒙古馆、上海馆

07620

烟台华洋丝业联合会会务报告书（民国十五年） 烟台华洋丝业联合会编

烟台华洋丝业联合会，[1926]，22页，25开

本书内容包括：华洋丝业联合会总务主任民国十五年会务报告、华洋丝业联合会附设各试验场春季柞蚕成绩表、民国十五年度蚕丝学校技师王嘉猷重要事务报告等。

收藏单位：国家馆

07621

烟台华洋丝业联合会会务进行报告书 苏古敦著

烟台：仁德印书馆，[1920—1929]印，67页，16开

本书共两章：蚕业之改良、桑蚕之饲育。逐页题名：会务进行报告。所涉时间为1920年3月至1926年3月。

07622

烟台渔业汇编　王品三主编

烟台市渔会、烟台市渔业同业公会，1948.6，88 页，32 开

　　本书介绍烟台渔业沿革和现状、将来的发展计划等。

　　收藏单位：南京馆

07623

延安的南区合作社（陕甘宁生产运动介绍）

晋察冀新华书店，1945，44 页，32 开

　　本书共 9 部分：南区合作社的发展历史、南区合作社的组织现状、消费及供销事业、手工业生产事业、运输事业、信用事业、各种社会服务事业、股金及盈余的分配、结语。

　　收藏单位：东北师大馆、国家馆

07624

阎主任手定土地村公有后政治上应行改进事项及对于农村将来之希望　山西省土地村公有实施办法讨论会编

山西省土地村公有实施办法讨论会，1936，1 册，18 开

　　收藏单位：广东馆、河南馆、山西馆、首都馆

07625

阳城县岳庄村国民经济调查简结

太岳行署财政处，1948.6，10 页，32 开

　　本书共 5 部分："如何进行调查""调查中发现了些什么问题，如何解决，与几点经验及收获""人民生产人民生活简述""从十五户的国民经济情况提到今后关于负担政策上的几个问题""对这次调查工作的检讨"。

　　收藏单位：国家馆

07626

阳信县何坊区南马家村农业生产调查报告

渤海实业处工作组编制　王剑于整理

渤海实业处工作组，1948.10，抄本，34 页，16 开

　　收藏单位：国家馆

07627

扬中县土地陈报专刊　扬中县政府编

镇江：扬中县政府，1937.1，96 页，16 开，环筒页装

　　本书分两部分：纪事、附载。第 1 部分共 3 章：陈报之需要、陈报之实施、陈报之结果；第 2 部分内容包括：扬中县土地陈报施行细则、土地陈报单填写须知、业户注意事项等。

　　收藏单位：国家馆、中科图

07628

养蚕有限合作社模范章程　江苏省建设厅编

江苏省建设厅，1935.1，10 页，32 开

　　本书共 8 章：总则、社员、社股、职员、会议、业务、存立及解散、附则。

　　收藏单位：国家馆

07629

养蚕有限合作社模范章程

江苏省农矿厅，1930.6，16 页，32 开

　　收藏单位：南京馆

07630

养蜂业概况　程绍桓编著

上海：中华职业教育社，1928，16 页，32 开（研究职业分析）（职业教育研究丛辑 10）

　　本书共 6 部分：世界养蜂业之概况、中国养蜂之历史、吾国蜂业之现状及其趋势、新旧养蜂法之比较、养蜂与各业之关系、养蜂之乐利。

　　收藏单位：国家馆

07631

养鸡富国与吃蛋强种　上海新农场编

上海新农场，1934.6，16 页，32 开

　　收藏单位：南京馆

07632

业户私有耕地水田旱地各等级计算方法及实例

出版者不详，[1911—1949]，7 页，32 开

　　收藏单位：广西馆

07633

一九四九年开展农村大生产运动的方针与任务及有关生产政策问题　中共冀中区党委研究室编

中共冀中区党委研究室，1949，22 页，32 开（生产手册 1）

　　收藏单位：天津馆

07634

一九四七年华北区农村经济调查　华北人民政府财政部编

华北人民政府财政部，1949.5，34 页，16 开（华北政报副刊 1）

　　本书共 4 部分：总收入、各阶层生活消耗概况、再生产投资、负担及剩余。

　　收藏单位：广东馆、国家馆、近代史所、辽大馆、南京馆

07635

一九四三年东北农产统计　东北粮食总局编

沈阳：东北粮食总局，1949.6，242 页，32 开

　　本书统计项目有人口、土地、产量、牲畜、农作物耕种面积等。

　　收藏单位：国家馆

07636

一九四三年生产运动中的经验　中共西北中央局调查研究室编

中共西北中央局调查研究室，1944，1 册，32 开

　　本书共 10 部分，内容包括：边区的劳动互助、边区的移难民工作、边区的水利事业、边区的改良农作问题、怎样种棉花、怎样养羊、南区合作社组织运输合作的经验、介绍南区合作社等。

　　收藏单位：国家馆、山西馆

07637

一九四五年冬季生产运动　太行区党委办公室编

太行区党委，[1945]，17 页，36 开

　　收藏单位：山东馆、山西馆

07638

一年来的沙埠潭合作社

江西省农村合作委员会，1937.4，173 页，32 开（合作社业务报告 1）

　　本书概述该社一年来在贸易、农仓、金融、经营等方面的工作进展情况。

　　收藏单位：重庆馆、国家馆、上海馆、首都馆、西交大馆、西南大学馆

07639

一年来复兴农村政策之实施状况　行政院农村复兴委员会秘书处编

行政院农村复兴委员会秘书处，1934.8，323 页，18 开

　　本书共 10 章，内容包括：农村金融之调剂、仓库制度之推进、蚕丝业之改进与救济、棉业之推广、茶业之复兴等。

　　收藏单位：重庆馆、广东馆、贵州馆、国家馆、河南馆、近代史所、南京馆、上海馆、天津馆

07640

一年来农林部生产事业简报　农林部编

农林部，1948.4，53 页，32 开

　　本书共 14 部分，内容包括：粮食增产、棉花增产、造林运动、防治病虫、农田水利、农具制造、垦殖设施等。

　　收藏单位：安徽馆、广东馆、贵州馆、国家馆、吉林馆、南京馆、上海馆、绍兴馆、武大馆、浙江馆

07641

一年来之安徽农林建设　安徽省建设厅编

安徽省建设厅，1935.7，[75] 页，16 开

　　收藏单位：南京馆

07642

一年来之甘肃粮政　甘肃省政府编

甘肃省政府，1942.2，22 页，32 开

　　本书共 8 部分，内容包括：粮食产销调查统计、粮食之管制、军粮之采购、粮食之储备等。

　　收藏单位：重庆馆、国家馆、吉林馆、南

京馆、西南大学馆

07643

一年来之广东粮政　广东省粮政局编

广东省粮政局，1941.12，73 页，25 开

　　本书共 8 章：绪言、各级粮政机构、管制、田赋征收实物之经收、建仓积谷、业务处理、基金运用、结论。

　　收藏单位：国家馆、湖南馆、吉林馆、南京馆、中科图

07644

一年来之四川蔗糖业

四川省农业改进所甘蔗试验场，1940，18 页，16 开

　　收藏单位：南京馆

07645

一年来之浙江地政

浙江省民政厅，1937.3，46 页，22 开

　　本书内容包括：一年来之浙江地政、大三角测量工作报告、小三角测量工作报告、各县地政工作报告等。

　　收藏单位：国家馆

07646

一年来之中央土地行政　地政署编

地政署，1944，油印本，1 册，18 开

　　本书共 10 章，内容包括：厘整各省市地政机构、储备各级地政人才、厘整地政法规、举办城镇地籍整理、督促编造地价册、保障播农等。

　　收藏单位：国家馆

07647

一年来之中央土地行政　内政部编

出版者不详，1936.4，34 页，16 开

　　收藏单位：南京馆

07648

一年来中国土地行政之进展（内政部报告）

内政部编

内政部，[1935]，92 页，22 开

本书共两章：中央土地行政概况、各省市地政概况。

　　收藏单位：国家馆、南京馆

07649

一手拿枪一手分田　太岳新华书店编

太岳新华书店，1947.5，31 页，32 开

　　收藏单位：重庆馆、国家馆

07650

一岁之广东蚕业改良实施区　广东建设厅顺德县蚕业改良实施区总区编辑

顺德：广东建设厅顺德县蚕业改良实施区总区，1935.4，172 页，18 开

　　本书共 4 部分：组织、计划、报告、结论。附顺德大良北乡农民请扩大实施区之渴望等 19 种。目录页题名：一岁之蚕业改良实施区。

　　收藏单位：国家馆、河南馆、江西馆、上海馆、浙江馆

07651

宜昌土地登记处处务概况

出版者不详，1937.11，13 页，16 开

　　收藏单位：南京馆

07652

宜昌土地登记处回忆录　孟光宇辑

出版者不详，1938.1，油印本，1 册，16 开，精装

　　收藏单位：南京馆

07653

宜兴县土地查报汇刊　钟竞成编

宜兴县政府收发处，1934.10，1 册，16 开

　　本书共 8 部分，内容包括：宜兴田赋之沿革及积弊、土地查报概要、举办土地查报之经过、土地查报之结果等。附总办事处职员姓名、各区办事处主任暨区指导员姓名、苏省土地陈报办法、宜兴县田赋征收章程施行细则、宜兴县田赋征收人员服务规则等 10 种。

　　收藏单位：安徽馆、国家馆、南京馆

07654

移民垦殖计划书　国民政府内政部编

国民政府内政部，1928，11 页，16 开

国民政府内政部，1929，12 页，16 开

　　收藏单位：国家馆、南京馆

07655

移民原籍区域农村经济调查表（甲种 以每一农家为调查单位）　天津南开大学经济学院编

天津：南开大学经济学院，[1911—1949]，14 页，32 开

07656

易村手工业（私立燕京大学、国立云南大学合作社会学研究报告）　张子毅著

重庆：商务印书馆，1943.10，20+101 页，32 开（社会学丛刊乙集 2）

赣县（赣州）：商务印书馆，1944.4，20+101 页，32 开（社会学丛刊乙集 2）

　　收藏单位：重庆馆、广西馆、贵州馆、国家馆、近代史所、辽大馆、南京馆、浙江馆

07657

益泰公司业务总报告　益泰公司编

益泰公司，[1945.11]，[22] 页，16 开

　　本书所述公司以购置和采伐林木为主业。报告时间为 1943 年 4 月至 1945 年 10 月。

07658

逸民农场业务计划书　逸民农场编

逸民农场，1946，10 页，16 开

　　本书共 8 部分，内容包括：场地、资金、组织、职权、建设、业务等。附浙江永康卉川桐油种植及榨取之研究。

　　收藏单位：国家馆、南京馆

07659

鄞县米谷管理委员会三十一年度业务报告

鄞县米谷管理委员会编

鄞县米谷管理委员会，[1942]，[100] 页，16 开

　　本书收录有关章则办法、统计报告、行文辑要等。

07660

鄞县三十六年度地籍整理实施计划经费概算书

出版者不详，1947，1 册，16 开

　　本书内容包括：办理机构、过去办理情形、实施计划要点、经费及仪器来源等。

　　收藏单位：浙江馆

07661

永安合作农场纪实　如皋县政府建设科编

如皋县政府建设科，1947.8，106 页，18 开

　　本书内容包括：论述、计划、会议记录、附录等。"论述"部分收文 4 篇：《从军政配合到政治接防》（简涤初）、《从军政配合到政治接防的具体答案——永安合作农场》（张铁生）、《从永安实验乡说到永安合作农场》（卢惇正）、《对于永安合作农场之观感》（胡鉴远）。附录《访永安实验乡记》（胡子祥）、《踏上民生主义之路：永安实验乡访问记》（子行）等。

　　收藏单位：国家馆、南京馆、浙江馆

07662

永川县仓储概况　沈鹏编

出版者不详，1938.9，40 页，36 开

　　本书共 6 部分：引言、清理、保管、建仓、征募、编后语。

　　收藏单位：国家馆、南京馆

07663

由唐代农业环境讨论现代农业建设　薛培元著

河北省立农学院，1948.2，9 页，16 开（河北省立农学院研究专刊 1）

　　本书共 6 部分：雨量、地面变动、河流湖泽、植物、动物、初步结论。

　　收藏单位：国家馆、南京馆

07664

由土地改革到中国现代化　晏嗣平著

新纪元出版社，[1948]，75 页，32 开（新纪元学术丛书）

　　本书论述中国土地问题及各种土地改革

方案。

收藏单位：上海馆

07665

酉秀黔彭石垦殖调查报告　四川省政府编

四川省政府，1938.12，72页，16开（建设丛书）

本书共6章：五县自然概况、五县农村经济概况、五县农村社会概况、五县荒地概况、结论、附录。所述五县为西阳、秀山、黔江、彭水、石砫。

收藏单位：国家馆、南京馆

07666

于潜农村一瞥　曹平旦著

于潜暑期民众讲进会，1935.7，71页，32开（于潜暑期民众讲进会丛刊）

本书为浙江于潜县8个村庄的调查资料，调查项目有人口与家庭、土地、负债、生活程度等。

07667

余姚各镇花庄调查一览　[浙江省立棉业改良场编]

[浙江省立棉业改良场]，[1928—1949]，6页，32开（浙江省立棉业改良场刊物5）

本书全部为表。调查项目有店号、地址、成立时期、全年约售花衣包数等。

收藏单位：浙江馆

07668

余姚土地陈报特刊　余姚县政府土地陈报办事处编

余姚县政府土地陈报办事处，[1928—1949]，172页，16开

本书内容包括：法规、组织、工作概况、重要文电、统计、大事记、奖惩等。附中国历代整理土地述要简表、余姚历代整理土地述要、土地陈报要义、土地丈算须知等12种。

收藏单位：国家馆

07669

余姚县政府清丈处工作概况　余姚县政府清丈处编

余姚县政府，1936.1，油印本，1册，13开

本书共3章：清丈经过、经费概况、工作概况。

收藏单位：浙江馆

07670

渔民副业　浙江省水产试验场[编]

定海（舟山）：浙江省水产试验场，1936.2，4页，32开

收藏单位：南京馆

07671

渔盐问题　杨勋民著

杨勋民，1937.4，62页，16开

本书共8部分，内容包括：国内海洋渔业概况、渔盐之运销制度、渔盐私弊之取缔等。附渔业用盐章程、渔业购盐执照及清折式样、渔业用盐变味变色办法、长芦区渔业用盐章程施行细则、山东东岸区渔业用盐章程施行细则等。

收藏单位：国家馆、浙江馆

07672

渔业　行政院新闻局编

行政院新闻局，1947.9，35页，32开

本书共5部分：前言、战前我国渔业状况、我国渔业衰落之原因、全国沿海主要渔场渔区概况、战后复员设施与现状。

收藏单位：安徽馆、重庆馆、广东馆、广西馆、贵州馆、国家馆、河南馆、湖南馆、江西馆、近代史所、辽宁馆、南京馆、内蒙古馆、宁夏馆、上海馆、首都馆、天津馆、西交大馆、浙江馆

07673

渔业　张仁琦编辑

[天津]：河北省立水产专科学校出版委员会，1935.1，38页，32开（水产通俗小丛书2）

本书共6部分：渔业的定义、渔业的沿革、渔业的地位、渔业的种类、世界渔业概

况、中国渔业概况。

收藏单位：国家馆、河南馆、湖南馆、江西馆、辽大馆、首都馆

07674

渔业经济与合作 王刚编著
南京：正中书局，1937.6，150页，32开

本书分两编：渔业经济大意、渔业合作大意。第1编共3章：总论、渔业生产论、渔业交易论；第2编共7章，内容包括：合作社之种类、合作社之业务、合作社之目的、合作社之组织原则及步骤等。

收藏单位：重庆馆、广东馆、贵州馆、国家馆、吉林馆、南京馆、宁夏馆、首都馆、浙江馆

07675

豫鄂皖赣四省农村合作指导员训练所同学录
豫鄂皖赣四省农村合作指导员训练所编
豫鄂皖赣四省农村合作指导员训练所，[1933]，69页，16开

本书共14部分，内容包括：序文、开学典礼照片、教职员一览等。

收藏单位：国家馆

07676

豫鄂皖赣四省土地分类之研究 金陵大学农学院农业经济系编
南京：金陵大学农学院农业经济系，1936.6，500页，16开（豫鄂皖赣四省农村经济调查报告 第2号）

本书共4编：总论、县单位之土地分类、四省三十四县之土地分类、各地区内财源之展望。

收藏单位：安徽馆、重庆馆、广东馆、国家馆、湖南馆、吉林馆、江西馆、近代史所、辽大馆、南京馆、山西馆、上海馆、首都馆、天津馆、中科图

07677

豫鄂皖赣四省之租佃制度 金陵大学农学院农业经济系编
南京：金陵大学农学院农业经济系，1936.6，

140页，16开（豫鄂皖赣四省农村经济调查报告 第5号）

本书共8部分，内容包括：土地耕种权之分类及其变迁、佃农承揽耕种之手续、纳租制、地主与佃农之关系、佃种租约与年限等。

收藏单位：安徽馆、重庆馆、广东馆、国家馆、吉林馆、近代史所、南京馆、上海馆、首都馆、天津馆、中科图

07678

豫陕甘三省农业问题 邹秉文著
豫陕甘三省民生筹备委员会，[1928—1949]，38页，32开

收藏单位：浙江馆

07679

袁牧民承领常熟县境处分陶保晋案田滩报告书（第1期） 吴公耐编
出版者不详，1928，39页，16开

收藏单位：首都馆

07680

云南财政厅第二次清丈会议录（1—2） 云南省财政厅清丈处编辑
云南省财政厅清丈处，1933，1册，16开

本书共两部分：议决案部、实施纲要部。第1部分内容包括：第一至十一次大会纪录、谈话会记录等；第2部分共6编，内容包括：总处及分处组织系统表、分处工作进行程序图、分处各组会应办事件等。

收藏单位：国家馆、南京馆

07681

云南倡种美烟概况 褚守庄编著
昆明：云南烟草改进所，1947.7，114页，32开

收藏单位：重庆馆、国家馆

07682

云南建水县之米 赵德民调查 国民经济研究所纂辑
国民经济研究所，[1940]，油印本，3页，16开，环筒页装（总第168号 农产门食粮类）

本书共 8 部分，内容包括：本县米产供求概况、本县米粮集中处所及集中数量、主要来源及供给数量、交易情形、本地市价等。

　　收藏单位：国家馆

07683

云南开文垦殖局三十一年工作报告　云南开文垦殖局编

云南开文垦殖局，[1942]，76 页，16 开

　　本书共 14 章，内容包括：缘起、业务、支出概算、收入概算、组织管理及程序、工程、制造工业及机器设备、附设子弟学校等。目录页题名：云南开文垦殖局三十一年工作报告书。

　　收藏单位：国家馆

07684

云南棉业概况　云南省长公署政务厅第三科编

云南省长公署政务厅第三科，1921，172 页，16 开

　　本书介绍云南棉业发展情况、各县棉花产额、品质及输出入情况等。

　　收藏单位：首都馆、天津馆

07685

云南牧业之近况　云南省长公署政务厅第三科编

云南省长公署政务厅第三科，1921.6，85 页，16 开

　　收藏单位：贵州馆、首都馆、浙江馆

07686

云南农业概况　云南实业司农林科编

云南实业司农林科，1924.6，82 页，16 开

　　收藏单位：陕西馆

07687

云南清丈概况　云南省财政厅编

云南省财政厅，1941.6，68 页，32 开（云南财政丛书 2）

　　本书共 6 部分：本省举办耕地清丈缘起、清丈机关组织、清丈推行概况、清丈业务实施程序、清丈成绩统计、清丈费用。附该省制定的清丈法规 31 种。

　　收藏单位：国家馆

07688

云南全省清丈推进计画书　云南省财政厅清丈处编

云南省财政厅清丈处，1934.6，24 页，16 开

　　本书共 8 节：绪论、清丈理由、测量计划、训练人材、筹增器械、经费预算、画分区域、实施步骤。

　　收藏单位：国家馆、南京馆

07689

云南全省清丈总局坐办、昆明市政府土地局局长陈葆仁奉派考查各省市县土地事务报告书　陈葆仁著

出版者不详，[1920—1949]，154 页，16 开

　　本书内容包括：筹定的款、派员调查、设所编译、规定测量、培养人材等。附整理土地暂行办法、地权限制及分配计划书等。

　　收藏单位：国家馆

07690

云南省财政厅第二次清丈会议录（2 实施纲要）　云南省财政厅清丈处编辑

云南省财政厅清丈处，1933.6，[20] 页，16 开

　　本书目录页题名：云南省财政厅清丈分处实施纲要。

07691

云南省财政厅第三届清丈会议录　[云南省财政厅清丈处编]

云南省财政厅清丈处，1934.8，108 页，16 开

　　本书内容包括：第三届清丈会议举行开幕典礼纪略、第三届清丈会议纪录、第三届清丈会议举行闭幕典礼纪略等。该会于 1934 年 6 月召开。

　　收藏单位：国家馆、南京馆

07692

云南省财政厅耕地登记暂行章程

出版者不详，[1920—1949]，1 册，16 开

收藏单位：南京馆

07693

云南省第一次（二十二年份）仓储积谷统计报告书　云南民政厅汇编

云南崇文印书馆，1934.4，14 页，18 开

本书大部分为表。共两部分：绪言、云南省各市县暨各设治局二十二年份积谷总数表。

收藏单位：国家馆

07694

云南省第一届棉产展览会纪念刊　云南省棉业处编

云南崇文印书馆，1938.6，21 页，16 开

本书共 4 部分：摄影、记录、统计图表、公牍摘要。

收藏单位：广东馆、国家馆

07695

云南省粮政局储运处一年来工作概况报告　于百溪著

云南省粮政局储运处，1943.11，63 页，16 开

本书共 7 部分，内容包括：关于健全机构方面、关于整顿人事方面、关于推进运务方面等。附法规、职员一览表。所涉时间为1942 年 12 月 10 日至 1943 年 9 月底。

收藏单位：国家馆

07696

云南省棉业处民国二十六年份工作报告　云南省棉业处编

昆明：朝报馆，1938.6，26 页，16 开（云南农业小丛书 13）

本书共 10 部分：概述、植棉组织、试验及育种、推广、视察指导、棉业经济、轧花、棉业教育、奖惩、结语。附云南省棉业处二十七年份事业推行计划大纲。

收藏单位：国家馆

07697

云南省棉业处二十七年份工作报告　云南省棉业处编

云南开智印刷公司，1939.7，96 页，16 开（云南农业小丛书 15）

本书共 4 部分：概述、各附属机关工作概况、本处工作概况、二十八年度棉作推广事业进行计划纲要。

收藏单位：重庆馆、广东馆、国家馆

07698

云南省棉业调查报告摘要　全国经济委员会棉业统制委员会编

全国经济委员会棉业统制委员会，[1930—1949]，22 页，16 开

本书共 10 部分：交通、经济概况、原料、手纺纱、机纺纱、土布、棉布、针织业、漂染业、煤之产量及售价。

收藏单位：广西馆、国家馆、上海馆、首都馆、西南大学馆、浙江馆

07699

云南省农村调查　行政院农村复兴委员会编

上海：商务印书馆，1935.4，291 页，22 开，精装（行政院农村复兴委员会丛书）

本书共 3 章：云南的自然环境概况、云南的政治经济概况、各县报告。附昆明、禄丰二县当地亩积折合公亩表，云南举行全省耕地清丈情形。

收藏单位：安徽馆、重庆馆、广东馆、广西馆、贵州馆、国家馆、黑龙江馆、湖南馆、吉林馆、辽大馆、辽宁馆、南京馆、内蒙古馆、山西馆、上海馆、首都馆、天津馆、浙江馆

07700

云南省实施造林规则、云南省林场管理规则　云南省建设厅林务处编辑

云南省建设厅林务处，[1930—1949]，17 页，32 开

收藏单位：广东馆

07701

云南推广种棉章程　云南省实业厅编

云南省实业厅，1935.1，石印本，8 页，32 开

本书共 5 章：总纲、棉场、籽种及推广、

奖惩、附则。

收藏单位：国家馆

07702

云南烟草事业　褚守庄著

昆明：新云南丛书社，1947.6，242 页，32 开
（新云南丛书 4）

本书共 16 章，内容包括：烟草发展史略、从植物学看烟草、云南土烟生产与运销、怎样栽培美种烟草等。

收藏单位：重庆馆、广东馆、贵州馆、国家馆、河南馆、湖南馆、近代史所、南京馆、首都馆、中科图

07703

云南羊街坝垦区概况　汤惠荪编

[华西垦殖公司]，[1938]，33 页，16 开（华西垦殖公司调查报告 1）

本书共 6 部分：概说、土壤、水利、土地、人民、农业。附开垦羊街坝刍议。

收藏单位：国家馆、近代史所、南京馆

07704

云南之小麦与面粉　徐季吾著

出版者不详，1939.3，12 页，16 开

本书为《西南边疆》第 4 期抽印本。

07705

灾荒时期四分区的劳动互助

冀南书店，1946，22 页，32 开

本书共 4 部分：互助运动发展的规律、计工换工问题的研究、农业互助需与副业互助相结合、几点经验小结。

收藏单位：国家馆、南京馆

07706

在晋察冀边区土地会议上聂司令员开幕词

聂荣臻著

冀中新华书店，1947，13 页，32 开

本书附边区农会临时代表会议上聂荣臻同志的讲话。

收藏单位：国家馆

07707

咱们要走那条道　吉林农民报编

[吉林书店]，1948，28 页，32 开

收藏单位：国家馆

07708

怎样办合作社　福建省政府民政厅第三科编

福建省政府民政厅，1941，29 页，32 开

本书共 10 章，内容包括：为什么要办合作社、要办的是那几种业务、怎样发动组织合作社、怎样处理合作社社务、怎样办理信用合作业务等。

收藏单位：福建馆、南京馆

07709

怎样办合作社　山东省政委会调查研究室编

新华书店，[1944]，[45] 页，36 开

本书内容包括：《怎样办合作社》（薛暮桥）、《办合作社的几个问题》（贺致平）、《臧家庄合作社的发展及其具体经验》（耿骏）、《崖子合作社对于几个重要问题处理》（王耕今）、《鲁中沂山区的朱葛区联合社》（苏展）、《福顺成的渔盐合作社》等。

收藏单位：国家馆

07710

怎样办理村街仓　卢显能著

南宁：民团周刊社，1938.5，44 页，32 开（丙种丛刊 第 2 种）（基层建设丛刊 第 1 辑 9）

南宁：民团周刊社，1938，再版，44 页，32 开（丙种丛刊 第 2 种）（基层建设丛刊 第 1 辑 9）

[桂林]：民团周刊社，1940，3 版，44 页，32 开（基层建设丛刊 第 1 辑 9）

本书共 4 部分：绪论、村街仓的筹办、村街仓的管理、余论。附广西省办理村（街）仓章程。

收藏单位：安徽馆、重庆馆、广东馆、广西馆、桂林馆、国家馆、南京馆

07711

怎样互助生产　李春兰编

冀鲁豫书店，1947.4，64 页，32 开

本书共6部分，内容包括：如何建立与发展劳动互助组织、等价交换中记工折工还工等具体经验与办法、如何组织半劳力参加农业生产、组织生产活动的几个问题等。附《组织起来》（毛泽东）。

收藏单位：国家馆

07712

怎样划分农村阶级成份　中共晋绥分局研究室编

中共晋绥分局研究室，1946.9，20页，32开

收藏单位：国家馆

07713

怎样进行复查的参考材料之二　冀南区党委宣传部编

冀南区党委宣传部，1947.9，34页，32开

收藏单位：国家馆、黑龙江馆、山东馆

07714

怎样经营村街公共造产　林慧佛著

南宁：民团周刊社，1938，46页，32开（丙种丛刊 第2种）（基层建设丛刊 第3辑3）

本书讲述经营村街公共造产的重要性、步骤、方法，应举办的事业及公共造产的保管问题等。

收藏单位：广东馆、国家馆、南京馆、上海馆

07715

怎样救济中国农村经济　连宝棠著

广州大学法科学院，1933.9，36页，16开（广州大学法科丛刊 第8种）

本书分3章介绍农村经济衰落之原因、影响、救济方法。

收藏单位：国家馆、吉林馆

07716

怎样实践平均地权　李嗣森编著

赣县（赣州）：正气印刷厂，1945.12，46页

本书共5章：绪论、平均地权的目的、平均地权延期实现原因的检讨、实践平均地权的方法、结论。

收藏单位：近代史所

07717

怎样实施耕地租用条例　邓平寰著

南宁：民团周刊社，1938，42页，32开（丙种丛刊 第2种）（基层建设丛刊 第1辑7）

南宁：民团周刊社，1938.8，再版，42页，32开（丙种丛刊 第2种）（基层建设丛刊 第1辑7）

本书概述广西的佃农和佃租形态、耕地租用条例为那些人谋利益、怎样实施耕地租用条例等内容。

收藏单位：重庆馆、东北师大馆、广西馆、贵州馆、国家馆、湖南馆、南京馆

07718

怎样使乡村事业合作化　江苏省农矿厅编

江苏省农矿厅，1930.2，16页，32开（合作小册9）

收藏单位：南京馆

07719

怎样推行地政工作

重庆：中央政治学校同学会重庆市通讯处，[1930—1949]，油印本，1册，16开

收藏单位：南京馆

07720

怎样增加粮产与稳定粮价　蓝天照著

泰和：尖兵书店，1943.5，52页，25开

本书内容包括：怎样增加粮食生产、怎样稳定粮食、增加广东粮食生产的对象等。

收藏单位：江西馆

07721

怎样组织插犋换工

佳木斯：东北书店，1947.4，60页，68开（生产小丛书3）

本书收文10篇，内容包括：《关于旧的换工形式的调查及改造意见》《今年要大量组织插犋换工》《各村组织起插犋换工的好处》《组织插犋换工的几点经验》《拉林靠山屯人畜组织起来》《桦南五义屯全部换工》《东北

方子关于组织生产互助的初步经验》等。

收藏单位：东北师大馆、国家馆、湖北馆、辽宁馆、南京馆

07722

怎样组织茶农合作社　财政部贸易委员会编

财政部贸易委员会，1939.2，42 页，32 开（茶业干部人员丛刊 第 1 种）

本书内容包括：什么是茶农合作社、茶农合作社有什么功用、怎样组织茶农合作社、第一步工作怎样做等。

收藏单位：贵州馆、国家馆、南京馆、浙江馆

07723

怎样组织起来（各解放区劳动互助经验介绍）　东北行政委员会办公厅编

东北行政委员会办公厅，1947.2，146 页，32 开（生产运动丛书 2）

本书收文 7 篇：《陕甘宁边区农村旧有的各种劳动互助形式》《陕甘宁边区劳动互助的发展》《陕甘宁边区劳动互助在发展农业生产上的作用》《陕甘宁边区新的劳动互助的组织形式和它的性质》《晋绥边区变工互助的发展形式——变工合作社》《晋绥边区一年来劳武结合的新发展》《晋绥边区关于变工互助的几个具体问题》。

收藏单位：东北师大馆、国家馆、黑龙江馆、吉林馆、辽宁馆、南京馆、天津馆

07724

怎样做茶业调查　财政部贸易委员会编

财政部贸易委员会，1939.2，36 页，32 开（茶业干部人员丛刊 第 3 种）

本书内容包括：为什么要有茶业调查、茶业调查的几点基本原则、概况调查、产区调查、茶农经济调查等。

收藏单位：安徽馆、贵州馆、国家馆、浙江馆

07725

展兴中国农业计划大纲　邢慧鸣著

邢保顺，1940.4，58+16 页，64 开

本书共 6 部分，内容包括：计划之执行者（即农业行政）、计划之枢纽、计划之理由、计划之第一年等。附第一年计划之内容。逐页题名：振兴中国农业计划大纲。

收藏单位：国家馆

07726

战后粮食增进经费估计报告　赵希献 [编写]

[中央设计局]，[1945]，油印本，80 页，18 开，环筒页装

收藏单位：国家馆

07727

战后粮政　尹静夫著

上海：自由西报社，[1945]，31 页，16 开

本书共 9 部分，内容包括：战后粮政之重要性、战后粮政两大原则、扩大粮食管理范围、计划的粮食生产、粮食制造现代化等。

收藏单位：国家馆、吉大馆

07728

战后我国农业教育与农林建设计划草案　章之汶著

[重庆]：农业促进委员会，1942.5，12 页，18 开

本书共两章：计划纲要、实施办法。附编印实用农业教材计划书。为农业促进委员会《农业推广通讯》第 4 卷第 452 期抽印本。

收藏单位：国家馆

07729

战后五年国防及经济建设计划农林部分初步方案

出版者不详，[1930—1949]，油印本，198 页，16 开

收藏单位：南京馆

07730

战时蚕丝动员　王天予著

乐山：蚕丝月报社，1940.6，30 页，32 开

本书共 4 章：抗建期蚕丝动员之意义、抗建期蚕丝动员总纲、抗建期蚕丝动员方案、抗建期蚕丝动员与国际现势。

收藏单位：重庆馆、国家馆、南京馆

07731

战时茶业政策论　冯和法著

上海：农本书店，1939.8，74 页，32 开

　　本书共 5 讲：战时茶业政策的目标、现行茶业体系的实况、当前茶业改造的原则、中央茶业行政的设施、地方茶业管理的内容。

　　收藏单位：安徽馆、重庆馆、广东馆、国家馆、吉林馆、南京馆、内蒙古馆、上海馆、浙江馆

07732

战时茶业政策论　冯和法著

浙江省油茶棉丝管理处茶叶部，[1939]，74 页

　　收藏单位：国家馆

07733

战时的粮食　薛暮桥著　吕金录校订

长沙：商务印书馆，1938.6，28 页，50 开（民众战时常识丛书）

长沙：商务印书馆，1938.7，再版，28 页，50 开（民众战时常识丛书）

　　本书为通俗小册子。宣传扩大粮食生产、改良生产技术、调节粮食供求等。

　　收藏单位：重庆馆

07734

战时的农仓　孟受曾编著

长沙：中华平民教育促进会，1938.6，28 页，50 开（农民抗战丛书）

　　本书共 5 部分：绪言、农仓在战时的重要性、农仓的组织、怎样筹办农仓、农产仓库的经营办法。

　　收藏单位：国家馆

07735

战时各省粮食增产问题　王光仁　林锡麟编

重庆：农产促进委员会，1942.1，36 页，18 开（研究专刊 1）

　　本书共 5 部分：引言、近年各省粮食生产概况、可能增产量之估计、影响粮食增产之

问题、结论。

　　收藏单位：重庆馆、广东馆、国家馆、吉林馆、江西馆、南京馆

07736

战时粮食动员问题　殷锡琪著

重庆：中山文化教育馆，1938.5，53 页，36 开（抗战丛刊 30）

　　本书共 4 部分：动员粮食的问题、欧战期间各国粮食动员、吾国之粮食动员、结论。

　　收藏单位：重庆馆、国家馆、湖南馆、吉林馆、南京馆

07737

战时粮食管理　杨礼恭编

重庆：青年书店，1940.1，180 页，32 开

　　本书共 8 章，内容包括：战时粮食消费节约、粮食制造与储藏、各国战时粮食管理政策、中国战时粮食政策之检讨等。

　　收藏单位：重庆馆、广东馆、广西馆、国家馆、湖南馆、吉林馆、南京馆、内蒙古馆、陕西馆、上海馆、浙江馆

07738

战时粮食论集（1）　梁庆椿 [著]

杭州：国立浙江大学农学院，[1941]，油印本，24 页，16 开，环筒页装（国立浙江大学农学院农业经济丛刊）

　　本书收文 4 篇：《"田赋酌征实物"能救济军民吗?》《粮食调节之三条路线》《从猪价之分析所见急应实施之粮食对策》《从吾国农业经营之特质所见粮食调节之困难》。

　　收藏单位：国家馆

07739

战时粮食生产统制　孙兆乾编著

重庆：独立出版社，1939.10，52 页，50 开（抗战建国小丛书）

　　本书共 6 部分，内容包括：粮食与战争、我国平时粮食问题的分析、欧战各国的粮食生产统制、我国战时粮食生产统制的原则等。

　　收藏单位：重庆馆、广西馆、国家馆、吉林馆、南京馆

07740

战时粮食问题   黄霖生   朱通九等著

重庆：独立出版社，1938，58页，32开（战时综合丛书第3辑）

重庆：独立出版社，1939，58页，32开（战时综合丛书第3辑）

本书共6章，内容包括：战时粮食问题、抗战期中之土地使用管理与粮食生产统计、实行粮食征收制度的商榷、抗战中应有之粮食运销机构等。附讨论大纲。

收藏单位：重庆馆、广东馆、广西馆、贵州馆、国家馆、湖南馆、陕西馆

07741

战时粮食问题   朱通九著

重庆：独立出版社，1939.10，82页，32开（国民经济研究所小丛书）

重庆：独立出版社，1940，64页，32开

本书共5部分：战时粮食之重要性、我国在抗战以前粮食之生产、我国在抗战以前粮食之消费、抗战开始后之粮食问题、如何补充战时粮食不足之方法。

收藏单位：重庆馆、东北师大馆、贵州馆、国家馆、近代史所、南京馆、内蒙古馆、西南大学馆、浙江馆

07742

战时粮食问题的解决方法   陈正谟著

南京：中山文化教育馆，1937.10，32页，32开（抗战丛书5）

南京：中山文化教育馆，1937.12，再版，32页，36开（抗战丛书5）

本书共5部分：国产粮食足以自给、粮食贸易入超的原因、粮食贸易入超的结果、充足粮食的方法、统制粮食运销。

收藏单位：重庆馆、桂林馆、国家馆、湖南馆、近代史所、南京馆、浙江馆

07743

战时粮政   徐堪讲   中央训练团党政高级训练班编

中央训练团党政高级训练班，1943.6，20页，32开

本书共3部分：战时粮食的供应、战时粮食的征集、战时粮食的管制。

收藏单位：重庆馆、国家馆、辽宁馆、南京馆

07744

战时宁夏农林概况   农林局编

农林局扩广组，1942.7，石印本，92页，16开，环筒页装（建设丛书）

本书共3编：农林局本局概况、农林局附属各场概况、县农林试验场及其他。附农林局修正组织规程、农林局办事细则、农林局出版刊物目录等。

收藏单位：国家馆、南京馆

07745

战时农村工作方案   吴藻溪著

私立农村科学研究所，1939.10，184页，32开

收藏单位：广西馆、南京馆

07746

战时农村经济动员   高叔康著

长沙：艺文研究会，1938.6，47页，25开（艺文丛书2）

本书共4部分：战时农村经济动员的意义及其计画、战区内的农村经济问题的对策、战区外的农村经济建设的方针、战时农村经济统制。附战时政治机构、长期抗战的经济问题。

收藏单位：安徽馆、重庆馆、广东馆、贵州馆、国家馆、湖南馆、南京馆、上海馆、浙江馆

07747

战时农业生产   茹春之编

武昌：战争丛刊社，1937.12，54页，32开（战争丛刊8）

本书共10章，内容包括：农业与军需原料、农业与战时工业、战时粮食问题、战时工业原料之生产、战时农村工业之经营等。

收藏单位：重庆馆、贵州馆、国家馆、南京馆

07748

战时农业政策　王兆新编著

重庆：独立出版社，1941.8，91页，32开（抗战建国纲领丛书）

本书共6章：绪论、强化农事组织、增加农业生产、统制农产运销及消费、调剂农业金融、沦陷区的农政设施。

收藏单位：安徽馆、重庆馆、广东馆、广西馆、国家馆、吉林馆、南京馆、上海馆、浙江馆

07749

战时与农产　李仪祉等著

汉口：独立出版社，1938，82页，32开（战时综合丛书 第2辑）

本书共13章，内容包括：中国抗战与农业建设、中国的粮食生产、战时粮食自给、战时粮食价格统制问题等。

收藏单位：广西馆

07750

张孝若沿制棉业商榷书简明表说　张孝若著

出版者不详，[1923]，14页，16开

收藏单位：上海馆

07751

漳浦县清丈概况　苏宗文编述

出版者不详，1940，油印本，1册，16开，环筒页装

收藏单位：国家馆

07752

昭平农村经济及手工业概况　中国工业合用协会东南区广西临时分处等编

出版者不详，1945.9，57页

本书共7部分，内容包括：调查区域、土地关系、租佃制度、文化教育等。附纸是怎样制成的等。

收藏单位：桂林馆、近代史所

07753

浙江八县农村调查报告　国立浙江大学编

[杭州]：国立浙江大学，1930，26页，32开（国立浙江大学农学院丛刊 第8号）

本书共3部分：调查之范围及方法、调查成绩撮要、附录。附录对于金华四个农村调查后之感想、调查嵊县农村后之我见、调查东阳农村后的赘言。

收藏单位：广东馆、上海馆、首都馆、浙江馆

07754

浙江蚕丝会成立记　浙江蚕丝会编

浙江蚕丝会，[1920—1949]，54页，22开

本书内容包括：摄影、记事、呈文及批示附职员履历、会章及各部细则、杂件、会员姓氏录等。

收藏单位：浙江馆

07755

浙江产棉各县棉业调查报告　浙江省立棉业改良场编

浙江省立棉业改良场，[1929]，20页，32开（浙江省立棉业改良场刊物3）

本书内容包括：每亩收籽棉量、皮棉量、籽棉市价、存销状况等。调查时间为1928年。

07756

浙江长安（长兴安吉）小溪口农村改进会组织大纲

出版者不详，[1911—1949]，8页，16开

收藏单位：上海馆

07757

浙江淳遂茶业概况

出版者不详，[1911—1949]，油印本，13页，13开，环筒页装

收藏单位：国家馆

07758

浙江地政报告　浙江省地政局编

浙江省地政局，1947.9，34页，16开

本书共6部分：概述、机构、业务、经费、人员、尾言。封面题名：浙江地政纪要。

收藏单位：广西馆、浙江馆

07759

浙江地政概况　浙江省民政厅编

浙江省民政厅，1943.4，90 页，16 开

　　本书共 6 部分：绪言、地政机构、地政业务、地政人员、地政经费、结论。

　　收藏单位：重庆馆、国家馆、近代史所、浙江馆

07760

浙江奉化农林公司计划书　赵观象编

奉化农林股份有限公司，1925，28 页，22 开

　　收藏单位：浙江馆

07761

浙江管制制丝茧章则

出版者不详，[1911—1949]，140 页，64 开

　　本书内容包括：一般章则、丝茧合约、管制办法及登记规则、合格证许可证式样、附录、补遗等。

　　收藏单位：重庆馆

07762

浙江粮食调查　孙晓村　昂觉民等编

上海：社会经济调查所，1935.9，122 页，16 开（粮食调查丛刊 6）

　　本书共 6 章：浙江全省食米产运销概观、硖石、杭州、杭江路、绍兴、宁波。

　　收藏单位：安徽馆、重庆馆、广东馆、国家馆、湖南馆、吉大馆、吉林馆、江西馆、近代史所、辽宁馆、天津馆、浙江馆

07763

浙江粮食会计暂行规程　浙江省粮食局会计科编

浙江省粮食局，1949.9，26+48 页，16 开

　　本书收录粮草会计部分、粮务经费部分的暂行规程。

　　收藏单位：浙江馆

07764

浙江临安农村调查　建设委员会调查浙江经济所统计课编

杭州：建设委员会调查浙江经济所统计课，

1931.7，174 页，18 开

　　本书共 11 章，内容包括：农村调查之重要、临安县概况、临安县农村之政治组织等。目录页题名：浙江临安县农村调查。

　　收藏单位：安徽馆、重庆馆、广东馆、国家馆、吉林馆、近代史所、南京馆、内蒙古馆、上海馆、首都馆、浙江馆

07765

浙江梅山置业垦殖有限公司招股章程　浙江梅山置业垦殖有限公司编

浙江梅山置业垦殖有限公司，[1911—1949]，13 页，23 开

　　收藏单位：上海馆

07766

浙江棉业改进之过去现在及将来　浙江省建设厅农产品展览会编

[浙江省建设厅农产品展览会]，1932.12，12 页，32 开（浙江省建设厅农产品展览会宣传品 4）

　　本书共两部分：过去情形、现在状况及将来计划。

　　收藏单位：国家馆

07767

浙江农业改进概述　浙江省农业改进所编

浙江省农业改进所，1947.10，58 页，16 开

　　本书共 10 篇，内容包括：浙江省农业建设、农业机构、技术改进、森林畜牧等。

　　收藏单位：浙江馆

07768

浙江农业及农村

出版者不详，[1911—1949]，1 册，16 开

　　收藏单位：浙江馆

07769

浙江平水区茶业概况及改进管见　陶秉珍著

浙江省茶叶运销总办事处，[1938]，油印本，1 册，13 开

　　本书内容包括：平水区茶产概况、栽培概况、毛茶之制造过程、毛茶生产成本之估计、

毛茶市价等。

收藏单位：浙江馆

07770

浙江省蚕丝统制委员会二十五年蚕业指导讲习会讲演录 浙江省蚕丝统制委员会编

浙江省蚕丝统制委员会，[1936]，144 页，16 开

本书收演讲稿 20 篇，内容包括：《世界蚕丝大势及指导人员今后努力之方向》（沈九如）、《养蚕业经营》（陈石民）、《本省制丝业之现况》（俞丹屏）、《改进中国蚕丝业应取之途径》（管义达）、《合理的经济饲育法》（徐淡人）等。

收藏单位：广东馆、国家馆、湖南馆、江西馆、浙江馆

07771

浙江省蚕业生产合作事业进行计划蚕业生产合作社章程样式 浙江省立蚕丝业改良场指导部编

浙江省立蚕丝业改良场指导部，[1932]，18 页，32 开

本书共 3 部分：绪言、计划大纲、结论。第 2 部分内容包括：主持机关、宣传纲要、宣传材料、蚕业生产合作社经营之事业等。

收藏单位：国家馆

07772

浙江省蚕种业会计办法 诸壮嵩编

蚕种业协会，1937，石印本，5 页，大 16 开

本书内容包括：日记帐、总帐、损益帐等。

收藏单位：浙江馆

07773

浙江省地政人员训练所毕业纪念刊 浙江省地政人员训练所编

出版者不详，[1946.9]，1 册，32 开

收藏单位：浙江馆

07774

浙江省第五区农场茶业施政报告 吕允福编

浙江省第五区农场办事处，1936.1，50 页，16 开

本书共 4 部分：浙江茶业之经济动向、茶业指导、茶垦事业、浙江省茶业改良场之筹备与计划。附平水茶业调查。

收藏单位：国家馆、浙江馆

07775

浙江省第五区农场二十四年度事业进行计划 浙江省第五区农场编

浙江省第五区农场，1935.7，36 页，16 开

本书共 4 部分：关于农业行政事项、关于农业研究事项、关于农业推广事项、关于病虫害防治事项。

收藏单位：国家馆

07776

浙江省第五区农场年刊（第 1—2 期） 浙江省第五区农场编

浙江省第五区农场，1935—1936，2 册，16 开

本书内容包括：论著、施政报告、试验报告、推广报告、调查报告、气象报告等。

收藏单位：国家馆、南京馆

07777

浙江省第五区农场一年来稻麦试验与推广 汪呈因等编

浙江省第五区农场，1936.2，108 页，16 开

本书共两部分：稻麦试验成绩报告、稻麦推广成绩报告。

收藏单位：国家馆、江西馆、浙江馆

07778

浙江省二十九年扩种冬作总报告 浙江省农业改进所编

浙江省农业改进所，[1940]，28 页，16 开

本书大部分为表。内容包括：本省扩种冬作运动的背景、督导机构与督导经过、本省扩种冬作运动的回顾与前瞻等。

收藏单位：重庆馆、国家馆、浙江馆

07779

浙江省各县面积分类明细表册 参谋本部浙
江省陆地测量局编算

出版者不详，1935.7，1 册，18 开

本书分平地、山地、道路、河湖等类别。

收藏单位：浙江馆

07780

浙江省各县土地面积分类统计 浙江经济调
查协会编

浙江经济调查协会，1935.8，油印本，1 册，
16 开

本书大部分为表。共 3 部分：浙江省各县
土地面积分类明细表、浙江省各县土地面积
分类百分比较表、浙江省各属土地分类面积
表。

收藏单位：广东馆、上海馆

07781

浙江省杭湖两区茶业概况 俞清海著

浙江省政府农矿处，1930.12，49 页，16 开

本书共 5 章：各县产茶状况、各县茶业经
济状况、各县茶叶价格、各县茶业分论、结
论。

收藏单位：广东馆、国家馆、近代史所、
上海馆、绍兴馆、浙江馆

07782

浙江省杭县土地统计 浙江省民政厅测丈队
编

浙江省民政厅测丈队，1934，1 册，16 开，
环筒页装

本书全部为表。共 5 类：各都县土地丘数
与面积、土地使用状况、土地生产状况、土
地分配状况、公有地。

收藏单位：广东馆、近代史所、南京馆、
上海馆

07783

浙江省杭州市土地分类统计

出版者不详，[1928—1949]，1 册，16 开

收藏单位：国家馆、浙江馆

07784

浙江省积谷办法纲要

富阳县政府，1936，24 页，32 开

收藏单位：浙江馆

07785

浙江省嘉兴区农仓事业（进行计画纲要）

出版者不详，1936.12，26 页，18 开

本书内容包括：本区农仓进行方针、实施
之要点等。

收藏单位：浙江馆

07786

**浙江省建设厅改良蚕桑事业汇报（二十二至
二十四年）** 浙江省建设厅蚕丝统制委员会编
辑

杭州：浙江省建设厅蚕丝统制委员会，
1934.3—1936.3，3 册，16 开

本书内容包括：总图表、二十二至二十四
年春蚕期各县市事迹报告、二十二至二十四
年秋蚕期各县市事迹报告、春期管理收茧统
制茧行经过概况、秋期管理收茧统制茧行经
过概况等。

收藏单位：广东馆、国家馆、河南馆、湖
南馆、江西馆、近代史所、南京馆、上海馆、
浙江馆

07787

浙江省旧处属十县林业概况调查报告 浙江
省农业改进所编

浙江省农业改进所，1940，79 页，16 开

本书所述十县为丽水、宣平、龙泉、庆
元、松阳、遂昌、云和、青田、景宁、缙云。

收藏单位：重庆馆、广东馆、国家馆、南
京馆、上海馆、浙江馆

07788

浙江省立第二林场报告书（第 1 期） 浙江省
立第二林场编

建德：浙江省立第二林场，1932.6，1 册，16
开

本书内容包括：沿革、报告、法规、设
备、公牍、历年场务纪要等。

收藏单位：国家馆、浙江馆

07789

浙江省粮食管理规章汇编 浙江省粮食管理处编

浙江省粮食管理处，1940.11，130 页，22 开

本书共 10 类：组织类、管制类、调查类、购销类、运输类、储备类、节约类、会计类、服务类、附录类。所涉时间为 1940 年 3 月至 11 月底。逐页书名：规章汇编。

收藏单位：广东馆、贵州馆、国家馆、吉林馆、南京馆、浙江馆

07790

浙江省棉业推广工作程序便览

出版者不详，[1936]，90 页，50 开

本书附浙江省 1936 年棉业推广计划、棉业改良实施区等暂行办法、百万棉与当地棉的区别等。

07791

浙江省农村调查 行政院农村复兴委员会编

上海：商务印书馆，1934.7，451 页，22 开，精装（行政院农村复兴委员会丛书）

上海：商务印书馆，1935，再版，451 页，22 开，精装（行政院农村复兴委员会丛书）

本书内容包括：绪论、各县报告等。绪论共两部分：浙江的自然环境与经济地位、浙江农村经济概观。

收藏单位：安徽馆、重庆馆、东北师大馆、广东馆、广西馆、贵州馆、国家馆、湖南馆、吉林馆、辽大馆、辽宁馆、南京馆、宁夏馆、山西馆、上海馆、天津馆、西南大学馆、浙江馆

07792

浙江省农业改进所法规辑要 浙江省农业改进所编

浙江省农业改进所，[1938.12]，56 页，32 开

本书内容包括：浙江省农业改进所组织规程、浙江省农业改进所办事细则、浙江省农业改进所各县中心农场组织通则等。

收藏单位：浙江馆

07793

浙江省农业改良总场稻麦场二十一年度施政报告 莫定森著

出版者不详，1932，28 页，16 开

本书封面题名：浙江省农业改良总场稻麦场施政报告。

收藏单位：浙江馆

07794

浙江省农业改良总场棉场二十一年度施政报告 浙江省农业改良总场棉场编

浙江省农业改良总场棉场，1933.9，34 页，23 开

收藏单位：浙江馆

07795

浙江省农业生产技术调查报告

出版者不详，[1920—1949]，1 册，16 开

收藏单位：浙江馆

07796

浙江省清丈问题之研究 上海全浙公会编

上海全浙公会，[1930—1949]，26+28+14 页，32 开

本书内容包括：本会电呈浙江省政府、本会再电呈浙江省政府、郭国赞君来函等。附纠正蔡公刚等函稿。

收藏单位：上海馆

07797

浙江省三十二年度粮食增产实施计划 浙江省粮食增产总督导团编

浙江省粮食增产总督导团，[1943]，30 页，32 开

本书内容包括：增产目标、区域、机构、实施事项等。附浙江省三十二年度粮食增产工作注意事项。

收藏单位：南京馆

07798

浙江省十七年佃农缴租章程 浙江省政府建设厅编

浙江省政府建设厅，1928.9，16 页，32 开

本书内容包括：浙江省十七年佃农缴租章程、浙江省十七年佃农缴租章程说明书、浙江省佃业理事局暂行章程等。

　　收藏单位：上海馆、浙江馆

07799

浙江省土地陈报办法大纲、施行细则释义
葛世猷等编

浙江印刷公司，1929，1 册，22 开

　　收藏单位：国家馆、浙江馆

07800

浙江省土地陈报特刊

出版者不详，[1928—1949]，54 页，32 开

　　本书内容包括：浙江省民政厅训令、浙江省土地陈报办法大纲、浙江省土地陈报施行细则、定海县政府办理陈报计划、土地陈报清册编造规则、土地陈报清册说明等。

　　收藏单位：广东馆、国家馆、内蒙古馆、浙江馆

07801

浙江省土地局测量队图根测量外业旬报表

出版者不详，[1930.12]，2 册，16 开

　　收藏单位：浙江馆

07802

浙江省土地局年刊　浙江省土地局月刊编辑处编辑

杭州：浙江省土地局，[1930—1949]，1 册，18 开

　　本书共 12 章：法令、组织、计划、测量、清丈、调查、公布、造册及登记、核定、统计、总务、杂录。

　　收藏单位：国家馆、南京馆

07803

浙江省一年来的土地行政　浙江省民政厅编
浙江省民政厅，1936.3，106 页，16 开

　　本书内容包括：浙江省一年来的土地行政、浙江省小三角测量经过报告、浙江省地政会议纪要等。

　　收藏单位：国家馆、浙江馆

07804

浙江省渔业概况与今后发展计划　杜伟著
出版者不详，[1945.12]，17 页，16 开

07805

浙江省整理土地概况
出版者不详，[1934]，10 页，22 开

　　本书内容包括：土地陈报、丘地图册、查丈、清丈、清丈各县完成业务统计表等。

　　收藏单位：国家馆、南京馆

07806

浙江省整理土地章则辑要　浙江财务人员养成所编

浙江财务人员养成所，1932.6，124 页，32 开

　　本书内容包括：浙江省整理土地进行方案审查报告、进行方案、丘地清册说明、丘地编号图说明等。

　　收藏单位：南京馆、浙江馆

07807

浙江省政府民政厅土地特刊　浙江省政府民政厅土地科编

浙江省政府民政厅土地科，1930.6，1 册，16 开

　　本书收录土地整理计划、法规、调查报告等。附整理土地的利益。

　　收藏单位：广东馆、国家馆、南京馆、宁夏馆、浙江馆

07808

浙江省之茶业统计（二十八年度）　浙江省油茶棉丝管理处茶叶部编

浙江省油茶棉丝管理处茶叶部，1939，148 页，16 开

　　本书大部分为表。统计内容包括：关于茶业登记、关于茶厂组织、关于茶厂设备、关于制茶方法、关于毛茶市价、关于运茶数量、关于茶叶贷款、关于茶农合作、关于茶用材料、关于出厂箱茶等。附民国二十七年份浙江省宁绍台区箱茶制造成本表、毛茶产制成本表、浙江省金衢严区箱茶制造成本表、浙江省温处区箱茶制造成本表、浙江省各县毛

茶价格统计表。

收藏单位：广东馆、国家馆、浙江馆

07809

浙江桐油调查报告书　实业部上海商品检验局化学工业品检验组编

实业部上海商品检验局，1933，120 页，32 开（化工品检验刊物 2）

本书共 8 部分。调查区域为于潜、昌化、分水、桐庐、杭州等地。附江西茶油树之种植。

收藏单位：辽宁馆、南京馆、天津馆

07810

浙江桐油调查报告书　游毅著　实业部上海商品检验局化学工业品检验组编

实业部上海商品检验局，1935.7，再版，107 页，25 开（化工品检验刊物 2）

收藏单位：南京馆、首都馆、浙江馆

07811

浙江畜牧　浙江省立实验农校畜牧科出版委员会编

杭州：浙江省立实验农校畜牧科出版委员会，1935.12，1 册，13 开

本书内容包括：论著、学艺、研究、译述、丛谈、调查、实习报告、牧场风景线等。

收藏单位：绍兴馆、浙江馆

07812

浙江沿海各县渔盐概况　浙江省立宁波民众教育馆编

[杭州]：浙江省立宁波民众教育馆，1936.10，28 页，16 开

本书共 15 部分。调查区域为鄞县、镇海县、定海县、象山县等 14 个县。

收藏单位：重庆馆、上海馆

07813

浙江渔业建设会议特刊　杜时化　陈言编辑

浙江渔业事务局，1928.11，[138] 页，16 开

本书收录会议公牍摘要、议事录、议决案及附录等。

07814

浙江之茶　浙江省商务管理局编

浙江省商务管理局，1936，58 页，32 开（浙江省商务管理局商品调查丛刊 1）

本书共 13 部分，内容包括：产区与面积、产量与产值、种植方法、交易情形等。附本局办理救济滞杭淳安等县茶农之经过。

收藏单位：首都馆、浙江馆

07815

浙江之二五减租（土地委员会委托研究）　洪瑞坚编著

南京：正中书局，1935.9，101+63 页，16 开（中央政治学校地政学院研究报告 3）

本书共 8 章，内容包括：农村经济概况、租佃制度、二五减租之根据、二五减租法规之变更等。附浙江省历次颁布之减租法规、浙江各县地价调查表。

收藏单位：重庆馆、贵州馆、国家馆、湖南馆、吉林馆、近代史所、南京馆、上海馆、首都馆、浙江馆、中科图

07816

浙江之粮食管理　浙江省粮食管理处编

浙江省粮食管理处，1940.11，254 页，22 开

本书内容包括：言论、计划、报告、舆论、附录等。"言论"部分内容包括：浙江之粮食管理、本省粮管政策与金华城区计口授粮问题、厉行粮食节约等。

收藏单位：重庆馆、贵州馆、国家馆、吉林馆、江西馆、南京馆、绍兴馆、浙江馆

07817

浙江之米　浙江省工商访问处编

浙江省工商访问处，1930.10，38 页，32 开（浙江省工商访问处丛刊 2）

本书共两部分：产销情况、救济办法。

收藏单位：重庆馆、首都馆、浙江馆

07818

浙江之农产（食用作物篇）　建设委员会经济调查所统计课编

杭州：建设委员会经济调查所，1935.7，142

页，16 开

本书共 3 部分：谷实类、豆菽类、根茎类。调查时间为 1933 年。附该省近十年来有关食用作物进出口贸易统计表。

收藏单位：广东馆、国家馆、近代史所、南京馆、上海馆、西南大学馆、浙江馆

07819

浙江之平水茶　建设委员会经济调查所编
杭州：建设委员会经济调查所，1937.3，50页，16 开

本书共 12 部分，内容包括：沿革、地理环境、产地分布、各县产量、茶之栽培、茶之制造、茶之运输等。

收藏单位：国家馆、上海馆、浙江馆

07820

浙江之平水茶　杨绍麒编
出版者不详，[1936.5]，50 页，23 开（中国经济志）

07821

浙江之平水茶业　吕允福著
实业部上海商品检验局，1934.6，28 页，18开（农字单行本 15）

收藏单位：广东馆、国家馆

07822

浙江之平水茶业　吴觉农编
[农村复兴委员会]，1934.6，28 页，18 开（农村复兴委员会委托调查 茶业调查 第 1 种）

本书共 8 章，内容包括：平水茶业之诸种基础、平水茶之栽培、平水茶之制造、平水茶之运销、平水区茶业组织等。

收藏单位：重庆馆、国家馆、南京馆、陕西馆、上海馆

07823

浙江之丝茧　浙江省工商访问处编
浙江省工商访问处，1930.9，19 页，32 开（浙江省工商访问处丛刊 1）

收藏单位：首都馆、浙江馆

07824

浙江之温州茶业　吕允福著　上海商品检验局农作物检验组编辑
实业部上海商品检验局农作物检验组，1934.7，16 页，18 开（农字单行本 19）

本书共 13 部分，内容包括：产茶区域、面积与产额、栽培方法、制造成本、运销、茶价、税捐、改进意见等。

收藏单位：重庆馆、广东馆、国家馆、上海馆、浙江馆

07825

浙江之温州茶业　吴觉农编
农村复兴委员会，1934.7，16 页，16 开（农村复兴委员会委托调查 茶业调查 第 4 种）

本书共 13 部分，内容包括：产茶区域、面积与产额、栽培方法、制造与成本、运销、茶价、税捐、茶叶组织、改进意见等。

收藏单位：国家馆、南京馆

07826

浙江之植物油　浙江省财政经济办事处编
浙江省财政经济办事处，1949.8，64 页，32 开（浙江财经资料）

本书共 5 部分：浙江植物油概观、浙江省桐油之产销、浙江柏油青油之产销、平湖菜籽之生产及加工、略论桐油压榨法之改进。

收藏单位：国家馆

07827

浙西之粮荒与粮政　徐萍渚编著
浙西民族文化馆，1941.2，134 页，32 开（浙西对敌斗争丛书 6）

本书共 6 章：绪论、"寇劫""灾欠"下的"鱼米之乡"、浙西粮食管制的双重任务、各县粮管工作评述、浙西粮食管理几个困难课题、结论。附改变浙西生产观念及推行战时粮食政策、浙西"粮价""物价"竞涨赛、推行浙西战地农贷提供一个经济本位的战斗意见。

收藏单位：重庆馆、国家馆

07828

振兴河南棉业刍议　宋毓修著

北京豫社，1924.6，90 页，22 开

　　　收藏单位：国家馆

07829

征地给价抵价券办法请公决案

出版者不详，[1928—1949]，手写本，1 册，16 开

　　　收藏单位：南京馆

07830

征收手册　渤海区行政公署编

渤海区行政公署，1948.8，16 页，32 开

　　　收藏单位：国家馆

07831

整顿队伍平分土地

华中新华书店，1948.1，103 页，32 开（土地材料 1）

　　　收藏单位：重庆馆、国家馆、南京馆、山东馆

07832

整顿及推广我国糖业之管见　邓植仪著

邓植仪 [发行者]，[1930—1949]，14 页，24 开

07833

整理湖北全省土地计划书　[湖北省民政厅编]

湖北省民政厅，[1930.9]，43 页，16 开

　　　本书介绍该省土地整理的全盘规划，包括程序、期限、机构人员，经费预算及筹集、效益等。

　　　收藏单位：南京馆

07834

整理日人经营东北华北农业资料之拟议　国立北京大学农业经济系编

出版者不详，1947，油印本，1 册

　　　收藏单位：国家馆

07835

整理武夷茶区计划书　吴觉农编

财政部贸易委员会茶叶研究所，1943.4，18 页，18 开（财政部贸易委员会茶叶研究所丛刊 2）

　　　本书共 4 部分：武夷茶区之环境、武夷茶业之兴衰、武夷茶区之整理、结论。

　　　收藏单位：国家馆、南京馆、浙江馆

07836

政策教材　中共冀中区党委宣传部辑

新华印刷出版社，1946.4，32 页，32 开

　　　本书收录中共中央关于土地政策的决定及附件。

　　　收藏单位：国家馆

07837

直隶农业讲习所农事调查报告书　直隶农业讲习所编

天津：华新印刷局，1920.1，1 册，16 开

　　　本书共 8 部分：树艺调查报告、家畜调查报告、肥料调查报告、作物病害调查报告、作物虫害调查报告、农具调查报告、农产制造调查报告、农民心得调查报告。附农作物栽培一览表。

　　　收藏单位：国家馆、山西馆、上海馆、天津馆

07838

植棉报告录　武藻编

文蔚阁，1922，74 页，16 开

　　　本书调查区域为山西省太谷、阳曲、榆次、太原、武乡等地。

07839

殖产协会报　殖产协会编

东京：殖产协会，1917.9，177 页，22 开

　　　本书为第 1 卷。共 6 部分，内容包括：论说、学术、译述、调查等。收文 25 篇，内容包括：《振兴殖产刍言》（炽秦）、《利用广土乐民振兴森林策》（萧诚）、《贵农主义》（赵煊）、《提倡改良中国农业意见书》（周建侯）、《论山东牛输出之利害》（孙文卿）、《林业经

营》（饶发枝）等。

收藏单位：国家馆

07840

指导茶叶合作手册　安徽省茶叶管理处编

安徽省茶叶管理处，1940，80 页，36 开

本书内容包括：合作法、县各级合作社组织大纲、茶叶生产合作社章程、安徽省茶叶管理处与各县合作指导处调整茶业合作办法、合作事业工作人员考成办法、安徽省茶叶管理处合作室办事细则等。

收藏单位：重庆馆

07841

中共财政经济问题　统一出版社编

统一出版社，1944，74 页，32 开（奋斗丛书 34）

本书共 10 章，内容包括：关于过去工作的基本总结、关于发展农业发展经济保证供给的总方针、关于粮食工作及今后的改进等。

收藏单位：重庆馆、国家馆、吉林馆、南京馆

07842

中共的经济政策

统一出版社，1941，150 页，32 开（奋斗丛书 15）

本书共 5 章，内容包括：中共经济政策剖视、土地革命、陕甘宁边区的实业等。附陕甘宁边区土地条例、陕甘宁边区征收救国公粮条例、晋察冀边区征收救国公粮条例等。

收藏单位：重庆馆、贵州馆、国家馆、南京馆

07843

中共之粮食政策及其实施　统一出版社编

统一出版社，[1942]，96 页，32 开（奋斗丛书 16）

本书共 3 篇：增加生产、征收公粮、提倡节约。

收藏单位：重庆馆、国家馆、南京馆

07844

中国蚕丝问题　缪毓辉著

上海：商务印书馆，1937.3，2 册（383 页），32 开（万有文库 第 2 集 389）（现代问题丛书）

本书共 5 编：中国蚕业现状、蚕种制造、收茧及烘茧、缫丝及检验、生丝贸易。附蚕丝业法规各机关组织条例及蚕种进口、生丝检验施行细则。

收藏单位：安徽馆、重庆馆、大理馆、大连馆、大庆馆、国家馆、黑龙江馆、湖南馆、近代史所、辽师大馆、宁夏馆、天津馆、浙江馆

07845

中国蚕丝问题　钱天达著

上海：黎明书局，1936.10，160 页，32 开

本书共 3 章：概论、蚕丝失败原因之分析、蚕丝之改良。

收藏单位：重庆馆、广东馆、国家馆、湖南馆、江西馆、上海馆、首都馆、浙江馆

07846

中国蚕丝业概况　谭熙鸿著

中央日报馆，[1930—1949]，12 页，16 开

收藏单位：重庆馆、南京馆

07847

中国蚕丝业概况及其复兴之我见　夏道湘著

出版者不详，[1930—1949]，20 页，16 开

本书为《中国实业杂志》第 1 卷第 8 期抽印本。

收藏单位：国家馆、南京馆、浙江馆

07848

中国蚕丝业与社会化经营　沈文纬著

上海：沈文纬 [发行者]，1937.1，349 页，32 开

本书分上、下两编。上编共 5 章，内容包括：中国蚕丝业史略、中国蚕丝业现状、日本式缫丝机械之输入与我国缫丝业等；下编共 4 章，内容包括：从社会经济之立场观察我国蚕丝业、蚕丝业之社会化经营等。增订前书名题：社会化的蚕丝业经营。

收藏单位：重庆馆、广东馆、贵州馆、国家馆、近代史所、南京馆、上海馆、首都馆、西南大学馆

07849

中国蚕丝业之总检讨 钱承绪著

上海：中国经济研究会，1940.7，172 页，16 开

本书收文 9 篇：《中国蚕丝产地分布》《中国蚕丝业发展之回顾》《中国蚕丝业盛衰之演变》《江浙蚕业改良报告》《江苏蚕丝业之现状》《浙江蚕丝业之现况》《战后中国丝厂之毁灭与新生》《过去中国蚕丝之统制》《改良蚕丝计划》。

收藏单位：国家馆、南京馆、上海馆

07850

中国蚕业概况 万国鼎编

上海：商务印书馆，1924.11，65 页，25 开

本书为农业学校用书。共 12 部分，内容包括：概说、各省蚕桑之大势、栽桑、养蚕、制种、茧业、制丝、野蚕、对外贸易等。

收藏单位：重庆馆、广西馆、国家馆、湖南馆、江西馆、辽大馆、上海馆、首都馆、西南大学馆、浙江馆

07851

中国蚕业史 尹良莹编著

南京：国立中央大学蚕桑学会，1931，268+20 页，22 开（国立中央大学蚕桑学会丛书）

本书分上、中、下 3 编：蚕业历史、蚕业分布、蚕业前途。上编共 7 章，内容包括：蚕业之溯源、蚕业之沿革、蚕业之传播等；中编共 5 章，内容包括：养蚕业、制丝业、栽桑业等；下编共 4 章：绪论、蚕业发展要素、蚕丝业趋势、结论。

收藏单位：安徽馆、重庆馆、国家馆、湖南馆、近代史所、南京馆、上海馆、浙江馆

07852

中国仓储问题 庐山暑期训练团编

庐山暑期训练团，1937.7，50 页，32 开

本书分 6 节概述中国历代仓储制度、推行仓储制度之现状、推行仓储制度之原则及有关计划。

收藏单位：重庆馆、上海馆

07853

中国仓储制度考 于佑虞编著

正中书局，1948.4，116 页，32 开（社会行政丛书 社会福利类）

本书共 3 章：绪论（仓制史述要）、分论、结论（仓储制度之利弊）。第 2 章共 3 部分：常平仓、义仓、社仓。

收藏单位：重庆馆、国家馆、辽大馆、辽宁馆、南京馆、上海馆、天津馆、浙江馆

07854

中国茶事丛考 商鸿逵编著

出版者不详，[1925—1949]，[23] 页，22 开

本书收文两篇：《历代的茶政》《造茶与饮茶之沿革》。为《中法大学月刊》抽印本。

收藏单位：国家馆

07855

中国茶业复兴计划 吴觉农 胡浩川著

上海：商务印书馆，1935.3，186 页，22 开，精装（行政院农村复兴委员会丛书）

上海：商务印书馆，1935.4，再版，186 页，22 开（行政院农村复兴委员会丛书）

本书共 4 篇：中国茶业的重要性、中国茶业复兴的必要、复兴中国茶业的途径、复兴茶业的经费及其行政。

收藏单位：重庆馆、东北师大馆、广东馆、贵州馆、国家馆、黑龙江馆、湖南馆、江西馆、辽大馆、南京馆、宁夏馆、上海馆、绍兴馆、首都馆、天津馆、浙江馆

07856

中国茶业问题 吴觉农 范和钧著

上海：商务印书馆，1937.3，302 页，32 开（万有文库第 2 集）

上海：商务印书馆，1937.6，302 页，32 开（现代问题丛书）

本书共 7 章，内容包括：茶政沿革、茶园经营问题、茶叶制造问题、茶叶对外贸易问

题、茶叶检验问题等。

收藏单位：安徽馆、重庆馆、东北师大馆、贵州馆、国家馆、黑龙江馆、湖南馆、近代史所、辽大馆、南京馆、内蒙古馆、宁夏馆、首都馆、天津馆、西南大学馆、浙江馆

07857

中国茶业问题　赵烈著

上海：大东书局，1931.8，226 页，32 开

本书共 12 章，内容包括：茶之种类、茶之品质、茶之栽培要素及方法、茶之制造、制茶机关等。附茶之形态图、各省茶之产地图等 11 种图表。

收藏单位：安徽馆、重庆馆、东北师大馆、广西馆、国家馆、湖南馆、江西馆、近代史所、陕西馆、上海馆、首都馆、天津馆、西南大学馆、浙江馆

07858

中国茶业协会第一届年会提案录

出版者不详，1936，油印本，1 册，16 开

收藏单位：广东馆

07859

中国茶业之研究　赵竞南著

北京：银行月刊社，1926.8，114 页，16 开

本书分上、中、下 3 编：总论、生产论、交易论。上编共 4 章：绪言、中国茶业之衰态、中国茶业衰退之原因、振兴之方策；中编共 8 章，内容包括：产额、产地、种类、品质、茶之种植等；下编共 4 章：交易状况、对外贸易、各埠贸易概况、外茶输入之现状。

收藏单位：国家馆

07860

中国稻麦生产统计之初步研究　曹立瀛著

实业部统计处，1936.6，47 页，16 开

本书共 7 部分：导言、粮食生产统计资料之主要来源、研究的问题、稻谷生产统计资料之研究、小麦生产统计资料之研究、大麦生产统计资料、结论。

收藏单位：国家馆

07861

中国的茶和丝　王冰著

上海：文通书局，1948.4，27 页，32 开（文通少年丛书）

本书分两部分：茶、丝。第 1 部分内容包括：茶叶的故事、茶的家乡、有趣味的问题、茶叶旅行等；第 2 部分内容包括：蚕和桑分不了家、蚕和季候风等。

收藏单位：国家馆、吉林馆

07862

中国的棉和毛　王冰著

上海：文通书局，1948.8，24 页，32 开（文通少年丛书）（少年史地丛刊）

本书分两部分：棉花、毛。第 1 部分共 7 部分，内容包括：棉的敌人、棉的自由区域、棉和土地等；第 2 部分共 5 部分，内容包括：毛和皮、养羊的地方、驼绒等。

收藏单位：广东馆、国家馆

07863

中国的贫穷与农民问题　顾诗灵著

上海：群众图书公司，[1928—1949]，144 页，32 开（新时代丛书 11）

本书共 8 章，内容包括：世界的富源、中国农村经济概观、中国农村社会概况、中国农业的弃利、中国农民政策草议等。

收藏单位：广西馆、国家馆、浙江馆

07864

中国的新茶业　陈舜年著

财政部贸易委员会茶叶研究所，1945，48 页，18 开（茶业论文第 1 辑）

收藏单位：广东馆、国家馆

07865

中国的畜牧　顾谦吉著

长沙：艺文丛书编辑部，1939.4，213 页，32 开（艺文丛书 12）

本书共 8 章，内容包括：畜牧的科学意义、我国畜牧的地理环境、我国畜牧的沿革与民族关系、我国畜牧的改良、畜产现况与经济价值等。

收藏单位：重庆馆、广东馆、贵州馆、国家馆、湖南馆、南京馆、首都馆、西南大学馆、浙江馆

07866

中国地政学会、中国土地改革协会概况　土地改革编辑委员会编

南京：建国出版社，1948，48 页，32 开（土地改革丛刊）

本书介绍地政学会和土地改革协会的成立、会员、会务、历届年会决议案、历年主持之各种运动等概况。

收藏单位：南京馆

07867

中国地租问题讨论集　中山文化教育馆研究部编辑

上海：商务印书馆，1937.1，95 页，16 开

本书内容包括：《关于租佃问题之诸意见》（王谊彰）、《土地问题与地租之讨论》（胡善恒）、《佃租制度及租率之初步研究》（唐启宇）、《地主的责任》（张廷庥）、《关于现行地租问题讨论的意见》（吴其昌）、《答复中山文化教育馆征询对于地租问题之意见》（汤惠荪）、《对于我国通行地租制度之检讨及确定租率与纳租方法之意见》（曾济宽）等。

收藏单位：重庆馆、东北师大馆、广东馆、贵州馆、国家馆、河南馆、湖南馆、吉林馆、近代史所、辽大馆、南京馆、宁夏馆、上海馆、天津馆、浙江馆、中科图

07868

中国纺织建设公司上海第六纺织厂六凤农场　上海第六纺织厂编

上海第六纺织厂，1948.3，16 页，16 开，精装

本书书中题名：六凤农场。

收藏单位：上海馆

07869

中国各省的地租　陈正谟著

上海：商务印书馆，1936.7，155 页，22 开（中山文化教育馆研究丛刊）

本书共 4 部分：绪论、各省地租的形态、各省的租率、结论。

收藏单位：重庆馆、东北师大馆、广东馆、贵州馆、国家馆、黑龙江馆、吉林馆、近代史所、辽大馆、辽宁馆、南京馆、内蒙古馆、上海馆、首都馆、浙江馆、中科图

07870

中国各重要市县地价调查报告　土地金融处编著

重庆：中国农民银行土地金融处，1944.4，32 页，32 开（中国农民银行土地金融处丛书）

本书共 5 部分：绪言、本行举办地价调查经过、各市县最近地价之分布及其历年变动情形、十年来各市县地价变动之原因及其影响、结论。附各省重要城市地价比较表、各省各县农地价格比较表、重庆市历年各类市地价格统计图表等。

收藏单位：重庆馆、贵州馆、国家馆、吉林馆、南京馆、首都馆、浙江馆、中科图

07871

中国共产党与土地革命

香港正报社图书部，1947，78 页，32 开

本书内容包括：《湖南农民运动考察报告》（毛泽东）、中共中央公布中国土地大纲及其决议、晋绥边区农会临时委员会告农民书、新华社晋绥总分社记者评"告农民书"之意义与价值、《拥护边区农会号召，坚决实行平分土地》（《晋绥日报》社论）、《"耕者有其田"与爱国民主运动》（方方）等。

收藏单位：广东馆、国家馆

07872

中国古代公产制度考　黎世衡著

上海：世界书局，1922.1，142 页，32 开（新时代经济丛书 第 1 种）

本书分上、下两篇：引论、本论。下篇共 10 章，内容包括：农地之分配、税法论释、经界、宅地、公家专用地等。目录页题名：中国古代共产制度考。逐页题名：共产制度考。

收藏单位：重庆馆、贵州馆、国家馆、河南馆、吉林馆、近代史所、南京馆、首都馆、

天津馆、中科图

07873

中国古代粮政之研究　涂光隽编述
涂勤生，1946.10，44 页，32 开

本书共 8 章，内容包括：粮食之重要、粮食与庶政之关系、粮食之征收、粮食之储蓄等。

收藏单位：国家馆

07874

中国古代土地制度研究　姚素昉编著
上海：建华书局，1933.12，262 页，23 开

本书共 6 篇，内容包括："原始共产社会时代——自夏前至夏末""亚细亚生产社会时代——自殷至殷末""封建时代——自西周至东周战国"等。

收藏单位：安徽馆、广东馆、湖南馆、南京馆、天津馆

07875

中国古田制考　谢无量著
上海：商务印书馆，1932.12，95 页，32 开（国学小丛书）
上海：商务印书馆，1933.12，95 页，32 开（万有文库第 1 集 593）（国学小丛书）
上海：商务印书馆，1933.6，再版，95 页，32 开（国学小丛书）
上海：商务印书馆，1934.5，3 版，95 页，32 开（国学小丛书）

本书共 6 章：绪论、土地制度之起原及其成立、什一取民制度之研究、周礼中之土地制度、土地制度与军赋制度之关系、结论。

收藏单位：安徽馆、重庆馆、大理馆、大连馆、大庆馆、东北师大馆、广东馆、广西馆、贵州馆、国家馆、河南馆、黑龙江馆、湖南馆、江西馆、辽大馆、辽宁馆、辽师大馆、柳州馆、南京馆、内蒙古馆、宁夏馆、上海馆、首都馆、天津馆、西南大学馆、浙江馆、中科图

07876

中国国民党粮食政策　朱子爽编著

重庆：国民图书出版社，1944.2，104 页，32 开（中国国民党政策丛书）

本书共 6 章，内容包括：抗战以前我国粮食供需情况、中国国民党粮食政策指导原则、中国国民党粮食政策的方针和纲领、中国国民党粮食政策的实施等。

收藏单位：重庆馆、广东馆、广西馆、贵州馆、国家馆、吉林馆、近代史所、南京馆、内蒙古馆、首都馆、天津馆、西南大学馆

07877

中国国民党农业政策　朱子爽著
重庆：国民图书出版社，1940.9，87 页，32 开
重庆：国民图书出版社，1941.12，87 页，32 开（中国国民党政策丛书）

本书共 6 章：绪言、中国农业衰落的原因和概况、总理对农政和农业建设的遗教、中国国民党农业政策的方针和纲领、中国国民党农业政策的实施、实行农业政策农民应有的觉醒和努力。

收藏单位：重庆馆、广西馆、贵州馆、国家馆、湖南馆、江西馆、南京馆、上海馆、天津馆、西南大学馆、浙江馆

07878

中国国民党农业政策浅说　中国国民党中央执行委员会宣传部编
中国国民党中央执行委员会宣传部，1930.2，54 页，32 开

本书共 5 章，内容包括：农业政策的意义和目的、农业政策的实施纲领、实行农业政策政府应有的准备等。附总理对于农业生产问题之遗教。

收藏单位：安徽馆、重庆馆、东北师大馆、国家馆、湖南馆、辽宁馆、南京馆、天津馆、浙江馆

07879

中国国民党土地政策　朱子爽著
重庆：国民图书出版社，1943.9，96 页，32 开（中国国民党政策丛书）

本书共 6 章：绪言、中国历代土地制度的

沿革和现代土地问题概述、中国国民党土地政策的指导原则、中国国民党土地政策的方针和纲领、中国国民党土地政策的实施、结语。

收藏单位：重庆馆、贵州馆、国家馆、吉林馆、江西馆、近代史所、南京馆、内蒙古馆、上海馆、天津馆、西南大学馆、浙江馆

07880
中国国民党浙江省执行委员会浙江省农村合作事业推行委员会会务概况　中国国民党浙江省执行委员会编
[杭州]：中国国民党浙江省执行委员会，1936.9，16+18 页，22 开

本书内容包括：本会成立经过、本会工作概况、检讨本省合作事业、本会今后之职责和使命等。附浙江省农村合作事业推行委员会组织简章、浙江省农村合作事业推行委员会工作计划、浙江省各县市党部推行合作事业计划、指导农村合作事业须知。

收藏单位：国家馆、南京馆

07881
中国海洋渔业现状及其建设　李士豪著
上海：商务印书馆，1936.5，360 页，22 开

本书共 6 章：绪论、我国海洋渔业现状、日本在吾国沿海侵渔概况、我国渔民之生产组织及其经济概况、我国沿海渔业衰落的原因、我国沿海渔业建设。

收藏单位：重庆馆、广东馆、国家馆、河南馆、湖南馆、吉林馆、近代史所、辽大馆、南京馆、内蒙古馆、上海馆、首都馆、天津馆、西南大学馆、浙江馆

07882
中国合作农场运动　台湾省社会处合作事业管理处合作指导室编
出版者不详，[1928—1949]，20 页，32 开（合作农场指导丛刊 10）

收藏单位：南京馆

07883
中国解放区农业生产概述　中财经部资料室编
中财经部资料室，1949，油印本，13 页，大 16 开，环筒页装

收藏单位：国家馆

07884
中国垦殖政策论发凡　张丕介著
南泉（重庆）：张丕介，1942，油印本，39 页，16 开，环筒页装

收藏单位：国家馆

07885
中国历代耕地问题　张霄鸣著
上海：新生命书局，1932.10，415 页，32 开
上海：新生命书局，1936.2，再版，415 页，22 开

本书共 4 章：耕地占有之由来、封建时代的耕地问题、商业发展后的耕地问题、结论。

收藏单位：重庆馆、广东馆、广西馆、贵州馆、桂林馆、国家馆、河南馆、黑龙江馆、湖南馆、吉林馆、江西馆、近代史所、辽大馆、南京馆、内蒙古馆、山西馆、上海馆、首都馆、天津馆、西南大学馆、浙江馆、中科图

07886
中国历代经界纪要　经界局编译所编
出版者不详，1915.7，144+78 页，18 开

本书为文言体，加圈点。共 3 编。第 1 编内容包括：绪言、中国历代田制总表、中国历代赋制总表、中国历代垦田总数表；第 2—3 编论述夏商周至清末各代的田赋制。附江苏、福建、黑龙江三省的清丈办法、经费等。

收藏单位：广东馆、国家馆、吉林馆、江西馆、近代史所、辽大馆、南京馆、上海馆、首都馆、天津馆

07887
中国历代经界纪要
出版者不详，[1920—1949]，[174] 页，16 开，精装

本书为《内务公报》第 31—34 期抽印本。书脊题名：中国经界历史。

07888

中国历代民食政策史　冯柳堂著

上海：商务印书馆，1934.2，300 页，22 开，精装（中国经济学社丛书）

上海：商务印书馆，1937.4，再版，300 页，22 开，精装（中国经济学社丛书）

　　本书分上、下两卷：上古至明代之部、清代之部。共 30 章，内容包括：中国谷物之探源、春秋战国时代之民食论、两晋南北朝之民食概况、清代民食政策概述、人口与仓谷之消长等。

　　收藏单位：安徽馆、长春馆、重庆馆、东北师大馆、广东馆、广西馆、贵州馆、国家馆、黑龙江馆、湖南馆、吉林馆、江西馆、近代史所、辽大馆、辽宁馆、南京馆、内蒙古馆、山西馆、陕西馆、上海馆、首都馆、天津馆、西南大学馆、浙江馆

07889

中国历代劝农考　宋希庠编著

南京：正中书局，1936.5，100 页，25 开（史地丛刊）

上海：正中书局，1947.2，100 页，25 开（史地丛刊）

　　收藏单位：安徽馆、重庆馆、甘肃馆、贵州馆、国家馆、湖南馆、江西馆、近代史所、辽宁馆、南京馆、上海馆、天津馆、西南大学馆、浙江馆

07890

中国历代劝农制度考　宋希庠编著

实业部中央农业推广委员会，1934.9，54 页，16 开

　　收藏单位：国家馆、南京馆

07891

中国历代土地问题述评　曾资生　吴云端著

[南京]：建国出版社，[1948]，74 页，36 开

　　本书分 11 章论述先秦、两汉至清代的土地问题及对今后土地问题的展望。

　　收藏单位：国家馆、吉林馆、南京馆

07892

中国粮食地理　吴传钧编

重庆：商务印书馆，1943.4，173 页，32 开

重庆：商务印书馆，1945.5，再版，173 页，32 开

重庆：商务印书馆，1945.10，3 版，173 页，32 开

上海：商务印书馆，1946.6，173 页，32 开

上海：商务印书馆，1947.2，再版，173 页，32 开（新中学文库）

上海：商务印书馆，1947.6，173 页，32 开（新中学文库）

上海：商务印书馆，1948.8，3 版，[185] 页，32 开

　　本书共 9 章，内容包括：引言、粮食作物与生长环境、作物分布与粮食生产、粮食之销用、粮食之对外贸易等。附重要粮食作物分布图等。

　　收藏单位：安徽馆、长春馆、重庆馆、东北师大馆、广东馆、广西馆、贵州馆、国家馆、河南馆、黑龙江馆、湖南馆、吉林馆、江西馆、近代史所、辽大馆、辽东学院馆、辽宁馆、辽师大馆、柳州馆、南京馆、内蒙古馆、宁夏馆、山西馆、陕西馆、上海馆、绍兴馆、首都馆、天津馆、浙江馆

07893

中国粮食问题　关吉玉著

南京：经济研究所，1948.5，98 页，36 开（经济研究社丛书）

　　本书共 8 章，内容包括：我国粮食产销实况、我国粮食不足之原因与影响、现行粮政概述等。

　　收藏单位：重庆馆、国家馆、吉林馆、近代史所、辽宁馆、南京馆、上海馆、浙江馆

07894

中国粮食问题　欧阳涤尘著

[中央政治学校]，[1923]，油印本，46 页，16 开，环筒页装（中央政治学校高等科专题讲演讲义）

　　本书共 4 章：中国粮食生产的地理条件、中国历史上所采用的民食政策、中国粮食不

足的原因及其弊害、中国粮食不足的救济方策。

收藏单位：国家馆

07895

中国粮食问题 秦亚修著 冯泽芳 朱铨校

上海：建国书店，1935.5，128 页，22 开

本书共 9 章。附最近关于粮食问题的重要法规及办法。

收藏单位：国家馆、吉林馆、南京馆、上海馆

07896

中国粮食问题 中山文化教育馆编译部编

上海：正中书局，1940.3，186 页，32 开

收藏单位：广东馆、浙江馆

07897

中国粮食问题（中国十四省粮食供给和需要的研究） 张心一著

[上海]：中国太平洋国际学会，1932.8，32 页，16 开（中国太平洋国际学会丛书）

本书内容包括：十四省出产之粮食、各种农产品分配的亩数、粮食的产额和亩数、各种粮食出产的净量等。

收藏单位：重庆馆、国家馆、南京馆、上海馆、首都馆、天津馆、浙江馆

07898

中国粮食问题的再检讨 钱承绪编

上海：中国经济研究会，1940.8，202 页，18 开

本书收文 6 篇，内容包括：《粮食上一般的问题》《世界各国粮食的生产问题》《世界各国粮食的自给问题》《中国粮食政策的建议》等。

收藏单位：国家馆、南京馆

07899

中国粮食问题与粮食政策 左治生著

兰州：甘肃田赋粮食管理处，1945.3，211 页，32 开

本书论述历代粮政沿革、战时粮政措施

及粮食管制政策等。

收藏单位：重庆馆

07900

中国粮食消费概况 孙文郁著

出版者不详，1934，10 页，16 开

本书为实业部中央农业实验所《农情报告》第 8 期抽印本。

07901

中国粮食自给论 汪呈因著

浙江省第五区农场，1936，18 页，16 开

本书共 4 部分：中国粮食缺乏之危机、中国粮食自给之办法、中国稻麦改进之方法、结论。

收藏单位：国家馆、南京馆

07902

中国粮政概况

出版者不详，[1943]，油印本，1 册，16 开，环筒页装

本书共 11 章，内容包括：粮食之重要性、中国平时之粮食情形、抗战初期之粮食状况、粮食问题之发生、现行粮食政策及其所采之方针、粮食之管制、粮食之征集等。

收藏单位：国家馆、南京馆

07903

中国粮政史 闻亦博著

重庆：正中书局，1943.4，163 页，25 开

上海：正中书局，1946.3，163 页，25 开

本书分 9 章论述战国以前至民国的粮政演变史。

收藏单位：安徽馆、长春馆、重庆馆、贵州馆、国家馆、河南馆、黑龙江馆、湖南馆、江西馆、近代史所、辽大馆、辽宁馆、南京馆、上海馆、首都馆、天津馆、西南大学馆、浙江馆、中科图

07904

中国粮政协进会概览 中国粮政协进会编

重庆：中国粮政协进会，1942.5，80 页，50 开

本书共 11 部分，内容包括：组织缘起（附发起人名单）、章程、办事细则、初步工作计划大纲、征求粮政意见办法大纲、附录等。

收藏单位：重庆馆、国家馆、吉林馆、南京馆、上海馆

07905

中国林业建设　郝景盛著

重庆：中国文化服务社，1944.3，116 页，32 开（青年文库）

重庆：中国文化服务社，1944.6，再版，116 页，32 开（青年文库）

本书共 10 章，内容包括：中国古代森林概况、中国现存之森林、无林国家未来之悲哀、森林怎样抚育、中国林业建设应走之途径等。

收藏单位：重庆馆、国家馆、黑龙江馆、南京馆、首都馆、西南大学馆

07906

中国米谷问题之研究　陶昌善著

陶昌善，1928.8，18 页，22 开

本书共 8 部分，内容包括：中国主食之米谷问题在民生主义中之地位、中国米谷生产额在世界主要米产国之地位、中国何以缺乏米谷之原因、中国增殖米谷应有之设施等。

收藏单位：国家馆

07907

中国棉产改进史　胡竟良著

重庆：商务印书馆，1945.11，121 页，25 开

上海：商务印书馆，1946.7，121 页，25 开

上海：商务印书馆，1947，再版，121 页，25 开

本书共 7 章，内容包括：我国改良棉产之设施、棉作试验研究之成绩、棉业推广之成就、检验分级、棉产统计等。

收藏单位：重庆馆、广东馆、广西馆、国家馆、近代史所、辽大馆、辽宁馆、南京馆、宁夏馆、上海馆、首都馆、天津馆、西南大学馆、浙江馆

07908

中国棉产改进统计会议专刊　华商纱厂联合会中华棉产改进会编

上海：华商纱厂联合会中华棉产改进会，1931，[367] 页，16 开

本书共 5 部分：会议、议案、报告、讲演、附录。收演讲词 15 篇，内容包括：《今后我国棉作育种应取之方针》（赵连芳）、《南通农大改良鸡脚棉之经过及今后育种之设计》（谭仲约）、《棉种改良事业中的几个重要问题》（冯肇传）、《美国棉产统计及估计方法》（那艾司）、《中国棉产统计方法之商榷》（张心一）、《中国棉业经济方面亟应研究的问题》（孙文郁）等。附录中华棉产改进会中华棉业统计会成立会、中华棉产改进会章程、中华棉业统计会章程。

收藏单位：安徽馆、广西馆、国家馆、近代史所、南京馆、首都馆、天津馆

07909

中国棉产统计（民国八至二十六年）　中华棉业统计会编

外文题名：Cotton production in China

上海：中华棉业统计会，[1920—1938]，9 册，22 开

本书民国九年至十八年、民国二十五年至二十六年各为 1 册，其余每年 1 册。每册共 3 部分：全国棉产统计、各省棉产统计、全国棉产估计报告。

收藏单位：重庆馆、广东馆、国家馆、黑龙江馆、近代史所、南京馆、山西馆、绍兴馆、天津馆、西南大学馆、浙江馆、中科图

07910

中国棉产统计（民国三十五至三十七年）　农林部棉产改进咨询委员会　中国棉纺织业联合会编

外文题名：Cotton production in China

上海：农林部棉产改进咨询委员会、中国棉纺织业联合会，[1947—1948]，3 册，25 开

本书共 3 部分：全国棉产统计、各省棉产统计、棉产估计。

收藏单位：重庆馆、国家馆、近代史所、

南京馆、天津馆

07911

中国棉产状况　叶元鼎等编

工商部上海商品检验局，1930.1，77 页，22 开（中国棉业问题）（工商部上海商品检验局丛刊第 2 期）

本书分 8 章介绍世界棉产概况，中国各省产棉情形，推广植棉的经过、现状与前途等。附最近世界各国棉田棉产额表。

收藏单位：国家馆

07912

中国棉业调查录（民国九、十年）　整理棉业筹备处编

天津：整理棉业筹备处，1922.3，206+44 页，32 开

本书调查项目有耕地面积、产量、运销及税收等。附八年分棉业调查补遗。

收藏单位：辽宁馆、中科图

07913

中国棉业复兴纲领　胡竟良著

上海：棉产改进咨询委员会，1946，18 页，22 开

本书共 5 篇：总论、复兴方针、实施办法、组织、事业之联系。附中国棉业复兴第一期实施办法。

收藏单位：重庆馆、国家馆、南京馆、上海馆、首都馆、浙江馆

07914

中国棉业论　冯次行编

上海：北新书局，1929.9，194 页，32 开

本书共 3 章：我国棉花之生产消费与贸易状况、国内中外棉花商之调查、改良中国棉花种种设施之调查。

收藏单位：重庆馆、广西馆、国家馆、河南馆、黑龙江馆、吉林馆、江西馆、辽宁馆、山西馆、陕西馆、上海馆、首都馆、西南大学馆

07915

中国棉业问题　谢家声讲

中央训练团党政训练班，1940.5，22 页，32 开（中央训练团党政训练班讲演录）

本书共 3 部分：农业政策的重要性、抗战前后棉花及其制品产销的比较、解决衣着问题的方法。

收藏单位：国家馆

07916

中国棉业之发展　严中平著

重庆：商务印书馆，1943，305 页，25 开（国立中央研究院社会科学研究所丛刊 第 19 种）

赣县（赣州）：商务印书馆，1944.2，305 页，25 开（国立中央研究院社会科学研究所丛刊第 19 种）

本书共 9 章，内容包括：中国国内棉货市场开辟（1834—1899）、中国棉工业革命的发动（1890—1895）、一个国际商品市场上的棉纺织业（1896—1913）等。所涉时间为 1289—1937 年。

收藏单位：安徽馆、重庆馆、东北师大馆、广东馆、广西馆、贵州馆、国家馆、河南馆、湖南馆、江西馆、近代史所、南京馆、宁夏馆、中科图

07917

中国民食论（一名，粮食学）　陆精治著

上海：启智书局，1931.10，14+632 页，22 开

本书共 6 编：绪论、粮食增产之政策、粮食之统计、粮食之管理、粮食之营养、新粮食之研究。

收藏单位：重庆馆、广东馆、桂林馆、国家馆、河南馆、湖南馆、吉林馆、近代史所、南京馆、上海馆、首都馆、浙江馆、中科图

07918

中国民食史　郎擎霄著

上海：商务印书馆，1933.12，240 页，32 开（万有文库 第 1 集 223）（新时代史地丛书）

上海：商务印书馆，1934.2，再版，240 页，32 开（新时代史地丛书）

上海：商务印书馆，1939.9，240 页，25 开

（万有文库 第 1、2 集简编 500 种 80）

本书共 5 章：谷物溯源、历代粮食生产政策、历代粮食流通政策、历代粮食调剂政策、历代粮食消费节约政策。为《中国民食政策》第 5 编单行本。

收藏单位：安徽馆、长春馆、重庆馆、大理馆、大连馆、东北师大馆、广东馆、广西馆、贵州馆、国家馆、河南馆、黑龙江馆、湖南馆、惠州馆、江西馆、近代史所、辽大馆、辽师大馆、南京馆、内蒙古馆、宁夏馆、山西馆、上海馆、天津馆、西南大学馆、浙江馆

07919

中国民食问题 太平洋书店编

上海：太平洋书店，1933.3，142 页，32 开（现代百科文献 5）

本书收文 6 篇：《中国食粮问题数字上的推测》（侯厚培）、《足食运动与农业经济》（唐启宇）、《中国民食问题检讨》（境三）、《我国今日之食粮问题》（吴觉农）、《为讨论续借美麦问题联想及于中国之粮食政策》（马寅初）、《谷贱伤农应如何救济》（毅盦）。

收藏单位：安徽馆、重庆馆、国家馆、南京馆、上海馆、首都馆、天津馆、浙江馆

07920

中国民食行政之总检讨 冯柳堂编

实业部上海商品检验局，1936，24 页，16 开（实业部上海商品检验局特种丛刊 1）

收藏单位：重庆馆

07921

中国目前应有之几种农业政策 （美）卜凯（John Lossing Buck）著 孙文郁译

南京：金陵大学农业经济系，1934.2，6 页，16 开

本书内容包括：农业机关、农产物价跌落之救济、地政之革新、移民与荒地等。为著者于 1934 年 1 月 10 日在中央农业实验所改良农作物冬季讨论会上的演讲稿，载于《金陵大学农林新报》第十一年第 5—6 期。

收藏单位：国家馆、上海馆

07922

中国农产问题之研究 翟克编著

广州：国立中山大学农学院出版部，1935.2，472 页，22 开

本书分上、下两编：绪论、本论。共 15 章，内容包括：农业生产与国民经济、中国农业生产与地理、中国重要农产品之地理分布、蚕丝业问题、棉业问题等。

收藏单位：广西馆、国家馆、湖南馆、南京馆、山西馆、上海馆、首都馆、浙江馆、中科图

07923

中国农场管理学 （美）卜凯（John Lossing Buck）（美）克提斯（W. M. Curtis）著 戈福鼎 汪荫元译

外文题名：Farm management in China

上海：商务印书馆，1947.4，156 页，25 开

上海：商务印书馆，1948.8，再版，156 页，25 开

本书共 19 章，内容包括：农场利润之衡量、农场管理学之研究方法、农场企业大小与利润、生产量与利润、人工效率与利润等。

收藏单位：安徽馆、重庆馆、东北师大馆、广东馆、贵州馆、国家馆、黑龙江馆、湖南馆、吉林馆、江西馆、辽大馆、辽宁馆、南京馆、内蒙古馆、上海馆、天津馆、浙江馆

07924

中国农村（第 1 卷） 中国农村经济研究会编

上海：黎明书局，1935，2 册，25 开，精装

收藏单位：辽大馆、浙江馆

07925

中国农村动态 中国农村经济研究会编

上海：中国农村经济研究会，1937.5，193 页，32 开

本书收文 12 篇，内容包括：《英美烟草公司和豫中农民》（明洁）、《鲁东种烟区三个月的观感》（张稼陀）、《皖赣茶业统制的检讨》（施克刚）、《丝蚕统制下的无锡蚕桑》（苦农）、《铁蹄下的冀东》（王泽南）、《冀东的政

治与农村》(克如)、《危机四伏的闽南》(老鲁)等。附东北农民的生活和奋斗等。

收藏单位：重庆馆、广西馆、贵州馆、国家馆、湖南馆、上海馆、浙江馆、中科图

07926

中国农村复兴的研究　王任重著

出版者不详，1934，26+322+9 页，22 开

本书共 10 章，内容包括：农村社会衰落主因、改善农村教育、复兴农村经济、实行农村自治等。

收藏单位：广西馆

07927

中国农村复兴计划书　中国农林水利地政等二十一学术团体著

南京：中国农林水利地政等二十一学术团体，1948.7，228 页，25 开

本书共 5 章：绪言、农村复兴之基本工作、农村复兴之增产工作、农村复兴之机构、结论。附中国农村复兴计划书附件。

收藏单位：重庆馆、广东馆、国家馆、湖南馆、吉林馆、近代史所、南京馆、上海馆、首都馆、天津馆、浙江馆、中科图

07928

中国农村复兴联合委员会年来工作概况及在川发展农建情形　中国农村复兴联合委员会新闻处编

中国农村复兴联合委员会新闻处，1949，14 页，36 开

本书附农复会四川分会收支表。

07929

中国农村复兴问题　董成勋编著

上海：世界书局，1935.7，348 页，25 开

本书共 5 编：中国农村崩溃之原因及其影响、中国农村救恤问题、中国农村土地问题、县政革兴问题、农政问题之研究。

收藏单位：安徽馆、长春馆、重庆馆、广西馆、贵州馆、国家馆、湖南馆、江西馆、近代史所、南京馆、内蒙古馆、宁夏馆、上海馆、首都馆、西南大学馆

07930

中国农村副业问题及其应有之改进　南京中国农民银行编

南京中国农民银行，1948.3，12 页，32 开（农民服务丛书 4）

本书共 8 部分，内容包括：农村副业之意义、农村副业之种类、农村副业与农家经济之关系、中国农村副业述要等。

收藏单位：国家馆

07931

中国农村工业问题　韩稼夫著

重庆：正中书局，1945.3，46 页，32 开（国民经济研究所战时与战后经济问题丛书）

上海：正中书局，1946.3，46 页，32 开（国民经济研究所战时与战后经济问题丛书）

本书共 6 章：绪论、农村工业与国民经济、战时农村工业发展之趋向、战时农村工业之新机构、战后农村工业之前瞻、结论。

收藏单位：安徽馆、重庆馆、广东馆、贵州馆、国家馆、湖南馆、吉林馆、近代史所、辽宁馆、南京馆、上海馆、天津馆、浙江馆

07932

中国农村建设计划　徐正学编

南京：中国农村复兴研究会，1935，[330] 页，22 开（农村问题丛书 2）

南京：中国农村复兴研究会，1936.6，再版，[330] 页，22 开（农村问题丛书 2）

本书共 7 章，内容包括：农村建设计划、关于改良农业技术之预算、皖省赈灾及兴办水利复兴农村计划纲要等。附棉作害虫防除法。

收藏单位：广东馆、国家馆、吉林馆、近代史所、南京馆、上海馆、浙江馆

07933

中国农村建设之途径　蓝名诂著

镇江：农村经济月刊社，1935.12，232 页，22 开（农村经济月刊社丛书 3）

本书收文 8 篇：《中国农村建设之途径》《农村破产与银行繁荣及其调剂》《改进中国棉产之研究》《中国蚕丝业之回顾与前瞻》

《帝国主义经济侵略下之中国农村》《暴力下的东北农村》《复兴农村经济之一路线》《造林学概论》。

收藏单位：重庆馆、广东馆、国家馆、近代史所、南京馆、上海馆、西南大学馆、浙江馆

07934

中国农村经济常识 薛暮桥著

大连：大众书店，1946.3，145页，32开

本书共14章，内容包括：中国农村中的基本问题、帝国主义和中国农村、中国农村中的土地问题、中国农业中的租佃关系、耕畜农具和农业资金等。

收藏单位：长春馆、东北师大馆、国家馆、辽大馆、上海馆、天津馆

07935

中国农村经济常识 薛暮桥著

天德盛，1943，145页，32开

天德盛，1944.4，145页，32开

收藏单位：广西馆、国家馆、辽大馆、山东馆、上海馆

07936

中国农村经济常识 薛暮桥著

上海：新知书店，1937.1，163页，32开（新知丛书 第1辑6）

上海：新知书店，1937.5，再版，163页，32开（新知丛书 第1辑6）

桂林：新知书店，1939.4，3版，163页，32开

上海：新知书店，1940，4版，163页，32开（新知丛书 第1辑6）

上海：新知书店，1946.12，163页，32开（新知丛书 第1辑6）

上海、重庆：新知书店，1946.7，129页，32开

上海、重庆：新知书店，1947.5，再版，129页，32开

收藏单位：长春馆、重庆馆、东北师大馆、广东馆、贵州馆、国家馆、黑龙江馆、湖南馆、吉林馆、近代史所、南京馆、内蒙古馆、宁夏馆、山西馆、陕西馆、首都馆、天津馆、西南大学馆、浙江馆

07937

中国农村经济的崩溃 丁达著

上海：联合书店，1930，198页，32开

本书共6章：绪论、帝国主义与中国农村经济、封建政治的剥削、地主的剥削、农村经济崩溃的趋势、结论。

收藏单位：重庆馆、广东馆、国家馆、湖南馆、近代史所、南京馆、陕西馆、上海馆、浙江馆

07938

中国农村经济的透视 朱其华著

上海中国研究书店，1936.6，671页，22开（中国社会问题学会丛书）

本书共7章，内容包括："农村经济总崩溃的真相""近代革命运动与农村问题""农村经济崩溃中之地主的自救运动——乡村建设运动的剖视"等。附《中国研究书店的创办缘起与出版计划》（朱其华）。

收藏单位：重庆馆、东北师大馆、福建馆、广东馆、广西馆、国家馆、近代史所、辽大馆、辽宁馆、南京馆、上海馆、浙江馆、中科图

07939

中国农村经济概论 罗克典著

上海：民智书局，1934.7，390页，32开

本书共12章，内容包括：耕地的性质及其分配形态、农村荒地问题、水利对中国农村经济的影响、田赋的现阶段、农村中的田租与高利贷等。

收藏单位：安徽馆、重庆馆、国家馆、南京馆、山西馆、陕西馆、浙江馆

07940

中国农村经济关系及其特质 朱其华著

上海：新生命书局，1930.11，364页，22开

本书共10章，内容包括：中国革命与农民问题、帝国主义侵入前的农村状况、军阀制度的构成及其对农村的剥削关系、农村中的封建残余、土地关系的特点、农业危机的严重等。著者原题：朱新繁。

收藏单位：重庆馆、东北师大馆、广东馆、国家馆、吉林馆、上海馆、浙江馆、中科图

07941

中国农村经济建设论 林维森编

[福建学院经济系]，1911，稿本，75页，25开

收藏单位：福建馆

07942

中国农村经济论（农村经济论文选集） 冯和法编

上海：黎明书局，1934，398页，22开（农村经济参考用书）

上海：黎明书局，1936.5，再版，397页，22开（农村经济参考用书）

本书内容包括：农业理论的诸问题、封建社会的农村生产关系、农业资本主义化之过程、中国农村经济的特征等。

收藏单位：安徽馆、重庆馆、东北师大馆、广东馆、广西馆、贵州馆、国家馆、湖南馆、吉林馆、辽大馆、辽宁馆、南京馆、山西馆、陕西馆、上海馆、首都馆、天津馆、浙江馆

07943

中国农村经济论文集 千家驹编

上海：中华书局有限公司，1936.7，656页，22开（社会科学丛书）

本书共3编：一般理论之检讨、研究与调查、各地农村实况。收文49篇，内容包括：《定县的实验运动能解决中国农村问题吗?》（千家驹）、《中国的歧路》（千家驹）、《乡村建设运动的评价》（李紫翔）、《中国地租的形式和性质》（田秋烈）、《中国土布业之前途》（王子建）等。

收藏单位：安徽馆、重庆馆、广东馆、广西馆、国家馆、黑龙江馆、湖南馆、吉林馆、江西馆、近代史所、辽大馆、辽宁馆、南京馆、内蒙古馆、山西馆、上海馆、首都馆、天津馆、西南大学馆、浙江馆

07944

中国农村经济实况 （英）戴乐仁（J. B. Tayler）等著 李锡周编译

北平：农民运动研究会，[1928.7]，256页，25开

本书共5篇：《中国农村经济之调查》《安徽芜湖附近百零二个田家之经济及社会调查》《四川峨眉山二十五个田区之调查》《四川成都平原五十个田家之调查》《中国之农村借贷》。第1—2篇原为单行本，第3—4篇原载于《中国经济月刊》第1卷第12期及第2卷第1期，第5篇原载于《中国社会政治评论季刊》第12卷第1—2期。

收藏单位：重庆馆、东北师大馆、国家馆、辽宁馆、南京馆、内蒙古馆、首都馆、天津馆、浙江馆、中科图

07945

中国农村经济问题 陈振鹭 陈邦政著

上海：大学书店，1935.6，10+334页，22开（经济丛书）

上海：大学书店，1936.1，再版，334页，大32开（经济丛书）

本书共12章，内容包括：农村经济的重要性、中国农村经济的现阶段、中国农民离村运动的特质、平均地权问题、地租及地税问题、农业生产问题、农村金融问题等。

收藏单位：重庆馆、国家馆、黑龙江馆、近代史所、南京馆、山西馆、首都馆、浙江馆、中科图

07946

中国农村经济问题 古楳编著

上海：中华书局，1931.4，294页，22开

上海：中华书局，1933.1，再版，294页，22开，精装

上海：中华书局，1933.3，3版，294页，25开

上海：中华书局，1933，4版，294页，22开

上海：中华书局，1936.3，5版，293页，22开

本书共10章，内容包括：中国的农民、中国的农地、中国的农产、中国的畜牧和蚕桑、中国的佃农和工农等。附国民政府佃农保护法草案、浙江省佃农二五减租暂行办法、农村经济问题参考书报。

收藏单位：安徽馆、重庆馆、广东馆、广西馆、贵州馆、国家馆、河南馆、黑龙江馆、

湖南馆、江西馆、辽大馆、辽宁馆、南京馆、山西馆、上海馆、首都馆、天津馆、西南大学馆、浙江馆

07947

中国农村经济问题研究　石裕鼎讲述

安徽省地方行政干部训练团，1940，91页，32开（讲义13）

本文共4章：绪论、中国及本省农村经济概况、农村经济崩溃原因、农村中几个重要问题的讨论。书中题名：中国农村经济问题研究讲义。

收藏单位：安徽馆、重庆馆

07948

中国农村经济研究　金轮海著

上海：中华书局，1937.10，478页，22开（社会科学丛书）

本书共8章，内容包括：中国农村经济的特质、中国农村经济崩溃的动因、半封建性的农村经济、中国农村经济建设运动的研究等。

收藏单位：重庆馆、广西馆、国家馆、湖南馆、吉林馆、江西馆、近代史所、辽大馆、南京馆、上海馆

07949

中国农村经济研究　（苏）马札亚尔（Л. Мадьяр）著　陈代青　彭桂秋译

上海：神州国光社，1930，583页，25开

上海：神州国光社，1932.5，再版，50+583页，25开

上海：神州国光社，1933.2，4版，50+583页，25开

上海：神州国光社，1934.8，3版，50+583页，25开

本书共27章，内容包括：中国农村经济的统计、水的意义、防止土壤贫瘠的斗争、黄土区、牧畜在中国农村经济中的作用、手工劳动、垦殖区等。

收藏单位：安徽馆、重庆馆、广东馆、广西馆、国家馆、黑龙江馆、湖南馆、吉林馆、江西馆、近代史所、辽大馆、南京馆、内蒙

古馆、宁夏馆、陕西馆、上海馆、首都馆、天津馆、浙江馆

07950

中国农村经济研究之发轫　国立中央研究院社会科学研究所社会学组编

上海：国立中央研究院出版委员会，[1930]，12页，32开

本书为国立中央研究院社会科学研究所社会学组1929—1930年工作报告。介绍有关上海杨树浦、江苏无锡、河北保定、浙江省及西北农村等地情况调查之准备工作等。

收藏单位：国家馆、江西馆、南京馆、上海馆、天津馆、浙江馆

07951

中国农村经济之特性　（苏）马札亚尔（Л. Мадьяр）著　宗华译

上海：北新书局，1930.7，271页，32开

上海：北新书局，1931，271页，32开

收藏单位：重庆馆、广东馆、广西馆、国家馆、黑龙江馆、江西馆、近代史所、山西馆、上海馆、天津馆、浙江馆

07952

中国农村经济资料　冯和法编

上海：黎明书局，1933.6，1166页，22开，精装（农村经济参考用书）

上海：黎明书局，1933.8，再版，1166+9页，23开，精装（农村经济参考用书）

上海：黎明书局，1935.4，再版，1166页，22开（农村经济参考用书）

本书为农村经济参考用书。收录1932年底以前所发表的农村实地调查资料，分省编辑。概述江苏、浙江、河北、河南、安徽、山西、陕西、四川、福建、广东、云南、贵州、东北三省及典型县份的土地关系、租佃制度、农业经营、农业劳动、农村金融等情况。

收藏单位：安徽馆、重庆馆、东北师大馆、广东馆、广西馆、国家馆、河南馆、黑龙江馆、湖南馆、吉林馆、江西馆、辽大馆、辽宁馆、南京馆、内蒙古馆、山西馆、上海

馆、首都馆、天津馆、西南大学馆、浙江馆、中科图

07953

中国农村经济资料（续编） 冯和法编

上海：黎明书局，1935.8，1000 页，25 开（农村经济参考用书）

本书为农村经济参考用书。收录 1933—1935 年春所发表的有关资料。共上、下两编：上编以省分章，概述诸典型县份状况；下编以问题分章，分述土地关系、租佃制度、农业经营、农业劳动、农村金融、农产买卖及农村副业，其中又以地域分节。

收藏单位：重庆馆、东北师大馆、广东馆、贵州馆、国家馆、黑龙江馆、湖南馆、吉林馆、江西馆、辽大馆、辽宁馆、南京馆、内蒙古馆、宁夏馆、山西馆、上海馆、首都馆、天津馆、西南大学馆、浙江馆、中科图

07954

中国农村描写（农村通讯选集） 中国农村经济研究会编辑

上海：新知书店，1936.1，173 页，32 开

上海：新知书店，1936.2，再版，173 页，32 开

上海：新知书店，1936.4，3 版，173 页，32 开

本书内容包括：《帝国主义侵略中国农村的一个实例》（李亚夫）、《东太湖围田始末记》（张潜九）、《农村改进的实际工作中》（杨立人）、《萧县东南乡的农业生产方式》（卢株守）、《鲁南临峄滕三县的租佃制度》（黄鲁珍）等。

收藏单位：安徽馆、重庆馆、广东馆、广西馆、国家馆、河南馆、湖北馆、湖南馆、吉林馆、近代史所、山西馆、上海馆、首都馆、天津馆、浙江馆

07955

中国农村社会崩溃的研究及其补救 刘涤寰著

广州大学法科学院，1933.9，17 页，16 开（广州大学法科丛刊第 2 种）

本书共 7 部分，内容包括：农村社会的起源和历程及其分析、中国农村社会的现势、中国农村社会崩溃的主要原因、崩溃的实况、补救的方法等。

收藏单位：国家馆

07956

中国农村社会经济研究 范苑声著

上海：神州国光社，1936，388 页，22 开

本书共 5 部分：农村经济与农村复兴诸问题研究、中国土地政策与土地税诸问题研究、中国农民问题研究、农村复兴的基本问题之评判、日本农村经济问题研究。

收藏单位：安徽馆、重庆馆、广东馆、国家馆、河南馆、吉林馆、近代史所、辽宁馆、上海馆、浙江馆

07957

中国农村社会论战批判 （日）玉木英夫著

刘怀溥　徐德乾译

上海：不二书店，1936.9，94 页，32 开

本书共 4 部分：生产力与生产关系之间的矛盾与统一、中国农村经济研究的主要对象、怎样规定中国农村社会经济的现阶段、中国农村中社会的诸势力之特质。

收藏单位：重庆馆、广东馆、国家馆、吉林馆、近代史所、南京馆、宁夏馆、山西馆、上海馆、首都馆、浙江馆

07958

中国农村社会性质论战 中国农村经济研究会编辑

上海：新知书店，1935.9，209 页，25 开

上海：新知书店，1936.1，再版，209 页，25 开

上海：新知书店，1936.4，3 版，209 页，25 开

上海：新知书店，1940，4 版，209 页，22 开

本书收文 11 篇，内容包括：《中国农村社会性质与农业改造问题》（陶直夫）、《中国农村社会性质问答》（余霖）、《研究中国农村经济的方法问题》（薛暮桥）、《中国农村经济性质问题的讨论》（周彬）、《论现阶段的中国农村经济研究》（王宜昌）等。

收藏单位：长春馆、重庆馆、东北师大馆、广东馆、广西馆、贵州馆、国家馆、湖南馆、吉林馆、近代史所、辽宁馆、山西馆、

上海馆、首都馆、浙江馆

07959

中国农村问题　李景汉著

上海：商务印书馆，1937.3，168 页，32 开
（万有文库第 2 集 377）（现代问题丛书）

长沙：商务印书馆，1939.12，168 页，32 开
（万有文库 第 1、2 集）（现代问题丛书）

　　本书共 10 章：绪论、农村土地问题、农村金融问题、农村合作问题、农村经营问题、农村组织问题、农村教育问题、卫生问题、其他农村问题、结论。

　　收藏单位：安徽馆、长春馆、重庆馆、大理馆、大连馆、大庆馆、东北师大馆、国家馆、黑龙江馆、湖南馆、江西馆、辽师大馆、内蒙古馆、宁夏馆、上海馆、天津馆、浙江馆

07960

中国农村问题　钱亦石等著

上海：中华书局，1935.2，83 页，32 开（新中华丛书 社会科学汇刊）

　　本书收文 4 篇：《中国农村的过去与今后》（钱亦石）、《中国农村经济的根本问题》（任哲明）、《捐税繁重与农村经济之没落》（许涤新）、《中国农民离村问题之检讨》（董汝舟）。

　　收藏单位：重庆馆、广东馆、国家馆、黑龙江馆、湖南馆、吉林馆、近代史所、南京馆、内蒙古馆、天津馆、浙江馆

07961

中国农村问题　太平洋问题调查会编　（日）杉木俊朗译

东京：岩波书店，1940，332 页，22 开（东亚研究丛书 第 2 卷）

　　收藏单位：首都馆

07962

中国农村问题　薛暮桥著

大众文化社，1936，76 页，32 开（大众文化丛书 第 1 辑 第 19 种）

大众文化社，1936.9，再版，76 页，48 开（大众文化丛书 第 1 辑 第 19 种）

　　本书共 6 部分：农村问题是从哪里来的、帝国主义要想"农业中国"、山西正在提倡"土地村有"、被人忘记了的"二五减租"、换汤不换药的"合作运动"、国民政府下令"减轻田赋"。书前有序论《各人心目中的农村问题》。

　　收藏单位：重庆馆、广东馆、广西馆、国家馆

07963

中国农村问题　杨幼炯主编

上海：中国社会科学会出版部，1934，236页，22 开（民族复兴丛刊 1）

　　本书收文 14 篇，内容包括：《今后农村复兴之前路》（杨幼炯）、《统制农村与农村统制》（罗敦伟）、《食粮问题与荒政》（叶乐群）、《复兴农村应由改造农业着手》（周宪文）、《我国佃农争议之研究》（陈城）等。

　　收藏单位：重庆馆、国家馆、吉林馆、南京馆、上海馆、天津馆、浙江馆

07964

中国农村问题（佃农问题·农民负担）　太平洋书店编

上海：太平洋书店，1933.5，146 页，32 开（现代百科文献 10）

　　本书收文 5 篇：《中国地租的本质》（陶直夫）、《中国佃租制度及其改良方法》（唐启宇）、《中国佃户问题的焦点》（吴景超）、《中国农村中的兵差》（周之章）、《中国的田赋与农民》（李作周）。

　　收藏单位：安徽馆、重庆馆、国家馆、内蒙古馆、上海馆、浙江馆

07965

中国农村问题（农村合作·村治运动）　侯哲安等著

上海：太平洋书店，1933.6，134 页，36 开（现代百科文献 11）

　　本书收文 5 篇：《农村合作与中国农村经济问题》（侯哲安）、《农村利用合作事业》（侯哲安）、《合作谷仓制度之创立及其说明》（唐启宇）、《河南村治学院旨趣书》（梁漱

滇)、《村治之研究及其出路》（梦涛）。著者原题：侯哲莽等。

收藏单位：国家馆、近代史所、浙江馆

07966

中国农村问题（土地问题） 太平洋书店编

上海：太平洋书店，1933，128 页，32 开（现代百科文献 14）

本书收文 7 篇：《中国农民问题》《解决土地问题的讨论》《中国土地问题》《中国土地问题与共产党的土地政策》《土地革命论之评判》《建设中之农地政策》《中国土地分配问题》。

收藏单位：重庆馆、国家馆

07967

中国农村问题（总论） 太平洋书店编

上海：太平洋书店，1933，146 页，32 开（现代百科文献 4）

本书收文 4 篇：《中国农村经济一般的观察》（乔元良）、《中国农村崩溃的严重性及其对策》（境三）、《中国农民经济之衰落及其救济》（杜素民）、《农村救济问题》（劳夫）。

收藏单位：重庆馆、广西馆、国家馆、近代史所、上海馆、首都馆、浙江馆

07968

中国农村现状 孙怀仁著

上海：生活书店，1933.8，57 页，36 开（时事问题丛刊 4）

本书共 6 部分：导言、农民人口与耕地面积、农民之阶级构成与农家经济、农村繁荣之障害、中国农产品之流通状况、中国农业恐慌之姿态。

收藏单位：重庆馆、广西馆、国家馆、黑龙江馆、湖南馆、南京馆、陕西馆、上海馆、浙江馆

07969

中国农村之改进 蔡衡溪著

开封：河南教育厅编辑处，1934.7，224 页，32 开

本书内容包括：以中国农村经济总破产之危急险象敬告国人、二年来外货倾销压迫下我国各业之现状及其前途之危机、对于中国农村之救济的总检讨、复兴中国农村的先决问题、到农村去、中国农村应如何改进、研究农村改进问题之途径等。

收藏单位：重庆馆、国家馆、河南馆、近代史所、天津馆、西南大学馆、浙江馆

07970

中国农佃问题 章柏雨 汪荫元著

重庆、赣县（赣州）：商务印书馆，1943.12，166 页，36 开（文史丛书）

重庆：商务印书馆，1944.12，再版，166 页，36 开（文史丛书）

重庆：商务印书馆，1945，3 版，166 页，32 开（文史丛书）

上海：商务印书馆，1946.9，166 页，25 开（文史丛书）

上海：商务印书馆，1947.2，再版，1 册，精装（文史丛书）

上海：商务印书馆，1947.2，3 版，166 页，32 开（文史丛书）

本书共 12 章，内容包括：问题的提出、我国农佃制度的形成和沿革、农佃制度之社会的和经济的特征、租佃契约的内容和应注意的事情、我国田租的形态和租率、改进我国农佃制度的途径等。

收藏单位：安徽馆、长春馆、重庆馆、东北师大馆、广东馆、广西馆、贵州馆、国家馆、河南馆、黑龙江馆、湖南馆、吉林馆、江西馆、辽大馆、辽东学院馆、辽宁馆、柳州馆、南京馆、内蒙古馆、宁夏馆、绍兴馆、首都馆、天津馆、西南大学馆、浙江馆

07971

中国农工问题 陈耀编

出版者不详，1928.9，164 页，32 开

本书共 9 章。

收藏单位：广西馆

07972

中国农家经济（中国七省十七县二八六六田场之研究）（美）卜凯（John Lossing Buck）

原著　张履鸾译述

外文题名：Chinese farm economy

上海：商务印书馆，1936.8，612 页，22 开，精装（大学丛书 教本）

上海：商务印书馆，1937，再版，612 页，22 开，精装（大学丛书 教本）

　　本书为著者对 2866 户农家进行的调查，共 12 章：导言、田场布置与土地利用、田场周年经营之状况、大小最适宜的田场企业、耕地所有权与农佃问题、作物、家畜和保存地力、田场之劳力、农家家庭与人口、食物消费、生活程度、结论。

　　收藏单位：安徽馆、重庆馆、东北师大馆、广东馆、广西馆、贵州馆、国家馆、黑龙江馆、湖南馆、吉林馆、近代史所、辽大馆、辽宁馆、南京馆、内蒙古馆、宁夏馆、山西馆、上海馆、天津馆、西南大学馆、浙江馆、中科图

07973

中国农民及耕地问题　公孙愈之等著

上海：复旦书店，1929，95 页，32 开（前进文选）

　　本书收录 1928 年《前进》杂志上的文章 4 篇：《中国农民问题》《中国耕地问题》《中国田税的高度》《中国租田的高度》。

　　收藏单位：安徽馆、重庆馆、湖南馆、辽宁馆

07974

中国农民经济研究会概览　中国农民经济研究会编

中国农民经济研究会，1942.10，88 页，32 开

　　本书内容包括：中国农民经济研究会章程、中国农民经济研究会分支会组织通则、中国农民经济研究会工作计画大纲等。

　　收藏单位：国家馆、南京馆、内蒙古馆

07975

中国农民银行办理农业仓库手册　中国农民银行总管理处编

中国农民银行总管理处，1948，72 页，32 开

　　本书收录农业仓库须知、章程、业务规则等。附《农仓业法》及施行条例、违反粮食管理治罪条例等 4 种。

　　收藏单位：上海馆

07976

中国农人地位与农业改良　赵光涛编

江苏省立南京民众教育馆编辑部，1930.9，38 页，22 开（民众教育丛书 9）

　　本书内容包括：农业的重要、农人在中国社会上的地位等。

　　收藏单位：广西馆、浙江馆

07977

中国农社应当如何组织　王育三讲

出版者不详，[1930—1949]，22 页，25 开

　　本书共 4 部分：总论、中华农民益友社、农村家庭教育应如何实施、结论。为作者的演讲稿。

　　收藏单位：国家馆

07978

中国农书　（德）瓦格勒（Wilhelm Wagner）著　王建新译

上海：商务印书馆，1936，2 册（740 页），22 开（中山文库）

上海：商务印书馆，1936，再版，2 册（740 页），22 开（中山文库）

上海：商务印书馆，1940，3 版，2 册（740 页），22 开（中山文库）

　　本书共 3 编：自然界的要素及其对中国土地生产的影响、中国的经济状况及其对于土地生产的影响、在技术设备和私经济成果上的中国农业营业。

　　收藏单位：安徽馆、重庆馆、东北师大馆、广东馆、贵州馆、国家馆、湖南馆、江西馆、近代史所、辽大馆、南京馆、内蒙古馆、山西馆、上海馆、首都馆、天津馆、西南大学馆

07979

中国农业改造刍议　唐启宇著

南京：农业周报社，1933，41 页，16 开

　　本书共 3 章：中国农业改造之方针及其对

象、中国农产五年计划、中国农业建设进行之程序。

收藏单位：重庆馆、国家馆、湖南馆、吉林馆、南京馆、上海馆、中科图

07980

中国农业改造问题丛著　唐启宇著

上海：民智书局，1928，1 册，18 开，精装

本书共 4 编：农业经济问题、农民运动、民生主义与土地问题、运销合作之经营。

收藏单位：广东馆

07981

中国农业改造问题丛著　唐启宇著

上海：中国农林学社，1928.6，1 册，18 开

收藏单位：广西馆、国家馆、吉林馆、辽宁馆、南京馆、上海馆、首都馆、浙江馆

07982

中国农业概况　秦亚修著

上海：建国书局，[1931—1936]，214 页，大32 开

上海：建国书局，1936.6，再版，250 页，23开

本书内容包括：农地、农民、租佃、土地、农作物、农业技术、农业行政等。

收藏单位：南京馆、上海馆

07983

中国农业概况估计　张心一著

[成都]：金陵大学农业经济系，[1932.12]，21 页，8 开

本书全部为图表。

收藏单位：国家馆、吉林馆、南京馆、浙江馆

07984

中国农业概论　徐天胎编

福建省警官训练所，1938 印，234 页，22 开

收藏单位：福建馆

07985

中国农业合作化之研究　彭莲棠著

上海：中华书局，1948.3，302 页，22 开（中山文化教育馆社会科学丛书）

本书共 9 章，内容包括：农业合作之意义与各国农业合作示例、中国农业概况与合作事业、中国农业劳动问题与农业合作等。附县各级合作社组织大纲、农业生产合作推进办法。

收藏单位：重庆馆、广东馆、广西馆、国家馆、吉林馆、辽大馆、南京馆、内蒙古馆、山西馆、上海馆、首都馆、西南大学馆、浙江馆

07986

中国农业合作论　阮模著

建阳（南平）：战地图书出版社，1943.6，10+306 页，32 开

本书分 5 编：中国土地问题与农业问题、农业合作与农业社会、农业合作与农业行政、合作农业之实施、近世各国农业合作之先例。附军事委员会南昌行营颁布合作农场章程、江苏柴塘合作农场章程草案等 5 种。

收藏单位：安徽馆、重庆馆、国家馆、南京馆、内蒙古馆、上海馆、浙江馆

07987

中国农业建设的轮廓　姚公振　顾翊群著

重庆：中国出版社，1944，51 页，48 开（中国百科丛书 第 1 辑）

本书论述农业经济建设之意义、重要性、政策、设施及中国农村工业化等。

收藏单位：重庆馆、广东馆、贵州馆、上海馆

07988

中国农业建设的轮廓　邹秉文著

中华农学会，1946.1，14 页，16 开（中华农学会刊）

中华农学会，1946，再版，26 页，25 开（中华农学会刊）

中华农学会，1946.7，4 版，26 页，25 开（中华农学会刊）

本书内容包括：政策计划、组织、人事、经费等。

收藏单位：安徽馆、重庆馆、甘肃馆、广东馆、贵州馆、国家馆、江西馆、南京馆、内蒙古馆、上海馆、浙江馆

07989

中国农业建设论文选辑 中国国民党中央执行委员会训练委员会编

中国国民党中央执行委员会训练委员会，1945.3，360 页，32 开（训练丛书 29）

本书内容包括：《实业计划上之农业建设》（钱天鹤）、《建国的农业政策》（陈伯庄）、《中国农业建设问题》（邹秉文）等。附《实业计划》第五年计划节要、农业建设数字初步计划、农业政策纲领等。

收藏单位：重庆馆、广东馆、广西馆、国家馆、吉林馆、南京馆、山西馆、浙江馆

07990

中国农业经济建设方案 乔启明拟

南京：金陵大学农学院农业经济系，1937.7，28 页，22 开

本书共 5 部分：引言、农业经济建设之重要、农业经济建设之目标、中国目前应有之农业经济建设政策、结论。

收藏单位：国家馆

07991

中国农业经济史 陈安仁著

上海：商务印书馆，1948.1，10+183 页，25 开

本书概述我国上古至清代的农业状况及演变过程。共 14 章，内容包括：夏以前农业社会开展之雏形、夏商两代农业之开展情形、周代农业发展之一般情形、秦汉农业转变的概况、三国乱离时代的农业状况、两晋时代之农业状况等。

收藏单位：安徽馆、重庆馆、东北师大馆、广东馆、广西馆、贵州馆、国家馆、河南馆、黑龙江馆、湖南馆、吉林馆、江西馆、近代史所、辽大馆、辽宁馆、南京馆、内蒙古馆、山西馆、上海馆、绍兴馆、首都馆、天津馆、西南大学馆、浙江馆

07992

中国农业经济问题 秦含章著

上海：新世纪书局，1931.1，562 页，22 开

本书共 12 章：绪论、中国农业经济的过去、中国的耕地、中国农民的人口、中国农耕的技术、中国的农产、中国的佃户与佃制、中国的税捐、中国农村的金融、中国农人的移徙、中国西北灾荒问题、中国东北垦殖问题。

收藏单位：安徽馆、重庆馆、国家馆、湖南馆、南京馆、浙江馆

07993

中国农业经济问题 张则尧著

上海：商务印书馆，1946.10，84 页，32 开（百科小丛书）

上海：商务印书馆，[1946]，48 页，32 开（新中学文库）

上海：商务印书馆，1947.2，再版，48 页，32 开（百科小丛书）

上海：商务印书馆，1947，3 版，48 页，32 开（新中学文库）（百科小丛书）

本书共 6 部分：农业与国运、中国农业机械化问题、中国农业资本问题、中国农业劳动问题、中国农场制度之改革、中国农业金融问题。

收藏单位：安徽馆、长春馆、重庆馆、大庆馆、东北师大馆、广东馆、广西馆、贵州馆、国家馆、黑龙江馆、湖南馆、江西馆、近代史所、辽大馆、辽东学院馆、辽宁馆、南京馆、内蒙古馆、宁夏馆、上海馆、首都馆、天津馆、西南大学馆、浙江馆

07994

中国农业经济研究 （日）田中忠夫著 汪馥泉译

上海：大东书局，1934.3，334 页，32 开

本书共 8 编，内容包括：中国农业上的资本主义底发展形式、中国农业底电气化、中国底农村组织、中国农民离村问题、中国底租佃问题、中国底农业劳动问题、中国底农具经济问题、中国底劳动家畜问题。

收藏单位：重庆馆、国家馆、江西馆、近

代史所、南京馆、上海馆、天津馆、西南大学馆、中科图

07995

中国农业经济研究会要览　中国农业经济研究会总务课编

南京：中国农业经济研究会，1941.10，50页，32开

　　本书收录该会章程、分会章程、会员一览表、成立大会纪要、两次理事会议纪录、农村经济初步调查与研究计划纲要等。

　　收藏单位：国家馆、南京馆

07996

中国农业经济之发展　曹鸿儒著　鲁宗尧译

北平三民学社，1931.2，318页，32开（三民学社丛书）

　　本书共10部分，内容包括：农业在国民经济中之地位、中国农业经济组织的基础、中国农业经济之特殊地位、中国农业经济的现状与农民、发展中国农业经济的重要等。

　　收藏单位：重庆馆、国家馆、首都馆、西南大学馆

07997

中国农业经济资料　（日）田中忠夫著　汪馥泉译

南京：大东书局，1934.3，356页，32开

　　本书共7编，内容包括：中国农民底负担、山东底农村经济与农民运动、湖北底农民运动与农民生活、四川底农村经济等。附中国农民经营底经济及其发展底诸倾向。

　　收藏单位：安徽馆、东北师大馆、国家馆、吉林馆、江西馆、辽大馆、辽宁馆、南京馆、首都馆、天津馆、浙江馆

07998

中国农业区域　金陵大学农学院农业经济系编

南京：金陵大学农学院农业经济系，1945.7，石印本，23页，横13开（中国农业丛书 第1集）

　　收藏单位：重庆馆、国家馆

07999

中国农业史　吴蛰鳲编

上海：新学会社，1919，18页，32开，环筒页装

　　本书分前、后两编：总论、本论。前编内容包括：农之释义、农业之原起、农业史之大要；后编内容包括：农业的胚胎时代、农业的发明时代、农业的修明时代、农业的中落时代。

　　收藏单位：重庆馆

08000

中国农业土地问题　龙超著

出版者不详，1947.7，36页，32开

　　本书共7部分，内容包括：中国农业土地问题之史的考察、中国农业土地问题的实况、土地改革的各派理论与土地改革的各国实例、中国农业土地政策等。

　　收藏单位：国家馆、南京馆

08001

中国农业问题　张则尧　黄达昌编著

东南合作印刷厂，[1946—1949]，22页，16开（中国合作经济函授学校讲义）

　　本书为《中国农业经济问题》（张则尧）的节本，由黄达昌摘编。另增加中国土地、水利、畜牧、作物育种问题4节。

　　收藏单位：国家馆

08002

中国农业新史　张援著

上海：世界出版社，1934.3，24+362页，22开

　　本书共3篇：胚胎及兴盛时代、变迁及维持时代、中落及改进时代。

　　收藏单位：长春馆、国家馆、近代史所、上海馆、首都馆、浙江馆、中科图

08003

中国农业整个改进之意见　汪呈因著

浙江省第五区农场，1935.1，10页，16开

　　本书共5部分：序言、农业行政之改进、农业教育之改进、农业技术之改进、结论。

收藏单位：国家馆

08004

中国农业政策 董时进著

长沙：文史丛书编辑部，1940.6，67 页，32 开（文史丛书 21）

重庆：文史丛书编辑部，1943.7，56 页，32 开（文史丛书 21）

赣县（赣州）：文史丛书编辑部，1944.2，56 页，32 开（文史丛书 21）

本书共 10 部分，内容包括：制定农业政策之重要、粮食自给与农业解放、进取主义的农业政策、农业政策与国防、如何实施等。

收藏单位：重庆馆、东北师大馆、广东馆、广西馆、贵州馆、国家馆、湖南馆、江西馆、南京馆、宁夏馆、浙江馆

08005

中国农业之改进 行政院农村复兴委员会编辑

上海：商务印书馆，1934.4，229 页，22 开，精装（行政院农村复兴委员会丛书）

上海：商务印书馆，1934.11，再版，229 页，22 开，精装（行政院农村复兴委员会丛书）

上海：商务印书馆，1935.5，3 版，229 页，22 开，精装（行政院农村复兴委员会丛书）

本书为《改进中国农业计划草案》的另一版本。分上、下两编：改进中国农业计画草案大纲、改进中国农业计画草案各论。上编共 8 章，内容包括：改进农业之主要目标、改进农业之重要方针、改进农业计画提要、全国农业改进组织系统、农业改进之经费预算等；下编分 9 章论述中国稻麦、棉作、蚕丝、茶业、畜产、园艺、森林、植物病虫害防治的改进计画草案。

收藏单位：重庆馆、广西馆、贵州馆、国家馆、湖南馆、吉林馆、江西馆、辽大馆、南京馆、内蒙古馆、宁夏馆、山西馆、陕西馆、首都馆、天津馆、西南大学馆、浙江馆

08006

中国农业之国计民生观 胡大刚著

南京：三民导报社，1929.4，252 页，32 开

本书共 8 章，内容包括：中国农业之重要、农业之历史、中国农业之现状、中国农业之社会、中国农业之生产等。附农民协会组织总章、农民协会组织手续、中国国民党第二届中央执行委员会第三次全体会议对农民宣言、广东省农民协会修正章程等。

收藏单位：安徽馆、国家馆、近代史所、南京馆

08007

中国农业之经济观 凌道扬著

外文题名：The economic aspect of Chinese agriculture

上海：商务印书馆，1925.8，89 页，22 开

上海：商务印书馆，1926.5，再版，89 页，22 开

本书共 10 章，内容包括：中国农田之面积、中国农家之户数、中国农民之营业、中国之农作物、中国之畜产业、中国农业之收入等。

收藏单位：重庆馆、广东馆、广西馆、国家馆、湖南馆、辽宁馆、南京馆、山西馆、上海馆、首都馆、天津馆、浙江馆、中科图

08008

中国农业制度考 袁民宝著

上海：震旦大学院，1922.6，80+63 页，25 开

本书为汉法对照。共 5 编：土地公有时代、土地私有时代、土地国有私有混合时代、土地私有确定时代、农业现状。

收藏单位：国家馆、南京馆

08009

中国青年工读团食粮增产工作报告及计划
中国青年工读团 [编]

南京：中国青年工读团，1943.9，29 页，32 开

收藏单位：南京馆

08010

中国人口与食粮问题 乔启明 蒋杰合著

上海：中华书局，1937.4，16 页，32 开（现代经济丛书）

昆明：中华书局，1941.2，再版，164 页，32 开（现代经济丛书）

上海：中华书局，1941，再版，164 页，32 开（现代经济丛书）

本书共 5 部分：叙言、研究人口与食粮问题之方法、中国人口与食粮统计之分析、解决中国人口与食粮问题之途径、结论。

收藏单位：安徽馆、重庆馆、广东馆、广西馆、贵州馆、国家馆、黑龙江馆、湖南馆、吉林馆、近代史所、南京馆、陕西馆、上海馆、西南大学馆、浙江馆

08011

中国三大产物丝茶豆　赵诵轩等编

上海：中华书局，1930.4，22 页，32 开（民众经济丛书）

上海：中华书局，1932.9，再版，22 页，32 开（民众经济丛书）

本书介绍丝、茶、豆的生产史略、产额、产地及输出情况等。

收藏单位：重庆馆、吉林馆、江西馆、南京馆、内蒙古馆、首都馆、天津馆

08012

中国森林问题　（德）茨次尔著　齐敬鑫译

广东造林运动大会，[1929]，110+22 页，32 开

本书内容包括：中国各省区森林行政之组织法、自然环境与林业之关系足以影响于广东农村经济论、广东省残余天然林之保护与始兴南部之天然林等。附德国森林行政制。

收藏单位：国家馆、吉林馆

08013

中国田制丛考　陈伯瀛著

上海：商务印书馆，1933，300 页，22 开

上海：商务印书馆，1935.7，299 页，22 开

上海：商务印书馆，1936.4，再版，299 页，22 开

本书共 11 卷，内容包括：叙引、井田有无考、王田前后考、均田前后考、世业口分考、两税制度考、经界与均赋、宋金元田制考、鱼鳞与庄田、地丁制度下之田制、今时

田制考。

收藏单位：重庆馆、东北师大馆、广东馆、广西馆、贵州馆、国家馆、黑龙江馆、湖南馆、江西馆、近代史所、辽大馆、辽宁馆、南京馆、内蒙古馆、上海馆、绍兴馆、首都馆、天津馆、浙江馆、中科图

08014

中国田制史（上册）　万国鼎著

[上海]：南京书店，1933.5，394 页，25 开（中国地政学会丛书 1）

本书共 4 章：上古田制之推测及土地私有制之成立、两汉之均产运动、北朝隋唐之均田制度、均田制度破坏后之唐宋元。

收藏单位：广西馆、国家馆、河南馆、吉林馆、内蒙古馆、上海馆、天津馆

08015

中国田制史（上册）　万国鼎著

南京：正中书局，1933，394 页，24 开（中国地政学会丛书）

南京：正中书局，1934.12，394 页，25 开（大学丛书）

南京：正中书局，1934，再版，394 页，22 开（大学丛书）

南京：正中书局，1937.3，再版，394 页，24 开（社会科学丛书）

收藏单位：重庆馆、东北师大馆、广东馆、广西馆、贵州馆、国家馆、河南馆、湖南馆、辽大馆、南京馆、内蒙古馆、宁夏馆、上海馆、首都馆、浙江馆

08016

中国田制史略　徐士圭著

上海：中华学艺社，1935.5，106 页，32 开（学艺汇刊 36）

本书概述我国自周至清代土地制度的变迁。共 15 章，内容包括：由周以前的土地制度、周秦土地制度的演变、汉代私有制度的进展、晋的田制、北魏的均田、南北朝田制的互异等。

收藏单位：重庆馆、广东馆、广西馆、贵州馆、国家馆、黑龙江馆、湖南馆、吉林馆、

江西馆、辽大馆、南京馆、上海馆、首都馆、天津馆、浙江馆

08017

中国土地法大纲研究资料　辽宁文协编
光明书店，1948.10，60页，32开

　　收藏单位：国家馆

08018

中国土地改革方法　易声伯著
新中国出版社，[1948]，260页，32开

　　本书共9章，内容包括：中国历代土地制度概况、中国国民党的土地政策、世界各国土地改革概要、中国土地改革的原则等。附土地法、土地法施行法、绥靖区土地处理办法、修正绥靖区土地处理办法草案、战士授田办法草案、修正划分份地实施大纲。

　　收藏单位：重庆馆、国家馆、近代史所、南京馆

08019

中国土地改革问题　孟南著
[香港]：新潮社，[1947]，90页，32开
香港：新潮社，1948.4，93页，32开

　　本书内容包括：论中国土地法大纲的公布、土地改革与民族工商业、土地改革与华侨资本、有关中国土地法大纲的诸问题（上、中、下）、城市土地问题等。附中国土地法大纲等。

　　收藏单位：广东馆、国家馆、吉林馆、天津馆

08020

中国土地改革问题　孟南著
香港：新民主出版社，1949.4，增订再版，119页，32开

　　收藏单位：重庆馆、国家馆、吉林馆、辽大馆、山西馆、上海馆

08021

中国土地改革协会成立宣言·土地改革方案
出版者不详，[1948]，16页，64开

　　本书为合订本。《土地改革方案》共7章，内容包括："土地改革的目标""终止佃耕制度　化佃农为自耕农""清偿地价　取得土地所有权"等。

　　收藏单位：广西馆、国家馆

08022

中国土地经济论　邹枋著
上海：大东书局，1933.9，94页，32开（社会科学基础丛书）

　　本书共5章：中国土地经济的剖视、中国土地经济特有的六性、中国土地经济的开展、中国土地经济的改造、结论。

　　收藏单位：重庆馆、广东馆、国家馆、湖南馆、吉林馆、近代史所、南京馆、上海馆、天津馆

08023

中国土地利用　（美）卜凯（John Lossing Buck）主编
南京、成都：金陵大学农业经济系，1937—1941，3册（473+146+34+680页），16开

　　本书分3册：统计资料、地图集、论文集。第1册为汉英对照，共12章，内容包括：气候、土地、食物营养、家畜与土地肥力之保持、作物、田场企业之大小、农产运销、人口等；第2册共13章，内容包括：地带、地势、气候、土壤、作物等；第3册来自对中国22省、168地区、16786田场及28156农家的研究，共6部分：土地食粮及人口、自然因素、人类对于土地之使用、运销及物价、人口、生活程度。

　　收藏单位：安徽馆、重庆馆、广东馆、广西馆、国家馆、黑龙江馆、湖南馆、吉林馆、近代史所、辽宁馆、南京馆、宁夏馆、山西馆、上海馆、天津馆、浙江馆

08024

中国土地利用问题及其解决途径　吴文晖著
出版者不详，[1939.12]，[16]页，16开

　　本书为《青年中国季刊》抽印本。

08025

中国土地调整论　葛罗物著

上海：大东书局，1947.7，230 页，36 开

本书共 10 章：绪言、我国已往土地制度之回顾、各家改革土地制度之建议及管见、中国共产党之土地政策、中国国民党之土地政策、我国土地制度之病态、改革土地制度前应行考虑之问题、土地调整论之建议（上、下）、进行改革情势及其后果之预测。附土地调整办法纲要。

收藏单位：重庆馆、广西馆、贵州馆、国家馆、河南馆、湖南馆、吉林馆、辽宁馆、南京馆、内蒙古馆、天津馆、浙江馆

08026

中国土地问题　黄公安著

曲江（韶关）：民族文化出版社，1941.12，112 页，25 开（青年丛书）

本书共 7 章：导言、农地问题、市地问题、山地问题、土地行政、土地金融、结语。

收藏单位：重庆馆、广西馆、国家馆、吉林馆、南京馆

08027

中国土地问题　王效文　陈传钢著

上海：商务印书馆，1936.9，2 册，32 开（万有文库第 2 集 113）（现代问题丛书）

上海：商务印书馆，1937.1，209 页，32 开（现代问题丛书）

上海：商务印书馆，1937.3，再版，209 页，32 开（现代问题丛书）

本书共 5 章：土地问题的概念、中国土地问题、中国土地制度的沿革、中国土地的现状、解决中国土地问题的理论与实践。

收藏单位：安徽馆、长春馆、重庆馆、大理馆、大连馆、大庆馆、东北师大馆、广东馆、广西馆、贵州馆、桂林馆、国家馆、河南馆、黑龙江馆、湖南馆、吉林馆、江西馆、近代史所、辽大馆、辽师大馆、柳州馆、南京馆、内蒙古馆、宁夏馆、山西馆、陕西馆、绍兴馆、首都馆、天津馆、西南大学馆、浙江馆、中科图

08028

中国土地问题参考资料　中央训练团社会工作人员训练班编

中央训练团社会工作人员训练班，1948.4，40 页，32 开

本书收文 14 篇，内容包括：《政府对土地政策之实施》（汤惠荪）、《土地金融政策实施的状况》（黄通）、《政策下乡往往变质》（曾资生）、《苏联和东欧各国实行土改的方案》（李正文）、《从世界经济发展史实说明土地改革三类型》（袁孟超）、《土地改革方案》（中国地政改革协会）等。

收藏单位：安徽馆、国家馆

08029

中国土地问题答解及教养刍言　李祖湘撰

出版者不详，1940.7，12 页，32 开

收藏单位：桂林馆

08030

中国土地问题概述　林超编　吴英荃校

国防新闻局，1947.12，154 页，32 开

本书共 6 章：绪言、我国历代重要土地制度、我国农村一般情况、中国共产党土地政策的剖视、中国国民党土地政策及其实施、结论。附土地法、土地法施行法、绥靖区土地处理办法。

收藏单位：重庆馆、广西馆、国家馆、湖南馆、南京馆

08031

中国土地问题纲要　黄灿著

上海：青年协会书局，1934.7，31 页，长 48 开（社会问题小丛书 1）

本书共 9 部分，内容包括：中国土地问题的意义、土地制度之史的考察、中国土地分配的形态、地主与佃农的关系、田赋、土地集中等。

收藏单位：重庆馆

08032

中国土地问题和商业高利贷　中国农村经济研究会编

上海：中国农村经济研究会，1937.4，278 页，25 开

本书收文 10 篇：《中国土地问题的本质》（赵梅生）、《现代中国的土地问题》（陈翰笙）、《中国现阶段底土地问题》（陶直夫）、《现代中国的土地问题》（孙晓村）、《现代中国的农业经营问题》（孙晓村）、《商业和高利贷资本底本质》（Dubrovsky）、《高利贷资本论》（王寅生）、《中国农产商品化的性质及其前途》（孙晓村）、《现代中国的农业金融问题》（孙晓村）、《中国农产物的原始市场》（冯和法）。

收藏单位：安徽馆、重庆馆、广东馆、广西馆、贵州馆、国家馆、黑龙江馆、湖南馆、吉林馆、近代史所、南京馆、内蒙古馆、陕西馆、上海馆、首都馆、天津馆、浙江馆、中科图

08033

中国土地问题及其对策　吴文晖著

重庆：商务印书馆，1944.11，287 页，25 开（大学丛书）（国立浙江大学农科研究所农业经济学部丛书）

上海：商务印书馆，1947.2，287 页，25 开（大学丛书）（国立浙江大学农科研究所农业经济学部丛书）

本书共 8 章：绪论、人地比率、土地使用、土地利用的对策、地权分配、租佃制度、土地分配的对策、结论。

收藏单位：安徽馆、长春馆、重庆馆、东北师大馆、广东馆、广西馆、国家馆、黑龙江馆、湖南馆、江西馆、近代史所、辽大馆、辽师大馆、南京馆、内蒙古馆、上海馆、绍兴馆、天津馆、浙江馆、中科图

08034

中国土地问题讲话　狄超白著

香港：生活书店，1948.5，96 页，36 开（青年自学丛书）

本书共 10 部分：中国社会底农业生产方式、农村土地底分配状况、农村中底封建剥削种类、农村中底阶级关系、农业生产力底衰退、为土地的斗争、土地问题解决的道路、新民主主义的改革道路、耕者有其田的实施、新民主主义社会底农业发展。

收藏单位：重庆馆、广东馆、广西馆、吉林馆、上海馆

08035

中国土地问题浅说　李君明著

[曲江（韶关）]：新建设出版社，1940，21 页，32 开（广东施政常识小丛书）

本书共 7 部分：引言、土地分配、土地利用、佃租制度、土地金融、土地问题新阶段、解决途径。

收藏单位：重庆馆、国家馆

08036

中国土地问题浅说　李朴著

大连：光华书店，1948.5，143 页，36 开（新青年自学丛书）

大连：光华书店，1948.11，143 页，36 开（青年学习丛书）

本书共 3 部分：中国土地问题的严重性、土地改革运动的回顾、土地改革运动中的几个重要问题。附土地法等 5 种。

收藏单位：长春馆、重庆馆、东北师大馆、国家馆、辽大馆、辽宁馆、宁夏馆、山东馆、上海馆、天津馆、云南馆

08037

中国土地问题研究　李耕瑶著

上海：财务学校，1948.9，86 页，32 开

本书共 4 章：各家对今日中国土地问题之主张、中国共产党之土地政策、中国国民党之土地政策、论结。

收藏单位：国家馆

08038

中国土地问题之史的发展　聂国青著

上海：华通书局，1930.4，199 页，22 开

本书分上、下两篇。共 14 章，内容包括：黄帝之经土设井、夏商周井田及其崩溃、秦汉土地私有与新莽之改革、唐代均田与其崩溃、目前土地之状况及其解决、平均地权的办法等。

收藏单位：重庆馆、东北师大馆、广东馆、广西馆、贵州馆、国家馆、吉林馆、近

代史所、辽宁馆、南京馆、山西馆、陕西馆、上海馆、首都馆、天津馆、中科图

08039

中国土地问题之统计分析　国民政府主计处统计局编

金华：正中书局，1941.7，112 页，25 开（内国问题统计丛书）

重庆：正中书局，1944.2，3 版，112 页，25 开（内国问题统计丛书）

上海：正中书局，1946.5，112 页，25 开（内国问题统计丛书）

本书共 6 章：绪言、可耕地与耕地、土地利用之经济、土地分配与平均地权、土地整理、地价与土地税。

收藏单位：重庆馆、东北师大馆、广东馆、广西馆、贵州馆、国家馆、河南馆、湖南馆、吉林馆、江西馆、辽大馆、辽宁馆、南京馆、内蒙古馆、上海馆、天津馆、浙江馆

08040

中国土地问题之研究　曹慎修著　唐启宇校

南京：明日书店，1932.12，194 页，32 开

本书共 6 章，内容包括：中国历史上土地制度的变迁及沿革、中国土地问题一般的现象、各派对于土地问题的意见等。

收藏单位：重庆馆、广东馆、国家馆、南京馆

08041

中国土地新方案　殷震夏编著

南京：正中书局，1934.7，[24]+322 页，25 开

南京：正中书局，1934.11，再版，322 页，25 开

本书分上、下两编。共 9 章，内容包括：土地的意义和分类、现代各国底土地制度、中国土地制度的沿革、土地私有制度的弊端、中国土地制度应如何改革、垦殖计划等。附国民政府公布土地法等 5 种。

收藏单位：安徽馆、重庆馆、东北师大馆、广东馆、广西馆、贵州馆、国家馆、河南馆、湖南馆、吉林馆、江西馆、南京馆、

山西馆、上海馆、天津馆、西南大学馆

08042

中国土地行政概况　内政部土地司编

出版者不详，1934.1，油印本，41 页，16 开

本书内容包括：地政机关组织之沿革、土地行政办理之经过等。

收藏单位：国家馆

08043

中国土地行政与土地立法之进展　祝平著

出版者不详，[1920—1949]，64 页，23 开

本书共 4 部分：绪论、土地行政、土地立法、结语。

收藏单位：重庆馆、南京馆

08044

中国土地整理刍议及方案

出版者不详，[1911—1949]，1 册，22 开

收藏单位：江西馆

08045

中国土地政策　国民出版社编

金华：国民出版社，1939.9，108 页，32 开（国民知识丛书第 1 辑）

本书收文 8 篇：《中国国民党之土地政策》（陈立夫）、《复兴运动中的土地政策发凡》（萧铮）、《抗战时期的土地政策》（薛暮桥）、《平均地权之中心问题》（万国鼎）、《都市土地应当从速征收的两种税》（陈正谟）、《现代中国之垦殖问题》（唐启宇）、《我国土地法规中关于耕者有其田之规定》（马寅初）、《中国共产党过去土地革命的经过与批评》（刘雨生）。附中国地政学会第五届年会决议文。

收藏单位：安徽馆、重庆馆、江西馆、南京馆、浙江馆

08046

中国土地政策　潘楚基著

上海：黎明书局，1930.1，208 页，22 开

上海：黎明书局，1930.12，再版，208 页，22 开

上海：黎明书局，1932.12，3 版，208 页，22

开

本书共 10 章，内容包括：土地问题发生的由来、中国的土地问题、中国土地问题的实况、解决土地问题的各方面、各国的土地政策等。

收藏单位：安徽馆、重庆馆、东北师大馆、广西馆、贵州馆、国家馆、河南馆、湖南馆、吉林馆、江西馆、近代史所、辽大馆、南京馆、内蒙古馆、山西馆、上海馆、首都馆、天津馆、西南大学馆、浙江馆、中科图

08047

中国土地政策（中国地政学会第五届年会论文集）　中国地政学会编

重庆：独立出版社，1939.6，239 页，25 开

本书收文 12 篇，内容包括：《中国国民党之土地政策》（陈立夫）、《复兴运动中的土地政策发凡》（萧铮）、《我国战后应取之土地政策》（张丕介）、《都市土地应当从速征收的两种税》（陈正谟）等。附中国战后之土地政策、西南经济建设与土地问题等。

收藏单位：重庆馆、东北师大馆、广东馆、广西馆、贵州馆、国家馆、湖南馆、吉林馆、江西馆、南京馆、浙江馆

08048

中国土地政策研究　杨登元著

成都：杂说月刊社，1943.2，82 页，32 开（杂说丛书）

本书共 5 章：引论、各国土地改革运动之透视、我国土地制度之纵剖面的观察、我国土地制度之横断面的一瞥、实施我国土地政策刍议。

收藏单位：重庆馆、国家馆、吉林馆、南京馆

08049

中国土地制度　陈登原编著

上海：商务印书馆，1932.11，10+443 页，22 开

上海：商务印书馆，1933.6，再版，10+443 页，22 开

上海：商务印书馆，1934.10，3 版，10+443 页，

22 开

上海：商务印书馆，1935.6，4 版，10+443 页，22 开

本书共 19 章，内容包括：井田之制、土地私有之发展及其反动、私有制度之曲线型的进展、后魏均田制度、土地改制之黎明时期等。编著者原题：陈登元。

收藏单位：安徽馆、重庆馆、东北师大馆、广东馆、广西馆、贵州馆、国家馆、河南馆、黑龙江馆、湖南馆、江西馆、辽大馆、辽宁馆、南京馆、内蒙古馆、宁夏馆、山西馆、上海馆、天津馆、西南大学馆、浙江馆、中科图

08050

中国土地制度的研究　（日）长野郎著　强我译

上海：神州国光社，1932.4，10+476 页，32 开

上海：神州国光社，1934.7，再版，10+476 页，32 开

本书共 5 部分：土地制度的沿革、土地分配及所有权问题、土地整理问题、土地课税问题、佃种制度的研究。

收藏单位：重庆馆、东北师大馆、广东馆、广西馆、贵州馆、国家馆、黑龙江馆、江西馆、近代史所、辽大馆、南京馆、山西馆、上海馆、首都馆、天津馆、西南大学馆、浙江馆

08051

中国土地制度改革应走之路线　王桓武著

出版者不详，1948，10 页，32 开

收藏单位：广西馆

08052

中国土地制度史讲义　贺叔璘讲授

中央训练团地政班，1947.7，114 页，32 开

本书讲述自先秦至太平天国的土地制度史。共 8 讲，内容包括：先秦土地制度之演进、占田及均田、两宋田制、辽金元田制概观、清代田制述略等。

收藏单位：重庆馆、国家馆、湖南馆、吉

林馆、南京馆、中科图

08053

中国土地制度研究 （日）长野郎著 雷啸岑译

上海：新世纪书局，1933，401 页，25 开

收藏单位：重庆馆

08054

中国土地制度研究 （日）长野郎著 陆璞译

上海：新生命书局，1933.4，10+406 页，22 开，精装

本书共 5 篇：土地制度的沿革、土地分配及所有权问题、土地的整理、土地课税、佃农制度的研究。

收藏单位：重庆馆、东北师大馆、广东馆、国家馆、吉林馆、辽大馆、南京馆、内蒙古馆、山西馆、上海馆、首都馆、中科图

08055

中国土地制度与土地法之研究 张之龙著

上海：私立友德小学，1935.6，73 页，窄 25 开（学艺汇刊 36）

本书共 8 章：土地问题在国家地位上之重要、土地制度之沿革、土地私有问题、土地共有问题、中国国民党之平均地权政策、土地法之特点、民法上之土地问题与土地法之比较、结论。

08056

中国现行粮政概论 闻汝贤 闻亦博著

重庆：正中书局，1944.3，93 页，32 开

上海：正中书局，1947.11，93 页，32 开

本书分上、下两编：粮食政策之理论、粮食政策之实施。共 8 章，内容包括：民生主义之粮食政策、战时体制之粮食政策、机构效能之运用、生产管理之对策等。

收藏单位：重庆馆、广东馆、国家馆、湖南馆、江西馆、辽宁馆、南京馆、上海馆、天津馆、浙江馆

08057

中国乡村合作实际问题 严恒敬著

南京：中国合作学社，1931，74 页，32 开（合作丛书）

南京：中国合作学社，1933，再版，74 页，32 开（合作丛书）

本书共 8 章：社员问题、职员问题、资金问题、兼营问题、社务问题、名称问题、区域问题、指导问题。

收藏单位：安徽馆、重庆馆、广东馆、广西馆、国家馆、吉林馆、江西馆、辽宁馆、南京馆、宁夏馆、上海馆、首都馆、浙江馆

08058

中国乡村合作专论 刘大方著

南京：京华印书馆，1930，228 页，32 开

南京：京华印书馆，1932，再版，228 页，32 开

本书共 5 编：总论、乡村应组织之合作社、乡村合作之兼营、关于乡村合作之行政、结论。1932 年再版时更名为：中国乡村合作之理论与实施。

收藏单位：安徽馆、重庆馆、国家馆、吉林馆、南京馆

08059

中国畜牧改良计划 （美）费理朴（R. W. Phillips）拟 许振英译

农林部中央畜牧实验所，1944.1，100 页，18 开（中央畜牧兽医汇报 第 2 卷 1）

本书共 8 章，内容包括："中国之家畜类型、畜牧现况与方法""增进家畜生产能力之方法""家畜环境之改善"等。

收藏单位：重庆馆、贵州馆、国家馆、吉林馆、南京馆、内蒙古馆

08060

中国畜牧问题 高德培著

国民政府农矿部，1940，24 页，32 开（农矿部研究丛刊）

本书共 8 节，内容包括：我国牧政之沿革、中国畜产在国际贸易上的地位、中外畜种比较、改良中国畜种步骤等。

08061

中国畜牧问题　刘行骥著

实业部中央种畜场，1935.1，32页，18开（实业部中央种畜场研究丛刊）

本书共6部分：序言、畜种改良问题、兽疫防治问题、牧垦纠纷问题、畜产贸易问题、结论。

收藏单位：重庆馆、国家馆、湖南馆、上海馆、浙江馆

08062

中国渔业史　李士豪　屈若搴著

上海：商务印书馆，1937.4，11+235页，32开，精装（中国文化史丛书 第2辑）

上海：商务印书馆，1937.5，再版，235页，32开，精装（中国文化史丛书 第2辑）

本书共9章，内容包括：渔政设施、渔业试验与调查、渔业技术之进展、水产贸易、国际渔业交涉与外轮侵渔等。

收藏单位：安徽馆、重庆馆、大庆馆、广东馆、广西馆、贵州馆、国家馆、黑龙江馆、湖南馆、江西馆、近代史所、辽大馆、辽师大馆、南京馆、内蒙古馆、宁夏馆、山西馆、上海馆、首都馆、天津馆、西南大学馆、中科图

08063

中国战后之粮食问题

出版者不详，[1942]，油印本，10页，18开，环筒页装

本书共5部分：粮食生产、粮食消费、粮食进口及出口、副食品供需情形、战后措施。附表7张。

收藏单位：重庆馆、国家馆

08064

中国战时粮食问题及其政策　孙醒东著

三民主义青年团中央团部，1942.9，231页，32开（青年丛书3）

本书共11章，内容包括：中国粮食生产、中国粮食供应、粮食价格、战时粮食管理与统制、四川粮食问题等。附非常时期违反粮食管理治罪暂行条例、粮食组织法、战时各省田赋征收实物暂行通则的主要条文等粮食管理法规辑要。

收藏单位：广东馆、国家馆、黑龙江馆、辽宁馆、南京馆

08065

中国战时农村问题与农村工作　孙晓村著

南昌：江西大众文化社，1938.8，88页，32开

本书共4部分：中国农村经济社会的分析、抗战一年来中国农村经济的动态、目前亟应执行的解决农村问题的对策、农村动员工作的方式和必须遵守的几个原则。

收藏单位：广东馆、贵州馆、国家馆、上海馆、浙江馆

08066

中国之建设地政编　中央统计处编

南京：中央统计处、正中书局，1937，110页，25开

本书内容包括：中央一年来土地行政概况、各省市一年来土地行政概况等。

收藏单位：重庆馆、贵州馆、桂林馆、南京馆

08067

中国之林业　农林部林业司编

农林部林业司，1947.12，124页，32开（农林部林业专刊）

本书共两章：林业概述、林业实验与研究。附森林法。

收藏单位：安徽馆、广东馆、国家馆、南京馆、首都馆

08068

中国之林业建设　农林部编

农林部，1941.3，10页，18开（农林部刊物林业类1）

本书共3部分：最近三十年中国之林业概略、今后之林业建设、尾语。

收藏单位：国家馆、南京馆

08069

中国之农性 中华民国圣道会编

中华民国圣道会，1927.4，95 页，32 开

本书共 13 部分，内容包括：共产学说果澈底乎、农业国与工商国之区别、中国为天然之农业国、农田制度之变迁、农事政策之一般、中国农业现状等。

收藏单位：首都馆

08070

中国之农业 沈鸿烈著 农林部编

农林部，1944.6，50 页，16 开

本书共 5 章：农业概况、农林建设机构、战时农林建设事业、农业金融、今后展望。

收藏单位：国家馆、南京馆

08071

中国之农业区域 胡焕庸著

中国地理学会，1936，17 页，32 开

本书为《地理学报》第 3 卷第 1 期抽印本。

08072

中国之土地制度土地登记测量及征税条例草案 （德）单维廉（W. Schrameier）著 萧铮译

[南京]：中国地政学会，1934.3，103 页，22 开（地政丛刊 1）

本书共两部分：中国之土地制度、土地登记测量及征税条例草案。

收藏单位：广东馆、南京馆、浙江馆

08073

中国之畜牧 （美）费理朴（R. W. Phillips）（美）蒋森（R. G. Johnson） R. T. Moyer 著 汤逸人译

外文题名：Livestock of China

上海：中华书局，1948，142 页，22 开

本书共 18 章，内容包括：中国之地理气候与人民、家畜头数、马、驴、骆驼、黄牛、绵羊、猪、鸡、鸭、中国畜牧之改良等。据 1942 美国专家来华所搜资料编著而成。

收藏单位：重庆馆、国家馆、黑龙江馆、江西馆、辽大馆、辽宁馆、内蒙古馆、上海馆、浙江馆

08074

中国之渔业 钱承绪编著

上海：中国经济研究会，1942，149 页，16 开

本书共两编：世界渔业与中国渔业、复兴渔业之对策。第 1 编共 7 部分，内容包括：江苏之渔业、浙江之渔业、山东之渔业、江西之渔业等；第 2 编共 3 部分：当前之渔业经济观、复兴渔业对策、复兴渔业之注意点。

收藏单位：国家馆、浙江馆

08075

中国租佃制度之统计分析 国民政府主计处统计局编

重庆、金华：正中书局，1942.8，168 页，25 开（内国问题统计丛书）

金华：正中书局，1942.11，再版，168 页，25 开（内国问题统计丛书）

上海：正中书局，1946.4，168 页，25 开，精、平装（内国问题统计丛书）

本书共 8 章，内容包括：我国田产权之分配、我国租佃制度概况、我国田租重量与租佃制度中之问题、我国佃农生计状况、租佃制度之存废与耕者有其田政策等。

收藏单位：安徽馆、重庆馆、东北师大馆、广东馆、广西馆、国家馆、河南馆、黑龙江馆、湖南馆、吉林馆、江西馆、近代史所、辽大馆、南京馆、内蒙古馆、宁夏馆、上海馆、浙江馆

08076

中华棉业统计会民国二十三年中国棉产统计 中华棉业统计会编

外文题名：Cotton production in China, 1934

上海：中华棉业统计会，[1934]，243 页，23 开

本书内容包括：全国棉产统计、各省棉产统计、棉产估计报告。书名页题名：中华民国二十三年中国棉产统计。

08077

中华民国二十八年农事调查　济南市公署建设局第一科编

济南市公署建设局第一科，1939，油印本，69 页，16 开

收藏单位：首都馆

08078

中华农业地理　张援编著

上海：商务印书馆，1917.6，106 页，22 开

本书为文言体，加圈点。共两编：东南部、西北部。介绍各省土地、水利、山林、气候、动植物的分布、农畜产概况等。

收藏单位：安徽馆、广东馆、国家馆、辽宁馆、上海馆、绍兴馆、天津馆

08079

中华新农社计划书　中华新农社编

北平：中华新农社，[1920—1949]，72 页，21 开

本书收录宣言、信条、章程、新农业实验区简章、绥察垦牧区简章、投资条例等。

08080

中华兴农会成立大会记要　中华兴农会编

[中华兴农会]，1933，油印本，1 册

本书内容包括：中华兴农会成立大会演词、中华兴农会组织草案、中华兴农会信约、中华兴农会成立大会记录概要等。"中华兴农会成立大会演词"共 4 部分：农民自觉、农民自养、农村自卫、农村自建。

收藏单位：近代史所

08081

中路防旱指导团工作总报告　[四川省政府建设厅编]

四川省政府建设厅，[1939]，10 页，16 开

本书共 3 部分：工作概况、九县旱情、防旱工作。书中题名：中路防旱督导团工作总报告。

收藏单位：国家馆

08082

中美关于设立中国农村复兴委员会之换文

中华民国国民政府外交部编

中华民国国民政府外交部，1948.9，10+12 页，18 开（白皮书第 105 号）

本文为汉英对照。于 1948 年 8 月 5 日在南京签换并生效。

收藏单位：重庆馆、广东馆、国家馆、吉林馆、南京馆、上海馆

08083

中美农业技术合作团　行政院新闻局编

行政院新闻局，1947，14 页，32 开

本书共 4 部分：引言、合作团之组织及考察经过、报告建议书内容概要、结语。

收藏单位：安徽馆、长春馆、重庆馆、大庆馆、广东馆、贵州馆、国家馆、河南馆、湖南馆、吉林馆、江西馆、近代史所、辽宁馆、南京馆、内蒙古馆、山西馆、上海馆、首都馆、天津馆

08084

中美农业技术合作团报告书　中美农业技术合作团编

中美农业技术合作团，1946.11，[386] 页，18 开

本书记载该团在京、沪两地的情况考察。共 15 编，内容包括：农业金融、土地政策、租佃制度、教育与研究、国际贸易、中国之茶业等。附教育与研究、中国之蚕丝业、中国羊毛事业之发展等。

收藏单位：广西馆、国家馆、近代史所、内蒙古馆、首都馆

08085

中美农业技术合作团报告书（摘要）

美国新闻处，1948.6，96+53 页，25 开

本书内容包括：中国农业计划内容概要、水利、畜牧、渔业等。

收藏单位：广西馆、上海馆

08086

中美农业技术合作团关于北碚扶植自耕农示

范区视察报告

出版者不详，[1911—1949]，5 页，32 开

　　收藏单位：南京馆

08087

中日合办东部内蒙古农业及附随工业规则及须知

出版者不详，[1911—1949]，油印本，1 册，散页订装

　　收藏单位：国家馆

08088

中山县土地局年刊（二十一至二十二年度）

中山县土地局编

中山县土地局，[1932—1933]，2 册，16 开

　　本书收录专载、报告、登记、地税、会计、表式等。

　　收藏单位：国家馆

08089

中外茶业艺文志　傅宏镇辑

祁门（黄山）：文星堂印务局，1940.8，90 页，16 开

　　本书为 1400 余种有关茶业著述的资料索引，分 3 篇：中文、日文、英文。附古籍参考书目。

　　收藏单位：上海馆

08090

中央大学区教育林报告书（十七年至二十年）

中央大学区教育林编

南京：江苏省教育林总办事处，1929—1932，1 册，16 开

　　收藏单位：国家馆

08091

中央模范林区管理局暂定合作林场苗圃办法

中央模范林区管理局编订

南京：中央模范林区管理局，1931.2，6 页，32 开（中央模范林区管理局林务专刊 1）

　　收藏单位：国家馆

08092

中央模范林区管理局召集各县林务会议特刊

中央模范林区管理局编

南京：中央模范林区管理局，1931.3，[80] 页，16 开

　　收藏单位：国家馆

08093

中央模范林区管理局之过去、现在、将来

中央模范林区管理局编

[南京]：中央模范林区管理局，1930.10，[132] 页，16 开

　　本书内容包括：过去概历、现在状况、将来计划等。

　　收藏单位：国家馆

08094

中央模范农业仓库报告书　中央模范农业仓库编

中央模范农业仓库，[1934]，82 页，16 开

　　本书共 6 章：筹办中央模范农业仓库之经过、业务经营之经过、分仓概论、农业仓库社员、本年农业仓库之利益、农业仓库之前途。附中央模范农业仓库暂行章程、二十二年度分仓保管细则等。

　　收藏单位：国家馆、河南馆、南京馆

08095

中央农场特刊　高弘编

上海：中央农场，1935，89 页，16 开

　　本书内容包括：中央农场题词、中央农场宣言、中央农场组织章程、中央农场营业规则、中央农场出品目录、园艺常识等。附中央农场之特产品、中央农场之牺牲品等。

　　收藏单位：安徽馆、广东馆、国家馆

08096

中央农业推广委员会私立金陵大学农学院合办乌江农业推广实验区二十二年度工作报告

马鸣琴主编

金陵大学农学院，[1935]，186 页，16 开

　　收藏单位：南京馆

08097

种植杂粮须知 浙江省农业改进所编

浙江省农业改进所，1943.4，再版，14 页，32 开（农业浅说 2）

本书所述杂粮为玉蜀黍、马铃薯、绿豆等。

收藏单位：浙江馆

08098

猪鬃产销 行政院新闻局编

行政院新闻局，1947.9，28 页，25 开

本书共 5 章：猪鬃之用途、猪鬃之种类与品级、猪鬃产区分布、猪鬃产量估计、猪鬃外销概况。

收藏单位：江西馆

08099

竹骆小里两村生产保社状况 中国合作社江宁支社编

中国合作社江宁支社，1942.10，24 页，32 开

收藏单位：南京馆

08100

主席兼司令对工商农矿编组问题解答 [山西省军管区司令部编]

[山西省军管区司令部]，1946，6 页，64 开

本书为阎锡山对兵农合一政策中编组问题（兵农互助小组、兵役互助小组等）的解答。正文前题名：编组问题解答。

收藏单位：国家馆

08101

专题讲演辑要 陈显钦著

北碚管理局，[1940—1949]，58 页，46 开

本书收演讲词 12 篇，内容包括：《合作农场概要》《天干和栽稻》《两季谷与再生稻》《农作物病害防治要领》等。封面题名：北碚管理局地方行政干部训练所专题讲演辑要。

收藏单位：重庆馆

08102

自耕农扶植问题 朱剑农著

重庆：中华书局，1944，219 页，32 开

重庆：中华书局，1946.9，2 版，219 页，32 开

本书共 13 章，内容包括：扶助佃农、限制土地占有额、融通购地资金、限制地价、限制农地买卖、限制土地过度负债等。

收藏单位：安徽馆、重庆馆、东北师大馆、广西馆、贵州馆、国家馆、近代史所、辽大馆、辽宁馆、南京馆、上海馆、西南大学馆、浙江馆

08103

自贡市猪鬃概况调查 袁友仁编著 技术处调查科编

技术处调查科，1941.11，油印本，1 册，16 开，环筒页装

本书共 4 部分：生产区域概况、生产概况、交易概况、包装及运输。

收藏单位：国家馆

08104

总裁关于粮食问题的训示 中国国民党中央执行委员会宣传部编

重庆：中国国民党中央执行委员会宣传部，1941.9，28 页，32 开（粮食问题小丛书）

本书收文 3 篇：《为实施粮食管理告四川民众书》《粮食管理要点与县长的重大责任》《建立国家财政经济的基础及推行粮食土地政策之决心》。

收藏单位：重庆馆、广西馆、国家馆、吉林馆、南京馆、内蒙古馆、浙江馆

08105

总理关于农人的遗教 孙文著 中国国民党中央执行委员会宣传部编

中国国民党中央执行委员会宣传部，1929.7，46 页，32 开

本书收文 6 篇：《耕者要有其田》（对农民运动讲习所训词）、《农民要自己组织团体》（对农民党员联欢会训词）、《农业生产问题》（节录《民生主义》第 3 讲）、《食物之生产》（节录《实业计划》）、《地尽其利》（节录《上李鸿章书》）、《改良耕田的方法》（节录《学生要立志做大事不可做大官》演说词）。

收藏单位：重庆馆、国家馆、南京馆、浙

江馆

08106

租佃债息条例读本　晋察冀边区行政委员会编

冀中区获鹿县农民会，1946.2，修正版，油印本，42 页，25 开

本书为边区政策法令通俗教材。

收藏单位：国家馆

08107

组织农村合作社的方法与步骤　[安徽省农村合作委员会编]

安徽省农村合作委员会，1934.5，20 页，32 开

本书共 3 部分：组织前的准备、组织时的方法与步骤、经营后重要事项。

收藏单位：重庆馆、国家馆

08108

组织农村合作社的方法与步骤　湖北省农村合作委员会编

湖北省农村合作委员会，[1928—1949]，22 页，32 开

收藏单位：南京馆

08109

组织农会须知　乔启明著

重庆：农产促进委员会，[1939]，66 页，32 开

本书共 3 章：认识农会与农会组织原则、农会宣传及组织步骤、农会事业与运用方法。

收藏单位：国家馆

08110

组织农会与合作社（1）　农产促进委员会编

重庆：农产促进委员会，1939，4 页，32 开

本书共 4 部分：组织利益、组织原则、组织方法、成功的要素。

收藏单位：重庆馆、国家馆、南京馆

08111

组织农会与合作社（2）　农产促进委员会编

重庆：农产促进委员会，1939，再版，4 页，32 开

本书共 5 部分：什么是农会和合作社、为什么要组织农会和合作社、农会和合作社怎样组织、农会和合作社要举办的事业、农会和合作社如何才可以成功。

收藏单位：国家馆

08112

组织起来　东北行政委员会办公厅编

东北行政委员会办公厅，1947.2，39 页，32 开（生产运动丛书 1）

本书收文 7 篇，内容包括：《组织起来》（毛泽东）、《论合作社》（毛泽东）、《关于吴满有运动》（《解放日报》）等。

收藏单位：广东馆、国家馆、黑龙江馆

08113

组织起来　毛泽东著

[北平]：华北大学，1949.5，11 页，32 开

收藏单位：国家馆、南京馆

08114

组织起来　毛泽东著

冀鲁豫书店，[1940—1949]，19 页，32 开

收藏单位：国家馆、山东馆

08115

组织起来　毛泽东著

太行新华日报，1944，44 页，32 开

收藏单位：国家馆

08116

组织起来　毛泽东 [等] 著

北平：兆麟书店，1948，35 页，32 开

本书收文 14 篇，内容包括：《组织起来》（毛泽东）、《论合作社》（毛泽东）、《发展农业生产》（摘自毛泽东同志在晋绥干部会议上的讲话）、《关于农户计划的问题》（张邦英）、《东北局、政委会关于春耕运动指示》等。

收藏单位：国家馆、宁夏馆、山东馆

08117

组织起来 毛泽东等著 淮南日报社编

淮南日报社，1944.7，121 页，64 开

收藏单位：国家馆

08118

组织起来（陕甘宁晋绥边区关于生产运动的文献） 中共晋绥分局编

中共晋绥分局，1944，337 页，32 开

本书内容包括:《组织起来》（毛泽东）、高岗同志在边区劳动英雄代表大会与生产展览会开幕典礼上的讲话、高岗同志在西北局招待劳动英雄大会上的讲话等。

收藏单位：东北师大馆、山西馆

08119

组织起来（怎样订农户计划）

东北书店牡丹江分店，1947，32 页，64 开（生产小丛书）

收藏单位：国家馆

08120

组织起来的经验汇编 区党委研究室编

新华书店，1945，70 页，32 开

本书收录 31 位先进人物的经验介绍材料。据 1944 年边区劳动英雄大会的调查材料编成。

收藏单位：国家馆、近代史所、山西馆

08121

《组织起来》讲解 徐懋庸 于成合编

新华日报，[1944]，76 页，32 开，环筒页装

本书共 3 编：四个重要文件、《组织起来》的基本问题、从陕甘宁看太行山。

收藏单位：国家馆、河南馆

08122

最近之地政 郑震宇讲

[中央训练团党政训练班]，1943.12，30 页，32 开（中央训练团党政训练班讲演录）

本书大部分为表。共两部分：实施方针、实施概况。附战前各省市推行地价税概况表、各省推行保障佃农概况表等 8 种。

收藏单位：重庆馆、广东馆、国家馆、辽宁馆、南京馆、上海馆

08123

最近之粮政 徐堪讲

中央训练团党政训练班，1942.11，20 页，32 开（中央训练团党政训练班讲演录）

本书共 3 部分：战时粮食的供应、战时粮食的征集、战时粮食的管制。

收藏单位：重庆馆、国家馆、西南大学馆

08124

最近之农林建设 沈鸿烈讲

中央训练团党政训练班，1942.10，50 页，32 开（中央训练团党政训练班讲演录）

中央训练团党政训练班，1944，74 页，32 开（中央训练团党政训练班讲演录）

本书共 4 章：农林建设政策、农林建设机构、农林建设之先决条件、农林建设前途之展望。

收藏单位：重庆馆、国家馆、吉林馆、江西馆、南京馆

08125

最近中国棉业调查录 整理棉业筹备处编

[整理棉业筹备处]，1920.10，280 页，16 开

本书概述中国产棉各省 1918—1919 年的棉产情况。

收藏单位：长春馆、国家馆、近代史所、辽宁馆、上海馆、浙江馆

各国农业经济

08126

爱尔兰之小作制度 赵仰夫 严竹书编译

上海：新学会社，1929，174 页，50 开（小作农丛书 4）

本书介绍爱尔兰的土地制度。"小作农"近似佃农。

收藏单位：重庆馆、广西馆

08127

安徽省委赴日考察茶务日记　俞燮著

俞燮 [发行者]，[1915—1949]，60 页，21 开

本书为文言体。附考察日本茶叶种植制造报告书。

08128

比国农民合作社　王育三著

上海：商务印书馆，1937.1，77 页，32 开

本书分两篇：总社及分社、农民调查。第 1 篇共 4 部分：组织原始、社章概要、社章诠释、社务成绩；第 2 篇共 8 部分，内容包括：业主、佃户、生产、自耕农民、学校等。附《中华农民益友社报告》，该社系著者在杭州创办。

收藏单位：安徽馆、重庆馆、广东馆、贵州馆、桂林馆、国家馆、河南馆、湖南馆、吉林馆、辽大馆、辽宁馆、南京馆、宁夏馆、上海馆、首都馆、天津馆、西南大学馆

08129

参观日本蚕业机关一部之报告　葛敬中编

葛敬中 [发行者]，[1920—1929]，[19] 页，23 开

本书介绍日本蚕业教育机关及试验场研究工作状况、日本蚕业奖励办法、蚕丝业同业组合、丝业界之一贯政策等。

收藏单位：上海馆

08130

朝鲜棉业调查录　王泽敷著

天津整理棉业筹备处，1923.12，36 页，22 开

本书为文言体，加圈点。

收藏单位：国家馆

08131

朝鲜最近之农林事业　王伯寅　栗荣安编著

出版者不详，[1930]，314 页，22 开

本书分两编：农业、林业。上编共 5 章：土地改良事业、农作物及棉业、蚕业、畜产业、水产业；下编共 6 章，内容包括：总论、林野之调查、国有林野之处分、国有林野之经营等。

收藏单位：国家馆

08132

丹麦的农村建设　（美）福德原著　赵仰夫译著

上海：新学会社，1928.8，64 页，32 开

上海：新学会社，1929，再版，64 页，32 开

本书概述丹麦农业复兴的近况与丹麦农村社会的生活。共 4 章：最近田园的开拓、内地开拓的努力、丹麦农业制度下协同事业的势力、丹麦的农村社会生活。

收藏单位：安徽馆、重庆馆、广西馆、国家馆、南京馆、首都馆、浙江馆

08133

丹麦的农民合作　腓特烈蒙著　李锡周编译

上海：世界书局，1930.1，158 页，32 开（经济学丛书）

本书共 17 章，内容包括：印象、农业学校、社会立法、铁路、税项等。

收藏单位：安徽馆、重庆馆、广东馆、广西馆、国家馆、河南馆、吉林馆、南京馆、内蒙古馆、上海馆、天津馆、浙江馆

08134

丹麦合作运动　斯密斯 – 戈登（L. Smith-Gordon）　奥勃凉（Cruise O'Brien）著　王世颖译

外文题名：Co-operation in Denmark

上海：中国合作学社出版部，1929.12，97 页，32 开（世界合作运动丛书）

本书共 6 章，内容包括：导言、丹麦之酪乳制造业、信用合作社、分配运动等。附丹麦农业合作之最近统计。

收藏单位：安徽馆、重庆馆、广东馆、国家馆、河南馆、吉林馆、江西馆、南京馆、内蒙古馆、上海馆、首都馆、天津馆、西南大学馆、浙江馆

08135

丹麦农业生产合作　顾树森著

上海：中华书局，1932.12，126 页，32 开（合作丛书）

上海：中华书局，1935.12，再版，126 页，32 开（合作丛书）

本书共 14 章，内容包括：丹麦消费合作社、丹麦乳酪合作社、丹麦测验合作社、丹麦买卖合作社、丹麦合作银行与农民银行等。

收藏单位：安徽馆、重庆馆、东北师大馆、广东馆、广西馆、贵州馆、国家馆、湖南馆、吉林馆、江西馆、南京馆、内蒙古馆、上海馆、首都馆、天津馆、浙江馆

08136

丹麦之农村建设 胡士琪著

南京：正中书局，1937.1，212 页，25 开（社会科学丛刊）

本书共 3 编：乡村教育、合作事业、信用制度。统计材料多采自丹麦统计年鉴。

收藏单位：重庆馆、广东馆、贵州馆、国家馆、河南馆、湖南馆、吉林馆、南京馆、陕西馆、首都馆、天津馆、浙江馆、中科图

08137

丹麦之农业及其合作 顾树森编

上海：中华书局，1927.1，78 页，22 开（欧游丛刊第 3 集）

上海：中华书局，1928.3，再版，78 页，22 开（欧游丛刊第 3 集）

上海：中华书局，1928.10，3 版，78 页，22 开（欧游丛刊第 3 集）

上海：中华书局，1930.1，4 版，78 页，22 开（欧游丛刊第 3 集）

上海：中华书局，1932.12，126 页，32 开

上海：中华书局，1934.8，5 版，78 页，22 开（欧游丛刊第 3 集）

上海：中华书局，1935.12，再版，126 页，32 开

本书共 4 章：总论、丹麦之农业概况及其改良方法、丹麦之合作制度及其运动、丹麦参观见闻记。

收藏单位：重庆馆、广西馆、贵州馆、国家馆、河南馆、黑龙江馆、湖南馆、吉林馆、江西馆、辽大馆、南京馆、内蒙古馆、上海馆、首都馆、天津馆、西南大学馆、浙江馆

08138

德国之粮食政策 弗立煦著

北京：中联图书室，[1944—1949]，21 页，32 开（德国经济丛书）

本书共 3 部分：欧战中实施粮食封锁政策之成效、一九三三年后德国农业之新建设、第二次粮食封锁政策失败之预测。

收藏单位：国家馆

08139

德国之土地抵押与登记 （德）夏夫纳（K. Schaeffner）著 祝平译

重庆：正中书局，1945.1，106 页，25 开（中国地政研究所丛刊）

本书共 4 章：地籍册与地籍册之应用、各种押款业务、土地负担之种类、问题一束。据原书第 2 版译出。

收藏单位：重庆馆、国家馆、湖南馆、吉林馆、南京馆、西南大学馆

08140

德国之土地改革 （德）达马斯基（Adolf Damaschke）著 高信译

[南京]：中国地政学会，1935.12，66 页，22 开（地政丛刊 4）

本书共 6 章：原理、反对论、地权的沿革、德国土地改革联盟会、世界大战与国家宪法、现势与展望。原著为德国雷克拉万有文库之一，译后作为达马熙克纪念专号，载于《地政月刊》。著者原题：达马熙克。

收藏单位：广东馆、国家馆、南京馆、浙江馆

08141

俄国土地改革中的农奴解放 祝平著

出版者不详，[1930—1949]，[26] 页，大 32 开

收藏单位：南京馆

08142

法国农业调查统计纲要 李蕃著

出版者不详，1936.11，9 页，16 开

08143

各国战时食粮统制政策 孙慕迦著

南京：拔提书店，1936.3，100 页，32 开

本书分 4 章论述英国、美国、法国、俄国的战时食粮统制政策。

收藏单位：重庆馆、国家馆、南京馆、浙江馆

08144

关于苏联土地政策问题 （苏）斯大林（И. В. Сталин）著

莫斯科：外国文书籍出版局，1941，28 页，25 开

本书共 5 部分："平衡"论、社会主义建设事业中的"自流"论、小农经济"稳固性"论、城市与乡村、结论。为著者于 1929 年 12 月 27 日在马克思主义土地问题专家代表会议上的演说词。

收藏单位：重庆馆

08145

河川改修事业 （日）金森锹太郎著

出版者不详，[1936]，油印本，1 册，横 8 开

收藏单位：国家馆

08146

荷印之茶业 全国经济委员会农业处编

全国经济委员会，1936.4，42 页，16 开（全国经济委员会农业处农业专刊 4）（茶业调查报告 2）

本书共 7 部分，内容包括：茶业发展史略、生产状况与经营组织、茶树之栽培、茶叶之制造等。

收藏单位：国家馆、上海馆、浙江馆

08147

捷克斯洛伐克的土地改革 （苏）戈塔特柯（J. Koťátko）著 海观译

外文题名：Land reform in Czechoslovakia

上海：中华书局，1949.8，52 页，32 开（新时代小丛书 1）

本书共 6 部分，内容包括：捷克斯洛伐克第一次土地改革、土地改革与德国人之城堡

及宫殿等。

收藏单位：东北师大馆、辽宁馆

08148

今日之印度棉花 华东区国外贸易管理局纱布外销管理处总公司纱布外销公司资料科译辑

[华东区国外贸易管理局纱布外销管理处总公司纱布外销公司资料科]，1949.9，13 页，32 开（资料丛刊 3）

08149

考查日本地租改正事业纪要 黄秉勋著

培英印务公司，1931.1，115 页，25 开

本书共 7 节，内容包括：地租之沿革、明治六年至十四年地租改正事业、冲绳县土地整理事业概要等。附地租条例、土地赁贷价格调查法等。

收藏单位：国家馆、上海馆、浙江馆、中科图

08150

考察日本林业记 佟兆元著

出版者不详，[1919]，14+239 页，22 开，精装

收藏单位：国家馆、辽宁馆

08151

考察日本林业日志 李友兰著

出版者不详，[1923.1]，272 页，22 开，精装

收藏单位：国家馆、辽宁馆

08152

考察日本林政报告书 农商部吉林林务局编

农商部吉林林务局，1917.6，106 页，18 开，环筒页装

本书共 8 章：日本林政沿革、森林行政、森林教育、国有林野经常经营、国有林野特别经营、森林保护、森林之种类及现况、森林之经济一般。附中日度量比较表等。

收藏单位：国家馆

08153

马来半岛之橡皮事业　周国钧编著

上海：国立暨南大学出版课，1927.12，260页，32开（国立暨南大学丛书）

　　本书共14章，内容包括：橡皮事业之发达、橡皮事业之经营、橡树之栽培、间作及混作、橡树之卫生、乳液之收获、橡皮事业之恐慌等。

　　收藏单位：广东馆、广西馆、国家馆、河南馆、黑龙江馆、近代史所、南京馆、人大馆、山西馆、上海馆、首都馆、浙江馆

08154

马来州农业丛报（第12册 卷3）

吉隆坡：文明印务局，1941，[49] 页，小16开

　　收藏单位：南京馆

08155

美国的农村　（美）罗伯逊（A. Robertson）著　郑兆嵩　熊肇陶　萧玠译

外文题名：Rural America

长沙：湖南省农业改进所，1947.6，52页，32开（湖南省农业改进所丛刊）

　　本书共6部分：农民每天的工作、美国的农民与土地、美国农业的长成、乡村社区、山地的小农场、美国农民与世界的关系。附有关美国农业资料。

　　收藏单位：国家馆、湖南馆

08156

美国棉业及实施棉花分级考察报告　狄福豫著

狄福豫 [发行者]，1939，油印本，86页，16开，环筒页装

　　收藏单位：国家馆

08157

美国农村（美国的农民与农场）（美）罗伯逊（A. Robertson）编纂

外文题名：Rural America: farms and farmers in the United States

出版者不详，[1945—1948]，79页，25开

　　本书共5部分：一天的工作、美国农夫和他们的土地、美国农业的发展、农村社会、山区里的小农场。附关于美国农村与农民的几件事实。据美国大使馆新闻处出版 *Rural America* 编印。

　　收藏单位：上海馆

08158

美国农业推广制度（上）（美）威尔逊著　朱晋卿译

出版者不详，[1945—1948]，复写本，1册，16开

　　收藏单位：南京馆

08159

美国之小作农　赵仰夫　严竹书编译

上海：新学会社，1929，79页，50开（小作农丛书1）

　　本书介绍美国的土地制度。

　　收藏单位：重庆馆

08160

美洲各国农业政策　崔永楫编译

重庆：正中书局，1944，60页，25开（中国地政研究所丛刊）

　　本书分6章介绍美国、加拿大、阿根廷、巴西、智利、乌拉圭6国的农业政策中的国际贸易政策、产销政策等。

　　收藏单位：重庆馆、国家馆、湖南馆、吉林馆、江西馆、南京馆、浙江馆

08161

南洋大利种植树胶公司招股章程

出版者不详，[1912]，30页，16开

　　本书共12部分，内容包括：招股发息分红办事简章、用款预算一览表、花红预算一览表、本公司种植地亩分图、本公司种植工作成绩摄影十幅等。

　　收藏单位：国家馆

08162

纽丝纶永安森林有限公司　纽丝纶注册事务所总司理处编

纽丝纶注册事务所总司理处，[1920—1929]，27 页，25 开

　　本书为新西兰永安森林公司第 9 期森林债券说明书。

　　收藏单位：国家馆

08163

农村复兴原理与计画　（日）冈田温著　李化方译

李化方 [发行者]，1935.12，284 页，25 开

　　本书分两编：农村复兴的原理、农村复兴的计画。第 1 编共 6 章，内容包括：农业的本质、小农的本质、妨害农村复兴者等；第 2 编共 3 章：现状的观察、复兴计画的基本调查、复兴计画。

　　收藏单位：国家馆、上海馆

08164

农村工作论文集　（苏）列宁（Владимир Ильич Ленин）著　匡亚民译

新华日报华北分馆，1941.4，120 页，32 开

　　本书内容包括：《关于和饥荒作斗争的报告》《关于组织粮食队给奔萨省代表大会的电信》《给彼得格勒工人的信》等。

　　收藏单位：浙江馆

08165

农村经济　（日）河田嗣郎著　陈大同　陆善炽译

上海：卿云图书公司，1929.11，224 页，32 开（民众丛书 3）

　　本书分 3 编：何谓经济、农村经济、农村之经济问题。第 1 编共 9 部分，内容包括：经济之表现、经济与经济的行为、经济行为与经济机关、不可区分之二事实、唯物史观等；第 2 编共 7 部分，内容包括：都市与农村之对立、工商业之榨取、农村之收支状态、米作农业之经济、农村之金融等；第 3 编共 4 部分：经济之变迁与农村经济问题、佃租问题、农村经济问题与政治、农村经济问题与金融。

　　收藏单位：重庆馆、广西馆、贵州馆、国家馆、南京馆、内蒙古馆、上海馆、天津馆、浙江馆

08166

农民的乐园集体农场　张少甫著

沈阳：东北书店，1949.1，25 页，22 开

　　本书为有关苏联集体农庄的通俗读物。共 13 部分，内容包括：伟大的苏联、遭罪的时候、最初的打算、得走这条道、章程、集体农场的功劳等。

　　收藏单位：东北师大馆、国家馆、吉大馆、辽宁馆、天津馆

08167

农民的乐园集体农场（苏联介绍）　张少甫著

无锡：苏北新华书店，1949，24 页，32 开

　　收藏单位：国家馆、辽宁馆

08168

农业政策纲要　（日）桥本傅左卫门编著　黄通译

上海：商务印书馆，1927.3，179 页，22 开

上海：商务印书馆，1929.11，再版，179 页，22 开

上海：商务印书馆，1934.5，国难后 1 版，179 页，22 开

上海：商务印书馆，1937.4，国难后 2 版，179 页，22 开

　　本书分两编：绪论、本论。第 1 编共两章：农业概论、农业政策意义；第 2 编共 7 章：耕地论、农业金融论、农业劳动论、自种租种论等。

　　收藏单位：重庆馆、广东馆、广西馆、贵州馆、国家馆、河南馆、湖南馆、江西馆、南京馆、上海馆、浙江馆

08169

欧美农业史　（美）格刺斯（N. S. B. Gras）著　万国鼎译

外文题名：A history of agriculture in Europe

上海：商务印书馆，1935.2，407 页，22 开，精装（经济丛书）

　　本书介绍欧洲古代与近代农业，分析美洲农业迅速发展的原因与结果。共 3 编：古代农业、近代欧洲农业、美洲农业。

　　收藏单位：安徽馆、重庆馆、东北师大

馆、广东馆、广西馆、贵州馆、国家馆、黑龙江馆、湖南馆、吉林馆、近代史所、辽大馆、南京馆、内蒙古馆、宁夏馆、山西馆、陕西馆、首都馆、西南大学馆、浙江馆

08170

欧洲各国农村合作制度 （日）本位田祥男著　王大文等译

南京：中国合作学社，1935.11，10+370 页，32 开

　　本书分 5 编介绍德意志、瑞士、意大利、丹麦、法兰西的农村合作制度。附农村消费合作社诸问题。

　　收藏单位：安徽馆、长春馆、重庆馆、东北师大馆、广西馆、贵州馆、国家馆、吉林馆、江西馆、辽大馆、南京馆、首都馆、浙江馆

08171

欧洲各国之农业合作 （日）本位田祥男著　王沿津译

上海：商务印书馆，1935.12，391 页，32 开（社会科学小丛书）

　　本书共 6 章：德国、瑞士、意大利的农村合作社、丹麦、法国、农村消费合作的诸问题。

　　收藏单位：重庆馆、广东馆、广西馆、贵州馆、国家馆、湖南馆、辽大馆、南京馆、上海馆、浙江馆

08172

欧洲农村建设考察报告 张福良著

出版者不详，1937，62 页，18 开

　　收藏单位：首都馆

08173

欧洲农地改革 （比）窝德亚塔（A. Wauters）著　彭师勤译

上海：商务印书馆，1933.1，283 页，32 开（新时代史地丛书）

上海：商务印书馆，1933.12，283 页，32 开（万有文库第 1 集 227）

上海：商务印书馆，1935，再版，283 页，32

开（新时代史地丛书）

　　本书介绍德国、保加利亚、希腊、匈牙利、俄国等 14 国的农地法及其应用。共 4 章：农地改革的原因、农地改革、农地改革的几个形态、农地改革和学说。附农地面积单位表。著者原题：何推士，译者原题：彭补拙。

　　收藏单位：安徽馆、重庆馆、大理馆、大连馆、东北师大馆、甘肃馆、广东馆、广西馆、贵州馆、国家馆、河南馆、黑龙江馆、湖南馆、惠州馆、江西馆、近代史所、辽大馆、辽师大馆、柳州馆、南京馆、内蒙古馆、宁夏馆、上海馆、绍兴馆、首都馆、天津馆、西南大学馆、浙江馆、中科图

08174

欧洲土地改革　鲍德澂译述

重庆：中国文化服务社，1941.7，231 页，25 开

　　本书论述欧洲实行土地改革的原因、各国所实行的措施、土改中的各种问题及其学说等。

　　收藏单位：浙江馆

08175

欧洲土地制度　鲍德澂译述

外文题名：Land tenure systems in Europe

重庆：中国文化服务社，1941.7，121 页，25 开

重庆：中国文化服务社，1943.12，再版，121 页，25 开（青年文库）

上海：中国文化服务社，1945.12，121 页，32 开（青年文库）

重庆、上海、南京：中国文化服务社，1946，121 页，32 开（青年文库）

　　本书对欧洲 21 国的土地制度进行分类评述，撮要比较。共 4 章："欧洲土地制度之主要种类""国内移殖区域""土地集体主义区域——苏联""土地改革区域"。

　　收藏单位：安徽馆、重庆馆、东北师大馆、广西馆、贵州馆、桂林馆、国家馆、河南馆、湖南馆、吉林馆、近代史所、辽宁馆、南京馆、内蒙古馆、陕西馆、首都馆、天津

馆、西南大学馆、中科图

08176

欧洲土地制度史探讨（上） 郭汉鸣著
出版者不详，[1930—1949]，230 页，32 开
　　本书共 7 编：欧洲古代土地制度之研究、法国贵族领地制之解体与租佃制之确立、法国大革命时代之土地问题、俄国古代的农奴、俄国苏维埃前身之密尔、俄国之土地改革、结论。第 2 编根据《中世纪法国农村阶级与贵族领地制》（施亨利）一书第 5 编第 1—2 章节译而成。
　　收藏单位：安徽馆、重庆馆、广东馆、广西馆、国家馆、南京馆、上海馆、首都馆

08177

全面性垦殖事业 （意）郎格巴代（C. Longobardi）著　陈颖光摘译
出版者不详，[1930—1939]，[21] 页，16 开
　　本书为著者所著《意大利垦殖事业》的 1—8 章。为《中农月刊》第 4 卷第 7 期抽印本。
　　收藏单位：国家馆、南京馆

08178

日本蚕丝业视察概略 盛克勤著
上海：大华生丝公司，1933.6，163 页，32 开
　　收藏单位：重庆馆、南京馆、上海馆

08179

日本蚕丝业之概况 日本评论社编辑
南京：日本评论社，1934.5，20 页，32 开（日本研究会小丛书 55）
　　本书共 4 节：政府的设施、社会的努力、蚕丝业的实况、结论。
　　收藏单位：重庆馆、桂林馆、国家馆、江西馆、南京馆

08180

日本蚕丝业之统制 [日本评论社编辑]
外文题名：Regulation of the silk industry of Japan
南京：正中书局，1933.6，40 页，32 开（日本研究会小丛书 13）

本书共 5 部分：绪言、日本蚕丝业统制之概观、蚕丝业之大规模化及独占、茧丝价与需给之统制、蚕丝业的计划化统制。
　　收藏单位：重庆馆、广西馆、桂林馆、国家馆、湖南馆、江西馆、南京馆、上海馆、首都馆、天津馆

08181

日本朝鲜棉业近况 吴味经编
上海：中国棉业贸易公司，1937，39 页，32 开（中国棉业贸易公司刊物）
　　本书介绍日本、朝鲜棉花之生产、消费与输出入贸易等情况。
　　收藏单位：吉林馆、天津馆

08182

日本的农业恐慌 （日）稻村隆一 （日）稻村顺三著　艾秀峰编译
天津大公报社出版部，1932.9，172 页，32 开
　　本书共 13 章，内容包括：小农制的发达及土地所有关系、资本主义经济发展和原始的蓄积、小农经营的主要努力方向及其结果、小农经营的市场适应性、农业金融、农业恐慌的原因、农业人口的阶级构成及其分化、农业恐慌的对策等。
　　收藏单位：安徽馆、重庆馆、广东馆、广西馆、国家馆、辽大馆、南京馆、上海馆、天津馆、浙江馆

08183

日本地租论 胡翔云编译
长沙：胡翔云，1913.10，94 页，22 开
　　本书共 12 部分，内容包括：总论、土地之分类及其转类与修改其区划形状、分号与分笔、丈量土地方法、从价课租制、租率、纳租人、纳租期、地图等。据日本财政租税各类书辑译。
　　收藏单位：国家馆、首都馆

08184

日本复兴农村经济计划及新生活运动 龚心印译
上海：育才中学校，1936.1，174 页，32 开

（育才中学丛书2）

本书共12部分，内容包括：农村问题之概念、复兴农村经济计划在农村问题上之地位、复兴农村经济计划之主眼与其基础的诊断、关于农村社会施设与复兴农村经济计划、复兴农村经济计划运动之现状与其实例等。附竹田村复兴计划中农林渔业五年计划、增加五年计划实施后之本村产业。译自日本《改造》杂志。

收藏单位：重庆馆、国家馆、湖南馆

08185

日本粮食恐慌　李植泉翻译　刘铁孙审查
刘大钧核定
外文题名：Japan's food supply crisis
出版者不详，1940.4，晒印本，5张，大16开（中国经济统计研究所 总字第372号 农业门食粮类 第22号）

收藏单位：上海馆

08186

日本农村调查报告　张天放著
[北平]：中华平民教育促进会，1933.4，164页，32开

本书为日本模范町村视察记。视察对象包括：茨城县友部国民高等学校、静冈县吉野村、爱知县种畜场等。附町村自治的一般状况、町村与产业状态。

收藏单位：重庆馆、东北师大馆、广东馆、国家馆、湖南馆、南京馆、陕西馆、天津馆

08187

日本农村合作运动　（日）千石兴太郎著　孙鉴秋译
南京：中国合作学社，1936.9，270页，32开

本书共5编，内容包括：农业恐慌与产业合作社、何谓产业合作社、产业合作社之活动等。

收藏单位：安徽馆、重庆馆、东北师大馆、广东馆、广西馆、国家馆、河南馆、黑龙江馆、湖南馆、吉林馆、江西馆、南京馆、内蒙古馆、宁夏馆、上海馆、首都馆、天津馆、浙江馆

08188

日本农业发达情况及农村之电化　刘崇伦讲述
福州电气公司农村电化部，1931.8，12页，25开（福州电气公司讲演集 第3编）

本书共4节，内容包括：日本耕地面积增加、日本农村用电之情形等。其他题名：日本农业之发达情形及水利改善农村电化之实况。

收藏单位：重庆馆、湖南馆

08189

日本农业经济　赵楷著
上海：中华书局，1937.6，220页，32开（现代经济丛书）
上海：中华书局，1939.7，再版，220页，32开（现代经济丛书）
上海：中华书局，1941，3版，[10]+230页，32开（现代经济丛书）

本书共6章，内容包括：日本农业经济开展上的二大基础、农业生产上机器使用的发展及农业生产物、农业统制的总观等。

收藏单位：重庆馆、广西馆、贵州馆、国家馆、黑龙江馆、湖南馆、江西馆、近代史所、辽大馆、辽宁馆、南京馆、内蒙古馆、首都馆、浙江馆、中科图

08190

日本小作法案要纲批判　赵仰夫　严竹书编译
上海：新学会社，1929，165页，50开（小作农丛书8）

本书附日本小作法案要纲。

收藏单位：重庆馆

08191

日本战时食粮政策　立法院编译处编
南京：立法院编译处，1942.12，208+18页，32开

本书共5编，内容包括：战时食粮的重要性、日本战时一般食粮政策、战时食粮与农业政策等。附食粮管理法全文、本书所用参

考资料。

收藏单位：国家馆、吉林馆、南京馆

08192

日本之模范农村　李宗文编著

正中书局，1940.10，116 页，32 开（农村社会经济丛刊）

本书共 6 章，内容包括：日本农业恐慌与农村更生运动、现阶段之更生状况及其前瞻等。

08193

日本之农村合作与农业仓库　徐渊若编著

上海：商务印书馆，1936.8，594 页，22 开，精装（社会经济调查所丛书）

本书共 8 篇，内容包括：日本农村合作及农业仓库之概述、中央组织、各道府县郡联合组织、日本之反合作运动等。附年代对照表、度量衡换算表。

收藏单位：安徽馆、重庆馆、广东馆、广西馆、贵州馆、国家馆、黑龙江馆、湖南馆、吉林馆、辽宁馆、南京馆、内蒙古馆、宁夏馆、上海馆、首都馆、浙江馆、中科图

08194

日本之农业　刘百闵编辑

外文题名：Agriculture of Japan

南京：正中书局，1933.7，38 页，32 开（日本研究会小丛书 18）

本书共 4 部分：最近日本农业生产的状态、耕地面积与分配关系、农家经济的分析、农业恐慌的原因及其现状。

收藏单位：重庆馆、广西馆、国家馆、江西馆、南京馆、上海馆、浙江馆

08195

日本之水产业　刘百闵编辑

外文题名：The aquatic products industry of Japan

南京：正中书局，1933.10，82 页，32 开（日本研究会小丛书 29）

本书共 7 部分：引言、日本水产业在世界水产业中之地位、日本水产业在其国内产业中之地位、日本产之鱼类、日本水产业之

成份、日本之水产贸易、日本之水产行政与水产教育。附日本水产品倾入中国市场概况、日本渔船在中国领海侵渔概况等。

收藏单位：重庆馆、东北师大馆、广东馆、国家馆、江西馆、南京馆、上海馆

08196

日本之糖业　廖文毅著

南京：大承出版社，1936.4，12+181 页，32 开

本书共 7 章：总论、蔗农、炼糖的技术、糖业的商情、日本糖业的将来、糖的常识、中国糖业计划。

收藏单位：国家馆、南京馆、浙江馆

08197

日本租佃制度　邵惕公著

汉口：华中图书公司，1938.7，40 页，32 开（武汉留日同学会日本问题研究丛书 第 5 辑）

本书内容包括：租佃之名称种类及其状况、地主佃农阶级之消长性、佃租制度之一般内容等。

收藏单位：重庆馆、贵州馆、国家馆、吉林馆、南京馆、陕西馆、首都馆、中科图

08198

日俄渔业争霸战　屈若骞著

上海：良友图书印刷公司，1933.2，58 页，64 开（一角丛书 59）

本书共 7 部分，内容包括：日本的渔业、俄国的渔业、最近争执的焦点等。

收藏单位：国家馆、湖南馆、上海馆

08199

日苏渔业纠纷之检讨　田鹏编著

航空委员会政治部，1940.9，36 页，32 开（时事报导丛书 8）

本书共 5 部分：前言、日俄渔业条约演变的经过、日俄近两年来渔业纠纷详情、日俄渔业纠纷之症结、结论。

收藏单位：重庆馆

08200

社会农业及其根本思想与工作方法 （苏）恰耶诺夫（A. W. Tschajanow）著 李季译

上海：亚东图书馆，1929.12，10+215 页，32 开

上海：亚东图书馆，1932.5，再版，10+215 页，32 开

本书共 13 章，内容包括：社会农业的定义与任务、社会农业的工作方法、到社会农业工作之路、社会农业的组织、用语言文字宣传的设施等。据 1917 年俄文第 1 版的德译本转译。初版译者题：王若冰，为译者之笔名。

收藏单位：重庆馆、广东馆、广西馆、贵州馆、国家馆、黑龙江馆、吉林馆、内蒙古馆、山西馆、上海馆、天津馆、浙江馆

08201

胜利冲昏头脑 （苏）斯大林（И. В. Сталин）著

中共晋绥分局，1945.5，30 页，32 开

本书收文两篇：《胜利冲昏头脑》《给集体农场工作的同志们的答复》。

收藏单位：国家馆、山西馆、陕西馆

08202

十八九世纪欧洲土地制度史纲 （法）施亨利（Henri Eugène Sée）原著 郭汉鸣编译

南京：正中书局，1935.9，222 页，22 开（地政学院丛书）

本书分前、后两部：欧洲土地制度的各种形态、十八九世纪欧洲农民的解放。前部共 10 章，内容包括：十八世纪法国的地权及地制、德国西南部、英吉利的地制、爱尔兰的地制、东欧诸国地制的概况等；后部共 7 章，内容包括：德意志西部领主制之废除、普鲁士各地的解放运动、奥地利帝国之解放运动等。

收藏单位：重庆馆、东北师大馆、广西馆、贵州馆、国家馆、河南馆、湖南馆、吉林馆、江西馆、南京馆、山西馆、上海馆、浙江馆

08203

世界两大侵略国的粮食问题 （苏）伐加诺夫（N. Vaganov）（苏）格拉苏诺夫（L. Glazunov）著 幸之译

重庆：南方印书馆，1942，34 页，32 开（国际问题小丛书 3）

本书收录瓦尔加主编的《世界政治与世界经济》季刊中的文章两篇：《日本的农业恐慌》（伐加诺夫）、《饥饿线上的纳粹欧罗巴》（格拉苏诺夫）。

收藏单位：重庆馆、国家馆、吉林馆

08204

苏俄的农民生活 （美）博尔戴斯（K. Bordeys）著 卢逢清译

上海：太平洋书店，1930，290 页，32 开

本书共 10 章，内容包括：已往的陈迹、乡村与乡民、土地、乡村贸易、政治等。著者原题：包尔达斯。

收藏单位：重庆馆、广东馆、广西馆、国家馆、吉林馆、上海馆、天津馆、西南大学馆、浙江馆

08205

苏俄集体农场 （苏）斯大林（И. В. Сталин）著 翦伯赞译

上海：太平洋书店，1934.1，209 页，32 开

本书收文 8 篇，内容包括：《伟大转变的一年》《苏俄的土地政策问题》《关于清算当作一个阶级的富农的政策》《答覆斯斐德诺夫大学学生所提出的问题》《谷物战线》等。附农业合作社的典型样像、在集体农场运动中之党的路线的曲解的斗争。

收藏单位：重庆馆、国家馆、湖南馆、江西馆、上海馆、绍兴馆、浙江馆

08206

苏俄农村生活 （美）博尔戴斯（K. Bordeys）著 陈泽生译

上海：联合书店，1930，284 页，32 开

本书共 10 章，内容包括：史的追溯、农村与村民、土地、电动机与集体农业、农村贸易、社会活动与文化活动等。附苏联之五

年农业计划、苏联农业之重要统计。

收藏单位：重庆馆、东北师大馆、国家馆、河南馆、湖南馆、内蒙古馆、首都馆、浙江馆

08207

苏俄农村生活 （美）博尔戴斯（K. Bordeys）著　陈泽生译

张鑫山 [发行者]，1937，284 页，32 开

收藏单位：重庆馆、东北师大馆、广东馆、贵州馆、国家馆、辽大馆、南京馆

08208

苏俄农民政策述评　吴义田著

上海：共和书局，1927，39 页，32 开

收藏单位：重庆馆、上海馆

08209

苏俄农业经济之研究 （英）浦善（J. Beauchamp）著　李百强译

上海：民智书局，1934.6，172 页，32 开（民智时代丛书）

本书共 5 章：三个苏维埃农场、苏维埃农场之发展、集耕农制、五年计划与农业之关系、旧的回顾与新的展望。

收藏单位：重庆馆、广东馆、湖南馆、浙江馆

08210

苏俄农业生产合作　顾树森编

上海：中华书局，1932，108 页，32 开（合作丛书）

上海：中华书局，1935.6，再版，108 页，32 开（合作丛书）

上海：中华书局，1941.2，3 版，108 页，32 开

本书共 8 章，内容包括：苏俄农业合作的现状、关于农业合作的重要法规、农业合作社的商业活动、苏俄农业合作的对外贸易等。

收藏单位：安徽馆、重庆馆、广东馆、广西馆、贵州馆、国家馆、湖南馆、吉林馆、江西馆、辽大馆、南京馆、内蒙古馆、陕西馆、上海馆、首都馆、天津馆、浙江馆

08211

苏俄农业政策　王益滔编译

上海：中华书局，1934.9，224 页，32 开（国际丛书）

本书分两编：一九二四年以前之俄罗斯农业政策、一九二五年以后之俄罗斯农业政策。第 1 编共 3 章：绪论、战时共产期之农业、农业资本主义之复活；第 2 编共 5 章：新新经济政策之实施及其转换、新农业政策、集团农场、牵引机站、俄罗斯之农业。

收藏单位：重庆馆、广东馆、广西馆、贵州馆、国家馆、黑龙江馆、湖南馆、吉林馆、江西馆、辽大馆、辽宁馆、南京馆、上海馆、首都馆、西南大学馆、浙江馆

08212

苏格兰之小作法　严竹书　赵仰夫编译

上海：新学会社，[1929]，94 页，32 开（小作农丛书 5）

本书介绍苏格兰的土地制度。

收藏单位：重庆馆

08213

苏联的国营农场与集体农场　金陵大学农学院经济系编

[南京]：金陵大学农学院农业经济系，[1937—1939]，11 页，18 开

本书据柏林大学农学经济系主任姚诺尔博士 1937 年春的讲稿编成。书前有金陵大学农业经济系教授卜凯博士所作之序。

收藏单位：国家馆

08214

苏联的集体农场 （苏）卡尔宾斯基著　焦敏之译

哈尔滨：东北书店，1947.12，49 页，32 开

哈尔滨：东北书店，1948.11，再版，49 页，32 开

本书共 17 部分，内容包括：农民需要什么、农民找到了出路、集体农场的好处、怎样管理集体农场、怎样组织集体农场中的劳动、集体农场中怎样分配收入等。

收藏单位：长春馆、重庆馆、东北师大

馆、国家馆、湖南馆、辽宁馆、南京馆、天津馆

08215

苏联的集体农场 （苏）卡尔宾斯基著　焦敏之编译

上海：苏联驻华大使馆编译处，[1946]，39页，32开

收藏单位：重庆馆、广西馆、国家馆、南京馆、内蒙古馆、上海馆、首都馆、浙江馆

08216

苏联的集体农场 （苏）卡尔宾斯基著　焦敏之译

新华书店，1947.11，55页，32开，环筒页装

收藏单位：国家馆

08217

苏联的集体农场　沈子洋著

上海：陈安镇[发行者]，1946.9，81页，36开（青年知识文库 第3辑 9）

上海：陈安镇[发行者]，1948.10，再版，81页，32开（青年知识文库 第3辑 9）

上海：陈安镇[发行者]，1949，增订本，122页，36开

本书共18部分，内容包括：帝俄时代的农村、革命后的农民问题、苏联集体农场的政策、集体农场的经济情况、集体农场给人民什么、集体农场的英雄成就、从集体农场谈到国营农场的成果等。

收藏单位：重庆馆、东北师大馆、国家馆、黑龙江馆、内蒙古馆、上海馆、天津馆

08218

苏联的集体农场　张少甫作

沈阳：东北书店，1949，35页，32开

收藏单位：国家馆

08219

苏联的集体农场　张少甫作

冀南新华书店，1949.7，35页，32开

本书共13部分，内容包括：伟大的苏联、最初的打算、怎样组织、章程、集体农场的

功劳等。

收藏单位：国家馆、河南馆

08220

苏联的集体农庄 （苏）拉普节夫（И. Д. Лаптев）著　萤译

大连：光华书店，1948.4，45页，32开

哈尔滨：光华书店，1948.7，东北版，45页，36开（苏联介绍丛书）

本书共5章："集体农庄制度的胜利与苏联农民所获得的果实""集体农庄对苏联经济胜利的作用""战时集体农庄的组织工作我们的胜利是怎样获得的呢?""集体农民的爱国主义""集体农庄在恢复与发展国民经济中的作用"。封面题名：苏联集体农庄制度，版权页题名：苏联之集体农庄制度。

收藏单位：长春馆、重庆馆、东北师大馆、国家馆、辽宁馆、山东馆

08221

苏联的计画农业　张一凡著

上海：中华书局，1948.8，200页，22开（社会科学丛书）

本书共5编：苏联农业行政组织、苏联农业经营组织、苏联的农业地理、计画农业之发展、苏联的农业政策。

收藏单位：重庆馆、东北师大馆、国家馆、湖南馆、辽大馆、南京馆、宁夏馆、上海馆、西南大学馆、浙江馆

08222

苏联的农业　陈翰笙著

[北京]：国立北京大学出版部，1925.9，24页，32开

本书论述苏联农业与世界经济的关系、苏联农产在工商业上的地位、发展苏联农业的障碍、农村教育的成绩等。为国立北京大学《社会科学季刊》第3卷第3号抽印本。

08223

苏联的农业 （苏）拉普节夫（И. Д. Лаптев）著　余长河译　西门宗华主编

重庆：中华书局，1944.11，31页，32开（苏

联建设小丛书 3）

上海：中华书局，1946.8，再版，31 页，32 开（苏联建设小丛书 3）

上海：中华书局，1949.7，3 版，32 页，32 开（苏联建设小丛书 3）

本书介绍苏联集体农场和战时农业概况。

收藏单位：重庆馆、广东馆、广西馆、国家馆、南京馆、首都馆、浙江馆

08224

苏联的农业改造　任君著

上海：世界书局，1938.5，78 页，32 开（苏联丛刊）

本书介绍苏联农业改造成绩，作为复兴我国农村的借鉴。共 3 部分：一个伟大的农村、制造粮食的工厂、在继续不断的变化中生长着。

收藏单位：重庆馆、广东馆、贵州馆、国家馆、南京馆、山西馆、西南大学馆、浙江馆

08225

苏联的农业组织　吴清友编

上海：中华书局，1949.5，79 页，36 开（大众文化丛书）

上海：中华书局，1949.8，再版，79 页，36 开（大众文化丛书）

本书共 5 部分：苏联农业发展的道路、苏联农业集体化的方法、苏联国营农场的组织、苏联集体农场的组织、苏联机器拖拉机站的组织。

收藏单位：东北师大馆、广东馆、国家馆、南京馆

08226

苏联革命过程中底农业问题　（苏）列宁（Владимир Ильич Ленин）著　陈晓光译

北平：新光书店，1932.12，152 页，32 开

本书共 4 部分：工人政党与农民、俄国社会民主党之农业纲领、关于我们的农业纲领草案批评、工人政党农业纲领之修正。著者原题：乌里亚诺夫。

收藏单位：国家馆、近代史所、南京馆

08227

苏联集体农场　葛一虹编译

[上海]：天下图书公司，1946，56 页，32 开（中苏文化协会丛书）

本书附大量照片。

收藏单位：上海馆

08228

苏联集体农场的生产组织　（苏）敖沙季柯著　阿真译

上海：作家书屋，1949，76 页，36 开（苏联经济建设丛书第 1 种）

收藏单位：重庆馆、东北师大馆、国家馆、辽宁馆、陕西馆

08229

苏联集团农场组织方略　（苏）哥宁列夫等原著　程大森译

上海：国际书局，1934.1，16+15+238 页，32 开

本书共 21 章，内容包括：苏联农村经济之社会主义的改造、集团农场与个农、集团农场的组织系统、集团农场的管理机关、集团农场的经费、集团农场的经济计划等。

收藏单位：广东馆、国家馆、江西馆、南京馆、宁夏馆、陕西馆、上海馆、浙江馆

08230

苏联农民的乐园——集体农场　张少甫编

太行群众书店，1948.1，34 页，32 开

收藏单位：重庆馆、国家馆

08231

苏联农业五年计划　（苏）雅柯李夫（Yakov Arkadyevich Yakovlev）原著　高志翔译

上海：申报，1933.5，196 页，32 开（申报丛书 10）

本书共 5 章，内容包括：美国的大规模农业组织、苏联大规模农业组织、苏联农业发展的新任务等。附第一次五年计划中农业共营化的实绩、苏联农业之机械化、关于农村工作、美国农民的悲哀、共营农场运动与农业的改善。据美国纽约国际出版公司 1931 年

版《红村》重译，并采用日本产业劳动调查所译本《农业五年计划》中的译名出版。

收藏单位：安徽馆、重庆馆、广西馆、国家馆、湖南馆、江西馆、上海馆、天津馆、西南大学馆、浙江馆、中科图

08232

苏联一九一七年至二一年之土地政策　汪浩编

出版者不详，[1927—1932]，[20] 页，大 32 开

本书为中国地政学会《地政月刊》第 2 卷第 4 期单印本。

收藏单位：南京馆

08233

苏维埃的乡村生活　（美）博尔戴斯（K. Bordeys）著　易鸿译

上海：启智书局，1930.5，178 页，32 开

本书共 10 章：革命前农民的概况、乡村与村民、土地、农业团体与曳引机、公立教育与农业的设施、乡村贸易、政策、社会与文化的活动、工农联欢社、结论。著者原题：卡尔波德斯。

收藏单位：重庆馆、国家馆

08234

苏维埃式的现代农场　（美）斯特朗（A. L. Strong）著　董绍明　蔡泳裳译

上海：良友图书印刷公司，1932.1，57 页，60 开（一角丛书 21）

收藏单位：广东馆、湖南馆、江西馆、上海馆、天津馆

08235

土地国有论　（日）安部矶雄著　余叔奎译

上海：太平洋书店，1928.2，58 页，50 开（社会问题丛书）

本书共 14 部分，内容包括：自然物不可私有、土地之意义、水力电气、地中之埋藏物、土地独占之结果、地租为不劳增政等。

收藏单位：国家馆

08236

土地总有权史论　（日）石田文次郎著　印斗如译

中国地政研究所、台湾土地银行研究室，1949.2，256 页，32 开（土地金融丛书 第 2 种）

本书分 4 章论述日耳曼民族土地制度的形成和演变。

收藏单位：国家馆

08237

土耳其农村经济的发展　何凤山著

上海：商务印书馆，1937.6，284 页，22 开

本书分上、下两编：土耳其农村经济的外部机构、土耳其农村经济的内部机构。上编共 3 章：农村经济的特征、农村经济的专门化、土国农村经济与国际；下编共 5 章：农村与人口、农村与地主、农村与劳动、农村与技术、农村与金融。附苏联信用借款合同、土国货币政策等。

收藏单位：安徽馆、重庆馆、广东馆、国家馆、河南馆、湖南馆、吉大馆、吉林馆、近代史所、辽宁馆、南京馆、上海馆、天津馆、浙江馆、中科图

08238

一九四二年谷物统制命令与其重要通函及公告　印度政府贸易部公告

出版者不详，[1942]，油印本，24 页，16 开，环筒页装

本书介绍谷物买卖许可证制度、谷物买卖数量之规定及对囤积所采取之手段等。封面题名：印度谷物统制命令。

收藏单位：重庆馆

08239

意大利及罗马尼亚之小作组合　赵仰夫　严竹书编译

上海：新学会社，[1929]，74 页，50 开（小作农丛书 6）

本书介绍两国小作组合的种类、沿革组织、统计等。附日本小作法草案。

收藏单位：重庆馆、广西馆

08240

印度农村合作运动　王志莘编著

上海：中国合作学社，1930.3，34 页，32 开
（合作小丛书 历史之部 3）

上海：中国合作学社，1933.11，再版，34 页，
32 开（合作小丛书 历史之部 3）

本书共 7 节，内容包括：印度农村合作运动史略、农村信用合作社、积谷合作社、农用品购买合作社、各种耕种合作社等。

收藏单位：安徽馆、重庆馆、甘肃馆、广东馆、国家馆、吉林馆、江西馆、南京馆、首都馆、浙江馆

08241

印度食谷糖统制命令

出版者不详，[1930—1949]，油印本，14 页，16 开，环筒页装

收藏单位：重庆馆

08242

印度锡兰之茶业　全国经济委员会农业处编

全国经济委员会农业处，1936.5，60 页，16 开（全国经济委员会农业处农业专刊 5）（茶业调查报告 3）

本书共 7 章：沿革、生产状态、茶树之栽培、茶之制造与包装、茶叶之拍卖与运销、茶业团体与劳工组织、结论。

收藏单位：国家馆、吉林馆、天津馆

08243

印度锡兰之茶业　吴觉农编著

实业部上海商品检验局，1936.10，48 页，16 开（实业部上海商品检验局调查报告 3）

收藏单位：重庆馆、国家馆

08244

英格兰之小作法　严竹书　赵仰夫编译

上海：新学会社，[1929]，224 页，32 开（小作农丛书 3）

本书介绍英国的土地制度。

收藏单位：重庆馆、广西馆

08245

英国之小作　赵仰夫　严竹书编译

上海：新学会社，1929，40 页，50 开（小作农丛书 2）

收藏单位：重庆馆

08246

英属印锡茶业推广计划　实业部上海商品检验局农作物检验组编辑

实业部上海商品检验局农作物检验组，1934.6，10 页，18 开（农字单行本 18）

本书内容包括：英国的茶叶市场、茶的混合与尝试、科学的研究等。附各国茶叶消费表。

收藏单位：国家馆

08247

与客谈我们集体农庄　陈兵编

[大连]：关东中苏友好协会，1949，91 页，32 开（友谊丛书 14）

本书收录有关苏联集体农庄的翻译短文 17 篇，内容包括：《万事起头难》《友谊的纽带是怎样结成的》《三十年的变迁》《还是我们一套好》《科学与劳动结合》《一封信的故事》等。

收藏单位：长春馆、重庆馆、东北师大馆、国家馆、山东馆、上海馆、西南大学馆、浙江馆

08248

战后罗马尼亚土地制度改革史　方铭竹编著

济南：乡邨书店，1937.10，126 页，32 开

本书共 3 章：土地改革前的土地制度、其他各地的土地制度、战后土地改革的内容。

收藏单位：重庆馆、广东馆、国家馆、江西馆、近代史所、南京馆、内蒙古馆、宁夏馆

08249

战后欧洲土地改革　（比）窝德亚塔（A. Wauters）著　张淼译

南京、上海：南京书店，1933.3，231 页，22 开（中国地政学会丛书 2）

本书共 6 章：引论、土地改革的原因、土地改革的实施、土地改革面面观、土地改革与其学说、结论。附各国地积度量一览表、参考总书目。

收藏单位：广东馆、国家馆、河南馆、浙江馆、中科图

08250

战后欧洲土地改革 （比）窝德亚塔（A. Wauters）著　张淼译

南京：正中书局，1934.12，231 页，25 开（大学丛书）

南京：正中书局，1937.3，再版，322 页，32 开（社会科学丛书）

收藏单位：重庆馆、东北师大馆、广西馆、贵州馆、国家馆、黑龙江馆、湖南馆、江西馆、南京馆、内蒙古馆、宁夏馆、山西馆、陕西馆、上海馆、天津馆、浙江馆

08251

战时日本农业问题 欧阳樊著

重庆：独立出版社，1944.8，71 页，32 开

本书共 4 章：日本农业和国力的脆弱性、战时日本农业问题之剖视、掠夺物资和船舶问题、日本农村社会未来的危机。

收藏单位：重庆馆、国家馆、吉林馆、南京馆、上海馆、浙江馆、中科图

08252

战时英国粮食增产运动 干古利（N. Gangulee）著　李柏均译

重庆：正中书局，1945.5，59 页，32 开

本书共 13 部分，内容包括：扩大耕地面积、农场调查、农业机械化运动、开垦及排水、维持地力、青年协助粮食增产工作等。附维持地力计划、农业物品服务计画。

收藏单位：重庆馆、国家馆、黑龙江馆、南京馆

08253

爪哇——低纬农业之研究 黄国璋著

出版者不详，[1930—1949]，50 页，16 开

收藏单位：南京馆

08254

爪哇苏门答腊茶业视察报告 （印）卡本德（P. H. Carpenter）著　张石诚译述

昆明：云南中国茶叶贸易公司，1943.3，69 页，23 开（云南中国茶叶贸易公司 3）

收藏单位：重庆馆

08255

爪哇苏门答腊之茶业 范樱著

实业部上海商品检验局，1934.6，12 页，16 开（农字单行本 17）

本书共 5 部分：气候及土壤、植茶沿革、栽培制造、生产状况、国际贸易。

收藏单位：广东馆、国家馆

08256

中欧各国农业状况 （美）摩根（O. S. Morgan）主编　彭子明译

外文题名：Agricultural systems of middle Europe

上海：商务印书馆，1936.1，14+457 页，22 开（大学丛书 教本）

上海：商务印书馆，1936.9，再版，14+457 页，22 开，精装（大学丛书 教本）

本书论述奥国、保加利亚、捷克、希腊、匈牙利、波兰、罗马尼亚、南斯拉夫 8 国的农业生产状况，包括土地利用、农业人口、土地改革、农业教育等问题。

收藏单位：长春馆、重庆馆、甘肃馆、广东馆、广西馆、贵州馆、国家馆、河南馆、黑龙江馆、湖南馆、江西馆、近代史所、辽大馆、南京馆、内蒙古馆、宁夏馆、山西馆、上海馆、首都馆、天津馆、浙江馆

08257

中欧土地制度之改革 （法）蒂巴尔（André Tibal）著　马质夫译述

[南京]：国立中央大学，[1930—1949]，142 页，16 开

收藏单位：重庆馆、南京馆

08258

中欧土地制度之改革 （法）蒂巴尔（André Tibal）著　马质夫译述

上海：世界书局，1932.10，149 页，32 开

本书概述土地制度改革之原因及经过。研究对象为普鲁士、意大利、匈牙利、奥地利、南斯拉夫、捷克斯拉夫、罗马尼亚 7 国。

收藏单位：重庆馆、东北师大馆、广东馆、广西馆、贵州馆、桂林馆、河南馆、湖南馆、吉林馆、辽宁馆、内蒙古馆、陕西馆、上海馆、首都馆、浙江馆

08259

自作农创定法 （日）泽村康著 严竹书 赵仰夫译

上海：新学会社，1929，78 页，64 开

本书共 8 章，内容包括：自作农创定与内地殖民、自作农创定之诸方法、直接创定主义之事例、间接创定主义之事例、适于日本之自作农创定法等。

收藏单位：重庆馆、南京馆

08260

最近德国林业行政及其设施 农矿部林政司编

南京：农矿部林政司，1930.11，48 页，22 开（森林丛刊 9）

本书共 4 部分：绪言、德意志共和国及各联邦林业行政机关之概况、近代德国林政上之施设、结论。

收藏单位：国家馆、南京馆、上海馆、天津馆

08261

最近美国农业之进步 （美）绮斯门（E. R. Eastman）著 许复七译

上海：民智书局，1930.11，207 页，32 开

本书论述美国农业在 20 世纪初的 25 年中发生的突出变化，作为我国农业发展的借鉴。原著共 21 章，译版共 18 章，内容包括：开垦先锋者之幻象、运输、交通、农业机械、生产问题及处置出产之进步、合作运输事业、农夫与城市居民、将来之预料等。

收藏单位：重庆馆、广东馆、广西馆、国家馆、湖南馆、天津馆

工业经济

工业经济理论

08262

兵工业务之监察　杨继曾讲授

中央训练团监察官训练班，1948.1，6 页，25 开（教字 18）

　　本书共 4 部分：兵工机构及业务概况、各级兵工组织一般之缺点流弊及其原因、监察事项及方法、其他。附联合勤务总司令部兵工监察计划。

　　收藏单位：国家馆、内蒙古馆

08263

材料管理与会计　魏洞编

上海：立信会计图书用品社，1948.10，93 页，25 开（立信会计丛书）

　　本书共 6 章：概论、采购术、材料之存储保护、材料之收发及其记帐、材料运输、材料会计。

　　收藏单位：国家馆、吉大馆、辽宁馆、内蒙古馆、浙江馆

08264

电厂经营法　谭友岑编著

南京：正中书局，1936.9，88 页，32 开

上海：正中书局，1947.2，88 页，32 开

　　本书共 9 章：绪言、电厂之设计、电厂之组织、电厂之管理、成本之计算、电价之讨论、营业之方法、电厂之责任、结论。

　　收藏单位：东北师大馆、贵州馆、国家馆、湖南馆、江西馆、辽大馆、辽宁馆、首都馆、浙江馆

08265

电力事业概论　（美）斯泰因麦兹（C. P. Steinmentz）著　陈章译

外文题名：Electric industries

上海：商务印书馆，1931.4，37 页，32 开（万有文库第 1 集 574）（百科小丛书）

上海：商务印书馆，1935.5，44 页，32 开（百科小丛书）

上海：商务印书馆，1939.9，44 页，32 开（万有文库第 1、2 集简编 500 种 221）（百科小丛书）

　　本书分上、中、下 3 编：电力事业与人生、电力事业与实业、电力事业与市政。

　　收藏单位：安徽馆、长春馆、重庆馆、大理馆、大连馆、大庆馆、东北师大馆、广东馆、广西馆、贵州馆、国家馆、河南馆、黑龙江馆、湖南馆、惠州馆、江西馆、辽大馆、辽宁馆、辽师大馆、南京馆、内蒙古馆、宁夏馆、清华馆、上海馆、首都馆、浙江馆

08266

电气事业概论　鲍国宝　恽震著

南京：建设委员会，1930.10，28 页，16 开，环筒页装

　　本书共 7 部分：导言、电气与民生、各国电气事业之比较、电气事业最近之进步、电气事业之设计、电气事业之成本与电价问题、公营与民营。

　　收藏单位：国家馆、浙江馆

08267

电气事业减价补偿论　萧冠英编译

上海：启智书局，1936.3，164+10 页，22 开（大学丛书）

　　本书共 15 部分，内容包括：减价补偿之意义、减价补偿之必要、减价补偿之形式、减价补偿之计算法、减价补偿与所得税等。附一般的减价补偿、普通工程经济。据日本角田正乔编辑、日本电气事业研究会发行的《电气事业的减价偿却》编译。

　　收藏单位：国家馆、上海馆

08268

电气事业经营要略　恽震著

南京：建设委员会，1934.5，84页，16开

　　本书共16章，内容包括：创设与组织、集资与投资、购机与建厂、发电、供电、预算与会计、电价、检查窃电、官厅监督等。

　　收藏单位：广东馆、国家馆、上海馆

08269

电业丛谈　张延祥著

上海：新中工程公司，[1931]，38页，16开，环筒页装（新中丛刊2）

　　本书收文8篇，内容包括:《投资于电气事业之利益》《电厂与电机制造业合作之途径》《家庭电气化》《电力厂市办商办之讨论》《路灯与市政》《英美电气事业之比较》等。

　　收藏单位：国家馆

08270

电业会计　杨涛编译

上海：立信会计图书用品社，1947.2，4版，126页，32开（立信会计丛书）

　　本书共9章：绪论、会计科目、收支实务（上、下）、材料之管理与会计（上、下）、工资会计实务、固定资产、电度成本及电价。附电气事业标准会计科目制度、电气事业盈余分配科目、电气业会计科目。

　　收藏单位：吉大馆、宁夏馆、上海馆

08271

电业会计　杨涛著

长沙：商务印书馆，1939.10，120页，32开（立信会计丛书）

长沙：商务印书馆，1940，再版，120页，32开（立信会计丛书）

重庆：商务印书馆，1944，126页，32开（立信会计丛书）

长沙：商务印书馆，1947，4版，126页，32开（立信会计丛书）

上海：商务印书馆，1947，4版，120页，32开（立信会计丛书）

　　收藏单位：重庆馆、贵州馆、国家馆、辽大馆、辽宁馆、南京馆、上海馆、首都馆、天津馆、浙江馆

08272

纺纱厂实地经营法　王竹铭著

天津：新华书局，1919.10，260页，18开

　　本书共7章：总论、棉纱品质之试验、纺纱工程计算之基础、伸长率及各种棉纱之组成、各部重要管理法、棉花要略、不良棉纱之追究。

　　收藏单位：国家馆

08273

纺织工厂管理学（上集）　邓禹声编著

南通：南通学院纺织科学友会，1933.10，358页，16开，精装（纺织科学友会丛书）

　　本书分17章介绍纺织厂筹备办理程序及应具备的知识。有插图107幅。

　　收藏单位：浙江馆

08274

纺织职工分类标准·主要物料定额消耗副产品次品废品目录

出版者不详，[1930—1949]，5页，32开

　　本书内容包括：关于工程师、技术人员、管理人员及勤杂人员的职工分类目录，棉纺织工人名称及分类标准，需要做消费定额的原材料，纺织厂废料及次品目录等。

　　收藏单位：重庆馆

08275

纺织职业概况

出版者不详，[1938—1939]，54页，32开

　　本书共6章：纺织职业之发展历程和趋势、纺织职业之范围及区分、纺织工作内涵和分析、纺织工作情形、入纺织职业的条件、入纺织职业的手续。

　　收藏单位：广东馆、贵州馆、国家馆、湖南馆、南京馆

08276

钢铁的威力　汪吉人编译

上海：国民图书编译社，[1930—1949]，48页，32开

本书共 6 章：根本论、钢铁、煤炭、钢铁工业的最高能力、机械制造业的发展、新兴的轻金属工业。

收藏单位：国家馆、南京馆、内蒙古馆、上海馆、浙江馆

08277

各种重工业之联系 顾毓琇讲

国防研究院，1943.3，20 页，32 开

本书共 3 部分：现代工业的联系性、各种重工业之联系、联系的进展以促进中国工业化。

收藏单位：国家馆

08278

工厂仓库之监察 中央训练团监察官训练班编

中央训练团监察官训练班，1947.9，14 页，25 开（教字 21）

中央训练团监察官训练班，1948.2，14 页，25 开（教字 21）

本书分两编：工厂之监察、仓库之监察。第 1 编共 10 章，内容包括：目的、范围、着眼、对象、行政、其他、优点等；第 2 编共 5 章：目的、范围、着眼点、对象、测量器。

收藏单位：重庆馆、国家馆、江西馆、内蒙古馆

08279

工厂管理 金一新编著

上海：龙门联合书局，1948.8，93 页，32 开（职业学校丛书）

本书共 9 章：工业经营及工厂管理、工厂建设、灾害预防、生产管理、从业员、工资、成本计算、工业之保护、工业法规。附我国公布之工厂法。

收藏单位：重庆馆、广东馆、广西馆、国家馆、辽大馆、辽宁馆、内蒙古馆、清华馆、天津馆、浙江馆

08280

工厂管理参考资料 中国人民银行总行发行处汇编

[中国人民银行总行发行处]，1949，116 页，16 开

本书摘录《经济》《国际经济》两个刊物与《人民日报》中的论述。内容包括：苏联经济核算制的本质、为提高企业利润而斗争、怎样计算成本等。

收藏单位：重庆馆

08281

工厂管理初步 吾纪元著

大连：新中国书局，1949.5，123 页，25 开

本书共 8 章：工厂管理的方针与政策、组织及职责、人事行政管理、工务行政管理、薪资问题、仓库管理、计划实现之保证与成绩之考查、工管干部的修养。附劳动保护条例。

收藏单位：东北师大馆、国家馆、山东馆

08282

工厂管理法 周纬编著

上海：商务印书馆，1931.2，[21]+263 页，22 开，精装

上海：商务印书馆，1933.7，国难后 1 版，263 页，22 开

上海：商务印书馆，1935.4，国难后 2 版，263 页，22 开

本书共 4 编：总论、工厂组织及管理法、工厂灾害及其预防、工厂法规。

收藏单位：安徽馆、重庆馆、广东馆、广西馆、贵州馆、国家馆、河南馆、黑龙江馆、湖南馆、江西馆、辽宁馆、南京馆、内蒙古馆、清华馆、天津馆、浙江馆

08283

工厂管理法撮要 王杰如著

乐山：松溉生活学校，1940，122 页，36 开

本书共 12 章，内容包括：论管理原理及其科学的方法、科学管理发展史及其基本原则、工厂组织之程序及方式、事务管理等。

收藏单位：重庆馆

08284

工厂管理法讲演纲要 中央党务学校编

出版者不详，[1940—1949]，112 页，16 开

收藏单位：南京馆

08285

工厂管理教程 沈乃斌 饶国璋编

空军机械学校，1945.1，99 页，22 开

本书共 10 章：绪论、工厂组织、工厂之设备、标准化、人事管理、工资制度、材料管理、制造管理、工作研究、成本会计。

收藏单位：广东馆、国家馆、首都馆

08286

工厂管理浅说 施穆编

上海：中华书局，1930.10，20 页，36 开（民众工业丛书）

上海：中华书局，1933.1，再版，20 页，36开（民众工业丛书）

本书共 11 部分，内容包括：绪论、定义、财政、组织、会计、分配等。

收藏单位：长春馆、重庆馆、黑龙江馆、吉林馆、江西馆、辽宁馆、上海馆

08287

工厂检查概论 刘巨壑著

上海：商务印书馆，1934.1，306 页，22 开

上海：商务印书馆，1934，再版，306 页，22开

本书共 10 章：绪言、工厂检查之起源、各国保工立法、工厂检查现行制度、我国工厂检查运动、工厂检查之实施、安全与卫生设备之检查、职业病及医药设置之检查、从各国工厂检查之趋势论到我国今后设施之步骤、结论。附法规 9 种、参考书。

收藏单位：安徽馆、重庆馆、甘肃馆、广东馆、广西馆、贵州馆、国家馆、河南馆、湖南馆、江西馆、南京馆、内蒙古馆、陕西馆、上海馆、首都馆、天津馆、浙江馆

08288

工厂经营 曹鲁著

新华书店，[1949]，43 页，32 开

收藏单位：国家馆、南京馆

08289

工厂经营论 吴钟第编著

上海：商务印书馆，1949.9，148 页，32 开

本书共 8 章：工厂环境论、厂务组织论、生产设计论、制造管理论、材料统驭论、人事政策论、工厂财务论、成本会计论。

收藏单位：国家馆、辽大馆、清华馆、上海馆、浙江馆

08290

工厂须知 徐开源编

技工训练处，1944.2，71 页，32 开（技工丛书）

本书共 10 章，内容包括：工厂组织大意、工厂之建筑、厂址之选择、人事管理、材料管理、技工守则、工厂法规等。

收藏单位：重庆馆、国家馆、江西馆、南京馆

08291

工厂组织 蒋国楷编著

成都：生产界出版社，1944.10，15 页，25 开

本书共 3 部分：总论、组织方式之类别、附录。节自《皮革工厂管理》的第 2 编，原书共 7 编。

收藏单位：东北师大馆、贵州馆

08292

工场管理论 （日）神田孝一著 余怀清译

上海：商务印书馆，1930.4，12+576 页，25开，精、平装（实业丛书）

本书共 6 编：经营、作业、设备、编制、职工、劳银。

收藏单位：广东馆、广西馆、国家馆、湖南馆、江西馆、南京馆、西交大馆

08293

工场设计及管理 薛明剑著

上海：华新书社，1927.8，82 页，32 开

本书分 10 章介绍工场建筑、设备、管理、工资制、法规等。

收藏单位：重庆馆、广东馆、南京馆、山西馆、上海馆

08294

工程管理 梅成章著
重庆：商务印书馆，1944.12，202 页，25 开
重庆：商务印书馆，1945.6，再版，202 页，25 开
上海：商务印书馆，1946.6，202 页，25 开
上海：商务印书馆，1947.3，再版，202 页，25 开

本书分上、下两编。上编共 6 章，内容包括：包工、雇工、灾工、征工等；下编共两章：建筑材料概论、施工概论。

收藏单位：重庆馆、广东馆、广西馆、国家馆、河南馆、黑龙江馆、湖南馆、南京馆、内蒙古馆、首都馆、浙江馆

08295

工矿经营概要 李文英著
重庆：李文英 [发行者]，[1940—1949]，118 页，22 开

本书共 10 部分：工业之任务与性质、工业发达史、生产企业之样式、工厂篇、矿山篇、工厂矿山之组织、工矿经营、人事管理、工业与国家、世界工业之趋势。

收藏单位：重庆馆、国家馆、吉林馆、南京馆

08296

工务管理 程守中著
上海机联会，[1930—1939]，80 页，23 开（上海机联会丛刊 3）

本书共 15 章，内容包括：工务管理之意义、工务部之组织、各式工务管理等。

收藏单位：广东馆、内蒙古馆、上海馆、首都馆、浙江馆

08297

工业簿记 （日）吉田良三著　陈家瓒译
上海：商务印书馆，1924.1，136 页，25 开
上海：商务印书馆，1924.7，再版，136 页，25 开
长沙：商务印书馆，1932.6，国难后 1 版，136 页，25 开，精装
上海：商务印书馆，1934，国难后 3 版，136 页，32 开
长沙：商务印书馆，1938，国难后 6 版，136 页，32 开
长沙：商务印书馆，1938.10，国难后 7 版，136 页，25 开，精装
长沙：商务印书馆，1939，国难后 8 版，136 页，32 开，精装
上海：商务印书馆，1941，国难后 10 版，136 页，32 开，精装

本书为高级工业学校教科书。共 10 章：绪论、成本构成要素及成本之种类、直接费、间接费、成本会计制度、书式、会计科目之分类、帐簿、决算、记帐练习例题。

收藏单位：重庆馆、广东馆、广西馆、贵州馆、国家馆、湖南馆、江西馆、辽大馆、辽宁馆、南京馆、首都馆、天津馆、浙江馆

08298

工业簿记概要 施穆编
上海：中华书局，1930.10，22 页，36 开（民众工业丛书）
上海：中华书局，1932，再版，22 页，36 开（民众工业丛书）

本书内容包括：会计科目、特殊科目、帐簿及决算等。

收藏单位：重庆馆、黑龙江馆、吉林馆、江西馆、内蒙古馆、上海馆、首都馆、天津馆、浙江馆

08299

工业分类之研究 唐启贤著
实业部统计处，1936.10，7 页，16 开

本书论述工业分类的意义、根据、项目、工业分类与分业的区别，理想的分类方式等。

收藏单位：国家馆

08300

工业管理 （美）蓝斯堡洛（R. H. Lansburgh）著　陈建民译
外文题名：Industrial management
上海：商务印书馆，1935，6 册（652 页），32 开（万有文库 第 2 集 380）（汉译世界名著）
上海：商务印书馆，1935.12，475 页，22 开，

精装（大学丛书 教本）

上海：商务印书馆，1936.3，再版，475 页，22 开（大学丛书 教本）

本书共 8 篇：导言、工厂之组织、工厂物质方面之设备、标准化（管理初步）、工作研究、工资之支付、人事管理、管理上之设施。

收藏单位：安徽馆、重庆馆、大理馆、大连馆、东北师大馆、广东馆、广西馆、贵州馆、国家馆、河南馆、黑龙江馆、湖南馆、吉林馆、江西馆、辽大馆、辽师大馆、柳州馆、南京馆、内蒙古馆、宁夏馆、陕西馆、上海馆、首都馆、天津馆、西南大学馆、浙江馆

08301

工业管理　林和成著

重庆：商务印书馆，1943.3，11+397 页，25 开

重庆：商务印书馆，1943.12，再版，11+397 页，25 开

重庆：商务印书馆，1944.3，3 版，11+397 页，25 开

[赣县（赣州）]：商务印书馆，1944.4，11+397 页，25 开

上海：商务印书馆，1949.4，4 版，11+397 页，25 开

本书分 4 编：工业管理概论、生产管理、工业人事管理、工业的工作研究。共 27 章，内容包括：工业管理、工业管理人才的训练、厂址的选择、工厂的布置、出产品的标准化等。

收藏单位：安徽馆、重庆馆、东北师大馆、甘肃馆、广东馆、广西馆、贵州馆、国家馆、黑龙江馆、湖南馆、辽大馆、南京馆、上海馆

08302

工业管理漫谈　（美）伊顿著　金之杰译记

重庆：中华书局，1944.10，40 页，32 开

上海：中华书局，1946.9，再版，40 页，32 开

本书共 6 部分：组织、控制生产、泰雷制度、检验、成本计算、折旧。

收藏单位：重庆馆、广东馆、国家馆、辽宁馆、南京馆、上海馆、首都馆、浙江馆

08303

工业合作簿记　河南省训练团编

河南省训练团，1947.3，222 页，32 开

本书共 6 章：工业合作簿记总论、工业簿记科目、工业簿记凭证、工业簿记之帐簿、工业簿记之报告、工业簿记事项。

收藏单位：国家馆

08304

工业合作簿记　谢允庄编著

上海：正中书局，1948.10，225 页，32 开（合作指导丛书）

本书共 4 编：工业简易簿记、成本计算制度、制造成本计算问题、成本会计诸杂问题。

收藏单位：广东馆、辽大馆

08305

工业合作成本会计　李焯林　洪谨载编

成都：中国工业合作研究所，1941.9，54 页，32 开（工业合作丛刊 第 5 号）

本书共 5 节：会计科目及记帐法、帐簿组织及记帐程序、帐簿之式样及登记方法、整理与结帐、实例。

收藏单位：国家馆

08306

工业进化论　（英）马克里格（D. H. Macgregor）著　刘云舫译

外文题名：The evolution of industry

上海：商务印书馆，1933.12，151 页，32 开（万有文库 第 1 集 148）（百科小丛书）

上海：商务印书馆，1934.1，151 页，32 开（百科小丛书）

上海：商务印书馆，1935，151 页，36 开（万有文库 第 1 集 148）（百科小丛书）

本书共 9 章，内容包括：工业进化之意义、近代工业之变迁、近代进步之程序、根本问题与现今态度、制度问题、人民与土地、竞争与联合等。

收藏单位：安徽馆、重庆馆、大理馆、大连馆、大庆馆、东北师大馆、广东馆、广西馆、贵州馆、国家馆、河南馆、黑龙江馆、湖南馆、惠州馆、江西馆、辽大馆、辽宁馆、

辽师大馆、柳州馆、南京馆、内蒙古馆、宁夏馆、陕西馆、上海馆、绍兴馆、天津馆、浙江馆

08307

工业经济　葛耀良编

北京：国立北京大学工学院，1943.2，166页，16开

　　本书共5编：经济学要义、制造工业经济、工业会计、铁路经济、地价估计法。

　　收藏单位：国家馆、吉林馆

08308

工业经济　彭维基　阮湘著

外文题名：Industrial economics

上海：商务印书馆，1930.10，108页，32开（万有文库第1集1000）（百科小丛书）

上海：商务印书馆，1934.10，108页，32开（百科小丛书）

上海：商务印书馆，1935.6，再版，108页，32开（百科小丛书）

　　本书共10章，内容包括：绪论、工业之种类、工业之企业组织、合同、工业资本、工业劳动者等。

　　收藏单位：安徽馆、重庆馆、大理馆、大连馆、大庆馆、东北师大馆、广东馆、广西馆、贵州馆、国家馆、河南馆、黑龙江馆、湖南馆、华东师大馆、惠州馆、江西馆、辽大馆、辽师大馆、南京馆、内蒙古馆、宁夏馆、陕西馆、上海馆、天津馆、浙江馆

08309

工业经济概论　（日）林癸未夫著　熊怀若译

上海：商务印书馆，1937.2，177页，32开（商学小丛书）

　　本书共8章：绪论、工业的形态、工业的主体、工业的计划管理、工业劳动者的雇佣和待遇、工业合理化、独占的工业结合、工业保护政策。

　　收藏单位：重庆馆、广东馆、国家馆、河南馆、湖南馆、吉林馆、江西馆、辽宁馆、南京馆、内蒙古馆、陕西馆、上海馆、浙江馆

08310

工业经济概论　孙洁人编

上海：中华书局，1937.4，240页，32开（现代经济丛书）

上海：中华书局，1938.10，再版，240页，32开（现代经济丛书）

上海：中华书局，1941.2，3版，240页，32开，精装（现代经济丛书）

　　本书共10章，内容包括：手工业与机械工业、工业主与工业组织、工业计划及实施、工业会计、工业之合理化、工业保护政策、工业统制等。附中国工业诸问题之研讨、工厂法、工厂检查法、工会法、劳资争议处理法、团体协约法、工业奖励法。

　　收藏单位：重庆馆、广东馆、贵州馆、国家馆、湖南馆、江西馆、辽大馆、辽宁馆、南京馆、内蒙古馆、山西馆、陕西馆、上海馆、首都馆、天津馆、浙江馆

08311

工业经济学 ABC　王禹图著

上海：ABC丛书社，1930.11，108页，32开（ABC丛书）

上海：ABC丛书社，1932.11，再版，108页，32开（ABC丛书）

　　本书共11章，内容包括：工业生产要素、工厂组织、科学的工厂管理法、工作效率、工业分配、工业消费、劳动问题、工业政策等。

　　收藏单位：重庆馆、广东馆、广西馆、国家馆、湖南馆、吉林馆、江西馆、南京馆、内蒙古馆、上海馆、天津馆、浙江馆

08312

工业经济学概要　（日）川西正鉴著　管怀琮译

上海：商务印书馆，1934.4，175页，32开（社会科学小丛书）

上海：商务印书馆，1935.2，再版，10+175页，32开（社会科学小丛书）

　　本书共7编：总论、工业企业主方面之经济、劳务方面之经济、财务方面之经济、经营内外交通方面之经济、工业会计方面之经

济、工业之保护奖励及统制。

　　收藏单位：重庆馆、东北师大馆、广东馆、广西馆、国家馆、湖南馆、吉林馆、江西馆、辽大馆、辽宁馆、南京馆、浙江馆

08313

工业会计（制度编）　于心潭著

重庆：立信图书用品社，1945.5，再版，修订本，222页，25开（立信会计丛书）

　　本书共6章：工业会计制度总论、工业会计科目、工业会计凭证、工业会计簿籍、工业会计报告、工业会计事项。

　　收藏单位：广西馆

08314

工业会计（制度编）　于心潭著

桂林：致用图书出版社，1944.1，再版，修订本，222页，21开

　　收藏单位：重庆馆、广西馆、南京馆

08315

工业会计概要　施穆编

上海：中华书局，1930.10，21页，36开（民众工业丛书）

上海：中华书局，1932.9，再版，21页，36开（民众工业丛书）

　　本书内容包括：成本构成要素、直接费、间接费、成本会计制度、书式等。

　　收藏单位：长春馆、黑龙江馆、吉林馆、江西馆、陕西馆、首都馆、天津馆

08316

工业会计揽要　李谟著

上海：中华书局，1926.9，69页，32开（常识丛书第17种）

上海：中华书局，1928，再版，69页，36开（常识丛书第17种）

上海：中华书局，1934，3版，69页，32开（常识丛书第17种）

　　本书概述工业会计各科目的性质及内容。附资产负债表之形式及各科目记帐之方式。

　　收藏单位：安徽馆、重庆馆、广东馆、广西馆、桂林馆、国家馆、河南馆、黑龙江馆、

湖南馆、吉林馆、江西馆、南京馆、内蒙古馆、陕西馆、首都馆、浙江馆

08317

工业会计与工业管理　黄逸峰讲

广西省政府会计处，1938.11，9页，32开（桂岭会计丛刊）

　　本书论述工业会计的特质、会计部分在工业组织上之地位、工业方面会计部分之职掌等问题。

　　收藏单位：重庆馆、桂林馆、南京馆

08318

工业会计与管理　于心潭编著

桂林：立信会计图书用品社，1942.5，540页，21开（立信会计丛书）

重庆：立信会计图书用品社，1943.2，540页，21开（立信会计丛书）

　　本书共4编：会计制度、成本会计、管理制度、统计图表与会计表报。

　　收藏单位：重庆馆、广东馆、贵州馆、河南馆、南京馆

08319

工业清查　蔡正雅讲

中央统计联合会，1934.3，12页，16开（中央统计联合会联合演讲9）

　　本书内容包括：工业之定义及其经营制度、工业清查与工业分类法、我国工业调查之举例及进行方法之商榷等。

　　收藏单位：上海馆

08320

工业文明之将来　（英）罗素（B. Russell）著　高佩琅译

北平：高佩琅[发行者]，1927.10，186页，32开

　　本书分两编。共13章，内容包括：现世纷乱之原因、工业主义的固有趋势、工业主义与私有财产、社会制度善恶的标准、道德标准与社会幸福、权利之本源等。

　　收藏单位：国家馆、黑龙江馆、首都馆

08321

工业文明之将来 （英）罗素（B. Russell）著
　高佩琅译

上海：太平洋书店，1918，268 页，32 开

上海：太平洋书店，1929.2，268 页，32 开

　　收藏单位：安徽馆、重庆馆、广西馆、贵州馆、国家馆、河南馆、湖南馆、江西馆、南京馆、上海馆、浙江馆

08322

工业心理学概观　陈立著

上海：商务印书馆，1935，187 页，32 开（百科小丛书）

　　本书共 8 章：绪论、环境因素与效率、疲劳与休息、工作方法与效率、工业中之意外、工厂之组织问题、工作之刺奋与动机、结论。

　　收藏单位：重庆馆、大庆馆、广东馆、国家馆、河南馆、湖南馆、华东师大馆、辽宁馆、南京馆、宁夏馆、天津馆、浙江馆

08323

工业心理学浅讲 （英）莫斯栖奥（B. Muscio）著　高祖武译　中华职业教育社编

外文题名：Lectures on industrial psychology

上海：商务印书馆，1931，79 页，32 开（职业教育丛刊第 10 种）

　　本书认为工业心理学的主要贡献在于用科学方法考查个人能力，使人力得到最大的发挥。共 5 讲：主旨、要素、原则、方法、功效。

　　收藏单位：重庆馆、广东馆、广西馆、国家馆、河南馆、吉林馆、江西馆、内蒙古馆、山东馆

08324

工业要旨　西康省地方行政干部训练团编

西康省地方行政干部训练团，1941，36 页，36 开

　　本书共 9 章，内容包括：前言、动力、衣的工业、制糖工业、水泥工业等。

　　收藏单位：重庆馆

08325

工业政策　李克明编

安徽大学，[1920—1949]，108 页，16 开

　　收藏单位：长春馆、南京馆

08326

工业政策　中央政治学校编

出版者不详，[1920—1949]，138 页，16 开

　　收藏单位：南京馆

08327

工业组织与管理　陈述元编著

上海：中华书局，1948.5，214 页，32 开

　　本书共 5 编：总论、工厂论、组织论、工作论、工资论。

　　收藏单位：长春馆、重庆馆、广东馆、贵州馆、国家馆、辽大馆、南京馆、宁夏馆、上海馆、浙江馆

08328

工业组织与管理　王抚洲著

重庆：商务印书馆，1934.3，195 页，25 开，精装（大学丛书教本）

上海：商务印书馆，1934.8，再版，195 页，25 开，精、平装（大学丛书 教本）

上海：商务印书馆，1935.6，3 版，195 页，22 开，精装（大学丛书教本）

长沙：商务印书馆，1938，5 版，195 页，25 开（大学丛书 教本）

长沙：商务印书馆，1939，7 版，195 页，25 开（大学丛书 教本）

[成都]：商务印书馆，1944.7，195 页，25 开（大学丛书 教本）

上海：商务印书馆，1947.2，10 版，195 页，25 开（大学丛书）

上海：商务印书馆，1948.4，12 版，195 页，25 开（大学丛书教本）

　　本书共 16 章，内容包括：科学的管理运动、工厂地址之选择、企业组织之方式、工厂组织、工厂之布置与设备、工资制度、劳工福利事业等。

　　收藏单位：重庆馆、东北师大馆、广东馆、广西馆、贵州馆、国家馆、湖南馆、华

东师大馆、江西馆、辽大馆、南京馆、内蒙古馆、上海馆、绍兴馆、首都馆、天津馆、西南大学馆、浙江馆

08329

工业组织与管理　王抚洲著

上海：中华书局，1948，12 版，195 页，25 开（大学丛书 教本）

上海：中华书局，1948.8，13 版，195 页，25 开（大学丛书 教本）

　　收藏单位：甘肃馆、国家馆

08330

工业组织原理　（美）琴巴尔（D. S. Kimball）著　林光澂译

外文题名：The principles of industrial organization

上海：商务印书馆，1931.4，6 册（108+97+104+136+122+130 页），25 开（万有文库 第 1 集 660）（汉译世界名著）

上海：商务印书馆，1934.11，700 页，32 开，精装（汉译世界名著）

上海、长沙：商务印书馆，1939.9，6 册（108+97+104+136+122+130 页），25 开（万有文库第 1、2 集简编 500 种 256）（汉译世界名著）

　　本书共 24 章，内容包括：工业组织底基本原理和历史、工业所有权底形式、工业组织原理、生产底管理、劳动底报酬、成本计算底原理等。

　　收藏单位：安徽馆、长春馆、重庆馆、大理馆、大连馆、大庆馆、东北师大馆、广东馆、广西馆、贵州馆、国家馆、河南馆、黑龙江馆、湖南馆、惠州馆、江西馆、辽大馆、辽宁馆、辽师大馆、柳州馆、南京馆、内蒙古馆、宁夏馆、陕西馆、上海馆、天津馆、西南大学馆、浙江馆、中科图

08331

工作合作簿记　谢允庄著

北平：正中书局，1948.10，225 页，32 开（合作指导丛书）

　　本书为工业合作及合作会计人员训练用书。

　　收藏单位：南京馆

08332

国防与军需工业　张白衣著

上海：汗血书店，1936.12，126 页，32 开（国防实用丛书 6）

　　本书共 9 章：军需工业的定义、国防与军需工业、军需工业平时的设施、军需工业战时的动员、中国军需工业建设方案、中国军需金属资源及其工业现状、军需化学工业资源与其工业、中国军需服装资源与军需食粮资源及其工业、中国动力热力资源及其工业的概况。

　　收藏单位：安徽馆、重庆馆、广东馆、国家馆、河南馆、江西馆、南京馆、上海馆

08333

化学工业之设计作业及管理　龚昂云编著

上海：世界书局，1943.2，204 页，36 开

上海：世界书局，1944.5，再版，204 页，36 开

　　本书共 3 章：化学工业之设计、化学工业之作业、化学工业之管理。

　　收藏单位：重庆馆、广东馆、国家馆、辽宁馆、浙江馆

08334

简易生产效率及定额计算　关东实业公司企划部编

出版者不详，1949.3，263 页，横 64 开，精、平装

　　本书全部为表。共 7 章：纺织染工业、机械器具工业、化学工业、油脂工业、酿造工业、窑矿业、其他工业。

　　收藏单位：国家馆

08335

近代工业社会的病理　（英）托尼（Richard Henry Tawney）著　吴之椿译

外文题名：The acquisitive society

上海：商务印书馆，1928.1，180 页，22 开

上海：商务印书馆，1933.5，国难后 1 版，171 页，32 开

本书共 11 章，内容包括：权利与职务、工业主义的报应、财产与创造的事业、职务的社会、以工业为专门职业、万恶的循环、实效的条件、劳心者的地位等。著者原题：塔尼。

收藏单位：重庆馆、广东馆、广西馆、贵州馆、桂林馆、国家馆、河南馆、湖南馆、辽宁馆、南京馆、上海馆、首都馆、天津馆、浙江馆

08336

军需工业　杨继曾讲

中央训练团党政训练班，1943.11，8 页，32 开（中央训练团党政训练班讲演录）

收藏单位：国家馆

08337

军需工业论　廖文毅著

长沙：商务印书馆，1939.2，275 页，32 开

本书共 17 章，内容包括：军需工业之观念、军需工业之发达史观、国防与军需工业、军需工业总动员法、军需工业在平时的设施、世界军需工业的概况、欧美军需工厂的系统、世界大战前后军需品制造财阀的比较等。

收藏单位：重庆馆、东北师大馆、广东馆、广西馆、贵州馆、国家馆、吉林馆、江西馆

08338

科学的工厂管理法　张廷金著

上海：商务印书馆，1920，1 册，32 开

上海：商务印书馆，1924，3 版，79 页，32 开

上海：商务印书馆，1925.12，4 版，84 页，32 开，精装（百科小丛书）

上海：商务印书馆，1931.4，6 版，1 册，32 开

上海：商务印书馆，1933.4，国难后 1 版，84 页，32 开（百科小丛书）

上海：商务印书馆，1933.12，84 页，32 开（万有文库第 1 集 668）（百科小丛书）

上海：商务印书馆，1934.10，国难后 2 版，84 页，25 开（百科小丛书）

上海：商务印书馆，1935，国难后 3 版，84 页，32 开（百科小丛书）

本书共 10 章，内容包括：科学的工厂管理法大意、管理上之五大要素、求准则法、施行准则法、计画部办事手续、各工之支配法、鼓励工匠增速出品、增加工资减低物价等。

收藏单位：安徽馆、重庆馆、大理馆、大连馆、东北师大馆、广东馆、广西馆、贵州馆、国家馆、河南馆、黑龙江馆、湖南馆、江西馆、辽大馆、辽师大馆、南京馆、内蒙古馆、宁夏馆、上海馆、首都馆、天津馆、武大馆、西南大学馆、浙江馆

08339

科学管理　林和成编著

南京：京华印书馆，1937，2 册（20+594 页），21 开，精装

本书共 5 编：概论、科学管理的原则、生产管理、工作研究、人事管理。

收藏单位：重庆馆、东北师大馆、湖南馆

08340

科学管理　林和成编著

长沙：商务印书馆，1939.3，2 册（20+594 页），25 开

上海：商务印书馆，1940.2，再版，2 册（20+594 页），25 开

上海：商务印书馆，1940.5，3 版，2 册（20+594 页），25 开

上海：商务印书馆，1947.7，4 版，2 册（20+594 页），25 开

收藏单位：安徽馆、重庆馆、复旦馆、广东馆、贵州馆、国家馆、湖南馆、吉林馆、江西馆、辽大馆、南京馆、内蒙古馆、上海馆、天津馆、武大馆

08341

科学管理的意义与价值　莫若强著

上海：商务印书馆，1932.1，154 页，32 开（上海市社会局丛书 劳工类 9）

本书共 7 章：工人的选择问题、劳动心理学与科学管理的关系、工作效率、工业标准化、实行科学管理必须考虑的工人失业、分配额外利润、工作枯燥。附《实业合理化》

（程振钧）、《人事管理》（王云五）、《中国人用科学方法办的好工厂》（韬奋）、《拟设置上海市政府增进工作效率研究委员会纲要》。

收藏单位：重庆馆、广东馆、广西馆、国家馆、湖南馆、吉林馆、内蒙古馆、上海馆、天津馆、浙江馆

08342

科学管理讲义　军需学校编
军需学校，1936，12+278 页，23 开

本书介绍工商业科学管理常识。共 21 章，内容包括：欧美工业之特点及我国工厂组织与管理之原则、工厂组织法、工资制度、原料之管理、工厂设计之经济学等。

收藏单位：广东馆

08343

煤　谢家荣著
外文题名：Coal
上海：商务印书馆，1923，86 页，32 开（百科小丛书 10）
上海：商务印书馆，1923.10，再版，87 页，32 开（万有文库第 1 集 12）（百科小丛书）
上海：商务印书馆，1926.8，3 版，87 页，32 开（百科小丛书 10）
上海：商务印书馆，1929.10，77 页，32 开（万有文库第 1 集 224）（工学小丛书）
上海：商务印书馆，1934.3，国难后 1 版，77 页，32 开（工学小丛书）
上海：商务印书馆，1934.6，国难后 2 版，77 页，32 开（工学小丛书）
上海：商务印书馆，1935，3 版，77 页，32 开（工学小丛书）
上海：商务印书馆，1947，4 版，77 页，32 开（工学小丛书）（新中学文库）
上海：商务印书馆，1949，77 页，32 开（工学小丛书）（新中学文库）

本书 1926 年之前的版本共 6 章：煤之沿革及性质、煤之成因与分类、煤之地质、采煤选煤及炼焦等法、中国煤矿说略、世界煤矿之储量产额运销等情形。1929 年之后的版本共 10 章：煤之略史、煤之性质、煤之成固、煤之分类、煤之地质、煤矿工程、炼焦、煤

之用途、中国煤矿概况、世界煤业。

收藏单位：安徽馆、长春馆、重庆馆、大理馆、大连馆、东北师大馆、甘肃馆、广东馆、广西馆、贵州馆、国家馆、河南馆、黑龙江馆、湖南馆、惠州馆、吉大馆、江西馆、近代史所、辽大馆、辽东学院馆、辽师大馆、柳州馆、南京馆、内蒙古馆、宁夏馆、山东馆、山西馆、上海馆、绍兴馆、首都馆、天津馆、武大馆、西南大学馆、浙江馆

08344

煤　行政院新闻局编
行政院新闻局，1947.10，30 页，32 开

本书共 8 章：煤的生成和种类、煤田的分布、储量、产量、最近产煤情况、煤炭增产、各大煤矿简史、新发现的煤矿。附煤的用途、世界煤藏、世界煤产。

收藏单位：安徽馆、重庆馆、广东馆、广西馆、国家馆、河南馆、湖南馆、江西馆、近代史所、辽宁馆、南京馆、内蒙古馆、宁夏馆、陕西馆、上海馆、首都馆、浙江馆

08345

煤铁概论　郁维民著
北平：文化学社，1929.1，52 页，32 开

收藏单位：国家馆、南京馆、首都馆、天津馆

08346

棉纺织厂成本会计　陈文麟著
上海：立信会计图书用品社，1942.6，146 页，32 开（立信会计丛书）
上海：立信会计图书用品社，1947，再版，146 页，25 开（立信会计丛书）
上海：立信会计图书用品社，1948.7，4 版，146 页，25 开（立信会计丛书）

本书共 8 章，内容包括：材料之管理、人工成本之计算、制造费用成本之计算、制造成本之汇计及分析、成本之记录、决算表之编制等。

收藏单位：重庆馆、国家馆、南京馆、山西馆、绍兴馆

08347

棉纺织厂经营标准　全国经济委员会棉业统制委员会编

全国经济委员会棉业统制委员会，1935，42页，16开（全国经济委员会棉业统制委员会专刊2）

本书分18节概述棉纺织工业人数、工资、原料、出品、费用等方面的经营标准。

收藏单位：国家馆、天津馆、浙江馆

08348

民生主义下之工厂管理　杨杏佛讲　朱慧生等记

杭州：浙江大学，1928，21页，32开

收藏单位：南京馆

08349

纱厂成本计算法　何达著

上海：中国纤维工业研究所，1944.11，再版，增订本，110页，32开

上海：中国纤维工业研究所，1946.10，增订3版，110页，25开

本书共13章：工资、电力费、折旧费、原棉成本、寄宿舍费、利息、燃料费、职员薪金、保险费、捐税、机械修理费及物料费、房屋修理费、其他。

收藏单位：重庆馆、广东馆、国家馆、辽大馆、上海馆

08350

社会主义的工业化与资本主义的工业化

（俄）格拉诺夫斯基著　阿真译

上海：中华书局，1949.8，60页，32开（新时代小丛书13）

上海：中华书局，1949.8，再版，60页，32开（新时代小丛书13）

本书共3部分：社会主义与资本主义的工业化及其原则上的对立、资本主义工业的发展、社会主义工业的发展。

收藏单位：安徽馆、重庆馆、东北师大馆、广东馆、国家馆、湖南馆、吉林馆、辽宁馆、南京馆、云南馆

08351

实业心理学　周永耀编著

长沙：商务印书馆，1941，80页，36开

本书共7章：实业心理之意义及其范围、各国实业心理研究之进展、工作效率之研究、选择雇工、工厂中意外事情之发生、如何管理雇工、广告心理学。

收藏单位：重庆馆、广东馆、国家馆、江西馆、南京馆

08352

实用工商统计　林和成著

上海：商务印书馆，1936.8，21+474+30页，22开（大学丛书 教本）

上海：商务印书馆，1937.5，再版，21+474+30页，22开，精装（大学丛书 教本）

上海：商务印书馆，1938.10，再版，21+474+30页，22开（大学丛书 教本）

重庆：商务印书馆，1944.3，358页，25开（大学丛书 教本）

成都：商务印书馆，1944，358页，23开（大学丛书 教本）

本书分4编：工商统计概论、工商统计方法、商情时间数列方法、实用统计。共20章，内容包括：离中差异及偏态、商情时间数列、商情预测等。

收藏单位：重庆馆、东北师大馆、广东馆、广西馆、贵州馆、国家馆、黑龙江馆、湖南馆、江西馆、辽大馆、辽宁馆、内蒙古馆、上海馆、浙江馆

08353

实用工商统计续编　林和成著

长沙：商务印书馆，1941.7，191页，25开（大学丛书）

本书共6章：投资有价证券应用之统计、生产及劳动应用之统计、推销应用之统计、公用事业应用之统计、铁路统计、企业预算。

收藏单位：东北师大馆、广东馆、广西馆、国家馆、辽大馆、南京馆、上海馆

08354

实用工业会计与成本计算　杨娱天编

群众书店长治分店，1947.4，102 页，32 开
（太行工业丛书 1）

本书根据太行解放区的工业生产情况与工厂规模编写。共 4 编：工业会计的基本知识、各种成本计算法和各业成本计算、工厂会计制度参考资料、会计原理及决算分析。附太行实业公司各厂矿经费制度规定、中外新旧度量衡对照等。

收藏单位：国家馆、河南馆

08355

实用纱布成本计算法　唐熊源著

唐熊源 [发行者]，1933.8，92 页，16 开

本书内容包括：纱布工厂原料估价、成本统计、工资概算、费用分配等。附棉布汇总表、直接分配法与扯数法之比较。

收藏单位：上海馆

08356

台湾省工业研究所研究报文摘要　台湾省工业研究所技术室编

台湾省工业研究所，1946.10，189 页，16 开

本书选收该所发表在报刊上的文章摘要 300 余条，内容涉及有机化学工业、无机化学工业、化学分析、发酵工业。

收藏单位：重庆馆、广东馆、国家馆、黑龙江馆、湖南馆、江西馆、南京馆、上海馆、首都馆、浙江馆

08357

泰劳氏工场组织法　（美）泰罗著　杨炳乾译

[成都]：经济科学社，1931.3，134 页，32 开

本书介绍工厂的利益问题、生产管理、工作条件、科学组织等。著者原题：泰劳。

08358

物价与工业资本　刘鸿万著

重庆：正中书局，1944.5，86 页，32 开（战时与战后经济问题丛书）

本书共 5 章，内容包括：战时物价上涨对工业资本之影响、工业投资之促进、资金困难之补救等。

收藏单位：重庆馆、东北师大馆、贵州

馆、国家馆、吉林馆、近代史所、辽宁馆、南京馆、西南大学馆

08359

现代工业管理　孙洵侯著

上海：商务印书馆，1936.2，114 页，32 开（商学小丛书）

长沙：商务印书馆，1939.2，再版，114 页，32 开，精装（职业学校教科书）

长沙：商务印书馆，1939.8，3 版，114 页，32 开，精装（职业学校教科书）

上海：商务印书馆，1940，4 版，114 页，32 开（商学小丛书）

长沙：商务印书馆，1940.12，5 版，114 页，32 开（职业学校教科书）

[成都]：商务印书馆，1943.7，114 页，32 开（职业学校教科书）

[成都]：商务印书馆，1944.8，再版，114 页，32 开（职业学校教科书）

上海：商务印书馆，1947.6，6 版，114 页，32 开（商学小丛书）

上海：商务印书馆，1949.6，7 版，114 页，32 开（职业学校教科书）

本书共 6 章：工厂之组织方法、工厂之设置、动力问题及安全设备、标准化、工作中之动作与时间析究、工厂中之工资问题。附直线式之工厂组织图等。

收藏单位：重庆馆、广东馆、广西馆、贵州馆、国家馆、河南馆、湖南馆、江西馆、辽大馆、南京馆、内蒙古馆、上海馆、首都馆、浙江馆

08360

心理学与工业效率　（美）柏耳替（H. E. Burtt）著　王书林译

外文题名：Psychology and industrial efficiency

上海：商务印书馆，1935.7，[24]+320 页，25 开

本书共 10 章：绪言、工业中教育、工作方法、疲劳、单调、工作环境、满意和风纪、意外、行政工作之效率、工业心理学之将来。

收藏单位：重庆馆、东北师大馆、广东馆、贵州馆、国家馆、黑龙江馆、湖南馆、

吉林馆、江西馆、辽大馆、南京馆、内蒙古馆、上海馆、首都馆、天津馆、西南大学馆

08361

新工业会计及管理纲要 张炯著

福州：改进出版社，1946.6，120页，32开（改进文库27）

收藏单位：南京馆

08362

学理的管理法 （美）泰勒（F. W. Taylor）著 穆藕初译

外文题名：The principles of scientific management

上海：中华书局，1916.10，80页，22开

上海：中华书局，1925.1，再版，80页，22开

上海：中华书局，1926，3版，80页，22开

上海：中华书局，1928，4版，80页，22开

上海：中华书局，1930.6，5版，80页，22开

上海：中华书局，1932.9，6版，80页，22开

上海：中华书局，1934.11，7版，80页，22开

上海：中华书局，1940.6，8版，64页，22开

本书介绍工厂科学管理的必要性、注意事项等，并以勃色拉亨制钢厂等作为实例加以说明。共5章，内容包括：绪论、学理管理法之根源、学理管理法之原则等。著者原题：戴乐尔，译者原题：穆湘玥。

收藏单位：安徽馆、重庆馆、广东馆、广西馆、贵州馆、国家馆、黑龙江馆、湖南馆、吉林馆、江西馆、辽大馆、南京馆、内蒙古馆、上海馆、首都馆、天津馆、浙江馆

08363

织布工场之合理化与成本计算 （日）喜多卯吉郎著 纺织周刊社译

上海：纺织周刊社，1933.10，109页，32开（纺织周刊社丛著1）

本书共9章，内容包括：作业经费、工资及工费、制造成本计算等。

收藏单位：浙江馆

世界工业经济

08364

兵工问题 陆世益著

上海：商务印书馆，1925.1，111页，32开

上海：商务印书馆，1926.5，再版，111页，32开

本书共6章：兵工之倡导、兵工之讨论、兵工之计画、兵工之实验、美德英三国兵工之概况、兵工之先决问题。

收藏单位：重庆馆、广西馆、桂林馆、国家馆、河南馆、吉林馆、江西馆、近代史所、辽宁馆、内蒙古馆、上海馆、首都馆、浙江馆

08365

产业革命讲话 钱亦石著

上海：生活书店，1937，181页，36开（青年自学丛书）

重庆：生活书店，1939.10，再版，181页，36开（青年自学丛书 第2辑）

上海、重庆：生活书店，1946.6，胜利后1版，166页，32开（青年自学丛书）

上海、重庆：生活书店，1947.7，东北版，107页，32开（青年自学丛书）

上海：生活书店，1947，胜利后2版，166页，32开（青年自学丛书）

大连：生活书店，1948.2，139页，32开（新青年自学丛书）

上海：生活书店，1949，战后2版，166页，32开

本书共8讲，内容包括：什么是产业革命、产业革命是怎样发生的、产业革命与历史发展等。

收藏单位：重庆馆、东北师大馆、广东馆、广西馆、贵州馆、国家馆、湖北馆、湖南馆、吉林馆、近代史所、辽宁馆、南京馆、内蒙古馆、宁夏馆、山东馆、山西馆、上海馆、首都馆、天津馆、浙江馆

08366

产业革命讲话　钱亦石著

长春：新中国书局，1949.4，再版，166 页，32 开（青年自学丛书）

　　收藏单位：安徽馆、国家馆、湖北馆、吉林馆、上海馆、天津馆

08367

帝国主义与石油问题　阿讷托（P. Apnot）著　温湘平译

外文题名：Politics of oil

上海：启智书局，1929.10，110 页，32 开

　　本书共 8 章：绪论、大石油托拉斯、皇家荷兰石油公司、托拉斯的利润和价格、劳动者的命运、金融资本与资本输出、帝国主义的角逐、结论。

　　收藏单位：重庆馆、国家馆、上海馆

08368

帝国主义战争与制铁业　斯托列著　温盛光译

上海：启智书局，1929.9，76 页，32 开

　　本书内容包括：普利亚的凹地、有铁的地方即有祖国、董事的相互联系、独占、背后的金融资本、铅和白铜、法国托辣斯和克鲁普等。

　　收藏单位：安徽馆、重庆馆、广东馆、浙江馆

08369

电机工程杂锦　中央大学电机工程系编

中央大学电机工程系，[1935—1949]，20 页，32 开

　　本书内容包括：电机工程十大发明、世界著名电工学者题名、世界电机工程的十"最"、中国电机工程概况、中国各省发电厂及发电量分布图等。

08370

电气建设　建设委员会编

南京：建设委员会，[1920—1929]，16 页，32 开（建设小丛刊 3）

　　本书共 7 章：总论、美国之电气建设、日本之电气建设、电气应用概略、我国电气事业之概况、建设委员会之电气建设、建设委员会发展电气事业之步骤。

　　收藏单位：国家馆、南京馆

08371

钢铁之研究　梁宗鼎著

宜君 [发行者]，1922.8，110 页，18 开

　　本书共 18 部分，内容包括：钢铁与国家之关系、钢铁历史及其在东亚之发展、我国钢铁现状、铁矿石之种类等。

　　收藏单位：国家馆、南京馆、人大馆、上海馆、首都馆、天津馆、中科图

08372

各国工业合作　沈经保著

中国工业合作协会，1946.5，316 页，28 开（工业合作丛书）

　　本书分 7 章介绍英吉利、法兰西、意大利、苏联、印度、日本、中国的工业合作化运动及发展等。

　　收藏单位：东北师大馆

08373

各国水泥工业志　郁国城等编

资源委员会水泥资源调查团，1949.4，1 册，16 开（资源委员会水泥资源调查团丛刊 1）

　　本书概述亚、欧、美、非、澳各大洲主要国家的水泥工业经营状况，调查项目包括生产能力、产销、输入、输出、价格、运输、企业等。

　　收藏单位：广东馆、国家馆、山西馆、首都馆、天津馆

08374

工矿建设参考资料　翁文灏讲　中央训练团党政高级训练班编

中央训练团党政高级训练班，1944.5，28 页，32 开（编参 4）

　　本书共 3 部分：美国重要工业发展史略、苏联工业建设概要、印度经济建设计划。

　　收藏单位：国家馆、黑龙江馆、天津馆

08375

工业区位决定之数理分析 郑林宽著

外文题名：The determination of industrial local-ization mathematically interpreted

私立福建协和大学农学院农报编辑委员会，1945，[14] 页，18 开

本书内容包括：基本概念、区位三角形与重量三角形之构成、中间生产物再生产工业之区位决定等。为《协大农报》第 7 卷第 1 期抽印本。

收藏单位：福建馆

08376

工业史 （美）格拉斯（N. B. C. Gras）著 连士升译

外文题名：Industrial evolution

长沙：商务印书馆，1939.3，218 页，25 开

本书以英美为主要对象论述世界工业发展史的各重要阶段。共 19 章，内容包括：第一阶段为使用而制造、第二阶段零售手工业、最初的工业团体行会和自由民、欧美钢铁业的革命、电气工业、工业的艺术等。

收藏单位：重庆馆、广东馆、贵州馆、国家馆、辽大馆、南京馆、上海馆

08377

工业与电气（电气动力篇） 卢南生编

天津：工业电气社，1916.8，10+160 页，18 开

本书共 6 章，内容包括：大工业采用电气动力之利益、购用电气动力与设置他种动力之得失比较概论、我国电气动力不发达之原因等。附采用电动机须加研究之专门事项、各国电气公司热心经营之实例、日人之电力利用增进策。

收藏单位：国家馆、河南馆、山西馆、上海馆、首都馆、天津馆

08378

工业政策 丁振一著

上海：商务印书馆，1931.4，126 页，32 开（万有文库第 1 集 690）（百科小丛书）

上海：商务印书馆，1934.5，126 页，32 开（百科小丛书）

上海：商务印书馆，1934，再版，126 页，32 开（万有文库 第 1 集 690）（百科小丛书）

本书分两部分：绪论、本论。绪论共 5 章，内容包括：工业之概念、工业经营形态之发展、我国工业及工业等；本论共 9 章，内容包括：工业合理化政策、工业品标准化政策、工业劳动及工业原料、工业金融、工业技术发展政策及工业奖励保护政策等。

收藏单位：安徽馆、重庆馆、大理馆、大连馆、大庆馆、东北师大馆、广西馆、贵州馆、国家馆、河南馆、黑龙江馆、湖南馆、江西馆、辽大馆、辽师大馆、柳州馆、南京馆、内蒙古馆、宁夏馆、陕西馆、上海馆、首都馆、天津馆、浙江馆

08379

工业政策 （奥）菲里波维（Eugen Philippovich）著 马君武译

上海：中华出版社，1933，再版，332 页

本书分两部分：工业生产之组织、工业之生产政策。第 1 部分共 6 篇：现代生产组织之基础、工业经营系统、手工业振兴政策、工业团体、工人在工业生产组织中之位置、雇员问题；第 2 部分共两篇：促进工业生产之国家设施、工业信用。

收藏单位：近代史所

08380

工业政策 （奥）菲里波维（Eugen Philippovich）著 马君武译

上海：中华书局，1922.7，332 页，32 开

上海：中华书局，1923，再版，332 页，32 开（新文化丛书）

上海：中华书局，1927.4，4 版，332 页，32 开（新文化丛书）

上海：中华书局，1928，6 版，332 页，32 开（新文化丛书）

上海：中华书局，1930.3，7 版，332 页，32 开（新文化丛书）

上海：中华书局，1931.2，8 版，332 页，32 开（新文化丛书）

收藏单位：安徽馆、重庆馆、东北师大馆、广东馆、广西馆、贵州馆、国家馆、河

南馆、黑龙江馆、湖南馆、吉林馆、江西馆、南京馆、内蒙古馆、山西馆、首都馆、西南大学馆、浙江馆

08381

工业政策　曾牖编述

私立浙江法政专门学校，[1930—1949]，110+18页，22开（私立浙江法政专门学校讲义）

　　本书内容包括：工业之意义、工业之种类、工业之起源等。

　　收藏单位：浙江馆

08382

工业政策纲要　黄通编

上海：中华书局，1930.11，14+116页，22开

　　本书共7章：工业之意义沿革及种类、工业之主体、工业之形态、工业之经营、工业之独占的结合、工业之保护与奖励、工业劳动者之保护。

　　收藏单位：安徽馆、重庆馆、广东馆、广西馆、国家馆、黑龙江馆、湖南馆、华东师大馆、吉林馆、江西馆、辽宁馆、南京馆、内蒙古馆、上海馆、天津馆、西南大学馆、浙江馆

08383

国际矿产问题　薛桂轮著

中国矿冶工程学会，1929.8，16+148页，16开（中国矿冶工程学会专刊1）

　　本书共6章：绪论、国际矿产之意义、国际矿产之分类、国际矿产之概况、国际矿产之将来、中国矿产于世界之地位及其改进之方法。

　　收藏单位：安徽馆、国家馆、近代史所、南京馆、清华馆、上海馆、天津馆

08384

国内外金银状况调查报告

出版者不详，[1930]，油印本，1册，16开

　　本书共6部分：各地存金数之估量、各地存银数之估量、最近一年来进出口之报告、世界产银数、世界各银矿之生产价格、世界银销路之现象。

收藏单位：国家馆

08385

化学工业与建设之关系　建设委员会编

南京：建设委员会，[1929]，10页，32开（建设小丛刊9）

　　本书内容包括：化学工业和衣食住行的关系、酸碱和化学工业的关系、欧美各国酸碱事业和化学工业的发达、我国因无化学工业每年所受之损失、我国所有制硫酸制碱的原料等。

　　收藏单位：国家馆、南京馆

08386

军需工业动员　黄民望编

军需学校，1932，1册，22开
军需学校，1933，1册，22开

　　本书共5章：总论、军需工业动员应用诸法规、欧战各国动员之实例、欧战后列国之设施、结论。附工业品规格统一调查会等。逐页题名：军需工业动员教程。

　　收藏单位：安徽馆、重庆馆、广东馆、国家馆

08387

煤业概论　王宠佑著

上海：商务印书馆，1926.1，144页，36开（百科小丛书101）

上海：商务印书馆，1929.10，129页，32开（万有文库第1集226）（百科小丛书）

上海：商务印书馆，1933.4，国难后1版，129页，32开（百科小丛书）

上海：商务印书馆，1934.7，再版，129页，32开

　　本书共13章，内容包括：绪论、煤业之历史、煤之分类、世界煤之储藏量及现代产额、世界煤业状况、中国煤业之要图等。

　　收藏单位：安徽馆、重庆馆、大理馆、大连馆、大庆馆、东北师大馆、广东馆、广西馆、贵州馆、国家馆、河南馆、黑龙江馆、湖南馆、惠州馆、吉大馆、吉林馆、江西馆、辽大馆、辽师大馆、南京馆、内蒙古馆、宁夏馆、山东馆、上海馆、首都馆、天津馆、

武大馆、西南大学馆、浙江馆

08388

煤油帝国主义 （美）斐西尔著 闻杰钟译
上海：明日书店，1929.8，229 页，32 开

本书共 8 章，内容包括：在荷兰首都、煤油封锁政策及其结果、美孚公司与列强承认苏俄、苏维埃油田的租让等。

收藏单位：国家馆、湖南馆、吉林馆、近代史所、南京馆、内蒙古馆、上海馆、首都馆、天津馆、浙大馆、浙江馆

08389

棉铁工业 [中华国货产销介绍所编]
中华国货产销介绍所，[1920—1949]，16 页，16 开

本书内容包括：《中国纺织机器制造公司一瞥》（欣之）、《浙江省棉纺织工业之建设》（张文魁）、《棉铁是文明野蛮的分界》（陶乐勒）、《棉铁与民主》（于学伦）、《世界棉业概况》（章祖纯）等。

08390

欧战各国军需工业动员概况及研究 校重编
校重，1929.8，再版，74 页，32 开

本书共两部分：欧战中各国军需工业动员概要、军需工业动员之研究。

收藏单位：重庆馆、广东馆、国家馆、南京馆

08391

石炭 梁宗鼎著
外文题名：Coal
上海：商务印书馆，1924.4，78 页，50 开（东方文库 第 55 种）
上海：商务印书馆，1924.10，再版，78 页，50 开（东方文库 第 55 种）
上海：商务印书馆，1925，3 版，78 页，50 开（东方文库 第 55 种）

本书为东方杂志社二十周年纪念刊。共 4 部分：石炭论、石炭的性质与成因、中国煤矿业小史、全世界煤量之供给。

收藏单位：安徽馆、重庆馆、东北师大

馆、广东馆、广西馆、桂林馆、国家馆、河南馆、黑龙江馆、湖南馆、辽大馆、南京馆、内蒙古馆、陕西馆、上海馆、绍兴馆、天津馆、武大馆、西南大学馆、浙江馆、中科图

08392

石油蠡酌 程天斗编述
中山：工商炼油公司，1930.4，[79] 页，32 开

本书共 5 章：总论、世界石油业概况、国民之产业的自觉与石油、中国石油政策私议、工商炼油公司纪略。附石油救国论。

收藏单位：上海馆、浙江馆

08393

世界产业革命史 周伯棣 鲁君明编
上海：中华书局，1935.4，168 页，32 开（中华百科丛书）
上海：中华书局，1947.9，再版，168 页，32 开（中华百科丛书）

本书共 6 章：绪论、产业革命的原因、英国的产业革命、其他各国的产业革命、未完成的中国产业革命、产业革命的结果与影响。

收藏单位：重庆馆、东北师大馆、广东馆、广西馆、贵州馆、国家馆、河南馆、黑龙江馆、湖南馆、吉林馆、江西馆、近代史所、辽大馆、辽宁馆、南京馆、内蒙古馆、宁夏馆、上海馆、绍兴馆、首都馆、天津馆、西南大学馆、浙江馆

08394

世界的石油战争 陈汉平著
上海：商务印书馆，1931.2，183 页，22 开（实业丛书）

本书共 9 章，内容包括：国际大石油公司、石油竞争中的两大国家、墨西哥石油问题、巴库石油问题等。

收藏单位：重庆馆、东北师大馆、广东馆、广西馆、国家馆、黑龙江馆、湖南馆、吉林馆、江西馆、辽大馆、南京馆、内蒙古馆、上海馆、天津馆

08395

世界工业概况 吴承洛著

上海：中华书局有限公司，1933.5，171 页，32 开

本书共 10 章：总论、衣的工业、食的工业、住的工业、交通工业、矿冶工业、电气工业、机械工业、化学工业、文化工业。

收藏单位：安徽馆、重庆馆、广东馆、广西馆、国家馆、河南馆、黑龙江馆、湖南馆、吉林馆、江西馆、辽大馆、南京馆、内蒙古馆、上海馆、天津馆、浙江馆

08396

世界工业建设佳话　曾昭抡著

重庆：中周出版社，1944.9，56 页，50 开（中周百科丛书 第 1 辑）

本书内容包括：工业与工业化、世界上工业发达的简略经过、几种技术上的重大改良与进步、工业组织方面的进步、工业在中国的进展、过去中国工业不振的原因、发展中国工业的重要问题等。

收藏单位：重庆馆、广东馆、上海馆

08397

世界工业矿产概论　谭锡畴编著

上海：正中书局，1948.7，506 页，25 开

本书分两编：工业矿产之种类、列国工业矿产及矿业政策。第 1 编共 30 章，内容包括：铁矿、铜、锌、铝等；第 2 编共 13 章，内容包括：英国、美国、中国等。

收藏单位：重庆馆、国家馆、湖南馆、江西馆、辽师大馆、南京馆、上海馆、中科图

08398

世界工业状况　侯厚培　李承绪编

上海：大东书局，1930.6，216 页，32 开（世界经济丛书 3）

本书共 9 章：战后生产指数之变迁、棉织工业、毛织工业、丝织工业、钢铁工业、煤矿业、制糖工业、造船业、化学工业。

收藏单位：安徽馆、重庆馆、东北师大馆、广东馆、国家馆、湖南馆、吉林馆、江西馆、辽大馆、辽宁馆、南京馆、山西馆、上海馆、天津馆

08399

世界矿产与国际政策　（美）李斯（C. K. Leith）著　谭锡畴译

外文题名：World minerals and world politics

上海：商务印书馆，1935.6，139 页，32 开（原国立北洋工学院丛书）（汉译世界名著）

本书共 8 章：矿业中之新要素、矿源将来地理上之变迁、列国之矿产情况、列国政治之企图、特殊政策之意义、矿产之保留、矿产与战争、矿业前途与政策。

收藏单位：重庆馆、广东馆、广西馆、贵州馆、国家馆、河南馆、湖南馆、吉大馆、江西馆、辽大馆、南京馆、上海馆、浙江馆、中科图

08400

世界煤油竞争与中国　林史光著

香港：史端著作学社，1933.7，652 页，18 开

本书共 22 章，内容包括：煤油与欧战、近东煤油竞争、南美洲煤油竞争、中国煤油矿产略述等。

收藏单位：国家馆、近代史所、南京馆、上海馆、首都馆、天津馆、浙江馆

08401

世界燃料问题　潘骥著

上海：商务印书馆，1937.1，283 页，32 开（现代问题丛书）

上海：商务印书馆，1937.4，再版，283 页，32 开（现代问题丛书）

上海：商务印书馆，1937，283 页，32 开（万有文库 第 2 集 384）（现代问题丛书）

长沙：商务印书馆，1939.9，283 页，32 开（万有文库）（现代问题丛书）

本书共 11 章，内容包括：燃料问题概说、世界各国产煤状况、中国之煤产、石油与政治等。

收藏单位：安徽馆、长春馆、重庆馆、大理馆、大庆馆、东北师大馆、甘肃馆、广东馆、贵州馆、国家馆、河南馆、黑龙江馆、湖南馆、惠州馆、江西馆、辽大馆、辽师大馆、南京馆、内蒙古馆、宁夏馆、陕西馆、上海馆、首都馆、天津馆、浙江馆

08402

苏达工业 永利制碱公司编辑部编

天津：永利制碱公司编辑部，1929.1，182页，16开

本书内容包括：苏达与人文之关系如何、苏达与国防、英国等。

收藏单位：东北师大馆、国家馆、河南馆、黑龙江馆、湖南馆、江西馆、上海馆

08403

外资矿业史资料 丁文江著

出版者不详，1929.8，68页，22开

本书收录自外资入侵开始至民国初年20个矿务局、矿务公司的资料，内容包括：开滦矿务总局、临城矿务局、山东华德矿务公司、海龙金矿等。为著者于1916—1917年间编就。

收藏单位：重庆馆、国家馆、南京馆、上海馆、中科图

08404

钨业之研究 邢必信编 袁丕济审定

出版者不详，1936，油印本，1册，16开，环筒页装

本书共9章，内容包括：本文提要、钨矿之产生冶金方法及其用途、钨砂之供给、钨砂之需求、钨之市场与价格、各国对钨的关税率等。附世界各国钨砂生产量消费量及主要贸易关系图等。

收藏单位：重庆馆、湖南馆、中科图

08405

锡业统计图表 （法）胡锡崖（Paul de Rousiers）著 章桐译

南京：南京书店，1932.1，[10]+150页，25开

本书统计现代各国煤炭工业、石油工业、水力发电工业的生产经营销售概况。译自原著第1分册。

收藏单位：安徽馆、重庆馆、东北师大馆、广东馆、国家馆、河南馆、南京馆、上海馆、天津馆、浙江馆

08406

锡业统计图表 袁丕济编

出版者不详，1936，油印本，22页，16开，环筒页装

本书介绍世界锡业的生产、贸易、关税、价格等情况。

收藏单位：重庆馆

08407

现代各国航空工业 陶叔渊著 鲍嘉祥校

长沙：商务印书馆，1938.7，241页，32开（航空丛书）

本书共8章，前7章分别介绍法国、英国、德国、美国、意大利、日本、苏俄7国航空工业的概说、发展之过程及制造之趋势、飞机制造工厂、发动机制造工厂等，第8章介绍中国航空工业过去建设概况及今后建设途径。

收藏单位：重庆馆、贵州馆、国家馆、江西馆、南京馆、陕西馆、天津馆

08408

现代汽车业概况 何乃民著 陈啸仙校

长沙：商务印书馆，1940.2，385页，22开

长沙：商务印书馆，1946.10，再版，385页，22开

本书共4卷：汽车工业、汽车交通、汽车有关问题、附录。

收藏单位：重庆馆、国家馆、黑龙江馆、辽大馆、辽宁馆、浙江馆

08409

银 傅胜蓝编著

上海：陈宝骅，1935.4，66页，32开（新生命大众文库 重要物产2）

本书共9部分，内容包括：银的矿藏及其属性、银的分析及制炼、银的功用、现代白银问题、美国购银政策与银价、我国白银政策与币制等。

收藏单位：北师大馆、重庆馆、国家馆、辽师大馆、内蒙古馆、浙江馆

08410

詹姆士瓦特与工业革命 狄金生 乌尔士著
上海市教育局译
上海：世界书局，1949.3，57 页，32 开（上海市教育局翻译丛书）

本书分两部分：蒸汽动力以前之时代、瓦特与瓦特时代。第 1 部分共 3 章：集体生产之由来、机械化与科学、蒸汽之初期实验；第 2 部分共 7 章，内容包括：麦秀波尔顿、瓦特之暮年等。附插图 11 种。

收藏单位：南京馆

08411

战时石油政策 费哲（F. Fetzer）著 陈允文译
上海：商务印书馆，1937.12，110 页，32 开（战时经济丛书）
上海：商务印书馆，1938.5，再版，110 页，32 开（战时经济丛书）

本书共 4 部分：绪言、日本需要之石油、日本如何设法充实其所需要、结论。附日本石油业法、日本石油业法施行令等 7 种。

收藏单位：重庆馆、广东馆、贵州馆、国家馆、湖南馆、江西馆、南京馆、宁夏馆、山西馆、西南大学馆、浙江馆、中科图

08412

最近世界钨业概况 邢必信编
出版者不详，1937.2，油印本，1 册，16 开

收藏单位：南京馆、中科图

中国工业经济

08413

1947 年 8 月局长经理联席会议上林局长的总结报告 冀南工商管理局 冀南贸易公司编
冀南工商管理局、冀南贸易公司，1947，18 页，32 开

收藏单位：国家馆

08414

1949 年 6 月工矿企业设备调查资料 [第 2 部各局（公司）调查表 下] 东北人民政府工业部编
东北人民政府工业部，1949.6，1 册，16 开，精装

收藏单位：国家馆

08415

1949 年北平市工业展览会振北制革公司纪念特刊 北平振北制革股份有限公司编
北平：振北制革股份有限公司，1949，48 页，32 开

本书内容包括：沿革、组织、设备及工作能量、生产概况、销售情形、原料材料之来源及其用途、职工活动概况等。

收藏单位：国家馆

08416

ADK 雨衣发行十二周纪念特刊
上海：永新汉记内雨衣染织制造厂，1946.12，1 册，16 开

收藏单位：南京馆

08417

安东市电灯厂售电规则 安东市电灯厂编
安东市电灯厂，[1930]，22 页，18 开

本书共 6 章：总则、电灯、电力、电具、收费、附则。

收藏单位：国家馆

08418

安徽建设厅省会电灯厂一年来厂务报告 李仲明编
安徽省会电灯厂，1936，29 页，32 开

本书内容包括：该厂一年来行政之改进、营业之推动、工程之设施、经济状况及整理计划等。

08419

安徽馒头山煤矿协记股份有限公司业务报告（民国二十二至二十四年） 安徽馒头山煤矿协记股份有限公司编

安徽馒头山煤矿协记股份有限公司，[1933—1935]，3 册，16 开

本书内容包括：该年度营业概况、运输情形、会计报告、文牍录要、合同及规章、会议记录等。书中题名：安徽馒头山煤矿协记股份有限公司报告（第二至四年度）。

收藏单位：上海馆

08420

安徽宿县濉溪口烈山煤矿整理计画择要说明
安徽宿县濉溪口烈山煤矿编
安徽宿县濉溪口烈山煤矿，[1926—1949]，1 册，大 16 开，环筒页装

本书介绍该煤矿的位置及交通、矿藏、面积、业务状况等。书中题名：安徽宿县濉溪口烈山煤矿整理计画。

收藏单位：国家馆

08421

办理中原煤矿股份有限公司、中福两公司联合办事处矿业之经过　李文浩编
[中原煤矿股份有限公司]，[1934]，[411] 页

本书内容包括：中原公司十九年度股东大会纪录、中原公司二十一年股东大会纪录、中原公司董监联席会议纪录等。

收藏单位：近代史所

08422

办运台盐述要
中国盐业股份有限公司台湾分公司，[1930—1949]，1 册，32 开

收藏单位：南京馆

08423

半年来西北区工业合作运动的开展　卢广绵著
出版者不详，[1938]，28 页，32 开

本书共 5 部分：前言、西北的工业资源、我们工作的进展、附属事业的建立、半年来工作中的几点感想。附西北区工业合作社目前情况一览表。

收藏单位：国家馆

08424

宝源煤矿概况　宝源煤矿编
[宝源煤矿]，1944，手抄本，1 册，18 开，环筒页装

本书内容包括：宝源实业公司历年产销煤斤统计表、宝源煤矿生煤成本报告表、抗战以来历年粒煤价格变迁表等。

收藏单位：重庆馆

08425

宝源煤矿勘察报告　李春昱著
出版者不详，[1930—1939]，9 页，16 开

本书共 6 部分：位置、地质、煤质与煤量、运输、现时矿业情形、将来发展之可能性。

收藏单位：国家馆、南京馆

08426

保定乾义面粉股份有限公司组织大纲及各种规则　保定乾义面粉股份有限公司编
[保定乾义面粉股份有限公司]，1941，42 页

本书内容包括：本公司职员服务规则、本公司办事细则、本公司总务科会计股办事细则、本公司业务课仓库股办事细则等。

收藏单位：近代史所

08427

保丰纺织漂染整理厂纱厂汇编　魏亦九等编
上海：魏亦九 [发行者]，1941.4，230 页，16 开

本书共 12 章：清棉间、梳棉间、粗纺间、精纺间、筒摇间、成包间、拣棉间、皮棍间、试验间、保全间、马达间、杂录。分别介绍各车间的设备、工人及工资的分配方法、产量计算方法、交班法、清洁法等。

收藏单位：南京馆、浙江馆

08428

保护矿业发展经济冶炼钢铁建设国防计划
黄集成著
出版者不详，[1920—1949]，1 册，16 开

收藏单位：南京馆

08429

北方工业 徐盈著

上海：中外出版社，1947.3，152 页，32 开

　　本书分两部分："'华北开发公司'研究""创造·接收·运用"。第 1 部分内容包括：接收不是停顿、非常时期来到了、一九四三年以后、殖民地的重工业等；第 2 部分内容包括：北方的力量、棉及棉织工业等。

　　收藏单位：东北师大馆、广东馆、国家馆、吉林馆、近代史所、辽宁馆、山西馆、上海馆、首都馆、天津馆、浙江馆

08430

北京地毯业调查记 包立德（T. C. Blaisdell）朱积权编

北京基督教青年会服务部，[1924]，60 页，16 开

　　本书共 3 章：地毯艺术、地毯业之组织、工人及艺徒。附基督教徒与地毯业、改良地毯之意见、关于改良地毯业之建议。

　　收藏单位：国家馆

08431

北京天津工厂调查报告

出版者不详，[1945]，油印本，119 页，18 开

　　本书共 4 部分：引言、各业概况、天津工厂个案调查报告、结论。附唐山工厂调查报告。

　　收藏单位：重庆馆、国家馆

08432

北票煤矿公司组织之历史 北票煤矿公司编

北票煤矿公司，1922，1 册，16 开

　　本书内容包括：京奉路局呈交通部请添招商股文、创办合同及附带条件、公司章程、股东创立会议事录、公司董事会规则等。

　　收藏单位：浙江馆

08433

北平大生源机制面粉股份有限公司集股简章

　　北平大生源机制面粉股份有限公司编

北平大生源机制面粉股份有限公司，[1920—1949]，7 页，32 开

本书共 32 条。分 5 章：总则、组织、资本股份、营业范围、会议。

　　收藏单位：国家馆

08434

北平化学工业考察记 欧阳诣编述

[北平]：国立北平大学第一工学院，1929.4，42 页，32 开

　　本书介绍财政部印刷局、天津造胰公司北平分厂、初起造纸厂、玉泉酿造公司、光明料器工厂等 15 个考察对象的概况、出品、原料、制法及副产品等。

　　收藏单位：国家馆

08435

北平市工厂清册

出版者不详，[1947]，手写本，1 册，32 开，环筒页装

　　收藏单位：国家馆

08436

北平市木业谈 王槐荫著 刘兆麟等校阅

北平：木业同业公会，1935.10，100 页，16 开

　　本书分 5 章介绍北平 40 年来之木业概况、生料木厂经营情况、木商的现状与趋势及木料产地的情况等。

　　收藏单位：国家馆、吉林馆

08437

北平市手工艺生产合作运动 张光钰编

北平：中央合作金库北平分库、国际合作贸易委员会北平分会，1948，1 册，25 开（平库丛书 1）

北平：中央合作金库北平分库、国际合作贸易委员会北平分会，1948.9，再版，44 页，25 开（平库丛书 1）

　　本书介绍北平手工艺生产的沿革及现状，分析手工艺的衰退原因并提出拯救措施。共 16 部分：前言、地毯业、刺绣、挑补花、珐琅、铜锡器、雕漆、料器、玉器、烧磁、牙骨刻、铁花、绒绢纸花、镶嵌、宫灯、尾语。附北平市街地图。

　　收藏单位：安徽馆、广东馆、国家馆、南

京馆、人大馆、上海馆、浙江馆

08438

北平制革工业调查报告　魏庆元编

外文题名：Tanning industry in Peiping

经济部北平工业试验所，1948.1，7 页，16 开（经济部北平工业试验所调查报告 第 1 号）

　　本书分 5 节介绍北平 68 家制革厂的概况、生产及设备等情况。

　　　　收藏单位：国家馆

08439

北洋铁工厂标本　北洋铁工厂编

天津：北洋铁工厂，1913，44 页，25×31cm

　　本书内容形式为照片加文字说明。

　　　　收藏单位：国家馆

08440

本溪湖煤铁公司报告　虞和寅编

北京：农商部矿政司，1926.3，238 页，16 开（矿业报告 4）

　　本书共 3 篇：采煤、制铁、公司资产及营业情况。

　　　　收藏单位：安徽馆、广东馆、广西馆、国家馆、近代史所、南京馆、上海馆、首都馆、天津馆、西南大学馆

08441

标准机制味粉厂第一厂落成开幕纪念集　标准机制味粉厂股份两合公司推广科编

上海：标准机制味粉厂股份两合公司推广科，1939.4，[32] 页，横 25 开

　　本书有大量的题词和照片。

　　　　收藏单位：国家馆

08442

兵工会计试行细则初步草案　军政部兵工署编

军政部兵工署，1934.5，63 页，16 开

　　本书共 9 部分，内容包括：引言、成本会计浅说、新拟兵工会计帐类组织图、资产负债损益类之科目系统表等。

　　　　收藏单位：广东馆

08443

兵工署第二十工厂会计制度（设计 3）　国防部联合勤务总司令部兵工署第二十工厂编

国防部联合勤务总司令部兵工署第二十工厂，1946，[380] 页，16 开

　　本书分两部分：总说明、设计。第 1 部分内容包括：本厂组织系统表、本厂办事规程、本厂会计制度纲要、本厂会计制度之说明等；第 2 部分内容包括：会计凭证及会计凭证之说明、成本会计各项费用科目及说明、成本会计在制品科目及说明、成本会计各项费用分配之说明、本厂制造程序及成本计算说明等。

　　　　收藏单位：重庆馆

08444

玻璃工厂计划　经济部中央工业试验所编

经济部中央工业试验所，1939.3，22 页，32 开（小规模工业计划丛刊）

　　　　收藏单位：国家馆

08445

不要打乱原来的企业机构　华北总工会筹备委员会编

天津新华书店，1949.3，15 页，32 开（职工运动丛书 2）

　　本书收文两篇：《不要打乱原来的企业机构》（陈伯达）、《正确执行劳资两利方针》（1948 年 9 月 24 日《人民日报》）。

　　　　收藏单位：国家馆、南京馆、宁夏馆、山东馆、天津馆

08446

财政部川北区射洪盐场第一次扩大场务会议纪念册　射洪盐场第一次扩大场务会议编辑委员会 [编]

射洪盐场第一次扩大场务会议编辑委员会，1945.1，264 页，32 开

　　本书共 16 部分，内容包括：题词、特载、专论、会议、通讯录、统计图表等。

　　　　收藏单位：国家馆、南京馆

08447

财政部川康盐务管理局工程处近年工作概要

朱宝岑编述

朱宝岑，[1944]，手写本，1册，16开，活页装

　　收藏单位：国家馆

08448

财政部河南硝磺局开封炼硝厂职员录　财政部河南硝磺局开封炼硝厂编

财政部河南硝磺局开封炼硝厂，[1937]，石印本，1册，22开

　　收藏单位：国家馆

08449

财政部湖北硝磺局章程

出版者不详，[1920—1949]，14页，16开

　　收藏单位：南京馆

08450

财政部盐务总局川康区视察室民国三十一年度视察报告书

出版者不详，[1942—1949]，油印本，1册，16开

　　收藏单位：南京馆

08451

财政部整理海州盐场委员会第三次常会提案会议录

出版者不详，[1930—1949]，油印本，1册，16开

　　收藏单位：南京馆

08452

参观重庆附近各工厂报告　中央银行经济研究处编

中央银行经济研究处，1943.5，22页，16开（经济情报丛刊第14辑）

　　本书共4部分，分别为第一、二、三、四次参观各厂矿报告。

　　收藏单位：重庆馆、国家馆、南京馆

08453

参观工厂手册（一）

出版者不详，[1939]，油印本，1册，16开，

环筒页装

　　本书分两部分：参观程序、各厂简单说明。第1部分共7章，内容包括：渝鑫钢铁厂、豫丰纱厂、上海机器厂、大成糖厂等。

　　收藏单位：国家馆

08454

参加工业合作社须知　中国工业合作协会云南办事处编

昆明：中国工业合作协会云南办事处，1939.6，16页，32开（工合小丛书）

　　本书共8部分，内容包括：工业合作社的解说、为什么组织工业合作社、工业合作社的业务范围、工业合作社社员的应具条件等。

　　收藏单位：国家馆

08455

参战与增产

华北新报，1945.3，7页，64开（华北新报征文集8）

　　本书摘录大后方报纸杂志文章。内容包括："要求工业的生产自由""工业界求救电文，堆如山积""政府工业贷款，其实是喂养了金融寡头"等。

　　收藏单位：国家馆

08456

茶厂管理与检验　财政部贸易委员会编

财政部贸易委员会，1939，34页，32开（茶业干部人员丛刊第2种）

　　本书共5部分：现有茶厂之内容、茶厂管理之要点、茶厂管理实施大要、茶厂检验、结论。

　　收藏单位：安徽馆、贵州馆、国家馆、上海馆、浙江馆

08457

长春电灯厂营业志　长春商埠电灯厂编

长春：三省制本所印刷部，1928.12，116页，22开，精装

　　本书共5部分：沿革、组织、业务、工务、会计。附本厂现任职员一览表、本厂工人职务姓名表。

收藏单位：国家馆

08458

长芦区盐务概况 [费文尧编]

财政部长芦盐务管理处，[1947]，复印本，20页，16开

本书共4部分：产运销、税收、盐警、今后之展望。附长芦盐场全图。

收藏单位：国家馆

08459

长沙毛巾业概况 赵德民调查 国民经济研究所具拟

[国民经济研究所]，1938，油印本，5页，13开（总第23号 工业门毛巾类 第1号）

本书共7部分：毛巾业家数及其盛衰概况、运输方法、原料供给问题、产品销售问题、采办及运销之商行、资金融通问题、棉纱及毛巾市价。

收藏单位：国家馆

08460

长沙市贫民工艺厂报告书 长沙市贫民工艺厂编

长沙市贫民工艺厂，[1932.7]，石印本，[134]页，18开

本书介绍该厂组织系统、沿革、厂务概况等。

收藏单位：湖南馆

08461

长沙市印刷业战时状况 国民经济研究所具拟 赵德民调查

国民经济研究所，1938，16页，16开（总第68号 工业门印刷类 第1号）

本书共7部分：印刷业概况、原料供给问题、产品销售问题、运输方法、采办及运销之商行、资金融通问题、原料及产品之市价。

收藏单位：国家馆

08462

长沙市之重要工业

[国民经济研究所]，1938，10页，13开（总第6号 工业门概况类 第1号）

收藏单位：国家馆

08463

长沙重要工厂调查 孟学思编

湖南经济调查所，1934.8，[119]页，18开（湖南经济调查所丛刊）

本书大部分为图表。调查对象包括纺织、冶炼、机器制造、电业、玻璃、火柴、皮革、面粉及造纸印刷等。

收藏单位：广东馆、贵州馆、国家馆、湖南馆、近代史所、南京馆、首都馆、中科图

08464

长兴煤矿股份有限公司经历成绩计划汇编
长兴煤矿股份有限公司编

长兴煤矿股份有限公司，[1924.3]，[139]页，18开

本书内容包括：矿山全图、铁路全图、摄影、公司股款前后核定数目、建筑铁路之经过及将来之添设、公司经济之状况等。

收藏单位：近代史所、浙江馆

08465

长兴煤矿之恢复开采计划书

出版者不详，[1920—1949]，34页，16开

收藏单位：南京馆

08466

长治市职工"二七"至"五一"增产立功运动的基本经验总结 长治市职工会编

长治市职工会，1947.5，38页，32开

收藏单位：国家馆

08467

常德鼎新电灯股份有限公司结算报告 常德鼎新电灯股份有限公司编

常德鼎新电灯股份有限公司，1937，8页，16开

本书全部为表。收录该厂资产负债表、损益计算表、负债科目表、财产科目表。

收藏单位：国家馆

08468

厂规汇编　上海特别市社会局编

上海：大东书局，1930.6，160 页，25 开

　　本书汇编厂规 26 种，内容包括：上海饼干糖果罐头食品同业公会各厂卫生公约、上海华明火柴厂职工待遇规约及职工服务规约、泰山砖瓦公司管理工人规约、德和电机丝织厂考工规则、三民帆布织造厂工务规则等。

　　收藏单位：重庆馆、广西馆、国家馆、河南馆、湖南馆、辽宁馆、上海馆、天津馆、西南大学馆、浙江馆

08469

厂规汇编（第 2 集）　上海市社会局编

上海：大东书局，1931.6，132 页，25 开

　　本书汇编厂规 25 种，内容包括：上海华商公共汽车有限公司保险职工意外受伤规则、精益制革厂厂规、中国铜铁工厂规约、中华工业厂工场规约等。

　　收藏单位：重庆馆、广西馆、国家馆、湖南馆、南京馆、西南大学馆

08470

厂规汇刊　[青岛市社会局编]

青岛市社会局，[1930—1939]，119 页，22 开（青岛市社会局劳动丛刊）

　　本书汇编厂规 17 种，内容包括：明华鲁东华北华鲁四火柴厂工人服务规约、永裕精盐工厂工人服务规约、山东烟草公司工厂工人服务规约等。附永兴汽车公司、富士纱厂等 14 家企业劳资协约。

　　收藏单位：国家馆、南京馆

08471

厂务报告书　湖南第一纺纱厂编

湖南第一纺纱厂，1931，[199] 页，16 开

　　本书内容包括：总务课概况、工务课概况、营业课概况、公牍、特载等。

　　收藏单位：国家馆

08472

场产概况　郑福楠编著

财政部全国财务人员训练所川康区盐务人员训练班，1943.8，174 页，32 开，环筒页装（训练教材 10）

　　本书介绍川康、川东、川北、云南各区的产盐情况。

　　收藏单位：重庆馆、南京馆

08473

成都工业考查团报告　[孙克鸿等编]

成都工业考查团，[1944]，106 页，32 开

　　本书共 5 部分：前言、考查经过、各业概况、考查观感、考查意见。附成都工业品展览会概况。

　　收藏单位：重庆馆、国家馆、吉林馆、近代史所

08474

成都木材业之初步调查　王恺编

经济部中央工业试验所，1942.5，10 页，18 开（经济部中央工业试验所研究专报 133）

　　本书共 11 部分，内容包括：绪言、木材来源、运输情形、木材种及用途、品名及估价、木材之堆集法等。

　　收藏单位：国家馆

08475

成都启明电气股份有限公司民国廿六年股东会报告书　成都启明电气股份有限公司编

成都启明电气股份有限公司，[1930—1939]，[26] 页，大 16 开

　　本书共 3 部分：股东会报告书、电气事业年报、资产目录。书中题名：启明电气股份有限公司二十六年股东会报告书。

　　收藏单位：国家馆

08476

成都市小手工业调查概况　冯若斯著

成都：新新新闻报馆文化服务部，1943.10，32 页，32 开

　　本书共 5 章：成都市小手工业的调查计划述要、成都市手工业的种类与现状、已调查各种手工业的概况、成都市同业工会及公会、结论。

　　收藏单位：重庆馆、国家馆

08477

诚孚管理恒源、北洋纺织公司暂行会计规程
诚孚管理委员会编

诚孚管理委员会，1936.9，26 页，16 开

本书共 9 章，内容包括：传票、帐册、表报决算等。

08478

承办大通煤矿保记矿务实业有限公司第四、五、六、七届结算总报告书 大通煤矿保记矿务实业有限公司编

出版者不详，[1920—1949]，13 页，16 开

本书大部分为表。收录该公司第四至七届损益计算书及资产负债书等。

08479

重庆电力公司营业章程 重庆电力公司撰

重庆电力公司，1945，7 页，32 开，环筒页装

本书共 12 章，内容包括：总则、供电方式、添杆放线及加装变压器、内线装置、接电手续等。

收藏单位：重庆馆

08480

重庆电力股份有限公司二十五年度报告书
重庆电力股份有限公司编

重庆电力股份有限公司，[1937]，10 页，16 开

本书共 5 部分：前言、报告、图表、帐目、附录。介绍公司该年度发电、配电、给电、售电、资产负债、收支损益、盈余及扩充营业区域等情况。

收藏单位：国家馆

08481

重庆电力股份有限公司营业章程
[重庆电力股份有限公司]，1935，34 页，18 开

本书内容包括：总则、供电方式、内线装置、接电手续、换表移表验表及过户、电价、抄表收费、剪线复表、附则等。收录报装电灯请验单用户欠费停电请求复接单、过户通知单、用电契约等表格样本 13 种。附触电的

预防和救济、用户注意事项等。

收藏单位：重庆馆

08482

重庆电力股份有限公司月报表 重庆电力股份有限公司会计科制

重庆电力股份有限公司，1945.10，1 册，16 开

本书全部为表。内容包括：资产负债表、损益计算书、各项费用分类登记表、特项开支表等。

收藏单位：重庆馆

08483

重庆电力股份有限公司组织规程
出版者不详，[1948]，石印本，1 册，25 开，环筒页装

本书共 5 部分：总则、总公司、各厂、各办事处、其他关于处务事项。

收藏单位：重庆馆

08484

重庆江合公司损失巅末报告书
出版者不详，[1920—1949]，16 页，18 开，环筒页装

本书记述对江合公司石煤业法人赵资生等人侵占公款的判词。

收藏单位：重庆馆

08485

重庆煤矿业及煤焦管制问题（重庆煤业经济研究初步报告） 中国工业经济研究所编

中国工业经济研究所，1945.7，18 页，16 开（工业问题丛刊 第 4 号）

本书介绍重庆煤业的产运销、供需等情况。

收藏单位：重庆馆

08486

重庆市川产丝织品业 刘绍武调查 国民经济研究所具拟

[国民经济研究所]，1938，油印本，12 页，13 开（总第 79 号 工业门丝织品类 第 1 号）

本书共 8 部分：本省丝织品业之沿革概

况、运输方法、原料供给问题、产品销售问题、采办运销之商行与手续、资金融通问题、工业原料及产品之市价、本地畅销之外来工业产品。

　　收藏单位：国家馆

08487

重庆市工业会会员名册·重庆市工业会成立大会提要　重庆市工业会筹备会编

重庆市工业会筹备会，1948，油印本，11+27页，16开，环筒页装

　　收藏单位：重庆馆

08488

重庆市工业普查报告（第 1 辑 纺织业）　重庆市政府编

重庆市政府，1944.6，油印本，1 册，18 开，环筒页装

　　本书分 3 篇：普查之方法及经过、各分业概述、统计表。第 1 篇共 8 章，内容包括：工业分类说明、工业普查之范围等；第 2 篇共 4 章，内容包括：棉纺织业、毛纺织业等。

　　收藏单位：重庆馆、广东馆、国家馆、南京馆

08489

重庆市袜业调查　刘绍武调查　国民经济研究所具拟

[国民经济研究所]，1938，18 页，13 开（总第 84 号 工业门针织类第 2 号）

　　本书共 8 部分：概况、运输方法、原料供给问题、产品销售问题、采办运销之商行与手续、资金融通问题、工业原料及产品之市价、本地畅销之外来工业产品。

　　收藏单位：国家馆

08490

重庆市之棉织工业　重庆中国银行编

中国银行总管理处经济研究室，1935.8，268页，25 开（四川经济丛刊 7）

　　本书共 11 章，内容包括：沿革、现状、工人、原料、销路等。附重庆市重要棉织工厂一览表、重庆市布业同业公会简章等。

收藏单位：重庆馆、国家馆、湖南馆、近代史所、南京馆、山西馆、上海馆、绍兴馆、浙江馆

08491

重庆砖瓦业概况　徐廷荃著

经济部中央工业试验所，1939.12，4 页，16开（小工业研究指导丛刊）

　　本书共 3 部分：前言、西式砖瓦厂、中式砖瓦厂。

　　收藏单位：国家馆

08492

绸业专刊　袁凤举编

上海：凤鸣广告社，1936.5，再版，[64] 页，16 开

　　本书收文 36 篇，内容包括：《国产丝绸之回顾与前瞻》（铬清华）、《绸衣运动》（郑逸梅）、《对于丝绸业改进之吾见》（陶冷月）、《学生国货年的国绸》（陈大悲）、《妇女提倡国绸的吾见》（钱素屏）、《妇女与国绸》（朱琪）、《我对于绸缎业的感想》（沈天仪）等。

　　收藏单位：吉林馆

08493

筹备国营中央钢铁厂全部计划及奉派赴欧美审定价格并商拟最后设计报告书　黄金涛[呈]

黄金涛 [发行者]，[1933—1939]，60 页，16开

　　本书共 10 部分，内容包括：原起、进行情形、厂址之选择、原料之供给、最后拟定之钢铁厂全部设计等。附中国钢铁进口数量之统计。原载于《中国实业杂志》第 1 卷第12 期。

　　收藏单位：国家馆

08494

筹设中国苎麻公司统制苎麻出口并设立苎麻制造厂意见书　周文燮　李国柱编

出版者不详，[1930—1949]，38 页，25 开

　　收藏单位：广东馆

08495

筹设中央陆军军官学校分校洛阳电厂报告
建设委员会编

[南京]：建设委员会，1935，102页，16开

本书共12章，内容包括：筹设缘起、工作历程、厂址之勘定与工作之分配、机器之设计与购置、电厂设备与装机工程、线路设备与布线工程、土木工程述要等。

收藏单位：国家馆

08496

初步国防工业建设计划大纲 谭炳训著
天津：谭炳训，1932.5，29页，32开，环筒页装

本书共9部分，内容包括：设计原则、设计概说、国防之区划分、中央国防区之工业建设、其他国防区之工业建设、国防交通建设、怎样集资等。

收藏单位：国家馆

08497

川瓷公司总技师向献统报告股东书 向献统报告
出版者不详，[1930—1949]，3页，23开，环筒页装

收藏单位：重庆馆

08498

川康工合事业 中国工业合作协会川康区办事处编
中国工业合作协会川康区办事处，1940.7，3册，16开

本书共3编：川康工合事业之鸟瞰、各事务所之工作、今后的川康工合事业。附成都事务所教育股工作报告。

收藏单位：重庆馆、贵州馆、国家馆、吉林馆、近代史所、南京馆、西南大学馆、中科图

08499

川康毛麻工业调查报告 经济部工矿调整处编
[经济部工矿调整处]，1940.1，76页

本书共5章，内容包括：四川省羊毛之产销、西康省羊毛之产销、川康两省之羊毛工业等。

收藏单位：近代史所

08500

川康区各县战时食盐购销处暂行办法大纲
出版者不详，[1930—1949]，7页，16开

收藏单位：南京馆

08501

川康区盐务人员须知 川康盐务管理局编
川康盐务管理局，1942.2，油印本，1册，32开

收藏单位：南京馆

08502

川康兴业股份有限公司章程 川康兴业股份有限公司撰写
川康兴业股份有限公司，1941，1册，16开

本书介绍该公司的经营范围、股本金额及董事会的组成等，并收录章程61条。附川康兴业公司组织系统表。本章程于1940年1月28日由行政院第501次会议通过。

收藏单位：重庆馆

08503

川康盐务管理局盐业燃料材料统制委员会威煤统购处工作概况报告书 川康盐务管理局盐业燃料材料统制委员会威煤统购处编
川康盐务管理局盐业燃料材料统制委员会威煤统购处，[1939]，24页，18开

本书共4部分：叙言、总务部份、采运部份、会计部份。所涉时间为1939年6月1日至12月31日。

收藏单位：国家馆

08504

川康专号 经济部采金局编
经济部采金局，[1942]，112页，16开（金矿丛刊）

本书共两部分：概论、分论。分论介绍四川省嘉陵江、碚江、岷江、金沙江、长江流

343

域以及西康省的金矿和金砂矿，说明其位置、交通、水系、地层、地质构造、砂金矿产等。

收藏单位：北师大馆、重庆馆、广东馆、国家馆、南京馆

08505

川南盐场概况与关系工业最近之展望 杨公庶 王舜绪编著

杨公庶[发行者]，1937.8，129页，16开

本书共6章：总论、富荣盐场、犍乐盐场、副产、富荣犍乐煤业概况、结论。

收藏单位：重庆馆、近代史所、南京馆

08506

川西北燃料问题（彭灌安绵查勘组报告） 四川省政府建设厅秘书室编审股编

四川省政府建设厅，1943，[58]页，18开

本书共3部分：成都市燃料供给初步计划书、彭灌（彭县、灌县）查勘组报告、安绵查勘组报告。

收藏单位：重庆馆、国家馆、中科图

08507

川西伐木工业之调查 经济部中央工业试验所木材试验室编

经济部中央工业试验所木材试验室，1942.3，1册，16开（经济部中央工业试验所木材试验室特刊第3卷1）

本书共8部分，内容包括：森林之勘察与砍伐、劳工、器械、木料之运输等。

08508

川西南竹材制纸工业概况 阮履泰著

四川省农业改进所林业试验场，[1940]，64页，18开

本书共12部分，内容包括：竹材制纸区之一般情况、竹材制纸技术、竹材制纸原料、竹制纸之运销、竹材制纸区之竹林管理等。

收藏单位：重庆馆、国家馆、近代史所、南京馆

08509

川盐改进与资源 熊楚编著

熊楚[发行者]，1941.12，74页，32开（富顺私立兴华中学盐业职业科讲义）

本书内容包括：非常时期应如何统制川盐、增产前期整顿富荣盐场刍言、富荣盐场联合发电及制盐意见书、视察自贡火井报告书等。

收藏单位：国家馆

08510

川盐实况及增产问题 张肖梅 朱觉方著

重庆：中国国民经济研究所，[1939]，342页，32开（中国国民经济研究所丛书）

本书共4章：引言、川盐实况、川盐增产问题、结论。附制盐特许条例等。

收藏单位：重庆馆、广东馆、国家馆、南京馆、天津馆、中科图

08511

创办国营广告改良工业促进生产刍议 吴赓恕著

出版者不详，[1930—1939]，26页，22开（中国民族复兴的政策与实施专著1）

收藏单位：广东馆

08512

创办中央机器制造厂之计划书

出版者不详，[1928—1929]，28页，大16开，环筒页装

本书共3章：中国之建设问题、机器之需要、中央机器厂。

收藏单位：国家馆

08513

创设过磷酸肥料制造厂计划书 马寿征拟

浙江省建设厅化学肥料制造厂筹备处，1936.5，33页，16开

08514

创设人造丝厂计划书

出版者不详，[1935]，14页，21开

本书附英文说明。

08515

创造新纪录与合理化建议 中华邮政工会全国筹备委员会华东办事处编

出版者不详，[1920—1949]，34 页，32 开

本书内容包括：新纪录运动中的几个问题、东北职工总会关于开展新纪录运动的决定、沈市邮局合理化建议审查及奖励办法草案等。

收藏单位：南京馆

08516

磁县炭田调查 （日）山根新次调查

晋冀鲁豫边区政府，1946，11 页，32 开

收藏单位：国家馆

08517

磁业概况·搪瓷业概况 潘吟阁编著

上海：中华职业教育社，1929，10 页，32 开（研究职业分析）（职业概况丛辑 18）

本书为合订本。分别叙述两个行业的历史、工作、交易、现状与将来、组织就业手续与待遇等。

收藏单位：国家馆

08518

从国防着眼论工业建设 徐庭瑶著

徐庭瑶 [发行者]，1943.3，66 页，25 开

本书内容包括：资金筹措与管制、资源开发与保护、军事对于工业统制的必要、工资法与人事法的制定与执行、工业的交通政策、厂址安全等。

收藏单位：重庆馆、广东馆

08519

从上海化学工艺展览会观察中国化学工业之现状 吴承洛著

出版者不详，[1911—1949]，50 页，16 开

本书共 30 部分，内容包括：工业药品、医用药剂、防疫杀虫、矿场原料、肥料等。

收藏单位：国家馆、首都馆

08520

达隆毛织厂一览 达隆毛织厂编

上海：达隆毛织厂，[1911—1949]，[68] 页，23 开

08521

大岭滑石矿业股份有限公司章程 大岭滑石矿业股份有限公司编

大岭滑石矿业股份有限公司，1928.6，10 页，16 开

收藏单位：国家馆

08522

大牵伸 （日）沈泮元著

无锡：申新公司职员养成所，上海：华商纱厂联合会，1932.6，124 页，22 开

收藏单位：上海馆

08523

大同矿业公司同人录 大同矿业公司编

大同矿业公司，1934.12，20 页，22 开，环筒页装

收藏单位：国家馆

08524

大源凿井工程公司图说 大源凿井工程公司编

上海：大源凿井工程公司，[1930]，1 册，23 开，环筒页装

本书介绍该公司的基本情况及业务范围。

收藏单位：重庆馆

08525

大中华纺织公司中华民国十一年四月开幕纪念

出版者不详，1922，1 册，横 16 开

收藏单位：广东馆

08526

当前的动力问题 钱健夫著

重庆：建华文化事业公司，1944，98 页，32 开

本书共 7 章：严重阶段的动力问题、战时后方动力的长成、血汗交流的几项成绩、停电的原因及其损失、电价问题的几个实例、

管制电价的实际效果、今后应走途径的商榷。

收藏单位：重庆馆、国家馆、南京馆、首都馆

08527

党政工联席会议总结　太行实业公司编

太行实业公司，1949，35 页，32 开

收藏单位：河南馆、山西馆

08528

德国全国实业协会中国考察团呈递中国国民政府意见书　德国全国实业协会中国考察团呈递

出版者不详，[1931.4]，石印本，134+122 页，10 开，精装

本书共 6 部分：导言、筹集资本问题、交通事业、电气事业、促进中国机械事业发展之方法、钢铁事业。

收藏单位：国家馆、南京馆、中科图

08529

德化之瓷业　王调馨著

福建协和大学福建文化研究会，1936，12 页，22 开

收藏单位：福建馆

08530

敌伪强迫收买纱布剩余额应否发还之我见　潘士浩著

上海：新陆棉织厂，1946.1，再版，15 页，32 开

上海：新陆棉织厂，1946.4，增订 3 版，51 页，32 开

本书叙述敌伪强迫收买纱布过程，提出国民政府接受敌产后，应将剩余纱布发还原有者。内容包括：纱布厂号之使命、损害计算、四分之一未发价金、仅存之元气等。

收藏单位：南京馆、内蒙古馆、上海馆

08531

第二次湖南矿业纪要（民国十七年至二十年）　刘基磐　郭绍仪著

湖南地质调查所，1932.12，104 页，16 开

（报告 第 14 号）（矿业专报 第 3 册）

本书分两编：金属矿、非金属矿。共 14 章，内容包括：金、银铅锌、铜、铁、硫磺、石墨等。接续《第一次湖南矿业纪要》编纂，体裁与前次大体相同，但列举的矿区更多且更详细。

收藏单位：国家馆、湖南馆、南京馆、上海馆、首都馆、天津馆

08532

第五届营业报告书　华中水电股份有限公司编

上海：华中水电股份有限公司，1940.11，15 页，32 开

收藏单位：南京馆

08533

第八届营业报告书

上海：华中水电股份有限公司，1941，6 页，32 开

收藏单位：南京馆

08534

第六区机器棉纺织工业同业公会第一届会务报告　第六区机器棉纺织工业同业公会编

第六区机器棉纺织工业同业公会，1948.6，92 页，32 开

本书共 10 部分，内容包括：概况、花纱布之管理、工务、度量衡之改制、税务、学校、水灾赈捐等。

收藏单位：上海馆

08535

第六区机器棉纺织工业同业公会会员录　第六区机器棉纺织工业同业公会编

第六区机器棉纺织工业同业公会，1946.4，65 页，32 开

第六区机器棉纺织工业同业公会，1947.7，69 页，32 开

第六区机器棉纺织工业同业公会，1948.6，73 页，32 开

本书收录第六区内 134 家棉纺织厂的地址、代表人、纱锭、商标等。

收藏单位：广东馆、上海馆

08536

第六区机器棉纺织工业同业公会章程修正草案

出版者不详，[1948—1949]，24页，25开

　　本草案于1948年6月18日修正。

08537

第七次矿业纪要　白家驹编

出版者不详，[1945]，12+772页，16开

　　本书内容包括：中国各矿储量、中国已设权之矿区面积、各矿产量、各类矿产品出入口概况、全国矿业统计、各省矿业近况等。

　　收藏单位：重庆馆

08538

第一区机器工业同业公会周年纪念刊　第一区机器工业同业公会总务科编

第一区机器工业同业公会总务科，1940.6，114页，16开

　　本书共33部分，内容包括：本会筹备经过、会员工厂一览表、本会组织系统表、工业同业公会法、专载等。附经济部钢铁管理规则、经济部钢铁管理委员会钢铁材料登记办法、经济部川康铜业管理规则、工厂运输证明式样、方钢圆钢重量表、钢板重量表等8种。

　　收藏单位：国家馆

08539

滇池西岸之铁　王乃梁具拟

资源委员会经济研究室，[1940—1949]，油印本，1册，16开（资源委员会经济研究室云南工矿调查报告15）

　　收藏单位：南京馆

08540

滇黔专号　经济部采金局编

经济部采金局，[1940—1949]，1册，18开（金矿丛书）

　　本书共两部分：概况、分论。分论部分介绍滇、黔（含陕、甘、青省）的金矿和金砂矿，包括位置、交通、水系、地层、地质构造、砂金矿产等。目录页题名：滇黔金矿专号。

　　收藏单位：北师大馆、重庆馆、广东馆、贵州馆、国家馆、南京馆

08541

电力　东北物资调节委员会研究组编

沈阳：东北物资调节委员会，1948.2，130页，32开，精装（东北经济小丛书17）

　　本书共3章：东北电力事业之沿革、发电资源、东北电力之将来。

　　收藏单位：安徽馆、长春馆、重庆馆、东北师大馆、广东馆、国家馆、河南馆、黑龙江馆、吉林馆、辽大馆、辽东学院馆、辽宁馆、辽师大馆、内蒙古馆、宁夏馆、山西馆、上海馆、首都馆、天津馆、西南大学馆

08542

电力　顾毓琇著

中国工程师学会，[1930—1949]，35页，16开（中国工程师学会四川考察团报告5）

　　本书介绍成都、重庆等地电厂考察概况，并提出考察意见。

　　收藏单位：安徽馆

08543

电力报告书　东北科学技术学会编

出版者不详，1945.9，油印本，38页，16开

　　本书共4部分：沿革、现状、电气事业之关系团体、将来对策。

　　收藏单位：长春馆、广东馆、中科图

08544

电力工业建设　陈成熙讲述

国防研究院，1943.1，16页，32开

　　收藏单位：南京馆

08545

电料出纳规则

出版者不详，1920，1册，16开

　　收藏单位：国家馆

08546

电气公司营业章程拟例（第一号） 建设委员会全国电气事业指导委员会编

南京：建设委员会图书馆，1936.3 重印，12页，16 开

本章程共 37 条，分 5 章：总则、电灯、电力、电热、附则。

收藏单位：重庆馆、广东馆、国家馆、南京馆

08547

电气事业 行政院新闻局编

行政院新闻局，1947，32 页，32 开

本书共 6 部分：前言、战前我国电气事业、抗战时期的电气事业、电气事业现况、发展计划、结论。

收藏单位：安徽馆、长春馆、重庆馆、东北师大馆、广东馆、广西馆、贵州馆、国家馆、河南馆、湖南馆、吉大馆、江西馆、近代史所、辽宁馆、南京馆、宁夏馆、上海馆、首都馆、浙江馆、中科图

08548

电气事业标准会计科目制度

南京：建设委员会图书馆，1933.6，[17] 页，16 开

南京：建设委员会图书馆，1934，再版，15页，16 开

本书共 6 部分：施行办法及说明、资产科目、负债科目、收入科目、费用科目、费用科目分类法。附电气事业盈余分配科目。本制度于 1933 年 6 月 16 日公布。

收藏单位：国家馆、南京馆

08549

电气业统一会计科目 国民政府主计处会计局编

国民政府主计处会计局，1943.5，18 页，32开

本书分两部分：总分类帐科目、明细分类帐科目。第 1 部分共两章：资产负债类、损益类；第 2 部分共 8 章：产业及设备、发电费用、供电费用、间接生产费用、推销费用、管理及总务费、财务收入、财务费用。

收藏单位：重庆馆

08550

电气用具业报告书 全国经济委员会编辑

全国经济委员会，1936.7，38 页，16 开（全国经济委员会经济专刊 8）

本书介绍上海市内电灯、霓虹灯的制造程序、种类、价格，及制造电灯所需的主要材料——钨丝的产销状况及制造方法。共 3章：电灯、钨、霓虹灯。

收藏单位：重庆馆、广东馆、广西馆、国家馆、南京馆、上海馆

08551

电业年刊（中华民国二十年） 全国民营电业联合会浙江省分会编

全国民营电业联合会浙江省分会，1931.9，[200] 页，16 开

本书收录该会的会务纪要、同业消息、论文等。

08552

调查北京工厂报告（民国十三年） 王季点薛正清编

出版者不详，[1924]，36 页，16 开

本书共 14 部分，内容包括：沿革、啤酒业、地毯业、织布业、印刷业、铁工业、景泰蓝业、磁器制造业等。

收藏单位：国家馆

08553

调查川边矿产说明书 王权调查设计

川南建设日报社，1938.10，3 版，28 页，16开

本书收录川边矿业办法大纲 6 条，内容包括：言公司、言红利分成、言经费等。

收藏单位：国家馆

08554

调查富荣盐务纪略 汪叔庵著

[川盐银行]，[1932]，108 页，25 开

本书共 4 编：二十一年秋关成交始末记、

产场、销岸、运道。

收藏单位：重庆馆

08555

调查河东盐产及天然芒硝报告 [张子丰执笔]

[塘沽]：黄海化学工业研究社，1934.2，26页，16开（黄海化学工业研究社调查研究报告5）

[上海]：黄海化学工业研究社，1949重印，26页，18开（黄海化学工业研究社调查研究报告5）

本书为1933年冬对中条山北麓河东盐场盐池生产的调查结果。共8部分，内容包括：沿革、硝板上晒盐之特点、芒硝之储量、交通运输及无水芒硝之市价等。附芒硝用途之建议。

收藏单位：重庆馆、国家馆、南京馆、上海馆

08556

调查四川自流井盐煤气各矿报告 杨维桢编

出版者不详，[1920—1949]，4页，16开

本书共9部分：矿质、矿苗、地势、水患、开采、产额、运道、销路、税则。

收藏单位：上海馆

08557

调查塘沽永利纯碱厂报告书 天津特别市社会局编

天津特别市社会局，[1928]，20页，32开（天津特别市社会局刊物）

本书内容包括：沿革及其变迁、工厂工程及其设备、股本、组织、劳动状况、工人教育等。

收藏单位：国家馆

08558

调查统计报告书 工商部编

出版者不详，1930，5册

本书共5册：工业工人人数工资及工时统计表、历年工资统计表、工会概况统计表、工厂概况统计表、总报告。

收藏单位：近代史所

08559

调查威远煤矿报告 蔡远泽 朱庭祜 [著]

出版者不详，[1921—1949]，油印本，21页，13开，环筒页装

本书共8章：绪言、位置及交通、地形及地质、地质及煤量、矿业现状、运输、建议、结论。

收藏单位：国家馆、南京馆

08560

调查西康关外炉霍乌齐一带盐产报告 张志福 [著]

出版者不详，[1920—1949]，手写本，1册，13开

收藏单位：国家馆

08561

东宝石狮银铅矿复工计划 福建宁德华兴瑞记矿业股份有限公司编

福建宁德华兴瑞记矿业股份有限公司，1947.1，9页，32开

本书共6部分：矿区概况、开采经过、复工计划、运输与福利、经费概算、盈亏估计。

收藏单位：福建馆

08562

东北采金矿业之过去及将来 高旭征著 经济委员会经济研究调查处编

经济委员会经济研究调查处，[1940—1949]，[13]页，16开（经济研究调查处丛刊3）

本书内容包括：绪言、世界各国金矿业之趋势、东北金矿资源之地质学观察、东北地域之金藏量等。

收藏单位：国家馆

08563

东北的工业 郑学稼著

上海：东方书店，1946.9，208页，32开（东北经济丛书2）

本书共10章，内容包括：绪论、电力与煤气、金属工业、化学工业、纺织工业、粮

食工业与烟草业等。

收藏单位：重庆馆、广东馆、国家馆、黑龙江馆、吉林馆、近代史所、南京馆、上海馆、浙江馆、中科图

08564

东北的矿业 施良著 东方经济研究所主编

上海：东方书店，1946.9，177 页，32 开（东北经济丛书 3）

本书共 6 章：总说、铁矿、煤矿、金矿与砂金、非铁金属矿、非金属杂矿。第 1 章内容包括：东北矿业略史、东北矿业之经营系统等。其余各章按矿区分论。

收藏单位：重庆馆、东北师大馆、广东馆、广西馆、国家馆、河南馆、黑龙江馆、湖南馆、近代史所、辽大馆、辽宁馆、辽师大馆、南京馆、内蒙古馆、宁夏馆、清华馆、山西馆、陕西馆、上海馆、首都馆、天津馆、西南大学馆、浙江馆、中科图

08565

东北电力局资源委员会成立周年纪念专刊
东北电力局资源委员会编

沈阳：东北电力局资源委员会，1947，81 页，18 开

收藏单位：国家馆

08566

东北电业概况 中央设计局东北调查委员会编

中央设计局东北调查委员会，1945.7，油印本，37 页，16 开，环筒页装

本书共 7 章：绪论、东北之电力资源、东北火力发电概况、东北水力发电概况、结论等。

收藏单位：国家馆、南京馆

08567

东北钢铁工业概况 资源委员会钢铁业务委员会编

出版者不详，1945，油印本，1 册，16 开

收藏单位：广东馆、南京馆

08568

东北工矿业之复员计划纲要 韩春暄拟

出版者不详，1944，油印本，42 页，18 开

本书共 6 部分：绪言、东北工业现况、东北矿业现况、接管东北工矿业之原则、今后东北工矿业经营之方式、结论。

收藏单位：国家馆

08569

东北军工第一届职工代表大会汇刊 [东北军事工业职工总会编]

出版者不详，1948，91 页，32 开

本书内容包括：何长工开幕词、李富春讲话、《关于发展职工运动的几个问题》（高长文）、伍修权闭幕词、军工职工公约、工会章程等。

08570

东北水力发电事业 王璧岑著

沈阳：资源委员会东北电力局，1947.8，71 页，32 开（东北电力丛书）

本书共 5 部分：东北水力概况、介绍小丰满、首先完成的镜泊湖、东北水力发电现况及前瞻、附录。附录有关鸭绿江及图们江发电事业备忘录、东北电力概况等。

收藏单位：广东馆、国家馆、南京馆

08571

东北造船所汇刊 东北造船所编

[哈尔滨]：东北造船所，1930.10，80 页，16 开

本书共 8 章：沿革、组织、资产、工厂、机器、制造、财政、杂案。所收资料自 1926 年 3 月 1 日该所成立时起，至 1930 年 8 月底止。

收藏单位：国家馆

08572

东北造船所民国十七年度大事记 东北造船所编

[哈尔滨]：东北造船所，[1928]，33 页，18 开

本书内容包括：东北造船所之沿革、江北

船坞概况、东北造船所组织纲要、民国十七年度制造工程等。

收藏单位：国家馆

08573

东北造纸业概况　国民政府主席东北行辕经济委员会经济调查研究处编

沈阳：国民政府主席东北行辕经济委员会经济调查研究处，1947.9，51 页，16 开（经济调查研究处丛刊 3）

本书共 3 章：东北造纸业简史、东北造纸业之现况、结论。附各国造纸工厂数、各国纸张生产量、各国纸张消费量 3 张表。

收藏单位：国家馆、辽宁馆、南京馆

08574

东北之铁路车辆工业　资源委员会沈阳机车车辆制造有限公司编

资源委员会沈阳机车车辆制造有限公司，1948.2，42 页，22 开（车辆工业丛书）

本书共 7 章，内容包括：东北铁路车辆工业之发达经过、八一五以前铁路车辆制造概况、八一五以前铁路车辆修理情况、铁路车辆工业之复工对策、结论等。

收藏单位：广东馆、国家馆、南京馆、首都馆、天津馆、中科图

08575

东三省的矿产问题　侯德封编

北平：[侯德封]，1932.12，46 页，32 开

本书介绍东北三省的煤、铁等矿产的产量、运销及与日本的关系。

08576

东三省之工业　屠哲隐编

上海：南京书店，1932.7，59 页，32 开

本书共 35 章，内容包括：榨油业、制粉业、酿酒业、柞蚕丝业、毛织业等。

收藏单位：安徽馆、广东馆、国家馆、黑龙江馆、湖南馆、吉林馆、江西馆、陕西馆、上海馆、天津馆

08577

东亚精神　天津东亚毛呢纺织公司编订

天津东亚毛呢纺织公司，1945.10，2 册（412+41 页），32 开

本书分甲、乙两册。甲册介绍天津东亚毛呢纺织公司的厂规、厂训，共 3 部分：总类、理想的职员、成功的职员；乙册介绍天津东亚毛呢纺织公司的企业组织，共 4 部分：工友训练之组织、班长、讲授、纲要。

收藏单位：国家馆

08578

豆腐制造业分析　萧树生著

江西省实施百业教育委员会，1938.10，22 页，25 开（百业教育丛刊 6）

收藏单位：江西馆、南京馆

08579

督办言论集（第 1 册）　工务总署秘书室辑

工务总署秘书室，[1943]，油印本，1 册，18 开

本书内容包括：朝会训话、华北之自给自足、业务会议训示、庆祝国府还都政会成立四周年感言、第二次促进华北新建设成果座谈会、华北防水工作之进行等。附薰风新年号题辞、三唐辑要序。

收藏单位：国家馆

08580

短纤维工业经营之经过与吾辈今后之觉悟、中国近代之危机及吾辈之责任　池宗墨述

出版者不详，[1930—1949]，38 页，32 开

本书为文言体。介绍作者从事纺织业的经历以及实业救国的主张。

收藏单位：上海馆

08581

对今后发展纺织的意见　晋绥边区生产委员会编

晋绥边区生产委员会，1946.2，9 页，32 开（晋绥边区生产会议材料 5）

收藏单位：重庆馆、国家馆、山西馆

08582

对于"战后工业建设之方针"提供参考之意见　杨继曾著

出 版 者 不 详，[1945—1949]，10 页，16 开，环筒页装

　　本书共 3 部分：什么是工业、我国工业以往失败的原因、今后建设工业必循之途径。

　　收藏单位：国家馆

08583

二十二年全国矿业工会与矿业工人调查报告

中国国民党中央民众运动指导委员会，1934.9，116 页，32 开

　　收藏单位：国家馆、上海馆、首都馆

08584

二十六年七月至二十八年十二月陕西省主要工业产销状况调查统计表（火柴工业）

出版者不详，[1940]，晒印本，4 页，横 16 开

　　收藏单位：国家馆

08585

二十六年七月至二十八年十二月陕西省主要工业产销状况调查统计表（面粉工业）

出版者不详，[1940]，晒印本，12 页，横 16 开

　　收藏单位：国家馆

08586

二十六年七月至二十八年十二月陕西省主要工业产销状况调查统计表（三酸工业）

出版者不详，[1940]，晒印本，4 页，横 16 开

　　收藏单位：国家馆

08587

二十七年业务报告　江西省民生手工纺织社编

吉安：江西省民生手工纺织社，1939.1，36 页，22 开，环筒页装

　　本书共 5 部分：筹办经过、业务概况、试验改良工作、会计报告、附录。书中题名：江西省民生手工纺织社二十七年业务报告。

　　收藏单位：国家馆

08588

发展工矿手工业　晋绥边区生产委员会编

晋绥边区生产委员会，1946.2，7 页，32 开（晋绥边区生产会议材料 6）

　　收藏单位：重庆馆、国家馆

08589

发展工业的劳动政策与税收政策　陈伯达[等] 著

晋冀鲁豫军区政治部，1948.2，21 页，32 开

　　本书收文 3 篇：《发展工业的劳动政策与税收政策》《中共晋冀鲁豫中央局关于工商业政策的指示》《坚持职工运动的正确路线反对"左"倾冒险主义》。

　　收藏单位：重庆馆

08590

发展工业的劳动政策与税收政策　陈伯达[等] 著

新洛阳报社，[1940—1949]，12 页，36 开

　　收藏单位：南京馆

08591

发展工业的劳动政策与税收政策　陈伯达著

中共沈阳特别市工委宣传部，[1940—1949]，10 页，32 开（政策介绍 4）

　　收藏单位：重庆馆、国家馆、宁夏馆、上海馆

08592

发展我国制药工业意见书　黄素封　鄂曲曼著

上海：中国工业月刊社，[1930—1949]，19 页，16 开（中国工业月刊丛刊 1）

　　收藏单位：上海馆

08593

发展中国酒精酱油工业计画　实业部中央工业实验所编

实业部中央工业实验所，1931.12，24 页，32 开

本书从能力、收支及预算、开办费及流动金等方面介绍该发展计画。

收藏单位：国家馆、南京馆、上海馆

08594

纺建要览　彭敦仁主编　王望孚等编

中国纺织建设公司董事会，1948.1，298页，16开，精装

本书共9章：简史、接收与清查、组织、管理、工务、业务、会计与财务、福利设施、各厂简介。附本公司各项法规章则及各厂使用成品商标。

收藏单位：广东馆、国家馆、近代史所、南京馆、上海馆、首都馆、天津馆、中科图

08595

纺联概览　全国纺织业联合会编

上海：全国纺织业联合会，1947.12，46页，22开（纺联会刊第1辑2）

本书收录第二届理事表及监事表、各区同业公会一览表、各区同业公会理监事姓名表、全国纺织厂纱锭布机数目表、该会经办事业概要、中华民国机器棉纺织工业同业公会联合会章程、该会组织系统表等。

收藏单位：重庆馆、国家馆

08596

纺纱业之将来　（日）下野新之助原著　整理棉业筹备处调查股编译

天津：整理棉业筹备处棉业传习所，1921.2，69页，18开

收藏单位：江西馆

08597

纺织工业　上海市商会商业月报社编辑

上海市商会商业月报社，1947，1册，16开

本书为纺织工业专刊。内容包括：论述、专著、棉纺织、毛纺织、丝织、藤织、印染织、复制品、原棉、各地纺织工业、调查统计报告等。"论述"部分内容包括：《中国纺织事业之过去现在与未来》（朱仙舫）、《如何复兴中国纺织工业》（潘士浩）、《我国纺织业的前途》（方炯）等。附同业公会会员录、工厂

出品一览等。

收藏单位：重庆馆、东北师大馆、近代史所、上海馆、首都馆

08598

纺织工业　行政院新闻局编

行政院新闻局，1947.11，54页，32开

本书共5部分：引言、抗战以前五十年的盛衰史、抗战时期的纺织工业、抗战胜利后的我国纺织工业、结语。

收藏单位：重庆馆、大庆馆、广东馆、贵州馆、国家馆、湖南馆、江西馆、近代史所、辽大馆、辽宁馆、南京馆、内蒙古馆、宁夏馆、上海馆、首都馆、浙江馆

08599

纺织业调查报告　吴甄编

天津市社会局，1931，20+352页，16开

本书共两篇：各纱厂概况、各纱厂工人概况。

收藏单位：国家馆、近代史所、首都馆、天津馆、中科图

08600

纺织业与抗战建国　石志学著

西安：秦风日报社，1939.6，90页，18开

本书共7编，内容包括：适用法规之制定、运输法规之改善、技术人才之培养、游民之取缔及利用等。

收藏单位：重庆馆、国家馆、近代史所、南京馆、清华馆、浙江馆、中科图

08601

纺织运动与纺织英雄　太行二届群英大会编辑委员会编

太行二届群英大会编辑委员会，1947.1，47页，32开（太行二届群英大会丛书4）

本书共两部分：太行区纺织事业的发展、纺织英雄典型材料。第2部分内容包括：《纺织英雄赵春花》（赵菊香）、《纺织模范老师郭爱妮》（肖景林）、《纺织模范工作者赵九洲》（吴利珍）等。

收藏单位：重庆馆、国家馆、近代史所

08602

非铁金属

国防研究院，1943.1，12 页，32 开

收藏单位：南京馆

08603

肥皂工厂计划 经济部中央工业试验所编

经济部中央工业试验所，1938，14 页，32 开
（小规模工业计划丛刊）

本书内容包括：小规模肥皂厂计划、四万元肥皂厂之设计、一万元直接火浣皂厂之设计等。

收藏单位：重庆馆、贵州馆、国家馆、南京馆

08604

废田还湖及导淮入海会议黄河河务会议汇刊 内政部编

内政部，1932.9，102 页，16 开

本书共 3 篇：法规及图表、审查报告及决议、附录。附录开会词、各代表的致词及有关公文等。

收藏单位：广东馆、国家馆、上海馆、首都馆

08605

丰满发电厂厂史片断 丰满发电厂编

出版者不详，[1930—1949]，30 页，16 开

收藏单位：国家馆

08606

缝纫业分析 酆廷和著

江西省实施百业教育委员会，1938.6，16 页，25 开（百业教育丛刊 3）

收藏单位：江西馆

08607

奉派赴欧美审定钢铁厂价格及商定钢铁厂设计报告书 黄金涛呈

黄金涛 [发行者]，[1930—1949]，64 页，16 开

本书内容包括：在美审核钢铁厂价格情形、变更计划后喜望公司最后报价、从调查

欧美各厂价格拟定建设国营钢铁厂之适当价格等。附安徽当涂马鞍山中央钢铁厂厂址形势暨全厂分布图。

收藏单位：广东馆、国家馆、首都馆

08608

奉天抚顺煤矿报告 虞和寅著

北京：北华印刷局，[1921—1949]，272 页，16 开

本书共 32 章，内容包括：选煤（附贮煤）、通风、灯火、工人待遇及管理办法、坑内保安、销路及营业利益、机械工场及木工场等。调查时间为 1921 年 2 月。

收藏单位：东北师大馆、近代史所、上海馆、首都馆

08609

佛南车茶区概况 范和钧著

范和钧，[1941]，油印本，31 页，13 开，环筒页装

收藏单位：国家馆

08610

孚昌染织厂股份有限公司章程 孚昌染织厂编

上海：孚昌染织厂，[1911—1949]，[6] 页，18 开

08611

福电铁工厂创立经过及今后方针 福电铁工厂编

福电铁工厂，[1911—1949]，20 页，32 开

本书介绍该厂之沿革、组织、设备、制品、经济状况等。附出品一览表。

收藏单位：上海馆

08612

福建矿产调查 国民经济研究所纂辑 宋宏梅调查

国民经济研究所，[1911—1949]，油印本，26 页，16 开，环筒页装

本书共 3 部分：引言、地质、矿产。

收藏单位：国家馆

08613

福建矿务志略　梁津编

福建财政厅，1917.6，1 册，16 开

本书共 6 卷："历史篇""地质篇""矿产篇上　煤铁"、"矿产篇中　五金"、"矿产篇下　杂矿""矿政篇"。

收藏单位：广东馆、国家馆、近代史所、上海馆、首都馆、西南大学馆、中科图

08614

福建省各县区手工业概况调查表　[福建省政府教育厅编]

[福建省政府教育厅]，1941.7，油印本，1 册，16 开，环筒页装

本书全部为调查表。调查对象包括针织类、糖业类、酱油业类、蓑衣业类等。

收藏单位：国家馆

08615

福建省矿务汇刊（第 1 号）　福建省建设厅矿产事务所编

福建省建设厅矿产事务所，1937.12，230 页，16 开

本书共 4 部分：福建省建设厅矿产事务工作概况、调查报告、化验报告、考察报告。

收藏单位：国家馆

08616

福建省企业公司瓷器厂设计书　[福建省企业公司编]

[福建省企业公司]，[1941]，油印本，1 册，13 开

本书共 11 章，内容包括：组织、厂址及厂屋布置、原料种类、产品及副产品、工人数目及工资等。

收藏单位：福建馆

08617

福建省企业公司纺织厂设计书　[福建省企业公司编]

[福建省企业公司]，[1941]，油印本，1 册，16 开

收藏单位：福建馆

08618

福建省企业公司肥料厂设计书　[福建省企业公司编]

[福建省企业公司]，[1941]，油印本，1 册，13 开

收藏单位：福建馆

08619

福建省企业公司炼糖厂设计书　[福建省企业公司编]

[福建省企业公司]，[1941]，油印本，1 册，13 开

收藏单位：福建馆

08620

福建省企业公司皮革厂设计书　[福建省企业公司编]

[福建省企业公司]，[1941]，油印本，1 册，13 开

收藏单位：福建馆

08621

福建省企业公司造纸厂设计书　[福建省企业公司编]

[福建省企业公司]，[1941]，油印本，1 册，13 开

收藏单位：福建馆

08622

福建省企业特种股份有限公司铁工、纺织、肥料、酒精、炼糖、工艺、面粉、造纸、皮革、瓷器厂设计书　福建省特种股份有限公司编

福州：福建省特种股份有限公司，[1941]，油印本，1 册，16 开

收藏单位：福建馆、国家馆

08623

福建省企业特种股份有限公司永安、沙县、南平、漳州、龙岩、仙游电厂设计书　[福建省特种股份有限公司编]

福州：福建省特种股份有限公司，[1941]，油印本，1 册，16 开（福建文库）

收藏单位：福建馆、国家馆

08624

福建省手工业技艺和主要物产

福建省政府教育厅，1943，1册，32开（福建省地方教材 乙种6）

　　收藏单位：南京馆

08625

福建省政府建设厅填筑堤岸并改造江南万寿两桥之定约概略　[福建省政府建设厅编]

[福建省政府建设厅]，1930.12，24页，16开

　　本书内容包括：改造万寿桥及江南桥合约、改造江南万寿两桥工程说明书、改造万寿江南两桥工程预算书、建筑福州市万寿桥北端堤岸填地造路工程合约等。

　　收藏单位：福建馆

08626

福建之纸　林存和编

福建省政府统计处，1941.3，316页，25开（福建调查统计丛书4）

　　本书共10章：沿革、生产概况、生产组织、原料与制造、包装与运输、市场概况、成本与价格、税捐、管制、改进。附战前本省各县纸类生产量值、福州纸品外销量值、福建省战时工商管理纲要。

　　收藏单位：重庆馆、广东馆、贵州馆、国家馆、吉林馆、近代史所、辽宁馆、南京馆、上海馆

08627

福建之纸业　福建省政府秘书处统计室编

福建省政府秘书处统计室，[1938]，油印本，3册（79+73+87页），16开，环筒页装（福建调查统计专刊第1种）

　　本书为《福建之纸》（林存和）的初稿。共8部分，内容包括：沿革、生产概况、制造方法、贸易情形、运输概况、捐税等。

　　收藏单位：重庆馆、福建馆、广东馆、国家馆、南京馆

08628

福州电气股份有限公司章程　[福州电气股份有限公司编]

[福州电气股份有限公司]，1933，68页，32开

　　收藏单位：福建馆

08629

复兴面粉股份有限公司章程　复兴面粉股份有限公司编

重庆：复兴面粉股份有限公司，1941，1册，25开，环筒页装

　　本书内容包括：复兴面粉股份有限公司章程、复兴面粉股份有限公司组织规程、复兴面粉股份有限公司办事细则、复兴面粉股份有限公司制造厂办事细则、复兴面粉股份有限公司职工待遇规程等。于1940年1月28日由该公司第二届股东大会通过。

　　收藏单位：重庆馆

08630

复兴中国产业的对策　钱承绪编

[南京]：[中国建设协会]，[1935]，25页，24开

　　本书主张发展内地各省工业，提出就地设厂、土产土销、抵制外货深入等对策。

　　收藏单位：南京馆、上海馆

08631

富国煤矿公司念四年度工程报告　[富国煤矿公司编]

广州：致详印刷公司，[1935]印，17页，16开

　　本书大部分为表。

08632

富荣场盐产概况　曾仰丰著

[富荣盐场场商联合办事处]，1941，油印本，9页，16开，环筒页装

　　本书概述四川省富荣盐场的生产、制造、运输情况。

　　收藏单位：重庆馆

08633

富荣场盐业调查报告 周厚钧编

出版者不详，[1940—1949]，1 册，16 开

    收藏单位：南京馆

08634

富荣东场井灶概状 东场公署编

东场公署，[1940—1949]，油印本，23 页，13 开，环筒页装

    收藏单位：国家馆

08635

富荣盐产概况 曾仰丰著

川康盐务管理局，1942.1，20 页，25 开，环筒页装

    收藏单位：国家馆

08636

富荣盐场增产与扩建 富荣盐场场商联合办事处编

富荣盐场场商联合办事处，1941.7，80 页，25 开

    本书共 6 部分，内容包括：富荣盐场战前概况、抗战期中富荣增产之经过、宜沙陷后富荣之现状、富荣增产与抗建之关系等。

    收藏单位：重庆馆、国家馆、南京馆

08637

馥记营造厂重庆分厂成立三周年纪念册（民国三十年春） 馥记营造厂重庆分厂编

重庆：馥记营造厂重庆分厂，[1941]，15 页，16 开

    本书内容包括：绪言、本厂概略、重庆分厂概略、贵阳分厂概略等。

    收藏单位：重庆馆、国家馆

08638

改进陕西土布运动集 刘任夫著

西安：和记印书馆，1937，54 页，25 开（陕西部阳民生工厂丛刊 4）

    收藏单位：广东馆

08639

改良四川纸业之初步 顾鹤皋著

陆军二十一军中心工业试验所，[1911—1949]，10 页，32 开

    本书内容包括：中国纸业之危机、四川土法纸业之发达、四川造纸原料之特殊、土法造纸之利用与改良、简单竹料纸浆厂之设计、小规模机器纸厂之设计、纸业资本之商榷等。

    收藏单位：重庆馆

08640

甘肃工业资源兰州市工厂调查 甘肃省银行经济研究室等编

[兰州]：甘肃省银行经济研究室，1942.10，[176] 页，32 开，环筒页装

    本书分上、下两编：甘肃省工业资源调查、甘肃兰州市工厂调查。上编共 5 章，内容包括：矿产、畜产、农产等；下编共两章：兰州市工厂状况概述、兰州市工厂现状分述。

    收藏单位：甘肃馆、国家馆、近代史所、南京馆、上海馆、中科图

08641

甘肃兰州市工厂工业资源调查 甘肃省政府建设厅等编

出版者不详，1942，78 页，32 开

    收藏单位：广东馆

08642

甘肃省政府印刷局概况 江致远编

甘肃省政府印刷局，1935.1，1 册，18 开

    本书共 9 部分，内容包括：本局沿革、整理经过、工厂、预定改进计划、章则辑要、本局职员一览表等。

    收藏单位：甘肃馆、国家馆、山西馆

08643

甘肃之工业 王树基编著

兰州：甘肃省银行总行，1944.8，244 页，18 开（甘肃经济丛书）

    本书共 13 章，内容包括：甘肃各县手工业品产销概述、纺织工业、化学工业、土石工业、皮革工业、食品工业、烟草工业、造

纸印刷工业、机器及金属制品工业等。

收藏单位：重庆馆、广东馆、贵州馆、国家馆、近代史所、南京馆、上海馆、浙江馆、中科图

08644

赣闽粤暨湘桂两区工合现况及其前途　梁士纯著

中国工业合作协会，1941，14 页，36 开

收藏单位：重庆馆

08645

钢铁　东北物资调节委员会研究组编辑

沈阳：东北物资调节委员会，1948.2，112 页，32 开，精装（东北经济小丛书 9）

本书共 7 章，内容包括：东北之制铁资源分布状况、我国之钢铁工业、东北之制铁技术、东北钢铁生产设备状况、东北钢铁工业之将来等。

收藏单位：安徽馆、长春馆、重庆馆、东北师大馆、广东馆、国家馆、河南馆、黑龙江馆、辽大馆、辽师大馆、内蒙古馆、宁夏馆、人大馆、上海馆、首都馆、天津馆、西南大学馆

08646

钢铁　罗冕著

中国工程师学会四川考察团，[1930—1949]，[48] 页，16 开（中国工程师学会四川考察团报告 15）

本书为对四川钢铁业的调查报告。

收藏单位：上海馆

08647

钢铁　行政院新闻局编

行政院新闻局，1947.10，68 页，32 开

本书共 5 部分：钢铁时代、我国铁矿分布、战前矿厂生产数量、抗战期间矿厂生产数量、现有矿厂产量与概况。附钢铁工业的重要原料及资源、钢铁炼制的设备、钢料的制造。

收藏单位：安徽馆、重庆馆、大庆馆、广东馆、贵州馆、桂林馆、国家馆、河南馆、

湖南馆、江西馆、近代史所、辽宁馆、柳州馆、南京馆、内蒙古馆、山西馆、上海馆、首都馆、天津馆、浙江馆、中科图

08648

钢铁厂迁建委员会成立五周年纪念刊　钢铁厂迁建委员会编

[钢铁厂迁建委员会]，1943，石印本，1 册，横 16 开

本书内容包括：本会成立五周年纪念日告同人书、本会迁建概况、中国国民党军政部特别党部第七区党部第二十区分部工作报告、本会及各属职工人数统计、历年水道运量统计等。

收藏单位：重庆馆、广东馆

08649

钢铁工业　郑葆成讲

国防研究院，1943.4，28 页，32 开

收藏单位：南京馆

08650

钢铁工业建设问题（专题讲演）　胡庶华讲

中央训练团党政高级训练班编

中央训练团党政高级训练班，1944.5，14 页，32 开

本书论述中国钢铁工业的历史和发展。

收藏单位：南京馆

08651

钢铁煤焦样本　汉冶萍煤铁厂矿有限公司编

汉冶萍煤铁厂矿有限公司，[1930—1949]，90 页，16 开

本书内容包括：钢胚及角钢厂、钢轨厂、出品、验轨工程师之证书、奏定八十五磅钢轨及附属品制造验收章程等。

收藏单位：上海馆

08652

港沪化学工业考察记　袁文奎编辑

广州：国立中山大学化学工业研究所，1932.2，108 页，16 开

本书分两部分：香港之部、上海之部。第

1 部分内容包括：香港自来水厂、太古船厂等；第 2 部分内容包括：上海玻璃厂、中国蓄电池厂、同昌油厂等。

收藏单位：国家馆、南京馆、上海馆、首都馆、浙江馆

08653

高粱酒调查书 南满洲铁道株式会社庶务部调查课编辑

出版者不详，1924，3 版，93 页，22 开（汉译调查资料 第 7 编）

收藏单位：广东馆

08654

高雄炼油厂两年来复工工作概况（资源委员会中国石油公司两公司周年纪念特辑） 高雄炼油厂编

高雄：高雄炼油厂，1948.6，32 页，21 开

本书介绍该厂沿革与分厂概况。

08655

个旧钨矿概况 张桂海著

出版者不详，1939，油印本，1 册，20×25cm

收藏单位：国家馆

08656

个旧锡务公司十八年度业务概况报告书 个旧锡务公司编

个旧锡务公司，1930.7，石印本，[114] 页，10 开，环筒页装

本书内容包括：锡务公司之过去现在及将来、开采概略、选炼概略、营业概略、营业结算等。附十八年公司与个旧全厂产量表、个旧地方近十年普通人每月生活费比较表等。

收藏单位：国家馆

08657

个旧锡务公司营业报告（中华民国十九至二十五年度） 个旧锡务公司编

个旧锡务公司，[1931—1937]，石印本，7 册，大 16 开

本书大部分为表。

收藏单位：重庆馆、国家馆

08658

个旧锡业概观 曾鲁光著

曾鲁光，1924.7，120 页，16 开

本书分前、后两编。前编泛论锡的性质、成色、用途等，后编专述个旧锡务公司厂矿情况。附该厂厂规。

收藏单位：国家馆

08659

各省市主要手工业概况调查（第 1 辑） 教育部编

教育部，1937.6，184 页，16 开

本书调查地区有江苏、浙江、福建、江西、湖北、广东、贵州、四川、云南、山东、山西、宁夏、甘肃等省及南京市、威海卫区。统计项目包括：类别及分布、主要手工业者的工资及待遇、学习时间比较等。

收藏单位：安徽馆

08660

各省市自动车修理厂统计总表 全国经济委员会公路处编

全国经济委员会公路处，1936.6，5 页，31×38cm

本书全部为表。统计对象有上海、南京、江苏、福建、浙江、安徽、河南、湖北、湖南、江西等，统计项目有修理厂数目、主要机件名称及数量、技工人数、每月修理能力等。

收藏单位：广东馆、国家馆、南京馆

08661

工厂调查表 刘阶平编

出版者不详，1944，油印本，1 册，9 开

收藏单位：国家馆

08662

工厂调查手册 中国联合准备银行调查室编

中国联合准备银行调查室，[1940—1949]，1 册，18 开

本书为空白表格。调查项目包括：沿革、组织、设备、劳工、原料、生产、销路、经济等。

收藏单位：国家馆、吉林馆

08663

工厂管理参考资料　太行实业公司研究室编辑

长治：群众书店，1947.7，1 册，32 开（太行工业丛书 2）

本书共 8 部分，内容包括：太行区工业建设的环境特点、太行区工业建设历史概述、工厂中的政治工作、职工运动、工资制度等。附工厂管理的新方向等。

收藏单位：重庆馆、国家馆、宁夏馆

08664

工厂管理与群众工作　中华全国总工会编

北平：中华全国总工会，[1949]，153 页，25 开（工运丛书 5）

本书收文 17 篇，内容包括：《华北第一届职工代表会议关于在国营公营工厂企业中建立工厂管理委员会与工厂职工会代表会议的决定》《在工厂代表大会上的讲话》《论公营工厂党和职工会工作》《边区工业建设中的几个问题》等。

收藏单位：重庆馆、国家馆

08665

工厂企业化管理草案

中原新华书店，[1948]，57 页，32 开（业务学习丛书）

收藏单位：国家馆、山东馆

08666

工厂设置哺乳室及托儿所须知

出版者不详，1936.11，18 页，16 开

收藏单位：南京馆、上海馆

08667

（工厂）暂行管理规程　华北新华书店第一印刷厂厂务委员会编

华北新华书店第一印刷厂厂务委员会，1948.5，113 页，32 开（工厂业务研究 1）

收藏单位：国家馆

08668

工厂暂行管理制度　华北新华书店经理部制订

华北新华书店，1948.9，36 页，32 开

本书共 6 部：工厂组织领导问题、管理制度、劳动纪律、工资制度、劳动保护、奖惩制度。附关于职工福利问题、技术标准草案、职员薪金制度草案。

收藏单位：国家馆

08669

工厂组织规程　铁道部皇姑屯车辆工厂编

铁道部皇姑屯车辆工厂，[1949]，油印本，1 册，16 开

收藏单位：国家馆

08670

工合发轫　张法祖编著

赣县（赣州）：工合赣闽粤区办事处，1942.9，393 页，32 开

本书共 8 章。首章总论工业合作社产生的原因、时代背景，工业合作社运动与社会各方面的关系；以下各章分别论述西北、东南及当时作为国防中心的湘桂、大后方的川康、工业初兴的滇黔等地的工业合作运动情况、战地工业合作的新进展以及工业合作运动与生产救国的关系。

收藏单位：重庆馆、湖南馆、吉林馆

08671

工合发轫　张法祖编著

香港：光夏书店，1941.11，239 页，32 开

收藏单位：广东馆、国家馆

08672

工合与抗战　张法祖编著

香港：星群书店，1941.2，369 页，32 开

本书论述 1939—1940 年间中国工业合作运动实况及工合在抗日战争中的作用。

收藏单位：东北师大馆、南京馆、浙江馆

08673

工合运动在西北　姜漱寰著

中国工业合作协会西北区办事处，1940，10+214 页，32 开（西北工合丛书）

本书共 7 章：绪言、西北区办事处概述、工作现状报导、辅助事业一般、承制军毯概要、工业合作社之联合组织、工合运动之展望。

收藏单位：重庆馆、国家馆、近代史所、浙江馆

08674

工合战士（第 1 集） 中国工业合作协会西北区办事处编辑

中国工业合作协会西北区办事处，1941.7，60 页，32 开（西北工合通俗小丛书 3）

本书内容包括：《西北工合的舵手》《果工程师》《洋秘书何克先生》《一个模范指导员》等。

收藏单位：重庆馆、国家馆

08675

工矿部门现行审会计制度 晋冀鲁豫边区财经联合办事处工矿处编

晋冀鲁豫边区财经联合办事处工矿处，1947.7，55 页，32 开

本书共两部分："审计制度、会计制度""各种帐簿表报格式"。

收藏单位：国家馆

08676

工务辑要 中国纺织建设公司工务处编

中国纺织建设公司工务处，1949.5，[924] 页，16 开，精装

本书共 4 部分：棉纺织、毛麻纺织、针织、印染。

收藏单位：安徽馆、国家馆、近代史所、南京馆、内蒙古馆、宁夏馆、上海馆、首都馆、天津馆、浙江馆

08677

工业 江西省地方行政干部训练委员会编

江西省地方行政干部训练委员会，1942，24 页，32 开

本书为各县训练所训练乡镇干事教材。

内容包括：工业的重要性、该省手工业概况、资源利用等。目录页题名：工业教材。

收藏单位：重庆馆、江西馆

08678

工业（建设概要） 江西省地方政治讲习院编

江西省地方政治讲习院，1940.4，22 页，32 开

收藏单位：重庆馆

08679

工业改进论文集 彭光钦 [编]

工商部重庆工业试验所，1948，45 页，22 开（工商部重庆工业试验所丛刊第 1 号）

本书收文 9 篇：《论四川工业建设》（重庆《大公报》）、《中国工业的遭遇和出路》（天津《大公报》）、《突破经济难关》（《独立时论》）、《薪资问题的严重性》（《独立时论》）、《公用事业的危机》（天津《大公报》）、《论生产贷款》（《独立时论》）、《培育工业技术人才》（重庆《大公报》）、《宜速设立生产局》（《独立时论》）、《重庆区工业上的几个现实问题》（《西南实业通讯》）。

收藏单位：重庆馆、国家馆

08680

工业合作经营论 王作田著

赣县（赣州）：中国工业合作协会赣闽粤区供销业务代营处，1942.7，96 页，25 开（中国工业合作协会赣闽粤区丛书）

本书共 6 章：总论、工业合作的意义、工业合作社经营（上、下）、工业合作社经营诸问题、工合教育与修养。附工合社章程（甲、乙两种）、工合社理事会及监事会办事细则、工合社工场规约（甲、乙两种）、从统计数字上观察中国工合运动的发展。

收藏单位：重庆馆、国家馆、近代史所、南京馆

08681

工业合作救国论 （新西兰）艾黎（Rewi Alley）著 黄素封译

长沙：商务印书馆，1939.7，44+12 页，32 开

长沙：商务印书馆，1940.11，再版，44+12 页，32 开

本书共 7 章，内容包括：绪论、建立中国新经济基础、中国新经济抗战之计划、建设合作事业之程序、推行工业合作干部人员等。附中国后方国防论、上海妇女界讨论生产合作运动。译者原题：黄雪楼。

收藏单位：重庆馆、广东馆、国家馆、湖南馆、江西馆、南京馆

08682

工业合作社组织步骤　中国工业合作协会西南区办事处编

邵阳：中国工业合作协会西南区办事处，1939.4，14 页，32 开（工合丛刊 2）

本书内容包括：入社与出社程序、缴纳社股方式、合作社社员的责任、合作社的管理等。附合作社章程、中国工业合作协会贷款章程。

收藏单位：国家馆、江西馆

08683

工业化与社会建设　简贯三编著

重庆：中华书局，1945.7，106 页，22 开（中山文化教育馆社会科学丛书）

上海：中华书局，1946.9，再版，106 页，22 开（中山文化教育馆社会科学丛书）

本书共 5 章：工业化的意义、工业化的必要、中国工业化的困难、中国工业化的条件及途径、工业建设与计划社会。

收藏单位：重庆馆、贵州馆、桂林馆、国家馆、华东师大馆、吉林馆、近代史所、辽宁馆、南京馆、内蒙古馆、上海馆、天津馆、浙江馆

08684

工业化与中国工业建设　刘大钧著

重庆：商务印书馆，1944.6，99 页，32 开（国民经济研究所丙种丛书 第 1 编）

上海：商务印书馆，1945.10，再版，99 页，32 开（国民经济研究所丙种丛书 第 1 编）

上海：商务印书馆，1946.1，99 页，32 开（国民经济研究所丙种丛书 第 1 编）

上海：商务印书馆，1946.6，再版，99 页，32 开（国民经济研究所丙种丛书 第 1 编）

本书共 7 章，内容包括：绪论、工业化之条件、战前我国工业、战后发展工业之方针等。

收藏单位：安徽馆、重庆馆、广东馆、广西馆、国家馆、河南馆、吉林馆、近代史所、辽大馆、辽宁馆、南京馆、内蒙古馆、上海馆、首都馆、天津馆

08685

工业化与中国矿业建设　曹立瀛著

重庆：商务印书馆，1945.5，101 页，32 开（国民经济研究所丙种丛书 第 3 编）

上海：商务印书馆，1946.3，101 页，32 开（国民经济研究所丙种丛书 第 3 编）

重庆：商务印书馆，1946，101 页，32 开（国民经济研究所丙种丛书 第 3 编）

本书共 8 章，内容包括：矿业建设之趋势与关系、中国之矿藏资源、中国之矿产开发、中国矿业衰微之原因、工业化形态之矿业建设等。

收藏单位：重庆馆、广东馆、广西馆、国家馆、河南馆、吉林馆、近代史所、辽大馆、辽宁馆、南京馆、上海馆、首都馆、天津馆、浙江馆、中科图

08686

工业化与中国人口问题　刘鸿万著

重庆：商务印书馆，1945.3，58 页，32 开（国民经济研究所丙种丛书 第 6 编）

本书共 6 章：绪论、我国过去之人口状况、过去我国人口状况与工业化之关系、战时我国人口状况之变迁、工业化与将来解决人口问题之方针、结论。

收藏单位：重庆馆、广西馆、国家馆、吉林馆、近代史所、南京馆、浙江馆

08687

工业会与工业同业公会制度研究（论工业团体与工业建设之关系以及中国工业会法应采之基本原则）　中国工业经济研究所编

中国工业经济研究所，1945.6，12 页，16 开

（工业问题丛刊 第 3 号）

本书共 3 部分：工业会之意义及其性质、中国工业会应采何种制度、对于中国工业会法之各方面意见。

收藏单位：国家馆、南京馆

08688

工业建设　广东省调查统计局编

广州：广东省调查统计局，1934.11，16 页，32 开（广东省三年施政计划统计丛刊 工业类第 1 种）

本书共 3 部分：绪言、筹设二十四厂、过去一年半之建设。附广东省营工厂厂址一览。逐页题名：三年计划中之工业建设。

收藏单位：广西馆、国家馆

08689

工业建设计划比较表　资源委员会经济研究室编

出版者不详，1945，油印本，1 册，25×35cm，精装

收藏单位：广东馆

08690

工业建设问题　翁文灏等讲

[中央训练团党政训练班]，1943.12，80 页，32 开（中央训练团党政训练班讲演录）

本书收演讲稿 5 篇：《中国经济建设概论》（翁文灏）、《重工业建设之现在及将来》（钱昌照）、《机械工业与电器工业》（杜殿英）、《电气事业》（黄辉）、《煤铁工业建设问题》（王之玺）。

收藏单位：重庆馆、国家馆、辽宁馆、南京馆、上海馆、首都馆

08691

工业建设与金融政策　杨寿标著

重庆：商务印书馆，1945.4，47 页，32 开（社会经济丛刊）

本书共 8 部分，内容包括：绪论、中国工业建设之途径、工业与金融、中国金融业对于工矿投资简述、工业投资与工业生产、如何运用利率以促进工业建设等。

收藏单位：重庆馆、广东馆、广西馆、国家馆、南京馆、内蒙古馆、上海馆

08692

工业界之困难与期望

[重庆]：[中国西南实业协会、重庆市国货厂商联合会]，[1941.6]，10 页，32 开

本书为论文集。

收藏单位：重庆馆、南京馆

08693

工业经济　王云五　李圣王主编

上海：商务印书馆，1933.12，72 页，50 开（东方文库续编）

上海：商务印书馆，1934.4，再版，72 页，42 开（东方文库续编）

本书为东方杂志社三十周年纪念刊。收文两篇：《中国的工业观》（H. P. Jamens）、《中国工钱制度》（董君略）。

收藏单位：安徽馆、重庆馆、大庆馆、东北师大馆、广东馆、国家馆、河南馆、黑龙江馆、湖南馆、辽大馆、南京馆、内蒙古馆、宁夏馆、陕西馆、上海馆、天津馆、武大馆、浙江馆

08694

工业年刊（第 1 期）　河北省立工业学院年刊社　校友会文艺部编

天津：河北省立工业学院图书馆，1931.7，124 页，16 开

本书内容包括：《中国染业当如何振兴》（李洛之）、《我国纺绩业应注意之管见》（张书田）、《振兴中国工业宜从何处着手》（路秀三）等。

收藏单位：国家馆

08695

工业年刊（第 2 卷）　河北省立工业学院年刊社编辑

天津：河北省立工业学院图书馆，1932，246 页，16 开

本书内容包括：卷头语、插图、论评、理论科学、应用科学、专载、科学珍闻、常识、

调查、大事记等。

收藏单位：国家馆

08696

工业生产与工人英雄 太行二届群英大会编辑委员会编

太行二届群英大会编辑委员会，1947.1，42页，32开（太行二届群英大会丛书6）

本书共两部分：工业建设与职工运动中几个领导问题、工业生产英雄典型材料。第2部分内容包括:《炮弹大王——甄荣典》（秋原）、《农村分散手工业的方向——英雄李迷狗与铁业合作社》（赵光亭）、《富有钻研精神的工人劳动英雄李银成》（齐克）等。

收藏单位：国家馆

08697

工业统计资料提要 中国工业经济研究所编

中国工业经济研究所，1945.7，55页，16开（工业经济参考资料 第9号）

本书供民营工业家赴外考察用。内容包括：后方工业生产指数表、进出口货物数量表、国家岁入岁出总预算表及决算表等。附第一期经建原则、工业建设纲领、个人请领外汇办法、工商业请领外汇办法、《关于中国工业化的几个问题》（翁经济部长演说）。

收藏单位：重庆馆、国家馆、近代史所、上海馆、浙江馆

08698

工业问题座谈纪要合辑 中国工业经济研究所编

中国工业经济研究所，1944，29页，18开（工业问题丛刊第1号）

本书收录代表发言记录4篇:《工业界当前之困难》《工业界当前困难解决办法》《挽救冶炼机器两业目前危机办法草案》《动员冶炼机器两业大量制造农业用机具以挽救工业危机并提高农业生产方案》。

收藏单位：重庆馆、国家馆、吉林馆、近代史所、山西馆

08699

工业与工运 中华全国总工会编

北平：中华全国总工会，[1949]，40页，25开（工运丛书4）

本书收录社论、文章6篇:《论保护工商业的政策》（《人民日报》）、《坚持职工运动的正确路线反对"左"倾冒险主义》（新华社）、《正确执行劳资两利方针》（新华社）、《发展工业的劳动政策与税收政策》（陈伯达）、《关于发展生产劳资两利的几点说明》（李立三）、《中华全国总工会关于纪念"五一"劳动节的指示》。

收藏单位：国家馆

08700

工业与工运政策 热河省政府建设厅[编]

热河省政府建设厅，1948.5，50页，32开（生产建设丛书3）

本书收录文章、社论8篇:《目前形势和我们的任务（六）》《坚持职工运动的正确路线，反对"左"倾冒险主义》《中共中央委员会发布纪念"五一"劳动节口号》《发展工业的劳动政策与税收政策》《纪念"五一"迎接新任务》《统一公营企业及机关学校工薪标准》《铁路工厂的改造过程》《关于公营工厂的意见》。

收藏单位：辽宁馆

08701

工业与生活

出版者不详，1946.12，18页，32开

本书内容为蒋管区民族工业及人民生活的危机。附中国工业的道路、中国资本主义经济发展的前途。

收藏单位：重庆馆、国家馆、天津馆

08702

工作报告书 全国经济委员会民生渠工务所编

全国经济委员会民生渠工务所，1935，蓝图本，1册，13开，精装

收藏单位：国家馆

08703

公路部南京汽车修理厂移交总册

南京汽车修理厂，[1949]，手写复印本，1册，16开，环筒页装

收藏单位：国家馆

08704

公路工具钾硝监制所三十一年度工作报告

公路工具钾硝监制所编

公路工具钾硝监制所，[1942]，14页，25开

本书共6章：经过概况、总务、炼硝部份、铁工厂部份、营业收支、结论。附本所成立一周年纪念陈列展览概况。

收藏单位：重庆馆

08705

公路总局第一运输处南京分处南京汽车修理厂印信人事家具什物交接清册

[南京汽车修理厂]，[1949]，油印本，1册，13开，环筒页装

收藏单位：国家馆

08706

公营工厂的经营管理问题草案 华北人民政府工商业会议编

华北人民政府工商业会议，1948.6，21页，32开

本书共3部分：公营工厂的经营管理问题草案、为什么提出严格公营工厂的经济纪律问题、公营工厂经济纪律草案。

收藏单位：国家馆、河南馆

08707

公营工厂合作章则 山西省经济管理局编

山西省经济管理局，1943.11，72页，32开

收藏单位：南京馆

08708

公营工矿企业简表 台湾省行政长官公署工矿处编

台湾省行政长官公署工矿处，1946.5，[10]页，横13开

收藏单位：国家馆

08709

公营工矿人事制度 曹丽顺讲

中央训练团党政军人事管理人员训练班，1944.6，20页，32开（中央训练团党政军人事管理人员训练班讲演录）

收藏单位：上海馆、天津馆

08710

公营机器制造业成本会计制度 周心豪著

泰和：天翼图书馆书报代办部，1943.10，192页，32开

本书共7章：总说明、组织系统及业务程序、会计报告、会计科目、会计簿籍、会计凭证、会计事务处理程序。附国民政府主计处令行有关公有营业会计法规20种。

收藏单位：重庆馆、国家馆、江西馆、南京馆、浙江馆

08711

珙长矿业股份有限公司组织大纲 珙长矿业股份有限公司撰

珙长矿业股份有限公司，1941，12页，32开，环筒页装

本大纲共16条，内容包括：规定经理室、秘书室、总务处、栈运处等部门的权限职责。

收藏单位：重庆馆

08712

共和工事教育宣讲规范（第1期） 神州图书局编辑所编

上海：神州图书局，1912，28页，32开

本书封面题名：共和国民工事教育宣讲规范。

收藏单位：河南馆、首都馆

08713

鼓浪屿中华电气股份有限公司第八期营业报告

出版者不详，1937，1册，16开

收藏单位：广东馆

08714

鼓浪屿中华电气股份有限公司第九期营业报

告

鼓浪中华电气股份有限公司，1937，1 册，16
开

　　　　收藏单位：南京馆

08715

关东实业公司总览　关东实业公司编

关东实业公司，[1949]，285 页，22 开，精装

　　　本书内容包括：公司概述、一九四八年工
作总结、一九四九年生产建设任务与经营管
理方针、全年生产统计、行政管理工作概况、
供销概况、财务概况等。

　　　　收藏单位：广东馆、国家馆、近代史所、
辽宁馆

08716

关于东北造纸事业之商榷　蔡镇瀛著

北平：北平大学，[1931]，17 页，32 开

　　　本书共 11 部分，内容包括：造何种纸张、
纸厂试办不宜过大、利用汽力较宜于水力、
自制纸浆为不合算等。为 1931 年 5 月 4—6
日的天津《大公报》抽印本。

　　　　收藏单位：国家馆

08717

关于工业建设的几个问题　钱昌照著

出版者不详，[1945—1949]，7 页，32 开

　　　本书为 1945 年 12 月 30 日《大公报》抽
印本。

　　　　收藏单位：南京馆

08718

关于国营工厂经营管理中存在的问题

出版者不详，1948.6，11 页，32 开

　　　　收藏单位：国家馆

08719

关于新工业政策的检讨　中国工业经济研究
所编

上海：工商经济出版社，1949.3，20 页，16
开（工业问题丛刊第 10 号）

　　　本书为对《新中国的工业政策》一文的
座谈记录。

08720

广东的土纸业　莫古黎著

广州：岭南大学岭南学报社，1929.12，16 页，
32 开

　　　本书介绍该省土纸业概况、原料来源、
制作方法、产销情况及产销区域等。

08721

广东纺织厂内容一览　[广东纺织厂编]

[广州]：[广东纺织厂]，[1935]，[45+26] 页，
16 开

　　　本书共 3 部分：缘起、筹备经过、内容。
第 3 部分内容包括：丝织部之内容、制丝部
之内容、绢丝麻纱部内容、毛纺织部之内容、
棉纺部之内容等。

　　　　收藏单位：国家馆

08722

广东复兴糖业之经过述略　冯锐著

广东省政府广州区第一蔗糖营造场，1934.11，
10 页，16 开

　　　本书共 4 章：绪论、复兴广东糖业三年计
划述略、广州区营造场筹备之经过、附论糖
业统制。

　　　　收藏单位：国家馆、上海馆、中科图

08723

广东工合手册（上册）　周人良编

广东省银行农村贷款部、中国工业合作协会东
南区办事处，1940.10，230 页，42 开

　　　本书共 4 部分：工业合作关系法规、工
业合作之组导及推进、广东之工业合作贷款、
广东省银行分支行处部所办理工合贷款须知。
附农村工业化的重要性及其实现的途径与方
策、广东省银行农工贷款部组织章程草案等。

　　　　收藏单位：国家馆

08724

广东工业　伍颛立主编

广东实业公司，1947.9，140 页，32 开（广东
实业丛书）

　　　本书共 4 章：广东工业发展史、广东工业
的结构、工业复员概况、五年计划工业建设

展望。

收藏单位：国家馆、吉林馆、近代史所、南京馆、浙江馆

08725

广东工业建设概况（第 3 种 纺织厂） 广东纺织厂编

广州：广东纺织厂，1936，63 页，18 开

本书共 7 部分，内容包括：各部之设备概况、各部制造程序、各部将来扩充计划、各种统计图表等。

收藏单位：国家馆、河南馆

08726

广东工业建设概况（第 7 种 制纸厂） 广东省营制纸厂编

广东省营制纸厂，1936.6，34 页，18 开

08727

广东建设厅士敏土营业处民国二十二年年刊 广东建设厅士敏土营业处编

广东建设厅士敏土营业处，[1930—1939]，[223] 页，16 开

本书介绍该营业处一年来的工作概况。内容包括：论著、章则、公牍等。"论著"部分收文 6 篇，内容包括：《中国之士敏土贸易》（唐河）、《广东之士敏土贸易》（文浩）、《士敏土与建设》（凌光）、《广东士敏土厂之沿革》（马国梁）等。附广东建设厅士敏土营业处组织系统表、各分处职员一览表等。

08728

广东苛性钠厂成立专刊 广东省苛性钠厂编

广州：洛阳印务馆，1935.8 印，10+[15] 页，16 开

08729

广东全省矿区一览 广东建设厅第五科编

广东建设厅第五科，[1934]，46 页，16 开

本书全部为表格形式。共 3 部分：现有矿业权之矿区、经已撤销矿业权之矿区、呈请立案尚未批准矿区权矿区。报告时间为 1934 年 8 月 8 日。目录页题名：广东全省矿区一览

表。

收藏单位：国家馆、南京馆

08730

广东全省矿区一览表 广东省建设厅编

[广东省建设厅]，1937，42 页

收藏单位：南京馆

08731

广东省工矿事业接收报告 林继庸编

出版者不详，1945，手写本，1 册，13 页

收藏单位：首都馆

08732

广东省工业会成立会特刊

广东省工业会筹备会，1948，100 页，16 开

收藏单位：南京馆

08733

广东省省营硫酸厂概况 广东省调查统计局编

[广州]：广东省调查统计局，1935.7，24 页，32 开（广东省三年施政计划统计丛刊 工业类 第 4 种）

本书介绍该厂的筹备经过、组织及经费、产销、机器设备概况等。

收藏单位：广西馆、国家馆

08734

广东省省营士敏土厂概况 广东省调查统计局编

广州：广东省调查统计局，1935.1，28 页，32 开（广东省三年施政计划统计丛刊 工业类 第 2 种）

本书共 5 部分：绪言、广东省营士敏土厂之沿革、生产实况、销土统计、结论。

收藏单位：国家馆

08735

广东省省营糖厂概况 广东省调查统计局编

广州：广东省调查统计局，1935，28 页，32 开（广东省三年施政计划统计丛刊 工业类 第 5 种）

收藏单位：国家馆

08736

广东糖业与冯锐

出版者不详，1937，92 页，25 开

　　本书为文言体。共 12 部分，内容包括：冯锐自传、复兴糖业之动机、复兴糖业购制糖机器之经过、管理制度、糖业统制、冯锐未来之计划等。

　　收藏单位：重庆馆、广西馆、桂林馆、国家馆、近代史所、南京馆、陕西馆、上海馆、绍兴馆、首都馆、天津馆、浙江馆

08737

广乐油漆业工会元旦特刊　广乐油漆业工会会务组宣传委员会编

外文题名：The Kwong Lok painters' association new year supplement

香港：广乐油漆业工会，1949.1，[68] 页，16 开

　　本书内容包括：论文、专载、特载、小史、杂组等。

　　收藏单位：国家馆

08738

广西各县地方水利协会组织通则

出版者不详，[1938]，油印本，1 册，16 开，环筒页装

　　本通则共 46 条。分 7 章，内容包括：总则、水利协会设置及解散、会员大会、理事会、财政及财政管理等。

　　收藏单位：国家馆

08739

广西工业建设之路　广西省政府统计处编

广西省政府统计处，1948，1 册，16 开（广西统计资料分析研究报告 第 6 号）

　　收藏单位：南京馆

08740

广西酒精厂一览　广西酒精厂编

广西酒精厂，[1937]，16 页，16 开

　　本书收录该厂组织章程、酒精制造程序

等。

　　收藏单位：上海馆

08741

广西矿产之分布与矿业之状况　雷荣甲编辑

广西矿务局，1934.9，40 页，25 开

　　本书共 5 章：弁言、矿区面积统计、矿产分布及储量、矿业近况及产运销情形、结论。

　　收藏单位：广东馆、桂林馆、国家馆、南京馆

08742

广西矿务概略　韦云淞讲

广西县政公务员政治训练班，[1911—1949]，石印本，22 页，32 开（广西县政公务员政治训练班讲义）

　　本书介绍该省金、银、铜、铁、锰、锑、汞、煤、石油、硫磺、石棉、石膏等 24 种矿物的分布及其状况、采炼方法、用途等。

　　收藏单位：重庆馆

08743

广西矿业概况　广西省政府经济委员会编

广西省政府经济委员会，1936.3，20 页，32 开

　　本书概述该省矿产分布及储量、产量、成本、矿工现状等。

08744

广西省矿业概况　广西省政府建设厅编

广西省政府建设厅，[1930—1949]，1 册，16 开

　　收藏单位：广东馆、桂林馆

08745

广西省请领小矿区章程　[广西省政府矿务局编]

[广西省政府矿务局]，[1938]，6 页，32 开

　　本章程共 29 条。于 1938 年 7 月 12 日由广西省政府委员会第 360 次会议决议通过。

　　收藏单位：桂林馆、南京馆

08746

广西锡矿概况 广西省政府矿务局编

广西省政府矿务局，1935.10，120 页，16 开

　　本书共 11 部分，内容包括：沿革、矿区分布、地质与矿床、面积与储量估计、采矿与矿商等。附广西省呈请矿业权章程、广西锡矿小矿业矿区一览表、广西矿务局审查矿商资格规则等 10 种。

　　收藏单位：重庆馆、国家馆、辽师大馆、南京馆、上海馆、浙江馆

08747

广西盐务办事处工作报告书 ［广西盐务办事处编］

广西盐务办事处，1939，油印本，1 册，16 开，环筒页装

　　收藏单位：国家馆

08748

广西衣着问题之研究 广西省政府统计处编

［广西省政府统计处］，1948.12，油印本，9 页，16 开，环筒页装（广西统计资料分析研究报告 第 12 号）

　　本书共 6 部分：绪言、衣着原料之分类及历年生产情形、历年花纱布输入概况、全省衣着原料之需要数量、如何解决广西衣着问题、结论。

　　收藏单位：桂林馆

08749

广西印刷厂概况 广西印刷厂编

［南宁］：广西印刷厂，1935.8，22 页，32 开

　　本书共 4 部分：概要、事务、工务、营业。附图及各项应用表式。

　　收藏单位：重庆馆、国家馆、上海馆

08750

广西之甘蔗及糖业 彭绍光［著］

出版者不详，1941.2，［12］页，16 开

　　本书共 10 部分：引言、气候与土壤、糖量与植蔗面积、甘蔗品种、甘蔗栽培概况、制糖概况、经济概况、糖之运输概况、肉蔗栽培与经济概况、结论。为《广西农业》第 2

卷第 1—2 期抽印本。

　　收藏单位：国家馆

08751

广西之煤 广西省政府统计处编

出版者不详，1948.2，油印本，13 页，16 开，环筒页装（广西统计资料分析研究报告 第 4 号）

　　本书内容包括：历年产量、分布及其位置与交通、主要煤田煤质及储量、各主要煤田经营概况、结论等。

　　收藏单位：桂林馆

08752

广西制药厂工作报告 广西制药厂编

梧州：广西制药厂，1935.12，58 页，16 开

　　本书共 4 章：概况、设备、工作、附录。

　　收藏单位：桂林馆、国家馆、南京馆、上海馆

08753

广州区第一蔗糖营造场概况 广州区第一蔗糖营造场编辑

广州区第一蔗糖营造场，1935.12，128 页，16 开

　　本书共 5 部分：筹备经过、工作概况、会计概况、法规、附录。目录页题名：广东省政府广州区第一蔗糖营造场概况。

　　收藏单位：国家馆

08754

广州区第一蔗糖营造场主任以上职员名表

广州区第一蔗糖营造场编辑

广州区第一蔗糖营造场，1935，手写本，2 页，大 16 开，环筒页装

　　收藏单位：国家馆

08755

广州市工厂清册

出版者不详，1947，2 册，32 开

　　本书全部为表。统计项目有：厂名、主管人职称姓名及详细地址等。

　　收藏单位：国家馆

08756

广州市政府收管商办广州电力公司案　广州电力公司董事会编

广州电力公司董事会，[1930—1939]，76页，21开

本书共13部分，内容包括：广州市政府收管电力公司命令、董事会召集股东大会广告、股东会快邮代电、本会二次呈文附批、商会援助电函等。

收藏单位：人大馆

08757

广州之工业（上篇）　广州市立银行编

广州市立银行，[1937]，205页，16开（广州市立银行经济调查室专刊）

本书分7篇介绍该省机器工业、火柴工业、肥皂工业、榨油工业、橡胶工业、煤油工业、碾米工业的沿革、资本、原料、生产、营业、工人等情况。

收藏单位：国家馆、南京馆

08758

广州之新兴工业（第1编 橡胶业）　余启中等编

广州：国立中山大学经济调查处，1935.10，32页，16开（国立中山大学经济调查处广州市社会局调查报告）

本文共7部分：广州橡胶业略史、资本额及组织、机械设备、雇佣人数工资及工作时间、出产及销售、原料、制作程序。附广东建设厅颁布限制本省橡胶制鞋厂产额暂行办法、限制本省橡胶制鞋厂产额暂行办法施行细则、广州橡胶同业公会与广东机器总工会订立条约。

收藏单位：国家馆、浙江馆

08759

贵阳市、贵州省电工矿业　中国人民解放军西南服务团研究室编

中国人民解放军西南服务团研究室，1949，131页，32开（贵阳市参考资料2）

本书概述该市的电业、工业、矿业，并介绍贵州其他地区之工业概况。附贵州省矿产分布表、贵州省水力资源概说。

收藏单位：重庆馆

08760

贵阳之玻璃业　张圣轩著　国民经济研究所辑

出版者不详，[1930—1949]，油印本，12页，16开，环筒页装

本书共5部分：沿革、玻璃之制造、义利玻璃厂、同利公玻璃厂、贵州玻璃厂。

收藏单位：重庆馆

08761

贵阳之瓷器　张圣轩著　国民经济研究所辑

出版者不详，[1930—1949]，油印本，11页，16开，环筒页装

本书共两部分：沿革、黔陶镇之旧式瓷窑。

收藏单位：重庆馆

08762

贵阳之肥皂业　张圣轩著　国民经济研究所辑

出版者不详，[1930—1949]，油印本，4页，16开，环筒页装

本书共5部分：沿革与现状、设备概况、原料用量与价值、产量与销路、工人与工资。

收藏单位：重庆馆

08763

贵州贵阳青岩镇之瓷业　陈建棠调查　张宗弼审查　刘大钧核定

出版者不详，1939.6，晒印本，9张，13开（中国经济统计研究所 总字第316号 工业门 瓷器类 第2号）

收藏单位：上海馆

08764

贵州贵阳之草织业　陈建棠调查　张宗弼审查　刘大钧核定

出版者不详，1939.5，晒印本，7张，13开（中国经济统计研究所 总字第307号 工业门 杂项类 第3号）

收藏单位：上海馆

08765

贵州贵阳之火柴制造业 陈建棠调查 张宗弼审查 刘大钧核定

出版者不详，1939.3，晒印本，7张，13开（中国经济统计研究所 总字第286号 工业门 化学工业类 第11号）

收藏单位：上海馆

08766

贵州贵阳之皮革业 陈建棠调查 张宗弼审查 刘大钧核定

出版者不详，1939.5，晒印本，5张，13开（中国经济统计研究所 总字第308号 工业门 皮革及橡胶品类 第1号）

本书内容包括：制造与设备、原料与出品、价格与销路等。

收藏单位：上海馆

08767

贵州贵阳之土布业 陈建棠调查 张宗弼审查 刘大钧核定

出版者不详，1939.6，晒印本，5张，大16开（中国经济统计研究所 总字第314号 工业门纺织类 第14号）

收藏单位：上海馆

08768

贵州省工业概况 经济研究所具拟

经济研究所，[1930—1949]，12页，16开

收藏单位：南京馆

08769

桂林工业概况 中国工程师学会第十二届年会会程委员会编

桂林：中国工程师学会第十二届年会会程委员会，1943，36页，16开

本书内容包括：广西企业公司各工厂概况、中央电工器材厂概述、中央无线电器材厂概况、广西纺织机械厂概况、广西省水电公司概况等。

收藏单位：重庆馆、首都馆

08770

国防工业建设之实施 李孟麟著

上海：汗血书店，1937.3，120页，32开（国防实用丛书17）

本书共3章：国防工业之意义、我国工业之概况、国防工业建设之实施。

收藏单位：重庆馆、广西馆、国家馆、江西馆、上海馆

08771

国防经济建设与国民生产经济建设运动中创办水利之远大计划的理论与实际 刘毓常著

绥远省托克托县友谊渠水利社，[1932]，24页，18开

本书内容包括：友谊渠的前途、托克托县友谊渠水利社简章、河套复兴计划、黄泛区复兴计划、再上国防部长白健生书等。附绥远省大黑河托克托县友谊渠水利社简章。

收藏单位：国家馆

08772

国货工业 中华国产厂商联合会编

中华国产厂商联合会，1947.12，[313]页，16开

本书为国货工业厂商名一览。

收藏单位：上海馆

08773

国货年鉴 国货事业出版社编辑部编

上海：国货事业出版社，1934.3，1册，23开，精装

本书内容包括：专论与专载、国货产业一年来概况、国货界一般讲话、国货工厂巡礼、上海国货工厂一览等。

收藏单位：南京馆、上海馆

08774

国货征信（民国二十七年） 上海机制国货工厂联合会编

上海机制国货工厂联合会，1938，170页，16开，精装

本书介绍上海国人经营工厂企业及其产品状况一览。

收藏单位：上海馆

08775

国立清华大学校新电厂　庄前鼎著

北平：清华大学，1935.7，8 页，16 开

　　收藏单位：国家馆

08776

国立浙江大学农学院浙江省立蚕业改良场调查报告第一号

浙江省立蚕业改良场，1928.11，50 页，22 开

　　本书调查浙江、江苏两地丝厂经营概况、职工人数、经费及设备、产销情况等。目录页题名：浙江省立蚕业改良场国立浙江大学劳农学院调查报告。逐页题名：浙江省立蚕业改良场调查报告。

　　收藏单位：广东馆、上海馆

08777

国煤救济委员会专刊（民国二十二至二十三年）　国煤救济委员会编

上海：国煤救济委员会，1933—1934，2 册，16 开，环筒页装

　　本书内容包括：议案、大会纪录、法令、公牍（去文、来文）等。

　　收藏单位：国家馆、近代史所

08778

国民革命军广东兵器制造厂汇刊（第 1 号）

国民革命军广东兵器厂编

国民革命军广东兵器厂，1928.12，56 页，16 开

　　本书共 6 部分：命令、呈文、布告、报告、议案、专著。"专著"部分收文两篇：《长弹贯彻深度之算式》（黄秉哲）、《自动步枪之限制》（周经钟译）。

　　收藏单位：国家馆

08779

国民会议两湖水利案　李国栋提

出版者不详，1931.5，44 页，32 开

　　本书收录提案 10 项，内容包括：设立两湖疏浚筹备处以资筹画浚湖疏江事宜案、抽收商船通过税为疏浚江湖经费案等。每案分列理由、办法。

　　收藏单位：广东馆、湖南馆、浙江馆

08780

国民经济建设运动与计政　陈炳权著

广州大学计政训练班，1939.11，2 版，32 页，32 开

　　收藏单位：南京馆

08781

国民经济与手工业　罗敦伟编

出版者不详，[1911—1949]，1 册，16 开

　　收藏单位：南京馆

08782

国内金矿业及今后开发管见　李保龄著

南京：中国矿业工程学会出版部，1930.8，[26] 页，16 开

　　本书内容包括：世界金矿业之大势、国内金矿业之现状、国营矿业之整理、民营矿业之维护等。附各省金矿分布简略表。复印自《矿冶》杂志第 1 卷第 13 期。

08783

国泰实业股份有限公司之油漆颜料厂

上海：国泰实业股份有限公司油漆颜料厂，1948，11 页，22 开

　　收藏单位：广东馆

08784

国营工厂的经营管理问题（2 稿）　工商业会议秘书处编

工商业会议秘书处，1948.6，16 页，32 开

　　本书附公营工厂经济纪律草案。

　　收藏单位：国家馆

08785

国营工厂战时工资制度提纲草案（第 2 稿）

出版者不详，1948.6，8 页，32 开

　　本书附矿工工资与待遇草案（第 1 稿）。

　　收藏单位：国家馆

08786

国营工矿事业职位分类案说明

资源委员会人事室，1948.5，8 页，32 开

　　收藏单位：南京馆

08787

国营浦口钢铁厂炼焦炉初步计划书

实业部，[1911—1949]，油印本，1 册，16 开

　　收藏单位：南京馆

08788

国营青岛胶澳化工厂出品目录

出版者不详，[1911—1949]，6 页，16 开

　　收藏单位：广东馆

08789

海军江南造船所工作报告书（中华民国二十至二十二年）　海军江南造船所编

上海：海军江南造船所，1931.12—1933，3 册，16 开

　　收藏单位：重庆馆、广东馆、国家馆、上海馆

08790

海南岛工矿业及其计划　冯大椿编译

新中国出版社，1947.4，64 页，32 开（海南岛建设研究丛书 1）

　　本书共 7 部分：前言、日人在海南岛经营工矿事业之现况及其发展方针、矿产品之生产计划、工业之建设及今后之方针、轻工业之生产计划、重建海南岛工矿业之几个重要问题、总结。

　　收藏单位：国家馆、吉林馆、近代史所

08791

海普制药厂股份有限公司章程

出版者不详，1936.3，8 页，22 开

　　收藏单位：上海馆

08792

汉口市工厂清册（三十六年）

出版者不详，1937，手写本，14 页，32 开，环筒页装

本书全部为表。统计项目有：厂名、主管人（姓名、职称）、详细地址、备注等。

　　收藏单位：国家馆

08793

汉阳钢铁厂添设副产炼焦炉报告书　汉阳钢铁厂著

汉阳钢铁厂，1919，1 册，16 开

　　本书从经济角度分析该厂添置副产炼焦炉的必要性。附大岛顾问关于副产炉的两次报告摘要。

　　收藏单位：广东馆、国家馆

08794

汉阳火药厂厂务报告　汉阳火药厂编辑委员会编

汉阳火药厂，1934.1，316 页，16 开，精装

　　本书共 9 章：总务、工务、计画、学术、译述、教育、自治、娱乐、堤防。附本厂职员录。

　　收藏单位：国家馆、湖南馆、中科图

08795

汉冶萍公司与日商安川合办钢厂及生铁供给合同并附件　汉冶萍煤铁厂矿有限公司编

汉冶萍煤铁厂矿有限公司，1916，9 页，32 开

08796

汉冶萍国有议

出版者不详，[1911—1949]，11 页，16 开

　　本书共 5 部分：制铁业与国家强弱之关系、中国制铁业前途之希望、汉冶萍过去之成绩、军兴后之现状及其危机、国有之利益。

　　收藏单位：国家馆

08797

汉冶萍煤铁厂矿有限公司钢铁煤焦样本　汉冶萍煤铁厂矿有限公司编

汉冶萍煤铁厂矿有限公司，[1911—1949]，90 页，16 开

　　收藏单位：国家馆

08798

汉冶萍煤铁厂矿有限公司商办帐略（第四、八、十三至十六届） 汉冶萍煤铁厂矿有限公司编

汉冶萍煤铁厂矿有限公司，[1912—1924]，6册（23+22+4+5+4+4页），16开

本书收录1911、1915、1920—1923年该公司简明清账。内容包括：财产目录、贷借对照表、损益计算书等。

收藏单位：广东馆、近代史所、南京馆、上海馆

08799

汉冶萍煤铁厂矿有限公司图说 汉冶萍煤铁厂矿有限公司编

汉冶萍煤铁厂矿有限公司，[1940—1949]，1册，横18开

汉冶萍煤铁厂矿有限公司，[1940—1949]，27+[46]页，横32开

收藏单位：广东馆、国家馆、湖南馆、上海馆、浙江馆

08800

汉冶萍之过去及将来 谌湛溪著

整理汉冶萍公司委员会，1928，10页，16开

收藏单位：湖南馆、南京馆

08801

杭州电气股份有限公司各种规则合订本 杭州电气股份有限公司编

杭州电气股份有限公司，1933.5印，36页，32开

本书共10部分，内容包括：管理处规则、总厂规则、年金规则、请假规则、职员薪俸规则等。

收藏单位：国家馆

08802

杭州美利利造纸厂扩充机器制纸计划书

杭州：美利利造纸厂，1933.11，1册，16开

收藏单位：南京馆

08803

杭州市工务局办理小型工账工程报告 杭州市工务局编

杭州市工务局，1947，1册，13开

本书收录收工数、施工日期、报销手续等。

收藏单位：浙江馆

08804

杭州市印刷工业同业公会会务 杭州市印刷工业同业公会书记室编

杭州市印刷工业同业公会书记室，1948.7，1册，16开

收藏单位：浙江馆

08805

航空发动机制造厂员工训练班业务概况 航空发动机制造厂员工训练班编

航空委员会航空发动机制造厂，[1944]，复写本，1册，10开

本书附建筑数量、图书数量等统计表。

收藏单位：重庆馆

08806

合山煤矿十周年纪念特刊 合山煤矿股份有限公司总管理处编

出版者不详，1948.10，70页，16开

本书内容包括：沿革、组织及管理、矿场位置及运输设备、矿场概况、抗战期间物资损失及矿场沦陷经过等。附职员服务规程、历年工作竞赛得奖工友姓名表、职员录等。

收藏单位：广东馆、近代史所

08807

合组煤矿公司二十周年纪念特刊 特刊编辑委员会编

合组公司职工俱乐部，1945.8，1册，16开

本书共6部分：历史、现况、计划、论述、颂词、杂组。"论述"部分收文8篇，内容包括：《二十周年纪念感言》（张秉松）、《湘西煤矿与国防之重要性》（刘稚垣）、《本公司会计制度之演进》（周允平）、《本公司煤质炼焦问题》（叶服尧）等。

收藏单位：国家馆

08808

合作常识（工合社员读本 上） 喻林炎编著
中国工业合作协会西北区办事处，1941.6，68
页，32 开（西北工合通俗小丛书 2）

本书为合作社培训教材。共 40 课，内容
包括：大中国、合作是什么、合作社的益处、
社务与业务、记账或结账等。

收藏单位：重庆馆、国家馆

08809

合作问题 王作田著
赣县（赣州）：中国工业合作协会赣闽粤区供
销业务代营处，1942.7，再版，45 页，32 开
（中国工业合作协会赣闽粤区丛书）

本书主要介绍信用合作社及工业合作社。

08810

合作组织与管理（第 8 章 合作金融）（美）
史蒂芬（W. M. Stevens）著　曹康伯译
外文题名：Cooperative organization and mana-
gement with reference to China
成都：金陵大学农学院经济系，1943，56 页，
22 开，环筒页装

本书共 3 节：合作财务行政、合作资金的
筹集、中国工业合作理财原则。

收藏单位：重庆馆、南京馆、首都馆

08811

**合作组织与管理（第 10 章 工业合作业务分
析）（美）史蒂芬（W. M. Stevens）著　曹康
伯译**
外文题名：Cooperative organization and mana-
gement with reference to China
成都：金陵大学农学院农业经济系，1943.10，
71 页，25 开，环筒页装

本书共 4 节：绪言、中国工业合作社管理
效率的衡量、业务资料的分析与比较、结论。

收藏单位：重庆馆、广东馆、首都馆

08812

合作组织与管理（第 16 章 工业合作）（美）

史蒂芬（W. M. Stevens）著　曹康伯译
外文题名：Cooperative organization and mana-
gement with reference to China
成都：金陵大学农学院农业经济系，1943，34
页，25 开，环筒页装

本书共 4 节：合作工厂或工人生产合作
社、乡村工业合作社的运销及资金问题、乡
村工业发展的途径、结论。

收藏单位：重庆馆、南京馆、首都馆

08813

河北各矿概要　朱行中著
中国矿冶工程学会，[1934]，1 册，16 开，精
装

本书分 3 编：地质概述、矿产矿业（上）
金属矿、矿产矿业（下）非金属矿。附各矿
统计及矿区一览表。原载于 1932 年 2 月至
1934 年 6 月的《矿冶》杂志。

收藏单位：国家馆

08814

**河北井陉矿务局改办第八九届两届年报
（1930—1931）**　河北井陉矿务局会计处编
河北井陉矿务局会计处，[1932]，1 册，8 开，
精装

收藏单位：国家馆

08815

河北井陉矿务局改办第十三届会计决算帐略
　河北井陉矿务局会计处编
河北井陉矿务局会计处，1936，1 册，8 开，
精装

本书全部为表。共 11 部分，内容包括：
本届贷借对照表、本届财产目录、本届损益
表、本届新增产业表、本届逐月盈亏比较图
表、本届产销副产品表、本届现金收支实况
表等。所涉时间为 1934 年 10 月 1 日至 1935
年 9 月 30 日。

收藏单位：国家馆、首都馆、天津馆

08816

河北矿务汇刊　河北省矿务整理委员会编
河北省矿务整理委员会，1930.9，1 册，16 开

本书共 9 部分，内容包括：组织、公牍、提案、议事记录、建议、调查、附录等。附录河北矿产志。

收藏单位：国家馆、近代史所

08817

河北省磁县粘土矿地质矿业及窑业　侯德封编

外文题名：The clay deposits and porcelain industry of Pengchengchen, Hopei

实业部地质调查所、国立北平研究院地质学研究所，1931.10，43—84 页，16 开

本书共 9 部分：地位及交通、地形、地层概要、地质构造、矿产、矿业、窑业、其他矿产、结论。附英文提要。摘印自《地质汇报》第 17 号 43—84 页。

收藏单位：广东馆、贵州馆、国家馆

08818

河北省井陉矿务局改办第十四届年报　河北省井陉矿务局会计处编辑

河北省井陉矿务局，1937，1 册，8 开，精装

本书共 4 部分：本局历史概要、本届业务发展概况、会计报告、业务统计。所涉时间为 1935 年 10 月 1 日至 1936 年 9 月 30 日。

收藏单位：国家馆、近代史所、天津馆

08819

河北省井陉矿务局及各厂处章则　[河北省井陉矿务局编]

河北省井陉矿务局，[1930—1939]，[64] 页，25 开

本书内容包括：河北省井陉矿务局章程、河北省井陉矿务局办事细则、河北省井陉矿务局职员薪级表、井陉矿厂办事细则、井陉矿厂待遇工人规则、河北省井陉矿务局各办事处办事细则、井陉矿务局炼焦厂办事细则等。

收藏单位：国家馆

08820

河北省之陶业　燕京大学经济学系编辑

北平：燕京大学经济学系，1931.11，18 页，

16 开（燕京大学经济学系中国经济研究丛刊 1）

本书共 3 部分：彭城旧式陶业之情状、唐山陶业之近代化、结论。

收藏单位：国家馆、内蒙古馆、天津馆

08821

河北省制造度量衡模范工厂周年纪念特刊

河北省制造度量衡模范工厂业务股编

石家庄：河北省制造度量衡模范工厂业务股，1932.9，94 页，16 开

本书内容包括：河北省制造度量衡模范工厂制造新器统计表、河北省制造度量衡模范工厂职员表、河北省制造度量衡模范工厂各种表单等。附实业部度量衡制造所所长陈儆庸法国权度概要。

收藏单位：国家馆

08822

河南火硝土盐之调查　张子丰　张英甫著

[塘沽]：黄海化学工业研究社，1932.5，18 页，16 开（黄海化学工业研究社调查研究报告 2）

[上海]：黄海化学工业研究社，1949 重印，18 页，16 开（黄海化学工业研究社调查研究报告 2）

本书共 7 部分：绪言、产地及产量、成因、制法、用途及市价、外硝输入量、结论。

收藏单位：国家馆、上海馆、首都馆、浙江馆

08823

河南矿业报告（第 1 次 民国二十二年）　王景尊编

开封：河南省地质调查所，1934.4，314 页，16 开（地质报告书 第 3 号）

本书分两编：全省矿产分论、全省矿业近况。第 1 编共 3 章：金属矿、非金属矿、结论；第 2 编共 3 章：煤矿业、铁矿业、结论。附河南各煤田地层比较图、民国二十二年美国矿产纽约市价表、民国二十一年与二十二年矿产市价比较表等。

收藏单位：重庆馆、国家馆、辽宁馆、南

京馆、山西馆、上海馆

08824

河南省矿业史　曹世禄　王景尊编

开封：河南省地质调查所，1934.11，62 页，16 开（地质专报 第 1 号）

本书共 3 节：概论、沿革、结论。

收藏单位：国家馆

08825

河南省兰封县请求设立花生机器榨油厂之调查报告　金陵大学农学院农业经济系调查及编制

南京：金陵大学农学院农业经济系，1934.6，油印本，11 页，16 开（豫鄂皖赣四省农村经济调查初步报告 第 12 号）

本书受豫鄂皖赣四省农民银行委托编制。调查项目包括：农产运销、农村金融、佃农制度、土地分类、农产物价、农村组织等。

收藏单位：广东馆、国家馆

08826

河南省煤矿志　河南省地质调查所编

[开封]：河南省地质调查所，1948.1，122 页，16 开

本书共 3 部分：总论、煤矿区分论、河南省煤矿业。附河南省煤矿钻探记录、本所各种章则、河南省各县煤矿领照矿区一览表等 11 种。

收藏单位：国家馆、南京馆

08827

河南郑州豫丰纺织股份有限公司甲子年营业报告　河南郑州豫丰纺织股份有限公司编

河南郑州豫丰纺织股份有限公司，1925，[2] 页，32 开

本书收录该厂贷借对照表等。

08828

河南中原股份有限公司汇刊（第 5 期）　河南中原股份有限公司编

焦作：河南中原股份有限公司，1932.3，[348] 页，16 开

本书内容包括：特载、论著、指令、公牍、通告、报告、统计等。"论著"部分收文 6 篇，内容包括：《国人迫切的工作》（文浩）、《从生产力说到中国劳动问题》（李南荪）、《谈谈我国矿产税》（朱庆疆）、《经营与经营者之要素》（叔雅）等。附二十一年元旦告工友书、河南焦作民众教育委员会组织简章、焦作民众教育委员会第一次会计记录等。

收藏单位：广东馆、国家馆

08829

恒丰汇刊　恒丰汇刊社编

上海：恒丰纺织新局，1926.3，314 页，32 开

本书收录恒丰纺织厂职工所写论文及文学作品，内容包括：《生产救国》（云台）、《中国之纺织业》（潞生）、《停工感言》（仙舫）、《工资制度与纱厂管理》（黄季冕）、《纱厂采购棉花之先决问题》（傅道伸译）等。

收藏单位：国家馆、近代史所、上海馆

08830

横滨正金银行新借款追加草合同及附属文书·日本兴业银行追加草合同及附属文书

[汉冶萍煤铁厂矿有限公司编]

出版者不详，[1924—1949]，31 页，25 开

本书为汉冶萍煤铁厂矿有限公司与日本横滨正金银行及日本兴业银行在 1924 年 9 月 22 日所订借款合同、追加合同及附件。

08831

后方工矿资金研究　经济部统计处编

经济部统计处，1943.11，17 页，18 开（经济统计丛刊 4）

本书共 7 部分：绪论、资金之来源、资金之运用、固定资产与净值及长期负债之比较、流动资产与短期负债之比较、产业之利润、结论。附一百二十一家厂矿资产统计表、一百二十一家厂矿负债统计表。

收藏单位：国家馆、湖南馆、吉大馆、吉林馆、南京馆

08832

后方工业概况统计（民国三十一年）　经济部

统计处编

经济部统计处，1943.5，177 页，横 16 开
（经济统计丛刊 3）

　　本书大部分为表。共 4 部分：序、后方工业鸟瞰、后方工业概况总表、后方工业概况分表。

　　收藏单位：重庆馆、国家馆、近代史所、南京馆、山西馆

08833

后方工业界之困难及吁请政府救济办法　胡厥文等著

中国全国工业协会，1946.3，1 册，32 开

　　收藏单位：南京馆

08834

后方机器工业及其调整方案　周茂柏著

出版者不详，[1940—1949]，[4] 页，16 开

　　本书附后方民营机器工业过去及现在概况报告。为《西南实业通讯》第 6 卷第 1 期抽印本。

　　收藏单位：国家馆

08835

后方民营厂矿一览　经济部工矿调整处编

经济部工矿调整处，1944，油印本，1 册，16 开

　　本书内容大部分为各种统计数据。

　　收藏单位：国家馆

08836

后方重要工矿产品统计（民国三十年及三十一年）　经济部统计处编

经济部统计处，1943.1，135 页，横 16 开
（经济统计丛刊 1）

　　本书全部为表。共两部分：后方各省重要工矿产品总表、后方各省重要工矿产品分表。分表收录各省煤产量、焦产量、精炼铅产量、机械工业产品、电器工业产量、水泥产量等统计表 14 种。

　　收藏单位：广东馆、国家馆、吉林馆、近代史所、南京馆、首都馆、中科图

08837

后方重要工矿产品第二次统计（民国二十九年至三十二年）　经济部统计处编

经济部统计处，1944.11，74 页，横 16 开
（经济统计丛刊 5）

　　收藏单位：重庆馆、国家馆、吉林馆、近代史所、辽宁馆、南京馆、首都馆、中科图

08838

厚生矿业股份有限公司档案

出版者不详，1943，油印本，1 册，16 开

　　本书收录湖南省宜章县锡矿申请领采经过等。

　　收藏单位：国家馆

08839

胡石青王搏沙致张馨庵书　胡汝麟　王敬芳著

出版者不详，1914，18 页，22 开

　　收藏单位：国家馆

08840

湖北大冶利华煤矿公司招股简章　湖北大冶利华煤矿公司编

湖北大冶利华煤矿公司，[1930—1939]，24 页，16 开

　　本书附经过概要及整理计划书等。

08841

湖北大冶利华煤矿股份有限公司续招新股简章　湖北大冶利华煤矿股份有限公司编

湖北大冶利华煤矿股份有限公司，[1940—1949]，8 页，16 开

　　本书附情状概要。

08842

湖北大冶源华煤矿公司过去现在与将来　源华煤矿公司编

源华煤矿公司，1948，51 页，16 开

　　本书介绍该公司的沿革、矿区及地质、战时与胜利初期损失、复工步骤计划等。

08843
湖北公矿局十六年度报告书
湖北公矿局，[1920—1949]，1 册，16 开
收藏单位：南京馆

08844
湖北省地方概况报告　国民经济研究所编
国民经济研究所，[1936]，打印本，1 册，16 开（总第 5 号 工业门地方类 第 5 号）
本书调查对象为汉口、武昌、汉阳、江陵、宜昌、大冶、光化、襄阳、汉川 9 个市、县。
收藏单位：重庆馆、中科图

08845
湖北省建设厅武昌机厂开业二周纪念刊　湖北省建设厅武昌机厂编
汉口：湖北省建设厅武昌机厂，1936.6，10 页，16 开
本书共 3 部分：沿革、现状、计划。附各种实用表式，本厂自行设计各种船舶机器制图。
收藏单位：国家馆

08846
湖北省省营工厂组织原则
湖北省政府，1942.10，4 页，32 开
收藏单位：南京馆

08847
湖北武汉之纱厂　国民经济研究所具拟
[国民经济研究所]，[1937]，打字本，15 页，16 开（总第 103 号 工业门纺织类 第 2 号）
本书共 4 部分：沿革、武汉各纱厂沿革及现状、各纱厂原料消费与采运状况、各纱厂产销状况。
收藏单位：国家馆

08848
湖北应城膏盐矿报告　谢家荣　刘季辰著
湖北实业厅，1925.2，40 页，16 开
本书共 12 部分，内容包括：产地、沿革、开支、交易、用途及销路等。附石膏说略。

收藏单位：浙江馆

08849
湖南第一纺织厂规程汇编　湖南第一纺织厂编
湖南第一纺织厂，1932.9，198 页，16 开
本书分两部分：政府法令、本厂规章。第 1 部分收录法规 9 种，内容包括：工厂法、工厂法施行条例、工人储蓄暂行办法、劳资争议处理法、湖南省政府所属职员请假规则等；第 2 部分收录规章 29 条，内容包括：办事细则、会计处办事细则、职员请假细则、工厂管理规则等。
收藏单位：国家馆、湖南馆、上海馆

08850
湖南第一纺织厂年刊（二十年度）　湖南第一纺织厂编
湖南第一纺织厂，1932.9，1 册，16 开
本书共 6 部分：沿革、规程、现状、表报、计划、杂录。
收藏单位：国家馆

08851
湖南电灯公司开办章程　湖南电灯公司编
湖南电灯公司，[1930—1949]，57 页，16 开

08852
湖南电灯股份有限公司第二十届业务报告（中华民国二十六年度）　湖南电灯股份有限公司编
湖南电灯股份有限公司，[1938]，[24] 页，16 开
本书介绍该年度的公司业务（公司营业）、经济（公司资产）、工程（公司本年工程）等情况。收录资产负债表、损益计算、资产目录等。
收藏单位：国家馆

08853
湖南江华之锡矿业　曹立瀛　温文华拟
[资源委员会经济研究室]，1941.3，油印本，97 页，16 开（钨锡矿业调查报告 6）

本书共 16 章，内容包括：地形位置与交通、地质与矿床、沿革、组织、工程设备、钻探、采矿、选矿、冶炼、运销、营业概况等。

收藏单位：南京馆、中科图

08854

湖南矿业总会特刊　湖南矿业总会编

长沙：湖南矿业总会，1928，32 页，16 开

收藏单位：广东馆

08855

湖南锰矿志　[湖南地质调查所编]

湖南地质调查所，1935.2，1 册，16 开（专报甲种 第 2 号）

本书分两章：总论、分论。第 1 部分共 4 章，内容包括：湖南锰矿之分布及储量、湖南锰矿之产额及成分等；第 2 部分共 5 章，内容包括：湘潭上五都锰矿、安仁县城北郊锰矿等。附矿区地质图。

收藏单位：重庆馆、国家馆、湖南馆、辽宁馆

08856

湖南棉业试验场津市轧花厂第一次报告　湖南棉业试验场编

湖南棉业试验场，1933，32 页，16 开（湖南棉业试验场刊物 第 1 类 8）

本书内容包括：缘起、筹备、组织、办法、工作、结果、结论等。附湖南棉业试验场轧花厂组织章程等。所涉时间为 1932—1933 年。

收藏单位：国家馆、湖南馆

08857

湖南棉业试验场津市轧花厂第二次报告书
湖南棉业试验场编

湖南棉业试验场，1934，24 页，16 开（湖南棉业试验场刊物 第 2 类 11）

本书内容包括：插图、厂屋之扩充及机械之添置、资金之筹措、收花、轧花、打包、运销、结果、结论等。为 1933 年 3 月至 1934 年 5 月工作报告。逐页题名：湖南棉业试验场

津市轧花厂第二次报告。

收藏单位：国家馆

08858

湖南省第一纺织厂一年纺织统计　湖南省第一纺织厂统计股编

湖南省第一纺织厂，1942，1 册，横 16 开

本书统计时间为 1941 年度。

收藏单位：国家馆

08859

湖南省第一纺织厂二年纺织统计　湖南省第一纺织厂总务课统计股编

湖南省第一纺织厂，1943.7，[381] 页，横 16 开

本书全部为表。共 9 类：总务、财务、采购、运输、生产、销售、储存、劳动、成本。统计时间为 1942 年度。

收藏单位：国家馆、南京馆

08860

湖南省晃县酒店塘汞矿局概况　湖南实业特种股份有限公司筹备委员会编

湖南实业特种股份有限公司，1943.7，12 页，32 开

收藏单位：南京馆

08861

湖南省临武香花岭锡矿局概况　湖南省临武香花岭锡矿局编

湖南省临武香花岭锡矿局，1943.7，10 页，32 开

本书共 7 部分：沿革及组织、矿区位置及交通、工程设备述要、生产、最近三年盈亏情形、发展计划、重要资产简目。

收藏单位：国家馆

08862

湖南省有黑铅炼厂厂务汇刊　湖南省有黑铅炼厂编辑

湖南省有黑铅炼厂，1929.10，[88] 页，16 开

本书共 8 部分：图书、弁言、沿革、（湖南建设厅）厅令、规程、公牍、表报、附录。

08863

湖南水口山铅锌矿专刊　湖南水口山矿务局编

湖南水口山矿务局，1931.1，[239] 页，16 开

本书共 21 部分，内容包括：照片、弁言、位置、矿区、沿革、法规、地质、采矿、选矿、化验、运销、会计、公函、呈文、杂录等。

收藏单位：国家馆

08864

湖南锑矿联合贸易处第一届委员会账目清算委员会清算报告书

出版者不详，[1911—1949]，82 页，16 开

收藏单位：南京馆

08865

湖南锑矿业统计（民国二十八年至三十年）

曹立瀛　李守仪拟

出版者不详，1942.3，油印本，1 册，16 开（管理事业统计报告 6）

收藏单位：南京馆、中科图

08866

湖南锑矿志　王晓青等著

湖南地质调查所，1938.8，181+20 页，16 开（专报 甲种 第 4 号）

本书介绍湖南锑矿的分布、储量以及新化锡矿山锑矿等 25 个锑矿的概况。

收藏单位：湖南馆

08867

湖南铁矿志（第 1 册）　王晓青　田奇瑰　刘祖彝著

湖南地质调查所，1934.9，10+98+8 页，16 开（专报 甲种 第 1 号）

本书分 3 章：总论、各论、结论。第 1 章共 5 部分，内容包括：铁矿之分布、铁矿之分类等；第 2 章共 10 篇，内容包括：安化青山冲铁矿、新化金竹山铁矿等。

收藏单位：重庆馆、广东馆、国家馆、湖南馆、首都馆

08868

湖南之鞭爆　张人价编述

湖南经济调查所，1937.4，75 页，16 开（湖南省经济调查所丛刊）

本书共 7 章，内容包括：鞭爆之种类及其产区与销场、鞭爆之制造原料、鞭爆之制造程序、鞭爆之包装等。书前有湖南鞭爆生产区域图。附各种爆料纸比较表、各种爆竹质量比较表等。

收藏单位：重庆馆、国家馆、湖南馆

08869

湖南之矿业　张人价编

湖南经济调查所，1934.8，276 页，16 开（湖南省经济调查所丛刊）

本书分两编：总论、各论。第 1 编共 8 章，内容包括：湖南矿产之分布、湖南之矿业略史、湖南之炼厂、湖南各矿之产量等；第 2 编共 13 章，内容包括：铅锌银、锰、锡砒等。

收藏单位：重庆馆、广东馆、国家馆、湖南馆、南京馆、上海馆、中科图

08870

湖南之纸　张人价撰述

耒阳（衡阳）：湖南省银行经济研究室，1942.12，218 页，22 开（湖南省银行经济丛刊 9）

本书分上、下两篇：湖南纸产概况、湖南纸产之主要产区及主要集散市场调查。上篇共 10 章，内容包括：产区分布情形、出品之分类等；下篇共 30 章，内容包括：新化之纸产调查、安化之纸产调查等。附调查经过、湖南改进纸业技术指导团章程、造纸工厂计划。

收藏单位：重庆馆、广东馆、国家馆、湖南馆、吉林馆、南京馆

08871

湖南专号　经济部采金局编

经济部采金局，[1943—1949]，61 页，16 开（金矿丛刊）

本书介绍湖南的金矿和金砂矿，共两部分：概论、分论（含沅水流域、资水流域、湘

水流域）。目录页题名：湖南金矿专号。

　　收藏单位：重庆馆、广东馆、国家馆、南京馆

08872

鄠县区特种工程三原民工总队工作报告　鄠县区特种工程三原民工总队编

鄠县区特种工程三原民工总队，1945.12，石印本，12+[80] 页，16 开，环筒页装

　　本书共 6 部分，内容包括：筹备经过、工作情况、各种款物领发及保管情形等。

　　收藏单位：国家馆

08873

花纱布统计资料汇编　上海市花纱布公司编

上海市花纱布公司，1949，70 页，横 16 开

　　收藏单位：国家馆

08874

花业概况·纱业概况　潘吟阁编著

上海：中华职业教育社，1929，13 页，32 开（研究职业分析）（职业教育研究丛辑 19）

　　本书为合订本。分别叙述两个行业的历史、现状与将来、就业手续及待遇、业内成功人士等。

　　收藏单位：国家馆

08875

华北河渠建设委员会河南省分会报告书（中华民国三十二年度）　华北河渠建设委员会河南省分会编

华北河渠建设委员会河南省分会，[1943]，50 页，16 开，环筒页装

　　本书共 4 部分：事业概况、三十一年度事业成绩之检讨、既成工程管理养护办法、其他关系意见。附分会三十一年度完成工作表等。封面题名：事业报告书（民国三十二年度）。

　　收藏单位：国家馆、中科图

08876

华北化学工厂考察记　欧阳诣著

南京：中国建设协会，1935.8，[64] 页，18 开

本书介绍财政部印刷局、双合盛啤酒工厂、初起造纸厂、天津造胰公司北平分厂、玉泉酿造公司等 36 个考察对象的概况、成品、原料、营业、制法等。著者原题：欧阳毅。

　　收藏单位：国家馆、首都馆

08877

华北煤业概况　天府研究室编

出版者不详，[1911—1949]，手抄本，88 页，16 开，环筒页装

　　本书共 3 章：华北各省煤业概略、华北主要煤矿概要、沦陷后之华北煤矿。附华北六省煤矿储量表、华北六省历年产量表、山东煤田储量表等。

　　收藏单位：重庆馆

08878

华北民族工业暨民族资本实地考察报告书　华北综合调查研究所编

华北综合调查研究所，1944，油印本，58 页，18 开

　　本书共 4 部分：北京市内民族工业暨民族资本实地考察报告书、太原榆次石门保定民族工业暨民族资本实地考察报告书、北京唐山瓷业实地调查报告书、徐州商邱开封民族工业暨民族资本实地考察报告书。

　　收藏单位：国家馆

08879

华北水利委员会技术工作报告　华北水利委员会编辑

天津：华北水利委员会，1932，36 页，16 开，环筒页装

　　本书所涉时间为 1928 年 9 月至 1931 年 12 月。

　　收藏单位：国家馆、中科图

08880

华东煤矿矿务会议记录　华东煤矿公司编

华东煤矿公司，[1946—1949]，36 页，32 开

　　本书所述会议于 1946 年 11 月召开。

08881

华东人造丝厂股份有限公司章程草案　华东人造丝厂编

上海：华东人造丝厂，[1911—1949]，[3] 页，16 开，环筒页装

08882

华东人造丝厂股份有限公司招股简章　华东人造丝厂股份有限公司订

上海：华东人造丝厂股份有限公司，[1937]，[8] 页，24 开

　　本书招股时间为 1937 年 6—9 月，发起人有宋子文、张静江等 60 余人。

　　收藏单位：上海馆

08883

华东人造丝厂营业计划书　华东人造丝厂编

上海：华东人造丝厂，[1937]，10 页，16 开，环筒页装

　　本书介绍该厂的建厂、生产计划、贸易计划。

08884

华东水利委员会二十年来工作概况

华北水利工程总局，1947.12，74 页，16 开

　　本书所涉时间为 1928 年 9 月至 1947 年 6 月。

　　收藏单位：南京馆

08885

华丰搪瓷股份有限公司第十一期结算报告（民国二十九年度）　华丰搪瓷股份有限公司编

华丰搪瓷股份有限公司，[1940—1949]，[6] 页，25 开

　　本书共 4 部分：资产负债表、损益计算书、查帐证明书、董事及监察人名单。

　　收藏单位：上海馆

08886

华丰搪瓷股份有限公司章程　华丰搪瓷股份有限公司编

华丰搪瓷股份有限公司，[1929—1949]，12 页，32 开

　　本章程共 7 章：总则、股份、股东会、董事监察人及董事会、结算、修改章程、附则。

　　收藏单位：上海馆

08887

华商大通煤矿公司第一届收支简帐（上册）

出版者不详，[1930—1939]，16 页，16 开

　　本书所述大通煤矿位于安徽省，所涉时间为 1930 年 1—6 月。

08888

华商棉纺织厂生产费用与人工成本计算方法的错误　王镇中著

国立中央研究院社会科学研究所，1936.9，[103] 页，16 开

　　本书共 14 部分，内容包括：一个基本观念的剖析、平均支数或磅数法的错误、工资分配法的错误、锭日或机日分配法的错误、华商棉纺织厂人工成本计算法的错误等。为《社会科学》杂志第 7 卷第 3 期抽印本。

　　收藏单位：吉林馆、上海馆

08889

华商纱厂联合会年会报告书　华商纱厂联合会编

上海：华商纱厂联合会，1933.4，53 页，22 开，环筒页装

　　本书共 8 部分：纺织业近况、原棉供求、棉税纱税、纺织教育、国难与棉业、纺厂营业之艰苦与救济、棉业统计、两年来之本会。

　　收藏单位：国家馆、上海馆、西南大学馆

08890

华商纱厂联合会年会报告书　华商纱厂联合会编

上海：华商纱厂联合会，[1934.5]，45 页，22 开，环筒页装

　　本书内容包括：世界纺锭之减少与我国纺锭之增加、全国华厂一致减工一月、纱价之衰落、纱销清淡存纱增多、纱棉跌价比率之不同等。

　　收藏单位：国家馆、上海馆、西南大学馆

08891

华商纱厂联合会年会报告书　华商纱厂联合会编

上海：华商纱厂联合会，1935.5，34 页，22 开

本书介绍一年来纺织业近况及原棉供求、棉税、纱税、纺织教育、纺厂营业等情况。

收藏单位：上海馆、西南大学馆、浙江馆

08892

华商纱厂联合会年会报告书　华商纱厂联合会编

[上海]：华商纱厂联合会，1936.4，39 页，22 开

收藏单位：南京馆、上海馆

08893

华商纱厂联合会年会报告书　华商纱厂联合会编

[上海]：华商纱厂联合会，[1937]，46 页，22 开

收藏单位：国家馆、西南大学馆、浙江馆

08894

华商上海水泥股分有限公司龙华厂工友管理办法

[华商上海水泥股分有限公司龙华厂]，1933.9，修订版，[131] 页，32 开

本书收录该厂规则 7 种，内容包括：本厂规则、本厂规则施行细则、本厂考工委员会规则等。附修正工厂法、工厂检查法、团体协约法、修正劳资争议处理法等劳工法规。

收藏单位：国家馆

08895

华商上海水泥股份有限公司结算报告（第1—9期）　华商上海水泥股份有限公司编

华商上海水泥股份有限公司，1923—1931，8 册（62 页），32 开

本书收录 1923—1931 年历年贷借对照表等。附损益计算书、财产目录。

收藏单位：上海馆

08896

华商上海水泥股份有限公司会计项目　华商上海水泥股份有限公司编

华商上海水泥股份有限公司，1935.10，60 页，16 开

本书全部为表。所收项目有资产类、负债类、暂记类、成本类、损益类等。

08897

华商上海水泥有限公司章程　华商上海水泥有限公司编

华商上海水泥有限公司，[1924.11]，修订版，8 页，32 开

08898

华源织造厂股份有限公司概况　丁趾祥著

重庆：华源织造厂股份有限公司，1944，油印本，28 页，16 开，环筒页装

本书内容包括：创业经过、董事名录、职员名录、各项重要章则等。书前有组织系统图、工厂平面图等。

收藏单位：重庆馆

08899

华中盐业股份有限公司第三次定期股东大会　[张重周编]

上海：张重周，1941，油印本，1 册，16 开，环筒页装

本书内容包括：董事会日期、地点、会议事项等。

收藏单位：国家馆

08900

华中制粉业　童岳著

出版者不详，[1944.10]，45 页，16 开

本书内容包括：我国制粉业之演变经过、战后发展、产量、品质及供需状况等。附华北制粉业概况。

收藏单位：上海馆

08901

化学工业　东北物资调节委员会研究组编辑

沈阳：东北物资调节委员会，1948.2，2 册

（190+148 页），32 开，精装（东北经济小丛书 11）

本书分两编：总论、分论。第 1 编共 4 章，内容包括：东北化学工业之发展经过、化学工业制品之统制等；第 2 编共 4 章，内容包括：制盐业、硫酸工业等。

收藏单位：安徽馆、长春馆、重庆馆、东北师大馆、广东馆、国家馆、河南馆、黑龙江馆、辽大馆、辽师大馆、南京馆、内蒙古馆、宁夏馆、上海馆、首都馆、西南大学馆

08902

化学工业部起草委员会通讯（第 2 期） 经济部全国度量衡局编

经济部全国度量衡局，1943，[16] 页，18 开

本书内容包括：本会新聘委员题名录、本会委员地址变更登记、本会工作近况、三十年续编工业标准草案一览表、各国化工标准目录等。

收藏单位：重庆馆

08903

淮南煤矿 淮南煤矿局编

淮南煤矿局，1934.5，66 页，16 开（建设委员会事业报告 第 3 号）

本书共 3 部分：插图、报告、附录。报告部分共 6 章：引论、设备、营运、经济、计划、余论。附录建设委员会淮南煤矿局组织章程、淮南煤矿局办事处组织章程等 18 种。逐页题名：建设委员会淮南煤矿及铁路事业报告。

收藏单位：安徽馆、国家馆、上海馆、天津馆

08904

淮南煤矿纪要

出版者不详，[1911—1949]，60 页，16 开

本书共 4 部分：淮南煤矿述略、淮南煤矿局工程计划、淮矿调查报告、淮矿之低温制焦试验报告。附淮南煤矿交通图、淮南煤矿矿区联合概图、大通矿井地层柱形图等。

收藏单位：重庆馆、南京馆

08905

淮南煤矿六周纪念特刊 淮南煤矿局编

淮南煤矿局，1936.6，336 页，16 开

本书共 4 篇：总论、煤矿、铁路、附载。第 1 篇共 5 章：沿革、组织、总务处理、工务处理、会计处理；第 2 篇共 5 章，内容包括：机电设备、地面设备、产煤概况等；第 3 篇共 18 章，内容包括：用地、轨道、车站设备、房屋建筑、车辆等；第 4 篇共 6 章，内容包括：淮南煤低温提油炼焦试验报告、九龙岗矿区大煤井计划、田家庵码头计划等。

收藏单位：安徽馆、广东馆、国家馆、近代史所、南京馆

08906

淮南新兴场北七灶商灶剧争之索隐 吴鸿璧等译述

出版者不详，[1918—1919]，120 页，23 开

本书叙述两个盐灶剧争的起因、内情及其经过。

收藏单位：南京馆、上海馆

08907

淮南盐垦工程初步计划 朱延平著

财政部盐政总局，1946.10，38 页，16 开

本书共 9 部分，内容包括：淮南盐垦之疆域及亩数、淮南盐垦应行具备之条件、淮南盐区之现状及其垦务之经营、淮南盐垦与淮河之关系、导淮会排洪航运灌溉之计划等。

收藏单位：国家馆、南京馆

08908

淮盐纪要 林振翰编辑

上海：商务印书馆，1928.10，[482] 页，16 开，精装

本书共 4 篇：沿革、场产、运销、职官。附两淮产销区域图、济南盐场分图、专件、规程、丛录。

收藏单位：安徽馆、重庆馆、福建馆、国家馆、吉林馆、近代史所、南京馆、内蒙古馆、上海馆、浙江馆

08909

黄岩场七年来工作实录（民国二十七年至三十三年） 两浙区黄岩场公署编

两浙区黄岩场公署，1945，156 页，16 开

本书内容包括：黄岩场沿革、总务、场产、运销、会计、工程、盐工福利等。

收藏单位：浙江馆

08910

恢复铜梁板桥瓷业建议书 铜梁板桥实验乡村建设委员会编

铜梁板桥实验乡村建设委员会，[1911—1949]，石印本，3 页，22 开，环筒页装

收藏单位：重庆馆

08911

会员代表名册

出版者不详，[1911—1949]，14 页，32 开

本书为上海及江浙各地纱厂代表人名册。

收藏单位：南京馆、上海馆

08912

火柴工业报告书 全国经济委员会编

全国经济委员会，1935.7，93 页，16 开（全国经济委员会经济专刊 2）

本书共 4 章：中国火柴工业史略、中国火柴工业之现状、火柴工业目前问题及其救济方法、结论与建议。

收藏单位：重庆馆、国家馆、南京馆、上海馆、浙江馆

08913

火柴业调查报告 吴瓯主编

天津市社会局，1931，60 页，16 开

本书共 4 章：我国火柴工业今后之趋势、天津火柴工业在我国之地位、天津火柴工业之现况、天津国产火柴业之危机及其补救方法。

收藏单位：国家馆、近代史所、南京馆、上海馆、首都馆、天津馆、浙江馆

08914

火柴业概况·卷烟业概况 潘吟阁编著

上海：中华职业教育社，1930，11 页，32 开（研究职业分析）（职业概况丛辑 23）

本书为合订本。分别叙述两个行业的历史、工作、交易、现状与将来、就业手续及待遇、业内成功人士等。

收藏单位：国家馆

08915

火柴制造出厂统计图表 中华全国火柴同业联合会编制

中华全国火柴同业联合会，1933.10，48 页，16 开

本书涉及国内 62 个火柴生产厂。内容包括：就一厂观察、就各厂相互间观察、就一统税区观察、就各统税区相互间之观察等。所涉时间为 1931 年 7 月至 1933 年 6 月。

收藏单位：国家馆、南京馆、上海馆

08916

火柴制造业成本会计 徐劭文著

南昌：大纬出版公司，1948，129 页，25 开（工商知识丛书 2）

收藏单位：南京馆

08917

机械工业

国防研究院，1943.3，34 页，32 开

收藏单位：南京馆

08918

机械工业报告书 东北科学技术学会编辑

东北科学技术学会，1945，油印本，114 页，16 开

收藏单位：长春馆、广东馆

08919

机械工业报告书 全国经济委员会编

全国经济委员会，1936.7，43 页，18 开（全国经济委员会经济专刊 9）

本书共 4 部分：绪论、我国机械工业之现状、改进我国机械工业之意见、结论。附机械输入总值表、近年全国机械工厂现状表、铁路附设之机械工厂表。

收藏单位：重庆馆、广东馆、广西馆、国家馆、江西馆、近代史所、上海馆

08920

机械工业计划（第 4 次）

出版者不详，1942.5，石印本，1 册，13 开，环筒页装

　　本书共 5 部分：设厂原则、机械种类、设厂计划、机械工业所需人员分类估计表、各厂区域分布表。

　　收藏单位：国家馆

08921

吉林矿务纪略　王维燊　高兆夔编

吉林实业厅，1919.8，[312] 页，16 开

　　本书分 4 卷。第 1 卷共两章：沿革、地质篇；第 2 卷共 24 章，内容包括：伊通县属煤矿、濛江县属煤矿等；第 3 卷共 19 章，内容包括：吉林县属金矿、农安县属金矿等；第 4 卷共 15 章，内容包括：吉林县属杂矿、五常县属杂矿等。附吉林矿产税征收章程、征集矿物标本规则等。

　　收藏单位：近代史所、辽宁馆、天津馆、中科图

08922

吉林穆棱煤矿纪实　孙毓麒编

中国矿冶工程学会，1930.4，84 页，16 开（中国矿冶工程学会专刊 2）

　　本书共 31 章，内容包括：地位、矿区面积、地质及煤层、煤量及煤质、沿革及资本、历年产煤额、销路及售价、总公司与矿区资产等。

　　收藏单位：安徽馆、国家馆、近代史所、上海馆、首都馆

08923

急需奖励之基本工业　李待琛编

军政部兵工署，1930.3，46 页，32 开

　　本书介绍制铁、冶铜、炼铅、内燃机制造等工业情况。

　　收藏单位：重庆馆、湖南馆、南京馆

08924

济南卷烟工业　山东省国货陈列馆编

山东省国货陈列馆，[1934]，50 页，32 开（国货丛刊 工业 1）

　　本书分两章介绍济南市手工卷烟业与机制卷烟业的沿革、现状、原料、设备、产量、运销、价值、职工及税捐情况等。

　　收藏单位：北师大馆、国家馆、江西馆、浙江馆

08925

济南染织工业　山东省国货陈列馆编

山东省国货陈列馆，[1935.12]，100 页，22 开（国货丛刊 工业 2）

　　本书介绍该省染色、棉织、丝织、毛织各业发展状况及各厂情况。

　　收藏单位：北师大馆、广东馆、国家馆、湖南馆、江西馆、近代史所、上海馆、首都馆、浙江馆

08926

济南仁丰纺织染股份有限公司特刊　济南仁丰纺织染公司编

济南仁丰纺织染公司，1936.3，[200] 页，横16 开

　　本书大部分为图表。

　　收藏单位：天津馆

08927

济南市服用品制造业调查统计报告　济南市政府秘书处编

济南市政府秘书处，1936，72 页，16 开（统计资料 第 17 种）

　　本书共 6 部分，内容包括：济南市服用品制造业调查报告、济南市服用品制造业家数资本工徒人数比较表、济南市服用品制造业一览表等。调查时间为 1936 年 9 月。

　　收藏单位：国家馆、南京馆

08928

济南市工厂调查统计报告　济南市政府秘书处编

济南市政府秘书处，1936，31 页，16 开（统

计资料 第 6 种）

本书内容包括：济南市工厂调查报告、工厂分类统计、各业工厂家数比较图等。

08929

济南市机器及金属品制造业调查统计报告
济南市政府秘书处编

济南市政府秘书处，1937.3，72 页，16 开（统计资料 第 21 种）

本书共 5 部分，内容包括：济南市机器及金属品制造业调查统计报告、济南市机器及金属品制造业概况统计表、济南市机器及金属品制造业家数资本暨每年原料出品总值比较图等。调查时间为 1936 年 12 月。

收藏单位：南京馆、上海馆

08930

济南市家具制造业调查统计报告　济南市政府秘书处编

济南市政府秘书处，[1936]，41 页，16 开（统计资料 第 18 种）

本书共 5 部分，内容包括：济南市家具制造业调查报告、济南市家具制造业统计表、济南市家具制造业一览表等。调查时间为 1936 年 9 月。

收藏单位：广东馆、国家馆、南京馆、上海馆

08931

济南市建筑业调查统计报告　济南市政府秘书处编

济南市政府秘书处，[1936]，14 页，16 开（统计资料 第 11 种）

本书收录济南市建筑业调查报告、统计表、近三年来营业概况比较图和济南市建筑业一览表等。

08932

济南市漂染业调查统计报告　济南市政府秘书处编

济南市政府秘书处，1936.3，[16] 页，16 开（统计资料 第 5 种）

08933

济南市烟草制造业调查统计报告　济南市政府秘书处编

济南市政府秘书处，1937.2，28 页，16 开（统计资料 第 20 种）

本书共 5 部分：济南市烟草制造业调查统计报告、济南市烟草制造业概况统计表、济南市烟草制造业家数资本工具总值及工徒人数比较图、济南市烟草制造业每年原料暨出品总值统计图、济南市烟草制造业一览表。调查时间为 1936 年 11 月。

收藏单位：南京馆、上海馆、中科图

08934

济南市饮食品制造业调查统计报告　济南市政府秘书处编

济南市政府秘书处，1937，62 页，16 开（统计资料 第 19 种）

本书共 5 部分：济南市饮食品制造业调查统计报告、济南市饮食品制造业概况统计表、济南市饮食品制造业家数资本及工徒人数比较图、济南市饮食品制造业每年原料出品比较图、济南市饮食品制造业一览表。调查时间为 1936 年 10 月。

08935

济南市印刷业调查统计报告　济南市政府秘书处编

济南市政府秘书处，[1936]，18 页，16 开（统计资料 第 16 种）

本书调查时间为 1936 年 8 月。

收藏单位：广东馆

08936

记重考工

广东西村士敏土厂，1932，1 册，25×32cm

收藏单位：国家馆

08937

纪念册论文节略　经济部矿冶研究所编
经济部矿冶研究所，1939.3，8 页，16 开

本书为经济部矿冶研究所成立一周年纪念特刊。收录相关论文提要 24 篇。分 4 章：

燃料、钢铁、非铁金属、其他。

　　收藏单位: 国家馆

08938

技术合作委员会上海分会名录　技术合作委员会上海分会编

技术合作委员会上海分会, [1911—1949], 24页, 24开

　　收藏单位: 上海馆

08939

冀东建设厅通县电气公司整理处二十五年工作报告书　冀东建设厅通县电气公司整理处编

冀东建设厅通县电气公司整理处, [1930—1939], 22页, 16开

　　本书内容包括: 经济报告、业务报告、工程报告、二十六年整理计划、帐略、统计图表、附录等。

　　收藏单位: 国家馆

08940

冀鲁针厂三周纪念刊　中国冀鲁针厂编

青岛: 中国冀鲁针厂, [1934], 1册, 16开, 精装

　　本书内容包括: 序、本厂简史、工作形势、卫生、教育、新闻摘录等。

　　收藏单位: 国家馆

08941

冀南区十月工业会议总结　冀南行政公署工业处编

冀南行政公署工业处, [1911—1949], 29页, 32开

　　收藏单位: 天津馆

08942

冀中工业会议结论　[冀中财办处　冀中总工会编]

工商业会议秘书处, 1948.5, 36页, 32开

　　本书收文两篇:《当前发展工业的几个基本问题》《职工运动方针与当前任务》。附《论经济工作者在工作中的党性》(莫斯科书

记左尔宁)。本次会议于1948年3月6日在冀中召开。

　　收藏单位: 国家馆

08943

加强经济核算制克服工业生产中的浪费　东北新华书店编

沈阳: 东北新华书店, 1949.9, 136页, 32开 (经济建设丛书1)

　　本书收文14篇, 内容包括:《关于加强经济核算制开展反对浪费斗争的决定》《克服工业生产中的严重浪费》《经济核算制是管理企业的计划方法》《生产费用的分类及成本的组成部分》《怎样降低生产品成本》等。

　　收藏单位: 安徽馆、重庆馆、东北师大馆、国家馆、湖北馆、山东馆、山西馆、天津馆

08944

嘉陵江区煤矿业同业公会会志　嘉陵江区煤矿业同业公会编

嘉陵江区煤矿业同业公会, 1943.7, 24页, 16开

　　本书内容包括: 嘉陵江区煤矿业同业公会通知、嘉陵江区煤矿业同业公会呈、本会收发文统计表等。

　　收藏单位: 重庆馆、国家馆、南京馆

08945

嘉陵江下游煤矿视察报告　经济部工矿调整处编

经济部工矿调整处, 1938.12, 90页, 22开

　　本书共8部分: 北川铁路沿线各矿、裕蜀煤矿概况、宝源煤矿概况、遂川煤矿概述、西部科学院全记煤矿、金刚碑附近各矿、龙王洞煤田概论、结论。附参考资料。

　　收藏单位: 国家馆、近代史所、南京馆

08946

嘉兴永明电灯股份有限公司民国二十三年份结算报告　嘉兴永明电灯股份有限公司编

嘉兴永明电灯股份有限公司, [1935], 10页, 22开

收藏单位：国家馆

08947

艰苦经营中的台湾纸业有限公司 [台湾纸业有限公司编]

台湾纸业有限公司，1947.9，18 页，32 开

本书内容包括：台湾纸业在监理时期情形、本公司接收及成立经过情形、接收时各厂破坏情形、艰巨中的修复情形等。

收藏单位：安徽馆、国家馆、南京馆、天津馆、浙江馆

08948

建设东南工业草案

第三战区经济委员会，1940.7，17 页，32 开

收藏单位：南京馆

08949

建设委员会办理长兴煤矿之经过 建设委员会秘书处编

[南京]：建设委员会秘书处，1930.1，10+22 页，16 开

本书共 7 章：绪言、接收以前矿厂情形、本会接收后恢复工程、工程之困难、工程之改良、长兴煤矿之现状、将来之计画。

收藏单位：国家馆、河南馆、上海馆、天津馆

08950

建设委员会创办淮南煤矿述略 孙昌克等撰

[南京]：建设委员会，1932.1，22 页，16 开

收藏单位：上海馆

08951

建设委员会电气事业专刊（民国二十一年） [恽震编]

恽震，1932，110 页，16 开

本书共 38 部分，内容包括：建设委员会电气行政方针、电气行政及技术法规一览表、全国注册电气事业题名录、本会电气行政工作概要、本会电气设计工作概要等。

收藏单位：国家馆、近代史所、南京馆、浙江馆、中科图

08952

建设委员会淮南煤矿局职员录 淮南煤矿局编

淮南煤矿局，1936.11，44 页，32 开

本书全部为表。表格项目包括：职别、姓名、别字、年龄、籍贯、通讯处、到差年月等。

收藏单位：国家馆

08953

建设委员会淮南煤矿述略 淮南煤矿建设委员会编

淮南煤矿建设委员会，1934.5，4 页，16 开

收藏单位：国家馆

08954

建设委员会九江映庐电灯公司整理处第一次业务报告 建设委员会九江映庐电灯公司整理处编

建设委员会九江映庐电灯公司整理处，1936，30 页，16 开

本书共 8 部分：调查经过、接办经过、组织、工务、业务、统计、帐略、附录。所涉时间为 1934 年 7 月至 1935 年 12 月。

收藏单位：国家馆

08955

建设委员会九江映庐电灯公司整理处第二次业务报告 [建设委员会九江映庐电灯公司整理处编]

[建设委员会九江映庐电灯公司整理处]，[1937]，12 页，16 开

本书为该处 1936 年业务报告。共 8 部分：插图、弁言、工务、业务、财务、统计、帐略、附录。

08956

建设委员会戚墅堰电厂营业章程 建设委员会戚墅堰电厂编

建设委员会戚墅堰电厂，[1936]，30 页，16 开，环筒页装

本书共 11 章：总则、供电方式、立杆放线、内线装置、接电手续、换表移表检表

及换户、电价、抄表收费、剪线拆表停用复线、退取保证金及预缴电费、附则。本章程于 1935 年 11 月 29 日由建设委员会公布，自 1936 年 1 月 1 日起实施。

收藏单位：国家馆

08957

建设委员会首都电厂办事细则 建设委员会编

建设委员会首都电厂，1937.3，1 册，16 开

本书共 12 章，内容包括：总则、下关发电所、总务课、会计课、用户课、电务课、机务课等。自 1937 年 3 月 20 日起施行。

收藏单位：国家馆

08958

建设委员会首都电厂营业章程 建设委员会首都电厂编

建设委员会首都电厂，[1935]，20 页，13 开，环筒页装

本章程共 11 章，内容包括：总则、供电方式、立杆放线、内线装置、接电手续、抄表收费、附则等。附则内容包括：私人里弄路灯装置及收费章程、出租电动机暂行章程、特别用户收费暂行办法、广告牌装置电灯办法等。自 1935 年 2 月 1 日起施行。

收藏单位：国家馆

08959

建设委员会召集第一次各省市电业视察会议纪录 全国电气事业指导委员会编

全国电气事业指导委员会，1933.10，78 页，16 开

本书内容包括：各省市代表报告、电气试验所报告、经济问题讨论、取缔偷电问题讨论、工程问题讨论、业务问题讨论、视察电厂要点等。

收藏单位：重庆馆、广东馆、国家馆

08960

建设总署登记合格工程承揽人、投标人清册（民国二十八年度） 建设总署编

建设总署，1939，10 页，18 开

收藏单位：国家馆

08961

建树中国林产工业应有之动向 唐耀编著

经济部中央工业试验所木材试验室、经济部农产促进委员会，1940.1，16 页，16 开（经济部中央工业试验所木材试验室特刊第 1 号）

收藏单位：国家馆

08962

建筑汉口商场计画书 汤震龙编

武昌：督办汉口建筑商场事宜处，1924.8，126 页，22 开

本书共 4 篇：总论、英工程师葛雷武之建筑汉口商场计画书、美工程师瓦德之汉口扬子江铁桥计画书、结论。

收藏单位：国家馆、南京馆、首都馆

08963

建筑化学馆工程司合同

[北平]：[国立清华大学]，[1932]，46 页，22 开

本书为国立清华大学为建造化学馆所签订的合同汇编。内容包括：建筑化学馆工程司合同、建筑化学馆建筑合同、国立清华大学建筑学生寄宿舍做法说明书、北平国立清华大学建筑化学馆一切管子工程材料做法说明书等。

收藏单位：国家馆

08964

建筑师管理规则 [内政部编]

[内政部]，1944，油印本，4 页，16 开，环筒页装

本书共 6 章，内容包括：总则、开业及领证、责任与义务、惩戒等。本规则于 1944 年 12 月 27 日由内政部公布。

收藏单位：国家馆

08965

建筑师与营造业 方镛声编著

上海：正中书局，1948.7，110 页，32 开

本书为高级工业职业学校用书，介绍营

造业开业手续及有关法令等。共 3 编：建筑师、营造业、建筑师与营造业。

收藏单位：重庆馆、国家馆、辽宁馆、南京馆、上海馆

08966

江北运河工程局第二届评议会特刊　江北运河工程局编

江北运河工程局，1928.11，[123] 页，16 开

本书内容包括：局务报告、有关论著、该局提案、评议员提案、公牍摘要、章则等。附新案亩捐保管委员会纪要、第一届新案亩捐保管委员会特刊。

收藏单位：南京馆

08967

江合矿业股份有限公司决算报告书（中华民国卅一、卅二年度）　江合矿业股份有限公司编

江北（重庆）：江合矿业股份有限公司，[1943]，1 册，18 开

本书内容包括：董事长、副董事长、监察、总经理、协理、会计长名录，资产负债表，损益计算书等。

收藏单位：重庆馆

08968

江合煤矿公司增产增运报告

出版者不详，[1911—1949]，复写本，1 册，16 开，环筒页装

本书介绍该公司采矿所、炼焦所、运输所、事务管理所等部门的工作情况。

收藏单位：重庆馆

08969

江南电气网初步计划书　建设委员会编

[南京]：[建设委员会]，1935.5，油印本，1 册，16 开，环筒页装

本书共 12 章，内容包括：引言、江南区概况、电气供给之现况、事实之需要、举办之便利、工程设计大纲、建设费之预算、电流成本及售价之估计等。

收藏单位：国家馆

08970

江南实业参观记　苏秉璋　李福田著

高阳（保定）：仝和织染工厂，1936.8，74 页，22 开

本书内容包括：平沪车上、光中染织厂、中法文化协会、首都的观感等。附发展高阳实业的建议。

收藏单位：东北师大馆、国家馆、吉大馆、吉林馆、近代史所、首都馆、天津馆

08971

江南造船所纪要　廖骈编辑

上海：江南造船厂，1922.4，86 页，16 开

本书概述该所 1865—1921 年间的发展历史。

收藏单位：上海馆

08972

江苏电气事业报告书　江苏省长公署第四科编辑

江苏省长公署第四科，1917.4，290 页，22 开

本书概述该省电灯（附电车）、电话两类事业的经营组织、营业概况等情况。

收藏单位：国家馆、上海馆、天津馆

08973

江苏全省电业联合会年刊

出版者不详，1931.1，1 册，16 开

收藏单位：南京馆

08974

江苏全省民营电业联合会十周纪念刊　江苏全省民营电业联合会编

江苏全省民营电业联合会，[1936]，186 页，16 开

本书收录该会成立会记录、第 2—9 次会员大会记录、历年重要事略、章则、文电摘要、收支报告等。其他题名：全国民营电业联合会江苏省分会十周纪念会刊。

收藏单位：国家馆、南京馆、天津馆

08975

江苏省纺织业状况　江苏实业厅第三科编

上海：商务印书馆，1920.1，1册，22开

上海：商务印书馆，1920.5，再版，1册，22开

本书介绍上海、无锡、苏州、常熟、太仓、江阴等市县纺织厂及该省纺织业及棉业概况。共4编：首编、内编、外编、附编。附大生纱厂纺工说明书、大生纱厂约则、大生分厂章程等。

收藏单位：重庆馆、国家馆、近代史所、辽大馆、南京馆、上海馆、首都馆、中科图

08976

江苏省工业会成立大会会员代表手册 江苏省工业会成立大会编

无锡：江苏省工业会成立大会，1948.9，66页，32开

收藏单位：南京馆

08977

江苏省工业会成立大会记录 江苏省工业会编

无锡：江苏省工业会，[1948—1949]，42页，32开

本书收录该会组织章程及议论事项等。会议于1948年9月11日召开。

08978

江苏省水利报告 江苏建设厅编

[江苏建设厅]，1939.6，18页，16开

收藏单位：南京馆

08979

江苏省盐垦讨论会汇编 江苏省农矿厅编

[上海]：商务印书馆，1929.7，51页，18开

本书共两部分：图画、正文。第2部分收录江苏省盐垦讨论会宣言、议案登记、大会情形、议案录、临时动议录等。

收藏单位：国家馆、上海馆

08980

江苏吴县（苏州）洞庭西山煤田工程计划预算节略 王正黼著

出版者不详，1936，10页，16开

收藏单位：首都馆

08981

江苏盐垦 李积新著

南京：农业周报社，1931.10，130页，大32开

收藏单位：南京馆、内蒙古馆

08982

江西地方工业暨农村副业改进计划 国民经济建设运动委员会江西分会编辑

国民经济建设运动委员会江西分会，1937，58页，16开（国民经济建设丛刊 第3种）

收藏单位：首都馆

08983

江西改进瓷业之设施 国民经济建设运动委员会江西省分会编辑

国民经济建设运动委员会江西省分会，1937.5，76页，16开（国民经济建设丛刊 第2种）

本书共6部分：景德镇瓷业简史、陶业管理局、国窑厂与原料精制厂、江西光大瓷业公司（附工厂平面图）、瓷器推销处、民国二十五年景德镇瓷器产销概况。

收藏单位：贵州馆、国家馆、近代史所、上海馆

08984

江西矿产沿革史 张斐然著

上海：启智书局，1930.12，186页，32开，精装

本书共7章，内容包括：概论及史略、煤矿、锰铁矿、钨锡矿等。

收藏单位：重庆馆、国家馆、河南馆、江西馆、近代史所、上海馆

08985

江西矿业沿革史

出版者不详，[1911—1949]，186页，32开

收藏单位：南京馆

08986

江西萍乡煤矿 朱洪祖编著

江西省政府萍矿管理处，1936.11，38页，16开

本书共 8 部分：引言、沿革、组织、工程设备、直井被淹经过情形、营业概况、工人生活状况、结论。据国立浙江大学《工程季刊·化学工程》第 2 卷第 1 期翻印。

收藏单位：国家馆、南京馆、浙江馆

08987

江西鄱乐煤矿调查报告　刘季辰著

出版者不详，[1926]，15 页，16 开

收藏单位：江西馆、上海馆

08988

江西省北部矿业事情　上海中支建设资料整备事务所编

上海：中支建设资料整备事务所，1941.8，151 页，32 开

收藏单位：江西馆

08989

江西省北部矿业事情（续编）　上海中支建设资料整备事务所编

上海：中支建设资料整备事务所，1941.12，166 页，25 开（编译汇报第 80 编）

收藏单位：江西馆

08990

江西省工业访问团访问实录　姚子介　何维华　徐劭文编

江西省工业协会，1948.10，68 页，25 开

本书内容包括：访问动机、访问组织、访问日程、访问实录、访问观感、访问在台湾、访问在上海、访问在南京等。

收藏单位：江西馆

08991

江西省工业概况　江西省政府建设厅编

江西省政府建设厅，1941.12，[680] 页，27 开

收藏单位：重庆馆

08992

江西省工业之改进　江西省政府秘书处编

江西省政府秘书处，[1937]，20 页，22 开

（江西事业丛刊 6）

本书共 4 部分：机械制造、工业试验、陶业改良、其他工业改进计划。

收藏单位：安徽馆、重庆馆、国家馆、吉林馆、江西馆、辽大馆、上海馆

08993

江西省矿业概况　江西省政府建设厅编

江西省政府建设厅，1941，66 页，32 开（经建丛书 2）

本书共 3 章：省营矿业、民营矿业、结语。

收藏单位：重庆馆、贵州馆

08994

江西省民生第一糖厂计划书

出版者不详，[1911—1949]，12 页，22 开

本书内容包括：糖厂计划书、糖厂组织规程等。

收藏单位：贵州馆

08995

江西省南昌市电灯整理处暂行营业章程　江西省南昌市电灯整理处编

江西省南昌市电灯整理处，[1936]，16 页，16 开，环筒页装

本章程附电气事业人处理窃电规则、江西省政府取缔南昌市窃电及欠费办法、本处特别用户用电收费办法等。于 1936 年 8 月由建设委员会及江西省政府核准，自当年 10 月 1 日起实行。

收藏单位：国家馆

08996

江西省难民第二工厂一年来工作概况　江西省难民第二工厂编

经济部江西农村服务区管理处，[1939]，44 页，16 开

本书共 6 部分：前言、工厂组织、一年来工作概况、一年来经济情况、困难与心得、附录。所涉时间为 1939 年 1—12 月。

收藏单位：国家馆、南京馆

08997

江西省锡矿采炼厂业务总报告 江西省锡矿采炼厂编

江西省锡矿采炼厂，1940.12，67页，32开，环筒页装

本书共13部分：绪言、矿区现状、收砂、运销、化验、冶炼、勘测矿区、土木工程、机电工程、设备、会计报告、矿工福利、移归国营。

收藏单位：广东馆、国家馆、江西馆、南京馆

08998

江西水利局报告书（第1—4期） 江西水利局编

江西水利局，[1928.7—1930.12]，4册，16开，精装

本书收录该局法规、重要公牍、章则、工程计划、议案、调查报告、职员表等。

收藏单位：国家馆、南京馆

08999

江西陶瓷沿革 张裴然编

上海：启智书局，1930.12，280页，32开，精装

本书共两篇：江西陶瓷沿革、景德镇瓷业现况。书前附景德镇瓷器照片及彩图。

收藏单位：东北师大馆、广东馆、国家馆、湖南馆、江西馆、辽大馆、辽东学院馆、南京馆、宁夏馆、上海馆、首都馆、天津馆、浙江馆

09000

江西钨矿业统计 曹立瀛等著

出版者不详，1941.10，油印本，1册，16开

收藏单位：南京馆、中科图

09001

江西钨矿之管理 江西省政府秘书处编

江西省政府秘书处，1935.7，16页，16开（江西事业丛刊8）

本书内容包括：江西钨矿产销、江西钨矿经营概况、江西钨矿局组织规程等。

收藏单位：安徽馆、重庆馆、江西馆、上海馆

09002

江西之瓷业 江西省政府秘书处统计室编

江西省政府秘书处统计室，1935.3，60页，16开（江西经济丛刊10）

本书共5部分：绪言、江西瓷业之现状及其危机、改进江西瓷业刍议、结论、附载。

收藏单位：国家馆、辽大馆、南京馆、上海馆、首都馆

09003

江西之工业建设 杨绰庵编

中国工程师学会江西分会，[1947]，22页，25开

本书介绍江西当地衣食住行等方面的变化。

收藏单位：浙江馆

09004

江西之糖业 江西省政府秘书处统计室编

江西省政府统计室，1935.5，32页，16开（江西经济丛刊11）

本书共7部分：导言、糖之沿革及世界产糖现状、江西制糖原料、江西糖产、外糖之侵销、复兴江西糖业意见、结论。

收藏单位：国家馆、近代史所、辽大馆、上海馆、浙江馆

09005

江西之钨矿业调查报告（上 过去与现在） 曹立瀛等编

曹立瀛，1941，油印本，1册，18开

收藏单位：国家馆、南京馆

09006

江西之锡矿业 曹立瀛 温文华拟

出版者不详，1941，油印本，158页，16开

收藏单位：南京馆、中科图

09007

酱油酿造厂计划 经济部中央工业试验所编

经济部中央工业试验所，1938，8页，32开（小规模工业计划丛刊）

本书内容包括：原料与制法、资本及设备、成本计算等。

收藏单位：重庆馆、西南大学馆

09008

交通部电信机科修造厂概览　交通部电信机科修造厂编

交通部电信机科修造厂，[1946.2]，石印本，42页，36开，环筒页装

09009

交通部公路总局公路工具钾硝监制所工作概况　交通部公路总局公路工具钾硝监制所编

交通部公路总局公路工具钾硝监制所，[1944]，10页，32开，环筒页装

本书共5部分：成立经过、组织、基金、专业与设备、营业情形。所涉时间为1941年7月至1944年2月。

收藏单位：贵州馆、国家馆

09010

交通部公路总局平汉区汽车修配厂概况

出版者不详，1940，23页，32开

收藏单位：南京馆

09011

交通部公路总局平津区接收工作总报告书

[交通部编]

[交通部]，1946，118页，16开

本书共7章：伪工务总署、敌华北自动车工业株式会社、伪华北交通股份有限公司汽车部门、北平天津日营各工厂、北平天津日营商行会社、天津名古屋贸易馆九日商、青岛日营会社商行商会。其他题名：交通部公路总局第八区公路工程管理局接收工作总报告书。

收藏单位：国家馆、天津馆

09012

交通部平津区铁路管理局唐山机厂概况　交通部平津区铁路管理局唐山机厂编

交通部平津区铁路管理局唐山机厂，1946，油印本，89页，16开

本书为该厂接收周年纪念册。

收藏单位：广东馆

09013

交通部汽车配件制造厂三十年度工作纪述

交通部汽车配件制造厂编

交通部汽车配件制造厂，[1941]，58页，16开

本书内容包括：总务、工事、材料、工程、财务、营业等。

收藏单位：首都馆

09014

胶澳电气股份有限公司营业报告书（第二、十、十一、三十一、三十六、三十九期）　胶澳电气股份有限公司编

青岛：胶澳电气股份有限公司，1924—1942，6册（[30]+[26]+[26]+16+7+6页），25开

本书各分册所涉时间分别为：1923年11月1日至1924年4月30日、1927年11月1日至1928年4月30日、1928年5月1日至10月、1938年5月1日至10月31日、1940年11月1日至1941年3月31日、1941年4月1日至9月30日。

09015

胶州湾盐业调查录　景本白著

盐政杂志社，[1922]，71+38页，22开

本书共5编：沿革、盐田、工厂、贸易、结论。附解决山东悬案条约、华会中日代表关于胶州湾盐务会议纪录。

收藏单位：北师大馆、重庆馆、国家馆、近代史所

09016

解答朱君批评书　温溪纸厂筹备委员会编

[上海]：温溪纸厂筹备委员会，1936，[52]页，16开

本书为汉英对照。共7部分：弁言、原料问题、厂址问题、纸厂设计问题、成本概算问题、结论、附录。

收藏单位：国家馆

09017

解放区的工厂经营与管理　齐生著

北极星出版社，1946，26 页，32 开

本书共 9 部分，内容包括：敌后建设特点和工业任务、工厂规则和集体合同、战争中的工厂等。

收藏单位：南京馆

09018

解放区工业建设　建设出版社编

建设出版社，1946.12，23 页，32 开（建设丛书）

本书共 4 部分：小引、工业建设的目的与方针、工业政策与办法、解放区工业发展的前途。附工矿业简况。

收藏单位：重庆馆、广东馆、国家馆、南京馆

09019

解决棉纺问题　穆藕初著

重庆：农产促进委员会，[1939]，[14] 页，32 开

本书附答客问。

收藏单位：国家馆、南京馆

09020

介绍嘉阳煤矿　[嘉阳煤矿编]

出版者不详，[1945—1949]，6 页，64 开

本书共 4 部分：成立经过、位置及交通、矿藏煤质、供应情形。附嘉阳煤矿通讯处。

收藏单位：重庆馆、国家馆、南京馆

09021

界安织布改装的调查　易县生产委员会编

易县生产委员会，1946.10，油印本，14 页，大 32 开（大生产运动材料 3）

本书调查对象为冀中深、泽二区。附棉花织布的比较前后。

收藏单位：国家馆

09022

今世中国实业通志　吴承洛编

外文题名：Industries of China

上海：商务印书馆，1929.2，2 册（252+272 页），22 开

上海：商务印书馆，1933，国难后 1 版，2 册（252+272 页），25 开

本书分两编：矿冶业、制造业。第 1 编共 17 章，内容包括：煤、铁、锡、锑、钨、锰、金、铅等；第 2 编共 36 章，内容包括：面粉业、碾米业、油业、糖业、罐贮蛋粉及其他、食品制造业、酿造业、茶业、烟业、棉纱业等。

收藏单位：重庆馆、东北师大馆、广东馆、广西馆、国家馆、黑龙江馆、湖南馆、江西馆、辽大馆、南京馆、内蒙古馆、宁夏馆、上海馆、天津馆、西交大馆、西南大学馆、浙江馆

09023

金山化学工业股份有限公司计画书　金山化学工业股份有限公司编

出版者不详，[1946]，石印本，82+36 页，32 开

本书共 5 部分：创设缘起、章程草案、过去无敌厂及将来金山一般情形问答、稿后杂感、无敌厂首创出品说明。附守厂记。该公司原名"无敌牌镇江工厂"，以生产日用化工产品为主。

收藏单位：广东馆、国家馆

09024

津纺统计年报（民国三十六至三十七年度）

中国纺织建设公司天津分公司秘书室统计股编

中国纺织建设公司天津分公司秘书室统计股，1948—1949，2 册，16 开

本书收录该年大事记及人事、工务、业务、会计、材料等统计资料。

收藏单位：国家馆

09025

近代中国实业通志　杨大金编纂

南京：傅况麟 [发行者]，1933，2 册（656+544 页），16 开（致知学社丛书 1）

本书分两编：制造业、矿冶业。上编共40 章，内容包括：棉纱业、毛织业、针织业等；下编内容包括：煤、铁、锡、锑、钨、锰、金、铅等的地质概况、产量及贸易等。

收藏单位：安徽馆、重庆馆、东北师大馆、广西馆、国家馆、河南馆、湖南馆、辽大馆、南京馆、山西馆、上海馆、首都馆

09026

近年东北之产煤及其用途　国民政府主席东北行辕经济委员会经济调查研究处编

沈阳：国民政府主席东北行辕经济委员会经济调查研究处，1946.9，12 页，16 开

本书共 8 部分：绪言、东北各省之煤藏量、东北产煤之趋势、东北各主要煤矿之产煤成本、东北煤之性质、东北产煤之消费状况、东北煤之输出及输入状况、结论。

收藏单位：国家馆、辽宁馆、南京馆、上海馆

09027

晋北矿务局报告书（第一至三次）　晋北矿务局编

[大同]：晋北矿务局，[1931—1935]，3 册，16 开

本书共 16 篇，内容包括：总办公处、矿床、凿井工程、采煤工程、机厂设备、土木建筑工程、铁路工程、会计报告等。所涉时间为 1929 年 5 月至 1934 年 12 月。

收藏单位：广东馆、国家馆、山西馆、上海馆、首都馆、天津馆、中科图

09028

晋北矿务局股份有限公司概况　晋北矿务局股份有限公司编

大同：晋北矿务局股份有限公司，1934.5，16 页，18 开

本书共 7 部分：沿革、组织、矿床、设备、产量、服务员工数目、销售概况。

收藏单位：国家馆、天津馆

09029

晋矿　（瑞典）新常富著　赵奇英　高时臻译　张尔侯校

山西大国民印刷厂，1913.2，155 页，18 开

本书内容包括：山西地理、山西人口、山西商务、山西地质等。

收藏单位：国家馆、近代史所

09030

晋矿公有临时管理处董事会议报告书（第 1—3 届）　晋矿公有临时管理处编

晋矿公有临时管理处，1922—1924，3 册，16 开

本报告内容包括：缘起、函电类、规则类、纪录类、各县矿区表等。

收藏单位：国家馆、近代史所

09031

晋矿公有论丛（第 1 辑）　政法月刊社编

政法月刊社，1921.5，138 页

本书收文 16 篇，内容包括：《矿业条例观》（《政法月刊》王平）、《解矿产归官之惑》（学生会来稿）、《大学学生对于晋矿之意见》、《论晋矿公有之保持及必要》（《政法月刊》王平）、《释山西争矿产公有之真义》等。附太原中等以上学生会争矿第一、二次宣言。

收藏单位：近代史所

09032

晋矿归公记（第 1 集 公有运动纪实）　太原学生会编辑

太原：晋矿公有临时管理处，1921.7，196 页，16 开

本书内容包括：宣言书、函件、要电、论说、杂文、半年来之经过纪略。附晋矿公有临时管理处章程、董事选举规则、董事一览表、办事细则、职员一览表等。其他题名：公有运动纪实。

收藏单位：东北师大馆、国家馆、南京馆

09033

晋矿归公记（第 2 集 收管情形纪实）　太原学生会编辑

太原：晋矿公有临时管理处，1922.8，[18]+
168 页，16 开

本书收录第三次宣言书、要电 19 封、函
件 117 份、评论文章与杂文 44 篇、本年度经
过纪略。附晋矿公有临时管理处的接管矿区
办法、接受工程机械办法、第二届董事一览
表等。

收藏单位：东北师大馆、国家馆、近代史
所

09034

晋绥解放区妇女纺织发展概况 晋绥边区民
主妇女联合会编

晋绥边区民主妇女联合会，1949，6 页，32
开

本书共两部分：纺织逐年发展的情况、纺
织是怎样发展起来的。

收藏单位：国家馆、宁夏馆、山东馆、山
西馆、天津馆

09035

经济部纺织工业生产会议纪录 [经济部纺织
工业生产会议编]

[经济部纺织工业生产会议]，1947.9，110
页，16 开

本书共 7 部分：会议筹备经过、演词、章
则、会员及职员、议事纪录、提案、重要文
电。

收藏单位：广东馆、国家馆、南京馆、上
海馆、首都馆

09036

经济部工矿调整处第一次全年工作报告 经
济部工矿调整处编

经济部工矿调整处，[1938—1939]，42 页，22
开

本书共 4 部分：厂矿之迁移、厂矿之复
工、协助内地原有各厂及筹设新厂、其他工
矿调整事项。书前有绪言。书后有结论。附
内迁厂矿迁移借款一览表、技术人员调整状
况表、经济部工矿调整处内迁厂矿复工办法
等。所涉时间为 1937 年 11 月 1 日至 1938 年
11 月 30 日。

收藏单位：国家馆

09037

**经济部工矿调整处工作报告（二十九年度至
三十一年度上半年）** 经济部工矿调整处编

经济部工矿调整处，1941—1942，油印本，4
册，16 开，环筒页装

本书共 11 部分，内容包括：工作概述、
民营工矿业进度概况等。

收藏单位：重庆馆、广东馆、国家馆、吉
林馆、南京馆

09038

**经济部工矿调整处管制工业器材报告（三
十二年一月起至三十三年六月止）** 经济部工
矿调整处编

经济部工矿调整处，[1943—1944]，2 册（14+
16 页），18 开，环筒页装

本书内容包括：管制实施之演进、管制实
施之办法、各项工业器材管制之实效等。

收藏单位：国家馆、南京馆

09039

**经济部工矿调整处廿八年度上半年事业推进
状况报告书** 经济部工矿调整处编

经济部工矿调整处，1939.7，10+38 页，22 开

本书共 8 部分：钢铁工业、机械工业、电
器工业、化学工业、纺织工业、饮食品工业、
教育用具工业、矿业。

收藏单位：重庆馆、广东馆、国家馆

09040

**经济部工矿调整处廿八、廿九两年度工作计
划** 经济部工矿调整处编

经济部工矿调整处，1939.1，油印本，34 页，
18 开，环筒页装

收藏单位：重庆馆、国家馆、中科图

09041

**经济部工矿调整处廿八、廿九两年度工作计
划实施方案表** 经济部工矿调整处编

经济部工矿调整处，1939.1，22 页，23 开

本书涉及该处下辖钢铁工业、机械工业、

电器工业、化学工业等 8 个行业两年度工作计划的实施方案表。

收藏单位：重庆馆

09042

经济部工矿调整处三十二年工作进度检讨报告（第 1—3 季）　经济部工矿调整处编

经济部工矿调整处，[1943]，油印本，1 册，16 开，环筒页装

本书大部分为表。为该处 1943 年前三季度工作进度检讨报告的合订本。

收藏单位：国家馆

09043

经济部工业标准委员会审定煤样采取法等标准

出版者不详，[1911—1949]，1 册，10 开

收藏单位：广东馆

09044

经济部价配民营事业使用第一批日本赔偿工具机种类数量表　经济部编

经济部，[1945—1949]，12 页，16 开

收藏单位：国家馆

09045

经济部矿石研究所工作概况

经济部矿冶研究所，1939.3，13 页，16 开

收藏单位：南京馆

09046

经济部全国纺织工业生产会议提案　经济部全国纺织工业生产会议秘书处编

经济部全国纺织工业生产会议秘书处，1947.9，179 页，32 开

本书收录提案 86 件。

收藏单位：南京馆

09047

经济部苏浙皖区特派员办公处上海敌产造纸工厂复工指导委员会接收报告书

经济部，[1946]，1 册，横 8 开

收藏单位：国家馆

09048

经济部湘鄂赣区特派员办公处总报告

出版者不详，[1911—1949]，油印本，1 册，16 开

收藏单位：南京馆

09049

经济部中央工业试验所窑业原料示范实验工厂业务范围　窑业原料示范实验工厂编

经济部中央工业试验所，[1942.8]，14 页，32 开

收藏单位：南京馆

09050

经济部资源委员会工矿产品展览会提要　经济部资源委员会编

经济部资源委员会，1944.2，64 页，32 开

本书共 10 部分，内容包括：资源馆、煤馆、石油馆、钢铁馆、非铁金属馆、特种矿产馆、化工馆等。附资源委员会主办及参加事业一览表、资源委员会产品种类表、资源委员会主要产品产量指数表。

收藏单位：重庆馆、国家馆、吉林馆、南京馆、上海馆

09051

经济部资源委员会民国二十八年度暨二十九年度上半年建设专款重工业事业费会计报告

经济部，[1940]，手写本，81 页，16 开

本书内容包括：总说明、二十八年十二月三十一日止建设专款重工业事业费收支对照表、二十八年度建设专款重工业营业机关合并资产负债表、二十八年度建设专款重工业营业机关合并损益计算书、二十九年度上半年建设专款重工业合并资产负债表、统计图等。

收藏单位：国家馆

09052

经济部资源委员会四川省政府万县水电厂三周年事业概况　[万县水泥厂编]

出版者不详，1941.8，石印本，28 页，16 开，环筒页装

本书内容包括：沿革、组织、经济、业务、工程、回顾及展望等。

收藏单位：重庆馆

09053

经济部资源委员会钨业管理处卅一年度业务报告

出版者不详，[1943—1949]，油印本，1册，16开

收藏单位：南京馆

09054

经济的新堡垒（介绍中国工业合作社） 谢君哲编著

星岛日报社，1940.1，134页，32开

本书收文4篇:《抗战建国的基本动力》《利用工合来增强经济反封锁》《为救济难民请侨胞们援助工合》《光大先哲发明工业的精神》。附《中国妇女手工业的前途》（顾淑型）、《工合人名录》等。

收藏单位：贵州馆、国家馆、南京馆

09055

经济改造中之中国工业问题 陈铭勋著

上海：新时代教育社，1928.6，202页，25开

本书共7章：绪言、中国工业状况、时局纠纷经济紊乱对于中国工商业所发生之各种影响、社会状况对于中国工商业所发生之各种影响、不平等条约对于中国工商业所发生之各种影响、发展中国工业之各种问题、结论。

收藏单位：重庆馆、东北师大馆、广东馆、广西馆、国家馆、河南馆、湖南馆、吉林馆、江西馆、南京馆、上海馆、天津馆、浙江馆、中科图

09056

经济资料汇集 察哈尔省人民政府商业厅编

察哈尔省人民政府商业厅，1949，160页，16开

本书共3部分：综合统计、生产之部、运销之部。第1部分内容包括：察哈尔省人口土地及产量、察北专区手工业状况等；第2部分

内容包括：察哈尔省一九四九年农作物播种面积、察哈尔省一九四九年牲畜数量等；第3部分内容包括：张家口市场粮食上市量、北京口粮与伏地粮差额比较等。

收藏单位：河南馆

09057

经募通泰盐垦五公司债票银团报告 经募通泰盐垦五公司债票银团编

经募通泰盐垦五公司债票银团，1933.8，34页，16开

本书附五公司地亩全图5份。

09058

经营国产染料之商榷 江西省民生染厂编

江西省民生染厂，[1942]，石印本，12页，25开，环筒页装（江西省民生染料厂小册1）

本书共4部分：绪言、经营国产染料之步骤及办法、两年来之实地工作、结语。

收藏单位：国家馆

09059

精盐总会章程

出版者不详，1929.6，1册，16开

收藏单位：南京馆

09060

井陉矿务局第七届年报 井陉矿务局编

井陉矿务局，[1929.9]，68页，12开

本书介绍该局1928—1929年间概况。

09061

井陉矿务局第九届年报 井陉矿务局编

井陉矿务局，[1930—1939]，72+24页，9开

本书介绍该局1930—1931年间概况。

收藏单位：国家馆

09062

景德镇瓷业调查报告 江西省政府统计处编

江西省政府统计处，1948.5，66页，16开

本书共10部分，内容包括：景德镇制瓷沿革、制瓷原料、制瓷方法、制瓷业生产概况、制瓷工人与工资、瓷器运销等。附浮梁

釉果调查。

　　收藏单位：国家馆、江西馆、近代史所、南京馆

09063

景德镇瓷业概况　江西陶业管理局编

江西陶业管理局，1936，石印本，67页，16开，环筒页装

　　本书共4部分：圆器类工厂、琢器类工厂、匣厂、杂类。

09064

景德镇瓷业史　江思清著

上海：中华书局，1936.10，212页，32开

　　本书共4编：总论、景德镇瓷业的勃兴时代、景德镇瓷业的发展时代、景德镇瓷业的衰落时代。

　　收藏单位：安徽馆、重庆馆、东北师大馆、广东馆、国家馆、湖南馆、江西馆、近代史所、辽大馆、辽东学院馆、辽宁馆、南京馆、内蒙古馆、清华馆、上海馆、首都馆、西南大学馆、浙江馆

09065

景德镇陶瓷概况　黎浩亭编著

南京：正中书局，1937.7，224页，32开

正中书局，1943.9，3版，224页，32开

　　本书共17部分，内容包括：地势、交通、经济状况、教育、营业近况、制造方法、窑、瓷器之税率、瓷器之运销、附记、结论、整理意见等。附发展江西瓷业计划书、整理景德镇瓷业计划。

　　收藏单位：重庆馆、复旦馆、广东馆、贵州馆、国家馆、黑龙江馆、湖南馆、近代史所、南京馆、宁夏馆、陕西馆、上海馆、首都馆、浙江馆

09066

景德镇陶瓷沿革　江西陶业管理局编

江西陶业管理局，[1936—1939]，22页，32开

09067

景德镇陶瓷源流考略　黄秉钺校刊

出版者不详，[1911—1949]，44页，16开

　　本书共36部分，内容包括：陶厂、御器厂、陶土、陶夫、官窑、器数、陶匠、陶厂供应等。逐页题名：陶瓷考略。

　　收藏单位：广东馆、国家馆

09068

九江棉纺业调查　于锡猷调查　国民经济研究所具拟

出版者不详，1938，5页，16开（总第44号商业门棉纺类第1号）

　　本书共6章：纱厂沿革及现在状况、原料产品运输方法、棉花供给问题、棉纱销售问题、棉花及棉纱之市价、结言。

　　收藏单位：国家馆、中科图

09069

久大的往绩和新使命　[久大盐业公司编]

[天津]：[久大精盐业公司]，[1947]，10页，32开

09070

久大精盐股份有限公司续招股份简章　久大精盐股份有限公司编

久大精股盐份有限公司，[1917]，[28]页，18开，环筒页装

　　本书内容包括：久大精盐公司章程、久大精盐公司续招股份简章、五年十月一日第三届股东会议事录、久大精盐公司关于运销公牍等。

　　收藏单位：国家馆

09071

久大精盐股份有限公司招股简章　久大精盐股份有限公司编

久大精盐股份有限公司，[1917]，8页，18开，环筒页装

　　收藏单位：国家馆

09072

久大盐业公司三十六年股东大会议事录　久

大盐业公司编

久大盐业公司，[1947—1949]，12 页，16 开

09073

久大盐业股份有限公司三十五年度业务报告书　久大盐业股份有限公司编

久大盐业股份有限公司，[1940—1949]，15页，16 开

　　收藏单位：天津馆

09074

旧厂迁移计画及成本预算书　全国经济委员会棉业统制委员会编

全国经济委员会棉业统制委员会，1937.6，14页，16 开

　　本书共 9 部分，内容包括：引言、迁地及整理费预算、资金预算、制造费、原料等。

　　收藏单位：国家馆、上海馆、首都馆

09075

旧文明与新工业　谷春帆著

重庆：商务印书馆，1945.11，2 册（213 页），32 开

　　本书共 6 篇："绪论""中国文明""民族性""政治""国家""工业建设：可能性，速率，与限度"。

　　收藏单位：重庆馆、广西馆、国家馆、吉林馆、江西馆、南京馆、西南大学馆

09076

救济国产绸缎问题　高事恒著

上海：美亚织绸厂，1930.1，44 页，23 开（美亚期刊社专刊）

　　本书内容包括：国产绸缎衰落之原因、世界绸货供求情况、如何救济国产绸缎业等。

09077

句容县手工业调查报告　王廷珍等著

出版者不详，[1911—1949]，手写本，1 册，16 开

　　收藏单位：南京馆

09078

卷烟特刊　上海市华商卷烟厂业同业公会编

上海市华商卷烟厂业同业公会，1933.11，[93]页，16 开

　　本书收文 4 篇：《卷烟税收之回顾》（包赓笙）、《一年间卷烟营业概况》（沈维挺）、《美种烟叶种植概略》（南洋烟公司）、《整理皖北手工土制卷烟征税之经过》（俞伴琴）。另有公牍、法规等。附上海华商烟公司出品一览表、上海市华商卷烟厂业同业公会会员一览表。

　　收藏单位：国家馆

09079

军垦第一糖厂与檀香山公司交涉经过报告书

出版者不详，[1911—1949]，1 册，16 开

　　收藏单位：广东馆

09080

军事委员会兵工厂库整理计划　军政部编

出版者不详，[1945]，[25] 页，16 开

　　本书共两部分：兵工厂、军械库。每部分内容包括：一般情况之调查、复员前准备事项、复员时实施事项等。

　　收藏单位：国家馆、南京馆

09081

军事委员会海军造船所调整计划　海军总司令部编造

海军总司令部，1945.8，1 册，16 开

　　收藏单位：南京馆

09082

军需工业建设服装工业建设之现状　陈良讲

国防研究院，1943.2，1 册，32 开

　　收藏单位：广东馆、南京馆

09083

军用重要金属材料之自给发展计划大纲　张连科撰拟

军政部兵工署，1932.6，16+178 页，16 开

　　本书共 11 章，概述我国钢铁、铜、锌、铅、锑、锡、汞、铝情况，用于钢铁事业的

金属储量、用途、产销情况及发展计划。

收藏单位：广东馆、国家馆、湖南馆、江西馆、南京馆、浙江馆、中科图

09084

军政部北平制呢厂特刊　军政部北平制呢厂编

军政部北平制呢厂，1932.8，48 页，25 开

本书内容包括：沿革、编制、办事细则、制呢程序、厂务会议规则等。

收藏单位：国家馆

09085

军政部被服厂标准成本会计制度草案　刘溥仁著

出版者不详，1941，152 页，22 开

收藏单位：广东馆

09086

军政部兵工署兵工会计规程草案　军政部兵工署编

军政部兵工署，[1911—1949]，600 页，12 开

本书共 8 章，内容包括：会计科目、簿记组织系统、会计事务程序等。

收藏单位：湖南馆

09087

军政部兵工署第二工厂成本会计制度草案

军政部兵工署第二工厂编

军政部兵工署第二工厂，1940，石印本，126 页，22 开

本书共 9 章：普通成本会计帐簿组织系统、会计报告、会计科目及编号、会计帐簿及应用、记帐凭证及说明、分录举例及结帐分录、物料收发程序、财务管理规程、簿记规则。目录页题名：兵工署第二工厂成本会计制度草案。

收藏单位：国家馆、南京馆

09088

军政部兵工署第二十一工厂办事须知草案

江北（重庆）：军政部兵工署第十一技工学校印刷所，1944，318 页，16 开

本书共 4 篇：纲领、通则、分则、附则。

收藏单位：重庆馆

09089

军政部纺织厂标准成本会计制度草案　刘溥仁著

刘溥仁 [发行者]，[1941.1]，164 页，25 开

本制度草案适用于下属各厂。内容包括：草案分会计事务处理程序、会计科目、会计组织系统图、会计凭证、会计簿籍、会计报表、会计记录说明、新制度实施步骤等。目录页题名：军政部纺织厂标准成本会计制度。

收藏单位：重庆馆、广东馆

09090

军政部上海炼钢厂业务报告（民国十八年度上半期）　军政部上海炼钢厂编

军政部上海炼钢厂，1930，57 页，16 开

本书内容包括：沿革、组织及设备、经费、管理、产品、原料与销路等。

收藏单位：南京馆

09091

军政部制呢厂标准成本会计制度草案　刘溥仁编

出版者不详，[1911—1949]，166 页，22 开

收藏单位：广东馆

09092

开采吴县洞庭西山煤矿分期工程计划预算概略

出版者不详，[1911—1949]，8 页，16 开，环筒页装

09093

开发湖南烟煤矿说明书　湖南实业特种股份有限公司编

湖南实业特种股份有限公司，1944，46 页，32 开

本书介绍湖南实业特种股份有限公司的位置、交通、所拥有的矿区、煤量、煤质、产销、设备等。

收藏单位：重庆馆

09094

开发淮南盐区计划大纲初步草案

出版者不详，[1911—1949]，8 页，16 开

　　收藏单位：南京馆

09095

开发两广矿业计画　丘琮著

广州：中央政治会议广州分会建设委员会，1929.3，165 页，16 开

　　本书部分为文言体。论述开发两广矿业的理论根据与具体计划。共 3 部分：建议书、揽要、本文。"本文"共两篇：计划之根源、计划。

　　收藏单位：广西馆、国家馆、河南馆、江西馆、南京馆、上海馆

09096

开发我国后方各省金矿之建议　胡博渊著

重庆：中山文化教育馆，1939.4，34 页，36 开（抗战丛刊 84）

　　本书共 10 部分：湘东湘西金矿、四川金矿、西康金矿、广西金矿、贵州金矿、陕西金矿、青海金矿、新疆金矿、现在后方各省开采金矿之情形、结论。

　　收藏单位：重庆馆、国家馆、南京馆、浙江馆

09097

开滦　侯德封编

河北矿学会，1929.8，38 页，16 开（河北矿学会专刊第 1 号）

　　本书记述开滦煤矿的沿革、煤层及质量状况。

09098

开滦矿历史及收归国有问题　杨鲁著

天津：华新印刷局，1932.6，210 页，32 开

　　本书共 6 章：绪论、开滦矿原始性质、开滦矿断送痛史、开滦矿各种估计、开滦矿收归国有问题、余论。

　　收藏单位：国家馆、吉大馆、首都馆、中

科图

09099

开滦矿务局秦皇岛电厂营业章程　开滦矿务局秦皇岛电厂编

开滦矿务局秦皇岛电厂，[1935]，10 页，32 开

　　本章程共 24 条，内容包括：报装、检验、改装、线路、供电、保证金、电表等。由建设委员会核准，自 1935 年 10 月 1 日起实行。

　　收藏单位：国家馆

09100

开滦矿务局问题　吴蔼宸著

吴蔼宸 [发行者]，[1920—1949]，162 页，25 开

　　本书共 11 章，内容包括：开平矿局的历史沿革、合并后的开滦矿务总局的组织及营业状况、合同期满收回开平煤矿的经过等。

　　收藏单位：国家馆、湖南馆、首都馆

09101

开滦矿务局运煤合同并附件暨关系汇编　北宁铁路管理局编

北宁铁路管理局，1933，83 页，23 开

　　本书为汉英对照。收录运煤合同、关于开滦矿务局副产品按特价计算案、关于开滦矿煤由矿山运至本站内各商号收费办法案、关于开滦矿煤焦砖瓦等运价及秦皇岛支线费计算方法案、关于解释煤焦调车费案、开滦矿局供给本路煤斤合同、开滦矿局出租货车六百辆合同等。附供煤及租车合同。

09102

开滦矿务局总局联合办理合同草案　[开滦矿务总局编]

开滦矿务总局，[1911—1949]，1 册，9 开，精装

　　本书为汉英对照。

　　收藏单位：广东馆

09103

开滦矿务总局惠工现况　开滦矿务总局编

开滦矿务总局，1923.5，24 页，25 开

　　本书介绍该局职工的福利，包括屋宇、市政进步情形、医院及伤亡抚恤、教育、工资等。

　　收藏单位：国家馆、天津馆

09104

开滦矿务总局及其职工　开滦矿务总局编

开滦矿务总局，[1911—1949]，18 页，23×29cm

　　本书分 11 章介绍该局工作状况、设备及职工生活等。

　　收藏单位：国家馆

09105

开滦煤矿调查报告书　张秉彝编

出版者不详，1934，18+130 页，16 开

　　本书分 4 篇：总说、各矿、路煤、煤运。第 1 篇共 24 章，内容包括：沿革概略、地质、采煤、选煤、运输、工人待遇等；第 2 篇共 5 章，内容包括：唐山矿、马家沟矿、林西矿等；第 3 篇共 18 章，内容包括：来源、调车及装运、交货方法、救济办法、添置磅桥等；第 4 篇共 4 章：以多报少之实据、两年间日间所受之损失、两年间夜间所受之损失、取巧之原因。

　　收藏单位：近代史所

09106

开滦煤矿概况　开滦矿务总局 [编]

开滦矿务总局，1947，油印本，15 页，16 开

　　本书共 6 部分：复员前情形、复员以来产运情形及今后展望、各矿设备情形、秦皇岛码头设备情形、劳工统计、福利设施。

　　收藏单位：国家馆、中科图

09107

开滦煤矿之恨史　上海市煤业同业公会编

上海市煤业同业公会，1931.4，68 页，32 开

　　本书共 10 部分，内容包括：庚子前完全商办之开平矿局、庚子后英商侵入之开平矿务公司、照译移交约文、移转合同签订后之开平矿务公司、一纸卖约之厉阶等。附照译卖约、东三省交涉五案条款。

　　收藏单位：吉大馆、近代史所、南京馆

09108

开滦烟煤之供应问题

出版者不详，1947，油印本，7 页，18 开，环筒页装

　　本书共两部分：过去年余情形、今后之展望。

　　收藏单位：国家馆

09109

开平滦州两矿被占经过概略　俞舜卿节录
中华民国全国国煤产销联合会编

中华民国全国国煤产销联合会，1931.4，29 页，32 开

　　本书概述两矿先后被英人侵占的经过及两矿现况。

　　收藏单位：重庆馆

09110

勘估直隶东明县刘庄暨直东交界李升屯两处工程需用工料款项数目清册

山东官印刷局，[1926—1929]，10 页，16 开

09111

康德七年末现在满洲国工场名簿　经济部工务司工政科 [编]

经济部工务司，1941.12，油印本，90 页，16 开

　　本书共 11 部分，内容包括：纺织工业、金属工业、机械器具工业、化学工业、食料品工业等。

　　收藏单位：国家馆

09112

康元厂科学管理实况　康元印刷制罐厂编

上海：康元印刷制罐厂，1933，91 页，16 开

　　收藏单位：上海馆

09113

康元印刷制罐厂概况（中华民国二十一年孟秋）　康元印刷制罐厂编

上海：康元印刷制罐厂，[1933]，[80] 页，16

开

本书内容包括：厂史、评论、新闻摘录等。

收藏单位：国家馆

09114

康元印刷制罐厂十周纪念刊 康元印刷制罐厂编

上海：康元印刷制罐厂，1934，[324] 页，16开，精装

本书内容包括：题词、赠言、本厂简史、我们的科学管理法、附录、新闻摘录、《辑余漫谈》（沈刚中）等。

收藏单位：重庆馆、广东馆、国家馆、南京馆、天津馆、浙江馆

09115

抗战六年来之工矿 中国国民党中央执行委员会宣传部编

重庆：中国国民党中央执行委员会宣传部，1943.7，42 页，32 开（抗战建国六周年纪念丛刊）

本书共 4 部分：导言、发展国营事业、奖助民营事业、管制企业物资。

收藏单位：重庆馆、广东馆、广西馆、贵州馆、国家馆、湖南馆、吉大馆、吉林馆、江西馆、南京馆、内蒙古馆、上海馆、首都馆

09116

抗战前后川盐产运销情形及增产之展望 川康盐务管理局编

出版者不详，[1937—1949]，37 页，32 开

收藏单位：南京馆

09117

抗战时期南通大生纺织公司文献之一 [南通大生纺织公司编]

[南通大生纺织公司]，[1946]，101 页，32 开

收藏单位：上海馆

09118

抗战以来之重庆制革工业 徐崇林著

第一区制革工业同业公会，1945，7 页，16开（研究丛刊 1）

本书内容包括：重庆市制革工业之发展、重庆市制革工厂统计、重庆市机器制革工厂概况表、重庆市制革工业产销概况统计表、重庆市制革工业原料供应概况表等。

收藏单位：重庆馆

09119

抗战与工业复兴 教育部民众读物编审委员会编著

重庆：正中书局，1938.8，32 页，50 开（非常时期民众丛书 第 4 集 3）

本书共 4 章：工业的界说、我国的工业、复兴的道路、我们所能做的。

收藏单位：重庆馆、国家馆

09120

抗战与棉丝业复兴 教育部民众读物编审委员会编

重庆：正中书局，1938.8，32 页，50 开（非常时期民众丛书 第 4 集 2）

本书共 4 部分：棉丝浅说、几个实例、今后的觉悟、复兴之路。

收藏单位：重庆馆、国家馆

09121

抗战与民族工业 杨智著

长沙：商务印书馆，1937，89 页，32 开（抗战小丛书）

长沙：商务印书馆，1938.2，3 版，89 页，32开（抗战小丛书）

长沙：商务印书馆，1938.3，4 版，89 页，32开（抗战小丛书）

长沙：商务印书馆，1938.3，5 版，89 页，32开（抗战小丛书）

本书共 5 章：引言、中国民族工业与帝国主义、民族工业不发达的根本原因、民族工业现状概观、抗战展开后民族工业的出路。

收藏单位：安徽馆、重庆馆、东北师大馆、广东馆、广西馆、贵州馆、国家馆、河南馆、吉林馆、江西馆、近代史所、南京馆、武大馆

09122

抗战中川盐之统制及其展望　曾仰丰著

出版者不详，1945.11，油印本，1 册，16 开

　　收藏单位：南京馆

09123

抗战中上海各工厂调查报告

出版者不详，[1937—1945]，晒印本，12 张，25 开

　　收藏单位：上海馆

09124

考察两淮盐垦事业报告及整理计划　唐启宇等编

出版者不详，1935，油印本，1 册，16 开

　　收藏单位：国家馆、南京馆

09125

考察宁都石城手工纸槽之报告　吴培风著

江西省政府建设厅，1940.10，30 页，27 开

　　本书介绍两县造纸区域之分布、出纸种类及数量，以及纸的制造方法、包装及销路、用途等。共 4 部分：宁都县、石城县、考察后管见、附录。目录页题名：考察宁都石城等县手工纸槽之报告。

　　收藏单位：江西馆

09126

考察四川化学工业报告　孙学悟著

塘沽：黄海化学工业研究社，1931.11，10 页，16 开（调查研究报告 1）

上海：黄海化学工业研究社，1949.9 重印，10 页，16 开（调查研究报告 1）

　　本书为著者在四川成都、涪陵等地的考察报告。原载于《科学》杂志第 15 卷第 11 期。

　　收藏单位：重庆馆、国家馆、南京馆、上海馆、浙江馆

09127

孔理事长对本会第二届工作会议全体代表训词　蔡兆漉速记

中国工业合作协会刊行，1940.7，21 页，32 开

　　本书收录孔祥熙在中国工业合作协会第二届工作会议开幕式、闭幕式上的训词。

　　收藏单位：国家馆

09128

孔理事长工合言论选集　中国工业合作协会编

中国工业合作协会，1942，72 页，32 开

　　收藏单位：南京馆

09129

会计问题座谈会纪念册　兵工署第二十工厂会计处编

兵工署第二十工厂会计处，1947，44 页，32 开

　　本书内容包括：会计处组织系统、会计处同人姓名、座谈会纪录第 1 册至第 21 册。

　　收藏单位：重庆馆

09130

矿产　东北物资调节委员会研究组编辑

沈阳：东北物资调节委员会研究组，1948.2，161 页，32 开，精装（东北经济小丛书 7）

　　本书共 3 编：总论、非铁金属矿业分论、非金属矿业分论。第 1 编共 6 章，内容包括：东北非铁金属及非金属矿业之沿革、东北非铁金属及非金属矿业之现况等；第 2 编共 10 章，内容包括：山金矿业、砂金矿业、铜矿业、铝矿业、稀元素矿物等；第 3 编共 7 章，内容包括：萤石矿业、石墨矿业、硫化铁矿业、滑石矿业、石绵矿业等。

　　收藏单位：长春馆、重庆馆、东北师大馆、广东馆、国家馆、河南馆、黑龙江馆、吉林馆、辽大馆、辽东学院馆、辽宁馆、辽师大馆、内蒙古馆、宁夏馆、人大馆、上海馆、首都馆、天津馆、西南大学馆

09131

矿产品之运输　曹立瀛　范金台具拟

[资源委员会]，1941.3，油印本，148 页，环筒页装（钨锡矿业调查报告 9）

　　本书共 13 章，内容包括：资源委员会运

输事业办理之经过、运务处之组织机构、车辆及修理、运输路线、运输数量、站务、仓库等。

收藏单位：国家馆、南京馆、中科图

09132

矿业报告（第 1 册 平定阳泉附近保晋煤矿报告） 虞和寅著

北京：农商部矿政司，1926.3，[128] 页，16 开

本书共 30 章，介绍地矿地理、风土、矿区、煤层、煤质、公司组织沿革、职工、产煤成本、运输、煤价、矿警、采煤、通风、安全及发展规划等。附矿工服务细则、矿工抚恤规则、坑内保安规则等。目录页题名：山西平定保晋公司煤矿铁厂报告。逐页题名：山西平定县阳泉附近保晋公司煤矿铁厂报告。

收藏单位：广东馆、广西馆、国家馆、近代史所、南京馆、上海馆、首都馆、天津馆、西南大学馆、中科图

09133

矿业报告（第 2 册 抚顺煤矿报告） 虞和寅著

北京：农商部矿政司，1926.3，10+272 页，16 开

本书逐页题名：奉天抚顺煤矿报告。

收藏单位：安徽馆、广东馆、广西馆、国家馆、近代史所、南京馆、首都馆、天津馆、西南大学馆

09134

矿业报告（第 3 册 临榆柳江煤矿报告） 虞和寅著

北京：农商部矿政司，1926.3，58 页，16 开

本书逐页题名：直隶临榆县柳江煤矿公司报告。

收藏单位：广东馆、广西馆、国家馆、湖南馆、近代史所、南京馆、上海馆、首都馆、天津馆、西南大学馆

09135

矿业报告（第 5 册 锦西大窑沟煤业报告） 虞和寅著

北京：农商部矿政司，1926.3，74+10 页，16

开

本书目录页题名：奉天锦西县大窑沟煤矿报告。

收藏单位：安徽馆、广东馆、广西馆、国家馆、近代史所、南京馆、上海馆、首都馆、天津馆、西南大学馆

09136

矿业登记规则

重庆：四川建设厅驻渝办事处，[1911—1949]，7 页，21 开，环筒页装

本规则共 28 条。

收藏单位：重庆馆

09137

矿业计划草案 山西省政设计委员会经济建设组编

山西省政设计委员会经济建设组，1932.5，40 页，16 开

本书共 4 章：开发未办矿产、整理已开矿业、设置办矿机关、筹措办矿资本。

收藏单位：国家馆

09138

矿业建设实施要领讲义 王求定编

广西省地方行政干部训练委员会，1941，20 页，32 开

收藏单位：广东馆

09139

矿业救省 王恒升著

出版者不详，1930.2，12 页，16 开

本书内容包括：矿业之发达、河北省矿产分布之大概等。附河北省储煤量与各省比较图等。

收藏单位：国家馆

09140

矿业特刊 广东省建设厅矿业调查团编

广东省建设厅矿业调查团，1931.7，472 页，16 开

本书共 8 部分：序（矿业调查团过去工作及今后计划）、计划（矿业建设进行计划）、

论著、报告、法规（5种）、公牍、统计、特载。"论著"部分收文8篇，内容包括：《广东矿产撮要》（何致虔）、《发展全省矿务之方针》（何致虔、朱翙声）、《广东发展铁矿及设立炼钢厂问题》（何致虔）等。

收藏单位：近代史所、中科图

09141

矿业统一会计科目 国民政府主计处会计局编

国民政府主计处会计局，1943.5，18页，32开

本书内容包括：总分类帐科目、明细分类帐科目。

收藏单位：重庆馆、广东馆、广西馆、国家馆、南京馆

09142

矿业要旨 西康省地方行政干部训练团编

西康省地方行政干部训练团，1941，122页，32开

本书内容包括：地质述略、中国矿产概述、西康矿产概述、探矿工程述略、选矿工程述略等。

收藏单位：重庆馆

09143

矿业与矿产 张允行编著

张允行，1938.2，174页，16开

本书附矿业法、矿业法施行细则、矿业登记规则等。

收藏单位：国家馆

09144

矿政管见 翁文灏 丁文江著

翁文灏、丁文江[发行者]，[1920]，50页，22开

本书共7部分：整理矿业法令、厉行矿业期限、变通矿区限制、组织辅助机关、提倡钢铁事业、奖励特有矿产、养成专门人才。附修改矿业条例意见书。

收藏单位：国家馆、上海馆

09145

矿字形体音义变迁源流考·整理汉冶萍意见书 梁津 胡庶华著

中国矿冶工程学会，1927，315—330页，16开（矿冶志第1卷第2期）

本书收文两篇：《矿字形体音义变迁源流考》（梁津）、《整理汉冶萍意见书》（胡庶华）。

收藏单位：重庆馆

09146

昆明市各业调查

出版者不详，[1937—1945]，油印本，[96]页，18开，环筒页装

本书为该市碾米业、磨面业、制烟业、制皂业、酿酒业、制革业、印刷业调查报告合订本。附安顺之制革业。

收藏单位：重庆馆

09147

昆明市工厂技员及工人静态普查表 社会部统计处编

出版者不详，[1947]，1册，18×24cm

收藏单位：国家馆

09148

昆明市工厂清册（三十六年） 黄复然调查

出版者不详，1947.6，手抄本，1册，32开，环筒页装

本书全部为表。内容包括：厂名、主管人职称姓名、详细地址等。

收藏单位：国家馆

09149

昆明市火柴业 张圣轩调查 国民经济研究所纂

国民经济研究所，1940，油印本，7页，大16开，环筒页装（总第177号 工业门化学制品类）

本书共10部分：沿革与发展经过、现状、原料之来源价值与购买方法、制造程序、厂内设备、燃料与动力、产品与市场、销售与运输、劳工状况、结论。

收藏单位：重庆馆、国家馆

09150

昆明市之火柴业 陈建棠调查 国民经济研究所纂辑

国民经济研究所，1939，油印本，5页，大16开，环筒页装（总第156号 工业门化学制品类）

本书共10部分：序言、工厂概况、机械设备、原料、制造、产品与市价、销场与交易、运输与费用、职工状况、结论。

收藏单位：国家馆

09151

昆明市之五金机械业 陈建棠调查 国民经济研究所纂辑

国民经济研究所，1939，油印本，4页，13开，环筒页装（总第153号 工业门金属品类）

本书共6部分：沿革及现有工厂家数、设备、原料、出品、劳工、结论。

收藏单位：国家馆

09152

昆明市之用煤与来源 陈建棠调查 国民经济研究所纂辑

[国民经济研究所]，1940.3，油印本，6页，大16开（总第166号 矿业门非金属类）

本书共9部分：用途与用户、应用种类、来源、全年用量、煤商、交易、运输、市价、结论。

收藏单位：国家馆

09153

昆明市之制革业 陈建棠调查 国民经济研究所纂辑

国民经济研究所，1939，油印本，5页，13开，环筒页装（总第155号 工业门化学制品类）

本书共7部分：制革业概况及现有家数、设备、原料、制造与成本、产品、金融关系、劳工状况。

收藏单位：国家馆

09154

昆明县之煤矿业 陈建棠调查 国民经济研究所纂辑

国民经济研究所，[1940]，油印本，5页，大16开（总第154号 矿业门非金属类）

本书共9部分：引言、产区、开采地点与煤层、煤之种类与品质、开采方法、生产概况、运销概况、工人、结论。

收藏单位：国家馆

09155

昆山泰记电气股份有限公司（民国二十五年份报告书） 泰记电气股份有限公司编

昆山：泰记电气股份有限公司，1937.2，28页，22开

本书内容包括：营业概况、收支情形、管理与考工、电力实验场经过状况等。

收藏单位：国家馆

09156

昆山泰记电气股份有限公司营业章程 泰记电气股份有限公司编

昆山：泰记电气股份有限公司，[1936]，19页，16开

本书于1936年2月24日由建设委员会核准，自1936年4月1日起实行。

收藏单位：国家馆

09157

昆阳、玉溪、安宁、易门、峨山等县之铁矿及冶铁厂 赵德民调查 [国民经济研究所纂辑]

[国民经济研究所]，1940，油印本，12页，18开，环筒页装

本书共12部分，内容包括：矿区及矿藏、开采方法、铁矿砂产量估计、采矿工人、冶铁方法、生熟铁产量估计等。

收藏单位：国家馆

09158

扩充纱锭计划纲要 刘国钧著

出版者不详，1944，28页，32开

本书分4部分：引言、扩充计划纲要、结

论、附录。第 2 部分共 8 章，内容包括：目标、资金、原棉、设厂区域、纺机等。附录英印日棉纺织业兴替要略。为《国讯》第 382 期附册。

收藏单位：国家馆

09159

扩充专利欧美豆腐有限公司章程

出版者不详，[1911—1949]，14 页，25 开

本章程共 34 条。附豆腐公司用款、得利预算两表。

收藏单位：国家馆

09160

莱东生产推进社的介绍 胶东行政公署实业处编

胶东新华书店，[1948]，22 页，32 开

本书共 3 篇：莱东生产推进社的工作介绍、海阳龙塘埠合作社介绍、莱东上孙家村社。

收藏单位：国家馆、南京馆、山东馆

09161

兰州之水烟业 杜景琦著

杜景琦，[1947]，62 页，32 开

本书共 14 章，内容包括：绪论、烟叶之产区及面积、烟叶种类及其性质、烟之生产程序、烟丝坊经营情形、烟丝产销情形等。附皋兰货物税分局辖区烟坊一览表、皋兰货物税分局派驻烟厂驻厂员管理烟厂暂行办法。

收藏单位：国家馆

09162

乐山木材业之初步调查 王恺著

外文题名：A survey of wood trade in Lao-shan, Szechuan

经济部中央工业试验所，1941，8 页，16 开（经济部中央工业试验所研究专报 284）

本书内容包括：木材来源、运输情形、材种及用途、品名及估价、交易方式等。

收藏单位：重庆馆

09163

乐山丝茧产制销之概况 胡允恭著

出版者不详，[1939]，油印本，17 页，16 开（川康鄂区调查报告 第 23 号）

本书内容包括：蚕丝之产地及产量、乐山集中生丝之来源及数量、种类及品质、贸易等。著者原题：胡邦宪。

收藏单位：国家馆

09164

立德染织厂

出版者不详，[1911—1949]，1 册，16 开

收藏单位：上海馆

09165

联勤总部平津被服总厂 1947 年刊 平津被服总厂编

平津被服总厂，[1947—1948]，70 页，16 开

本书书脊题名：联合勤务总司令部平津被服总厂厂庆二周年纪念年刊。

09166

联营工厂管理制及参考材料

工商管理总局，[1948]，20 页，32 开

收藏单位：国家馆

09167

两淮水利 胡焕庸编著

上海：正中书局，1947.12，92 页，25 开

本书共 16 部分，内容包括：地形与水利区域、气象与水文、沂河六塘与灌河、淮河与洪湖、清江附近之河道、下河水道等。附连云港述略。

收藏单位：重庆馆、国家馆、南京馆、清华馆、上海馆、首都馆、天津馆、武大馆

09168

两淮盐区调查报告 交通银行总行编

交通银行总行，1934.12，76 页，23 开

本书调查两淮 7 个盐区的设备、销售经营、缴税手续、银行放款等情况。书前有两淮盐区略图。

收藏单位：湖南馆、南京馆

09169

两淮盐务汇刊（第 1 期） 两淮盐运使署汇刊编辑处编

两淮盐运使署庶务处，1931，1 册，16 开

　　收藏单位：广东馆

09170

两年半创办重工业之经过与感想 钱昌照著

钱昌照，[1939.5]，15 页，32 开

　　本书提出创办重工业的三个方针：二十五年七月起创办重工业、尽量利用外资、尽量利用外国技术。为 1939 年 5 月《新经济》第 2 卷第 1 期抽印本。

　　收藏单位：重庆馆、广东馆、国家馆、南京馆

09171

两年来的军工事业 陆军第十八军军工厂编辑

南昌：偕行社，1933.12，244 页，25 开

　　本书共 13 部分，内容包括：前言、照片、从酝酿到成立、四次改进、从原料到商品、统计图表、将来的计划、工厂总章暨各种条规、军工生活等。

　　收藏单位：广东馆、国家馆、湖南馆、近代史所、南京馆、浙江馆

09172

辽宁肇新窑业公司一览 杜重远等编

辽宁肇新窑业公司，[1931.4]，[40] 页，横 16 开

　　本书内容包括：创办公司之经过、公司设备、工人数目、出货量之比较等。

　　收藏单位：上海馆

09173

临城 马德刚编

河北矿学会，1929.8，30 页，18 开（河北矿学会专刊第 2 号）

　　本书共 7 部分：与芦汉公司借款合办之痛史、借款合同之丧失权利、芦汉公司移转权利之非法、赔累负债之原因、此后之先决问题、账略二则、本会呈请河北省政府整理临城煤矿原文。逐页题名：临城煤矿沿革概要。

　　收藏单位：国家馆、人大馆

09174

留东采矿冶金界第一次通信录

出版者不详，1915.6，[40] 页，24 开

　　本书内容包括：倡设留东采冶同志联络机关之主旨及办法、同志消息及内地矿业之近闻、研究资料等。

09175

留东采矿冶金界第三次通信录

出版者不详，1916.6，87 页，23 开

　　本书收录矿冶杂著 10 余篇。

09176

柳江煤矿被泰记煤矿侵占矿区节略 [柳江煤矿公司编]

柳江煤矿公司，[1935—1949]，19 页，22 开

　　本书记述 1935 年 5 月 22 日河北省柳江煤矿黑山窑矿区被泰记煤矿公司侵占的经过。内容包括：柳江合法取得黑山窑矿权之证明、泰记历年承认黑山窑为张得勋矿区即柳江矿区之经过、柳江此次呈请河北省建设厅查勘之结果等。

　　收藏单位：国家馆

09177

六厂服务之追想及其感觉 朱斌著

无锡：锡成印刷公司，1929.9，88 页，32 开

　　收藏单位：南京馆

09178

六河沟煤矿公司沿革及近状概略 六河沟煤矿公司编

六河沟煤矿公司，1934.7，6 页，16 开

　　本书内容包括：矿产种类、开发沿革、产矿地区、矿区面积、交通状况、矿床概略等。

　　收藏单位：浙江馆

09179

六河沟煤矿公司整理计划

六河沟煤矿公司，[1927]，油印本，1 册，16

开，环筒页装

　　本书内容包括：迟筑丰楚铁路整理债务案、增加资本及发行公司债券案、修改公司章程案等。

　　　　收藏单位：国家馆

09180

六河沟煤矿有限公司炼铁厂概要　六河沟煤矿有限公司炼铁厂编

外文题名：A brief description of blast furnace plant

六河沟煤矿有限公司炼铁厂，1934，10+17页，16开

　　本书共两部分：历史、设备。附本厂出品种类名称成分性质及其用途表。

　　　　收藏单位：国家馆、上海馆

09181

龙烟铁矿厂之调查　卓宏谋编著

北平：卓宏谋[发行者]，1937.6，72页，18开

　　本书共5部分：影片、概述、调查、铁矿、岩矿。附烟筒山、将军岭、石景山施工图。该铁矿厂位于宣化。

　　　　收藏单位：广东馆、桂林馆、国家馆、近代史所、宁夏馆、天津馆

09182

龙烟铁矿厂志　黄伯迻　黎叔翙编

南京：中华矿学社，[1934]，62页，16开

　　本书共7部分：概述、龙烟铁矿、将军岭石灰石矿、石景山炼铁厂、龙烟铁矿公司第二届账略、龙烟公司炼钢厂计划、恢复烟筒山铁矿施工计划。

　　　　收藏单位：上海馆、中科图

09183

隆昌县麻织调查报告

出版者不详，[1937—1945]，抄本，7页，18开，环筒页装

　　本书内容包括：关于麻的种类及产地之调查情形、关于夏布制造之经过情形、关于夏布种类及价格之调查情形、关于夏布之产销状况等。

　　　　收藏单位：重庆馆

09184

芦汉银公司管理时期内临矿损失之概算

出版者不详，[1928]，58页，22开

　　　　收藏单位：重庆馆、国家馆

09185

泸县酒精厂概况

出版者不详，[1911—1949]，抄本，1册，16开

　　　　收藏单位：广东馆、中科图

09186

鲁丰纺织股份有限公司第九届第二次股东会议决录

天津总公司办事处，1930，18页，16开

　　　　收藏单位：国家馆

09187

鲁青火柴业产销有限合作社理事会办事规则

出版者不详，1934.10，[6]页，窄21开，环筒页装

　　　　收藏单位：上海馆

09188

鲁青火柴业产销有限合作社营业处各组及分所办事规则

出版者不详，1934.10，[22]页，21开，环筒页装

09189

滦州矿务有限公司第六届帐略　[滦州矿务有限公司编]

滦州矿务有限公司，1918.6，[14]页，18开

　　本书为汉英对照。收录该公司与开平联合营业第六届总结分派余利节略等。所涉时间为1917年7月1日至1918年6月底。

　　　　收藏单位：国家馆

09190

沦陷区之煤业　蓝乾章执笔　天府矿业公司研究室编

重庆：天府矿业公司研究室，1945，手抄本，1 册，16 开，环筒页装

本书内容包括：东北煤矿现状、战时东北煤矿增产计划与实绩、华北煤矿现状、华中煤业现状等。

收藏单位：重庆馆

09191

论公营工厂　邓发等著

佳木斯：东北书店，1947.9，74 页，32 开

本书收文 9 篇，内容包括：《建立革命家务》（朱德）、《在工厂代表大会上的讲话》（刘少奇）、《为工业品的全面自给而奋斗》（高岗）、《关于公营工厂党和职工会工作》（邓发）、《关于公营工厂的几个问题》（洛甫）、《西北局关于争取工业品全部自给的决定》等。

收藏单位：东北师大馆、国家馆、辽宁馆、南京馆、山东馆、山西馆

09192

论西北工业建设　李焕庭著

出版者不详，1939.8，59 页，23 开

09193

马边铅矿探矿报告与小规模炼铅厂工程计划　夏莅平著

川南铅矿股份有限公司筹备外，1942，再版，25 页，18 开

本书共 6 篇：原料、冶炼、交通、概算、结论、附录。

收藏单位：重庆馆、中科图

09194

马可尼与中国　曹仲渊编著

力学书店，1940，42 页，25 开

本书共 13 部分，内容包括：中国创办无线电最先采用马可尼机器、借款合同签订底前因及种类、垄断中国无线电交通、霸占中国无线电市场底字据、中华无线电公司董事会办事章程及董事人选等。

收藏单位：江西馆、中科图

09195

马玉山创办中华国民制糖股份有限公司章程

出版者不详，[1911—1949]，20 页，22 开

收藏单位：广东馆

09196

满洲工业之现状与计划的开发政策　（日）小岛精一著　张其春译

出版者不详，[1911—1949]，150 页，16 开

收藏单位：南京馆

09197

满洲国矿区一览　关景禄著　矿业监督署编

社团法人满洲矿业协会，1939.5，341 页，16 开

本书为吉林、龙江、黑河、三江、滨江、牡丹江等省矿区介绍。

收藏单位：首都馆

09198

满洲国矿区一览　庄子宗编纂　满洲矿业开发株式会社编

满洲矿业开发株式会社，1942.7，538 页，16 开

收藏单位：东北师大馆、辽大馆

09199

"满洲"新设各辅助工业之资本额　李植泉翻译　刘铁孙审查　刘大钧核定

出版者不详，1939.9，晒印本，5 张，13 开（中国经济统计研究所 总字第 334 号 工业门 概况类 第 6 号）

收藏单位：上海馆

09200

"满洲"昭和制钢所大规模扩充计划　李植泉翻译　刘铁孙审查　刘大钧核定

外文题名：Showa steel works plans vast expansion

出版者不详，1939.9，晒印本，2 张，13 开（中国经济统计研究所 总字第 331 号 工业门 冶炼工业类 第 1 号）

收藏单位：上海馆

09201

毛织工业报告书　全国经济委员会编

全国经济委员会，1935.8，217 页，16 开（全国经济委员会经济专刊 3）

　　本书共 5 编：中国毛织工业史、羊毛、毛纺织业、羊毛及毛制品之国际贸易、结论。

　　收藏单位：重庆馆、广东馆、国家馆、南京馆、上海馆、浙江馆

09202

茂新、福新、申新总公司三十周年纪念册

茂新、福新、申新面粉总公司编

[上海]：茂新、福新、申新面粉总公司，1929，1 册，16 开

　　本书内容包括：总公司概况、面粉商标、棉纱商标、申新各厂概况、中国标准麦历年市价升降图、中国花衣历年市价表等。

　　收藏单位：近代史所

09203

煤矿　郭楠　王晓青著

[中国工程师学会]，[1911—1949]，24 页，16 开（中国工程师学会四川考察团报告 11）

　　本书收录荣昌、嘉陵江、丰都等县的煤矿调查报告。

　　收藏单位：重庆馆

09204

煤气车　李葆和 [等] 著　中国煤气车营运公司工程师室编

中国煤气车营运公司工程师室，1941，1 册，25 开

　　本书收文 10 篇，内容包括：《世界公路上各种自动运输工具之检讨及我国现应推行煤气车之理由》（戴桂蕊）、《煤气车在世界飞跃发展情形与我国应有的省悟及措施》（李葆和）、《我国推行煤气车之后顾与前瞻》（娄即庭）、《中国煤气车营运公司业务管理之现况与展望》（王新元）等。

　　收藏单位：重庆馆、南京馆、西交大馆

09205

煤炭　东北物资调节委员会研究组编辑

沈阳：东北物资调节委员会，1948.2，166 页，32 开，精装（东北经济小丛书 8）

　　本书共 3 章：总论、东北之煤炭政策、东北各煤矿概况。

　　收藏单位：安徽馆、长春馆、重庆馆、东北师大馆、广东馆、国家馆、河南馆、黑龙江馆、辽大馆、辽师大馆、内蒙古馆、宁夏馆、上海馆、首都馆、天津馆、西南大学馆

09206

煤炭　江苏省立教育学院研究实验部编

无锡：江苏省立教育学院，1931.6，6 页，32 开（民众科学问答丛书 25）

　　收藏单位：江西馆

09207

美华利五十年概况　美华利钟表行广告股编

上海：美华利钟表行，1925.9，64 页，横 16 开

09208

美华利五十年纪念册

上海：商务印书馆，1925.9，112 页，32 开，精装

　　收藏单位：上海馆

09209

美亚织绸厂十周年纪念特刊（1920—1930）

　美亚织绸厂编

[上海]：美亚织绸厂，[1930.9]，66 页，16 开

　　本书大部分为照片。内容为该厂简介。

09210

美援棉花的分配和运用　吴济昌著

上海：现代经济通讯社，1949.4，38 页，32 开（现代经济丛刊第 1 辑）

　　本书共 6 章：政策和机构、分配方式及易纱程序、配购经过、几项重要的技术问题、纱布的销售、效果和影响。附美援棉花第一次分配表。

　　收藏单位：国家馆、上海馆

09211

棉纺织厂会计规程草案　全国经济委员会棉业统制委员会拟订

全国经济委员会棉业统制会，1937.5，82 页，16 开

本书共 6 章：总则、会计科目、传票帐簿及单据、记帐法概述、成本之计算、决算。

收藏单位：国家馆

09212

棉织业之现状　赵诵轩等编

上海：中华书局，1930.4，19 页，32 开

上海：中华书局，1932，再版，19 页，32 开

本书共两部分：中国棉织业略史、中国棉织业现状。

收藏单位：重庆馆、广东馆、黑龙江馆、江西馆、天津馆

09213

民丰纱厂报告（第一至四届）　民丰纱厂编

上海：民丰纱厂，1932.9—1936.5，4 册，16 开

本书内容包括：营业报告书、资产负债表、损益计算书、会计师及公司监察人证明书等。

收藏单位：上海馆

09214

民国二十三年的中国棉纺织业　王子建著

出版者不详，[1935]，[20] 页，16 开

本书共 7 部分：棉纺业的矛盾现象、花纱价格的不同趋向、原棉供求的不平衡、棉纱销路的不振、棉货输出入同趋低落、棉业的统制及改进、从回顾到展望。为《东方杂志》第 32 卷第 7 号抽印本。

收藏单位：国家馆

09215

民国二十四年年底止部准设定各省矿业权总表　实业部矿业司编

实业部矿业司，[1936]，116 页，16 开

本书全部为表。项目统计有各省私营矿业主姓名、矿别、矿区所在地、矿区面积、核准年月及执照号数等。

收藏单位：广东馆、国家馆、南京馆、中科图

09216

民国二十五年年底止部准设定各省矿业权总表　实业部矿业司编

出版者不详，[1937]，140 页，16 开

收藏单位：国家馆

09217

民国十九年华成盐垦公司第十三届帐略　华成盐垦公司编

华成盐垦公司，[1930—1949]，15 页，16 开

本书附盐垦两部职员报告暨匪灾损失汇总。

09218

民谊大药厂股份有限公司招股章程

上海：永祥印书馆，[1911—1949]，1 册，18 开

收藏单位：上海馆

09219

民营厂矿内迁纪略（我国工业总动员之序幕）　林继庸著

重庆：新新出版社，1942.6，98 页，25 开

本书共 5 部分：战前我国工业情况、上海工厂拆迁前的准备、资源委员会上海工厂迁移监督委员会时期、工矿调整委员会时期、经济部工矿调整处时期。附内迁民营厂矿名称及地址一览表。

收藏单位：重庆馆、国家馆、近代史所、南京馆、上海馆、中科图

09220

民营厂矿内迁纪略（我国工业总动员之序幕）　林继庸著

重庆：中国工业经济研究所，1945.5，再版，98 页，25 开

收藏单位：重庆馆、广东馆、国家馆、上海馆、浙江馆

09221

民营飞机制造厂创设缘起

出版者不详，[1911—1949]，油印本，5 页，16 开

　　收藏单位：南京馆

09222

民族工业的前途　李雪纯等著

上海：中华书局，1935.2，116 页，32 开（新中华丛书 社会科学汇刊）

　　本书收文 4 篇：《焦头烂额之中国丝绸业》（李雪纯）、《中国棉织业之危机及其自救》（顾毓琇）、《中国电气事业之过去现在与将来》（郑重）、《日纸倾销与中国纸工业之前途》（管世楷）。

　　收藏单位：重庆馆、东北师大馆、广东馆、贵州馆、国家馆、黑龙江馆、吉林馆、江西馆、近代史所、辽宁馆、南京馆、内蒙古馆、首都馆、天津馆、浙江馆

09223

明矾　安徽省建设厅编

安徽省建设厅，1942.8，30 页，32 开（经济丛刊 1）（安徽特产调查 1）

　　本书共 15 部分，内容包括：矾矿矿区、开采沿革、矿区主权、品质与等级等。目录页题名：庐江明矾。

　　收藏单位：重庆馆、国家馆、南京馆

09224

木业概况·纸业概况　潘吟阁编著

上海：中华职业教育社，1929.5，14 页，32 开（研究职业分析）（职业教育研究丛辑 16）

　　本书为合订本。内容均包括：本业之历史、本业之货物、本业之交易习惯、本业之成功人等。

　　收藏单位：国家馆

09225

穆棱煤矿六周纪事　刘砚生编

[穆棱煤矿公司]，1930，240 页，16 开

　　本书内容包括：序文、缘起、摄影、探矿经过、地势与地质、煤质与储量、采掘工作、

产量、销额等。

　　收藏单位：国家馆、黑龙江馆

09226

"耐隆"与生丝之前途　王天予编著

正中书局，1942.2，28 页，32 开（蚕丝月报社小丛书）

上海：正中书局，1946.9，28 页，32 开（蚕丝月报社小丛书）

　　本书共 8 部分，内容包括：耐隆之诞生、构成、性质、用途及现状、本质与生丝之前途等。"耐隆"为尼龙。

　　收藏单位：重庆馆、东北师大馆、广东馆、国家馆、吉大馆、辽宁馆、南京馆、上海馆、浙江馆

09227

南昌市盐业同业公会、第一届执行委员会工作报告　余守真编

出版者不详，[1933.5]，[238] 页，16 开

　　本书内容包括：会议录、公牍、规章（8 种）、经费收支表等。书前有《本会今后应有底努力》（余守真）。附该会为抗日救国告各界同胞书等。

09228

南充县青居街水力发电工程初步计划书　嘉陵江水道工程处设计

南充县水电股份有限公司筹备委员会，[1911—1949]，石印本，7 页，16 开，环筒页装

　　本书内容包括：缘由、开发方式、工程布置、工费概估、施工程序等。

　　收藏单位：重庆馆

09229

南京大同面粉股份有限公司（第十四届结算报告）　大同面粉公司编

南京：大同面粉公司，[1936—1939]，[8] 页，16 开

　　本书全部为表。收录该公司资产负债表等。所涉时间为 1935 年 7 月至 1936 年 6 月。

09230

南京缎锦业调查报告　国民经济建设运动委员会总会编辑

南京：国民经济建设运动委员会总会，1937.5，36 页，22 开（国民经济建设运动委员会总会丁种丛刊第 1 册）

本书共 7 部分：缎业、云锦业、漳缎业、漳绒业、建绒业、南京缎锦业失败原因、改进管见。

收藏单位：广东馆、国家馆、近代史所、南大馆、上海馆、浙江馆

09231

南京市钢铁业调查报告

出版者不详，[1911—1949]，33 页，16 开

收藏单位：南京馆

09232

南京市云锦业调查报告

出版者不详，[1911—1949]，4 页，16 开

收藏单位：南京馆

09233

南京特别市市立第一平民工厂十七年业务年报　南京特别市市立第一平民工厂编

南京特别市市立第一平民工厂，1929.2，[70] 页，25 开

本书收录该织布厂法规、统计、报告汇编、1928 年大事纪略、1929 年工作计划等。

09234

南京中央饭店股份有限公司业务报告

出版者不详，1936，30 页，大 32 开

收藏单位：南京馆

09235

南通区土布改进计划大纲　南通区土布改进委员会编

南通区土布改进委员会，1937.4，18 页，32 开

本书介绍该区土布的生产、改进目标及方法，并有 1938—1939 年的改进计划概要等。附组织章程、办事细则。

09236

南通天生港电厂　南通天生港电厂编

南通天生港电厂，1947，24 页，16 开

本书共 10 部分：沿革、厂址及建筑、组织、发电设备、输电及配电设备、其他设备、营业状况、员工福利、扩充计划、附图。目录页及逐页题名：南通天生港电厂概况。

收藏单位：国家馆、近代史所、上海馆、西交大馆

09237

南阳之丝绸　貊菱　李召南撰　李汉珍校

河南农工银行经济调查室编

河南农工银行经济调查室，1939.2，[81] 页，16 开（河南农工银行经济丛刊 2）

本书共 5 部分：绪言、丝绸之生产、丝绸运销、丝绸之交易、丝绸之改进。附镇平县改良丝绸委员会改良丝绸章程、镇平县改良丝绸委员会检查股办事细则等。

收藏单位：重庆馆、国家馆、近代史所

09238

南洋兄弟烟草股份有限公司负责帐目审核报告书　徐永祚　潘序伦编

出版者不详，1931，[22] 页，16 开

本书共 3 部分：审核经过、资产负债状况、各项资产估计情形。

09239

拟设浦口钢铁厂计划书　胡庶华著

中国工程学会，1927.8，17 页，23 开，环筒页装

本书为中国工程学会第十届年会论文之一。

收藏单位：湖南馆

09240

年度收支预算说明书　华北化学制品统制协会编

华北化学制品统制协会，[1911—1949]，油印本，58 页，16 开，环筒页装

本书分两部分：收入之部、支出之部。第 1 部分共两章：统制料、收入利息；第 2 部分

内容包括：给料、报酬、保险料等。

　　收藏单位：国家馆

09241

年余来之中国纺织建设公司　中国纺织建设公司编

中国纺织建设公司，1947.9，8 页，32 开

　　本书共 4 部分：创立之经过、最近开工及生产情形、业务实施概况、今后之展望。附中国纺织建设公司各纺织厂主要出品一览表。

　　收藏单位：国家馆、南京馆

09242

酿造业概况　龙燊编

出版者不详，[1943]，18 页，32 开

　　本书共 3 章：酿造业的历史、酿造业的范围、各项酿造业概述。

　　收藏单位：重庆馆、广东馆、国家馆、湖南馆、南京馆、天津馆

09243

宁夏机械工业（1）　黄震中编

出版者不详，1945.4，80 页，32 开，环筒页装（建设丛书）

　　本书共 5 部分：绪论、宁夏之工业资源、宁夏机械工业之发展、宁夏机械工业实况、宁夏机械工业之前途。

　　收藏单位：国家馆、南京馆

09244

宁夏炼铁事业　崔岐著

宁夏省政府建设厅，1943.10—1945.12，2 册（54+34 页），32 开，环筒页装（建设丛书）

　　收藏单位：国家馆、南京馆

09245

宁夏陶瓷事业（1）　詹克俭著

[宁夏光华瓷厂]，1944，石印本，20 页，32 开，环筒页装（建设丛书）

　　本书介绍宁夏光华瓷厂一年来的工作概况。

　　收藏单位：国家馆

09246

宁夏陶瓷事业（2）　郭士绥编

[宁夏光华瓷厂]，1945.12，石印本，30 页，32 开，环筒页装（建设丛书）

　　本书共 14 部分，内容包括：组设公司、扩充厂地、延聘技工、增添设备、工作报告、出品统计、营业概况等。

　　收藏单位：国家馆

09247

宁夏战时工业（1）　宁夏省政府建设厅编

宁夏省政府建设厅，1941，石印本，83 页，32 开，环筒页装（建设丛书）

　　本书介绍该省纺织、制革、造纸、电气、面粉、铅印等工业概况，包括组织、营业、原料、产品等。附宁夏省三十年度工业计划。

　　收藏单位：国家馆、南京馆

09248

宁夏战时工业（2）　宁夏省政府建设厅编

宁夏省政府建设厅，1943.1，130 页，32 开，环筒页装（建设丛书）

　　收藏单位：国家馆、南京馆

09249

农产促进委员会特约设立手纺织训练所简章　农产促进委员会修正

重庆：农产促进委员会，1939.2，4 页，32 开

　　本简章共 12 条。

　　收藏单位：重庆馆、国家馆

09250

农村副产与地方工业建设　汪洪法著

重庆 [等]：青年书店，1939.11，80 页，32 开

　　本书共 3 篇：概说、地方工业建设的基本调查、以农村副业为中心建设地方工业之管见。

　　收藏单位：安徽馆、重庆馆、广东馆、广西馆、贵州馆、国家馆、湖南馆、吉林馆、近代史所、辽大馆、南京馆、上海馆

09251

农矿部矿业建设实施方案 农矿部编

农矿部，1930.10，20 页，16 开

  收藏单位：南京馆、上海馆

09252

农矿部全国矿业概要图表 农矿部编

农矿部，1930.10，[86] 页，16 开

  本书全部为表。内容包括：全国金属矿非金属矿面积比较图、各省金属矿非金属矿面积比较图、各省金属矿面积比较图、各省金矿面积比较图等。

  收藏单位：国家馆、南京馆

09253

农林部病虫药械制造实验厂概况

出版者不详，1944.11，10 页，大 32 开

  收藏单位：南京馆

09254

潘参政员连茹口头询问 ［资源委员会编］

资源委员会，[1946—1949]，油印本，15 页，大 16 开，环筒页装

  本书内容包括：陈参政员耀东口头询问、乔参政员廷琦口头询问案等。题名取自书中第 1 篇篇名。

  收藏单位：国家馆

09255

陪都嘉陵江大桥修建筹款计画书 陪都嘉陵江大桥修建筹备处编

陪都嘉陵江大桥修建筹备处，1948，48 页，32 开

  本书共 5 章：总纲、技术、经费、推行、结论。附江北区负担建桥经费之理由、江北方面征收工程受益费办法、重庆方面征收工程受益费办法、市库补助费筹措办法、陪都嘉陵江大桥筹建委员会组织规程（草案）。

  收藏单位：重庆馆、国家馆、黑龙江馆

09256

彭县铜矿局说明书 孙海环著

出版者不详，[1913]，120 页，25 开

本书共 4 章：总论、采矿、冶铜、附属机关。

  收藏单位：重庆馆

09257

皮革制造厂计划 经济部中央工业试验所编

经济部中央工业试验所，1938.10，16 页，32 开（小规模工业计划丛刊）

  本书共 5 部分：引言、原料及材料、轻革及重革之种类及其用途、轻革制造厂之设计、重革制造厂之设计。

  收藏单位：国家馆、南京馆、西南大学馆

09258

皮业说明书 刘万青著

上海：皮商公会，1930.9，再版，20 页，32 开

  收藏单位：南京馆

09259

平东化学工业考察记 欧阳诣著

北平：国立北平大学工学院，1929.11，56 页，32 开

  本书共 3 部分：天津、塘沽、唐山。内容包括：河北工业试验所、天津造胰公司、久大精盐工厂、开滦矿务局等。

  收藏单位：国家馆

09260

平湖陆辅舟先生文录 陆辅舟著 钱贯一辑

出版者不详，[1932.11]，266 页，25 开

  本书收录著者有关纺织方面的文章 22 篇，内容包括：《为我国新组织厂进一解》《纱厂计划外埠与内地比较》《论今日举办纱厂之得失》《关税与纺织》《华棉包装问题私议》《论华棉搀水之害》《纺机整理》《华裔纱厂工作运动》《中国工业与工潮》《再论中国工业与工潮》等。

  收藏单位：上海馆

09261

平汇水与设厂纺纱 刘家富著

刘家富 [发行者]，1925.2，26 页，18 开

本书共 9 章，内容包括：汇兑之原理、汇水涨后之影响、根本解决汇水之办法、纺纱厂与汇水之关系、设纺纱厂应注意之事项等。

收藏单位：国家馆

09262

平津工业调查 杜文思调查

北平市立高级职业学校，1934.7，122 页，22 开

本书内容包括：前途堪虞之天津面粉工业、苟延残喘之天津纺纱工业、天津毛织工业调查、风雨飘摇之平津火柴工业等。

收藏单位：国家馆

09263

平津区汽车修配总厂概况 交通部公路总局编

交通部公路总局，1946.5，26 页，22 开

本书介绍该厂的沿革、业务、组织现状以及建立华北公路汽车保修网等发展规划。附三轮车设计与制造、制配工作程序图、主管人员暨专任主要技术人员一览表等。

收藏单位：国家馆、南京馆、天津馆

09264

平绥铁路南口机厂二十三年度统计报告

北平：平绥铁路南口机厂，1935，晒印本，1 册，20×30cm

本书全部为图表。内容包括：平绥铁路南口机厂平面图、南口机厂历年工人数目比较表、南口机厂现在各房工人分类表等。

收藏单位：国家馆

09265

平阳矾业调查 永嘉行政督察区行政督察专员公署编

永嘉行政督察区行政督察专员公署，1933.4，56 页，32 开（调查丛书 2）

永嘉行政督察区行政督察专员公署，1935.12，再版，56 页，32 开（调查丛书 2）

本书共 7 章：矿区概况、矿石种类及成分、矿业之沿革、矾业之现状、矾业近来失败之原因、改革之建议、结论。

收藏单位：南京馆、浙江馆

09266

萍矿过去谈 孟震编

出版者不详，1914，[60] 页，23×31cm

本书概述萍乡煤矿历年经营情况及财务帐表等。

收藏单位：国家馆、吉大馆、浙江馆、中科图

09267

萍乡安源煤矿调查报告 江西省政府经济委员会编

江西省政府统计室，1935.1，230 页，16 开（江西省政府经济委员会丛刊 5）

本书共 7 部分，内容包括：位置交通、煤田地质、现状、整理意见等。逐页题名：江西萍乡安源煤矿调查报告。

收藏单位：国家馆、江西馆、近代史所、南京馆、上海馆、中科图

09268

萍乡县安源煤矿调查报告 夏湘蓉 [著]

南昌：江西省地质调查所，1938，18 页，18 开（江西省地质调查所临时简报 1）

本书介绍该矿位置、交通、煤田地质、历史状况、现在状况等。

收藏单位：国家馆

09269

鄱乐煤矿股份有限公司乐平矿区调查计划报告书 周文燮编

出版者不详，[1911—1949]，11 页，16 开

本书书中题名：鄱煤矿股份有限公司乐平矿区调查计划报告书。

收藏单位：上海馆

09270

浦东电气公司开业十周纪念刊 浦东电气公司编

[上海]：浦东电气公司，1931.7，60 页，16 开

本书内容包括：创业回顾、十年事略、近况述要等。附历任董事监察人表、现任职

员表、退任职员表。附记民国八、九年创办情形。所涉时间为1921年1月至1930年12月。

收藏单位：国家馆

09271

浦东电气股份有限公司营业报告（中华民国二十至二十五、三十五年度） 浦东电气公司编

[上海]：浦东电气公司，[1932—1947]，7册，22开，环筒页装

本书收录该年度营业报告书、统计图表、帐略等。附会计师查帐证明书。

收藏单位：国家馆、南京馆、上海馆

09272

浦东电气股份有限公司营业章程 浦东电气股份有限公司修订

[上海]：浦东电气股份有限公司，1933，[39]页，32开

[上海]：浦东电气股份有限公司，1937.5，修正本，11页，32开

本书内容包括：营业章程、贷款装灯办法、用户接户线敷设办法、电气事业人处理窃电规则等。

收藏单位：重庆馆、南京馆

09273

七省华商纱厂调查报告 王子建 王镇中编著

上海：商务印书馆，1935.11，224+46页，22开（国立中央研究院社会科学研究所丛刊 第7种）

上海：商务印书馆，1936.2，再版，224+48页，22开（国立中央研究院社会科学研究所丛刊 第7种）

商务印书馆，1945.11，224页，22开（国立中央研究院社会科学研究所丛刊 第7种）

本书共10章，内容包括：总述、原料及出品、工人及工时、工资、工人效率、成本等。附统计表。

收藏单位：安徽馆、重庆馆、东北师大馆、广东馆、贵州馆、国家馆、黑龙江馆、

湖南馆、江西馆、近代史所、辽大馆、南京馆、内蒙古馆、宁夏馆、山西馆、上海馆、天津馆、浙江馆、中科图

09274

戚墅堰电厂（民国二十三年） 建设委员会编

[南京]：建设委员会，1934.10，89页，16开（建设委会事业报告 第2号）

本书分3部分：插图、报告、附录。第2部分共3章：引言、设备、业务。逐页题名：建设委员会戚墅堰电厂事业报告。

收藏单位：国家馆、上海馆

09275

戚墅堰电厂（民国二十四年） 建设委员会编

[南京]：建设委员会，[1935]，66页，16开（建设委员会事业报告）

收藏单位：重庆馆、广东馆、国家馆

09276

戚墅堰电厂年刊 建设委员会戚墅堰电厂编

[南京]：建设委员会戚墅堰电厂，1930.4，1册，16开

本书共12部分：总理遗像遗嘱、题词、绪言、插图、组织、行政、工程、营业、会计、章则、公牍、附录。

收藏单位：国家馆、近代史所、南京馆、天津馆

09277

戚墅堰电厂章则 [建设委员会编]

[南京]：建设委员会，[1933]，1册，16开

本书内容包括：建设委员会直辖机关职员给假规则、建设委员会及直辖机关职员考绩规则、戚墅堰电厂职员签到规则等。

收藏单位：国家馆

09278

綦江铁矿矿产品成本计算说明 綦江铁矿会计课编

綦江铁矿会计课，1940，油印本，16页，16开，环筒页装

本书内容包括：成本制度之取决、成本项

目之区分、非实付成本之处理、各项费用之计算、产品耗损及盘盈盘亏之处理、间接成本之分配、单位成本之计算、筹备费之整理、资产负债之整理、二十九年一月份成本计算等。

收藏单位：重庆馆

09279

启东大生第二纺织公纺第二十五届帐略　大生第二纺织公司编

大生第二纺织公司，[1931—1933]，6页，32开

本书收录资产损益表等。附章程草案、股本二千以上股东名单。

09280

启新洋灰有限公司　启新洋灰有限公司编

天津：中东石印局，[1911]，石印本，[30]页，横16开

本书为汉英对照。内容大部分为该公司的生产设备及产品图。

09281

启新洋灰有限公司马牌洋灰证书汇览

天津：北洋印书馆，[1928]，[55]页，22开

本书收录伦敦亨利菲加公司、上海法工部、开滦矿务局工程师所等开具的证书、试验证书、化验单等19张。书前有公司各所及分销处地址、证书叙言。

收藏单位：国家馆、天津馆

09282

启新洋灰有限公司三十周年纪念册　启新洋灰有限公司编

天津：启新洋灰有限公司，1935，[150]页，10开，精装

本书大部分为图。介绍该公司30年来的经营情况及成绩。

收藏单位：广西馆、国家馆、河南馆、近代史所、上海馆、天津馆

09283

迁川工厂出品展览纪念册　迁川工厂联合会编

迁川工厂联合会，1942.2，112页，16开

本书内容包括：展览会开幕献词、展览会筹备经过、论著、各厂简史、各报评论等。

收藏单位：国家馆

09284

迁川工厂联合会第八届年会特刊　迁川工厂联合会编

迁川工厂联合会，1945.4，42页，16开

本书收文9篇，内容包括：《迁川工厂当前之重要问题》（薛明剑）、《略述钢铁业之困难》（余名钰）、《战后工厂建设改进之管见》（陶桂林）、《农村机电化与中国工业化》（陆绍云）、《后方产业与善后救济工作》（章乃器）等。

收藏单位：国家馆、西南大学馆

09285

签注天津市电业监理处组织规则意见　何运衡[拟]

[天津市财政局]，1931，油印本，[2]页，13开

收藏单位：国家馆

09286

钱承绪工业经济论文　钱承绪著

出版者不详，[1932]，121页，32开

本书收文13篇，内容包括：《今日有召集全国生产会议的必要》《由工厂法论到工业生产》《科学管理与管理权》《劳动保险与劳工生计》《中国工业的病态》《中国要不要工厂会议》《中国工业上资本的贫困》《罢工与罢业的危险》《工会工权工运的三角关系》《中国劳工最后出路》《劳工解雇问题的研究》等。

收藏单位：重庆馆、国家馆、内蒙古馆、上海馆

09287

钱塘江大桥招标简章及规范书　[钱塘江桥工程处编]

钱塘江桥工程处，1934.4，[128]页，长14

开，环筒页装

本书内容包括：建造杭州钱塘江大桥招标简章、招标承办该桥工程设计制造安装建筑及工料规范书、招标用文件等。

09288

犍为沫溪炼焦厂考察报告　李乐元著
中国西部科学院理化研究所，1937.12，4 页，16 开

本书为 1937 年冬中国科学院奉四川省政府命，派遣著者考察该厂后给省政府所作的报告。

收藏单位：重庆馆、国家馆

09289

青岛工业考察团报告书　青岛工业考察团编
青岛工业考察团，1934，26 页，16 开

09290

青岛华新纱厂特刊　青岛华新纱厂编
青岛华新纱厂，1937，146 页，16 开

本书介绍该厂沿革、厂务管理、植棉、教育、福利等概况。

收藏单位：上海馆

09291

青岛市工厂名录　青岛市社会局编
青岛市社会局，1936.10，48 页，22 开

收藏单位：国家馆、南京馆

09292

青岛市工厂清册（二十六年）
出版者不详，1937，手写本，1 册，32 开，环筒页装

本书全部为表。项目统计有：厂名、主管人职称姓名及详细地址等。

收藏单位：国家馆

09293

青岛市火柴业调查　青岛市社会局编
青岛市社会局，1933，16 页

本书共 9 部分：沿革、组织、资本与设备、原料、制造、工人与工作情形、规约、

出品之销售、火柴业之危机及其救济意见。调查时间为 1933 年 5 月。

收藏单位：近代史所

09294

青岛市面粉业调查　青岛市社会局编
青岛市社会局，[1933—1939]，16 页，16 开

本书内容包括：青岛市面粉公司一览表、组织、设备、原料与出品等。调查时间为1933 年 6 月。

收藏单位：上海馆、浙江馆、中科图

09295

青岛市手工业统计　青岛市社会局统计室编
青岛市社会局统计室，1932，8 页，16 开

本书全部为表。调查项目有类别、业别、户数、工人、学徒、每月工资、生活情形、工作时间、原料、产品等。

收藏单位：近代史所

09296

青岛市盐业调查　青岛市社会局编
青岛市社会局，1933，10 页

本书共 4 部分：青岛市盐业之沿革、青岛市盐业公会之组织、输出日本食盐专商永裕公司之设立、结论。调查时间为 1933 年 6月。

收藏单位：近代史所

09297

青岛、天津、北京参观团传达报告
上海申新纺织厂总管理处，[1911—1949]，47页，25 开

收藏单位：上海馆

09298

青岛中纺各厂设备之特点　中国纺织建设公司青岛分公司编
中国纺织建设公司青岛分公司，1948.6，138页，25 开

本书全部为图。共 3 部分：厂房建筑、机械、工场设备。

收藏单位：安徽馆、重庆馆、广东馆、国

家馆、湖南馆、江西馆、近代史所、南京馆、上海馆、绍兴馆、首都馆、浙江馆

09299

青纺三年　中国纺织建设公司青岛分公司编
中国纺织建设公司青岛分公司，1949，194页，16开

本书全部为表。内容包括：管理统计、工务统计等。附1948年度世界各国纺织业之状况等。目录页题名：三五、三六、三七年度统计目录。

收藏单位：国家馆

09300

青盐志略　吴祖耀著
出版者不详，[1933]，1册，22开

本书共12章，内容包括：青岛盐务概略、盐税、青盐与金州盐、盐商等。附图表、章则、单照。

收藏单位：国家馆、近代史所、宁夏馆、中科图

09301

清代云南铜政考　严中平编著
上海：中华书局，1948.8，100页，32开（历史丛书）

本书共7部分，内容包括：初次繁荣及其波折、极盛时代之滇铜与制钱鼓铸、所谓铜政问题与滇铜之衰落等。附云南全省铜产销量估计表等。

收藏单位：安徽馆、长春馆、重庆馆、大庆馆、东北师大馆、贵州馆、国家馆、湖南馆、江西馆、近代史所、辽大馆、南京馆、内蒙古馆、上海馆、西南大学馆、浙江馆

09302

清理汉冶萍湖北债捐文件纪要　清理汉冶萍湖北债捐处编
清理汉冶萍湖北债捐处，1932.10，216页，32开

本书为文言体。

收藏单位：南京馆

09303

庆祝本会改组成立一周年纪念特刊　冷路编
上海：营造月刊社，1944.9，50页，25开

本书介绍市营造业公会改组一周年来的情况。

09304

求新制造机器厂　求新制造机器厂编
上海：求新制造机器厂，[1911]，232页，23×30cm

本书为汉英对照单面印照片集，介绍该厂厂房、设备、产品、承建的船舶、车辆及桥梁等。

收藏单位：国家馆

09305

裘业概况　周选青编著
上海：中华职业教育社，1929，22页，32开（研究职业分析）（职业教育研究丛辑25）

本书概述中国丝绸业情况。共8部分：本业之略史、本业货物概述、上海本业之调查、本业之输出入状况、本业内部之组织、本业职员之待遇、本业学徒之状况、本业之公共机关。

收藏单位：国家馆

09306

取缔人员查勘须知
上海市工务局营造处，1947.9，10页，32开

本书介绍取缔违章建筑的规章依据、工作范围、取缔工作人员之任务、执行任务时应注意事项等。

09307

全国兵工总厂考察革新书（一名，中华军实之策源）　何慨之编
广州：广东警备游击队第四司令部秘书处，1922.4，1册，16开

本书分上、下两编：列举四总厂之真相、各式枪炮子弹及其火药之类分。共9篇，内容包括：汉阳兵工总厂（旧称湖北军械制造总局）、上海兵工总厂（旧称南洋军械制造总局）、德州兵工总厂（原名北洋军械制造总

局）、广东兵工总厂（旧称广东军械制造总局）、各式新枪及其子弹之构成、各种火炮与其弹丸之构成等。

收藏单位：国家馆、近代史所

09308

全国场产调查报告书（福建） 盐务署编
盐务署，1915.12，10+[386] 页，22 开

本书共 6 编，内容包括：诏安场、浦南场、惠安场等。每编介绍该盐场的地理、建筑、制造、经济、运输等情况。

收藏单位：国家馆、近代史所、南京馆、上海馆、首都馆

09309

全国场产调查报告书（淮北） 盐务署编
盐务署，1915.1，[246] 页，18 开，精装

本书共 5 编：总论、板浦场、中正场、临兴场、济南场。

收藏单位：广东馆、国家馆、近代史所、南京馆、上海馆、首都馆

09310

全国场产调查报告书（两浙） 盐务署编
盐务署，1916.12，12+[604] 页，22 开

本书共 8 编，内容包括："仁和、许村、黄湾、鲍郎、海沙、芦沥六场""钱清、三江、东江、曹娥、金山五场""余姚场一场""岱山场及舟山列岛一场""穿长、清泉、大嵩三场"等。每编介绍该盐场的地理、建筑、制造、经济、运输等情况。

收藏单位：广东馆、国家馆、近代史所、南京馆、上海馆、首都馆、浙江馆

09311

全国电力工业材料
出版者不详，1949，油印本，1 册，横 16 开（工矿报告）

本书统计数字截至 1947 年 9 月底。附全国电厂恢复概况表。

收藏单位：国家馆

09312

全国电气事业电价汇编 建设委员会全国电气事业指导委员会编
南京：建设委员会全国电气事业指导委员会，1937.4，202 页，16 开

本书全部为表。共 3 部分：全国电气事业电价简表、主要电气事业电价详表、电价统计图表。附名词简释。

收藏单位：广东馆、国家馆、吉林馆、南京馆、上海馆

09313

全国发电厂调查表 建设委员会编
外文题名：A statistical investigation of electric power plants in China
南京：建设委员会，1929.12，77 页，横 16 开（全国电气事业统计第 1 号）

本书共 5 部分，内容包括：概说、全国民营电灯电力厂调查表、全国工厂自备发电厂调查表等。附建设委员会发给执照之民营电厂一览表。

收藏单位：安徽馆、重庆馆、广东馆、国家馆、南京馆、上海馆、中科图

09314

全国纺织业联合会第二届大会特刊 全国纺织业联合会编
上海：全国纺织业联合会，1947.10，236 页，22 开（纺织会刊第 1 辑 1）

本书内容包括：题词、论文、大会三日记、提案原文汇编、本会修正章程等。收文 22 篇，内容包括：《对我国棉纺织业之希望》（刘泗英）、《发展纺织事业奠立工业基础》（束云章）、《对当前棉纺织业之观感》（工启宇）、《纺织业之自力更生》（李国伟）、《中国棉纺织业之自力更生》（范澄川）等。

收藏单位：重庆馆、国家馆、近代史所、南京馆、浙江馆

09315

全国各省市县应建筑公共屠宰场理由及办法大纲 工商部上海商品检验局编
工商部上海商品检验局，1930.8，10 页，25

开

09316

全国工人生活及工业生产调查统计报告书（1 工业工人人数工资及工时统计表） 工商部编

工商部，1930，66页，16开

　　本书全部为表。内容包括：国内各主要城市工业工人人数工资及工时统计表、国内各主要城市工业工人人数统计图、国内各主要城市工人工资统计图等。

　　收藏单位：安徽馆、广东馆、国家馆、南京馆、上海馆

09317

全国工人生活及工业生产调查统计报告书（2 历年工资统计表） 工商部编

工商部，1930，67页，16开

　　本书全部为表。共3部分：国内各主要城市历年工资指数与物价指数比较表、国内各主要城市历年工资指数与物价指数比较图、南京市历年工资指数与物价指数比较图。

　　收藏单位：广东馆、国家馆、南京馆、宁夏馆、上海馆、首都馆

09318

全国工人生活及工业生产调查统计报告书（3 工会概况统计表） 工商部编

工商部，1930，45页，16开

　　本书全部为表。内容包括：国内各主要城市工会统计表、国内各主要城市现存工会历年成立统计表、国内各主要城市各类工会会员人数统计图等。

　　收藏单位：北师大馆、广东馆、国家馆、南京馆、内蒙古馆、宁夏馆、上海馆、首都馆

09319

全国工人生活及工业生产调查统计报告书（4 工厂概况统计表） 工商部编

工商部，1930，26页，16开

　　本书内容包括：国内各主要城市工厂概况统计表、国内各主要城市工厂概况分类表等。附分类工厂比较表、工厂成立年份统计表。

收藏单位：国家馆、上海馆

09320

全国工人生活及工业生产调查统计总报告 工商部编

工商部，1930，1册，16开，精装

　　本书全部为表。调查对象为：江浙、皖赣、两湖、鲁蓟热、东三省、粤桂、闽滇城区。调查项目有：工业工人、工资统计、工作时间、工人家计统计等。调查时间为1930年1—6月，统计时间为1930年7—9月。

　　收藏单位：广东馆

09321

全国国货工业汇编 中华民国全国商会联合会编

上海：中华民国全国商会联合会，1935，297页，25开

　　本书收录江苏省、浙江省、安徽省、江西省、海外之各类国货（包括棉纺织业、丝纺织业、饮料、食品业、五金机器业、衣帽饰物业等）制造厂家名称、负责人姓名、产品名目、地址等。

　　收藏单位：国家馆

09322

全国矿产

出版者不详，1947，手写本，18页，8开

　　本书记载各省煤、铁、铜、油、锑、锰、钨等矿产的储量。附西南矿产。

　　收藏单位：重庆馆

09323

全国矿业概况简表

出版者不详，1947，油印本，1册，16开，环简页装

　　本书统计各煤矿局、煤矿公司的名称、矿区所在地、战前及目前的状况等。

　　收藏单位：重庆馆

09324

全国矿业要览 实业部、教育部全国矿冶地质联合展览会编

天津：北洋工学院，1936，856+28 页，22 开，精装

本书分两编。共 12 篇，内容包括：全国矿业公司及矿冶厂概要、全国矿冶地质学术机关团体概况、矿冶机械工具厂行录、中国矿冶地质人名录、中国矿冶地质参考书目录、矿业法及其他有关矿业诸法规、国有铁路之矿业运输等。附全国矿冶地质联合展览会报告。

收藏单位：重庆馆、东北师大馆、广西馆、贵州馆、国家馆、黑龙江馆、湖南馆、近代史所、南京馆、宁夏馆、山西馆、上海馆、首都馆、天津馆、浙江馆

09325

全国煤矿增产讨论会提案　台湾省煤矿工业同业公会编

台湾省煤矿工业同业公会，[1947—1949]，4 页，16 开

本书共 8 部分，内容包括：序言、台煤增产一半准予外销案、新坑开发及增加设备者准予申请三年间免征诸税案、台省民营煤矿准拨煤贷台币五亿元案、收购煤价调整案等。本次会议召开日期为 1947 年 8 月。

收藏单位：国家馆

09326

全国煤业报告（胶济铁路沿线调查）　董纶　赵天从编

出版者不详，1935.2，260 页，16 开（参谋本部国防设计委员会参考资料 6）

收藏单位：南京馆、中科图

09327

全国煤业报告（湘鄂铁路沿线调查）　刘梦符　褚保熙著

出版者不详，1935，94 页，16 开（参谋本部国防设计委员会参考资料 8）

收藏单位：南京馆、中科图

09328

全国煤业报告（湘鄂铁路沿线各大都市调查）　褚保熙　刘梦符编

军事委员会资源委员会，1935.10，64 页，16 开（军事委员会资源委员会参考资料 17）

收藏单位：南京馆、中科图

09329

全国棉纺织厂调查统计　美援花纱布联营处编

美援花纱布联营处，1949.1，33 页，16 开

本书共 6 部分，内容包括：全国棉纺织厂纱锭及布机摘要、全国棉纺织厂设备规模分区统计、停工棉纺织厂等。附全国棉纺织厂调查团调查表。

收藏单位：国家馆、上海馆

09330

全国棉纺织厂统计资料汇编　全国经济委员会棉业统制委员会编

全国经济委员会棉业统制委员会，1937，70 页，横 4 开

本书分 3 类：机械、制造、劳工。

收藏单位：国家馆、湖南馆、近代史所、南京馆、首都馆

09331

全国民营电业联合会浙江省分会第五届年会须知　全国民营电业联合会浙江省分会编

全国民营电业联合会浙江省分会，[1933]，42 页，24 开

本书为该联合会宣传品，内容多为商业广告。

收藏单位：南京馆

09332

全国新药业　丁丁编　许晓初校

上海：全国新药业同业公会联合会，1937，[450] 页，23 开，精装（全国新药业联合会丛书）

09333

全国重要工矿及输出业同类公会组织登记表　组织训练司第三科制

组织训练司第三科，[1947]，油印本，33 页，26×34cm

本登记表截止日期为 1947 年 1 月底。

收藏单位：国家馆

09334

全国主要都市工业调查初步报告提要　谭熙鸿　吴宗汾主编

经济部全国经济调查委员会，1948.4，60 页，16 开

本书分 3 章：绪论、各业概况、结论。第 1 章共 6 部分，内容包括：调查缘起、调查范围、调查机构等；第 2 章共 13 部分，内容包括：饮食品制造业、纺织业、服用品制造业等；第 3 章共 7 部分，收录各业概况统计表（厂数、职工人数、原料、产品等）。

收藏单位：重庆馆、广东馆、贵州馆、国家馆、吉林馆、近代史所、南京馆、山西馆、上海馆、天津馆、浙江馆、中科图

09335

全华化学工业股份有限公司民国三十六年股东临时会报告书　全华化学工业股份有限公司编

南京：全华化学工业股份有限公司，[1940—1949]，17 页，32 开

本书收录该公司业务报告、章程等。

09336

确定经济政策注重矿务为整理财政厅之标准意见书　张超提议

出版者不详，[1911—1949]，8 页，16 开

收藏单位：国家馆

09337

染织业概况·针织业概况　潘吟阁编著

上海：中华职业教育社，1929，20 页，32 开（研究职业分析）（职业教育研究丛辑 18）

本书为合订本。分别叙述染织业和针织业两个行业的历史、工作、成功人等。

收藏单位：重庆馆、国家馆

09338

染织业国货征信集　上海市机器染织业同业公会编

上海市机器染织业同业公会，1938.12，192 页，16 开，精装

本书介绍染织业国货工厂情况，并有产品商标样本。内容包括：大新布厂、大乐工业社、三新染织厂、天一染织厂等。

收藏单位：广东馆、上海馆

09339

人工管理法　黄万里等著

出版者不详，1942.10，手写石印本，11 张，13 开（黄万里水工论文集）

收藏单位：上海馆

09340

人性和机器（一名，中国手工业的前途）　费孝通等著

上海、重庆：生活书店，1946.5，28 页，36 开（时代评论小丛书）

收藏单位：重庆馆、广西馆、国家馆、黑龙江馆、吉大馆、内蒙古馆、上海馆、浙江馆

09341

人造丝工业报告书　全国经济委员会编

全国经济委员会，1936.5，56 页，16 开（全国经济委员会专刊 6）

本书共 6 章：绪论、世界人造丝工业概况、我国人造丝及人造丝织品之输入、我国急应自制人造丝、我国自设人造丝厂之计划、价格与关税。

收藏单位：重庆馆、广西馆、国家馆、南京馆、上海馆

09342

日本侵略东北矿产之野心　梁宗鼎著

中国矿冶工程学会，1932.8，[34] 页，16 开

本书共 20 部分，内容包括：日得东北矿权有三个时期尤以二十一条要求中所载者为最惨酷、日深悉今日之战争为一资源战争故积极攫夺我东北煤铁石油国防上之三大要素等。为《矿冶》第 5 卷第 18 期抽印本。

收藏单位：国家馆

09343

日本统治下的台湾工业 台湾行政干部训练班编

台湾行政干部训练班，1945.2，94页，32开

本书为中央训练团台湾行政干部训练班参考资料。共22部分，内容包括：一般工业、制茶工业、纺织业、制油业等。主要内容译自《台湾》（武内贞义）。

收藏单位：国家馆

09344

日本统治下的台湾矿业 中央设计局台湾调查委员会编

中央训练团，1944.10，26页，32开

收藏单位：南京馆

09345

日本统治下的台湾水利 中央设计局台湾调查委员会编

中央训练团，1945.3，1册

收藏单位：南京馆

09346

戎镒昌新屋落成三十一周年纪念特刊 戴知一 戎志仁编

苏州：戎镒昌皮件厂，[1933.8]，10页，23开

本书收录戎镒昌新屋落成纪念碑文、戎师法琴纪念碑文以及纪念该厂落成的短文7篇。附该厂出品价目表。

09347

荣昌工合旗下的手工业 聂叔香著 中国工业合作协会荣昌事务所编

重庆：荣昌玉屏街印刷工业合作社，[1940]，石印本，77页，36开

本书内容包括：麻织、纺纱、麻质药棉制造法、瓷器制造法等。附陶器制造说明。

收藏单位：重庆馆、西南大学馆

09348

荣丰纺织厂股份有限公司职员服务暂行规则 荣丰纺织厂编

上海：荣丰纺织厂，[1947—1949]，18页，22开

本规则附该公司职员试用暂行办法、职员假旷计分暂行办法等。于1947年5月17日第二届第五次董事会通过，自1947年6月1日起实行。

收藏单位：上海馆

09349

入厂须知 陆军第十八军军工厂编

南通：陆军第十八军军工厂，1934，12页，大64开

收藏单位：广东馆

09350

入厂须知 申新第四纺织厂渝厂编

申新第四纺织厂渝厂，[1940—1949]，43页，36开

本书共11部分，内容包括：厂名及简史、厂址及通信方法、交通须知、环境认识、训练工招生简章、工场常识等。

收藏单位：国家馆

09351

瑞华企业股份有限公司玻璃制造厂纪概 瑞华企业股份有限公司总务股编

重庆：瑞华企业股份有限公司总务股，1942.1，1册，16开

收藏单位：南京馆

09352

卅一年度之重庆工合事业 中国工业合作协会重庆事务所 重庆市工业生产合作社联合社编

重庆：中国工业合作协会重庆事务所、重庆市工业生产合作社联合社，1943.1，58页，16开

本书共3部分：一年来之重庆工合联合社、一年来之重庆工合单位社、附录。

收藏单位：重庆馆、国家馆、南京馆、西南大学馆

09353

三年来之工矿运输 [经济部资源委员会运务

处编]

经济部资源委员会运务处，[1943]，1册，16开

本书共10章：概述、组织、业务、车务、机务、材料、财务、电讯、训练、福利事业。

收藏单位：重庆馆、广东馆、国家馆、湖南馆、上海馆、中科图

09354

三十六年棉纺织业大事记 全国纺织业联合会编

上海：全国纺织业联合会，1948.1，38页，窄23开（纺联会刊第1辑3）

本书为各纺织厂花纱布产、销、存情况的调查材料汇编。

收藏单位：重庆馆

09355

三十年来之中国造纸工业 张永惠 张祈年著

外文题名：Paper making industry in China in a period of last thirty years

经济部中央工业试验所，1942，14页，16开（经济部中央工业试验所研究专报120）

本书共6章：引言、手工制纸业、机器制纸业、近年来造纸工业研究之进步与发展、本国纸产量洋纸输入量及国纸输出量之统计、结论。其他题名：中国制纸工业三十年来之概况。

收藏单位：重庆馆

09356

三十三年川康盐务之概要 曾仰丰编著

出版者不详，1944，油印本，4页，22开，环筒页装

本书共3部分：场产、运销方面、收益方面。

收藏单位：国家馆

09357

三十五年度两淮区淮南盐务管理分局统计汇编 淮南盐务管理分局会计科统计股编

淮南盐务管理分局会计科统计股，1947.3，油

印本，29页，32开

收藏单位：南京馆

09358

纱厂汇编（保丰纺织漂染整理厂） 魏亦九等编辑

[上海]：魏亦九、吴宝钰，1941.5，230页，18开，精装

本书介绍各车间的设备、工人及工资的分配方法、产量计算方法、交班法、清洁法等。共12章：清棉间、梳棉间、粗纺间、精纺间、筒摇间、成包间、拣棉间、皮棍间、试验间、保全间、马达间、杂录。

收藏单位：上海馆

09359

山东博山之家庭工业 谢惠著

上海：民族杂志社，[1933—1939]，85页，32开（民族杂志社丛书1）

本书共3章：玻璃工业、陶瓷窑业、红土工业。附博山玻陶原料成分化学分析表。

收藏单位：国家馆

09360

山东产盐区详图

出版者不详，[1911—1949]，影印本，[7]页，8开

本书将山东盐场分7个区域，每区一图，共收录影印图7幅。内容包括：山东省石岛区盐场全图等。

09361

山东各县民生工厂一览 山东省政府建设厅编

山东省政府建设厅，1936.3，1册，16开

本书介绍该省栖霞、胶县、邹县、即墨、桓台、掖县、蒲台等地工厂信息。

收藏单位：浙江馆、中科图

09362

山东官印刷局第一年度报告册 毛希蒙编订

山东官印刷局，1926.7，1册，16开

本书内容包括：公牍摘要、事略、职员

录、收支对照等。

收藏单位：国家馆

09363

山东官印刷局第二年度报告册 毛希蒙编订

山东官印刷局，1927.7，1 册，16 开

本书内容包括：绪言、公牍录要、事略、职员录、收支对照表等。

收藏单位：国家馆

09364

山东矿业报告（第 2—5 次） 山东省政府实业厅编辑

济南：山东省政府实业厅，1931—1936，4 册（462+[767]+[398]+530 页），16 开

本报告每次 1 册。第 2 次所涉时间为 1930 年，第 3 次为 1931 年，第 4 次为 1932—1933 年，第 5 次为 1934—1935 年。

收藏单位：重庆馆、广东馆、国家馆、湖南馆、江西馆、近代史所、南京馆、上海馆、首都馆、天津馆、中科图

09365

山东南运湖河疏浚事宜筹办处第一届报告

山东南运湖河疏浚事宜筹办处编辑

山东南运湖河疏浚事宜筹办处，1915，[252] 页，18 开，精装

收藏单位：安徽馆、国家馆

09366

山东省政府农矿厅没收华宝煤矿之经过 山东省农矿厅编

山东省农矿厅，1929.1，44 页，16 开

本书共 3 部分：本厅没收华宝煤矿之原委、本案之重要公牍、泰安华宝煤矿公司调查报告。

收藏单位：国家馆

09367

山东峄县中兴煤矿概述 山东峄县中兴煤矿公司编

山东峄县中兴煤矿公司，1936.9，54 页，16 开

本书大部分为表。

09368

山东峄县中兴煤矿股分有限公司章程 山东峄县中兴煤矿股份有限公司编

山东峄县中兴煤矿股份有限公司，1925，14 页，18 开

本章程分 7 章：总则、资本及股分、股东会、董事及监察人、总协理及驻矿经副理、计算、附则。

收藏单位：国家馆

09369

山东峄县中兴煤矿有限公司帐略（民国十六至十八、二十一、二十三年分） 山东峄县中兴煤矿有限公司董事会编

山东峄县中兴煤矿有限公司董事会，[1928—1935]，5 册，16 开

本书内容包括：计开、营业项下（收入门、支出门）等。

收藏单位：国家馆、天津馆

09370

山东之农工矿业 国立山东大学化学社编

国立山东大学化学社，1935.6，[135] 页，22 开

本书共 3 部分：农业、工业、矿产。为《科学的山东》抽印本。

收藏单位：广东馆、近代史所、内蒙古馆

09371

山东中兴煤矿工人调查 施裕寿 刘心铨编著

北平：社会调查所，1932，59 页，16 开

本书共 10 部分：公司的概况、工人一般的情形、工作时间、工资、失业与救济、工会、福利设施及防险设备、灾害疾病及抚恤养老、工人生活概况、结论。

收藏单位：长春馆、国家馆、近代史所

09372

山西工业的新姿 西北实业建设公司编审委员会编

太原：西北实业建设公司，1948.5，140 页，32 开

本书内容包括：《山西的工业》（朱沛人）、《戡乱支柱》（杨文育）、《太原的烟囱》（方舟）等。

收藏单位：国家馆

09373

山西矿务公局第一届董事会议报告书　山西矿务公局编

山西矿务公局，1923，1 册，16 开

收藏单位：南京馆

09374

山西煤矿志　王竹泉著

南京：农矿部地质调查所，1929.7，35 页，22 开（农矿部丛刊 2）

本书介绍山西汾临、宁武、大同等 7 个煤区现状。

收藏单位：国家馆、上海馆

09375

山西省议会第二届筹办矿务报告书　山西省议会编

[山西省议会]，1921.8，152 页

本书内容包括：咨请督军对于晋矿筹有办法先咨交审议文、致督军商酌大同矿务函、山西矿务局选举董事长函等。目录页题名：山西第二届省议会筹办矿务报告书。

收藏单位：近代史所

09376

山西省政十年建设计划人造丝厂专案

[山西省政府建设厅]，[1911—1949]，18 页，16 开

本书内容包括：每日出产 2000 基罗格兰姆胶丝预算表、按菲斯固氏法制造人造丝之装置等。

收藏单位：国家馆

09377

山西造产年鉴　刘杰等编辑

太原：造产救国社，1936.1，16+486 页，18 开

本书共分两编：工业、农业。第 1 编共 6 章，内容包括：纺织工业、化学工业、钢铁工业、煤矿业等；第 2 编共 5 章，内容包括：农事改良、棉业、林业等。

收藏单位：东北师大馆、国家馆、吉林馆、近代史所、南京馆

09378

陕北永平延长油田之希望　王竹泉著

出版者不详，[1911—1949]，[5] 页，16 开

本书为《中国实业杂志》第 1 卷第 5 期抽印本。

收藏单位：上海馆

09379

陕甘宁边区民间纺织业　罗琼著

[延安]：中国妇女社，1946.3，48 页，32 开（妇女丛刊 1）

收藏单位：国家馆、南京馆、山西馆、首都馆

09380

陕西煤矿述要　张世忠著

陕西省建设厅，1932.5，再版，20 页，16 开

本书共 5 部分：绪论、关中区煤田、汉中区煤田、榆林区煤田、结论。

收藏单位：广东馆、国家馆

09381

陕西省凤翔县培实工业传习所概况　赵德民调查　张宗弼审查　刘大钧核定

出版者不详，1939.1，晒印本，8 张，大 16 开（中国经济统计研究所 总字第 273 号 工业门杂项类 第 3 号）

收藏单位：上海馆

09382

陕西省修建灌溉工程会计制度草案　陕西省水利局编

陕西省水利局，1946.7，油印本，1 册，16 开

收藏单位：南京馆

09383

陕西省政府建设委员会合办西京电厂事业报告 建设委员会 陕西省政府编

[南京]：[建设委员会]，1937.6，58页，16开

本书共11章，内容包括：筹设缘起、筹备工作历程、厂址之勘定及筹备工作之分配、发电设备、土木工程、购料与运输、经济、组织等。封面题名：西京电厂。

收藏单位：重庆馆、国家馆

09384

陕西省之纸业与造纸试验 陕西省造纸试验所编

[陕西省造纸试验所]，1942，30页，16开

本书共3章：本省纸业概况、本省造纸试验情形、结论。

收藏单位：重庆馆

09385

陕西省纸业

出版者不详，[1939]，油印本，1册，16开，环筒页装

本书共4章：陕西纸业现况、改良各地纸业办法、增加纸业产量办法、本省造纸工业三年计划。

收藏单位：国家馆

09386

汕头抽纱工业 翁桂清著

出版者不详，[1940—1942]，8页，25开

本书共两部分：事实、办法。目录页题名：振兴抽纱工业刍议。

收藏单位：国家馆

09387

善后救济总署冀热平津分署工业调查报告
善后救济总署冀热平津分署编

善后救济总署冀热平津分署，1946.8，42页，16开

本书介绍调查河北及平津毛织、棉纱、面粉、皮革、榨油等工厂的情况。

收藏单位：国家馆、近代史所、南京馆

09388

商办本溪湖煤铁有限公司创立十周年纪念写真帖 本溪湖煤铁有限公司编

本溪湖煤铁有限公司，[1920.5]，[102]页，23×30cm，精装

本书收录该公司照片83幅。

收藏单位：国家馆

09389

商办大通煤矿股份有限公司与承办大通煤矿保记矿务实业有限公司契约

出版者不详，[1911—1949]，4页，16开，环筒页装

09390

商办汉镇既济水电公司新电厂落成特刊 商办汉镇既济水电公司编辑处编

商办汉镇既济水电公司，1933.5，58页，16开

09391

商办宁波永耀电力股份有限公司第二十二届营业报告书

出版者不详，1937，1册，16开

收藏单位：南京馆

09392

商办苏州电气股份有限公司第十五届业务报告（中华民国二十三年度） 苏州电气股份有限公司编

苏州电气股份有限公司，[1935—1939]，37页，23开，环筒页装

本书收录该年度公司经济、业务、工程报告以及损益计算书、资产负债表、财产目录、事务费用细表、纯益金分配法案等。

09393

商办苏州电气股份有限公司第十九届业务报告（中华民国三十五年） 苏州电气股份有限公司编

苏州电气股份有限公司，[1947—1949]，11页，23开，环筒页装

本书收录该年度公司经济报告、业务报

告、工程报告、损益计算书、资产负债表、财产目录等。所涉时间为1946年5月1日至12月31日。

09394

商办宜昌永耀电气股份有限公司修改营业章程　宜昌永耀电气股份有限公司编

宜昌永耀电气股份有限公司，[1936]，38页，22开

　　本章程于1936年2月13日由中央建设委员会核准，5月1日起施行。

　　　　收藏单位：国家馆

09395

商办闸北水电股份有限公司售电章程　商办闸北水电股份有限公司修订

上海：商办闸北水电股份有限公司，1932，19页，32开，环筒页装

　　　　收藏单位：重庆馆

09396

商办钟宝矿业有限公司二十五年度决算报告表　钟宝矿业有限公司编

钟宝矿业有限公司，1937，[6]页，9开

　　本报告所涉时间为1936年1月1日至12月31日。

　　　　收藏单位：国家馆

09397

上海兵工厂

出版者不详，1931，1册，36开，精装

　　　　收藏单位：广东馆

09398

上海兵工厂十个月厂务报告书　上海兵工厂总务处编

出版者不详，[1928]，172页，16开

　　本书内容包括：本厂之沿革及建置、本厂暂拟编制条例、本厂出品状况、本厂经费概况等。

　　　　收藏单位：近代史所

09399

上海产业与上海职工　胡林阁　朱邦兴　刘宁一编

香港：远东出版社，1939.7，635页，22开

　　本书共24章，内容包括：棉纺织业、丝织业、法商水电业、榨油业、黄包车业等。编者"刘宁一"原题：徐声。

　　　　收藏单位：安徽馆、国家馆、近代史所、上海馆、首都馆、西南大学馆、中科图

09400

上海大禾实业工厂产品一览及用途说明　大禾实业工厂编

[大禾实业工厂]，[1947]，14页，16开

　　　　收藏单位：南京馆

09401

上海的燃料与动力问题　中国工业经济研究所编

上海：工商经济出版社，1949.3，24页，14开（工业问题丛刊第7号）

　　　　收藏单位：广东馆

09402

上海纺织印染有限公司增资特刊　上海纺织印染有限公司编

上海纺织印染有限公司，[1933—1939]，52页，16开，精装

　　本书内容包括：增资缘起、增股简章、公司组织系统、公司章程等。

　　　　收藏单位：广东馆

09403

上海肥皂业　董孝铺著

出版者不详，[1944.7]，19页，16开（中国经济研究会工业调查丛刊5）

09404

上海各华文报纸上之中国工业合作运动

出版者不详，[1911—1949]，18页，32开

　　本书收文7篇：《飞速成长中之"中国工业合作协会"》（《译报》4月16日）、《记工业合作社一个模范的社员》（《译报》5月9日）、

《中国工业合作协会最近发展情形》(《新闻报》)、《中国工业合作运动》(《新闻报》5月10日)、《突飞猛进之中国工业合作》(《中美报》5月7日)、《忆西北"蓝三角"下奋斗的人们》(《大英夜报》5月7日)、《战时工业网》(《文汇报》5月17日)。

收藏单位：国家馆

09405

上海工业化研究　刘大钧著

长沙：商务印书馆，1940.11，366页，25开（中山文化教育馆研究丛书）

本书共8章，内容包括：上海工业发展之沿革、近年之发展、上海工业之特点、上海之劳工等。附二十年上海工业详细统计、各种比较表、上海劳工统计等。

收藏单位：重庆馆、贵州馆、国家馆、吉林馆

09406

上海工业品展览会特刊　中国技术协会编

上海：中国技术协会，1946.3，23页，32开

本书收文9篇，内容包括：《中国工业化与培养经济人才》(顾毓琇)、《献给民族工业家们》(吴承禧)、《工业建国的三个先决问题》(胡厥文)、《中国技术协会之回顾与前瞻》(王天一)、《我们的理想》(吴仲仪)等。并收录筹委会纪略、参加展览厂商一览等。

收藏单位：广东馆

09407

上海工业实态调查资料概括表　满铁上海事务所调查室编

上海：满铁上海事务所调查室，1945，油印本，196页，横8开

本书共两部分：轻工业、重工业。内容包括：纺织工业、绢业、食料品工业、金属机械工业等。

收藏单位：重庆馆

09408

上海工业现状　中国工业经济研究所编

上海：工商经济出版社，1949.2，14页，16开（工业问题丛刊第6号）

本书介绍上海工业的概况、原料燃料动力、特征及困难等。

09409

上海工业要览　蒋乃镛编著

上海：学者书店，1947.11，10+414页，25开

上海：学者书店，1948，再版，414页，32开

本书分两编：各业工厂概述、工厂工会一览。第1编共6部分，内容包括：各业分类及工作人数概述、各业历史设备及原料概述、各业危机的原因等；第2编共两部分：各业工厂一览、各业公会一览。附经济部工商辅导处组织条例、工商登记规则、工业会法及技师法等。封面题名：上海工业概览。

收藏单位：广东馆、国家馆、近代史所、山西馆、首都馆

09410

上海国货厂商名录　上海市商会编

外文题名：The Shanghai manufacturers' directory

上海市商会，[1946]，694页，16开

上海市商会，1947，728页，16开

本书所涉厂商有化工原料、化妆、毛纺、火柴、皮革、印刷、油漆、金属制品、染织、玻璃、食品、卷烟、搪瓷、橡胶等类。

收藏单位：广东馆、国家馆、南京馆、上海馆

09411

上海国货工厂调查录　刘铁孙　王家栋编纂

上海：中国经济统计研究所、中华国货指导所，1934.8，132+17页，25开

本书共3部分：统计图、国货工厂厂别表、国货工厂业别统计表。第2部分共16章，内容包括：木材制造类、交通用具制造类、化学工业类等。调查时间为1934年。

收藏单位：广东馆、国家馆、上海馆、浙江馆

09412

上海鸿章纺织染厂二十四年营业帐略报告书　[上海鸿章纺织染厂编]

上海鸿章纺织染厂，[1936—1939]，[40]页，
18开

　　本书附会计师证明书。

09413

上海鸿章纺织染厂二十五年营业帐略报告书
　[上海鸿章纺织染厂编]
上海鸿章纺织染厂，[1937—1939]，[40]页，
18开

　　收藏单位：南京馆

09414

上海华美大药房　上海华美药房编
上海：华美药房，[1928—1948]，324页，32
开

　　收藏单位：江西馆

09415

上海华商电气公司同人录　上海华商电气公
司人事科编
上海华商电气公司人事科，1936.6，32页，
18开，环筒页装

　　本书内容包括：上海华商电气公司职员籍
贯统计表、上海华商电气公司各科职员人数
比例图、上海华商电气公司职员年龄统计表
等。

　　收藏单位：国家馆

09416

上海华商电气公司战后初步复兴纪念刊　上
海华商电气公司编
上海华商电气公司，1949.4，18页，16开

　　本书为汉英对照。内容包括：组织系统
图、重要设备摄影、战后初步复兴述略等。

09417

**上海华商电气股份有限公司第二十届营业报
告书**　上海华商电气股份有限公司编
上海华商电气股份有限公司，[1946—1949]，
27页，18开，环筒页装

　　本书共10部分：二十六年度业务情
形、徐家汇教堂区营业概况、沦陷期间略述、
接收复业经过、战时财产损失、接收后至

三十四年底业务情形、结论、附表及会计师
查帐证明书等。

　　收藏单位：上海馆

09418

**上海华商电气股份有限公司第二十一届营业
报告书**　上海华商电气股份有限公司编
上海华商电气股份有限公司，[1947—1949]，
18页，16开，环筒页装

　　本书介绍该公司1946年以来的营业情
况。内容包括：营业状况、工程设施、经济情
形、收回被敌迁散资产经过等项。附年度会
计报表及会计师查帐报告书。

09419

**上海华商电气股份有限公司第二十二届营业
报告书**　上海华商电气股份有限公司编
上海华商电气股份有限公司，[1948—1949]，
22页，18开，环筒页装

　　本书介绍该公司自1947年以来的营业情
况。

09420

上海华商电气股份有限公司营业章程　上海
华商电气股份有限公司编
上海华商电气股份有限公司，[1936]，15页，
16开，环筒页装

　　本章程共5章：总则、电灯、电热、电
力、附则。附用户接户线敷设办法、电气事
业人处理窃电规则、取缔军警政机关部队及
所属人员强用电流规则、检查窃电及举发窃
电奖励办法。于1935年11月由建设委员会、
上海市政府核准，自1936年1月1日起实
行。

　　收藏单位：国家馆

09421

上海华商电气股份有限公司组织规则　上海
华商电气股份有限公司编
上海华商电气股份有限公司，1933.8，18页，
32开

　　收藏单位：国家馆

09422

上海、金陵兵工厂实习报告 军政部汉阳兵工专门学校第一届毕业生编

军政部汉阳兵工专门学校，1930，82 页，16 开

本书共两部分：上海兵工厂实习报告、金陵兵工厂实习报告。内容包括：枪厂、炮厂、制弹厂、兵器实验室等。

收藏单位：重庆馆

09423

上海开泰木号七十年纪念刊 上海开泰木号编

上海开泰木号，[1934.2]，[100] 页，21 开

本书收录纪念该号创立七十周年的摄影照片和题词，并介绍近一年木材业的概况。附上海市木业同业工会章程。

09424

上海求新制造机器轮船厂 上海求新制造机器轮船厂编

上海求新制造机器轮船厂，1911，116 页，横12 开，精装

本书内容包括：厂房图说、钢板轮船、黄豆榨油厂机器、火车应用各件等。

收藏单位：天津馆

09425

上海区面粉工业概况 陈树三著

上海：现代经济通讯社，1949.5，45 页，32开（现代经济丛刊第 3 辑）

本书共 5 章：我国面粉工业的兴起、上海区面粉工业的全貌、机器设备和生产数量、供销现状、原麦供应问题。附中华民国面粉工业同业公会全国联合会所属 8 个区会员厂厂名一览。

收藏单位：国家馆、上海馆

09426

上海染料输入状况及染料染色工业之现状

[重庆]：特种经济调查处，[1940]，油印本，19 页，16 开，环筒页装（参考资料 第 9 号）

本书共 3 部分：染料输入状况、上海染料工业、上海染色印花工厂。

收藏单位：国家馆

09427

上海染织业概况 单岩基著

出版者不详，[1943]，31 页，16 开（中国经济研究会工业调查丛刊 3）

本书共 10 部分，内容包括：概论、出品种类、原料来源、制造程序、进出口概况等。

09428

上海实业志

出版者不详，[1911—1949]，137 页，16 开

本书共 10 类，内容包括：木材制造业、机器制造业、电器制造业、金属品制造业、土石制造业、动力工业等。

收藏单位：上海馆

09429

上海市玻璃业第二届会员代表大会特刊 上海市玻璃业同业公会编

上海市玻璃业同业公会，1935.12，138 页，25 开

本书收录上海市玻璃业同业公会的会务报告及经济报告。

09430

上海市第九区皂药业产业工会十周纪念刊

上海市第九区皂药业产业工会编辑

上海：上海市第九区皂药业产业工会，[1937]，[134] 页，16 开

本书收录章程、组织系统表、会员姓名录、论著及十年大事记等。

收藏单位：国家馆

09431

上海市纺织印染工业 工商部上海工商辅导处调查资料编辑委员会编

工商部上海工商辅导处调查资料编辑委员会，1948.11，13+274 页，16 开

本书共 8 部分，内容包括：引言、办理调查统计之经过情形、物资规格之拟订、各业略说、各业调查表、分类统计表等。目录页

题名：上海之纺织印染工业。

收藏单位：国家馆、近代史所、山西馆、上海馆、浙江馆

09432

上海市工厂调查录

出版者不详，[1911—1949]，253 页，16 开

本书内容包括：上海市电机制造业、上海市电工器材工业电机厂一览表、上海市电工器材工业电机厂统计表等。

收藏单位：东北师大馆、广东馆、近代史所

09433

上海市工厂名录（中华民国二十三年） 上海市社会局编

上海市社会局，[1934]，232 页，16 开

本书全部为表。共 16 类，内容包括：木材制造业、机器制造业、电器制造业、金属品制造业、土石制造业、化学工业等。

收藏单位：重庆馆、国家馆、上海馆、浙江馆

09434

上海市工厂清册

[上海市社会局]，1947，手写本，2 册，32 开，环筒页装

本书全部为表。表格项目包括：厂名、主管人职称姓名、详细地址、备注。

收藏单位：国家馆

09435

上海市工业会成立大会提案汇志

出版者不详，[1911—1949]，20 页，16 开

本书收有关工业政策、国际贸易、捐税、劳资、工业金融等方面的提案。

收藏单位：上海馆

09436

上海市工业会筹备委员会财务报告 上海市工业会筹备委员会编

上海市工业会筹备委员会，[1948]，9 页，25 开

上海市工业会筹备委员会，[1948—1949]，[18] 页，25 开

本书内容包括：平衡表、特别支出明细表、入会费明细表等。

收藏单位：国家馆、上海馆

09437

上海市工业会会员代表名册 上海市工业会编

上海市工业会，[1911—1949]，12 页，16 开，环筒页装

本书收录该会团体会员、工厂会员名录。

收藏单位：国家馆

09438

上海市工业会理监事会员职员名录 上海市工业同业会编

上海市工业同业会，1949.3，34 页，32 开

09439

上海市工业会章程草案 上海市工业会编

上海市工业会，[1911—1949]，8 页，32 开

09440

上海市机械工业一览 上海市机械工业联合会编

上海市机械工业联合会，1942.10，[220] 页，32 开

本书共 11 部分，内容包括：团体会员一览、会员工厂一览、会员工厂编号索引、会员工厂资本等级统计、会员工厂工作机种类统计等。

收藏单位：上海馆、浙江馆

09441

上海市建筑协会成立大会特刊 上海市建筑协会编

上海市建设协会，1931，178 页，16 开

本书收录相关专著、译述等。

09442

上海市卷烟厂工业同业公会工作总报告（卅五至卅六年度） 上海市卷烟厂工业同业公会

秘书处编

上海市卷烟厂工业同业公会秘书处，1947.1—1948.1，2 册，18 开

　　本书内容包括：各种会议次数及其重要决行事项、会员单位数及其内容状况、公会员工人数及其职务、公会会章等。

　　收藏单位：安徽馆、上海馆

09443

上海市毛绒纺织整染工业同业公会会员名册

　[上海毛绒纺织整染工业同业公会编]

[上海毛绒纺织整染工业同业公会]，1946.9，[12] 页，27 开

09444

上海市民营棉纺织工业概况　苏浙皖京沪区机器棉纺织工业同业公会制

出版者不详，1949，29 页，横 16 开

　　本书全部为统计表。

　　收藏单位：国家馆

09445

上海市生产交通事业概况（三十六年度）　联合征信所编辑

上海：联合征信所，1948.2，46 页，32 开

　　本书共 6 部分：纺织印染工业、化工业、机械电工业、饮食工业、其他工业、交通事业。

　　收藏单位：国家馆、近代史所、辽宁馆、南京馆

09446

上海市丝光漂染业职业工会年刊　袁召辛编

上海市丝光漂染业职业工会，1947.6，[120] 页，16 开

　　本书收录顾炳元等人撰写的短文 11 篇及三十五年度工作报告。

09447

上海市翔华电气股份有限公司营业章程　上海翔华电气公司编

翔华电气公司，[1936]，14 页，16 开，环筒页装

本章程共 5 章：总则、电灯、电热、电力、附则。附电气事业人处理窃电规则、取缔军警政机关部队及所属人员强用电流规则等。于 1935 年 11 月由建设委员会、上海市政府核准，自 1936 年 1 月 1 日起实行。

　　收藏单位：国家馆

09448

上海市烟草工业调查报告　徐行编

出版者不详，1944.5，手写本，66 页，18 开

　　本书内容包括：制烟原料、烟草及卷烟之制造、结论等。

　　收藏单位：国家馆

09449

上海市营造工业同业公会会员录　上海市营造工业同业公会编

上海市营造工业同业公会，1946.12，62 页，23 开

09450

上海市政府成立十周年纪念工业展览会特刊

出版者不详，[1937]，133 页，16 开

　　本书收文 15 篇，内容包括：《工业清查》（蔡正雅）、《工业标准化》（莫若强）、《机械化压迫下的上海手工业问题》（陈汉光）、《提倡工业的意义》（王健民）、《本市度量衡器制造之进步》（魏之屏）等。附本市各业厂商之介绍。

09451

上海市政府特许沪西电力股份有限公司经营电气事业合约　沪西电力股份有限公司编

上海：沪西电力股份有限公司，1935，[84] 页，14 开

　　本书为汉英对照。

09452

上海市中药业职业工会第二届改组会员代表大会纪念特刊　陈庆祥主编

上海市中药业职业工会出版委员会，1948，37 页，18 开

　　本书收文 14 篇，内容包括：《改组的目标

是什么》（袁召年）、《二年来的任务》（茹慎修）、《今后我们的希望》（王云秋）等。

　　收藏单位：国家馆

09453

上海丝织厂业近况　国民经济研究所纂辑

国民经济研究所，1940，油印本，12 页，大 16 开，环筒页装（总第 157 号 工业门纺织类）

　　本书内容包括：引言、厂数及机数、工人及工资、原料、出品种类及销路等。

　　收藏单位：国家馆

09454

上海丝织业概览　联合征信所调查组编

上海：联合征信所，1947.5，12+295 页，32 开

　　本书共 7 部分，内容包括："上海丝织业概况""第一类　织机在一百台以上之厂商""第二类　织机在一百台以下五十台以上之厂商"等。附上海丝织产销联营股份有限公司、第四区丝织工业同业公会章程等。

　　收藏单位：安徽馆、重庆馆、东北师大馆、国家馆、湖南馆、近代史所、辽大馆、南京馆、上海馆、天津馆、浙江馆

09455

上海特别市毛纺织厂业同业公会会员名册

上海特别市毛纺织厂业同业公会编

上海特别市毛纺织厂业同业公会，1944，8 页，32 开

　　本名册登记项目有会员的商号名称、业主姓名、厂址等。

09456

上海特别市营造厂登记章程　上海特别市工务局编

上海特别市工务局，1928.6，[4] 页，18 开

09457

上海橡胶厂业近况　吴德麟调查　李植泉纂辑　刘大钧核定

出版者不详，1939.5，晒印本，7 张，大 16 开（中国经济统计研究所 总字第 309 号 工业

门皮革及橡胶品类 第 2 号）

　　收藏单位：上海馆

09458

上海榨油业　单岩基　孙凤翙著

出版者不详，[1943.11]，16 页，16 开（中国经济研究会工业调查丛刊 2）

　　收藏单位：上海馆

09459

上海振泰纺织公司达丰染织公司两厂摄影

出版者不详，1929 重版，51 页，16 开

09460

上海之工业　上海特别市社会局编

上海：中华书局，1930.1，12+149+126 页，22 开

　　本书分两编：各业之历史与现状、各业发展计画。第 1 编共 7 章，内容包括：纺织工业、化学业、食品工业、印刷工业、机器工业等；第 2 编共 8 章，内容包括：运输问题、推销问题、技术问题、原料问题、机械问题等。

　　收藏单位：安徽馆、重庆馆、东北师大馆、广东馆、广西馆、国家馆、湖南馆、吉林馆、江西馆、近代史所、南京馆、上海馆、绍兴馆、天津馆、浙江馆

09461

上海之国货事业　[晨报社编辑]

上海：晨报社，1933.4，73 页，16 开

　　本书收录有关论文及介绍国货工厂、人物等的短文 50 余篇。为《晨报》纪念创刊周年及敬祝"国货年"之成功而辑录。

　　收藏单位：国家馆、上海馆

09462

上海之机制工业　上海市社会局编

上海：中华书局，1933.12，370 页，22 开

　　本书共 12 章，内容包括：绪言、各业概况、机器及金属制品业、交通用具业、化学工业、纺织工业、服饰品业等。附机制工厂厂名检查表等。

收藏单位：重庆馆、东北师大馆、广东馆、贵州馆、国家馆、黑龙江馆、湖南馆、吉林馆、江西馆、近代史所、南京馆、陕西馆、上海馆、天津馆、浙江馆、中科图

09463

上海之小工业 何躬行编

上海：中华国货指导所，1932.11，[10]+162页，32开

本书介绍上海油墨业、自来水笔业、造纸业等100多类小工业的产品制造方法、原料、产销情况等。

收藏单位：安徽馆、广东馆、广西馆、国家馆、吉林馆、江西馆、南京馆、上海馆、绍兴馆

09464

上海制造厂商概览 联合征信所编辑

上海：联合征信所，1947.10，1279页，32开

本书共10部分：棉纺织染类、毛纺织染类、丝绸类、化工类、机械电工类、饮食类、建筑类、印刷类、日用品类、其他类。

收藏单位：重庆馆、东北师大馆、广东馆、国家馆、黑龙江馆、吉林馆、江西馆、近代史所、南京馆、内蒙古馆、山西馆、上海馆、天津馆、浙江馆、中科图

09465

邵武纸之产销调查报告 翁绍耳 江福堂著

私立协和大学农学院农业经济学系，1943.4，18页，13开（农业经济调查报告4）

收藏单位：重庆馆、广东馆、国家馆、南京馆

09466

绍兴之丝绸 建设委员会经济调查所统计课编

杭州：建设委员会经济调查所，1937.1，54页，16开

本书共10部分：绪言、桑、蚕、茧、丝、绸、缎、捐税、团体组织、结论。

收藏单位：国家馆、近代史所、浙江馆

09467

社会部劳动局上海劳动调查登记站上海市工厂动态清册 社会部劳动局上海劳动调查登记站编

社会部劳动局上海劳动调查登记站，[1944]，手写本，1册，16开，环筒页装

收藏单位：国家馆

09468

社会部劳动局台闽区劳动调查登记站接办产业员工动态登记台北市、县工厂名册

社会部劳动局，1947，手写本，1册，16开，环筒页装

收藏单位：国家馆

09469

社员课本（第1册） 中国工业合作协会东南区办事处组织组编

中国工业合作协会东南区办事处组织组，1939.4，40页，32开

本书共40课，内容包括：合作意义、工业合作社、工业和国家、工业和抗战、合作社和商店、组织、保证责任等。

收藏单位：国家馆

09470

甡记锰砂第二届自民国十七年七月至民国十八年六月帐略报告

出版者不详，[1920—1929]，5页，36开

本书全部为表。

09471

生产负责制细则

[上海电力公司]，[1911—1949]，36页，32开

本书为参考用书。采自唐山电厂"生产负责制"。

09472

生产竞赛 东北新华书店编辑部编

沈阳：东北新华书店，1949，92页，32开（经济建设丛书4）

收藏单位：东北师大馆、国家馆、辽宁馆

09473

生产上的革命　新华时事丛刊社编辑
北京：新华书店，1949，47 页，36 开（新华时事丛刊）

　　本书为沈阳第三机械厂创纪录运动介绍。共 7 部分：概说、扫除思想障碍中前进、几个人物的介绍、在创纪录基础上步入工时定额、集体超额奖励制与集体合同、从集体超额奖励到个人超额奖励制、结语。

　　收藏单位：安徽馆、重庆馆、广东馆、国家馆

09474

胜利化学工业品生产合作社组织缘起、工作计划书、章程草案
重庆：胜利化学工业品生产合作社，[1943]，18 页，32 开，环筒页装

　　本章程于 1943 年 8 月通过。该社位于重庆市郊，业务区为巴县。

　　收藏单位：重庆馆、南京馆

09475

十年来之电力事业　朱大经著
中华书局，[1948]，66 页，32 开（经济部成立十周年纪念丛刊 十年来之中国经济）

　　本书共 5 章：概论、电业状况、工程、业务、今后之趋势与期望。

　　收藏单位：国家馆、吉林馆

09476

十年来之化学工业　顾葆常著
中华书局，[1948]，92 页，32 开（经济部成立十周年纪念丛刊 十年来之中国经济）

　　本书内容包括：化学工业之重要性、抗战期内后方之化学工业、近十年来各种化学工业之消长情形等。

　　收藏单位：国家馆、吉林馆

09477

十年来之机联会　上海机制国货工厂联合会编
上海机制国货工厂联合会，1937.6，311 页，22 开

　　本书内容包括：本会创立时之宣言、本会章程、本会组织系统表、本会十年来经办之重要会务、本会十年来会员数目统计表等。

　　收藏单位：国家馆、上海馆

09478

十年来之机器工业　欧阳仑著
中华书局，[1948]，38 页，32 开（经济部成立十周年纪念丛刊 十年来之中国经济）

　　本书共 4 部分：抗战前之机器工业、内迁中之机器工业、抗战期间之机器工业、胜利后之机器工业。

　　收藏单位：国家馆、吉林馆、首都馆

09479

十年来之煤矿业　李鸣龢著
中华书局，[1948]，40 页，32 开（经济部成立十周年纪念丛刊 十年来之中国经济）

　　本书共 8 部分，内容包括：总论、战时后方煤矿之发展、战时政府对于后方煤矿业之措施、战时收复区内各煤矿之恢复等。

　　收藏单位：国家馆、吉林馆

09480

十年来之棉纺织工业　李升伯著
中华书局，[1948]，22 页，32 开（经济部成立十周年纪念丛刊 十年来之中国经济）

　　本书共 5 部分：战前棉纺织工业的发展、战时棉纺织工业的损失、战后棉纺织工业的复兴、棉纺织工业当前几个问题、今后棉纺织工业应走的路。

　　收藏单位：国家馆、吉林馆

09481

十年来之冶炼事业　朱玉仑著
中华书局，[1948]，14 页，32 开（经济部成立十周年纪念丛刊 十年来之中国经济）

　　本书共 7 部分：冶炼事业简史、钢铁之建设、铜铅锌之冶炼、钨锑锡汞之统制、金矿之增产、铝矿之探勘及试验、耐火材料之生产。

　　收藏单位：国家馆、吉林馆、首都馆

09482

十年来之植物油榨炼工业 刘瑚著

中华书局，[1948]，20 页，32 开（经济部成立十周年纪念丛刊 十年来之中国经济）

本书共 3 部分：导言、榨油工业、炼油工业。

收藏单位：国家馆、吉林馆、首都馆

09483

石家庄大兴纺织染厂概况 [汪文竹著]

[石家庄大兴纺织染厂]，1937，40 页，22 开

本书大部分为图表及照片。共 14 部分，内容包括：组织系统、职员人数、工作能力、原料种类等。

收藏单位：国家馆

09484

石燕煤矿股份有限公司第一届股东大会纪录
石燕煤矿股份有限公司编

石燕煤矿股份有限公司，[1936]，8 页，16 开

本书收录该次大会的时间、地点、董事长报告、监察人查帐报告、业务报告、工程报告、讨论议案等。附民国二十五年六月三十日决算报表。

收藏单位：重庆馆

09485

石油 行政院新闻局编

行政院新闻局，1947.12，12 页，32 开

本书共 5 部分：抗战前吾国石油产品市场、油田探勘、胜利后之发展、中国石油公司产销情形、外油在中国市场之重要性。

收藏单位：安徽馆、重庆馆、广东馆、贵州馆、国家馆、河南馆、黑龙江馆、湖南馆、江西馆、近代史所、南京馆、内蒙古馆、宁夏馆、山西馆、上海馆、首都馆、浙江馆

09486

实业部工业施政概况 实业部工业司编辑

实业部，1934.1，1 册，16 开

本书共 6 章：全国工业概况、克期成立之各工厂、继续筹设之各工厂、全国工业之促进实施、工业试验、工业标准。

收藏单位：广东馆、广西馆、国家馆、河南馆、近代史所、南京馆、上海馆、浙江馆、中科图

09487

实业部核准各省矿业权之增设及变更一览表
实业部矿业司编

出版者不详，[1936]，52 页，16 开

本书全部为表。内容包括：各省私营矿业主姓名、矿别、矿区所在地、矿区面积、核准年月及执照号数等。为《民国二十四年年底止部准设定各省矿业权总表》之续编。所涉时间为 1936 年 1 月 1 日至 6 月 30 日。

收藏单位：国家馆、南京馆

09488

实业部接收日军管理工厂委员会办理经过总报告 实业部接收日军工厂委员会编

实业部接收日军工厂委员会，[1945—1949]，34 页，22 开

本书共 11 部分，内容包括：本会之设立、本会之组织、设立本会驻沪驻粤两办事处、华北已解除之军管理工厂等。附本会组织规程、发还军管理工厂申请规则、华北军管工厂返还处理委员会组织规程等。

收藏单位：国家馆、南京馆

09489

实业部中央工业试验所酿造工场概况 实业部中央工业试验所编

实业部中央工业试验所，1931.5，24 页，22 开

本书共 3 部分：筹备经过、设备概要、制造梗概。附酿造研究大纲。

收藏单位：国家馆、南京馆、浙江馆、中科图

09490

实业考 卢成章著

上海：科学仪器馆，1913.10，90 页，21 开

本书为文言体，无标点。内容包括：上黎副总统（三说）、日本富强事实一览表、钢铁世界（对美、日、德、印度钢铁工业的考

查）、宣统二年份汉口税关报告撮要、光复后汉冶萍经过事实（会长盛宣怀意见书）、汉冶萍公司函件一束、钢铁工业救国策等。

收藏单位：上海馆

09491

事变后之上海工业 金城银行上海总行调查科编

金城银行上海总行调查科，1939.3，72 页，16 开

本书介绍上海公用事业、棉纺织业、面粉、卷烟、火柴、水泥、缫丝、毛织、染织、造船、制革、榨油等 24 种工业的状况，包括战前概况、战时损失、战后变迁、产量、销路、原料、盈亏等。

收藏单位：重庆馆、国家馆、吉林馆、近代史所、南京馆、内蒙古馆、上海馆、浙江馆、中科图

09492

试办小规模钢铁厂初步计画书

出版者不详，[1930—1939]，油印本，1 册，16 开，环筒页装

本书内容包括：厂址、规模、马鞍山钢铁厂计划、汉口谌家矶钢铁厂计划、结论等。附马鞍山钢铁厂钢制品成本及净利预算详表及附注等。

收藏单位：国家馆

09493

视察大通煤矿报告译文 （英）狄格理编 夏良士译

出版者不详，1933.9，41 页，18 开

09494

视察棉纺织厂报告书 （英）彭考夫（Major H. Bancroft）著

外文题名：Report on inspection of Chinese cotton mills

彭考夫，[1934]，10+13 页，32 开

本书为汉英对照。著者服务于英国纺织机器制造厂，在中国多家纺织厂考察数月后作此报告。

收藏单位：国家馆

09495

手工艺集谈录 ［中国手工艺会编］

中国手工艺会，[1945]，34 页，16 开

本书收文 8 篇，内容包括：《救济与建设一》（张群）、《工业化与手工艺》（高叔康）、《手工艺之社会关系》（柯象峰）、《手工艺对心理建设的贡献》（叶圣陶）、《开幕式报告辞》（章元善）、《手工艺的再估价》（宋之英）等。

收藏单位：国家馆

09496

首都电厂 建设委员会编

［南京］：建设委员会，1934.10，58 页，16 开（建设委员会事业报告 第 1 号）

本书共 7 部分：沿革、整理经过、线路整理、业务推广、新厂扩充、线路扩充、结论。附有关章程 12 种。

收藏单位：重庆馆、国家馆、陕西馆、中科图

09497

首都电厂 江南问题研究会编

江南问题研究会，1949.3，24 页，32 开（南京调查资料 公用事业篇）

本书共 6 部分：沿革、组织人事、重要资产、业务情况、警卫力量、人物介绍。附职工情况及产业工会、职员宿舍。

收藏单位：国家馆、南京馆

09498

首都丝织业调查记 工商部技术厅编

南京：工商部总务司编辑科，1930.9，90 页，16 开（工商丛刊 工业类）

本书共 4 章：缎业、锦缎业、漳缎业漳绒业及建绒业、染丝业。

收藏单位：重庆馆、国家馆、南京馆、上海馆、浙江馆

09499

舒潜簟业调查报告

出版者不详，[1911—1949]，11 页，16 开

本书共 3 部分：概论、实际产销情形、今后之改进方针。

收藏单位：国家馆

09500

蜀华实业股份有限公司章程 蜀华实业股份有限公司编

成都：美信印刷局，[1911—1949]，12 页，32 开，环筒页装

本章程共 32 条。

收藏单位：重庆馆

09501

[水工仪器制造实验厂预算报表]

水工仪器制造实验厂，1946，油印本，3 页，20×29cm

本书内容包括：损益表、盈亏拨补表、费用划分表。

收藏单位：国家馆

09502

水利概论 西康省地方行政干部训练团编

西康省地方行政干部训练团，1941，28 页，32 开

本书为干部读本。内容包括：论水、水利之范围、水利事业之科学基础、中国水利事业之处境等。

收藏单位：重庆馆

09503

水利建设报告 [全国经济委员会编]

全国经济委员会，1937.2，28 页，16 开

本书共 6 部分：淮河水利工程、黄河水利工程、扬子江水利工程、华北水利工程、西北水利工程、其他水利设施。

收藏单位：广东馆、国家馆、上海馆

09504

水利事业统计辑要（三十三至三十六年度）

水利委员会统计室编

水利委员会统计室，[1944—1947]，油印本，4 册，横 8 开

本书全部为表。内容包括：水利事业机关组织概况表、江河修防概况表、航运成效概况表、农田水利查勘概况表、水力查勘概况表等。

收藏单位：重庆馆、广东馆、国家馆、近代史所、南京馆、中科图

09505

水泥 东北物资调节委员会研究组编

沈阳：东北物资调节委员会，1947.11，152 页，32 开（东北经济小丛书 12）

沈阳：东北物资调节委员会，1948，152 页，32 开，精装（东北经济小丛书 12）

本书共 6 章：沿革、东北水泥之种类及品质、光复前之状况、生产与需要、光复后之现况、东北水泥工业之将来。

收藏单位：安徽馆、长春馆、重庆馆、东北师大馆、广东馆、贵州馆、国家馆、河南馆、黑龙江馆、辽大馆、辽宁馆、辽师大馆、南京馆、内蒙古馆、宁夏馆、上海馆、首都馆、天津馆、西南大学馆

09506

水泥工业 行政院新闻局编

行政院新闻局，1947.12，30 页，32 开

本书共 5 部分：简史、水泥工业的重要性、我国水泥工业概况、前途、结语。

收藏单位：安徽馆、长春馆、重庆馆、大庆馆、广东馆、国家馆、湖南馆、江西馆、近代史所、柳州馆、南京馆、内蒙古馆、上海馆、首都馆、浙江馆

09507

顺昌公司重庆铁工厂主要出品一览

重庆铁工厂，1943.5，17 页，16 开

收藏单位：南京馆

09508

顺昌机制石粉厂十周纪念刊 顺昌机制石粉厂编

上海：顺昌机制石粉厂，[1935.10]，127 页，36 开

本书内容包括：摄影、交通、出品说明及

石粉制造法等。附邮资简表、印花税率简表、权度比较表、电报速译表等。

收藏单位：湖南馆

09509

四川重庆市之服装业　赵永余调查　张宗弼审查　刘大钧核定

出版者不详，1939.6，晒印本，6张，大16开（中国经济统计研究所 总字第319号 工业门服用品类 第2号）

收藏单位：上海馆

09510

四川筹办纺织厂计划书　曾祥熙撰

出版者不详，[1936—1939]，52页，16开

收藏单位：重庆馆

09511

四川各县瓷器瓷土调查报告　伍德声著

成都：四川省政府建设厅，[1940—1949]，24页，18开（建设丛书42）

本书共12部分，内容包括：嘉定、江安、璧山、对各地调查结果所生之意见、各瓷厂详表等。

收藏单位：重庆馆、国家馆、中科图

09512

四川工厂调查录　中国西南实业协会编

重庆：中国西南实业协会，1942，16+90+10页，16开

本书共16部分，内容包括：竹木藤工业、家具工业、五金工业、交通器材业、化学工业等。

收藏单位：重庆馆、广东馆、国家馆、吉林馆、近代史所、南京馆、上海馆

09513

四川工矿业调查　中国工业经济研究所编

中国工业经济研究所，1944.5，14页，16开（工业经济参考资料 第6号）

本书共两部分：各厂矿经营特点、各业困难一班。

收藏单位：重庆馆、国家馆、近代史所、

上海馆、首都馆、中科图

09514

四川工学会成立纪念刊　四川工学会出版委员会编辑

四川工学会，1926.4，66页，大32开

收藏单位：南京馆

09515

四川急待改良及兴办之生产事业　邓少琴编

国民革命军第二十一军编译委员会，[1911—1949]，48页，32开

本书内容包括：制糖、缫丝、造纸、采煤、炼铁、纺毛等。

收藏单位：浙江馆

09516

四川嘉定丝绸产销调查报告书　国立武汉大学经济学会　工商调查委员会编

国立武汉大学经济学会、工商调查委员会，1938.12，22页，32开

本书共4部分：调查的经过、调查的目的、调查的方法、调查的结果。

收藏单位：重庆馆、国家馆、南京馆

09517

四川煤业调查（威煤访问记）　王民风著

成都：今日新闻社出版部，1946，86页，32开（今日丛刊5）

本书共13部分，内容包括：威远煤区形势图、自然环境、煤类与煤质、生产、运输、销售等。附煤坑去来、威远煤矿、恒丰与崇福。

收藏单位：国家馆、吉林馆、近代史所、天津馆

09518

四川綦江之土布业　赵永余调查　张宗弼审查　刘大钧核定

出版者不详，1939.6，晒印本，4张，大16开（中国经济统计研究所 总字第315号 工业门纺织类 第15号）

收藏单位：上海馆

09519

四川省电工矿业 中国人民解放军西南服务团编

中国人民解放军西南服务团，1949，271 页，32 开（四川省参考资料 2）

本书将四川分为川东、川中、川西 3 个区，分别介绍其电业、工业、矿业情况。

收藏单位：重庆馆

09520

四川省峨眉县白蜡产销概况

[成都]：金陵大学文学院政治经济系，1940.5，油印本，7 页，16 开（金陵大学文学院政治经济系经济资料研究室报告 第 6 号）

本书共 5 部分：概论、白蜡之制造、白蜡之功用、白蜡之运销、结论。

收藏单位：国家馆、中科图

09521

四川省富顺蔗糖业调查报告 张平洲报告

出版者不详，[1941]，油印本，42 页，18 开，环筒页装

本书共 8 章：总论、甘蔗种植、蔗农经济、制糖技术、制糖商经济、公会组织、糖之交易与运销、糖税概况。附敬答实施专卖之十大问题。

收藏单位：重庆馆、国家馆

09522

四川省乐山县丝绸产销概况 邵学锟著

[成都]：金陵大学文学院政治经济系，1940.5，油印本，11 页，16 开（金陵大学文学院政治经济系经济资料研究室报告 第 5 号）

[成都]：金陵大学文学院政治经济系，1944，油印本，[14] 页，16 开（金陵大学文学院政治经济系经济资料研究室报告 第 5 号）

本书共 3 部分：丝业、绸业、结论。

收藏单位：重庆馆、国家馆

09523

四川省煤矿概况 李陶著

成都：四川省政府建设厅，1941.12，56 页，16 开（建设丛书 47）

本书共 4 部分：引言、煤田概况、煤田分述、结论。附储量、产量及主要销场表。

收藏单位：重庆馆、国家馆

09524

四川省内江糖业调查

[成都]：金陵大学文学院政治经济系，1940.5，油印本，28 页，16 开（金陵大学文学院政治经济系经济资料研究室报告 第 4 号）

本书共 4 部分：内江县农村经济概况、内江糖业概况、内江银行之概况、内江之币制沿革表。

收藏单位：国家馆

09525

四川省犍乐盐场产销概况 陈文如 黎承萱著

[成都]：金陵大学文学院政治经济系，1940，油印本，23 页，16 开（金陵大学文学院政治经济系经济资料研究室报告 第 3 号）

收藏单位：重庆馆、广东馆、国家馆

09526

四川省水利局概况 四川省水利局编

[四川省水利局]，[1939]，石印本，22 页，16 开，环筒页装

本书介绍该局的沿革、组织、经费、工作、推广等。

收藏单位：重庆馆

09527

四川省水利局民国二十八年度施政纲要 四川省水利局编

[四川省水利局]，[1939]，石印本，21 页，16 开，环筒页装

本书内容包括：择川中主要河道之合流或分流处设流量站十六所、观测全川各河流之枯水及洪水位并其流量、水准测量、水文测量、保护旧堰工程、新兴灌溉工程等。

收藏单位：重庆馆、南京馆

09528

四川省铁矿概略 侯德封 苏孟守著

成都：四川省政府建设厅，1941.12，82 页，18 开（建设丛书 48）

本书介绍该省矿床及铁矿情况。附四川铁矿储量总表、四川生铁产量及炼铁能力表等。

收藏单位：重庆馆、国家馆、西南大学馆

09529

四川省盐源松潘金矿调查报告摘要 孙菽青著
出版者不详，[1911—1949]，复写本，1 册，16 开，环筒页装

本书介绍当地的交通、人口、民情、出产、金融、位置、产金区的沿革等。

收藏单位：重庆馆

09530

四川省政府公务统计方案水利类参考资料
出版者不详，[1943]，石印本，1 册，16 开，环筒页装

本书共 17 部分，内容包括：四川省政府三十一年度水利部分施政计划与报告、四川省水利局暂行组织规程、四川省各县区水利协会章程准则、四川省水利局峨眉县熊公堰公务组织大纲、四川省政府公务统计方案纲目（水利类）等。

收藏单位：国家馆

09531

四川省政府建设厅特派矿区测绘队简章
出版者不详，[1911—1949]，4 页，16 开

本书共两部分：四川省政府建设厅特派矿区测绘队简章、四川省政府建设厅测绘队办事规则。

收藏单位：重庆馆

09532

四川省之火柴业 陈建棠调查 国民经济研究所纂
国民经济研究所，1939，油印本，18 页，大16 开（总第 146 号工业门化学制品类）

本书共 9 部分：引言、历史现况、资本组织、设备、原料、制造、产品、劳工、结论。

收藏单位：国家馆

09533

四川省之煤矿业 国民经济研究所纂辑
国民经济研究所，1940.3，油印本，39 页，大 16 开（总第 160 号 矿业门非金属类）

本书共 7 章：绪言、煤田概况、开采方法、生产概况、工人概况、运销概况、结论。

收藏单位：国家馆

09534

四川省之糖 重庆中国银行编
中国银行总管理处经济研究室，1934.12，104页，32 开（四川经济丛刊 5）

本书共 4 章：农业方面、工业方面、商业方面、改进方面。

收藏单位：重庆馆、东北师大馆、贵州馆、国家馆、近代史所、宁夏馆、山西馆、上海馆、首都馆、天津馆、西南大学馆、浙江馆

09535

四川省之夏布 重庆中国银行编著
中国银行总管理处经济研究室，1936.6，218页，25 开（四川经济丛刊 8）

本书共 6 章：总论、麻产、制造、制造业、商业、结论。

收藏单位：重庆馆、贵州馆、国家馆、黑龙江馆、吉林馆、近代史所、南京馆、上海馆、绍兴馆、首都馆、浙江馆

09536

四川手工纸业调查报告 钟崇敏等编撰
重庆：中国农民银行经济研究处，1943.2，150 页，32 开（中国农民银行经济研究处经济调查丛刊 3）

本书共 5 章：概论、夹江、梁山、铜梁、广安。

收藏单位：重庆馆、广东馆、国家馆、近代史所、南京馆、上海馆、首都馆、西南大学馆、浙江馆

09537

四川水泥股份有限公司成立十周年纪念册
四川水泥股份有限公司编

四川水泥股份有限公司，1947，10页，36开，环筒页装

　　本书概述该公司简史，并着重介绍川牌水泥的制造、品质、用途及用法。

　　收藏单位：重庆馆

09538

四川丝业股份有限公司第十一次董监联席会议纪录　四川丝业股份有限公司编

四川丝业股份有限公司，1946，油印本，6页，16开，环筒页装

　　本书内容包括：出席会议人员名单、增加资本情形、李襄理报告等。该会议于1946年4月23日在重庆召开。

　　收藏单位：重庆馆

09539

四川丝业股份有限公司营业报告书（民国二十八年度）　四川丝业股份有限公司编

四川丝业股份有限公司，[1940]，[20]页，16开

　　本书附资产负债表、生丝制造费用明细表、生丝推销费用明细表等。

　　收藏单位：重庆馆

09540

四川糖业之改进方策　李尔康　张力田著

外文题名：Proposed plan for improving sugar manufacturing in Szechuan

经济部中央工业试验所，1942，10页，16开（经济部中央工业试验所研究专报116）

　　本书内容包括：四川糖业概况、四川糖业改进略史、四川糖业衰落致因等。

　　收藏单位：重庆馆、南京馆

09541

四川淘金事业　宋福林[编写]

国民经济研究所，1940，油印本，9页，13开，环筒页装（总第162号矿业门金属类）

　　收藏单位：国家馆

09542

四川桐油之生产与改进　屈子健撰

实业部汉口商品检验局万县检验分处，1935，石印本，1册

　　收藏单位：国家馆

09543

四川盐工概况　四川盐业工会筹备委员会编

四川盐业工会筹备委员会，1942.12，80页，32开（盐工丛书）

　　本书共14章，内容包括：盐区、盐之产制、盐工种类、盐工人数、盐工生活、盐工教育、盐工福利等。

　　收藏单位：重庆馆、国家馆、南京馆

09544

四川盐业考察报告　魏少申著

[重庆]：中央政治学校研究部，1939.7，88页，22开（中央政治学校研究部丛书）

　　本书共7部分，内容包括：序言、战时川盐增产加运之概略、川北之盐业等。

　　收藏单位：重庆馆、广东馆、国家馆、南京馆、首都馆、浙江馆

09545

四川盐政史　吴炜主编

四川盐政史编辑处，1931，木刻本，12册（2函），28×18cm

　　收藏单位：南京馆

09546

四川盐政史图册

出版者不详，[1911—1949]，4册（27+18+81+31页），8开

　　本书共4卷：四川各盐场区域图、四川引盐分厂分岸区域图、四川盐务各种摄影、四川盐务各种绘画。

　　收藏单位：重庆馆、广东馆、国家馆、南京馆、浙江馆

09547

四川榨油厂卅二年度工作简报　四川榨油厂编

四川榨油厂，1943，油印本，7页，16开，环筒页装

本书共 6 部分：业务、工务、财务、稽核、人事、化验。

　　收藏单位：重庆馆

09548

四川之工矿业　何高　罗经光著

成都：四川大学，1946，1 册，16 开（西南社会科学研究处经济研究部报告）

　　收藏单位：贵州馆、南京馆

09549

四川之丝绸业　丁趾祥著

重庆：华源公司出版部，1945.11，48 页，32 开

　　收藏单位：南京馆

09550

四川之铁矿及铁矿业　国民经济研究所纂辑

国民经济研究所，1940，油印本，26 页，大 16 开（总第 144 号矿业门金属类）

　　本书内容包括：绪言、矿藏概况、铁矿业等。

　　收藏单位：国家馆

09551

四川之冶铁业　赵德民编

国民经济研究所，1940，油印本，13 页，16 开，环筒页装（总第 152 号矿业门金属类）

　　收藏单位：国家馆

09552

四年来之戚墅堰电厂　建设委员会戚墅堰电厂四周年纪念大会刊物组编

出版者不详，1932，23 页，32 开

　　收藏单位：南京馆

09553

松江电气股份有限公司营业章程（江苏省松江县）　松江电气股份有限公司编辑

松江电气股份有限公司，[1936]，18 页，16 开，环筒页装

　　本书共 4 章：总则、电灯、电力、附则。附电价及其他费用一览表、电气事业人处理窃电规则、电气常识、触电救急法、电气承装商店一览、公司职工证章式样等。于 1936 年 11 月 16 日由建设委员会核准，自 1937 年 1 月 1 日起实行。

　　收藏单位：国家馆

09554

苏北滨海垦殖区各盐垦公司概况　李积新主编

[镇江]：江苏省垦殖设计委员会，1936.5，60 页，16 开

　　收藏单位：南京馆

09555

苏浙皖京沪区机器棉纺工业同业公会会员录　苏浙皖京沪区机器棉纺工业同业公会编

上海：苏浙皖京沪区机器棉纺工业同业公会，1948.7，72 页，32 开

　　收藏单位：国家馆

09556

苏浙皖区敌伪产业处理局章则汇编　苏浙皖区敌伪产业处理局秘书处编

出版者不详，1946.3，1 册，90 开

　　收藏单位：重庆馆、南京馆

09557

苏浙皖硝磺总局暂行规则章程　苏浙皖硝磺总局编

苏浙皖硝磺总局，1938，12 页，32 开

09558

绥远电灯公司二十四年度营业报告书　绥远电灯公司编

绥远电灯公司，1936.5，8 页，16 开

　　收藏单位：国家馆

09559

绥远电灯股份有限公司电气厂成吉思汗纪元七三二年十月十四日报告

绥远电灯股份有限公司电气厂，1938，4 页，31×38cm

　　收藏单位：国家馆

09560

绥远电灯股份有限公司章程 绥远电灯股份
有限公司编

绥远电灯股份有限公司，1934.4，8 页，16 开

收藏单位：国家馆

09561

台糖第二区分公司农务概况 台糖第二区分
公司编

出版者不详，1948，油印本，1 册，18 开

收藏单位：广东馆

09562

台湾电力公司概况 台湾电力公司编

[台湾电力公司]，1946.10，5 页，10 开

本书共 4 部分：前台湾电力株式会社概
况、光复后监理及接管经过、台湾电力有限
公司之成立及其重要措施、今后计划。

收藏单位：上海馆

09563

台湾电力公司日月潭发电区管理处概况 台
湾电力公司日月潭发电区管理处编

台湾电力公司日月潭发电区管理处，1948.1，
8 页，16 开

本书共 6 部分，内容包括：大观发电所概
要、钜工发电所概要、万大发电所、日月潭
发电区管理处员工人数表等。

收藏单位：上海馆

09564

台湾电力公司日月潭系发电所概况

[台湾电力公司日月潭系发电所]，1947.1，8
页，16 开

收藏单位：南京馆、上海馆

09565

台湾纺织工业概况 台湾纺织公司编

台湾纺织公司，1947.9，40 页，25 开

收藏单位：国家馆、湖南馆、近代史所、
上海馆、首都馆

09566

台湾肥料工业概况

台湾肥料制造股份有限公司，1946.9，8 页，
大 16 开

收藏单位：南京馆、中科图

09567

台湾肥料有限公司概况

台湾肥料有限公司，1947.9，油印本，14 页，
13 开，环筒页装

本书共 8 章：总述、组织及设备、产销情
形、财务概况、购料及运输、人事概况、技
术研究、结论。

收藏单位：国家馆、中科图

09568

台湾工矿股份有限公司玻璃分公司概况 台
湾工矿股份有限公司编

台湾工矿股份有限公司，1948.10，9 页，16
开

本书介绍该公司的接收、恢复经过与近
况以及对分公司的展望等。

09569

台湾工矿股份有限公司创立实录 台湾工矿
股份有限公司编

台湾工矿股份有限公司，1947.5，232 页，大
16 开

本书共 18 部分，内容包括：本公司创立
会纪录、本公司章程、分公司组织规程、统
一会计制度、接收经过及业务概况等。

收藏单位：广东馆

09570

台湾工矿股份有限公司概况 台湾工矿股份
有限公司总务部统计组编辑

台湾工矿股份有限公司，1948.10，[24] 页，
50 开

本书介绍该公司所属各分公司简况。

收藏单位：内蒙古馆

09571

台湾工矿股份有限公司钢铁机械分公司成立

一年来工作概况 台湾工矿股份有限公司钢铁机械分公司编

台湾工矿股份有限公司钢铁机械分公司，[1911—1949]，23 页，32 开

本书介绍该公司简史、所属各厂情况、一年来产品数量及业务概况等。

09572

台湾工矿股份有限公司钢铁机械分公司第四钢铁厂概况 台湾工矿股份有限公司钢铁机械分公司编

台湾工矿股份有限公司钢铁机械分公司，[1911—1949]，9 页，32 开

本书介绍日本投降后该厂的接收整理经过以及该厂设备、原料储备情形等。

09573

台湾工矿股份有限公司煤矿分公司庆祝中国工程师学会第十五届年会台湾省博览会纪念手册 台湾工矿股份有限公司煤矿分公司编

台湾工矿股份有限公司煤矿分公司，[1940—1949]，[20] 页，50 开

本书概述各煤矿分公司接收情形、现状及未来计划。

09574

台湾工矿名录 国功出版社辑

台北：国功出版社，1948.1，528 页，32 开

本书共 12 类，内容包括：纺织工业、金属工业、机械器具工业、瓦斯及电气工业等。附公营事业一览表、金融机关一览表。

收藏单位：近代史所、上海馆、中科图

09575

台湾工矿事业的概况 包可永著

出版者不详，[1945]，油印本，6 页，大 16 开

收藏单位：国家馆、南京馆

09576

台湾工矿行政概况 台湾省行政长官公署工矿处编

台湾省行政长官公署工矿处，1946.12，26 页，

10 开

本书共 7 部分：一般设施、工业、矿业、电业、劳工、公共工程、其他。

收藏单位：广东馆、国家馆

09577

台湾工矿业之接收前后 包可永 [编]

出版者不详，[1911—1949]，油印本，11 页，10 开

收藏单位：国家馆

09578

台湾公营工矿企业概况 台湾省行政长官公署工矿处编

台湾省行政长官公署工矿处，1946.12，13 页，10 开

本书共 22 部分，内容包括：石油业、铝业、金铜业、糖业、电力业等。

收藏单位：国家馆、黑龙江馆

09579

台湾公营工矿企业概况 台湾省政府建设厅编

台湾省政府建设厅，1947，76 页，16 开

收藏单位：上海馆

09580

台湾机械工业 中国机械工程学会台湾分会编

中国机械工程学会台湾分会，1948.10，124 页，16 开（中国机械工程学会台湾分会特刊）

本书介绍台湾机械有限公司、工矿公司钢铁机械分公司、铁路管理局台北机厂、大同制钢机械股份有限公司、唐荣铁工厂、中央机器工厂等概况。收文 3 篇：《台湾之机械工业》（高禩瑾）、《台湾造船工业的前途》（周茂柏）、《台湾钢铁工业》（王文华）。

收藏单位：国家馆、上海馆

09581

台湾机械有限公司产品简目

出版者不详，1948.10，1 册，25 开

收藏单位：上海馆

09582

台湾碱业有限公司第二厂概况 张权述

台湾碱业有限公司第二厂，1947.10，[4] 页，横 16 开

09583

台湾碱业有限公司第一厂三十六年度厂务报告述要 台湾碱业有限公司编

台湾碱业有限公司，[1948—1949]，[20] 页，8 开

本书全部为表。介绍该年度生产计划图解、该年度各月份产量统计表、该厂机器性能之改进、新设备添建、员工状况、三十七年工作方针及支出概算等。

09584

台湾碱业有限公司概况 台湾碱业有限公司编

台湾碱业有限公司，1947.2，1 册，16 开

本书共 3 章：接收工作概述、公司概况、将来计划。附统计图表 18 种。

收藏单位：南京馆、上海馆

09585

台湾碱业有限公司三十六年度工作简报 台湾碱业有限公司编

台湾碱业有限公司，[1940—1949]，13 页，横 16 开

本书全部为表。介绍该公司员工状况，各厂生产情形，各厂主要原料成品、业务、财务等情况。

09586

台湾碱业有限公司要览 台湾碱业有限公司技术室编

台湾碱业有限公司，1947.9，10 页，32 开，活页装

台湾碱业有限公司，1948.10，[18]+10 页，32 开，活页装

本书共 7 部分，内容包括：简史、事业范围、产品种类等。

收藏单位：上海馆

09587

台湾煤矿公司概况 台湾煤矿公司编

台湾煤矿公司，1947.7，8 页，10 开

本书共 4 章：沿革及组织、业务、工务、财务。

收藏单位：国家馆、南京馆

09588

台湾省公营企业日本统治最盛时期产量与现在产量之比较 台湾省工业研究所统计室编

台湾省工业研究所统计室，1948.3，14 页，横 16 开

本书全部为表。

收藏单位：国家馆、首都馆

09589

台湾省核准登记工厂名册（第 1 辑） 台湾省政府建设厅编

台湾省政府建设厅，1948.1，146+39 页，16 开

本书全部为表。收录 1946 年 4 月至 1947 年 5 月间已领取登记证的数千厂家名称，内容包括：纺织工业、金属工业、机械器具工业、窑业等。

收藏单位：国家馆、首都馆

09590

台湾省化学工业概况 台湾省工业研究所统计室编

台湾省工业研究所，1947.11，162 页，25 开（工研调查统计丛书）

本书内容包括：石油业、水泥业、碱业、纸业、肥料业、糖业、樟脑业等。

收藏单位：广东馆、国家馆、近代史所、南京馆、上海馆

09591

台湾省三十八年度水利建设（第 2 册 申请美援计划书） 台湾省政府建设厅水利局编

台湾省政府建设厅水利局，[1949]，油印本，1 册，16 开

收藏单位：国家馆

09592

台湾省三十五年度工矿产品陈列所说明书

台湾省三十五年度工矿产品陈列所编

台湾省三十五年度工矿产品陈列所，1946.10，61 页，16 开

本书介绍台湾各工矿公司概况。

收藏单位：广东馆、湖南馆、上海馆

09593

台湾省糖业试验所研究汇报（第 1 号） 卢守耕辑

台南：台湾省糖业试验所，1946，132 页，16 开

本书收录该所研究员（大多为日籍人员）所写有关甘蔗新育成品及其病虫害防治等方面的研究论文 9 篇，大部分为英文。

收藏单位：广东馆

09594

台湾省糖业试验所研究汇报（第 3 号） 卢守耕编

台南：台湾省糖业试验所，1948，370 页，16 开

收藏单位：广东馆

09595

台湾省糖业试验所研究汇报（第 4 号） 卢守耕著

台南：台湾省糖业试验所，1949，232 页，16 开

收藏单位：广东馆

09596

台湾水泥有限公司高雄厂概况

[台湾水泥有限公司高雄厂]，1946，9+11 页，32 开

本书介绍水泥厂内部设施，并附职员录。

收藏单位：江西馆、浙江馆

09597

台湾糖业 骆君骕著

屏东：台湾糖业公司甘蔗研究所，1947.2，44 页，25 开

本书共 4 部分：台湾糖业、台湾糖业的现状、台湾糖业的成长、瞻望台湾糖业的前途。

收藏单位：国家馆、吉林馆、中科图

09598

台湾糖业概况 台湾糖业股份有限公司编

台湾糖业股份有限公司，1946.12，95 页，16 开

本书共两部分：台湾糖业简史、台湾糖业现况。

收藏单位：广东馆、国家馆、南京馆、宁夏馆、上海馆

09599

台湾糖业概况 萧猛著

出版者不详，[1925.5]，24 页，32 开

09600

台湾糖业概要（一名，台湾糖业考察记） 陈驹声著

北京：京师大学工科，1928.1，114 页，22 开（国立京师大学工科丛书）

本书共 16 部分，内容包括：台湾糖业年谱、糖业改良之初期、糖政之设施、糖政机关等。

收藏单位：广西馆、国家馆、近代史所、首都馆

09601

台湾糖业公司 行政院新闻局编

行政院新闻局，1948.10，34 页，25 开

收藏单位：江西馆、南京馆、内蒙古馆

09602

台湾糖业公司民国三十六年度业务报告 台湾糖业公司编

台湾糖业公司，[1948]，油印本，17 页，18 开，环筒页装

本书共 6 部分，内容包括：概述、工务、财务、营业等。

收藏单位：国家馆

09603

台湾糖业公司屏东分公司概况　台湾糖业公司屏东分公司编

台湾糖业公司屏东分公司，1947，81 页，16 开

　　本书概述该分公司的沿革、组织系统、一年来工作概要、所属各厂场概况等。附所属各厂分布图、所属各农场分布图、砂糖制造程序图等。

　　收藏单位：重庆馆、广东馆、南京馆、上海馆

09604

台湾糖业公司台中糖厂厂务概况　台湾糖业公司台中糖厂编

台湾糖业公司台中糖厂，1946.12，47 页，25 开

　　本书介绍该厂沿革、组织系统及各工场生产情况等。

　　收藏单位：南京馆、天津馆

09605

台湾糖业公司新营糖厂概况　台湾糖业股份有限公司新营糖厂编

台湾糖业股份有限公司新营糖厂，1947，108 页，22 开

　　本书介绍该厂沿革、组织、人事、主要仓库及房屋、工务、农务、铁道、财务、医务及员工子弟小学概况等。封面题名：行政院资源委员会台湾省政府台湾糖业公司新营糖厂概况。

　　收藏单位：国家馆

09606

台湾糖业公司章则汇编　台湾糖业公司编

台湾糖业公司，[1911—1949]，[332] 页，25 开，活页装

　　本书共 5 章：公司章程、组织规程、办事细则、会议规则、管理规章。

　　收藏单位：南京馆、上海馆

09607

台湾糖业公司职员录　台湾糖业公司编

台湾糖业公司，1947.10，434 页，32 开

　　收藏单位：上海馆

09608

台湾糖业股份有限公司　行政院新闻局编

行政院新闻局，1948.10，34 页，32 开

　　本书共 9 部分，内容包括：沿革、监理接收经过、组织概况、资产估价等。封面题名：台湾糖业公司。

　　收藏单位：重庆馆、国家馆、上海馆、天津馆、浙江馆

09609

台湾糖业一瞥　台湾糖业有限公司编

台湾糖业有限公司，1947.9，10 页，16 开

　　本书概述台湾糖业的沿革及现状。

　　收藏单位：广东馆、内蒙古馆、首都馆

09610

台湾糖业有限公司第四区分公司民国三十六年上半年度概况　台湾第四区分公司编

台湾第四区分公司，[1947]，106 页，16 开

　　本书大部分为表。介绍该公司的历史及总务、农务、工务、铁道、材料、会计、人事情况。

　　收藏单位：南京馆、上海馆

09611

台湾糖业有限公司章程及组织规程

台湾糖业有限公司，[1911—1949]，26 页，32 开

　　收藏单位：南京馆

09612

台湾盐业概说　（日）出泽鬼久太著

[财政部台湾盐务管理局台南盐业公司]，1946.5，25 页，32 开

　　本书共 6 章：沿革、制盐、收纳、赔偿金、营业、鱼塩。

　　收藏单位：国家馆

09613

台湾一年来之工业　台湾省行政长官公署工

矿处编

台湾省行政长官公署宣传委员会，1946.11，16 页，32 开（新台湾建设丛书 6）

本书共 10 部分，内容包括：金属工业、机械工业及造船业、化学工业、制纸工业等。

收藏单位：重庆馆、黑龙江馆、南京馆

09614

台湾一年来之矿务行政　台湾省行政长官公署工矿处矿务科编

台湾省行政长官公署工矿处矿务科，1946.11，62 页，32 开（新台湾建设丛书 7）

本书共 3 部分：组织沿革、接收情形、重要措施。附法规、计画书、统计图表。

收藏单位：北师大馆、重庆馆、广东馆、黑龙江馆、湖南馆、南京馆

09615

台湾一年来之矿业　台湾省行政长官公署工矿处矿务科编

台湾省行政长官公署宣传委员会，1946.11，32 页，36 开（新台湾建设丛书 8）

本书共 5 部分：总说、金属矿物、煤炭矿业、石油矿业、其他矿业。附蕴藏量调查表、历年产量一览表等。

收藏单位：重庆馆、黑龙江馆、南京馆

09616

台湾印刷纸业公司第一印刷厂三十六年度工作计划　台湾印刷纸业公司编

台湾印刷纸业公司，[1948]，12 页，36 开

09617

台湾樟脑工业之世界展望　严寿萱著

严寿萱，1947.2，47 页，16 开

本书共 5 部分：序言、樟脑及其副产品之用途、樟脑之世界产量与消费、台湾樟脑工业概况、台湾樟脑工业之展望。

收藏单位：广东馆、国家馆、南京馆、上海馆、天津馆、中科图

09618

台湾之电力　黄辉　裘燮钧　孙运璇著

上海：动力工程社，1948.1，30 页，16 开（动力工程丛书）

本书介绍 1945 年后台湾的电力概况。内容包括：接收及整理经过、电力设备概况、电力调度及运用、日月潭水力发电工程概要等。

收藏单位：国家馆、黑龙江馆、上海馆、天津馆、浙江馆

09619

台湾之电力　黄辉　裘燮钧　孙运璇著

台湾电力公司，1947.9，32 页，10 开

收藏单位：国家馆

09620

台湾之电力事业　台湾电力公司编

台湾电力公司，1948，19 页，25 开

收藏单位：重庆馆、首都馆

09621

台湾之工业及其研究　陈华洲著

台湾省工业研究所，1948.1，35 页，16 开

本书共 3 部分：台湾之工业条件、台湾工业之研究、结论。

收藏单位：国家馆、首都馆

09622

台湾之煤矿　陈百药编

出版者不详，1948.5，34 页，12 开

本书共 10 章，内容包括：绪言、煤矿沿革、地质与煤层、煤田分布与储量、产销情形等。

收藏单位：北师大馆、广东馆、贵州馆、河南馆、湖南馆、南京馆、浙江馆、中科图

09623

台湾之石油工业　金开英著

资源委员会中国石油有限公司，1948，15+28 页，23 开

本书内容包括：台湾之石油矿业、台湾之炼油工业、台湾之石油供应与配销等。书前附该公司在台湾所属各单位位置分布图。

收藏单位：近代史所、上海馆、武大馆

09624

台湾之石油及天然气　谢家荣著

资源委员会矿产测勘处，1946.3，油印本，1册，16 开（临时报告 49）

本书共 6 部分，内容包括：台湾地质概况及矿产区域、台湾之油气地层、分区概说等。

收藏单位：国家馆

09625

台湾之糖　台湾银行金融研究室编

台北：台湾银行，1949.2，113 页，16 开（台湾特产丛刊第 1 种）

本书收文 4 篇：《台湾之糖业及其研究》（卢守耕）、《台湾之糖》（孙铁斋）、《从世界糖业看台糖》（潘志奇）、《台湾糖业有限公司概况》（台湾糖业有限公司）。附台湾之糖业（统计）。

收藏单位：国家馆、上海馆、天津馆、浙江馆

09626

台湾纸业公司　行政院新闻局编

行政院新闻局，1948.11，28 页，32 开

本书共 4 部分：沿革、公司概况、各厂概况、结语。

收藏单位：重庆馆、广东馆、国家馆、南京馆、上海馆、浙江馆

09627

台湾纸业有限公司出品样本

台湾纸业有限公司，[1911—1949]，1 册，32 开

收藏单位：上海馆

09628

太行二分区工业建设中的几个问题　太行二分区职工会宣传部编

太行二分区职工会宣传部，1947.3，石印本，10 页，32 开

收藏单位：国家馆

09629

太行二分区职工运动四月至十月总结　太行二分区职工会编

太行二分区职工会，1946.11，油印本，36 页，32 开

收藏单位：国家馆

09630

太行工业（第 7 期）　太行工业协会　太行实业公司编

太行群众书店，1947，57 页，32 开

本书为论文集。内容包括：《陶瓷器试验报告》（刘雨辰）、《技术与工具》（李荫蓬）、《二分区渡荒经验介绍》（赵秉英）等。

收藏单位：国家馆、近代史所、山西馆

09631

太行公营工厂管理规程　工商管理总局辑

工商管理总局，[1949]，28 页，36 开

本书收录法规 11 种，内容包括：集体劳动合同、工厂规则、职员工作守则、职员职责、职工请假办法、公营工厂工资制度等。

收藏单位：国家馆

09632

太行区纺织运动调查材料　太行财办办公室调查

太行贸易总公司，1947.12 翻印，油印本，16 页，32 开

收藏单位：国家馆

09633

太行实业公司工作总结　太行实业公司编

太行实业公司，1949，96 页，32 开

收藏单位：山西馆

09634

太湖水泥股份有限公司章程　太湖水泥股份有限公司编

太湖水泥股份有限公司，[1911—1949]，6 页，25 开

本书附招股简章。

09635

泰和盐垦公司十五年来营业汇刊（自民国八

年至二十二年） 泰和盐垦有限公司董事会编
上海：泰和盐垦有限公司董事会，1934，75
页，16开

本书内容包括：地图、照片、历届人事
表、资产业务表、佃户户口调查表及两校学
童姓名表、第一次分地办法与附表等。

收藏单位：上海馆

09636

**泰山砖瓦股份有限公司第十一届民国十九年
报告** 泰山砖瓦股份有限公司编
[上海]：泰山砖瓦股份有限公司，[1911—
1949]，17页，32开

本书内容包括：公司之收支、借贷表等。

09637

泰山砖瓦有限公司（工程展览会参考品）
[泰山砖瓦有限公司编]
外文题名：Taishan Brick & Tile Co.
上海：泰山砖瓦有限公司，1934，20页，16
开

收藏单位：国家馆

09638

唐荣铁工厂概况 唐荣铁工厂编
高雄：唐荣铁工厂，1948.10，12页，32开

09639

唐山华新纺织公司开厂十周年纪念册 [唐山
华新纺织公司编]
唐山华新纺织公司，[1933]，1册，横16开

收藏单位：国家馆

09640

唐宋官私工业 鞠清远著 陶希圣校
上海：新生命书局，1934.10，196页，32开
（中国社会史丛书3）

本书共7章，内容包括：官工业的组织、
私工业的组织、私工业成品销售方式及流动
资本之考察等。

收藏单位：重庆馆、东北师大馆、国家
馆、河南馆、江西馆、近代史所、辽宁馆、
南京馆、上海馆、首都馆、浙江馆

09641

塘沽之化学工业 久大精盐公司等编
久大精盐公司，1932，12+20页，18开

本书内容包括：盐与人生、中国盐产配
布、精盐、久大精盐公司等。书前有塘沽地
图、塘沽全景、久大永利总办事处等图片。
附久大精盐公司地址表、永利制碱公司地址
表。

收藏单位：重庆馆、贵州馆、国家馆、吉
林馆、江西馆、上海馆、首都馆、天津馆

09642

糖桐之计划 徐瑞霖编
出版者不详，1937，118页，16开

收藏单位：首都馆

09643

糖业 曹铭先著
中国工程师学会四川考察团，[1911—1949]，
27页，16开（中国工程师学会四川考察团报
告8）

本书说明此次调查经过，并介绍糖的制
造程序、运输问题等。

收藏单位：重庆馆、南京馆

09644

糖业 行政院新闻局编
行政院新闻局，1947.10，16页，32开

本书共5部分：绪言、产糖区之分布、外
糖侵销情形、蔗糖工业、甜菜糖工业。

收藏单位：安徽馆、重庆馆、广东馆、国
家馆、河南馆、湖南馆、江西馆、近代史所、
辽宁馆、南京馆、内蒙古馆、宁夏馆、上海
馆、首都馆、西南大学馆、浙江馆

09645

糖业概况·糖果业概况 潘吟阁编著
上海：中华职业教育社，1930，11页，32开
（研究职业分析）（职业概况丛辑20）

本书为合订本。分别叙述两个行业的历
史、现状与将来、就业手续及待遇、业内成
功人士等。

收藏单位：国家馆

09646

糖业在后方之贡献　中国联合炼糖公司编

中国联合炼糖公司，[1937—1939]，3 页，22 开，环筒页装

本书共 8 部分：糖与国民健康、糖与人生乐趣、糖与挽回利权、糖与维护粮政、糖与国库税收、糖与国防工业、土法制糖之缺点、新法制糖之优点。

收藏单位：国家馆、南京馆、首都馆

09647

陶瓷职业概况　章继南编著

出版者不详，[1943]，62 页，36 开

本书共 3 章：制造厂所、学校、研究场所。

收藏单位：重庆馆、广东馆、湖南馆、南京馆

09648

锑与锑业　田三立编著

上海：商务印书馆，1938，94 页，32 开（工学小丛书）

长沙：商务印书馆，1939.8，再版，94 页，32 开（工学小丛书）

本书共 13 章，内容包括：锑矿史略、全世界锑之产额、中国锑之分布及面积、中国锑之产量及储量、湖南炼锑厂之概况等。

收藏单位：重庆馆、广东馆、国家馆、江西馆、辽大馆、南京馆、内蒙古馆、上海馆

09649

天府煤矿概况　天府矿业股份有限公司编

重庆：大东书局，1943，56 页，横 25 开，环筒页装

重庆：大东书局，1944，56 页，横 22 开，环筒页装

本书概述该矿厂的位置与交通、沿革纪要、煤层与储藏量、产煤概况、运输概况、销煤概况、机械与动力、职工福利事业。

收藏单位：重庆馆、国家馆、近代史所、南京馆

09650

天府煤矿股份有限公司三十六年度总经理业务报告　天府煤矿股份有限公司编

天府煤矿股份有限公司，[1947]，8 页，16 开

本书介绍该公司三矿厂全年产、运、销、存量及财务和工程概况等。

收藏单位：重庆馆

09651

天府煤矿股份有限公司职员录　天府煤矿股份有限公司编

天府煤矿股份有限公司，1948，44 页，16 开

收藏单位：重庆馆

09652

天津地毯工业　方显廷编

天津：南开大学社会经济研究委员会，1930.8，101 页，16 开（工业丛刊第 1 种）

本书共 7 章，内容包括：地毯之历史及其织造之区域、地毯工业之组织、地毯之织造方法等。逐页题名：天津地毯工业调查。

收藏单位：重庆馆、广东馆、国家馆、湖南馆、近代史所、南京馆、上海馆、天津馆、浙江馆

09653

天津电车电灯公司问题　吴蔼宸著

吴蔼宸 [发行者]，[1911—1949]，70 页，25 开

本书共 23 章，收录有关该公司兴办、组织、设备、投资、利润及产权问题的各种资料。为《华北国际五大问题》第 4 篇之单行本。

收藏单位：国家馆、南京馆

09654

天津东亚毛呢纺织股份有限公司营业报告（民国二十六至二十九年）　天津东亚毛呢纺织股份有限公司编

天津东亚毛呢纺织股份有限公司，[1937—1940]，4 册，32 开

09655

天津东亚毛呢纺织股份有限公司年刊（民国廿三年） 天津东亚毛呢纺织股份有限公司编

天津东亚毛呢纺织股份有限公司，1934，1册，16开

本书介绍该公司的沿革、组织、设备、出品、营业情况等。书前有题词、照片。

收藏单位：广东馆、国家馆、近代史所

09656

天津东亚毛呢纺织有限公司特刊（1937年） 天津东亚毛呢纺织有限公司编

天津东亚毛呢纺织有限公司，1937，[240]页，横16开，精装

本书概述该公司的沿革、组织及经营情况。大部分为照片。

收藏单位：国家馆、天津馆

09657

天津东亚毛呢纺织有限公司特刊（1941年） 天津东亚毛呢纺织有限公司编

天津东亚毛呢纺织有限公司，1941，[175]页，18开

本书内容包括：本公司沿革、本公司全景鸟瞰、本公司组织、本公司各部工作写真等。

收藏单位：国家馆

09658

天津东亚毛呢纺织有限公司征求实业救国同志运动周年纪念 天津东亚毛呢纺织有限公司编

天津东亚毛呢纺织有限公司，1934，[160]页，16开

本书收录该公司之照片及广告等。

收藏单位：南京馆、上海馆

09659

天津东亚企业股份有限公司 天津东亚企业股份有限公司编

天津东亚企业股份有限公司，1947，[79]页，16开

本书为庆祝成立十五周年及更名纪念特刊，介绍该公司的毛纺、麻纺、化学药品等生产情况。

收藏单位：天津馆

09660

天津华北制革公司二十周年纪念专刊 天津华北制革公司编辑

天津华北制革公司，[1937—1939]，1册，18开

收藏单位：国家馆

09661

天津面粉工业状况 董昌言编

天津：河北省立工业学院工业经济学会，1932.6，46页，32开（工业丛刊第1种）

本书共7部分：绪说、在全国面粉工业中之地位、发展之经过、现业状况、原料之选择与购买、各厂生产量及市场状况、前途之发展。

收藏单位：国家馆、浙江馆

09662

天津区现有工厂统计

出版者不详，[1947]，手写本，[120]页，36开

本书全部为表。收录1000余家工厂的厂名、主管人、详细地址等信息。

收藏单位：国家馆

09663

天津市电业监理处组织规则

出版者不详，1936，油印本，2页，16开，环筒页装

本规则于市政会议第280次例会通过。

收藏单位：国家馆

09664

天津市电业监理处组织规则审查意见 张孝彬 邢之襄[拟]

出版者不详，[1936]，油印本，2页，13开，环筒页装

收藏单位：国家馆

09665

天津市工业统计（第2次） 天津市社会局编
天津市社会局，1935，267页，16开

　　本书大部分为图表。内容包括：各业工厂
分区统计、各业工厂分类分业统计、各类工
业资本统计、各类工业使用动力统计等。附
六大纱厂概况一览表、各大工厂概况一览表
等。目录页题名：天津市第二次工业统计。

　　收藏单位：国家馆、首都馆、天津馆、中
科图

09666

天津市管理牛乳营业规则
出版者不详，[1936—1939]，油印本，2页，16
开

　　本规则于市政会议第283次例会通过。

　　收藏单位：国家馆

09667

天津市面粉业调查报告 刘基汉　周金铭等
编　吴瓯主编
天津市社会局，1932.1，66页，16开

　　本书共8章，内容包括：总论、三津寿丰
面粉公司、福星面粉公司、三津永年面粉公
司等。

　　收藏单位：国家馆、南京馆、上海馆、首
都馆、天津馆、浙江馆、中科图

09668

**天津市社会局工厂检查工作报告（第一期第
一至四次）** 刘冬轩主编
天津市社会局，1935—1936，4册，16开

　　本书内容包括：天津市社会局工厂检查第
一期第一至四次工作报告书、各业工厂统计
表、各业工人统计表等。

　　收藏单位：重庆馆、国家馆、上海馆、天
津馆

09669

天津特别市机器漂染厂调查报告 天津特别
市工厂联合会调查组编
天津特别市机器漂染工厂同业会，1943.6，50
页，22开

　　本书内容包括：天津市机器漂染工业首创
时之回忆、调查报告。附天津特别市机器漂
染工厂同业会章程、天津特别市机器漂染工
厂一览表等。

　　收藏单位：国家馆、天津馆

09670

天津特别市造胰工厂调查报告 天津特别市
工厂联合会调查组编
天津：世界印刷商行，1944.3印，32页，22
开

　　本书为天津特别市工厂联合会在1943年
3—12月底对天津市92家造胰厂进行调查后
的报告。共6章，内容包括：设备、原料、生
产能力与实际生产量等。附天津市外商造胰
厂概况、天津特别市造胰工厂一览表。

　　收藏单位：国家馆

09671

天津造胰工业状况 王镜铭主编
天津：河北省立工业学院图书馆，1935，87
页，32开（工业丛刊第2种）

　　本书共9编，内容包括：绪论、天津造胰
工业的起源、天津造胰工业的地位、天津造
胰工业过去及现状等。附《胰皂制造方法简
述》（沈树基）。

　　收藏单位：国家馆、南京馆、天津馆、浙
江馆

09672

天津针织工业 方显廷编
天津：南开大学经济学院，1931.12，86页，
16开（工业丛刊第3种）

　　本书为南开大学经济学院于1929年6月
至1930年5月间对天津针织工业进行调查后
的报告。共5章：针织业之历史及其织造之区
域、针织工业之组织、针织品之制造及其销
售、工人及学徒之分析、结论及建议。

　　收藏单位：国家馆、湖南馆、近代史所、
南京馆、上海馆、天津馆、浙江馆

09673

天津织布工业 方显廷编著

天津：南开大学经济学院，1931.12，98页，16开（工业丛刊第2种）

本书共5章：织布业之历史及其区域之分配、织布工业之组织、布之织造及其销售之方法、织布工人及学徒之分析、结论及建议。

收藏单位：国家馆、湖南馆、近代史所、南京馆、天津馆

09674

天津中纺一周年　中国纺织建设公司天津分公司编

中国纺织建设公司天津分公司，1946.12，92页，25开，精装

本书共6章：成立及接收经过、组织系统、接收物资之处理情形、一年来之工务、一年来之业务、各厂简介。

收藏单位：广东馆、国家馆、南京馆、上海馆、天津馆

09675

天津中纺二周年　中国纺织建设公司天津分公司秘书室编

中国纺织建设公司天津分公司秘书室，1947.12，210页，16开，精装

本书共9章，内容包括：组织与人事、工务之改进、业务之推动、材料之统筹等。附中国纺织建设公司天津分公司及各厂同人录。

收藏单位：国家馆、近代史所、上海馆、首都馆、天津馆、中科图

09676

天津中纺三周年　中国纺织建设公司天津分公司编

中国纺织建设公司天津分公司，1948.12，84页，16开

本书共4章：总务、工务、业务、福利。

收藏单位：天津馆

09677

天利淡气制品厂股份有限公司开幕纪念册
天利淡气制品厂编

[上海]：天利淡气制品厂，[1936]，36页，16开

本书内容包括：题字、序文、论文、摄影、证书、附表、广告。

收藏单位：国家馆、南京馆、上海馆、绍兴馆

09678

天水工合特刊　中国工业合作协会西北区天水事务所编

天水第一印刷生产合作社，1940，24页，16开

本书收录天水工业合作事务所成立一年来的论著、报告与计划、规则与办法、统计与报表。

收藏单位：国家馆

09679

天兴煤矿有限公司纪要　天兴煤矿有限公司编

天兴煤矿有限公司，1931.1，60页，18开

收藏单位：国家馆、首都馆

09680

铁工业劳动力创出过程调查（第2次中间报告　关于北京李和记铁工厂工人"五个调查"事例）　华北综合调查研究所 [编]

华北综合调查研究所，1944.9，油印本，46页，16开

本书共6部分：绪言、工厂组织沿革及现况、工厂现在业务组织表、劳动者调查报告、参考事项、结论。

收藏单位：国家馆

09681

铁路机厂　行政院新闻局编

行政院新闻局，1948.1，28页，32开

本书介绍当时各铁路机车厂概况。共5部分：引言、筹备中的新机厂、各路局直辖机厂之现况、汉猛德改进意见之商榷、铁道机厂之复兴计划。

收藏单位：国家馆

09682

通成久记纺织股份有限公司招股章程　通成

久记纺织股份有限公司编

通成久记纺织股份有限公司，[1930—1939]，18 页，25 开

本书共两部分：通成久记纺织股份有限公司招股缘起、通成久记纺织股份有限公司章程。附空白认股书表式。

收藏单位：国家馆

09683

通成棉毛纺织股份有限公司第一届决算报告书　通成棉毛纺织股份有限公司编

通成棉毛纺织股份有限公司，1936，2 页，16 开

本书收录该公司一年来的营业报告、损益计算书等。所涉时间为 1934 年 9 月至 1936 年 1 月。

09684

通泰盐垦五公司经营概况　经募通泰盐垦五公司债票银团稽核处编辑

经募通泰盐垦五公司债票银团稽核处，[1925]，64 页，16 开

本书叙述大有晋、大豫、大赉、大丰、华成 5 家公司的缘起及经营略历、垦务概况、盐务概况等。

收藏单位：上海馆

09685

通泰盐垦五公司债票纪实

经募通泰盐垦五公司债票银团，1922.10 印，52 页，16 开

收藏单位：上海馆

09686

同仁泰盐业公司十七年历史　同仁泰盐业公司编

同仁泰盐业公司，[1911—1949]，2 册（300+132 页），23 开

本书上册收录杂牍、胶东会议志略等，下册为收支帐目。该公司在苏北淮南，成立于清光绪年间。

收藏单位：南京馆

09687

铜矿　刘文贞著

中国工程师学会四川考察团，[1934.9]，89 页，16 开（中国工程师学会四川考察团报告16）

本书介绍四川西部彭县的铜矿情况。内容包括：摘要、引言、调查内容（矿山部、冶炼部、事务部）、结论等。

收藏单位：重庆馆

09688

铜矿纪要　翁文灏著

翁文灏 [发行者]，[1917—1919]，14 页，16 开

本书分甲、乙两部分：世界铜矿业之大势、中国铜矿业之概况。

09689

统一各厂应用物料名称类别及编列顺序暂行办法　军政部兵工署编

军政部兵工署，1936，22 页，16 开

本书附各厂应用物科类次表。

收藏单位：广东馆

09690

土布工业同业公会技术研究委员会对花纱布增产意见书　土布工业同业公会技术研究委员会编

土布工业同业公会技术研究委员会，1945.3，20 页，32 开

本书概述花纱布增产与政府对花纱布管制政策的关系。

09691

土石采取规则　实业部编

实业部，[1931.7]，4 页，13 开，环筒页装

本规则于 1931 年 7 月 1 日公布。共 17 条。

收藏单位：国家馆

09692

推广南通土布计划书　全国经济委员会棉业统制委员会编

全国经济委员会棉业统制委员会，[1933]，48

页，16 开

　　本书内容包括：南通土布产销调查说明、改进南通土布织造技术计划书、南通漂染印整厂计划书、南通棉布运销股份有限公司章程草案等。

　　收藏单位：国家馆、南京馆、上海馆、首都馆、西南大学馆

09693

推行手纺的六大条件　穆藕初著

重庆：农产促进委员会，1939，8 页，32 开

　　本书为著者在四川棉纺织推广委员会第一届技工训练班上的演讲词。

　　收藏单位：重庆馆、国家馆、南京馆

09694

外人在华矿业之投资　谢家荣　朱敏章著

外文题名：Foreign interest in the mining industry in China

[上海]：中国太平洋国际学会，1932.8，48 页，18 开（中国太平洋国际学会丛书）

　　本书共 5 节：外人在华矿业侵略之经过、已取消之外人采矿权、东三省外人经营之矿业、国内他处外人之矿业投资、总结。

　　收藏单位：安徽馆、重庆馆、东北师大馆、国家馆、吉大馆、江西馆、辽宁馆、南京馆、上海馆、中科图

09695

皖淮工赈纪实（国民政府救济水灾委员会工赈处第十二区工赈局报告书）

出版者不详，[1911—1949]，153 页，16 开

　　收藏单位：广东馆

09696

威远煤矿概况

出版者不详，[1911—1949]，11 页，36 开，环筒页装

　　本书概述该煤矿的沿革、位置及交通、组织、营运等情况。附威远煤矿焦碳化验表、烟煤化验表。

　　收藏单位：重庆馆

09697

潍县电气股份有限公司营业章程　潍县电气股份有限公司编

潍县电气股份有限公司，[1936]，12 页，16 开

　　本章程于 1936 年由建设委员会核准，自当年 9 月 1 日起实行。

　　收藏单位：国家馆

09698

伪满工业会社汇编　中央设计局东北调查委员会编

中央设计局东北调查委员会，1945.3，油印本，93 页，16 开

　　收藏单位：南京馆

09699

伪满时期东北厂矿基本资料（工厂篇 1 金属冶炼）　东北财经委员会调查统计处编

东北财经委员会调查统计处，1949，21 页，横 8 开（东北经济参考资料 3）

　　收藏单位：国家馆

09700

伪满时期东北厂矿基本资料（工厂篇 4 窑业）　东北财经委员会调查统计处编

东北财经委员会调查统计处，1949，65 页，横 8 开（东北经济参考资料 3）

　　收藏单位：国家馆

09701

伪满时期东北厂矿基本资料（工厂篇 5 纺织）　东北财经委员会调查统计处编

东北财经委员会调查统计处，1949，83 页，横 8 开（东北经济参考资料 3）

　　收藏单位：国家馆

09702

伪满时期东北厂矿基本资料（矿山篇 1 铁）

东北财经委员会调查统计处编

东北财经委员会调查统计处，1949，21 页，横 8 开（东北经济参考资料 3）

　　收藏单位：国家馆

09703

伪满时期东北厂矿基本资料（矿山篇 4 砂金）

东北财经委员会调查统计处编

东北财经委员会调查统计处，1949，18 页，横 8 开（东北经济参考资料 3）

收藏单位：国家馆

09704

伪满时期东北厂矿基本资料（矿山篇 5 非金属） 东北财经委员会调查统计处编

东北财经委员会调查统计处，1949，64 页，横 8 开（东北经济参考资料 3）

收藏单位：国家馆

09705

伪满时期东北厂矿基本资料（矿山篇 附件 伪满时期各公司所属主要矿山一览表） 东北财经委员会调查统计处编

东北财经委员会调查统计处，1949，10 页，横 8 开（东北经济参考资料 3）

收藏单位：国家馆

09706

[伪满时期工厂简明表]

出版者不详，1949，2 页，横 8 开

本书收录株式会社北信制作所等 5 个工厂的地址、创办年月日、资本状况、职工数、机械设备状况等。附资料来源表。

收藏单位：国家馆

09707

纬成股份有限公司报告（第 8—12、15—17、19 届） [纬成股份有限公司编]

[纬成股份有限公司]，[1920—1931]，9 册，18 开

本书内容包括：财产目录、贷借对照表、营业报告书、损益计算书等。统计时间为每年农历正月至十二月。

收藏单位：浙江馆

09708

纬成股份有限公司纪实 纬成股份有限公司编

[纬成股份有限公司]，1928，24 页，16 开

本书内容包括：民国十七年本公司经过事略、组织概况、现状及各厂所在地、经营之工业、历年增加资本之比较等。

收藏单位：浙江馆

09709

卫生部第一制药厂职员录 [卫生部第一制药厂] 人事室编

南京：[卫生部第一制药厂] 人事室，1947，10 页，32 开

收藏单位：广西馆

09710

为工业品的全面自给而奋斗 高自立著

新华书店，1944，30 页，32 开

新华书店，1945.4 翻印，31 页，32 开

本书为著者在边区工厂代表会议上所作的报告。共 4 部分："边区自给工业发展的特点""为军民全面自给奋斗""公营工厂管理合理化""照顾全面、统一步调"。

收藏单位：国家馆、山东馆

09711

为工业品的全面自给而奋斗 陕甘宁边区政府办公厅编

[陕甘宁边区政府办公厅]，1944.10，106 页，32 开

本书收文 7 篇：《刘少奇同志在工厂代表大会上的讲话》《为工业品的全面自给而奋斗》《边区工业建设中的几个问题》《关于公营工厂党和职工会工作》《为工业品的全面自给奋斗》《西北局关于争取工业品全部自给的决定》《陕甘宁边区工厂职工代表大会宣言》。

收藏单位：国家馆、山西馆

09712

温溪纸厂筹备委员会报告书 （英）施涤华（瑞典）斐尔福报告

出版者不详，[1930—1939]，34+24 页，16 开，环筒页装

本书为汉英对照。内容包括：温溪纸厂原动力之研究附水力发电与蒸气发电需费比较

报告书、译英籍顾问工程师施涤华温溪纸厂意见书、选择厂址问题之商榷等。

收藏单位：国家馆

09713

温州普华兴记电气公司二十周年纪念刊　温州普华兴记电气公司编

温州普华兴记电气公司，1934.9，79页，16开

本书介绍该公司沿革及工程状况，并收录公司章程、董事会规程、办事规程、会计制度、营业章程、收取电费章程等。附现任董监事暨职工一览、历任董监事总协理表、退职员工表、本刊编辑委员会委员一览。

收藏单位：国家馆

09714

我国工业合作运动　喻志东著

重庆：黎明书局，1940.1，86页，32开（合作运动丛刊）

本书共5章，内容包括：工业合作社的组织、工业合作社的业务、工业合作社的财务等。附中国工业合作协会参加各省市合作促进工作办法、工业合作社模范章程。

收藏单位：安徽馆、重庆馆、国家馆、南京馆、浙江馆

09715

我国急应自制人造丝　顾毓珍著

出版者不详，[1930]，[11]页，16开

本书共8部分，内容包括：引言、人造丝在纺织品之地位、人造丝于今日中国之重要等。为《工程》杂志第8卷第3号抽印本。

收藏单位：国家馆

09716

我国矿业合理的检讨　史维新著

中国矿冶工程学会，1932，[30]页，16开

本书为《矿冶》第5卷第17期抽印本。

收藏单位：重庆馆

09717

我国矿业现状及将来之展望　庐山暑期训练团军训组编

庐山暑期训练团军训组，1937，45页，36开

本书内容包括：我国矿藏之分布、我国矿藏之储量、我国之矿业现状、我国主要矿藏矿产在世界上之地位、我国矿业将来之发展及希望等。

收藏单位：重庆馆、广东馆、桂林馆

09718

我国煤矿业概况　中共中央财政经济部编

中共中央财政经济部，1949，1册，27×40cm（工矿报告2）

收藏单位：国家馆

09719

我国棉纺织工业的几个统计

出版者不详，1949，油印本，1册，28×38cm

本书基本为表。内容包括：全国棉纺织厂设备统计、抗战胜利时属国家接管棉纺织厂设备统计、抗战胜利时属地方接管棉纺织厂设备统计、英商纱厂设备统计、全国民营棉纺织厂设备统计、解放区棉纺织厂设备统计表等。

收藏单位：国家馆

09720

我国石油事业建设计划概况

出版者不详，[1911—1949]，油印本，30页，16开，环筒页装

本书共4章：中国石油市场的需要和其分布、中国目前石油设备概况、今后石油事业合理组织及建设方针、初期建设需要资金与出品成本之分析。

收藏单位：重庆馆

09721

我国怎样自制飞机　行政院新闻局编

行政院新闻局，1947.8，62页，32开

本书共6部分，内容包括：我国航空工业的发展、在困难中生长的我国飞机制造工业、制造飞机的一般过程等。

收藏单位：安徽馆、重庆馆、广东馆、国家馆、河南馆、湖南馆、江西馆、近代史所、南京馆、宁夏馆、上海馆、首都馆、天津馆、

西南大学馆、浙江馆

09722

我们初到华西　久大盐业公司等编

久大盐业公司、永利化学工业公司、黄海化学工业研究社，1939，42 页，22 开

本书收文 7 篇，内容包括：《先说几句话》《从临时的下起手来》《久大模范食盐厂》等。

收藏单位：重庆馆、广东馆、国家馆、南京馆

09723

我们怎样工业化　于心潭著

[桂林]：致用图书出版社，1944.2，68 页，32 开

本书共 3 部分："我们要工业化吗？请下决心！""我们工业化的资金在那里？""我们工业化的人才呢？"。附中国战后之重建、吾人如何利用苏联之经验。原文刊载于桂林《大公报》。

收藏单位：重庆馆、国家馆

09724

钨锡矿业调查概述　曹立瀛具拟

出版者不详，1941.3，油印本，1 册，16 开（钨锡矿业调查报告 1）

收藏单位：南京馆、中科图

09725

钨业管理概况　资源委员会编

出版者不详，1942，油印本，1 册，13 开

收藏单位：国家馆

09726

无锡工厂调查报告　国立暨南大学社会调查团编

[上海]：国立暨南大学社会调查团，1933.8，31 页，16 开

本书共 5 部分：调查的目的、调查前准备、调查的步骤、调查的内容、结论。版权页题名：无锡工厂调查专号。

收藏单位：国家馆

09727

无锡工业事情　（日）大冢令三著

上海：中支建设资料整备事务所，1941.10，99 页，大 32 开（编译汇报 第 73 编）

收藏单位：南京馆

09728

无锡华昌机器面粉有限公司集股简章　无锡华昌机器面粉有限公司编

无锡华昌机器面粉有限公司，[1911—1949]，8 页，25 开

本书全部为表。

09729

无锡实业志略　蔡文鑫著

出版者不详，[1915.11]，[44] 页，横 16 开，精装

本书为汉法对照。介绍无锡丝厂、纱厂、磨面厂、榨油厂、电灯厂、电话公司、碾米厂、布厂、皂碱厂等 40 多家企业概况。

收藏单位：国家馆、近代史所

09730

无锡之工业　顾航方编

实业部，1933.12，92 页，22 开（实业统计特刊）

本书介绍无锡各类工业情况。共 10 章，内容包括：食品工业、纺织工业、机器工业、建筑工业、印刷工业等。

收藏单位：广东馆、国家馆、湖南馆、吉林馆、江西馆、南京馆、浙江馆

09731

吴淞永安第二纱厂在日军侵沪时所受损失总录

出版者不详，[1911—1949]，138 页，25 开

收藏单位：首都馆

09732

吴兴电气股份有限公司营业章程　吴兴电气股份有限公司编

吴兴电气股份有限公司，1936.1，15 页，16 开

本书内容包括：总则、电灯、电力、电热、附则等。

收藏单位：浙江馆

09733

梧州硫酸厂办理经过报告书　李敦化著

广州：国立中山大学出版部，1933.12，166页，16开

本书共5部分：筹备及建筑时期、竣工及试工时期、停工及保管时期、规复及出货时期、厂务概览。附《梧州硫酸厂开工成绩》（载于1932年12月23日《广州民国日报》）。

收藏单位：国家馆、上海馆

09734

五金业概况·机器业概况　潘吟阁编著

上海：中华职业教育社，1929.5，13页，32开（研究职业分析）（职业教育研究丛辑14）

本书为合订本。分别叙述两个行业的历史、交易习惯、现状与将来、团体与领袖、业内成功人士等。

收藏单位：国家馆

09735

五年来之工矿运输　资源委员会运务处编

资源委员会运务处，1945.7，82页，16开

本书总结该会运务处自1940年7月1日成立以来的工作情况。共8章：组织、运务、机务、材料、人事、财政、员工福利、大事记。附战后本会运输计划草案。

收藏单位：国家馆

09736

武汉玻璃厂工作报告书　武汉玻璃厂编

武汉玻璃厂，1948.1，21页，16开

本书共10章，内容包括：引言、产品及原料、工程人员及工程顾问等。

收藏单位：国家馆

09737

武进工业调查录　于定一编

武进县商会，1929.8，170+[14]页，42开

本书收录当地碾米厂、机制米麦粉厂、糖果厂、轧棉厂、纽扣厂等工业的调查情况汇编。附统计表。

收藏单位：安徽馆、国家馆、上海馆、浙江馆

09738

武林铁工厂股份有限公司第十二届报告　武林铁工厂股份有限公司编

武林铁工厂股份有限公司，1925，6页，18开

本书内容包括：财产目录、贷借对照表、营业报告书、损益计算书等。所涉时间为1925年正月至12月。

收藏单位：浙江馆

09739

西安华西化学制药厂概况　华西化学制药厂编

西安：华西化学制药厂，[1942]，9+[24]页，32开

本书内容包括：本厂创设宗旨、厂内现况、华西化学制药厂组织系统表、产品目录等。

收藏单位：重庆馆、南京馆

09740

西北炼钢厂报告书

出版者不详，1934，34页，16开

本书共5章：成立之经过、原料之调查、成本之估计、各部之设备、组织章程。

收藏单位：重庆馆

09741

西北实业公司铸造厂第一周年纪念刊　年刊编辑委员会编辑

[太原]：西北实业公司铸造厂，1935.10，222页，16开

本书内容包括：像片、题词、插图、论著、报告、规章、统计、余兴。

收藏单位：国家馆、山西馆

09742

西北食盐　王永焱编著

[兰州]：甘肃省银行、甘肃科学教育馆，1947.10，54 页，32 开（甘肃省银行经济丛书1）

本书大部分为表。共两章：总论、各论。首章总论盐业史、产地、种类及运销情况，次章分别介绍临夏、石门沟、漳县、西和、高台等 21 处池盐与井盐的基本情况。

收藏单位：国家馆、武大馆、浙江馆

09743

西北水利

出版者不详，[1911—1949]，油印本，52 页，16 开，环筒页装

本书共 4 章：西北水利现状、西北水利建设方针、西北水利建设方案、西北水力经费人才及器材概算。

收藏单位：重庆馆

09744

西北盐产调查实录 袁见齐编著

财政部盐政总局，1946.6，86 页，16 开（盐政丛书）

本书为作者参加盐政总局与黄海化学工业研究社于 1933 年 7 月合组的西北盐产调查团后所作。共 4 部分："绪言——调查进程""上篇——一般观察""下篇——分区纪叙""结论——前途展望"。附新疆之煤铁硝磺、图 26 幅。

收藏单位：重庆馆、国家馆、辽宁馆、南京馆、宁夏馆、山西馆、天津馆、西南大学馆、浙江馆

09745

西京机器修造厂概况 [西京机器修造厂编]

西京机器修造厂，1946.3，[18] 页，21 开

本书内容包括该厂缘起、组织、设备、出品等。

收藏单位：南京馆

09746

西京市工业调查 陕西省银行经济研究室编

陕西省银行经济研究室，1940.12，200 页，18 开（陕西省银行经济研究室丛刊）

本书共 33 部分，内容包括：机器业、电气事业、纺织业、洗染业、玻璃业、制革业、造纸业、印刷业、服装业等。附工业管理改进刍议。

收藏单位：重庆馆、东北师大馆、广东馆、国家馆、南京馆、中科图

09747

西康省工业调查报告 陈华洲编

西康省建设厅，[1911—1949]，6 页，16 开（西康省建设丛刊第 1 辑第 3 类）

本书共 3 部分：雅安南区物产调查报告、天全芦山工业资源调查报告、新场芒硝调查报告。

收藏单位：重庆馆

09748

西康省立毛织厂雅安分厂一览

出版者不详，[1941]，70 页，32 开

本书内容包括：本厂概况、规程栏、扩充计划书。

收藏单位：重庆馆

09749

西南工厂概况表

出版者不详，[1947]，抄本，5 页，8 开

本书内容包括：工厂设立登记累记数报告表（1947 年）、登记工厂职工人数报告表（1947 年）、登记工厂设备报告表（1947 年）。

收藏单位：重庆馆

09750

西南工业建设方案 施建生著

重庆：中山文化教育馆，1939.7，28 页，36 开（抗战丛刊 86）

本书共 6 部分，内容包括：西南经济概况、经济建设的中心和方针、国防工业的建立、发展手工业等。

收藏单位：国家馆、吉林馆、江西馆、近代史所、南京馆、浙江馆

09751

西南麻织厂股份有限公司章程 西南麻织厂

股份有限公司撰写

西南麻织厂股份有限公司，1940，油印本，1册，16开，环筒页装

　　本书简述西南麻织厂股份有限公司的业务范围、股本金额及董事会组织情况。附西南麻织厂股份有限公司第二年度暨战后业务计划纲要草案。

　　收藏单位：重庆馆

09752

西南五省之铅锌银矿　曹立瀛 [调查]

出版者不详，[1940]，油印本，47 页，18 开，环筒页装

　　收藏单位：国家馆

09753

西药业概况 · 化装品业概况　潘吟阁编著

上海：中华职业教育社，1930，13 页，32 开（研究职业分析）（职业概况丛辑 19）

　　本书为合订本。分别叙述两个行业的历史、货物、交易、组织、成功人士等。

　　收藏单位：国家馆

09754

下花园发电厂的管理与工会工作　职工集体创作

晋察冀边区总工会，1946.5，92 页，32 开（工业与工运丛书 1）

　　收藏单位：国家馆、南京馆

09755

纤维工业　东北物资调节委员会研究组编辑

沈阳：东北物资调节委员会，1948.2，238 页，32 开（东北经济小丛书 14）

　　本书共 10 章，内容包括：东北纤维工业情况、纤维及纤维制品之情况、加工关系工业等。

　　收藏单位：安徽馆、长春馆、重庆馆、东北师大馆、广东馆、国家馆、河南馆、黑龙江馆、辽大馆、辽师大馆、内蒙古馆、宁夏馆、上海馆、首都馆、天津馆、西南大学馆

09756

现代企业在威远　韩希愈编

威远县政府，1946，30 页，25 开，环筒页装

　　本书概述威远在四川省工业建设中的重要地位。

　　收藏单位：重庆馆

09757

现代中国实业志　杨大金编纂

长沙：商务印书馆，1938.3，2 册（16+1161+25+840 页），22 开

长沙：商务印书馆，1940.1，再版，2 册（16+1161+25+840 页），22 开，精装

　　本书共两编：制造业、矿冶业。第 1 编共40 章，内容包括：棉纱业、棉织业、针织业、毛皮业、玻璃业、搪瓷业、肥皂业、火柴业等；第 2 编共 17 章，内容包括：煤、铁、锑、钨、锰、金等。

　　收藏单位：安徽馆、长春馆、重庆馆、东北师大馆、广东馆、广西馆、贵州馆、国家馆、黑龙江馆、近代史所、辽大馆、南京馆、内蒙古馆、山西馆、上海馆、首都馆、天津馆、西南大学馆、浙江馆

09758

香港工厂调查　王楚莹编

香港：南侨新闻企业公司，1947.5，1 册，16开

　　本书介绍各工厂的历史沿革、机械设备、出品商标、银行联络、各厂的经理人及产品性能等。共 12 部分，内容包括：五金类、织造类、日用品类等。

　　收藏单位：长春馆、国家馆、近代史所

09759

香港华资工厂调查录　工商日报编辑部编辑

香港：工商日报编辑部，1934.10，156 页，18开（工商日报丛书）

　　本书记述 1934 年 4 月以前该地 112 家华资工厂的组织、资本、设备、产品、营业、管理等。内容包括：织造业、胶鞋业、电器业、化妆香品、玻璃镜器、皮革等。

　　收藏单位：国家馆

09760

香港中华厂商联合会会员名册（民国三十六年至三十七年） 香港中华厂商联合会编

香港中华厂商联合会，[1948]，[700] 页，16 开，精装

本书为汉英对照。内容包括：会员调查录、出品分类表、注册商标、广告等。

收藏单位：国家馆

09761

湘东各县手工艺品调查 湖南省银行经济研究室编

耒阳（衡阳）：湖南省银行经济研究室，1942.2，14+298 页，22 开（湖南省银行经济丛刊 2）

本书共 5 编：浏醴之鞭爆、浏醴之夏布、长沙之刺绣、长沙铜官之陶器、醴陵之瓷器。

收藏单位：重庆馆、广东馆、国家馆、湖南馆、近代史所、南京馆、首都馆

09762

湘潭煤矿工作报告

出版者不详，[1911—1949]，1 册，16 开，环筒页装

本书介绍该煤矿的构造、地层、煤量、煤质、地下水之分布、机械安装工作、土木建筑工作等情况。

收藏单位：重庆馆

09763

湘潭裕牲、峰清锰矿公司启事 湘潭裕牲峰清锰矿公司编

湘潭裕牲、峰清锰矿公司，[1928.3]，36 页，32 开

本书为文言体。记叙该公司私采被罚情形，并有该公司就被注销矿业权等进行申诉的启事等。

收藏单位：重庆馆

09764

翔华电气股份有限公司第九届业务报告（中华民国二十四年度） 翔华电气股份有限公司编

翔华电气股份有限公司，[1936]，[40] 页，22

开，环筒页装

本书共 5 部分：建设委员会荣誉奖状、业务报告书、统计图表、账略、附录。

收藏单位：国家馆

09765

翔华电气股份有限公司第十届营业报告（中华民国二十五年度） 翔华电气股份有限公司编

翔华电气股份有限公司，[1937]，13 页，窄 18 开

本书内容包括：营业报告书、统计图表、帐略等。附会计师查帐证明书、董事监察人暨经理名录。

收藏单位：湖南馆、上海馆

09766

翔华电气股份有限公司规则汇编 翔华电气股份有限公司编

翔华电气股份有限公司，[1936]，61 页，18 开

本书收录规则 15 种，内容包括：翔华电气股份有限公司服务规则、董事会议事规则、董监办事处办事规则、任用职员规则、职员办事规则等。

收藏单位：国家馆

09767

橡胶工业 经济部上海工商辅导处调查资料编辑委员会编

经济部上海工商辅导处调查资料编辑委员会，1948.6，24 页，16 开（调查资料 化字 第 1 号）

本书共 11 部分，内容包括：概说、橡胶制品制造图解、上海区橡胶制品统计、上海区橡胶工业原料统计等。附上海区橡胶工业同业公会修正分配橡胶通则、审查新厂标准。

收藏单位：广东馆、广西馆、国家馆、南京馆

09768

橡胶工业报告书 全国经济委员会编

全国经济委员会，1935.8，95 页，16 开（全

国经济委员会经济专刊 1 ）

本书概述当时中国橡胶制造工业状况以及所遭遇的困难，并提出相应对策。共 5 章，内容包括：概论、橡胶工业原料、我国之橡胶工业等。

收藏单位：重庆馆、国家馆、上海馆、浙江馆

09769

硝磺统计（第 1 号 三十一年度） 财政部盐务总局硝磺总管理处编

财政部盐务总局硝磺总管理处，[1943]，1 册，16 开

本书全部为图表。共 16 种，内容包括：民国三十一年份各区产收土硝土磺比较图、民国三十一年全国各区产收土硝百分比较图、民国三十一年全国各区产收土磺百分比较图等。附民国三十一年全国硝磺机关组织系统表。

收藏单位：国家馆

09770

硝磺统计（第 3 号 三十三年度） 财政部盐政局硝磺管理处编

财政部盐政局硝磺管理处，1945.7，32 页，16 开

本书全部为图表。共 32 种，内容包括：全国硝磺产收销售比较图、各区土硝产收销售比较图、全国各区硫磺产收销售统计表、重庆市三十三年度米价与硝磺售价涨落比较表、三十三年度全国硝磺机关组织系统表等。

收藏单位：重庆馆、国家馆

09771

小工业及手工艺奖励规则

出版者不详，1931，4 页，21 开

本规则于 1931 年 5 月 16 日公布。收录奖励规则 11 条、给奖细则 9 条。

收藏单位：南京馆

09772

小规模肥皂厂计划 经济部中央工业试验所编

[经济部中央工业试验所]，1938.10，14 页，32 开（小规模工业计划丛刊）

收藏单位：南京馆

09773

协源锡矿股份有限公司报告书 协源锡矿股份有限公司编

[协源锡矿股份有限公司]，1937，1 册

本书内容包括：协源锡矿股份有限公司修订章程、协源锡矿股份有限公司办事细则、协源锡矿股份有限公司临时股东会第一次议案录、协源锡矿股份有限公司正式股东大会第一次议案录等。

收藏单位：近代史所

09774

辛丰绸厂纪念刊 蒋清梵编

上海：辛丰织印绸厂，1934.5，[94] 页，16 开

本书介绍该厂的组织、生产、员工生活、医疗卫生等。其他题名：辛丰织印绸厂纪念刊。

收藏单位：国家馆、首都馆

09775

新电力厂筹备经过 广州市新电力厂筹备委员会编

广州市政府，1934.10，87 页，25 开（广州市政建设丛书 第 4 种）

本书共 9 部分，内容包括：缘起、设计及招商承建审查计划经过、签订合约及来往公文（附中英文本合约及说明书）、成立筹备处之经过等。

收藏单位：国家馆

09776

新工业参观记 中学生杂志社新工业参观团编

上海：中学生杂志社新工业参观团，[1911—1949]，1 册，25 开

本书内容包括：纺织业、造纸业、日用品工业、化学原料工业、电器工业等。

收藏单位：浙江馆

09777

新经济章则问答合订本

山西省经济管理局，1944.4，1 册，32 开

　　收藏单位：南京馆

09778

新乐企业股份有限公司代理鄱乐煤矿公司决算报告（第 1—4 届）　新乐企业股份有限公司代理鄱乐煤矿公司编

新乐企业股份有限公司代理鄱乐煤矿公司，[1938—1941]，4 册，16 开

　　本书大部分为统计表。共 6 部分：营业报告书、资产负债表、损益计算书、财产目录、产煤售煤统计表、银行及新方借款付息还本计算表。所收统计资料自 1937 年 7 月 1 日至 1940 年 12 月 31 日。

　　收藏单位：上海馆

09779

新民主主义经济的工业发展方针　吉林书店辑

吉林书店，1948.9，175 页，32 开

　　本书内容包括：关于新民主主义经济的工业发展方针、东北解放区一九四八年的工业生产建设计划大纲、正确执行新解放城市政策、中共中央东北局关于统一与加强林业工作的决定、人民铁路的管理方针等。

　　收藏单位：东北师大馆、国家馆、吉林馆、山东馆

09780

新生后的台湾纸业公司　台湾纸业股份有限公司编

台湾纸业股份有限公司，1948.10，20 页，32 开

　　本书介绍该公司所属各厂概况。目录页题名：台湾纸业股份有限公司。

09781

新兴湘南工业区祁阳一瞥　新中工程公司编

祁阳（永州）：新中工程公司，1943.5，26 页，64 开

　　收藏单位：南京馆

09782

新兴之工业合作事业与抗战经济　周云汉纂辑　刘铁孙审查　刘大钧核定

出版者不详，1939.11，晒印本，9 张，大 16 开（中国经济统计研究所 总字第 341 号 合作门工业类 第 1 号）

　　收藏单位：上海馆

09783

新亚酵素工业股份有限公司概况　许冠群等编

上海：新亚酵素厂，1943，[20] 页，16 开

　　本书内容为该公司之创立经过与帐务报告。附民国三十一年度报告。

09784

新营糖厂合并工程完成纪念刊　工务课汇编

[工务课]，1948.12，1 册，16 开

　　收藏单位：南京馆

09785

兴亚植物汽油股份有限公司章程草案　兴亚植物汽油股份有限公司编

兴亚植物汽油股份有限公司，[1911—1949]，[22] 页，25 开

　　本书内容包括：兴亚植物汽油股份有限公司缘起、兴亚植物汽油股份有限公司章程。附预算表、兴亚植物汽油股份有限公司认股书。

　　收藏单位：国家馆

09786

兴业汇编　大中华兴业公司编

大中华兴业公司，[1920—1929]，石印本，96 页，22 开

　　本书内容包括：大中华兴业公司概略、查询各种制造工厂凡例、本公司专办各种机器及物料表等。

　　收藏单位：国家馆、首都馆

09787

兴殖水利渠（即前兴殖水利公司）概况

出版者不详，[1920—1929]，6 页，16 开

本书共 9 部分，内容包括：沿革、沟渠位置、资本、工程、灌溉农田面积及方法等。

收藏单位：国家馆

09788

行政委员会印刷局概要

出版者不详，1939.4，10 页，32 开

收藏单位：南京馆

09789

行政院水利委员会水利示范工程处小型水利发电工务所经临各费移交清册

出版者不详，1946，油印本，1 册，18 开，环筒页装

收藏单位：国家馆

09790

行政院水利委员会水利示范工程处小型水利发电工务所文件移交清册

出版者不详，1946.4，油印本，[6] 页，18 开

收藏单位：国家馆

09791

行政院液体燃料管理委员会工作报告　行政院液体燃料管理委员会编

行政院液体燃料管理委员会，[1939]，[42]页，16 开

本书内容包括：工作报告、章则。附经运汽油数量总表、经运机油数量总表、长沙办事处按月核发汽油统计表等。所涉时间为1938 年 5 月至 1939 年 1 月。

收藏单位：国家馆

09792

行政院资源委员会台湾省政府台湾糖业公司岸内糖厂概况

出版者不详，1947，30 页，25 开

收藏单位：广东馆、南京馆

09793

醒华窑业股份有限公司业务概况　醒华窑业股份有限公司编

出版者不详，[1911—1949]，22 页，32 开

本书内容包括：该公司业务概况、公司章程、组织规程、优先保利股发行章程、业务展望等。

收藏单位：重庆馆

09794

修正军政部制呢厂呢价计算规则　军政部编

军政部，1936，4 页，22 开

收藏单位：南京馆

09795

宣化市工商业调查初步总结

晋察冀边区行政委员会工商处，1946.8，129页，32 开（工商参考丛书 第 1 种）

收藏单位：国家馆、山东馆

09796

亚光制造股份有限公司增股计划书　亚光制造股份有限公司编

亚光制造股份有限公司，1934.2，11 页，18开，活页装

本书收录该公司的缘起、扩展计划、章程。

09797

烟台张裕葡萄酿酒公司四十周年纪念册　烟台张裕葡萄酿酒有限公司编

烟台张裕葡萄酿酒有限公司，1932.1，1 册，16 开

本书介绍该公司史略、制酒设备、产品等。

收藏单位：国家馆

09798

延长石油矿略史　陕西省建设厅编

陕西省建设厅，1929，46 页，16 开

[陕西省建设厅]，1931.6，46 页，16 开

本书概述该矿发展情况，并对我国油矿概况及陕西油矿区域作了介绍。共 3 部分：写真、本编、图表。

收藏单位：国家馆、天津馆

09799

延长石油矿沿革史　张丙昌编辑

[陕西教育图书社]，1918，石印本，38页，18开，环筒页装

　　收藏单位：国家馆

09800

沿长江各省市工厂视察报告　任国常等编

出版者不详，1936，油印本，1册，16开，环筒页装

　　收藏单位：国家馆

09801

盐工管理实务　竺墨林著

重庆：盐工之友社，1943.7，216页，32开

　　本书共上、下两编：总述、分述。上编内容包括：盐工管理之意义、盐工管理应不碍兵役、盐工管理应遵照本党劳工政策等；下编内容包括：四种登记之办法、关于工作上之奖惩、如何领导盐工工作、如何推动工作竞赛、倡导盐工服务运动等。附战时之盐工管理、盐工福利事业之检讨等。

　　收藏单位：重庆馆、国家馆、吉大馆、南京馆

09802

盐工管理与福利　竺墨林著

南京：盐工之友社，1947.11，100页，32开

　　本书内容包括：战时之盐工管理、盐工管理问题种种、盐业工会之主管问题、盐工福利事业之检讨、怎样辅导盐工娱乐等。附有关工管法规章则10种。

　　收藏单位：重庆馆、国家馆

09803

盐斤统计（三十二年）　川康盐务管理局统计室编

川康盐务管理局统计室，[1943]，油印本，1册，横8开

　　收藏单位：国家馆

09804

盐垦公司水利规画通告股东暨职员书　张謇著

出版者不详，[1923]，8页，16开

　　收藏单位：国家馆、上海馆

09805

盐务复员整个计划大纲之商榷

出版者不详，[1911—1949]，油印本，1册，16开

　　收藏单位：南京馆

09806

盐务概要　财政部盐务总局编

财政部盐务总局，1944.2，20页，64开

财政部盐务总局，1944.4，11页，32开

　　收藏单位：南京馆

09807

盐务稽核总所业务科之概况　李国基著

盐务缉私督察人员训练班，1935.9，10页，32开（特别演讲4）

　　收藏单位：南京馆

09808

盐务人员会计常识　徐正渭编著

财政部全国财务人员训练所川康区盐务人员训练班，1943.8，54页，32开

　　收藏单位：南京馆

09809

盐业　徐善祥　顾毓珍编

中国工程师学会，[1930—1939]，63页，16开（中国工程师学会四川考察团报告14）

　　本书为四川盐业的生产情况调查报告。附考察行程、1934年的演讲词1篇。

　　收藏单位：重庆馆、南京馆、上海馆、中科图

09810

盐业公报招股启　盐务公报编辑

出版者不详，[1911—1929]，8页，窄23开

　　本书附招股章程。

09811

盐业井灶簿记　李鉴因著

重庆：肇明印刷公司，1936，159 页，21 开，精装

本书适用于从事井灶会计者。共 8 章，专论盐业井灶簿记规则办理之技术方法。目录页题名：新式适用井灶簿记。

收藏单位：重庆馆

09812

盐业类　福建省政府统计处编

福建省政府统计处，1942，11 页，16 开（福建省统计年鉴分类 4）

本书收录福建省盐业统计表 14 种，内容包括：全省盐场概况、全省各盐场产盐量、全省盐场盐质分析、全省销盐区域等。

收藏单位：国家馆

09813

盐业帐务及事务　李鉴因著

自贡：华兴书局，1939.8，[309] 页，18 开

本书介绍盐业的业务组织、会计科目、帐簿、表单、折据、利息计算法及盐务史略等。

09814

盐业资料汇编（第 1 集）　黄铭彝辑

中国盐业股份有限公司，1948.11，252 页，32 开（盐业丛书 3）

本书内容包括：盐田工作概要、日晒盐田注水论、海水及卤水之比重、海水之新利用法、苦卤之处理等。

收藏单位：广东馆、国家馆、湖南馆、南京馆

09815

盐政公文摘要

盐务专门学校学生自治会，1933.5，306 页，32 开

本书收录大量疏、批、札、书、照会。内容包括：《论变盐法事宜状》（韩愈）、《请停商捐并申盐禁疏》（曹一士）、《疏通北盐销路整顿引地批附两淮运司丁日昌原禀》（李鸿章）、《督盐院会加川税减淮厘札》（曾国藩）、《上督院论江西盐务书》（沈起元）等。

收藏单位：南京馆

09816

盐政汇编　财政部盐务署编

财政部盐务署，1936.6，3 册（11+13+14 页），32 开

本书内容包括：论说、命令、法规、文牍、条议等。

收藏单位：近代史所、南京馆

09817

盐制问题意见之一斑

出版者不详，[1911—1949]，42 页，16 开

收藏单位：湖南馆、南京馆

09818

颜料业与染业

出版者不详，[1911—1949]，102 页，25 开

本书共 23 章，内容包括：煤胶、颜料制造、各国颜料工业概论、中国染业、中国漂染整理工厂一览等。

收藏单位：重庆馆

09819

扬子电气公司首都电厂二十周年纪念册　[扬子电气公司编]

南京：扬子电气公司，1948.4，18 页，32 开

本书内容包括：该公司首都电厂的沿革、组织、战前与战后业务情况、各项统计等。

收藏单位：上海馆

09820

扬子电气股份有限公司业务报告（中华民国三十五年度）　扬子电气股份有限公司编

上海：扬子电气股份有限公司，[1947—1949]，18 页，18 开

本书介绍该公司复业经过、业务与工务情况、财务报告、战前战后业务概况比较等。

09821

液体燃料管理委员会章则一览　液体燃料管

理委员会编

[液体燃料管理委员会]，1940.3，28页，16开

　　收藏单位：南京馆

09822

一化年刊　一化年刊编辑委员会编

抚顺：一化年刊编辑委员会，1947，88页，13开

　　本书为资源委员会抚顺矿务局制炼处第一化学厂年刊。共8部分，内容包括：肖像、题词、概况、实绩、计划等。

　　收藏单位：国家馆

09823

一九三三造纸工厂计划书

出版者不详，[1911—1949]，11页，16开，环筒页装

　　本计划书对该厂建厂厂址、资本、制造纸类、材料、机械等作了详细介绍。该工厂拟设于嘉陵江岩三峡温泉附近。

　　收藏单位：重庆馆

09824

一年来的福建示范茶厂　福建示范茶厂编

福建示范茶厂，1941.9，1册，16开

　　本书共6部分：导言、组织系统、厂务概况、分厂及制茶所概况、调查、附录。

　　收藏单位：重庆馆、福建馆、国家馆、近代史所

09825

一年来的妇女纺织运动及其经验教训　晋绥边区行政公署编

晋绥边区行政公署，[1911—1949]，19页，32开（晋绥边区第四届群英大会丛书6）

　　本书共5部分，内容包括：一年来纺织发展的概况、纺织是怎样开展起来的、一年来开展纺织中的缺点等。

　　收藏单位：宁夏馆、山西馆、天津馆

09826

一年来黔省之工程事业专刊　中国工程师学

会贵阳分会编

贵阳：中国工程师学会贵阳分会，1947.12，102页，16开

　　本书共12部分，内容包括：论著、交通建设、农田水利、工矿事业、市政工程等。

　　收藏单位：重庆馆、甘肃馆、广东馆、贵州馆、国家馆、湖南馆、首都馆、天津馆、浙江馆

09827

一年来之广西酒精厂　刘炳新编著

广西酒精厂，1935.6，10页，32开

　　本书共7部分：引言、事务、建筑及设备、财政、制造、营业、进行中之计划。附历年营业产量及开支比较表、历年职工人数比较表。

　　收藏单位：国家馆

09828

宜昌永耀电气公司营业科营业年报

出版者不详，1936，1册，16开

　　收藏单位：南京馆

09829

宜兴陶瓷概要　宜兴陶瓷参加芝加哥博览会筹备委员会编

宜兴陶瓷参加芝加哥博览会筹备委员会，[1933—1939]，32页，16开

　　本书收记述宜兴陶窑历史及概况的文章5篇。

09830

迤西十三县之铁　曹立瀛　范金台具拟

[资源委员会经济研究室]，[1911—1949]，油印本，1册，16开（资源委员会经济研究室云南工矿调查报告10）

　　收藏单位：南京馆

09831

艺光汇刊（第1册）　黄鸿铨编辑

[潼川（绵阳）]：艺光社，1930.6，1册，18开，环筒页装

　　本书内容包括：论坛、研究、服务与修

养、本社特著、团体事业、函件等。

　　收藏单位：国家馆

09832

译王少泉先生演说词　王少泉讲

出版者不详，[1928]，9 页，25 开

　　本书为文言体，无标点。为作者于 1928 年 1 月 5 日在开滦矿务总局协理任上辞职时的演说词，介绍其在开滦矿务总局 11 年间的工作情况。

　　收藏单位：国家馆

09833

益中福记机器瓷电公司说明书　益中福记机器瓷电公司编

上海：益中福记机器瓷电公司，[1911—1949]，[51] 页，32 开

　　本书为广告宣传品。介绍该公司出品变压器外桶、变压器内心及线圈等，并说明变压器的构造、各式油开关构造、隔离开关构造等。

09834

银楼业概况·钟表业概况　潘吟阁编著

上海：中华职业教育社，1930，7 页，32 开（研究职业分析）（职业概况丛辑 22）

　　本书为合订本。分别叙述两个行业的历史、现状、工作、组织及待遇、业内成功人士等。

　　收藏单位：国家馆

09835

印刷工业管理概说　包冠群著

出版者不详，1944，24 页，32 开

　　本书收录工厂管理、各部工作程序表等。

　　收藏单位：浙江馆

09836

印铸局职员录　印铸局编

印铸局，1920.5，22 页，32 开，环筒页装

印铸局，1920.12，24 页，32 开，环筒页装

印铸局，1923，24 页，36 开，环筒页装

印铸局，1925.4，26 页，32 开，环筒页装

本书收录印铸局参事处、总务科、会计科等职员名录。

　　收藏单位：国家馆

09837

营城矿接收半年特刊　资源委员会营城四矿接收委员会编

资源委员会营城四矿接收委员会，1947，137 页，16 开

　　收藏单位：广东馆

09838

营建问题论文集　张文毅著

南京：建筑材料月刊社，1947.7，70 页，32 开（建筑材料月刊社丛书 1）

　　本书收文 5 篇：《纵论当前南京市营造业问题》《论建筑材料业的经营》《物价大波动下略谈建筑材料业的处境》《论当前南京市砖瓦供应的几个严重问题及其出路》《江苏六合县卸甲甸晒坯砖生产情况调查概述》。附江苏六合县卸甲甸窑户分布图、祝全国营造工业同业公会联合会成立大会。

　　收藏单位：重庆馆、国家馆、湖南馆、南京馆

09839

营缮经理手册　陈光莹编

重庆：陆军经理杂志社，1942.9，110 页，32 开（陆军经理杂志社经理丛书）

　　本书共 6 部分：概论、营缮经理之机构及任务、国有财产之管理及利用、土地建造物之新营修缮、营具之筹办、附录。

　　收藏单位：重庆馆

09840

营业报告书（2）　云南财政厅印刷局编

云南财政厅印刷局，[1932]，1 册，10 开

　　本书为该印刷局的年度营业报告。内容包括：资产负债表、财产目录、损益表等。

　　收藏单位：国家馆

09841

营业收支科目　中兴煤矿总公司编

中兴煤矿总公司，1934.1，重订版，30页，16开（会计科目第1种）

　　收藏单位：上海馆

09842

营造年鉴（第1期）　杨寂人编校

南京市营造工业同业公会，1947，92+32页，16开

　　本书介绍南京市营造工业同业公会的筹备及成立、组织、办理会员登记、出版营造旬刊、办理工程登记等。附会议记录等。

　　收藏单位：国家馆、南京馆

09843

永利的碱厂　游景福著

天津：永利化学工业公司，1948，10页，25开

　　本书内容原载于《科学画报》1947年12月号。

　　收藏单位：重庆馆、南京馆

09844

永利的硫酸铔厂　永利化学工业公司编

[天津]：永利化学工业公司，1948.3，12页，25开

　　本书介绍该厂的成立、发展、产量、贡献等。原载于《科学大众》1947年10月号。

　　收藏单位：重庆馆、国家馆、南京馆

09845

永利化学工业公司硫酸铔厂成立经过及其概况　永利化学工业公司编

[天津]：永利化学工业公司，1946.7，[13]页，16开

　　本书共6部分，内容包括：合成安摩尼亚发达简史、永利创设硫酸铔厂之动机、筹备建筑经过等。附《永利硫酸铔厂成功之意义》、永利硫酸铔厂制造程序图、《范旭东先生及其所经营之三大事业》（摘自《新世界杂志》1933年7月号）。复印自《中国化学工程杂志》第4卷第2期。

　　收藏单位：国家馆

09846

永利化学工业公司铔厂成立经过及其概况

永利化学工业公司编

[天津]：永利化学工业公司，1946.7，40页，16开

[天津]：永利化学工业公司，1947.4，再版，40页，16开

　　收藏单位：广东馆、国家馆、近代史所、南京馆、山西馆

09847

永利完成酸碱工业之意义　久大精盐公司等编

久大精盐公司永利化学工业公司黄海化学工业研究社联合办事处，[1934.3]，10页，32开

　　收藏单位：国家馆、南京馆、天津馆

09848

永利制碱公司十九年度股东紧急会议事录

永利制碱公司编

天津：永利制碱公司，[1930—1939]，12页，窄21开

　　本书为该公司于1930年8月30日为发行债券200万元而召开股东紧急会议的会议记录。

09849

永兴印刷局立功运动成绩与经验　王华编著

永兴印刷局，1947.10，80页，32开

　　收藏单位：国家馆

09850

由宝坻手织工业观察工业制度之演变　方显廷　毕相辉著

天津：南开大学经济研究所，1936.1，69页，16开（工业丛刊第7种）

　　本书共3部分：华北新式乡村工业之兴起、华北新式乡村工业之演进、华北新式乡村工业之衰落。

　　收藏单位：重庆馆、国家馆、南京馆

09851

油漆工业报告书 全国经济委员会编
全国经济委员会，1936.6，98 页，16 开（全国经济委员会经济专刊 10）

本书共 5 章，内容包括：绪论、我国天然漆工业概要、我国新式油漆工业概况等。

收藏单位：重庆馆、广西馆、国家馆

09852

有关国防工业专门技术员工援召抵用范围
国防部兵役局，1948.11，1 册，90 开

收藏单位：重庆馆

09853

雨伞制造业分析 邓作云著
江西省实施百业教育委员会，1938.10，40 页，25 开（百业教育丛刊 5）

收藏单位：江西馆、南京馆

09854

玉溪县织布业 赵德民调查 国民经济研究所纂辑
[国民经济研究所]，1940，油印本，18 页，18 开，环筒页装

本书共 4 部分：本业概况、布机总数估计、原料、产品。

收藏单位：国家馆

09855

裕含煤矿公司扩充工程计划书 俞道五 陆子冬拟
出版者不详，1933，12 页，22 开

收藏单位：广东馆

09856

豫丰和记纱厂第一届报告 豫丰和记纱厂编
郑县：豫丰和记纱厂，1936.5，112 页，16 开

本书内容包括：营业报告书、会计报告、资产负债表、损益计算书、开办费表等。

收藏单位：南京馆、上海馆、天津馆

09857

豫丰机声（第 10 期） 豫丰机声编辑室编
重庆：豫丰机声社，1947，58 页，32 开

本书收录《由丰田式纱机想到未来中国纺织机械制造工业合理的发展途径》（罗广铨）、《金属梳棉针布之采用》（邹君乐）、《动力之回顾与前瞻》（时拔译）、《美国情调》（喻荫椿）、《豫丰人物志：总经理束云章先生》（胡汉生）等。

收藏单位：重庆馆

09858

豫丰机声（第 12 期） 豫丰机声编辑室编
重庆：豫丰机声社，1948，32 页，32 开

本书收录《我对于纺织事业的希望》（郭衍涔）、《参观记》（陈禹裘）、《第四届毕业暨先后同学联欢会杂记》（徐维祥）、《豫丰人物志：潘经理》（胡汉生）等。

收藏单位：重庆馆

09859

粤东盐务近况报告 陶守贤著
出版者不详，1941.5，油印本，1 册，13 开，环筒页装

本书共 7 章，内容包括：概述、组织与人事、经济、车务等。

收藏单位：国家馆

09860

粤桂专号 刘荫弗 魏海寿著
经济部采金局，[1942]，98 页，16 开（金矿丛刊）

本书概述广东、广西两省金矿分布、矿区的位置、交通、地质、储量、探采等情况。共两部分：总论、分论。目录页题名：粤桂金矿。

收藏单位：重庆馆、国家馆、辽宁馆、南京馆、天津馆

09861

粤汉铁路沿线之烟煤矿 陶绍渊著
出版者不详，[1911—1949]，手抄本，1 册，25 开

本书为经济地理调查报告之一。

09862

粤西矿产纪要 吴尊任编

梧州：文化印刷局，1936印，232页，16开

本书共两篇：纪金属矿、纪非金属矿。附各区贵金属矿产地一览表、各区日用金属矿产地一览表等。

收藏单位：重庆馆、广东馆、南京馆

09863

云炳工矿公司江山煤矿之地质情形及探采计划

出版者不详，[1911—1949]，12页，16开

本书所述江山煤矿位于浙江省。

09864

云南宝华锑矿公司报告书

出版者不详，[1916.10]，36页，16开

收藏单位：上海馆

09865

云南楚雄县之织布业 赵德民调查 国民经济研究所纂辑

国民经济研究所，[1940]，油印本，7页，16开，环筒页装（总第173号 工业门纺织类）

本书共5章：沿革、现存布厂概述、原料、产品、工人。

收藏单位：国家馆

09866

云南楚雄志成矿业公司筹备处现况 赵德民调查 国民经济研究所纂辑

[国民经济研究所]，1940，油印本，5页，13开，环筒页装（总第174号 矿产门金属类）

本书共7部分，内容包括：开采方法及矿藏情形、矿的成分、生产情形、工人问题等。

收藏单位：国家馆

09867

云南个旧锡务公司中华民国二十六年度营业报告书 个旧锡务公司编

个旧锡务公司，[1938]，石印本，34页，16开

本书共两部分：绪言、营业报告书表。附各种参考图表。

收藏单位：国家馆

09868

云南个旧锡业调查 苏汝江编

[北京]：国立清华大学国情普查研究所，1942，90页，16开（国立清华大学国情普查研究所调查报告）

本书共12章，内容包括：锡、个旧及厂区概况、个旧锡矿、个旧锡之生产、个旧锡之运销等。附原有照片图片提名、锡业参考书目。

收藏单位：重庆馆、国家馆、辽宁馆、南京馆、中科图

09869

云南个旧消耗之煤炭 赵德民调查 国民经济研究所纂辑

国民经济研究所，1940.3，油印本，4页，大16开，环筒页装（总第158号 商品门燃料类）

本书共5部分：煤炭之种类及用途、本地消费之总数量、来源及其数量、运输方法及运费、本地市价。

收藏单位：国家馆

09870

云南工矿调查概述 曹立瀛拟

资源委员会经济研究所，1940，油印本，32页，16开（资源委员会经济研究所云南工矿调查报告13）

收藏单位：南京馆

09871

云南工业化刍议 云南工业复兴计划委员会编辑

中国全国工业协会云南省分会，1946.4，14页，16开，环筒页装

本书共4章：经济环境、资源、云南工业化之步骤、云南工业化之重要性及其如何实现。

收藏单位：国家馆、南京馆、中科图

09872

云南鹤庆之造纸工业 范金台等 [拟]

[资源委员会经济研究室]，1940，油印本，26 页，16 开

　　收藏单位：南京馆

09873

云南会泽矿山厂之铝锌矿业 曹立瀛等 [拟]

[资源委员会经济研究室]，1940，油印本，41 页，16 开

　　收藏单位：南京馆

09874

云南建设厅职员录 云南建设厅编

云南建设厅，[1920—1929]，手抄本，9 页，18 开，环筒页装

　　收藏单位：国家馆

09875

云南建水县织布业调查 赵德民调查 国民经济研究所纂辑

国民经济研究所，[1940]，油印本，4 页，大16 开，环筒页装（总第 163 号 工业门纺织类）

　　本书共 7 部分，内容包括：本业沿革及现状、织布机总数及制造能力、原料来源市价及消费量等。

　　收藏单位：国家馆

09876

云南剑川县乔后之盐矿业 曹立瀛 范金台拟

资源委员会经济研究所，1940，油印本，33 页，16 开（资源委员会经济研究所云南工矿调查报告 13）

　　本书共 9 部分，内容包括：位置地形及交通、经营、开采、捐税、运销等。

　　收藏单位：南京馆

09877

云南矿业公司概况 赵德民调查 国民经济研究所纂辑

国民经济研究所，1940，油印本，4 页，18

开，环筒页装

　　本书讲述云南矿业公司开办经过与现状。

　　收藏单位：国家馆

09878

云南矿业公司所属开远水电厂概况 赵德民调查 国民经济研究所纂辑

国民经济研究所，1940，油印本，7 页，18 开，环筒页装

　　本书共 5 部分：公司及水电厂工程处成立时期与资本、内部组织、工程进展概况、工人、结论。

　　收藏单位：国家馆

09879

云南昆明市之机械铁工业 曹立瀛 温文华具拟

[资源委员会经济研究室]，1940.10，油印本，37 页，16 开（云南经济研究报告 9）

　　本书共 5 部分：绪言、大机械工业、小机械工业、云南打铁工业、结论。

　　收藏单位：南京馆

09880

云南昆明市之皮革业 曹立瀛 温文华具拟

经济部地质调查所，1940.9，20 页，18 开，环筒页装（云南经济报告 16）

　　本书共 8 部分：绪言、云南制革厂、小制革业、鞋业、皮鞍业、皮箱业、皮业、昆明市皮革业之产运销状况。

　　收藏单位：国家馆、南京馆

09881

云南昆明市之榨油业 曹立瀛 汤佩松 王乃梁具拟

经济部工业司，1940.3，油印本，34 页，16 开（云南经济研究报告 17）

　　本书共 5 章：总论、生产、消费及价格、昆明市油坊分述、结论。书前附云南经济研究报告总目录。

　　收藏单位：国家馆、南京馆

09882

云南昆阳县之煤矿业 赵德民调查 国民经济研究所纂辑

国民经济研究所，[1940]，油印本，5页，18开，环筒页装

本书共7部分，内容包括：矿区、矿厂名称及成立时期、产量估计、煤之销路及运费等。

收藏单位：国家馆

09883

云南昆阳县之砖瓦业 国民经济研究所纂辑

国民经济研究所，1940，油印本，5页，18开，环筒页装

本书共5部分，内容包括：本业沿革及现状、砖瓦窑数及产量估计、原料及燃料等。

收藏单位：国家馆

09884

云南明兴矿业有限公司档案汇刊 云南明兴矿业有限公司编

云南明兴矿业有限公司，[1920—1949]，88页，18开

本书为文言体。收录云南明兴公司档案21种，内容包括：云南政府与美国人安德森拟定勘矿条件草案、云南督军兼省长在毕节行营密令财政厅文、云南明兴公司呈请添招美股订立合同文等。

收藏单位：国家馆

09885

云南省昆明市电工矿业 中国人民解放军西南服务团研究室编

中国人民解放军西南服务团研究室，1949，116页，32开（昆明市参考资料2）

本书论述昆明市及云南省的电业、工业、矿业。附云南省矿产分布表、云南省水力资源概说。

收藏单位：重庆馆

09886

云南省农林工矿展览会工矿馆纪念刊 云南省农林工矿展览会编

昆明：云南省农林工矿展览会，1945.5，118页，16开

本书介绍该馆筹备经过、展品征集情况及该省机械工业、电工、钢铁、化工、纺织、造纸等工业情况。共7部分：题词、序言、本馆纪要、征集报告、参加厂矿一览、各厂矿概况、编辑附言。

收藏单位：重庆馆、国家馆

09887

云南省农林工矿展览会特刊 云南省农林工矿展览会编

昆明：云南省农林工矿展览会，[1945]，116页，16开

本书内容包括：本馆纪要、参加厂矿一览、征集纪要、机械工业、矿冶工业等。

收藏单位：重庆馆

09888

云南武禄罗之矿业 陈钖瑕具拟

资源委员会经济研究室，1940，油印本，19页，16开（资源委员会经济研究室云南工矿调查报告6）

本书共两章：云南财政厅武禄罗矿务局概况、武定禄劝罗次三县矿产纪要。

收藏单位：南京馆

09889

云南锡业公司厂矿管理处工作概况（三十年度）

[云南锡业公司]，[1911—1949]，1册，16开

收藏单位：南京馆

09890

云南锡业公司章则汇编 云南锡业公司编

云南锡业公司，[1944]，118页，32开

本书收录有关章则32种。共4部分：组织、总务、人事、福利。附资源委员会职员互助寿险办法、防止矿工走私舞弊惩处规则。

收藏单位：国家馆

09891

云南下关之织布业 赵德民调查 国民经济

研究所纂辑

国民经济研究所，1940，油印本，3 页，13 开，环筒页装（总第 175 号 工业门纺织类）

本书共 6 部分：沿革、各厂组织、资本及铁木机数、原料、产品、工人。

收藏单位：国家馆

09892

云南一平浪之煤矿业　陈锡嘏具拟

资源委员会经济研究室，[1940]，油印本，12 页，16 开（资源委员会经济研究室云南工矿调查报告 7）

本书共 8 部分，内容包括：绪言、矿区位置与交通、开采情形等。

收藏单位：国家馆、南京馆

09893

云南迤西金沙江沿岸之沙金矿业简报　曹立瀛　范金台具拟

资源委员会经济研究室，1940，油印本，26 页，16 开（资源委员会经济研究室云南工矿调查报告 12）

本书共 5 章，内容包括：丽江沙金概述、丽江打鼓金矿、丽江白马厂金矿等。

收藏单位：南京馆、中科图

09894

云南迤西十三县之煤矿业简报·云南迤南之煤矿业简报　曹立瀛　范金台拟·王乃梁具拟

资源委员会经济研究室，1940，1 册，32 开（资源委员会经济研究室云南工矿调查报告 9、17）

本书为合订本。《云南迤西十三县之煤矿业简报》共 3 章：绪言、宾川祥云弥渡三县之煤矿业、保山县羊邑街之褐碳田。《云南迤南之煤矿业简报》共 5 部分，内容包括：安宁温泉笔架山煤矿、昆阳煤炭山煤矿等。

收藏单位：南京馆、中科图

09895

云南永胜之瓷业　曹立瀛　范金台具拟

资源委员会经济研究室，1940，油印本，9

页，16 开（资源委员会经济研究室云南工矿调查报告 14）

本书共 3 部分：位置交通与矿区、土法生产之概况、新企业之萌芽。

收藏单位：南京馆

09896

云南之电力　曹立瀛　范金台具拟

资源委员会经济研究室，1940，油印本，38 页，18 开（云南经济研究报告 2）

收藏单位：广东馆、南京馆

09897

云南之建筑业及建筑材料业资料　刘辰　曹立瀛具拟

资源委员会经济研究室，1940，油印本，96 页，16 开（云南经济研究报告 12）

本书共 11 章，内容包括：引言、昆明市之建筑概述、昆明市之建筑业、昆明市之建筑材料业概述等。

收藏单位：南京馆

09898

云南之煤　曹立瀛　范金台具拟

资源委员会经济研究室，1940，油印本，81 页，16 开（云南经济研究报告 3）

本书共 5 章：总论、生产、消费、云南煤与省外煤之关系、结语。

收藏单位：南京馆

09899

云南之铅锌　曹立瀛等具拟

资源委员会经济研究室，1940，油印本，74 页，16 开（云南经济研究报告 6）

收藏单位：南京馆、中科图

09900

云南之糖业　曹立瀛　刘辰具拟

资源委员会经济研究室，1940.3，油印本，78 页，18 开，环筒页装（云南经济研究报告 15）

本书共 6 章：引言、甘蔗之生产、蔗糖之生产、销售、消费、结论。

收藏单位：国家馆、南京馆、中科图

09901

云南之铁　曹立瀛等具拟

资源委员会经济研究室，1940，油印本，1册，16开（云南经济研究报告4）

本书共两章：铁矿、云南之土铁业。

收藏单位：南京馆

09902

云南之铜　曹立瀛　陈锡煆具拟

资源委员会经济研究室，1940.3，油印本，53页，16开（云南经济研究报告5）

本书共6章：序论、云南铜矿之分布、云南主要各铜矿区概况、云南铜之生产与消费、云南铜之贸易与运输、云南铜业经营概况。

收藏单位：国家馆、南京馆、中科图

09903

云南之钨锑矿业资料　曹立瀛　温文华具拟

资源委员会经济研究室，[1940]，油印本，27页，16开（云南经济研究报告8）

收藏单位：南京馆

09904

云南之针织业　刘辰具拟

资源委员会经济研究室，[1940]，油印本，1册，16开（云南经济研究报告14）

收藏单位：南京馆

09905

云锡纪实　吕冕南等编

云南锡业公司，1945，108页，16开

本书为云南锡业公司五周年纪念刊。共5章：锡矿及公司之沿革、个旧地质及矿产、业务及工程概况、专著、附录。

收藏单位：国家馆

09906

在困苦奋斗的福电铁工厂　刘栋业著

[福州电气公司]，1947，6页，32开

收藏单位：福建馆

09907

暂定主要原材料质量标准　关东实业公司企划部编

关东实业公司企划部，1949，82页，横18开

收藏单位：国家馆

09908

暂行工业生产表报图解汇编　旅大行政公署工业厅计划处编

旅大行政公署工业厅计划处，1945，672页，16开

本书内容包括：纺织染工业、化学工业、油脂工业、酿造工业等。

09909

造纸工厂计划　江西省工业实验处编

江西省工业实验处，1941.6，8页，25开（小规模工业计划丛刊2）

收藏单位：江西馆

09910

造纸工厂计划　经济部中央工业试验所编

经济部中央工业试验所，1939，16页，32开（小规模工业计划丛书）

经济部中央工业试验所，1939.3，再版，16页，36开（小规模工业计划丛书）

本书共5章：引言、手工纸原料概况、手工纸之缺点、第一计划扩充及改进原有手工纸槽、第二计划机器制料手工抄纸。其他题名：小规模造纸工厂计划。

收藏单位：重庆馆、广东馆、国家馆、南京馆、浙江馆

09911

造纸工业　工商部上海工商辅导处调查资料编辑委员会编

工商部上海工商辅导处调查资料编辑委员会，1948.8，17页，16开（调查资料 化字 第2号）

本书共10部分，内容包括：概说、造纸程序图解及说明、上海区机器造纸工业制品统计、原料概说等。

收藏单位：广东馆、国家馆、上海馆

09912

怎样精纺精织　晋绥边区行政公署建设处编
晋绥边区行政公署建设处，1945.1，13 页，
32 开（生产建设丛书 3）

　　收藏单位：国家馆、山东馆

09913

怎样救济主要工业？　上海特别市社会局编
上海特别市社会局，1930.2，52 页，18 开
（上海特别市社会局刊物 第 8 辑）

　　本书介绍上海主要工业原料、工人待遇、
税捐、产销、竞争等情况，并提出维持改良
的具体办法。共 9 部分：绪言、丝业、茶业、
面粉业、卷烟业、丝织业、棉织业、火柴业、
肥皂业。

　　收藏单位：广东馆、国家馆、南京馆、上
海馆

09914

怎样领导工厂　艾木等著
大连：大众出版社，1948.8，98 页，32 开（工
业生产丛书 1）

　　本书共 11 部分，内容包括：安东纺织厂
领导生产经验、刘玉山的三昼夜、二次解放
后的安东纺织厂恢复生产经验等。

　　收藏单位：南京馆、山西馆

09915

怎样组织工业合作社　中国工业合作协会西
南区办事处编
邵阳：中国工业合作协会西南区办事处，
1939，12 页，32 开（工合丛刊 1）

　　本书共 13 部分，内容包括：引言、工作
地域的调查、开始工作、决定组织、召集谈
话、业务计划、登记等。

　　收藏单位：国家馆

09916

怎样组织工业合作社　中国工业合作协会云
南办事处编
昆明：中国工业合作协会云南办事处，
1939.6，14 页，32 开（工合小丛书）

　　本书共 10 部分，内容包括：小引、调查

工作、宣传与征求、召集谈话、筹备会和业
务计划草案等。附中国工业合作协会各社临
时登记办法。

　　收藏单位：国家馆

09917

摘抄经济部三十年度工作计划水利部份
出版者不详，[1941—1949]，油印本，1 册，
16 开

　　收藏单位：南京馆

09918

沾化县民生工厂概况　沾化县政府编
沾化县政府，1937，52 页，32 开（沾化县政
府民国二十五年工作报告 8）

　　本书内容包括：工厂沿革、性质、组织、
管理及工人工徒之待遇、购买原料之办法等。

　　收藏单位：重庆馆

09919

**战后电器工业五年计划（关于电机部门意见
书）**　资源委员会中央电工器材厂编
[资源委员会中央电工器材厂]，[1946]，手写
本，20 页，10 开

　　收藏单位：国家馆

09920

**战后电器工业五年计划（关于电气用具及配
件部门意见书）**　资源委员会中央电工器材厂
编
[资源委员会中央电工器材厂]，[1946]，手写
本，19 页，10 开

　　本书共 10 部分，内容包括：更改本部门
名称之建议、产品种类及产量产值、国营民
营之分配、主要原料之供给、外国技术协助
等。

　　收藏单位：国家馆

09921

**战后电器工业五年计划（关于管泡部门意见
书）**　资源委员会中央电工器材厂编
[资源委员会中央电工器材厂]，[1946]，手写
本，14 页，10 开

收藏单位：国家馆

09922

战后电器工业五年计划（关于汽轮水轮发电机部门意见书） 资源委员会中央电工器材厂编

[资源委员会中央电工器材厂]，[1946]，手写本，7 页，10 开

本书共 12 部分，内容包括：设厂基本原则、设厂数目及其地点问题、公营民营问题、设计及制造标准问题、制造范围、原料问题等。

收藏单位：国家馆

09923

战后工业建设计划初稿 宋志伊著

出版者不详，1947，油印本，1 册，16 开，环筒页装

本书共两编：根本工业建设计划、民生工业建设计划。

收藏单位：国家馆、湖南馆

09924

战后国防示范工业建设计划纲要 经济部中央工业试验所拟

[经济部中央工业试验所]，1943，油印本，1 册，22 开，环筒页装

本书共 12 部分，内容包括：机械仪器制造示范工厂计划纲要、电工仪器制造示范工厂计划纲要、纯粹化学药品制造示范工厂计划纲要等。

收藏单位：重庆馆、国家馆、上海馆、首都馆、中科图

09925

战后上海暨全国各大工厂调查录 许晚成编

上海：龙文书店，1940.7，542 页，16 开，精装

本调查按类收录各工厂厂址、发行所电话、电报挂号、产品种类、商标、销售途径与厂长、经理姓名等信息。共 12 类，内容包括：木材制造工厂、土石制造及建筑材料工厂、机器及五金制造冶炼工业工厂、橡胶及

皮革制造工厂、交通工具制造工厂等。

收藏单位：重庆馆、国家馆、南京馆、上海馆

09926

战后实施衣被工业建设方针 荣尔仁草拟

出版者不详，1944.3，1 册，16 开

收藏单位：南京馆

09927

战后中国工业建设之路 蒋乃镛著

重庆：中华书局，1944.4，102 页，32 开

上海：中华书局，1946.1，再版，102 页，32 开

本书论述工业建设的重要性，战后工业建设分区实施的原则，公营、民营和公私合营的划分，我国各类工业今后的发展方向与标准等。共 14 章，内容包括：工业建设总论、铁路建设、公路建设、航空建设、电力建设、衣服工业、食品工业等。

收藏单位：安徽馆、重庆馆、东北师大馆、广东馆、广西馆、贵州馆、国家馆、黑龙江馆、湖南馆、吉林馆、南京馆、内蒙古馆、宁夏馆、上海馆、首都馆、天津馆、浙江馆

09928

战前广东之工业 符泽初著

南京：中央日报社，1947.1，29 页，32 开

本书概述第二次世界大战以前的广东工业发展。共 15 章，内容包括：序言（国父实业计划翻译者）、决心（革除过去官办事业弊病）、组织管理与制度、省管工业之系统图表、战前广东三年施政建设计划等。

收藏单位：国家馆、吉林馆、近代史所、南京馆

09929

战前及现在之上海棉纺织业 冯叔渊著

中国经济研究会，[1943—1945]，11 页，16 开（中国经济研究会工业调查丛刊）

本书内容包括：战前及现在棉纺织业之设备、运转状况、生产状况、原料之生产估计、原料之来源与供给等。

收藏单位：上海馆

09930

战时长沙市机器翻砂业近况　赵德民调查
国民经济研究所具拟

国民经济研究所，1938.10，打字本，10页，
12开（总第75号　翻砂机器类第1号）

本书共7部分，内容包括：家数及现况、
原料供给问题、产品销售问题、运输方法、
资金融通问题等。

收藏单位：南京馆、中科图

09931

战时重庆市之糖业　刘绍武调查　国民经济
研究所具拟

国民经济研究所，[1939]，31页，13开（总
第122号工业门糖类第2号）

本书共12部分，内容包括：甘蔗之品种、
各县糖之产量、糖之市价、本市行销之外糖
等。

收藏单位：国家馆

09932

战时的地方工业　魏济余编著

长沙：中华平民教育促进会，1938.6，24页，
50开（农民抗战丛书）

本书论述地方工业的重要性及战时地方
工业的处理问题。

收藏单位：国家馆

09933

战时动员中之机械工业

出版者不详，1941，油印本，1册，16开

本书共3部分：后方机械工业现在实际情
形、后方机械工业苦难之所在、解决后方机
械工业苦难方案。

收藏单位：国家馆

09934

战时工业动员计划

出版者不详，[1911—1949]，油印本，1册，
16开

收藏单位：南京馆、中科图

09935

战时工业管制检讨　中国工业经济研究所编

中国工业经济研究所，1945，18页，16开
（工业问题丛刊第5号）

本书共5部分：战时工业管制之意义、战
时工业管制之内容及其性质、中国工业管制
之实施、战时工业管制之缺点、战时工业管
制之前途。

收藏单位：重庆馆、国家馆、首都馆

09936

战时工业问题　独立出版社编

重庆：独立出版社，1938.12，62页，32开（战
时综合丛书第3辑）

重庆：独立出版社，1939，5版，62页，32开
（战时综合丛书第3辑）

本书收文8篇：《从抗战建国说到工业化》
（刘大钧）、《抗战时期工业建设概述》（沈嗣
芳）、《农工矿林各业之连锁》（马寅初）、《敬
告企业家》（穆藕初）、《西南新工业的建设》
（刘阶平）、《长期抗战中的几个工业问题》
（顾毓琭）、《建立国防工业》（许涤新）、《战
时手工业问题》（吴半农、黄豪）。附工业奖
励法特种工业保息、补助条例等。

收藏单位：安徽馆、重庆馆、广东馆、国
家馆、湖南馆、吉林馆、江西馆、南京馆、
内蒙古馆、浙江馆

09937

战时工业政策　刘燕谷著

重庆：独立出版社，1940，89页，32开（抗
战建国纲领丛书）

本书共9章，内容包括：抗战建国与工业
化、战时工业政策的几个根本原则、如何建
设新的工业根据地、抗战时期的企业形态与
经营规模、怎样发展手工业等。

收藏单位：重庆馆、广东馆、贵州馆、国
家馆、湖南馆、吉林馆、南京馆、内蒙古馆

09938

战时及复员后之自贡盐场　曾仰丰著

出版者不详，1946，8页，16开

收藏单位：国家馆、南京馆

09939

战时民族工业 李熙谋编著

正中书局，1938.3，55 页，32 开（战时民众训练小丛书）

本书共 4 章：战时工业、我国工业的现状、现在应有的努力、过去错误的补救。

收藏单位：重庆馆、东北师大馆、广东馆、国家馆、湖南馆、吉林馆、南京馆、上海馆

09940

战时我国火柴工业及火柴专卖概况·中国制磷工业史概要 季士浩著 中国经济研究所编

中国工业经济研究所，1945.2，油印本，9 页，16 开，环筒页装（工业经济参考资料 第 8 号）

本书收文两篇。前篇共 5 部分：战前火柴工业鸟瞰、战时后方火柴工业之概况、沦陷区域敌伪统制下之火柴工业、火柴专卖之实施及其成就、附言。

收藏单位：重庆馆、国家馆

09941

战时盐运（第 1 辑） 梁绍文著

金华：正中书局，1939.8，44 页，32 开

本书内容包括：抢运浙盐三百天、为二十八年浙区盐运进一言、从盐民及运盐挑夫船户等缓役说到军训等。

收藏单位：浙江馆

09942

战时之后方工业建设 钟兆璇著

重庆：国民图书出版社，1941.4，94 页，32 开

本书共 12 章，内容包括：战时经济政策要旨、战争与工业、我国工业之发轫与其特质、政府之战时工业建设计划等。附我国战时产业振兴各项法令。

收藏单位：安徽馆、重庆馆、广东馆、广西馆、贵州馆、国家馆、湖南馆、吉林馆、江西馆、南京馆、内蒙古馆、浙江馆

09943

战时中国大后方纺织染整工厂一览表（棉毛麻丝） 蒋乃镛编制

重庆：申新第四纺织公司，1942.9，折表 6 张，25 开

本书全部为表。

收藏单位：重庆馆、国家馆、南京馆

09944

战时中国工业建设概论 刘阶平著

重庆：独立出版社，1941.9，39 页，32 开

本书分两篇：建设篇、研析篇。共 6 部分：战前工业建设检讨、工业重心的转移、现阶段工业建设、概论建设途径、概论建设问题、结论。附经济部的战时工业建设。

收藏单位：安徽馆、重庆馆、国家馆、黑龙江馆、吉林馆、南京馆、宁夏馆、浙江馆

09945

张家口华北电灯股份有限公司营业章程 张家口华北电灯股份有限公司编

张家口华北电灯股份有限公司，1935.7，14 页，22 开

收藏单位：国家馆

09946

张謇为通泰各盐垦公司募集资金说明书 张謇撰

出版者不详，[1928—1949]，20 页，16 开

本书共 6 章，内容包括：各公司成立之缘起、各公司之地位气候及土壤、各公司成立之经过及现状等。附通泰各盐垦公司总图。

收藏单位：国家馆、上海馆

09947

张裕葡萄酿酒有限公司说明书 张裕葡萄酿酒有限公司编

张裕葡萄酿酒有限公司，1925，1 册，14×26cm

本书大部分为照片。收录该公司产品获上海总商会商品陈列所展览会最优奖及巴拿马万国博览会金牌的照片。

收藏单位：国家馆

09948

浙江工商年鉴（三十五年度） 浙江工商年鉴编纂委员会编

浙江工商年鉴编纂委员会，[1947]，376 页，16 开

　　本书内容包括：直接税篇、货物税沿革、银行法、保险法、新公司法、商标法、商业登记法等。

　　收藏单位：东北师大馆、广东馆、广西馆、国家馆、黑龙江馆、近代史所、上海馆、绍兴馆、浙江馆、中科图

09949

浙江工业化之基本建设 杨建著

出版者不详，1945.11，34 页，16 开

　　本书共 5 章，内容包括：浙江省铁路网计划、浙江省水电网计划、浙江省工业区域划分计划等。

　　收藏单位：浙江馆

09950

浙江广兴煤矿公司矿地简略调查报告书 浙江广兴煤矿公司编

浙江广兴煤矿公司，[1917]，[13] 页，16 开

　　收藏单位：国家馆

09951

浙江建德淳安二县间之铁矿 朱庭祜编

两广地质调查所，1930，1 册，16 开

　　本书内容包括：位置及交通、沿革、地形、地质矿床、储量、成份等。摘印自《地质年报》第 3 卷上册。

　　收藏单位：浙江馆

09952

浙江平阳矾矿概况 建设委员会调查浙江经济所编

杭州：建设委员会调查浙江经济所，1931.3，42 页，18 开

　　本书共 7 部分：明矾之性质、明矾之用途、中国明矾之产地、中国明矾之产额、平阳之矾矿业、中国明矾之贸易与平阳矾矿业、结论。版权页题名：浙江平阳矾矿业概况。

　　收藏单位：重庆馆、广东馆、桂林馆、国家馆、近代史所、上海馆、首都馆、浙江馆、中科图

09953

浙江省地方概况报告 国民经济研究所编

国民经济研究所，[1936]，打印本，1 册，16 开（总第 2 号 工业门地方类 第 2 号）

　　本书涉及杭州市、鄞县、衢县、黄岩县、绍兴县、金华县、永嘉县、宁海县 8 地。

　　收藏单位：重庆馆

09954

浙江省第二区专员公署创办缫丝织绸炼染四工厂概况报告 浙江省第二区专员公署编

浙江省第二区专员公署，[1942]，油印本，1 册，16 开

　　本书共 5 部分，内容包括：新湖缫丝厂概况、新湖织绸厂概况、新湖电机织绸厂筹备概况等。

　　收藏单位：国家馆

09955

浙江省电灯厂统计图表 浙江省政府建设厅编

浙江省政府建设厅，1929.3，14 页，36×50cm

　　本书内容包括：浙江省电灯厂历年增设趋势图、浙江省各县电灯厂厂数比较图、浙江省电灯厂资本分县比较图等。

　　收藏单位：浙江馆

09956

浙江省工厂一览表 浙江省政府建设厅编

浙江省政府建设厅，1928，28 页，窄 20 开，环筒页装

　　本书介绍各类工厂的厂名、厂址、创立年月、资本、经理人、工人人数、出品等情况。共 14 类，内容包括：纱厂、丝绸厂、布厂、铁工厂、造纸厂、电灯厂等。

09957

浙江省杭州缫丝厂会计办法 周维城编制

浙江省杭州缫丝厂，1935，56 页，16 开

本书共 11 章，内容包括：审计、工帐、簿记、成本计算等。

收藏单位：浙江馆

09958

浙江省杭州缫丝厂一览　浙江省蚕丝统制委员会编

浙江省蚕丝统制委员会，1936.3，16 页，22开（浙江省蚕丝统制委员会丛刊 3）

本书共 8 部分，内容包括：沿革、本厂组织概略、经费与预算、制丝工作步骤之说明、各项简要统计等。

收藏单位：国家馆、南京馆

09959

浙江省杭州市杭州电气股份有限公司总厂营业章程　[杭州电气股份有限公司总厂编]

杭州电气股份有限公司总厂，[1936]，14 页，16 开

本章程共 23 条，内容包括：供电方式、线路、报装、费用、检验、改装、迁移、换户、停用等。附电气事业人处理窃电规则、取缔军警政机关部队及所属人员强用电流规则。于 1936 年 5 月由建设委员会核准，自1936 年 6 月 1 日起实行。

收藏单位：国家馆

09960

浙江省建设厅蚕丝统制委员会振艺丝厂工作日记（第 2 册）　振艺丝厂编

振艺丝厂，1935，手抄本，1 册，10 开

收藏单位：浙江馆

09961

浙江省金区合作糖厂计划及章程　金区合作糖厂编

金区合作糖厂，1934.10，38 页，32 开

本书附糖业生产合作社及联合会章程。

收藏单位：浙江馆

09962

浙江省手工业指导所事业报告（第 1 辑）　浙江省手工业指导所编

[丽水]：浙江省手工业指导所，[1940.7]，160 页，16 开

本书共 6 章：沿革与组织、工业推广、工业研究、厂务概况、会计、总务。

收藏单位：广东馆、国家馆、吉林馆、南京馆、浙江馆、中科图

09963

浙江省遂昌松阳青田三县矿产及奉化银山冈铅矿调查报告　张铮　宋雪友著

浙江省矿产调查所，1929，[22] 页，18 开（报告第 4 号）

本书共 3 部分：遂昌矿产之分布、松阳、青田。

收藏单位：国家馆、南京馆、浙江馆

09964

浙江省铁工厂三十三年度业务报告　浙江省铁工厂编

浙江省铁工厂，1944，油印本，34 页，16 开

本书内容包括：产销、试验、化验、厂务、福利等。

收藏单位：浙江馆

09965

浙江省铁工厂业务报告概要　黄祝民 [编]

出版者不详，1941，油印本，1 册，13 开，环筒页装

本书附该厂扩充计划。

收藏单位：国家馆

09966

浙江省油茶棉丝管理处二十八年度工作报告　浙江省油茶棉丝管理处编

出版者不详，1939，1 册，13 开

收藏单位：浙江馆

09967

浙江省玉环县堵塞围垦漩门港计划书　秉志著

出版者不详，[1911—1949]，6 页，36 开

收藏单位：浙江馆

09968

浙江省之茶厂管理（二十八年度） 浙江省油茶棉丝管理处茶叶部编

浙江省油茶棉丝管理处茶叶部，1939，166+52 页，32 开

　　本书共 8 章，内容包括：绪论、管辖区一般情形、茶厂管理工作实施经过、工作效果、农商盈亏状况等。附茶厂管理应用各种书表汇录。目录页题名：浙江省之茶厂管理——二十八年度茶厂管理工作报告书。

　　收藏单位：重庆馆、国家馆、吉林馆、上海馆、中科图

09969

浙江沿海各县草帽业 建设委员会调查浙江经济所编

杭州：建设委员会调查浙江经济所，1931.4，84 页，18 开

　　本书共 8 部分，内容包括：绪言、草帽之原料、草帽之产量、草帽之价值、浙江历年草帽输出概况等。附浙江沿海各县各种草帽产量比较图、浙江沿海各县各种草帽产值比较图等。

　　收藏单位：重庆馆、国家馆、近代史所、南京馆、上海馆、绍兴馆、首都馆、浙江馆

09970

浙江盐政局调查盐业报告

出版者不详，[1911—1949]，1 册，32 开

　　本书共 5 部分，内容包括：温州之部、绍兴之部、呈送各机关化制样盐文（附部令）、呈都督筹设模范盐业试验场文（附督批）等。

　　收藏单位：南京馆

09971

浙江战时出版事业概况 浙江省图书杂志审查处编

浙江省图书杂志审查处，1945.7，1 册，16 开

　　本书收录浙江省战时图书出版概况调查、浙江省战时杂志社概况调查等。

　　收藏单位：浙江馆

09972

浙江之绍酒 建设委员会经济调查所统计课编

杭州：建设委员会经济调查所，1937.4，40 页，16 开

　　本书共 14 部分，内容包括：引言、产地、产量产值、原料药料、酿酒用具、酿造方法、包装等。

　　收藏单位：国家馆、浙江馆

09973

浙江之纸业 浙江省政府设计会编

浙江省政府设计会，1930.12，723 页，18 开

　　本书共 4 编：中国纸业之概观、浙江之纸业（上、下）、结论。附浙江省手工造纸统计。

　　收藏单位：安徽馆、长春馆、重庆馆、东北师大馆、贵州馆、国家馆、湖南馆、江西馆、南京馆、上海馆、首都馆、天津馆、浙江馆、中科图

09974

浙西义民工厂创办之始末

出版者不详，[1945—1949]，21 页，32 开

　　本书收录资料文电。

　　收藏单位：安徽馆

09975

针对当前经济病症如何挽救工业 周天骥著

出版者不详，1946，18 页，32 开

　　收藏单位：广东馆

09976

振兴中华瓷业计划书 程定贲著

出版者不详，1928，石印本，1 册，25 开，环筒页装

　　收藏单位：国家馆

09977

镇江大照电气公司开业卅年纪念刊 镇江大照电气公司编

镇江大照电气公司，[1936]，76 页，16 开

　　本书记述该公司创办经过、近十年来概

况，并有新厂计划书等。附该公司所颁布的有关章则 30 种。目录页题名：镇江大照电气公司创业三十年纪念特刊。

收藏单位：国家馆、南京馆

09978

整理汉冶萍煤铁矿厂目前着手办法　湛湛溪著

整理汉冶萍公司委员会，1928，石印本，13页，25开，环筒页装

本书共 6 部分：提高砂价、用人、理财、冶矿、萍矿、汉厂。封面题名：国府批准交通部呈整理汉冶萍煤铁矿厂目前着手办法。

收藏单位：重庆馆、湖南馆、南京馆

09979

正义的呼声（内迁工厂为争取日本赔偿物资所作呼吁文字特辑）　迁川桂工厂联合会上海办事处编

迁川桂工厂联合会上海办事处，1948.2，24页，32开

本书内容包括：宣言、舆论一斑、内迁工厂对于处理日本赔偿物资的主要态度、历次与有关当局往返文书等。附行政院民营事业申请价配日本赔偿物资办法。

收藏单位：南京馆、上海馆

09980

郑州明远电灯股份两合公司营业章程　郑州明远电灯股份两合公司编

郑州明远电灯股份两合公司，[1934]，7页，32开

本书所收章程于 1934 年 2 月呈准建设委员会改订。书中题名：郑州明远电灯公司营业章程。

收藏单位：国家馆

09981

执照证明书奖状试验报告等一览（中华民国二十三年至二十四年）　中央化学玻璃厂股份有限公司编

上海：中央化学玻璃厂股份有限公司，[1935]，[9] 页，16开

收藏单位：国家馆

09982

植物鞣料提制厂计划　经济部中央工业试验所编

经济部中央工业试验所，1939.1，12页，32开（小规模工业计划丛刊）

本书共 4 部分：胶质鞣料之提制、撒布鞣料之切制、工厂建筑设备及其组织资本、营业概算。

收藏单位：国家馆、南京馆

09983

植物油制炼工业　工商部上海工商辅导处调查资料编辑委员会编

工商部上海工商辅导处调查资料编辑委员会，1948.9，9页，16开（调查资料 化字 第3号）

本书共 9 部分，内容包括：概说、植物油制炼图解、上海区植物油制炼工业制品统计等。附原料含油量、制品分析、油饼分析。

收藏单位：广东馆、广西馆、国家馆、上海馆

09984

纸　江西省政府建设厅编

江西省政府建设厅，1939.5，71页，32开

本书共两编。介绍江西纸业概况、发展计划。

收藏单位：重庆馆、江西馆、南京馆、浙江馆

09985

纸及纸浆　东北物资调节委员会研究组编辑

沈阳：东北物资调节委员会，1947.11，140页，32开，精装（东北经济小丛书13）

沈阳：东北物资调节委员会，1948，140页，32开，精装（东北经济小丛书13）

本书共两编：纸、纸浆。第 1 编共 4 章：东北之纸、东北纸之供求状况、东北制纸工厂现状、东北纸类之将来；第 2 编共 3 章：东北之纸浆、纸浆之供求状况、东北纸浆工业之将来。

收藏单位：安徽馆、长春馆、重庆馆、东

北师大馆、甘肃馆、广东馆、贵州馆、国家馆、河南馆、黑龙江馆、辽大馆、辽师大馆、南京馆、内蒙古馆、上海馆、首都馆、天津馆、西南大学馆

09986

纸烟成本会计制度草案

新华烟草公司，1948.8，67页，32开

　　收藏单位：国家馆

09987

制革工业　行政院新闻局编

行政院新闻局，1948.5，44页，32开

　　本书共7部分，内容包括：我国制革工业简史、原料之供应地区及数量、原料之保存与改善、制革所在地区数目及其设备概况等。为经济部中央工业试验所资料。

　　收藏单位：重庆馆、广东馆、贵州馆、国家馆、江西馆、南京馆、内蒙古馆、宁夏馆、上海馆、首都馆、浙江馆

09988

制碱工业在台湾　方以矩著

出版者不详，[1940—1949]，24页，25开

09989

制糖工业报告书　全国经济委员会编

全国经济委员会，1936.8，104页，16开（全国经济委员会经济专刊11）

　　本书共7章，内容包括：世界糖业概况、制糖原料、制糖方法、各省制糖业概况、销路等。

　　收藏单位：重庆馆、广东馆、广西馆、国家馆、近代史所、山西馆、上海馆、浙江馆

09990

制药工业　工商部上海工商辅导处调查资料编辑委员会编

工商部上海工商辅导处调查资料编辑委员会，1948.9，14页，16开（调查资料 化字 第4号）

　　本书共8部分，内容包括：概说、上海区制药工业制品统计、上海区制药工业原料统计、上海区制药工业动力设备统计、上海区制药工业职工统计等。

　　收藏单位：国家馆、浙江馆

09991

制造工业与民生问题　建设委员会编

南京：建设委员会，[1929]，10页，32开（建设小丛刊6）

　　本书内容包括：要解决民生问题先要提倡制造工业、中国进口机器价值表、日本在中国上海汉口青岛天津各处投资表等。

　　收藏单位：南京馆

09992

制造业统一会计科目　国民政府主计处会计局编

国民政府主计处会计局，1943.5，18页，32开

　　本书附制造业资产负债平衡表格式及内容、制造业损益计算表格式及内容。

　　收藏单位：广东馆、广西馆、南京馆

09993

制纸工业报告书　全国经济委员会编

全国经济委员会，1936.6，139页，16开（全国经济委员会经济丛刊7）

　　本书共11章，内容包括：吾国制纸工业之沿革及现状、世界纸业概况、洋纸之输入与国产纸之输出、国产纸之种类用途与产量、造纸原料、制纸设备及方法等。

　　收藏单位：重庆馆、国家馆、江西馆、山西馆、上海馆、浙江馆

09994

中福嘉阳威远天府石燕湘潭六矿职员录

出版者不详，1942，油印本，1册，16开，环筒页装

　　本书内容包括：六矿现任董事及监察人、六矿总公司、天府矿厂、湘潭煤矿留守处等。附各矿通讯处。

　　收藏单位：重庆馆

09995

中福矿案交涉始末纪 中原股份有限公司董事会编

开封：建华印刷所，1933.5，[202]页，16开

本书共14部分，内容包括：中福矿案交涉会议记录、中福矿案交涉各方提出原则、中福矿案交涉各方提案说明书、中原公司董事会呈文、河南省府关于福案指令等。

收藏单位：重庆馆、贵州馆、国家馆、绍兴馆、天津馆、中科图

09996

中福两公司联合办事处业务报告 中福两公司联合办事处编

中福两公司联合办事处，1934—1936，4册，16开

本书共6章：总论、营运、会计、工程、其他、附录。所涉时间为1934年7月至1936年12月。

收藏单位：重庆馆、国家馆、近代史所、南京馆、绍兴馆

09997

中福两公司联合办事处业务统计简报 中福两公司联合办事处编

外文题名：Chung Fu joint mining administration monthly statistics

中福两公司联合办事处，1933.10，[43]页，横16开

本书共6部分：总务、财务、营业、工程、教育、卫生。

收藏单位：国家馆

09998

中国出口工业一览 中国上海国际贸易协会编

外文题名：Handbook of Chinese manufactures

上海：中国上海国际贸易协会，1949，528页，21开，精装

本书收录工厂名录（多为英译）等。

09999

中国的钢铁问题 陈谷声著述

上海：美华印刷所，1932.10印，25页，32开

本书共两部分：插图、纲目。插图部分共10种，内容包括：将近实现之中央钢铁厂全景、最新式之煤矿全图、煤井底下的隧道等；纲目部分共10种，内容包括：要促进世界和平应开发中国富源、资本与劳力、外国为什么要借资本给我们等。

收藏单位：近代史所、南京馆、上海馆

10000

中国的工业 任曙编著

上海：生活书店，1934.8，90页，32开

本书共8部分，内容包括：市场问题的发端、国外输入国内生产与国内市场、殖民地化的最后挣扎等。

收藏单位：重庆馆、广东馆、广西馆、贵州馆、国家馆、湖南馆、吉林馆、江西馆、近代史所、上海馆、天津馆、浙江馆

10001

中国的煤和铁 王冰著

上海：文通书局，1948.8，26页，32开（文通少年丛书）（少年史地丛刊）

本书为少年读物。共两部分：煤、铁。

收藏单位：广东馆、绍兴馆

10002

中国的手工业 高叔康著

长沙：文史丛书编辑部，1940.10，76页，32开（文史丛书23）

本书共8章，内容包括：什么是手工业、中国各地特种手工业概况、手工业在国民经济上的地位、改良手工业技术问题、手工业合作组织问题等。

收藏单位：广东馆、贵州馆、国家馆、湖南馆、江西馆、内蒙古馆、浙江馆

10003

中国的纸木业 钱承绪编著

上海：中国经济研究会，1940，[136]页，18开

本书为1935年全国经济委员会调查的全国纸业情形。内容包括：中国纸业调查报告、

中国之木业。

收藏单位：国家馆

10004

中国电厂统计 建设委员会编

南京：建设委员会，1932，144 页，横 16 开（全国电气事业统计第 2 号）

本书全部为表。共 6 部分，内容包括：弁言（附统计表十幅）、民营电气事业调查表、公营电气事业调查表等。

收藏单位：重庆馆、广东馆、国家馆、近代史所、南京馆、中科图

10005

中国电界论坛（第 1 集） 电气书籍编译部选辑

上海：新电界杂志社，1933，1 册，16 开

本书内容包括：电气通信、电气教育与研究、电灯、电业经营、电机与制造、电气化学、电力与水电等。附上海电气工商业一览、中国出版电气书籍杂志一览。

收藏单位：国家馆、内蒙古馆、山西馆、上海馆、浙江馆、中科图

10006

中国电力分布图 皮炼编制

上海：中华书局，1948.9，1 册

本书含汉英对照说明。

收藏单位：广东馆、贵州馆、天津馆

10007

中国电气事业一览表 建设委员会编

外文题名：Complete list of electric utilities in China

南京：建设委员会，[1936.8]，31 页，10 开

本书收录统计表 23 种、图 3 种。为 1936 年 6 月底以前调查材料的单独刊行本，原附载于历年《中国电气事业统计》之后。

收藏单位：重庆馆、国家馆、南京馆

10008

中国电器制造事业一览表 资源委员会电工器材厂筹备委员会编

外文题名：Complete list of electrical manufac-

turers in China

资源委员会电工器材厂筹备委员会，1937.2，29 页，10 开

收藏单位：国家馆

10009

中国都市工业化程度之统计分析 龚骏著

上海：商务印书馆，1933.12，200 页，32 开（万有文库第 1 集 510）（百科小丛书）

上海：商务印书馆，1934.3，200 页，32 开（百科小丛书）

本书分 10 章阐述都市工业化的意义、影响及其在全国的地位，统计分析上海、天津、广州、北京等城市的工厂、资本、工人人数、原动力使用程度等情况。

收藏单位：安徽馆、重庆馆、大理馆、大连馆、东北师大馆、广东馆、广西馆、贵州馆、国家馆、河南馆、黑龙江馆、湖南馆、江西馆、近代史所、辽大馆、南京馆、内蒙古馆、宁夏馆、上海馆、首都馆、天津馆、西南大学馆、浙江馆

10010

中国发动机厂有限公司

出版者不详，1946，1 册

收藏单位：南京馆

10011

中国纺织厂一览表初稿

出版者不详，1947.9，1 册，16 开

收藏单位：南京馆

10012

中国纺织建设公司 行政院新闻局编

行政院新闻局，1948.11，96 页，32 开

本书共 7 部分：简史、接收经过、组织与管理、资产与设备、生产统计、业务概况、各厂鸟瞰。

收藏单位：重庆馆、广东馆、国家馆、南京馆、山西馆、上海馆、浙江馆

10013

中国纺织建设公司仓库管理规则 中国纺织

建设公司编

中国纺织建设公司，[1947—1949]，[24] 页，32 开

本书共 6 章：总则、仓库之设备、货品之保管、进仓出仓及盘存、货品之保险、附则。

收藏单位：国家馆

10014

中国纺织建设公司东北分公司第一周年纪念刊　中国纺织建设公司东北分公司编

中国纺织建设公司东北分公司，1947，1 册，16 开

本书收录中国纺织建设公司东北分公司一周年工作概况，内容包括：总务部分、业务部分、会计部分、材料部分等。

收藏单位：国家馆

10015

中国纺织建设公司董事会章程、董事会议事规则、公司章程、公司组织规程、分公司组织通则、工厂组织通则、办事处组织通则

[中国纺织建设公司编]

[中国纺织建设公司]，[1940—1949]，20 页，32 开

本书收录中国纺织建设公司董事会章程 9 条、董事会议事规则 10 条、公司章程 23 条等。

收藏单位：国家馆

10016

中国纺织建设公司法令章则汇编　中国纺织建设公司编

中国纺织建设公司，[1911—1949]，1 册，32 开，活页精装

本书共 10 编：总则、工务、业务、人事、文书、会计、稽核、福利、统计、财务。共收录法令、章则 110 条。附折表。

收藏单位：广东馆、国家馆、南京馆、首都馆、天津馆

10017

中国纺织建设公司高级业务人员调训班结业纪念刊　中国纺织建设公司编

中国纺织建设公司，1947.9，81 页，36 开

本书共两部分：特约演讲录、棉花业务问题讨论记录。附该公司各厂设备一览表。

10018

中国纺织建设公司购料委员会十一月份采购机料统计报告提要（民国三十七年）　购料委员会配核组编

[中国纺织建设公司]，1948，油印本，1 册，13 开

本书共 4 部分：全部购料总额、本会采购部分、上海属厂自购部分、附表。

收藏单位：国家馆

10019

中国纺织建设公司稽核处办事细则　中国纺织建设公司稽核处编

中国纺织建设公司稽核处，[1911—1949]，18 页，32 开

本书共 9 章：总则、财务稽核、会计稽核、业务稽核、工务稽核、人事及事务稽核、契据合约稽核、巡回稽核、附则。

收藏单位：国家馆

10020

中国纺织建设公司棉纺织厂经营标准　中国纺织建设公司编

[中国纺织建设公司]，[1946]，20 页，32 开

本书共 10 章，内容包括：职工人数及工作能力、成品品质、原料、检验、福利设施等。

收藏单位：国家馆

10021

中国纺织建设公司青岛第六纺织厂三十五年度年报　中国纺织建设公司青岛第六纺织厂编

中国纺织建设公司青岛第六纺织厂，1947.6，95 页，25 开

本书共 12 部分，内容包括：沿革、本厂组织系统表、生产概况、工人概况、一年来之工作检讨、员工福利设施概况等。

收藏单位：国家馆、湖南馆、天津馆

10022

中国纺织建设公司青岛分公司工作报告书（第2号 卅五年二月十六日至五月卅一日）
中国纺织建设公司青岛分公司编
中国纺织建设公司青岛分公司，1946，油印本，1册，16开，环筒页装
　　收藏单位：重庆馆

10023

中国纺织建设公司青岛分公司三十六年度统计年报　中国纺织建设公司青岛分公司统计室编
中国纺织建设公司青岛分公司统计室，[1948]，223页，16开
　　本书全部为表。内容包括：管理统计、工务统计等。目录页题名：卅六年度统计年报。
　　收藏单位：重庆馆、广西馆、国家馆、河南馆、江西馆、南京馆、上海馆、首都馆、天津馆

10024

中国纺织建设公司青岛各纺织厂工务概况
中国纺织建设公司编
中国纺织建设公司，1947.4，74页，25开
　　本书大部分为表。共47部分，内容包括：各厂沿革概述、各厂成品种类及商标、各厂纺部机械设备一览表等。
　　收藏单位：广东馆、国家馆、近代史所、南京馆、上海馆

10025

中国纺织建设公司三十六年度工作总报告
中国纺织建设公司编
中国纺织建设公司，[1948]，8页，32开
　　本书共4部分：组织与管理、工务、业务、会计及财务。附本公司组织系统表、中国纺织建设公司上海各棉纺织厂每万锭及每百台工人数、三十六年新增重要设备表等。
　　收藏单位：国家馆、上海馆

10026

中国纺织建设公司上海第一纺织厂概况　中国纺织建设公司上海第一纺织厂编
中国纺织建设公司上海第一纺织厂，1947.7，128页，25开
　　本书介绍该厂沿革、组织系统、厂基及建筑、机械设备、出品与商标等。
　　收藏单位：上海馆

10027

中国纺织建设公司上海第二、三纺织厂概况　中国纺织建设公司上海第二纺织厂　中国纺织建设公司上海第三纺织厂编
中国纺织建设公司上海第二纺织厂、中国纺织建设公司上海第三纺织厂，[1948.1]，92+124页，16开
　　本书介绍两厂沿革、人事组织、出品商标、机械设备、工作情形、福利设施等。
　　收藏单位：广东馆、国家馆、上海馆

10028

中国纺织建设股份有限公司上海第五纺织厂概况　中国纺织建设股份有限公司上海第五纺织厂编
中国纺织建设股份有限公司上海第五纺织厂，[1948]，172页，16开
　　本书共15部分，内容包括：沿革、出品与商标、人事组织、基地及建筑、机械设备、纺部工务状况、织部工务状况等。
　　收藏单位：国家馆、上海馆

10029

中国纺织建设公司上海第六纺织厂概况　中国纺织建设公司上海第六纺织厂编
中国纺织建设公司上海第六纺织厂，1947.4，[50]页，16开
　　本书共9部分，内容包括：沿革、设备、组织系统、工务状况、工人现况等。附历年大事记、职员通讯录。
　　收藏单位：国家馆、上海馆

10030

中国纺织建设公司上海第十纺织厂概况　中国纺织建设公司上海第十纺织厂编
中国纺织建设公司上海第十纺织厂，1947.12，124页，16开

本书共 12 部分，内容包括：弁言、沿革、组织、机械设备、工务状况、人事课、总务课等。附接收前日资同兴纺织株式会社在上海所有产业内容及其经过概况、上海第九纺织厂概况、职员录（附第九纺织厂职员录）。

收藏单位：国家馆、上海馆、天津馆

10031

中国纺织建设公司上海第十一纺织厂概况

[中国纺织建设公司上海第十一纺织厂编]

[中国纺织建设公司上海第十一纺织厂]，1948.10，53 页，16 开

本书介绍该厂沿革、各部分工作概况及职工福利设施等。

收藏单位：国家馆

10032

中国纺织建设公司上海第十二纺织厂概况

中国纺织建设公司上海第十二纺织厂编

中国纺织建设公司上海第十二纺织厂，1947.1，55 页，16 开

本书介绍该厂厂史、一年来工作及近况等。

收藏单位：重庆馆、广东馆、南京馆、上海馆

10033

中国纺织建设公司上海第十五纺织厂概况

中国纺织建设公司上海第十五纺织厂编

中国纺织建设公司上海第十五纺织厂，1947.5，60 页，25 开

本书概述该厂沿革、机械设备、生产、福利、人事情况。目录页题为：中国纺织建设公司上海第十五纺织厂民国三十五年概况。

收藏单位：上海馆

10034

中国纺织建设公司上海第十六纺织厂概况

中国纺织建设公司上海第十六纺织厂编

中国纺织建设公司上海第十六纺织厂，1947.10，30 页，25 开

本书介绍该厂沿革、概况及福利、员工情况。附职员录。

10035

中国纺织建设公司上海第十七纺织厂概况

[中国纺织建设公司上海第十七纺织厂编]

[中国纺织建设公司上海第十七纺织厂]，1947，44 页，25 开

收藏单位：广东馆

10036

中国纺织建设公司上海第二毛纺织厂概况

中国纺织建设公司上海第二毛纺织厂编

中国纺织建设公司上海第二毛纺织厂，1948.7，49 页，16 开

本书介绍该厂沿革、组织、厂址、建筑、机械设备、商标、工友概况等。

10037

中国纺织建设公司上海第三毛纺织厂概况

中国纺织建设公司上海第三毛纺织厂编

中国纺织建设公司上海第三毛纺织厂，1948.3，34 页，16 开

本书大部分为图表。共 14 部分，内容包括：沿革、组织系统表、机械设备一览表、纺部工作概况、织造部工作概况、染整部工作概况、机动部工作概况等。

收藏单位：国家馆

10038

中国纺织建设公司上海第四毛纺织厂概况

中国纺织建设公司上海第四毛纺织厂编

中国纺织建设公司上海第四毛纺织厂，1947.3，38 页，16 开

本书内容包括：沿革、纺部机器、织部机器、染部机器、保全部工作概况、样品说明等。

收藏单位：国家馆、南京馆、上海馆

10039

中国纺织建设公司上海第一印染厂概况　中国纺织建设公司上海第一印染厂编

中国纺织建设公司上海第一印染厂，1947.1，28 页，18 开

本书内容包括：沿革、厂址及建筑、机械设备、生产情形等。

收藏单位：国家馆、上海馆

10040

中国纺织建设公司上海第三印染厂概况　中国纺织建设公司上海第三印染厂编

中国纺织建设公司上海第三印染厂，1947.6，28 页，16 开

　　本书内容包括：沿革、概况、机械设备、生产情况、商标等。

10041

中国纺织建设公司上海第一针织厂概况　中国纺织建设公司上海第一针织厂编

中国纺织建设公司上海第一针织厂，1947.4，49 页，24 开

　　本书介绍该厂沿革，并有机器设备、销售、原料等统计图表。

10042

中国纺织建设公司上海第一制麻厂概况　[中国纺织建设公司上海第一制麻厂编]

[中国纺织建设公司上海第一制麻厂]，1947，39 页，32 开

　　本书大部分为图表。共 15 部分，内容包括：人事组织、厂址及建筑、机械设备、原料配合、生产概况、工友概况等。

　　收藏单位：首都馆

10043

中国纺织建设公司上海第二制麻厂概况　中国纺织建设公司上海第二制麻厂编

中国纺织建设公司上海第二制麻厂，1947.1，33 页，16 开

　　本书内容包括：沿革、机械状况及设备等之改进概要、精炼部述要、纺部述要、织部述要等。

　　收藏单位：上海馆

10044

中国纺织建设公司上海第六纺织厂汇刊　中国纺织建设公司上海第六纺织厂编

中国纺织建设公司上海第六纺织厂，[1948]，298 页，16 开，精装

本书共 9 编，内容包括：本厂概观、纺纱工场、织布工场、机动工场、试训调查等。

　　收藏单位：重庆馆、东北师大馆、贵州馆、国家馆、黑龙江馆、近代史所、南京馆、浙江馆

10045

中国纺织建设公司上海第六纺织厂养成工特刊　中国纺织建设公司上海第六纺织厂编

中国纺织建设公司上海第六纺织厂，1948.1，12 页，16 开，精装

　　收藏单位：重庆馆

10046

中国纺织建设公司上海第七纺织厂三十五年度概况　中国纺织建设公司上海第七纺织厂编

中国纺织建设公司上海第七纺织厂，1947，80 页，16 开

　　本书共两部分：图表、文字。"文字"部分内容包括：本厂史略、一年来职工福利事业之推进、三十六年度人事课工作进行计划大纲、本厂机械名称一览、本厂职员名册等。

　　收藏单位：国家馆、上海馆、中科图

10047

中国纺织建设公司上海第七纺织厂中华民国三十六年度工作概要　中国纺织建设公司上海第七纺织厂编

中国纺织建设公司上海第七纺织厂，[1940—1949]，38 页，16 开

　　本书内容包括：技术研究会纪念歌、中纺七厂厂歌、该厂平面图、机械排列图、各种统计图表等。目录页题名：三十六年度工作概要。

　　收藏单位：广东馆

10048

中国纺织建设公司上海第十四纺织厂三十五年度工作年报　中国纺织建设公司上海第十四纺织厂编

中国纺织建设公司上海第十四纺织厂，1947，71 页，16 开

本书共6章：纺部工作概况、织部工作概况、机动部工作概况、工资及物料统计、人事及福利工作概况、消防工作概况。

收藏单位：南京馆、上海馆

10049

中国纺织建设公司上海第十九纺织厂民国三十六年度上半年工作概况 中国纺织建设公司上海第十九纺织厂编

中国纺织建设公司上海第十九纺织厂，1947.10，37页，24开

本书收录各种工作支配表、统计图表等。

收藏单位：黑龙江馆、上海馆

10050

中国纺织建设公司上海第十九纺织厂周年纪念刊 中国纺织建设公司上海第十九纺织厂编

中国纺织建设公司上海第十九纺织厂，1947.3，114页，16开，精装

本书内容包括：题词、发刊词、集景、概况、工作情形、著述、附录。

收藏单位：安徽馆、广东馆、国家馆、湖南馆、近代史所、山西馆、天津馆

10051

中国纺织建设公司天津分公司规章汇览 中国纺织建设公司天津分公司秘书室编

中国纺织建设公司天津分公司秘书室，[1947—1949]，1册，25开，活页装

本书共10类：组织类、人事类、工务类、业务类、会计类、材料类、总务类、运输类、福利类、其他。收录该公司及分公司现行规章57种。

收藏单位：国家馆

10052

中国纺织建设公司巡回督导团上海第五纺织厂报告书

[中国纺织建设股份公司]，1948.1，209页，16开（沪字第42号）

本报告为督导团1947年12月巡视所作报告书。

10053

中国纺织建设股份公司各棉纺织厂生产量

[中国纺织建设股份公司]，1949，油印本，1册，横8开

收藏单位：国家馆

10054

中国纺织建设股份有限公司各纺织印染厂成品种类规格一览

[中国纺织建设股份公司]，1949，油印本，1册，16开

收藏单位：广东馆

10055

中国纺织建设股份有限公司卅八年度营业计划 中国纺织建设股份有限公司编

中国纺织建设股份有限公司，[1948]，1册，25开

本书共6部分，内容包括：预计生产量、预计销售成品量、预计营业收入等。

收藏单位：国家馆、南京馆

10056

中国纺织建设股份有限公司三十八年度营业基金预算书 中国纺织建设股份有限公司编

中国纺织建设股份有限公司，[1949]，[6]页，25开

本书全部为表。

10057

中国纺织建设股份有限公司上海第一绢纺厂卅七年度工作概况 中国纺织建设股份有限公司上海第一绢纺厂编

中国纺织建设股份有限公司上海第一绢纺厂，1949.3，23页，25开

本书大部分为图表。介绍该厂制度、运转、生产、原料耗用、制造成本、销售、员工、福利等情况。附职员通信录。

收藏单位：国家馆

10058

中国纺织品产销志 叶量著

上海：生活书店，1935.1，276页，22开（固

定税则委员会商品丛刊1）

本书共20章，内容包括：概述、棉纱、丝纱、线绳类、编织品、针织品、特种布、家庭日用品、衣着服御品等。附服装臆说、中国纺织工厂要览。

收藏单位：广东馆、国家馆、近代史所、上海馆、中科图

10059

中国纺织染业概论　蒋乃镛著

重庆：中华书局，1944.10，154页，32开

上海：中华书局，1946.6，增订再版，234页，32开

本书初版共4章：棉纺织染业、毛纺织染业、麻纺织染业、丝纺织染业。增订版共6章，增加两章："抗战胜利后收复区纺织业概况""抗战胜利后西南、华中、西北各省纺织业概况"。

收藏单位：重庆馆、国家馆、近代史所、南京馆、上海馆、首都馆、天津馆、浙江馆、中科图

10060

中国纺织学会第十三届年会年刊　中国纺织学会编

上海：中国纺织学会，[1911—1949]，146页，16开

本书收录《如何维护当前之棉纺织业》（朱仙舫）、《对我纺织工业前途之检讨》（李锡钊）、《战后日本棉纺织业的演进》（金叔平）等论文，并收技术论文和特载、学会会员录。

10061

中国纺织学会会员　中国纺织学会编

[上海]：中国纺织学会，[1911—1949]，12页，16开

10062

中国纺织学会建筑会所捐款收支报告　中国纺织学会建筑委员会财务组编

[上海]：中国纺织学会建筑委员会财务组，[1911—1949]，32页，16开

本报告内容包括收支清单、捐款人名册。

10063

中国纺织学会上海分会会员录　中国纺织学会上海分会编

中国纺织学会上海分会，1946.10，29页，16开

本书内容包括：正会员、仲会员、学生会员、特别会员。

收藏单位：上海馆

10064

中国各大电厂纪要　恽震　王崇植编

[南京]：建设委员会，1931，140页，16开（中国电气事业丛书）

本书共14部分，分述上海电厂、广州电厂、天津电厂、北平电厂、武汉电厂、哈尔滨电厂等13处电厂概况，并作出结论。

收藏单位：国家馆、近代史所、上海馆、首都馆

10065

中国工程师学会国父实业计划研究会第一考察团水利报告初稿　沙玉清　陈之颙编

国立西北农学院农田水利研究部，1945.4，油印本，1册，16开

收藏单位：南京馆

10066

中国工史述要　苏兆奎编

出版者不详，[1911—1949]，9页，23开，环筒页装

本书附历代工官沿革表。

收藏单位：重庆馆

10067

中国工业电厂统计（第1号 民国二十三年份全国工业电厂之发电状况）　建设委员会编

南京：建设委员会，1936.7，20页，10开

本书大部分为表。共3部分：导言、全国工业电厂统计表、全国工业电厂一览表。

收藏单位：重庆馆、国家馆、南京馆、上海馆

10068

中国工业调查报告　刘大钧著

经济统计研究所，1937.2，3 册（381+[216]+673 页），16 开（军事委员会资源委员会参考资料 20）

本书共 5 部分：报告纲要、工业分业略说、工业分地略说、合于工厂法工厂分业统计表、地方工业概况统计表。

收藏单位：重庆馆、广东馆、国家馆、吉林馆、近代史所、南京馆、山西馆、上海馆、首都馆

10069

中国工业访问录（第 1 集 上海区）　中国工业访问社编

上海：中国工业访问社，1937.5，174 页，16 开

收藏单位：南京馆

10070

中国工业服务社缘起　永利化学工业公司总管理处编

[天津]：永利化学工业公司总管理处，[1946—1949]，14 页，32 开

本书附中国工业服务社简章。

收藏单位：国家馆

10071

中国工业服务社之使命　中国工业服务社编

南京：中国工业服务社，[1936.8]，44 页，36 开

本书介绍该社简章、缘起。附《中国工业服务社与中国工业之前途》（李书田）、《中国工业服务社成立感言》（《大公报》社论）。

收藏单位：上海馆

10072

中国工业合作社

出版者不详，1938，73 页，32 开

本书共两章：中国切迫需要建设经济国防、建设新经济国防之计划。附《生产者之"合作社"集团》（C.F.Strickland）。

收藏单位：重庆馆、国家馆、上海馆

10073

中国工业合作社报告书　中国工业合作社编

中国工业合作协会，[1911—1949]，16 页，32 开

本书共 8 部分，内容包括：绪言、中国工业合作协会之成立、总办事处工作概况、中国工业合作协会之财政状况等。书中题名：中国工业合作协会工作简报。

收藏单位：国家馆

10074

中国工业合作社会计暂行规则

中国工业合作协会西北区办事处，1939.3，41 页，22 开（西北区丛书 7）

本书共 4 章：总则、会计科目、账表、决算。

收藏单位：国家馆

10075

中国工业合作社运动（一名，建立持久战的工业基础）　中国工业合作协会编

中国工业合作协会，1938.5，80 页，32 开

[中国工业合作协会]，1938.12，2 版，修正本，80 页，32 开

收藏单位：重庆馆、广东馆、国家馆、江西馆、南京馆、首都馆

10076

中国工业合作协会川康区办事处工作报告

出版者不详，1939，28 页，32 开

本书共 4 部分：概述、组织、技术、财务。所涉时间为 1939 年 1 月 23 日至 6 月底。

收藏单位：国家馆

10077

中国工业合作协会东南区办事处工作报告书　中国工业合作协会东南区办事处编

[中国工业合作协会东南区办事处]，[1940]，93 页，22 开

本书共 6 章：绪言、东南工合的发创、本区工作之进展、辅助事业及其他、各事务所工作大要、结论。附本区工合社分布图、本区办事处特别补助费（捐赠收入）收入概况

表、合作社业务分类数字统计表等。所涉时间为 1938 年 10 月至 1940 年 4 月。

收藏单位：国家馆、江西馆、浙江馆

10078

中国工业合作协会二周纪念特刊　中国工业合作协会编

[中国工业合作协会]，[1940]，70 页，16 开

本书收录《两年来之中国工业合作运动》（孔祥熙）、《我对于中国工业合作运动的观察》（梁士纯）、《本会过去承制军毯所遇困难的检讨》（夏循元）、《合作视察员任务的重要及应有之态度》（王作田）、《西南区工合产销概况》（孙文藻）、《荣昌的麻织业与改进的方法》（张官廉）、《民族经济建设的两大基础运动》（姚石庵）等。

收藏单位：国家馆、南京馆

10079

中国工业合作协会各社出品目录　中国工业合作协会供销组编

中国工业合作协会供销组，1942.3，154 页，横 18 开

本书为产品目录。共 8 部分：服装类、皮件类、纺织类、化学品类、油脂类、食品类、五金类、雨具类。

收藏单位：国家馆

10080

中国工业合作协会工作概况　中国工业合作协会编

中国工业合作协会，[1939]，114 页，16 开

本书共 8 部分：工业合作运动之使命及其特点、本会工作概况、西北区办事处工作报告、西南区办事处工作报告、川康区办事处工作报告、云南省办事处工作报告、本会工作计划书（1939 年 7 月至 1940 年 6 月）、本会各区工业合作社社名录。

收藏单位：重庆馆、贵州馆、国家馆、南京馆

10081

中国工业合作协会工作概况

中国工业合作协会，[1941]，油印本，18 页，16 开，环筒页装

本书共 9 部分：缘起、组织、工作区域、组导概况、生产概况、供销概况、贷款概况、教育福利、其他工作。

收藏单位：广东馆、国家馆

10082

中国工业合作协会荣昌事务所一年来工作报告及今后工作计划　中国工业合作协会荣昌事务所编

重庆：荣昌玉屏街印刷工业合作社，1940，石印本，25 页，36 开

本书内容包括：概述、组社及贷款、技术方面之工作、各社业务、训练工作、社员的社会活动、今后的工作计划等。

收藏单位：重庆馆

10083

中国工业合作协会三十年度工作报告　中国工业合作协会编

中国工业合作协会，[1911—1949]，48 页，16 开

本书共 8 部分：机构、组导、贷款、技术、供销、教育福利、联系与推广、其他工作。附中国工业合作协会组导各工业合作社收受预备社员暂行办法、中国工业合作协会推进乡村工业合作事业暂行办法、中国工业合作协会推进工业合作社暂订工业范围等。

收藏单位：国家馆

10084

中国工业合作协会万县事务所工作报告　中国工业合作协会万县事务所编

中国工业合作协会万县事务所，1940，40 页，32 开

本书着重介绍该所工作实施之经过。

收藏单位：重庆馆

10085

中国工业合作协会西北区办事处工作报告
中国工业合作协会西北区办事处编
中国工业合作协会西北区办事处，[1938]，13

页，25 开

本书共 6 部分：前言、西北资源雄厚、工作的开始、工作的现况、正在计划推进中的事业、结论。附中国工业合作协会西北区办事处合作社概况一览表。所涉时间为 1938 年 9—10 月。

收藏单位：重庆馆、国家馆

10086

中国工业合作协会西南区办事处二十八年度工作报告书 中国工业合作协会西南区办事处秘书室编

中国工业合作协会西南区办事处秘书室，1940.3，19 页，16 开

本书概述一年来之工作。共 3 部分：本地、各所、其他。附本区组织系统表、本区办事处及各事务所一览表、本区工作区域图等。

收藏单位：国家馆

10087

中国工业合作协会湘桂区一瞥 中国工业合作协会湘桂区办事处编

桂林：中国工业合作协会湘桂区办事处，1942，27 页，32 开

本书共 4 部分：本会应运而生、本处的设立和演进、本区的工作种种、本区的新希望。

收藏单位：重庆馆、国家馆

10088

中国工业合作运动 赵鼎元著

[上海]：中英出版社，[1939.8]，132 页，32 开

上海：中英出版社，1939.12，再版，132 页，32 开

本书共两篇：一般的观察、工业合作运动。附中国经济防御区域图。书中材料多取自《中国工业合作社》英文版。

收藏单位：国家馆、南京馆、上海馆、浙江馆

10089

中国工业合作运动的发轫 香港工合促进社编

香港工合促进社，1940.3，14 页，32 开

本书概述中国工业合作运动的意义及中国工业合作社的进展。附中国工业合作协会主席、干事等姓名。

10090

中国工业化的轮廓 翁文灏著

重庆：中周出版社，1944.9，54 页，50 开（中周百科丛书 第 1 辑）

本书内容包括：中国工业化的目的、以农立国以工建国并行不悖、中国民族能力是否容许工业化、建设区域的问题、规模及所需之资金、战后工业政策的原则、中国工业政策纲要试拟案、建设应有的精神等。

收藏单位：重庆馆、广东馆、上海馆、天津馆

10091

中国工业化的途径 吴景超著

长沙：商务印书馆，1938.7，55 页，32 开（艺文丛书 5）

本书共 6 章：工业化的必要、工业化两个目标的权衡、工业化的资本、工业化的人材、工业化与政府组织、工业化与同业组织。

收藏单位：安徽馆、重庆馆、广东馆、贵州馆、国家馆、湖南馆、惠州馆、吉林馆、南京馆、上海馆、浙江馆

10092

中国工业化计划论 谷春帆著

重庆：商务印书馆，1945.1，120 页，32 开（中国工业化丛书）

重庆：商务印书馆，1945，再版，120 页，32 开（中国工业化丛书）

上海：商务印书馆，1945.12，120 页，32 开（中国工业化丛书）

上海：商务印书馆，1946.9，再版，120 页，32 开（中国工业化丛书）

本书共 10 章，内容包括：中国工业化的型态、生产计划全貌、政策与机构等。

收藏单位：重庆馆、广东馆、广西馆、贵州馆、国家馆、河南馆、黑龙江馆、吉林馆、

江西馆、近代史所、辽大馆、辽宁馆、南京馆、陕西馆、上海馆、天津馆、西南大学馆、浙江馆

10093

中国工业化通论（原名，旧文明与新工业）
谷春帆著
上海：商务印书馆，1947.6，208 页，32 开

　　收藏单位：重庆馆、广东馆、广西馆、国家馆、黑龙江馆、湖南馆、江西馆、辽大馆、南京馆、山西馆、上海馆、首都馆、浙江馆

10094

中国工业化问题　施建生著
重庆：青年书店，1940，133 页，32 开

　　本书共 7 章，内容包括：中国工业化之史的分析、中国工业化的程度、中国工业化的资本问题等。附战时西南工业建设的途径。

　　收藏单位：安徽馆、广东馆、广西馆、贵州馆、国家馆、湖南馆、吉林馆、南京馆、陕西馆、浙江馆

10095

中国工业化之程度及其影响　何廉　方显廷著　工商部工商访问局编辑
上海：工商部工商访问局，1930.5，91 页，32 开（工商丛刊 5）

　　本书介绍我国棉纺、缫丝、面粉、榨油、火柴、电气各业工业化的程度及其对工厂制度、劳动问题、国外贸易与贸易政策等的影响。共 4 部分：绪论、中国工业化之程度、中国工业化之影响、结论。

　　收藏单位：重庆馆、广东馆、广西馆、国家馆、湖南馆、吉林馆、江西馆、近代史所、南京馆、陕西馆、上海馆、天津馆、浙江馆

10096

中国工业化之前途　顾毓琇著
顾毓琇，1949.7，115 页，22 开

　　本书收录著者发表于《新经济杂志》《大公报》等报刊的论文与讲稿。共 10 篇：《中国工业化之前途》《中国工业化之形式》《工业化的心理建设》《科学与现代工业》《民生

工业》《手工业》《科学管理与合理化运动》《从机械原理论机关组织》《利用外资之研究》《工业建设纲领实施原则》。

　　收藏单位：重庆馆、国家馆、湖南馆、吉林馆、南京馆

10097

中国工业化之统计的分析　方显廷著
出版者不详，[1930]，245—288 页，22 开

　　本书共 5 部分：概论、中国工业化之主因、中国工业化之程度、中国工业化之影响、中国工业化之将来。

　　收藏单位：国家馆

10098

中国工业建设的程序　中国工业经济研究所编
上海：工商经济出版社，1949.4，17 页，32 开（工业问题丛刊第 9 号）

　　本书内容包括：问题的性质与前提、重工业与轻工业配合问题、各类主要工业的分期建设计划等。

　　收藏单位：重庆馆、吉林馆

10099

中国工业建设论文选辑　中国国民党中央执行委员会训练委员会编
中国国民党中央执行委员会训练委员会，1944.1，330 页，32 开（训练丛书 25）

　　本书内容包括：《中国工业建设之途径》（蒋介石）、《工业化的指导原则——实业计划》（叶秀峰）、《中国经济建设之轮廓》（翁文灏）、《经济建设应有的准备》（伍启元）、《中国工业化之型式》（顾毓琇）、《中国应当建设的工业区与工业》（吴景超）、《工业化的精神》（谷春帆）等。附《总理实业建设十大纲目》（节录《实业计划》）、《物质建设之要义》（节录《总理遗教六讲》）等。

　　收藏单位：安徽馆、重庆馆、东北师大馆、广东馆、广西馆、贵州馆、国家馆、吉林馆、南京馆、宁夏馆、中科图

10100

中国工业建设之资本与人材问题　伍启元著

重庆：商务印书馆，1945，98 页，32 开（中国工业化丛书）

上海：商务印书馆，1946.9，98 页，32 开（中国工业化丛书）

　　本书共上、下两编：经济建设的资本问题、经济建设的人材问题。上编附中国对日要求赔偿问题、战后租借制度的延续与扩大。

　　收藏单位：长春馆、重庆馆、东北师大馆、广东馆、广西馆、贵州馆、国家馆、河南馆、吉林馆、江西馆、近代史所、辽大馆、辽宁馆、南京馆、上海馆、首都馆、天津馆、西南大学馆、浙江馆

10101

中国工业建设重要资源之一——钨　许永绥著

江西省工业实验处，1943.1，24 页，16 开（工业丛刊 第 7 种）

　　本书共 18 节，内容包括：引言、钨之历史、世界钨矿产量、中国钨矿产地、中国钨矿产量与产值、江西钨矿之沿革、江西钨矿之分布、江西钨矿之储量与成分等。

　　收藏单位：国家馆

10102

中国工业史　陈家锟编　朱寿朋校

上海：中国图书公司和记，1917.3，再版，134 页，23 开

上海：中国图书公司和记，1920，3 版，134 页，23 开

　　本书共 4 编："上世期之工业上——开化时代""上世期之工业下——进化时代""中世近世期之工业——退化时代""现世期之工业——退化而趋进化时代"。

　　收藏单位：重庆馆、广东馆、国家馆、河南馆、南京馆

10103

中国工业史要　许衍灼编纂

上海：新学会社，1923，石印本，9+43+78 页，32 开，环筒页装

本书分上、下两编，共 4 卷：总论、时代论、分类论、结论。

　　收藏单位：重庆馆

10104

中国工业衰颓的原因和政府当注意的几点　杜文思编

大中学社，1934.2，34 页，32 开

　　收藏单位：国家馆

10105

中国工业心理学之兴起　周先庚　陈汉标著

出版者不详，1936.12，27 页，16 开

　　本书共 8 部分，内容包括：绪言、教育界之职业指导运动、工商界之注意科学管理人事管理和工业安全、心理学家之普遍宣传与实地研究、中国工业心理学应注意的几点等。为《中国心理学报》第 1 卷第 2 期抽印本。

　　收藏单位：上海馆

10106

中国工业资本问题　方显廷著

长沙：艺文丛书编辑部，1939.4，80 页，25 开（艺文丛书 13）

　　本书共 5 部分：绪论、中国工业中中外资本所占之地位、外人对中国工业之投资、民族工业资本之发展、工业资本之筹集与运用。

　　收藏单位：重庆馆、广东馆、贵州馆、国家馆、湖南馆、吉林馆、辽大馆、南京馆、上海馆、浙江馆

10107

中国工业自给计划　胡博渊等著

上海：中华书局，1935.3，160 页，32 开（新中华丛书 社会科学汇刊）

　　本书内容包括：《中国燃料工业之现状及其自给计画》（胡博渊）、《中国钢铁工业之现状及其自给计画》（黄金涛）、《中国食品工业之现状及其自给计画》（陆锡章）等。

　　收藏单位：重庆馆、广东馆、贵州馆、国家馆、吉林馆、江西馆、辽宁馆、南京馆、内蒙古馆、山西馆、首都馆、天津馆、浙江馆

10108

中国官办矿业史略　丁文江著

[地质调查所]，1928.10，70页，22开

　　本书共4节：概论、营业情形、未开及停办各官矿、结论。据全国公矿调查资料编成。

　　收藏单位：国家馆、南京馆、上海馆

10109

中国国货工厂全貌（初编）　上海机制国货工厂联合会编

上海机制国货工厂联合会，1947.10，250页，16开，精装

　　本书介绍抗战期间上海国货生产厂家、公司的创办宗旨、发展经过、机械设备、生产流程、产量、在抗战中所受的损失、战后恢复情况等。内容包括：中法药房化学制药厂、南阳皂烛股份有限公司、五洲大药房股份有限公司、梁新记兄弟牙刷厂等。书中配有创始人、产品、商标照片。

　　收藏单位：广西馆、国家馆、江西馆、近代史所、上海馆

10110

中国国货工厂史略（又名，中国国货工厂概况）　国货事业出版社编辑部编

上海：国货事业出版社，1935.12，328页，18开，精装

　　本书介绍我国各家国货工厂的资本组织、内部设备、产销状况、发展过程。内容包括：南洋兄弟烟草公司、中国华成烟草公司、屈臣氏汽水股份有限公司、南阳皂烛厂、中国内衣织染厂、中法大药房、中国纽扣厂等。

　　收藏单位：重庆馆、国家馆、近代史所、上海馆

10111

中国国民党工业政策　朱子爽著

重庆：国民图书出版社，1943.9，126页，32开（中国国民党政策丛书）

　　本书共6章：绪言、国民政府成立前我国新工业发展概述、中国国民党工业政策的指导原则、中国国民党工业政策的方针和纲领、中国国民党工业政策的实施、结语。

　　收藏单位：安徽馆、重庆馆、贵州馆、国家馆、吉林馆、江西馆、辽宁馆、南京馆、上海馆、首都馆、西南大学馆、浙江馆

10112

中国化学工业调查　伍梦龄等编

广州：国立中山大学出版部，1933.11，118页，16开

　　本书为1933年该校毕业班学生组织的化学工业考察团所作调查报告。共12部分：香港、上海、济南、博山、天津、塘沽、北平、石家庄、武汉、长沙、广州、梧州。

　　收藏单位：国家馆

10113

中国化学工业社二十周年纪念刊

上海：中国化学工业社，1931.10，109页，16开

　　本书内容包括：专论（化妆品工业概论、我国之调味品业、日本除虫菊业之调查等）、社务概况、杂俎等。

　　收藏单位：国家馆、浙江馆

10114

中国机械厂股份有限公司章则汇编

中国机械厂股份有限公司，[1911—1949]，油印本，1册，25开，环筒页装

　　本书共6部分，内容包括：中国机械厂股份有限公司章程、中国机械厂股份有限公司办事细则、中国机械厂股份有限公司厂务管理等。

　　收藏单位：国家馆

10115

中国酱业之危机　钟履坚著

南京：盐政讨论会，[1928]，66页，23开

　　本书概述各地酱业近况、进口外国酱油统计情况。

　　收藏单位：上海馆

10116

中国近代工业发展概论　龚仲皋著

上海：太平洋书店，1929.5，124页，36开

（建设文库 经济类）

本书共6章，内容包括：工业革命以前历史、胚孕时期之工业革命、工业革命史之分期等。

收藏单位：重庆馆、广西馆、国家馆、湖南馆、辽宁馆、南京馆、天津馆、浙江馆

10117

[中国近代手工业史料]

出版者不详，[1922]，721—736页，25开

本书讲述1910—1920年间中国手工业状况和工人运动。

收藏单位：国家馆

10118

中国酒精厂开幕纪念册　中国酒精厂编

上海：中国酒精厂，1935.4，79页，16开

本书介绍该厂筹备、设备、生产等概况。共6部分：卷头语、题字、序文、论文、摄影、广告。附折表。

收藏单位：国家馆、近代史所、上海馆

10119

中国卷烟业烟农之危机　上海市华商卷烟厂业同业公会编

上海市华商卷烟厂业同业公会，[1934]，38页，16开

本书为文言体，加圈点。共收录资料5篇，内容包括：民众等二十四家烟公司呈各部院为现行卷烟税率华洋待遇不平请迅予改订以资救济案、财政部税务署函上海华商卷烟厂业同业公会请议覆税率函、南洋烟公司赞成修改现行税率宣言等。

收藏单位：国家馆

10120

中国科学图书仪器股份有限公司民国廿二年度会计报告

出版者不详，1934，1册

收藏单位：南京馆

10121

中国科学仪器厂计划书　何增禄　丁绪宝拟

[上海]：中国科学图书仪器公司，1933.4，19页，16开

本书共10部分：定名、宗旨、事业、开办资本、卖价原则、销场预计、仪器厂组织、款项保障、盈余分配、厂址选择原则。附介绍总技师一人、开办机料估价单等。目录页题名：创办中国科学仪器厂计画书。

收藏单位：国家馆

10122

中国矿产　黄著勋著

上海：商务印书馆，1926.6，1册，22开，精装

上海：商务印书馆，1930，再版，1册，22开

本书共4编：矿产各论、省区各论、矿业情形、矿业法规。附中国矿产分布表。

收藏单位：安徽馆、重庆馆、广东馆、广西馆、贵州馆、国家馆、河南馆、湖南馆、江西馆、近代史所、辽大馆、辽师大馆、南京馆、内蒙古馆、上海馆、天津馆、浙江馆、中科图

10123

中国矿业调查记　李建德编辑　刘谦　耿步蟾校订

北京：共和印刷公司，1914.4印，241页，22开

本书概述开滦矿务公司、萍乡煤矿、汉冶铁厂、满洲煤矿、奉天本溪湖煤矿、平江金矿、吉林磐石县石咀铜矿、水口山铅矿、湖南临武县香花岭和江华县上伍堡锡矿、唐山启新洋灰公司、陕西延长石油矿的情况。共3编：煤铁、五金矿业、杂录。书前有振兴矿业要言。附工商部化验处简章、工商部矿业调查票。

收藏单位：安徽馆、重庆馆、广东馆、国家馆、近代史所、南京馆、内蒙古馆、上海馆、首都馆、浙江馆

10124

中国矿业纪要（第1次）　丁文江　翁文灏著

农商部地质调查所，1921.6，1册，18开（地质专报 丙种 第1号）

本书大部分为表。共 13 部分：产额统计概要、注册矿区面积、煤矿、铁矿、锑矿、锡矿、金矿、铜矿、铅锌银矿、汞矿、钨钼锰矿、石油矿、非金属矿物。

收藏单位：重庆馆、广西馆、贵州馆、国家馆、辽大馆、南京馆、上海馆、首都馆、天津馆

10125

中国矿业纪要（第 2 次 民国七年至十四年）
谢家荣著
农商部地质调查所，1926.12，362 页，16 开（地质专报 丙种 第 2 号）

本书介绍各矿矿区面积、产额、价值、输出输入情况等。共 11 章，内容包括：煤、石油煤气及油母页岩、粘土及陶瓷工业等。附铁路沿线重要矿产表。

收藏单位：安徽馆、广东馆、国家馆、近代史所、辽宁馆、南京馆、上海馆、首都馆、天津馆、浙江馆、中科图

10126

中国矿业纪要（第 3 次 民国十四年至十七年）
侯德封编
农业部直辖地质调查所，1929.12，366 页，16 开（地质专报 丙种 第 3 号）

本书共两部分：各省矿业近状、全国矿产统计。

收藏单位：广西馆、贵州馆、近代史所、上海馆、首都馆、天津馆、浙江馆、中科图

10127

中国矿业纪要（第 4 次 民国十八年至二十年）
侯德封编
实业部地质调查所、国立北平研究院地质调查所，1932.12，456 页，16 开（地质专报 丙种 第 4 号）

本书共两部分：全国矿产统计、各省矿业近况。附中国燃料研究与燃料问题、东三省矿产在东亚之地位、日煤对华倾销问题之研究、中国煤藏量各省分配图、中国铁矿储量、中国煤产额等。

收藏单位：贵州馆、国家馆、近代史所、

南京馆、山西馆、上海馆、首都馆、天津馆

10128

中国矿业纪要（第 5 次 民国二十一年至二十三年）　侯德封编
实业部地质调查所、国立北平研究院地质学研究所，1935.12，628 页，16 开（地质专报 丙种 第 5 号）

本书共两部分：全国矿产统计、各省矿业近况。附中国煤储量总表、黑龙江煤储量、吉林煤储量等 121 种。

收藏单位：重庆馆、广东馆、贵州馆、国家馆、河南馆、南京馆、山西馆、上海馆、天津馆、中科图

10129

中国矿业纪要（第 6 次 民国二十四年至二十九年 西南区）　金耀华编
经济部中央地质调查所、国立北平研究院地质学研究所，1941.4，254 页，16 开（地质专报 丙种 第 6 号）

本书介绍川、滇、桂、黔、康 5 省矿业情况。共两部分：中国西南区矿业统计、各省矿业近况。逐页题名：第六次中国矿业纪要——西南区。

收藏单位：重庆馆、近代史所、西南大学馆、浙江馆

10130

中国矿业纪要（第 7 次 民国二十四年至三十一年）　李春昱等著
经济部中央地质调查所、国立北平研究院地质学研究所，1945.12，772 页，16 开（地质专报 丙种 第 7 号）

本书共 3 部分：概论、全国矿业统计、各省矿业近况。沦陷区部分根据旧资料辑成。

收藏单位：重庆馆、广东馆、贵州馆、国家馆、近代史所、浙江馆

10131

中国矿业论 （英）高林士著　汪胡桢译
外文题名：Mineral enterprise in China
出 版 者 不 详，[1918]，[34]+326 页，22 开，

精装

本书共 16 章，内容包括：中国矿业之沿革、英法美三国对华政策、中国中部及南部之英法矿业、汉冶萍钢铁业、政府所属之矿业等。书中对华工问题、山东省矿权问题、矿务行政权、矿务法制、税制等亦有论述。附中国古代所知之主要金属及其诠释、中国矿务之法制与发展、税制等。

收藏单位：国家馆、近代史所、辽宁馆、上海馆、天津馆、中科图

10132

中国矿业史略　马韵珂著

上海：开明书店，1932.6，126 页，32 开

本书概述我国自史前至民国的矿业简史。共 9 章，内容包括：绪言、有史以前之矿业、秦汉之矿业、三国至隋之矿业、唐至五代之矿业等。版权页题名：中国矿业史。

收藏单位：安徽馆、重庆馆、国家馆、江西馆、近代史所、山西馆、上海馆、天津馆、浙江馆

10133

中国粮食工业公司三十三年度工作检讨报告书　中国粮食工业公司编

中国粮食工业公司，[1944]，油印本，1 册，10 开，环筒页装

本书共 8 部分：谷米加工、小麦加工、民食调节、干粮制造、机器制造、副产利用、合办事业、研究工作。

收藏单位：重庆馆

10134

中国粮食工业公司三十一年度业务报告书

中国粮食工业公司，[1942]，油印本，1 册，10 开，环筒页装

本书附中国粮食工业公司损益计算书、中国粮食工业公司资产负债表等。

收藏单位：重庆馆

10135

中国煤矿　胡荣铨著

上海：商务印书馆，1935.2，502 页，22 开，

精装

本书共 14 章，内容包括：总论、河北省之煤矿、辽宁省之煤矿、吉林黑龙江两省之煤矿、山西省之煤矿等。

收藏单位：长春馆、重庆馆、广东馆、广西馆、贵州馆、国家馆、湖南馆、江西馆、近代史所、辽大馆、辽宁馆、南京馆、内蒙古馆、宁夏馆、山西馆、陕西馆、上海馆、首都馆、天津馆、浙江馆、中科图

10136

中国煤矿事业之发展及其希望　黄金涛著

出版者不详，[1934]，24 页，16 开

本书共 8 部分：中国煤田分布状况、中国煤矿储藏量、煤质种类、中国各省煤矿采掘概况、已发照各煤矿之采探区数及其面积、全国煤矿投资总额、近二十一年来产额之比较、煤矿出口。为《中国实业杂志》第 1 卷第 10 期抽印本。

收藏单位：国家馆

10137

中国煤业述要　冷家骥著

出版者不详，1939.5，142 页，18 开

本书共 4 章：冀鲁赣各煤矿、陕西省煤田、山西省煤田、附各表。

收藏单位：国家馆、南京馆、首都馆、中科图

10138

[中国棉纺织业概况]

出版者不详，[1949]，油印本，1 册，13 开

收藏单位：国家馆

10139

中国棉业问题　金国宝著

上海：商务印书馆，1936.3，156 页，32 开（万有文库 第 2 集 388）（现代问题丛书）

上海：商务印书馆，1936.12，再版，154 页，32 开（现代问题丛书）

本书共 9 章：绪论、棉花之检验、棉花之分级、纱厂之资本、效率与成本、纱花市价变动、税捐、劳工、结论。

收藏单位：安徽馆、长春馆、重庆馆、大理馆、大连馆、东北师大馆、甘肃馆、广东馆、贵州馆、国家馆、河南馆、黑龙江馆、湖南馆、江西馆、辽大馆、辽师大馆、南京馆、内蒙古馆、宁夏馆、山西馆、首都馆、天津馆、西南大学馆、浙江馆

10140

中国木材问题 唐耀著

中国植物学会，1934.3，[5] 页，16 开

本书主张少用外材多用国材。

10141

中国南洋兄弟烟草公司参观记

出版者不详，[1911—1949]，[18] 页，18 开

本书附南洋烟草公司历史。

10142

中国南洋兄弟烟草股份有限公司第一年度决算报告 [中国南洋兄弟烟草股份有限公司编]

[中国南洋兄弟烟草股份有限公司]，[1911—1949]，[5] 页，22 开

收藏单位：浙江馆

10143

中国南洋兄弟烟草股份有限公司第八年度决算报告 [中国南洋兄弟烟草股份有限公司编]

[中国南洋兄弟烟草股份有限公司]，[1911—1949]，[6] 页，22 开

收藏单位：浙江馆

10144

中国南洋兄弟烟草股份有限公司第十四届决算报告 [中国南洋兄弟烟草股份有限公司编]

[中国南洋兄弟烟草股份有限公司]，[1911—1949]，[14] 页，22 开

收藏单位：浙江馆

10145

中国内衣织染厂有限公司目录 中国内衣织

染厂编

上海：利国印刷所，1933.1 印，67 页，25 开

本书内容包括：沿革、各部门照片、出品一览。附英文说明。

10146

中国农业机械特种股份有限公司董事会报告

出版者不详，[1911—1949]，油印本，1 册，16 开，环筒页装

本书内容包括：董事会报告、决算报告、决算监察人审查报告、公司章程、组织规程等。

收藏单位：重庆馆

10147

中国农业机械特种股份有限公司三十四年度业务报告

出版者不详，[1911—1949]，20 页，32 开

收藏单位：南京馆

10148

中国农业机械特种有限公司三十三年度业务计划

出版者不详，[1911—1949]，5 页，32 开

收藏单位：南京馆

10149

中国全国工业协会重庆市分会会员名录

出版者不详，[1911—1949]，油印本，13 页，16 开，环筒页装

本书为重庆市分会 348 名会员名录，包括公司或厂矿名称、负责人、厂矿地址、办事处地址、电话 5 项。

收藏单位：重庆馆

10150

中国全国工业协会重庆市分会章程草案

出版者不详，[1911—1949]，油印本，4 页，16 开，环筒页装

本章程共 8 部分：总则、任务、会员及会员代表、会员权利业务与退会、组织及职权、会议、经费及会计、附则。

收藏单位：重庆馆

10151

中国全国工业协会会员名册　中国全国工业协会编

中国全国工业协会，1944.8，26 页，16 开

　　本书收录中国全国工业总会会员名录、中南区分会会员名册、云南省分会会员名册、江西省分会会员名册、贵州省分会会员名册。

　　收藏单位：重庆馆、国家馆

10152

中国全国工业协会章程　中国全国工业协会编

中国全国工业协会，[1943]，14 页，32 开

　　本书收录中国全国工业协会成立大会宣言、中国全国工业协会章程。章程共 7 章：总则、任务、会员及会员代表、组织及职权、会议、经费及会计、附则。

　　收藏单位：国家馆

10153

中国十大矿厂调查记　顾琅编

上海：商务印书馆，1916.8，[640] 页，22 开

　　本书介绍各大矿厂地形、沿革、设备、产销、职工生活等。共 10 篇，内容包括：汉阳铁厂、大冶铁矿、萍乡煤矿、六河沟煤矿、临城煤矿等。逐页题名：中国十大矿厂记。

　　收藏单位：安徽馆、东北师大馆、广东馆、国家馆、湖南馆、江西馆、辽宁馆、南京馆、山西馆、上海馆、首都馆、天津馆

10154

中国十年来之油脂工业　顾毓珍著

外文题名：Our oils and fats industry in the last ten years

经济部中央工业试验所，1943，22 页，16 开（经济部中央工业试验所研究专报 149）

　　本书介绍该工业产品、产量、国内外销售情况等。共 6 部分：引言、植物油工业、油漆工业、油墨工业、肥皂工业、将来展望。

　　收藏单位：国家馆

10155

中国石公司特刊　中国石公司编

青岛：中国石公司，1934.11，126 页，16 开

　　本书内容包括：绪言、本公司略史、石工源流考、记述、本厂一瞥（图）、工程一览（图）等。

　　收藏单位：国家馆、近代史所、浙江馆

10156

中国石油有限公司业务设备现况报告　中国石油有限公司工程室编

上海：中国石油有限公司，1949.3，46 页，24 开

　　本书分述西北、江海沿岸、台湾各地的储油设备状况。

10157

中国石油有限公司职员录　中国石油有限公司编

上海：中国石油有限公司，1948.5，206 页，32 开

　　本书共 3 部分：本公司部份、附属机关部份、其他。

　　收藏单位：重庆馆、广东馆、国家馆、南京馆

10158

中国实业之过去与今后　陈公博等编

上海：中华书局，1935.3，94 页，32 开（新中华丛书 社会科学汇刊）

　　本书收文 5 篇：《中国实业之过去与今后》（陈公博）、《中国产业统制论》（王亚南）、《中国基本工业与帝国主义》（李紫翔）、《中国工业的危机及其统制政策》（顾毓琇）、《中国工业的发展与国内市场的开拓》（任哲明）。

　　收藏单位：重庆馆、国家馆、河南馆、湖南馆、吉林馆、江西馆、辽宁馆、南京馆、内蒙古馆、陕西馆、天津馆、浙江馆

10159

中国手工业概论　高叔康著

重庆：商务印书馆，1944，87 页，32 开

重庆：商务印书馆，1945，2 版，87 页，36 开

上海：商务印书馆，1946.12，87 页，32 开（新中学文库）

上海：商务印书馆，1948.2，2 版，87 页，32 开
（新中学文库）

本书共 10 章，内容包括：什么是手工业、中国各地特种手工业概况、手工业在国民经济上的地位、抗战中之手工业的发展、手工业改良与中国工业化等。为《中国手工业》修订本。

收藏单位：安徽馆、长春馆、重庆馆、东北师大馆、广东馆、广西馆、国家馆、河南馆、黑龙江馆、湖南馆、江西馆、近代史所、辽东学院馆、柳州馆、南京馆、内蒙古馆、宁夏馆、上海馆、绍兴馆、首都馆、天津馆、浙江馆、中科图

10160

中国水泥股份有限公司
出版者不详，1924，40 页，16 开

收藏单位：广东馆

10161

中国酸碱工业之过去与将来　闵奇若述
中国经济研究会，[1945]，65 页，16 开（中国经济研究会丛刊 10）

本书收文 7 篇，内容包括：《中国过去与现在之酸碱工业概况》《世界各国之酸碱生产与消耗》《中国过去之酸碱生产与消耗》《吾国酸碱工业将来之推进》等。

收藏单位：上海馆

10162

中国铁矿志　（瑞典）丁格兰（F. R. Tegengren）著　谢家荣译
农商部地质调查所，1923.12，2 册，16 开（地质专报 甲种 第 2 号）

本书内容包括：各省重要铁矿分论、中国之铁业、太平洋沿岸各国铁业大势等。书前有著者原序《铁矿床之分类与其分布》。

收藏单位：广东馆、贵州馆、国家馆、河南馆、近代史所、辽宁馆、南京馆、山西馆、浙江馆

10163

中国土木行政　刘光黎编辑　吴贯因校阅

内政部编译处，1919.2，198 页，18 开

本书介绍清代和民国初期的河工、水利事业、桥梁道路等土木工程概况和制度。共 3 部分：前清时代之土木行政、民国时代之土木行政、附录。

收藏单位：国家馆、近代史所、首都馆、天津馆、浙江馆

10164

中国硝业谈
出版者不详，[1914—1949]，40+32 页，22 开

本书为汉英对照。内容包括：中国火硝之出产地、中国火硝之分布地、中国硝业之组织、中国火硝之制造法、中国火硝出产之统计等。

收藏单位：国家馆

10165

中国新工业发展史大纲　龚骏编
上海：商务印书馆，1933.1，302 页，22 开
上海：商务印书馆，1935.7，再版，331 页，22 开

本书分时段介绍手工业、军火工业、机器制造业、纺织业、面粉业、水泥业、烟草业等重要工业的兴废沿革及江南制造局、开平矿务局等大厂矿的兴办过程。共 9 章，内容包括：工业革命以前历史、道光二十二年至咸丰十一年、同治元年至光绪三年等。附六十七年来中国工业大事年表等。

收藏单位：安徽馆、重庆馆、东北师大馆、广西馆、贵州馆、国家馆、河南馆、湖南馆、南京馆、内蒙古馆、宁夏馆、山西馆、上海馆、天津馆、浙江馆

10166

中国新工业建设近世史观　刘阶平著
重庆：独立出版社，1941.3，46 页，32 开

本书共 6 部分：导言、中国新工业的演进概论、近三十年来奋斗的检讨、三十年来新工业发展的剖视、中国新工业的症结、结语。

收藏单位：安徽馆、重庆馆、广东馆、贵州馆、国家馆、湖南馆、吉林馆、南京馆、内蒙古馆、宁夏馆、西南大学馆、浙江馆

10167

中国兴业公司统计手册　中国兴业公司会计处统计室编

中国兴业公司会计处统计室，1945，37 页，横 20 开

　　收藏单位：广东馆

10168

中国盐业　陈沧来著

上海：商务印书馆，1929.10，60 页，32 开（万有文库第 1 集 679）（商学小丛书）

上海：商务印书馆，1933.5，60 页，32 开（商学小丛书）

上海：商务印书馆，1934.2，再版，60 页，32 开（商学小丛书）

长沙：商务印书馆，1940，4 版，60 页，36 开（商学小丛书）

　　本书共 6 部分：总论、制造、课税、运销、改革、结论。

　　收藏单位：安徽馆、重庆馆、大理馆、大连馆、东北师大馆、广东馆、广西馆、贵州馆、国家馆、黑龙江馆、湖南馆、吉林馆、江西馆、辽大馆、辽宁馆、辽师大馆、柳州馆、南京馆、内蒙古馆、宁夏馆、上海馆、首都馆、天津馆、西南大学馆、浙江馆

10169

中国盐业股份有限公司营业计划书　中国盐业股份有限公司编

中国盐业股份有限公司，[1911—1949]，[2] 页，16 开

　　本书共 7 部分，内容包括：营业宗旨、经营方式、业务范围等。

　　收藏单位：国家馆、南京馆

10170

中国盐业股份有限公司章程　中国盐业股份有限公司编

中国盐业股份有限公司，[1911—1949]，[7] 页，16 开，环筒页装

　　本书收录中国盐业股份有限公司章程 49 条。共 6 章：总则、股份、股东会、董事监察人及职员、会计、附则。

　　收藏单位：国家馆、南京馆

10171

中国盐业述要　冷家骥编

北京：文岚簃印书局，1939.11，124 页，16 开

　　本书共 4 章：图表类、总述类、盐区类、盐场类。

　　收藏单位：国家馆、近代史所、南京馆、首都馆、天津馆

10172

中国冶业纪要　洪彦亮著

外文题名：Important facts in Chinese metallurgical practice

上海：商务印书馆，1927.10，71 页，36 开（百科小丛书 155）

　　本书共 12 章，内容包括：铁、钢、金、银、铜、铅、中国冶业改良论等。

　　收藏单位：安徽馆、重庆馆、广东馆、广西馆、贵州馆、国家馆、河南馆、湖南馆、江西馆、辽宁馆、内蒙古馆、上海馆、天津馆、浙江馆

10173

中国造纸股份有限公司计划书　温溪纸厂筹备委员会编

上海：温溪纸厂筹备委员会，1935.9，1 册，16 开

　　本书共 10 部分，内容包括：筹备经过、原料、厂址、原动力、纸厂设计等。附温溪纸厂筹备委员会技术审查会记录、中国造纸股份有限公司组织章程等。

　　收藏单位：国家馆、浙江馆

10174

中国战时工业建设论　廖兆骏编著

出版者不详，[1943.8]，10+306 页，32 开

　　本书共 21 章，内容包括：战时工业建设之三大基本原则、战时工业建设之调查工作、抗战前我国工业建设之情况、如何重新建立我国工业根据地、发动战时轻工业建设之各部门等。

　　收藏单位：国家馆、南京馆

10175

中国之纺织业及其出品 （日）井村薰雄著
周培兰译

上海：商务印书馆，1928.8，319页，22开（实业丛书）

上海：商务印书馆，1933.7，国难后1版，319页，22开（实业丛书）

　　本书共5章：中国棉纱之供求、中国棉布之供求、中国棉花之供求、中国纺织业之现状与设施、中国纺织业之将来与关税。

　　收藏单位：重庆馆、东北师大馆、广东馆、国家馆、河南馆、黑龙江馆、湖南馆、江西馆、辽大馆、宁夏馆、陕西馆、浙江馆、中科图

10176

中国之棉纺织业　方显廷著

上海：国立编译馆，1934.11，387+55页，22开，精装

　　本书共8章，内容包括：中国棉纺织业之历史及其区域之分布、中国棉花之生产及贸易、中国棉纺织品之制造与销售、中国棉纺织业之劳工等。附统计附录21种、文契附录7种。

　　收藏单位：安徽馆、重庆馆、东北师大馆、广东馆、国家馆、南京馆、内蒙古馆、山西馆、上海馆、中科图

10177

中国植物油料厂股份有限公司第一届股东会暨历次董监会议纪录

[中国植物油料厂股份有限公司]，[1911—1949]，1册，18开

　　收藏单位：广东馆

10178

中国植物油料厂股份有限公司二十七年度年报（补编2业务工务报告）

中国植物油料厂股份有限公司，1939，油印本，16+37页，16开，环筒页装

　　本书共两部分：业务报告、工务报告。

　　收藏单位：国家馆

10179

中国植物油料厂股份有限公司会计暂行规程

中国植物油料厂股份有限公司，1939，1册，32开

　　收藏单位：南京馆

10180

中国植物油料厂股份有限公司资产负债表、损益计算表、纯益分配表（1937年度至1944年度）

[中国植物油料厂股份有限公司]，[1944]，1册，18开

　　收藏单位：广东馆

10181

中国植物油料厂股份有限公司资产负债表、损益计算表、盈余分配表、统计图表（1946年度）

[中国植物油料厂股份有限公司]，[1946]，1册，18开

　　收藏单位：广东馆

10182

中国植物油料厂十年经过　中国植物油料厂编

中国植物油料厂，[1946—1949]，16页，18开

　　本书内容包括：初创时期、抗战中生长、转变工业时期、艰苦奋斗、复员时期等。

　　收藏单位：广东馆、国家馆、首都馆

10183

中国制瓷股份有限公司招股简章　中国制瓷公司编

[中国制瓷公司]，[1923—1929]，[12]页，窄18开

　　本书共3部分：公司缘起、招股简章、计划概算书。

10184

中国重要工业概论　刘泮珠编

[上海]：国立交通大学，1933.12，[235]页，16开（国立交通大学讲义）

本书共 8 章，内容包括：棉纱业、棉丝业、缫丝业、丝织业、面粉业等。附实业部四季计划。

10185

中华采矿冶金协会汇报　李定焕等著

[北京]：中华采矿冶金协会，1923，56+61页，25 开

本书收文 3 篇：《湖南黑铅提炼厂》《东西伯利亚善雅中矿区之情形略述》《中国硝业谈》。逐页题名：中华采矿冶金协会报告。

收藏单位：国家馆

10186

中华工业总联合会武进分会成立纪念、工业展览会合刊　中华工业总联合会武进分会编

出版者不详，1934.5，88 页，16 开

本书内容包括：统计图表、题词、画、言论、法令、章则、记事等。

收藏单位：中科图

10187

中华民国电工器材工业同业公会全国联合会章程　中华民国电工器材工业同业公会全国联合会编

中华民国电工器材工业同业公会全国联合会，[1940—1949]，6 页，16 开

本章程于 1948 年会员大会通过。附会员名录及现任理监事名册。

10188

中华民国机器棉纺织工业同业公会联合会第二届会员大会纪录　中华民国机器棉纺织工业同业公会全国联合会编

上海：中华民国机器棉纺织工业同业公会全国联合会，1947，146 页，22 开

本书内容包括：该会主席杜月笙致开幕词、秘书长报告筹备经过、来宾演说等。

收藏单位：重庆馆、国家馆、上海馆

10189

中华民国矿业概况简表　中华民国矿业联合会编

[中华民国矿业联合会]，1936，5 页

收藏单位：近代史所

10190

中华民国水泥工业同业公会年刊（中华民国三十七年）　[中华民国水泥工业同业公会编]

中华民国水泥工业同业公会，[1948]，87 页，16 开

本书共 8 部分，内容包括：本会第一年（干事部）、我国水泥工业之过去现在与将来（吴正修）、会员概况（各地水泥有限公司概况介绍）、章则、统计资料等。该会原称全国水泥工业同业公会。

收藏单位：广东馆、国家馆、近代史所、南京馆、浙江馆

10191

中华民国橡胶工业同业公会全国联合会章程　中华民国橡胶工业同业公会全国联合会编

中华民国橡胶工业同业公会全国联合会，[1948]，[10] 页，32 开

本章程于 1948 年大会通过。

10192

中华民国盐业工会全国联合会第一届会员代表大会特刊　盐业工会全国联合会编

南京：盐业工会全国联合会，1948.7，26 页，16 开

本书共 4 部分：大会宣言、大会开幕词、本会会员工会概况表、会议章程。

收藏单位：国家馆

10193

中华民国营造工业同业公会联合会成立大会纪念刊　杨寂人编辑

营联会秘书处，1947.12，54 页，16 开

本书内容包括：发起、筹备、成立、会章、附载等。

收藏单位：国家馆

10194

中华民国制糖股份有限公司营业报告书　中华民国制糖股份有限公司编

中华民国制糖股份有限公司，[1927—1929]，
37 页，36 开

　　本书所涉时间为 1926 年 10 月至 1927 年
6 月。

10195

**中华人造丝厂股份有限公司计划书　鄘云鹤
编**

中华人造丝厂股份有限公司，[1937.5]，20
页，16 开

　　本书介绍该厂营业计划、设备、成本、
盈利计算等。

10196

**中华烟草公司同仁业余联谊会会刊　陈哲夫
主编**

上海：中华烟草公司同仁业余联谊会，
1948.12，[208] 页，16 开，精装

　　本书内容包括：会员录、组织章程、工场
设备等。

　　收藏单位：广东馆

10197

**中华油色漆业协进会会志及购采指南　元丰
公司编**

[上海]：元丰公司，[1936—1939]，[108] 页，
25 开

　　本书收录该会会刊及广告。

10198

中南支矿产地文献拔萃　（日）伊藤武雄著

上海：南满洲铁道株式会社上海事务所，
1938，61+359 页，16 开

　　收藏单位：河南馆

10199

中日合办各公司概况

出版者不详，[1943]，1 册，22 开

　　本书介绍伪实业部在华中地区举办的中
日合办各公司的情况。内容包括：华中水电股
份有限公司、华中矿业股份有限公司、淮南
煤矿股份有限公司等。

　　收藏单位：国家馆

10200

中外合办煤铁矿业史话　徐梗生著

重庆：商务印书馆，1946.2，270 页，32 开
上海：商务印书馆，1947.8，270 页，32 开

　　本书介绍各省煤矿和铁矿及"九一八"
事变后东北日伪合办诸矿的历史沿革与管理
得失、厂矿规模与主要设施等。共 7 部分，
内容包括：河北编、河南编、山东编、辽宁
编、吉林编等。

　　收藏单位：安徽馆、重庆馆、东北师大
馆、桂林馆、国家馆、黑龙江馆、湖南馆、
近代史所、辽大馆、辽宁馆、南京馆、内蒙
古馆、宁夏馆、上海馆、天津馆、浙江馆

10201

中兴煤矿公司之呼吁声　中兴煤矿公司编

中兴煤矿公司，[1920—1929]，38 页，16 开

　　本书为中兴公司致蒋中正函。内容为困
难陈述并要求支持，收录款文 44 件。

10202

**中兴煤矿股份有限公司民国三十五度报
告·中兴轮船股份有限公司民国三十六度报
告　中兴煤矿股份有限公司董事会提**

中兴煤矿股份有限公司董事会，[1940—1949]，
[12] 页，32 开

　　本书为合订本。分别记录了两公司的营
业报告书、资产负债表、损益计算书、盈余
分配案等。

10203

中央电工器材厂出品价目管理办法

中央电工器材厂，1947，8 页，16 开

　　本书内容包括：业务室对于本厂各地出品
调整价目管理办法应行办理手续、本厂各地
出品价目调整管理办法、本厂各类出品基数
调整电报通知办法、价目表及价格指数表编
号办法等。

　　收藏单位：重庆馆、国家馆

10204

**中央电工器材厂一般对外营业规则　[中央电
工器材厂编]**

中央电工器材厂，[1943]，[30] 页，大 16 开
　　本规则自 1943 年 1 月起实行。
　　　　收藏单位：国家馆

10205

中央电工器材厂营业手续　中央电工器材厂
编

中央电工器材厂，[1947]，[12] 页，16 开，环
筒页装
　　本手续于 1947 年 1 月修正。内容包括：
定货、备销货或现货等。附卷宗分存号码对
照表、客户卡、询估单、应催询件卡等。
　　　　收藏单位：重庆馆、国家馆

10206

中央机器有限公司一年来工作概况　中央机
器有限公司编

中央机器有限公司，1947.10，24 页，16 开
　　本书共 9 章：前言、筹备经过、组织、各
厂过去及现状、机器及设备、目前主要工作、
业务方针、财务方针、展望。封面题名：资源
委员会中央机器有限公司一年来工作概况。
　　　　收藏单位：重庆馆

10207

中央汽车配件制造厂三十一年度工作概况
中央汽车配件制造厂编

中央汽车配件制造厂，[1942]，72 页，16 开
　　　　收藏单位：国家馆

10208

中央汽车配件制造厂三十二年度工作概况
中央汽车配件制造厂编

中央汽车配件制造厂，[1943]，48 页，18 开，
环筒页装
　　本书共 8 部分：绪言、总务、工事、供
应、会计、营业、福利、附录。
　　　　收藏单位：国家馆、上海馆

10209

**中央湿电池制造厂特种股份有限公司改组增
资简要计划书**　中央湿电池制造厂特种股份
有限公司编

中央湿电池制造厂特种股份有限公司，1948，
油印本，9 页，16 开，环筒页装
　　本书内容包括：该公司的创立和发展经
过、现况述要、对未来的展望及计划。
　　　　收藏单位：重庆馆

10210

中央信托局印制处重庆印刷厂样本
出版者不详，[1911—1949]，1 册，16 开，精
装
　　　　收藏单位：南京馆

10211

中原公司第二届结账营业报告书
出版者不详，[1911—1949]，1 册，32 开
　　本书附营业计划书。
　　　　收藏单位：南京馆

10212

中原股份有限公司二十年度工作报告　中原
股份有限公司秘书室编

开封、北平：中原股份有限公司总务科，
1932.8，1 册，16 开
　　本书共 3 部分：业务报告、董事会工作报
告、大事记。
　　　　收藏单位：国家馆、近代史所、上海馆

10213

中原股份有限公司二十一年度工作报告　中
原股份有限公司秘书室编

开封、北平：中原股份有限公司总务科，
1932，[394] 页，18 开
开封、北平：中原股份有限公司总务科，
1933.10，1 册，16 开
　　本书分两编。上编业务报告，共 11 章，
内容包括：总务、会计、营业、工程、教育
等；下编收录董事会工作报告、中原公司
二十一年度大事记。
　　　　收藏单位：国家馆

10214

中原股份有限公司二十年度劳工待遇概况
中原股份有限公司编

焦作：复新阁华记铅印局，[1932—1939]，[12]页，16开，环筒页装

本书共 10 节：概述、工时、工资、住所、卫生、教育、娱乐、抚恤、分红、消费合作及储蓄。

收藏单位：国家馆

10215

中原股份有限公司业务统计（二十年度） 中原股份有限公司秘书室编辑

开封、北平：中原股份有限公司总务科，1932.8，[80] 页，16 开

本书全部为图表。共 7 类：总类、财务、营业、工程、教育、卫生、林务。

收藏单位：国家馆、南京馆

10216

中原煤矿公司十九年度下半年工作报告 河南中原煤矿公司编辑

北平：震东印书馆，[1931] 印，[166] 页，16 开

本书共两编：总论、统计。上编共 10 章：总务、工程、营业、会计、教育、林务、卫生、工人、公益、其他；下编收载 1930 年 12 月 5 日至 1931 年 6 月底有关统计图表。

收藏单位：国家馆

10217

中原煤矿公司业务统计（廿一年度） 中原煤矿公司编

[中原煤矿公司]，1932，1 册

本书全部为图表。内容包括：财务、营业、工程、教育、卫生等。

收藏单位：近代史所

10218

钟山首祥宝兴宝华珊瑚矿业联合股份有限公司董事会第一次会议纪录

出版者不详，[1940]，63 页，32 开

本书收录公司监察会一览表等。

收藏单位：桂林馆

10219

钟山首祥龙门天柱珊瑚矿业联合股份有限公司章程

出版者不详，[1911—1949]，石印本，7 页，18 开

收藏单位：桂林馆

10220

重工业建设之现在及将来 钱昌照著

钱昌照，[1911—1949]，16 页，32 开

本书论述重工业建设之人的条件与物的条件及资源委员会的使命等。为 1942 年 6 月《新经济》杂志第 7 卷第 6 期抽印本。

收藏单位：重庆馆、广东馆、国家馆、南京馆

10221

重要必需轻工业之调整补充及动员计划 国民经济研究所编

[国民经济研究所]，[1911—1949]，5 页，16 开

收藏单位：广东馆

10222

砖瓦工厂计划 经济部中央工业试验所编辑

经济部中央工业试验所，1939.3，10 页，32 开（小规模工业计划丛刊）

收藏单位：重庆馆、国家馆

10223

资源委员会鞍山钢铁有限公司概况（鞍钢"特刊号"） 资源委员会鞍山钢铁有限公司编

鞍山：资源委员会鞍山钢铁有限公司，1947.3，28 页，16 开

本书内容包括：破坏情况及复工情况（照片）、资源委员会鞍山钢铁有限公司各厂位置及交通图、昭和制钢所沿革、经济部接收经过等。

收藏单位：安徽馆、重庆馆、广东馆、国家馆、吉林馆、辽宁馆、南京馆、上海馆、天津馆

10224

资源委员会川滇黔事业概况　资源委员会编

出版者不详，[1911—1949]，1 册，16 开，环筒页装

　　本书介绍四川、云南、贵州 3 省的电力事业、煤业、石油事业、钢铁事业、机械事业、化工事业等。

　　　　收藏单位：重庆馆

10225

资源委员会东北电力局成立周年纪念专刊

东北电力局编

沈阳：东北电力局，1947，[50] 页，16 开

　　　　收藏单位：重庆馆、南京馆

10226

资源委员会国营川康实业公司计划大纲　资源委员会国营川康实业公司编

资源委员会国营川康实业公司，[1911—1949]，油印本，18 页，16 开，环筒页装

　　本书介绍该公司成立经过及经营范围。附本公司组织章程草案。

　　　　收藏单位：重庆馆

10227

资源委员会冀北电力有限公司职员录　资源委员会冀北电力有限公司编

资源委员会冀北电力有限公司，[1947.10]，16+286 页，32 开

　　本书收录北平分公司、北平发电所、天津分公司、唐山分公司、察中支公司筹备处职员录。

　　　　收藏单位：国家馆、南京馆、首都馆

10228

资源委员会昆明化工材料厂概况　赵德民调查

出版者不详，1940，油印本，6 页，18 开，环筒页装

　　本书共 8 部分，内容包括：成立时期及经过、内部组织、原料供给问题等。

　　　　收藏单位：国家馆

10229

资源委员会辽宁水泥有限公司工作报告　辽宁水泥有限公司编

出版者不详，[1949]，71 页，16 开

　　本书共 7 章：序言、接管、任务与计划、计划之实施、组织、主要制度、应变与结束。所涉时间为 1946 年 10 月至 1948 年 12 月。

　　　　收藏单位：上海馆

10230

资源委员会全国水力发电工程总处概况

出版者不详，1949.5，油印本，1 册，16 开

　　　　收藏单位：南京馆

10231

资源委员会沈阳机车车辆制造公司周年特刊

　　资源委员会沈阳机车车辆制造有限公司编

资源委员会沈阳机车车辆制造有限公司，1947.10，[266] 页，16 开，精装

　　本书内容包括：卷首、论著、工作检讨、法规、一年来大事记等。"论著"部分收录技术论文 6 篇，"法规"部分收录有关法规 38 种。

　　　　收藏单位：广东馆、贵州馆、国家馆、近代史所、南京馆、中科图

10232

资源委员会石景山钢铁厂接收及第一期修理工作总报告　朱玉仑著

出版者不详，1946，114 页，16 开

　　本书共 15 部分，内容包括：石景山钢铁厂简史、接收一周年工作总检讨、炼铁厂工作报告、炼焦厂工作报告、铸造厂工作报告等。

　　　　收藏单位：国家馆、宁夏馆

10233

资源委员会台湾铝业有限公司　[资源委员会编]

出版者不详，1948.7，5 页，32 开

　　本书介绍公司的简况。共 4 部分：引言、简单历史、现在情形、将来展望。附铝在工业上的用途。

　　　　收藏单位：上海馆

10234

资源委员会台湾省政府台湾肥料有限公司第三厂概况

出版者不详，[1911—1949]，1 册，16 开

收藏单位：上海馆

10235

资源委员会台湾省政府台湾肥料有限公司暨所属各厂概况 台湾省政府编

台湾省政府，1948.8，[40] 页，16 开

本书为汉英对照。共 3 部分：总述、各厂概况、本事业之回顾与前瞻。

收藏单位：广东馆、贵州馆、南京馆、上海馆、首都馆、天津馆、中科图

10236

资源委员会台湾省政府台湾碱业有限公司第二次董监联席会议纪录 资源委员会台湾省政府台湾碱业有限公司编

出版者不详，1947，1 册，25 开

收藏单位：广东馆

10237

资源委员会台湾省政府台湾造船有限公司概况 资源委员会台湾省政府台湾造船有限公司编

出版者不详，1948.10，13 页，36 开

10238

资源委员会锑业管理处锑品制造厂说明书

资源委员会锑业管理处编

资源委员会锑业管理处，[1911—1949]，14 页，32 开

本书共 4 部分：锑品制造厂之使命、锑及锑之化合物、锑品厂出品、订购办法。

收藏单位：重庆馆、国家馆、南京馆

10239

资源委员会天津机器厂简要报告

出版者不详，1946，油印暨晒印本，2 册

收藏单位：国家馆

10240

资源委员会钨业管理处赣南分处二十八年工作报告 资源委员会钨业管理处赣南分处编

出版者不详，1939，85 页

收藏单位：近代史所

10241

资源委员会钨业管理处赣南员工福利事业设施概况 资源委员会钨业管理处编

资源委员会钨业管理处，1942.3，44 页，32 开

本书共 6 部分：前言、经济设施、教育设施、卫生设施、其他设施、附表。

收藏单位：国家馆

10242

资源委员会湘西电厂营业暂行章程摘要

出版者不详，[1911—1949]，1 册，16 开

收藏单位：南京馆

10243

资源委员会中国石油有限公司甘青分公司探勘处年报（三十五至三十六年度）

出版者不详，[1946—1947]，2 册，16 开

本书共 5 章：本处三十六年度工作概况、事务、野外测查工作、室内工作、附本处三十七年度工作计画。

收藏单位：甘肃馆、国家馆、南京馆、浙江馆

10244

资源委员会中国石油有限公司新竹研究所概况 资源委员会中国石油有限公司新竹研究所编

资源委员会中国石油有限公司新竹研究所，1947，6 页，23 开

本书介绍该所沿革、现况、研究、制造工作等。

10245

资源委员会中央电工器材厂 中央电工器材厂编

中央电工器材厂，1944.7，12 页，25 开

本书内容包括：出品一览、中央电工器材厂概况（包括建厂小史、现在组织、制造及出品、营业情形、前途展望）。附本厂组织系统、本厂厂址及房屋面积、五年来之员工人数等。

收藏单位：国家馆

10246
资源委员会中央电工器材厂出品简目 中央电工器材厂编
中央电工器材厂，[1911—1949]，20 页，32开

本书收录 11 大类产品目录。

收藏单位：国家馆

10247
资源委员会中央电工器材厂出品目录 [中央电工器材厂编]
[中央电工器材厂]，[1939]，80 页，16 开

本书为样品照片及说明等。

收藏单位：国家馆

10248
资源委员会中央电工器材厂人事规章汇编
中央电工器材厂秘书室编
中央电工器材厂秘书室，1942.7，67 页，32开

本书收录有关规章 48 种。共 3 类：服务、管理、福利。

收藏单位：国家馆、南京馆

10249
资源委员会中央电工器材厂十周年纪念册
中央电工器材厂编
中央电工器材厂，1948，24 页，14 开

本书概述该厂自 1936 年 7 月成立以来历史沿革、组织情况、该厂的近况、员工生活、未来展望。

收藏单位：重庆馆、广东馆、国家馆、南京馆、天津馆

10250
资源委员会中央电工器材厂有限公司制造些

什么 中央电工器材厂编
中央电工器材厂，[1948]，1 册，32 开

本书主要为产品介绍。共 4 类：电机类、电线类、电照类、电池类。

收藏单位：国家馆

10251
资源委员会中央电工器材厂组织章程汇编
[中央电工器材厂]，[1911—1949]，17 页，64开

收藏单位：南京馆

10252
资源委员会中央绝缘电器有限公司成立十周年纪念特刊
中央绝缘电器有限公司，1947.12，25 页，大32 开

收藏单位：南京馆

10253
资中县合作社联合漏糖厂二十八年度试算表、资产负债表、损益计算表、盈余分配案
资中县合作社联合漏糖厂，1940，石印本，1册，16 开，环筒页装

收藏单位：重庆馆

10254
淄川、坊子、金岭镇矿务详报 鲁大公司筹备处编
鲁大公司筹备处，[1920—1929]，82 页，16开（中华民国十一年三月中旬报告 第 2 号）

本书介绍该三处矿区设备、煤层、煤量、煤质及历史沿革等。共两部分：德国经营时代之经过、日军占领期内之现况。

收藏单位：国家馆、上海馆

10255
自贡地质矿产盐业问题 熊楚编著
黄蕙若 [发行者]，1935.8，112 页，32 开

本书共 9 章：绪论、盐政、自贡地质之分析、自贡盐岩之概况、自贡盐井之研究、自贡石油井之研究、自贡火井之研究、自贡锉井地之选择、自贡副产物之提制。

收藏单位：重庆馆、广东馆、国家馆、南京馆、浙江馆

10256

自贡盐场简述及其展望　曾仰丰著

出版者不详，1944，18 页，25 开，环筒页装

本书简述自贡盐场的历史、盐井、制盐程序、运输、销售等情况。

收藏单位：重庆馆

10257

自贡之盐业　钟崇敏等编著

重庆：中国农民银行经济研究处，1942.6，124 页，32 开（经济调查丛刊 2）

本书共 10 部分，内容包括：概论、制盐之方法及程序、盐产、生产成本、管理等。附川康盐务管理局富荣场最近之技术工作、盐专卖暂行条例等。

收藏单位：重庆馆、东北师大馆、广东馆、贵州馆、国家馆、近代史所、南京馆、上海馆、首都馆、天津馆、浙江馆、中科图

10258

综合营业统计（民国三十三年度）　华北电业股份有限公司制

冀北电力有限公司，[1944]，石印本，72 页，横 10 开

本书收录统计图表 25 种，内容包括：营业收入、损益计算电度分布、电灯需用状况、电力需用状况、电灯普及状况等。

收藏单位：国家馆

10259

总理陵园新村领租地段简章、建筑章程

出版者不详，1930，4 页，18 开

本书收录章程于 1930 年 3 月 7 日由总理陵园新村管理委员会核准。

收藏单位：国家馆

10260

租办湖北布纱丝麻四局大维公司文卷

出版者不详，[1911—1949]，1 册，32 开

收藏单位：南京馆

10261

组织工业合作社的步骤　中国工业合作协会西北区办事处编

[中国工业合作协会西北区办事处]，1938.10，再版，8 页，32 开（丛刊 2）

本书共 5 部分：发起筹备、创立会、登记、领取社戳、变更登记。

收藏单位：国家馆

10262

组织工业合作社须知　中国工业合作协会编

中国工业合作协会，[1911—1949]，18 页，32 开

本书共 4 部分：工业合作社的简明解说、成立工业合作社的手续、工业合作社向本会贷款的步骤、除贷款而外还可以得到的帮助。附工业合作社章程、本会各区办事处事务所一览表。

收藏单位：重庆馆、国家馆、南京馆、上海馆、西南大学馆

10263

最近工程营业述要

上海：英商万泰有限公司，[1934—1939] 印，6+[6] 页，25 开

本书为汉英对照。概述英商万泰公司承办中国境内各发电厂、动力机械装备等工程情况。取自 1934 年 3 月 26 日上海《字林西报》。

10264

最近整理场产概况　黄伯棠著

盐务缉私督察人员训练班，1935.9，8 页，32 开（特别演讲 9）

收藏单位：南京馆

10265

最新工业指南　方国华编述

上海：拯华公司，1919.8，210 页，22 开

收藏单位：绍兴馆

10266

遵组自贡盐水附产提炼厂说明书

出版者不详，[1911—1949]，26 页，32 开

　　本书附实业部地质调查所化验表报告书。

　　收藏单位：南京馆

各国工业经济

10267

TVA 略说　张其昀著

上海：华夏图书出版公司，1948.12，16 页，32 开（现代文库 第 3 辑）

　　本书介绍美国田纳西河管理总局从事水利工程、水力发电等建设的概况。TVA 英文全称：Tennessee Valley Authority。

10268

参加华北访日产业视察团报告书　山西省公署建设厅编

山西省公署建设厅，1940，78 页，32 开

　　本书内容包括：行程经历、日本之部、感想等。

　　收藏单位：国家馆

10269

德国大铁业经济　江梁编

北平：著者书店，1934.3，1 册，22 开

　　本书共 18 章，内容包括：德大铁业的经济地位、位置地问题、原料问题、德大铁业的组织、劳工、德大铁业的集团等。附全德高炉厂钢厂搅炼厂及辊厂一览、参考书目、本书名词简明对照表。

　　收藏单位：国家馆、河南馆、上海馆、首都馆、中科图

10270

德国工业丛谈

上海：璧恒图书公司，1944，108 页，16 开（德国丛书 4）

　　本书介绍德国工业科学及其文献、德国工业概况等。

10271

敌钢铁资源需给问题之研究　军令部第二厅第一处编

军令部第二厅第一处，1942，4 页，16 开

　　收藏单位：南京馆

10272

敌军需资源及其军需工业之调查　军令部第二厅第一处编

军令部第二厅第一处，1942.3，油印本，1 册，16 开

　　收藏单位：南京馆

10273

第二次美国工业战争会议提案及中美商会筹备会议记录　中国工业经济研究所编

中国工业经济研究所，1944.3，10 页，16 开（工业经济参考资料 第 5 号）

　　本书共两部分：第二次美国工业战争会议提案（1943 年 12 月）、中美商会筹备会议记录（1943 年 8 月 6 日）。

　　收藏单位：重庆馆、国家馆、近代史所

10274

房屋合作运动　（英）柏尔曼（H. Bellman）著　许心武译

北平：著者书店，1933.1，138 页，32 开

　　本书共 11 章，内容包括：房屋社之意义、历史的背景、立法及管理、投资之办法、美国之运动等。附 1926 年英国房屋社之总调查表、历年来美国房屋及贷款协会发展状况一览表等。

　　收藏单位：北师大馆、国家馆、首都馆

10275

菲律宾糖业考察记　黎献仁著

广州：国立中山大学农学院，1934.12，218+44 页，32 开

　　本书共 16 章，内容包括：绪言、启程前之筹备、旅程一瞥、留打勒糖厂考察经过、糖液清滤部之研究、糖厂之组织及管理、菲律宾糖业之历史等。附最近世界产糖量及消糖量、世界新式制糖厂之调查等。

收藏单位：国家馆

10276

费克斯马克心军需制造公司各厂与出品图说

费克斯马克心军需制造公司编

[费克斯马克心军需制造公司]，[1911—1949]，

1 册，横 13 开

　　收藏单位：国家馆

10277

福公司矿案纪实　黄藻鞠编述

出版者不详，[1919]，251 页，22 开

　　本书为文言体，加圈点。共 14 章，内容包括：豫丰公司与福公司之暗幕、豫丰公司主体之打消、福公司单独存在之不合论理、中原公司之由来、对于福中总公司之希望等。

逐页题名：河南福公司矿案纪实。

　　收藏单位：国家馆、首都馆

10278

福特产业哲学　（美）福特（Henry Ford）著

龙守成译

外文题名：My philosophy of industry

上海：华通书局，1929.11，84 页，32 开

　　本书共 4 章："机械——新救世主""我的产业哲学""成功论""我何以相信进步"。附福特传略。

　　收藏单位：长春馆、广东馆、广西馆、国家馆、吉林馆、江西馆、辽宁馆、南京馆、上海馆、天津馆、浙江馆

10279

革履厂　英国牛津图书公司原著　（英）潘慎文（A. P. Parker）　陆咏笙编译

英国牛津图书公司，1916，66 页，32 开（牛津大学实业丛书第 6 卷）

　　本书共 11 章，内容包括：硝皮法、靴鞋之商业、足与靴鞋之关系、缝合、配制鞋跟等。

　　收藏单位：国家馆、南京馆、首都馆

10280

工业化之苏俄　（美）赫尔殊（A. Hirsch）著

张泽垚译

外文题名：Industrialized Russia

长沙：商务印书馆，1941.10，268 页，32 开（苏联小丛书）

　　本书共 17 章，内容包括：化学工业、钢铁、燃料与电气化、石油、交通与运输、农业等。附关于苏联之各种英文参考书、最近关于苏联之重要论述。

　　收藏单位：国家馆、湖南馆

10281

工业进攻之故事　（美）博尔金（Joseph Borkin）　[（美）韦尔什（C. A. Welsh）] 著

许继廉译

外文题名：Germany's master plan

重庆：商务印书馆，1945.11，243+11 页，32 开

上海：商务印书馆，1946.2，243+11 页，32 开

　　本书共 23 章，内容包括：工业之攻势、杜邦公司、药品制造与地略政治、秘密政府与工业慕尼黑等。原译名：德国总计划。

　　收藏单位：长春馆、重庆馆、东北师大馆、广东馆、广西馆、国家馆、河南馆、辽宁馆、南京馆、上海馆、浙江馆

10282

工业日本精神　（日）藤原银次郎著　陈博藩译

上海日报社，1937.5，129 页，22 开，精装

上海日报社，1945，129 页，22 开，精装

　　本书共 3 部分：日本工业惊异的发达、基于国民的特性之跃进、良机不可失。附美国工业现状视察记。

　　收藏单位：广东馆、国家馆、南京馆、上海馆、浙江馆

10283

工业生产的计划工作　约费著　马斌译

大连：经济研究会，1949.9，112 页，25 开（经济丛书）

　　本书共 5 章：苏联工业的组织、工业的计划工作、工业生产计划、工业生产计划的指数制度、监督完成工业生产计划的进程。

收藏单位：广东馆、国家馆、辽宁馆

10284

工业政策 （日）关一著　马凌甫译

外文题名：Industustral policy

上海：商务印书馆，1924.1，2 册（328+470 页），22 开，精装（经济名著 2）

上海：商务印书馆，1926.2，再版，2 册（328+470 页），22 开，精装（经济名著 2）

上海：商务印书馆，1927.9，3 版，2 册（328+470 页），22 开，精装（经济名著 2）

上海：商务印书馆，1929.3，4 版，2 册（328+470 页），22 开，精装（经济名著 2）

上海：商务印书馆，1934，国难后 1 版，2 册（804 页），22 开，精装（大学丛书 教本）

　　本书分上、下两卷。上卷共 11 章，内容包括：总论、技术之发达、工业经营制度之发展、工业政策之变迁、工业依产业自由制度之发展、企业者联合及企业合同等；下卷共 10 章，内容包括：劳动问题、雇佣关系、职工组合、劳动者争斗之手段、雇主社会的施设及雇主组合等。

　　收藏单位：安徽馆、重庆馆、东北师大馆、广东馆、广西馆、贵州馆、国家馆、河南馆、黑龙江馆、湖南馆、吉林馆、江西馆、辽大馆、辽宁馆、南京馆、内蒙古馆、宁夏馆、山西馆、上海馆、首都馆、天津馆、西南大学馆、浙江馆、中科图

10285

河南博爱县对福公司矿案交涉代表团为对福案交涉快邮代电 ［河南博爱县对福公司矿案代表团编］

河南博爱县对福公司矿案代表团，1932.11，10 页，16 开

　　收藏单位：国家馆、南京馆

10286

建筑合作运动 （英）柏尔曼（H. Bellman）著　许心武译

外文题名：Building society movement

江苏省政府农工厅合作社指导员养成所，1928，64 页，18 开（江苏省政府农工厅合作社指导员养成所丛书 5）

　　本书共 11 章，内容包括：建筑社之意义、历史的背景、立法及管理、投资之办法、对于社会之关系等。

　　收藏单位：北师大馆、国家馆、上海馆

10287

焦作福公司矿案交涉史略　河南中原煤矿公司编

焦作：河南中原煤矿公司，1931.7，90 页，25 开

　　本书共 12 章，内容包括：绪言、福公司矿案之由来、红黄界之划定、福中总公司之成立、中原公司开始组织之情形等。

　　收藏单位：国家馆

10288

捷克的工业国有化 （捷）哥尔德曼（Josef Goldmann）著　蒋学模译

上海：世界知识社，1949.8，104 页，32 开（世界知识丛书 13）

　　本书共 11 部分，内容包括：国有化的程度、生产的一般趋势、人力、每一工人的生产量、斯洛伐克的国有化等。附统计表、合股银行国有化条例、私营保险公司国有化条例等。著者原题：约瑟夫·高尔特曼。

　　收藏单位：安徽馆、重庆馆、东北师大馆、国家馆、近代史所、南京馆、内蒙古馆、山东馆、天津馆、西南大学馆

10289

捷克斯拉夫战后工业发展与两年计划 （捷）哥尔德曼（Josef Goldmann）著　陈佩明译

外文题名：Czechoslovakia, test case of nationalization: a survey of post-war industrial development and the two-year plan

沈阳：东北书店，1949，44 页，32 开

　　收藏单位：安徽馆、东北师大馆、广东馆、国家馆、黑龙江馆、辽宁馆、山东馆、云南馆

10290

捷克斯拉夫战后工业发展与两年计划 （捷）

哥尔德曼（Josef Goldmann）著　陈佩明译
邯郸：新华书店，1948.12，51 页，32 开
上海：新华书店，1949.4，51 页，32 开

　　收藏单位：重庆馆、国家馆、吉林馆、近代史所、南京馆、山东馆、山西馆、天津馆

10291

近世欧洲工业发达史　黄庆中编
上海：中华书局，1937.7，118 页，32 开（现代经济丛书）
上海：中华书局，1941，再版，118 页，32 开（现代经济丛书）

　　本书共 5 章：工厂制度以前的工业、英国的工业、法国的工业、德国的工业、俄国的工业。

　　收藏单位：重庆馆、广东馆、贵州馆、国家馆、湖南馆、吉林馆、江西馆、辽宁馆、南京馆、上海馆、首都馆、天津馆

10292

考察欧州航空报告书　陈昌祖著
出版者不详，1933.7，58 页，16 开
出版者不详，1933.10，49 页，16 开

　　本书共 3 篇，介绍第一次世界大战后英、法、意三国的航空部门及空军的组织、人事、训练、飞机及航空工业、民航等发展情况。

　　收藏单位：国家馆

10293

考察日本矿政矿业情形暨我国辽宁省钢铁矿厂最近概况报告　顾石臣著
出版者不详，1937.4，22 页，16 开

　　本书共 8 部分，内容包括：日本矿业行政机关、日本矿业法及有关矿业各项法令、日本矿业发达原因、详述自费赴东考察理由等。附新和兴钢铁厂之新进展、高昌庙上海钢铁厂一瞥。逐页题名：日本矿政矿业情形暨东省最近状况。

　　收藏单位：国家馆、南京馆、上海馆、首都馆

10294

克虏伯厂之历史

礼和洋行，[1911—1949]，1 册，大 16 开

　　收藏单位：南京馆

10295

马来联邦矿务部行政及矿务实业报告书　姚轶平编译
霹雳矿务农商总局，1933.7，39 页，16 开

　　本书共 8 部分，概述马来联邦矿物出口情况、当地市场和伦敦市场价格、矿物贸易法例等。附马来联邦五年来关于矿务实业之统计表、世界各国锡的出产及销费额一览表、锡产限制之过去现在与未来的面面观等。

　　收藏单位：国家馆

10296

马来亚之橡胶业　张胜权编
财政部贸易委员会技术处，1941.11，40 页，16 开，环筒页装（国际统制商品——橡胶研究专报）

　　本书共 9 章，内容包括：橡树、马来亚之地理概况、中国与马来亚之关系及其经济概况、马来亚橡胶之生产、马来亚橡胶之输出与输入等。

　　收藏单位：国家馆

10297

美国的国防工业　国民新闻社译述
上海：国民新闻图书公司，1942.11，134 页，32 开（国民新闻丛书 11）

　　本书内容包括：美国国防工业鸟瞰、美国的工业生产能力、美国的造船厂、英国商船损失与美国造船能力、美国的军需生产等。

　　收藏单位：国家馆、近代史所、南京馆、上海馆

10298

美国电力事业概论　俞恩瀛编　恽震校
资源委员会中央电工器材厂，1943.5，10 页，18 开，环筒页装（资源委员会中央电工器材厂丛刊）

　　本书共 4 节：美国电力工业发展概况、美国电力工业之现状、世界工业国电力比较、我国战后之电力工业建设。

收藏单位：国家馆

10299

美国各大制造公司盈亏之分析（一九三八年）

　陈忠荣纂辑　刘铁孙审查　刘大钧核定

出版者不详，1939.9，晒印本，16 页，13 开（中国经济统计研究所 总字第 335 号 工业门概况类 第 7 号）

　　收藏单位：上海馆

10300

美国工业介绍

出版者不详，[1930]，1 册，28×35cm

　　本书以照片及图片为主，附文字说明。

　　收藏单位：国家馆

10301

美国工业状况和人民工作情况图片

出版者不详，[1911—1949]，[90] 页，9 开

　　本书由宣传图片装订成册，介绍美国的工业及工人的工作、生活情况。

10302

美国煤业管制概况　严文郁　蓝乾章译

出版者不详，[1911—1949]，[13] 页，16 开

　　本书概述美国烟煤业的困难问题及管制时期。为《经济汇报》第 11 卷第 5 期抽印本。

　　收藏单位：重庆馆

10303

美国石油在日本侵华事件中之重要　李竹溪翻译

外文题名：The importance of American petroleum in Japan's war

出版者不详，1940.4，晒印本，10 张，大 16 开（中国经济统计研究所 总字第 380 号 矿业门石油类 第 3 号）

　　收藏单位：上海馆

10304

美国之盐业　毕部纳编　林寿椿译

财政部盐务总局，1945.1，72 页，18 开（盐政丛书）

　　本书共 7 部分，概述盐的产制、销售、用途，盐的化学作用等。附改进中国盐业之检讨与建议。

　　收藏单位：重庆馆、国家馆、南京馆

10305

美国之重工业　熊式辉主编

重庆：商务印书馆，1945，213 页，25 开

上海：商务印书馆，1946.7，213 页，25 开

上海：商务印书馆，1947.2，再版，213 页，25 开（新中学文库）

上海：商务印书馆，1948.4，3 版，213 页，25 开（新中学文库）

　　本书共两部分：绪论、专论。"绪论"部分内容包括：重工业概论、美国工业经济；"专论"部分内容包括：美国电力工业、美国钢铁工业、美国化学重工业等。

　　收藏单位：安徽馆、长春馆、重庆馆、东北师大馆、广东馆、广西馆、贵州馆、国家馆、河南馆、黑龙江馆、湖南馆、吉林馆、江西馆、近代史所、辽宁馆、南京馆、内蒙古馆、陕西馆、上海馆、首都馆、天津馆、浙江馆、中科图

10306

美商出品　（美）柏赉德编

上海：美康洋行中国分行，[1911—1949]，216 页，12 开，精装

　　本书介绍该公司所属各厂产品概况。

10307

美印盐业鸟瞰　沈祖堃等著

财政部盐务总局，1948.5，1 册，16 开（盐政丛书）

　　本书收文 6 篇，内容包括：《考察美国盐业报告书（一）》（沈祖堃）、《印度之盐业与盐政》（钮建霞）、《印度之盐产》（刘楷）等。

　　收藏单位：国家馆、南京馆、天津馆

10308

棉业论　（英）辟奇著　佘秦杜编译

上海：新学会社，1917.1，126 页，25 开

本书概述英国棉纺织业的原料、生产机械、生产工序、贸易及劳资双方组织等。

收藏单位：南京馆、首都馆、浙江馆

10309

民国三十一年四月间东渡视察日本印刷业纪略　[华北政务委员会印刷局编]

华北政务委员会印刷局，[1942]，40 页，16 开

本书记述参观东京朝日新闻社、日本内阁印刷局、日本商办印刷会社等地情况。

收藏单位：国家馆

10310

民主国家的兵工厂——美国战时生产　美国新闻处北平分处编

美国新闻处北平分处，1945，30 页，16 开

本书全部为照片。附说明。

收藏单位：国家馆、辽宁馆、宁夏馆、天津馆

10311

日本的动力　日本评论社编辑

南京：日本评论社，1934.7，34 页，32 开（日本研究会小丛书 62）

本书共 5 部分：开端、石炭、石油、电化、世界经济恐慌与日本的动力。

收藏单位：重庆馆、国家馆、南京馆

10312

日本电气事业概观　孔祥鹅编著

南京：电气书社，1932，40 页，36 开

本书共 9 章，内容包括：绪言、电气供给事业、电气铁道事业、电信事业、结论等。

收藏单位：重庆馆、湖南馆、南京馆、浙江馆

10313

日本飞机制造厂一九三三年之出品　中央航空学校教育处编译

中央航空学校教育处，1934，44 页，64 开

本书收录 1933 年日本制造的飞机、军舰等目录。内容包括：熹卢海军舰厂、爱奇时计

及电机制造公司、河西航空机公司、川崎船厂有限公司、中岛航空机厂等。

收藏单位：国家馆、浙江馆

10314

日本工业　潘文安著

正中书局，1938.2，27 页，50 开（抗战常识讲话）

金华：正中书局，1941，5 版，27 页，50 开（抗战常识讲话）

本书共 5 部分：日本工业的发轫、日本各种主要工业发展的经过、日本工业发达的原因、日本工业界当前的难关、今后吾人应有的努力。

收藏单位：国家馆、近代史所、南京馆

10315

日本工业大观

工政会出版部，[1949]，35 页，32 开

本书为中华工程师学会会员招待纪录。

收藏单位：国家馆

10316

日本工业调查录

出版者不详，[1911—1949]，359 页，22 开

收藏单位：安徽馆、广东馆

10317

日本工业发达之研究　于化龙著

上海等：世界书局，1929.5，120 页，32 开

本书共 10 章，内容包括：工业人口、作工时间、工资与生活费、女工与童工等。逐页题名：日本工业状况。

收藏单位：重庆馆、广东馆、广西馆、国家馆、吉林馆、辽宁馆、上海馆、绍兴馆、天津馆、浙江馆

10318

日本工业和对外贸易　（美）史太因（G. Stein）著　陈克文译

长沙：商务印书馆，1939.6，160 页，32 开

本书共 11 章，内容包括：日本的两种生产方法、日本工业的组织、日本何以成功、

日圆问题、政治和经济、原料战争、市场战争、日本工业的将来等。

收藏单位：重庆馆、东北师大馆、广东馆、贵州馆、桂林馆、国家馆、黑龙江馆、湖南馆、吉林馆、南京馆、宁夏馆、首都馆、浙江馆、中科图

10319

日本工业资源论　（日）安田庄司著　牛光夫译

重庆：中国文化服务社四川分社，1941.3，342 页，32 开

本书共 11 章，内容包括：最近的资源问题及其意义、棉花情况及其自给问题、木浆资源问题、钢铁业及其资源、石炭矿业及其资源等。

收藏单位：安徽馆、重庆馆、东北师大馆、广东馆、国家馆、吉林馆、近代史所、辽宁馆、南京馆、首都馆、天津馆、西南大学馆、中科图

10320

日本化学工业考察记　汪慰祖著

出版者不详，1949，50 页，16 开

收藏单位：首都馆

10321

日本军需工业会社之研究　参谋本部第二厅第四处编译

参谋本部第二厅第四处，1933.8，66 页，25 开

本书共两部分：军需工业之概观、军需工业会社。附日本军需工业动员法。据日本《东洋经济新报》1932 年 12 月号《军需工业会社之研究》一文编译。

10322

日本煤业统制之概略

出版者不详，[1935]，10 页，18 开，环筒页装

本书介绍日本 5 个矿业会及 10 大矿情况，并收录 1935 年全国产额统计等。

收藏单位：国家馆

10323

日本棉纺织业考察纪略　吴文伟编

上海：中国棉业贸易公司，1937.6，72 页，32 开（中国棉业公司刊物 2）

本书概述日本棉纺织统制及棉纺织厂实况。

收藏单位：广东馆、上海馆、天津馆

10324

日本企业与太平洋战争　西流译

上海：亚东图书馆，1937.4，92 页，32 开（太平洋问题丛书）

本书收文两篇：《日本的大企业与军需工业》（瓦因泽）、《日本的燃料资源及重工业问题》（康士坦丁·波波夫）。

收藏单位：重庆馆、广东馆、广西馆、贵州馆、国家馆、江西馆、南京馆、首都馆

10325

日本食糖之缺乏　李竹溪译　刘铁孙审查　刘大钧核定

出版者不详，1940.6，晒印本，5 张，大 16 开（中国经济统计研究所 总字第 387 号 工业门制糖类 第 4 号）

收藏单位：上海馆

10326

日本新工业之发展　（美）奥拆德（J. E. Orchard）著　周剑译

外文题名：Japan's economic position

长沙：商务印书馆，1938.6，516 页，22 开，精装（经济丛书）

本书共 25 章，内容包括：新日本问题、人口之压迫、寻求解决的途径、工业的背景、主要的制造工业、工业化的估量、以中国为铁矿和燃料的来源、劳工供给、日本的输出市场之分析等。

收藏单位：重庆馆、广东馆、贵州馆、国家馆、吉林馆、近代史所、辽大馆、南京馆、宁夏馆、上海馆、中科图

10327

日本新设纱厂之实绩　全国经济委员会棉业

统制委员会编

全国经济委员会棉业统制委员会，1935.7，117 页，16 开（全国经济委员会棉业统制委员会专刊 3）

本书共 9 部分，内容包括：富山纺井波工场、近江帆布三瓶工场、天满织物笹津工场、东海纺神户工场等。书前有新工厂建设之目标。

收藏单位：东北师大馆、国家馆、上海馆、天津馆、中科图

10328

日本之电气事业与电气大博览会　日本电气协会编

北京：日本电气协会，1926.4，54 页，16 开

本书共 5 部分：电气事业（关于强电流者）、电信电话事业（关于弱电流者）、电气机器制造工业、关于电气之各种团体、电气大博览会。附发电所分布图、电灯电力机械电车发达比较等。

收藏单位：国家馆、辽宁馆、首都馆

10329

日本之工业　日本评论社编辑

外文题名：Industry of Japan

南京：日本评论社，1933.6，54 页，32 开（日本研究会小丛书 14）

本书共 4 部分：日本工业发达的过程、日本工业发达的特质、日本工业的构成、各种工业发达的状态。

收藏单位：重庆馆、国家馆、湖南馆、江西馆、南京馆、上海馆、浙江馆

10330

日本之工业　（日）山本保编

上海日报社调查编纂部，1937，281 页，10 开，精装

本书共 7 编，内容包括：金属工业、机械器具工业、纺织工业等。附《在满洲日本经营之工业》《会社介绍篇》。

收藏单位：广东馆、国家馆、吉林馆、上海馆、浙江馆

10331

日本之化学工业　[高公度编著]

外文题名：Chemical industry of Japan

南京：正中书局，1933.9，70 页，32 开（日本研究会小丛书 25）

本书共 20 部分，内容包括：日本化学工业资本之概数、硫酸工业、硝酸工业、玻璃工业、橡皮工业、煤油工业、日本重要工业药品之现状等。

收藏单位：重庆馆、东北师大馆、国家馆、江西馆、南京馆、上海馆、浙江馆

10332

日本之军需工业　何鼎编

南京：日本评论社，1935.2，82 页，32 开（日本研究会小丛书 80）

本书共 4 部分：日本资本主义之特质与军需工业、世界大战中及战后日本军需工业之发达、日本资本主义之现阶段与军需工业之现势、结论。

收藏单位：重庆馆、国家馆、江西馆

10333

日本之矿业　子春　高佣编

南京：日本评论社，1934.4，48 页，32 开（日本研究会小丛书 52）

本书共 6 部分：绪论、日本的石炭矿业、日本的石油矿业、日本的铜矿业、日本的铁矿业、其他的矿业。

收藏单位：重庆馆、国家馆、江西馆、南京馆、上海馆、天津馆

10334

日本之棉纺织工业　王子建著

北平：社会调查所，1933.1，1 册，22 开（社会研究丛刊 14）

本书共 8 章：历史的回顾、棉业组织（一、二）、原棉、劳工状况、工人能率及成本、生产及消费、海外市场。附纺织业概况一览、最近纺织公司概况一览、纺织公司数、纱锭数及织机数历年增减数额、全国纱锭的地域分布、纺织公司资本内容的百分分配等。所引统计数字截至 1931 年底。

收藏单位：安徽馆、重庆馆、东北师大馆、广东馆、贵州馆、国家馆、湖南馆、吉林馆、近代史所、南京馆、内蒙古馆、上海馆、首都馆、浙江馆、中科图

10335

日本之棉业及其所谓华北棉产开发问题　李捷才著

外交部亚洲司研究室，[1911—1949]，40 页

收藏单位：南京馆

10336

日本制铝工业之现状　谢光蓬著

塘沽：黄海化学工业研究社，1934.12，22 页，16 开（调查报告 第 12 号）

上海：黄海化学工业研究社，1949 重印，22 页，16 开（黄海化学工业研究社调查研究报告 12）

本书共 5 章：绪言、日本制铝工业沿革及其研究概况、日本制铝原料及电解材料、目前各铝厂之概况、结论。

收藏单位：国家馆、上海馆、浙江馆

10337

三十年来之进步（一九〇三年至一九三三年）

上海福特汽车公司编

上海福特汽车公司，[1933]，[16] 页，18 开

本书介绍美国福特汽车公司的成立与发展。每页有照片。

收藏单位：国家馆

10338

史太哈诺夫者的故事　（苏）奥脱门著　穆俊译

出版者不详，1940.1，26 页，64 开（苏联小丛书 4）

本书介绍莫斯科卡茄诺维支制动机制造厂的一个机器师成长为该厂第一个史太哈诺夫者的成长经历。史太哈诺夫又译斯达哈诺夫，是苏联劳动竞赛的创始者，史太哈诺夫者意为先进劳动者。

收藏单位：国家馆

10339

苏联的工业　（苏）罗克兴（È. Û. Lokšin）著　林秀译

上海：时代书报出版社，1948.11，183 页，32 开

本书共 7 章，内容包括：革命前俄国的工业、苏维埃政权初年的工业、国民经济复兴时期的苏联工业等。

收藏单位：重庆馆、东北师大馆、广东馆、国家馆、黑龙江馆、南京馆、上海馆、绍兴馆

10340

苏联的工业　（苏）罗克兴（È. Û. Lokšin）著　余长河译

重庆：中华书局，1944.9，38 页，32 开（苏联建设小丛书 2）

上海：中华书局，1946.8，再版，38 页，32 开（苏联建设小丛书 2）

上海：中华书局，1949.7，3 版，38 页，32 开（苏联建设小丛书 2）

本书收文 5 篇：《帝俄时代的工业》《苏联工业化之问题》《苏联人民为大工业而奋斗》《苏联变成了一个大工业国家》《苏联工业在战争中之考验》。

收藏单位：重庆馆、广东馆、广西馆、国家馆、辽宁馆、南京馆、内蒙古馆、上海馆、首都馆、浙江馆

10341

苏联的工业管理　吴清友著

上海：中华书局，1949.9，99 页，36 开（大众文化丛书）

本书共 14 部分，内容包括：苏联工业企业管理之基本原则、工业管理机构的发展与组织、苏联工厂经理之职权、布尔塞维克党与苏联工业管理、苏联劳工的来源与工资之规定等。

收藏单位：东北师大馆、广东馆、国家馆、山东馆、山西馆、天津馆

10342

苏联的社会主义工业化　（苏）卡希莫甫斯基

著　桴鸣译

华中新华书店，1949，78 页，32 开

　　本书共 8 部分：引言、三十年前、工业在增长、突飞猛进、战争的前夕、伟大的考验、我们的明天、五年计划的进行情形。

　　收藏单位：重庆馆

10343

苏联的社会主义工业化 （苏）卡希莫甫斯基著　桴鸣译

无锡：苏南新华书店，1949，63 页，32 开

　　收藏单位：东北师大馆、吉林馆、天津馆

10344

苏联工农业管理 （美）比安士铎（Gregory Bienstock）等著　王云五译

外文题名：Management in Russian industry and agriculture

重庆：商务印书馆，1945.6，18+183 页，32 开

上海：商务印书馆，1945.10，18+183 页，32 开

上海：商务印书馆，1946.4，再版，18+183 页，32 开（新中学文库）

上海：商务印书馆，1948.2，3 版，18+183 页，32 开（新中学文库）

　　本书共 17 章，内容包括：工业管理之机构、工业管理与共产党、管理部与职工、购置与出售、工厂经理、收入与激励等。

　　收藏单位：长春馆、重庆馆、甘肃馆、广东馆、广西馆、贵州馆、国家馆、黑龙江馆、湖南馆、吉林馆、江西馆、辽东学院馆、南京馆、内蒙古馆、宁夏馆、上海馆、绍兴馆、首都馆

10345

苏联工人的生活　黄文杰　吴敏译

重庆：生活书店，1939.2，133 页，32 开

上海：生活书店，1939.4，再版，133 页，32 开

　　本书共 8 部分，内容包括：苏联的工厂管理、工人监督机关、苏联工人的劳动条件、公共食堂、社会主义竞赛等。

　　收藏单位：安徽馆、重庆馆、广东馆、贵州馆、国家馆、江西馆、南京馆、山东馆、

西南大学馆、浙江馆

10346

苏联工业发展史纲 （俄）布洛维尔著　赵克昂译　中苏文化协会编辑

[上海]：天下图书公司，1946.7，112 页，32 开

　　本书共 7 章：革命以前的俄国工业、准备与实现十月革命时期的工业、外国军事干涉与国内战争时期的工业、过渡到复兴国民经济和平时期的工业、为社会主义国家工业化斗争时期的工业、为农业集体化斗争时期的工业、为实现社会主义社会建设而斗争时期的工业。

　　收藏单位：重庆馆、广西馆、国家馆、上海馆

10347

苏联工业化方法 （苏）列昂节夫（Лев Абрамович Леонтьев）著　梁克译

新华书店，1949.9，28 页，32 开（新华时事丛刊）

　　本书内容包括："落实社会主义国家工业化政策""努力发展冶金工业、动力工业、机器制造业等重工业""重视轻工业生产完成斯大林五年计划"等。

　　收藏单位：重庆馆、国家馆、内蒙古馆、山东馆、天津馆、云南馆

10348

苏联工业史纲 （俄）布洛维尔著　赵克昂译

北平：天下图书公司，1949.3，112 页，32 开

北平：天下图书公司，1949.9，2 版，112 页，32 开

　　收藏单位：重庆馆、东北师大馆、国家馆、山东馆、天津馆、西南大学馆

10349

苏联工业转入战时轨范 （苏）格尔什毕尔克著

莫斯科：外国文书籍出版局，1943，36 页，36 开

　　本书共 6 部分，内容包括：俄国之"谜"、

苏联工业是怎样挽救出来的、苏联工业对红军的供给、苏联人们底英勇劳动精神等。

收藏单位：国家馆、南京馆

10350

苏联国家工业化及农业集体化　苏联大使馆新闻处编

南京：苏联大使馆新闻处，1947.12，170 页，32 开

本书为论文集，内容包括：《苏联社会主义胜利的意义》《苏联国家工业化之苏维埃方法及农业集体化》《苏联工业劳动生产率的提高》等。

收藏单位：重庆馆、国家馆、南京馆、上海馆、首都馆

10351

苏联石油输德问题　李植泉纂辑　刘铁孙审查　刘大钧核定

出版者不详，1940.8，晒印本，6 张，大 16 开（中国经济统计研究所 总字第 399 号 矿业门石油类第 4 号）

收藏单位：上海馆

10352

苏联是强大的工业国　（苏）罗克兴（È. Û. Lokšin）著

华中新华书店，1949，60 页，32 开

本书收文 5 篇：《沙俄经济技术的落后》《苏联工业化的任务》《苏联人民为建设大工业而斗争》《苏联成了强大的工业国》《在伟大抗德卫国战争中的苏联工业》。著者原题：罗克森。

收藏单位：重庆馆

10353

苏联是强大的工业国　（苏）罗克兴（È. Û. Lokšin）著

济南：山东新华书店，1949.6，54 页，32 开

收藏单位：国家馆、山东馆

10354

苏联是强大的工业国　（苏）罗克兴（È. Û.

Lokšin）著

无锡：苏南新华书店，1949，48 页，32 开

收藏单位：湖北馆、山东馆

10355

苏联是强大的工业国　（苏）罗克兴（È. Û. Lokšin）著

莫斯科：外国文书籍出版局，1944，38 页，25 开

收藏单位：安徽馆、广东馆、国家馆、辽宁馆、南京馆、内蒙古馆、山东馆、上海馆

10356

苏联是强大的工业国　（苏）罗克兴（È. Û. Lokšin）著

哈尔滨：万国书籍，1946，39 页，32 开

收藏单位：长春馆、重庆馆、东北师大馆、国家馆、吉林馆

10357

苏联斯达哈诺夫运动　（苏）斯达哈诺夫等著　孙斯鸣编译

上海：时代书局，1949，101 页，32 开

本书收文 3 篇：《斯达哈诺夫运动诠释》《斯达哈诺夫运动的新特征》《战后斯达哈诺夫运动概况》。

收藏单位：国家馆、辽宁馆、天津馆

10358

苏联战后工业技术发展的道路　（苏）兹伏雷金著　马宾译

大连：新中国书店，1949.7，37 页，32 开（苏联财政经济小译丛）

本书共 5 部分：机械化、电气化、化学化、强速化、自动化。译自 1948 年 4 月 15 日《布尔什维克》杂志第 7 期。

收藏单位：长春馆、重庆馆、东北师大馆、国家馆、吉林馆、辽宁馆、山东馆、云南馆

10359

铁道部考察日本铁道机厂团报告（中华民国二十年）　程孝刚等主编

[铁道部]，[1931]，2 册（833 页），9 开

本书分上、下两册。上册共两编，记录1931年3月该团赴日考察国有铁道车辆厂系统实况；下册共3编，分叙该团绕道考察朝鲜车辆厂，归国后考察南满大连铁道工厂及北宁、平汉、平绥、津浦、胶济、京沪、沪杭甬各线铁道工厂的情况，该团根据考察所得提出的改良建议。目录页题名：考察日本机厂报告。

　　收藏单位：国家馆、上海馆

10360

我的实业哲学　（美）福特（Henry Ford）著　朱则译

外文题名：My philosophy of industry

长沙：商务印书馆，1938.7，48页，32开（汉译世界名著）

长沙：商务印书馆，1939.5，再版，48页，32开（汉译世界名著）

　　本书共4部分："机械——新救世主""我的实业哲学""成功""我信仰进步的理由"。

　　收藏单位：重庆馆、广东馆、贵州馆、国家馆、湖南馆、吉林馆、江西馆、南京馆、山东馆、上海馆、天津馆、浙江馆

10361

西门子电机厂

出版者不详，[1911—1949]，117页，16开

　　本书为电机样图宣传广告。内容包括：德国柏林西门子城西门子海斯克厂制造各种电气机件、柏林西门子雷因格发厂制造各项医学电疗器、西门子建筑工程部总部在柏林代理处分布于国内外各大都市等。

　　收藏单位：广东馆、国家馆

10362

英国厂商目录表（中英合璧）　美灵登有限公司编

上海：美灵登有限公司，1937.6，198页，10开，精装

　　本书介绍英国厂商的概况及其产品。内容包括：英厂目录、英厂在上海之经理目录、电气工程组、皮埃电线有限公司特辑、茂伟电机厂特辑、重工业及实业机器组等。

10363

英国工业　（英）爱伦（G. C. Allen）著　李国鼎译

上海：商务印书馆，1949.7，66页，25开（英国文化丛书）

　　本书共5章：一般检讨、英国工业的组织、几种英国主要工业、大战与工业、新建设与瞻望。附英国工业资源分布图。

　　收藏单位：国家馆、湖南馆、辽大馆、辽宁馆、南京馆

10364

英国工业的战争经济　（德）罗墨曼（K. Römermann）著　杨树人译

上海：商务印书馆，1937，129页，32开（战时经济丛书）

长沙：商务印书馆，1938.3，再版，129页，32开（战时经济丛书）

　　本书共6章，内容包括：英国的经济、军火部与经济的组织、劳工关系之管制、原料品经济等。附战用材料之制造。

　　收藏单位：重庆馆、东北师大馆、广东馆、贵州馆、国家馆、黑龙江馆、吉林馆、江西馆、辽大馆、南京馆、宁夏馆、陕西馆、绍兴馆、天津馆、西南大学馆、浙江馆、中科图

10365

英国工业动员

出版者不详，[1911—1949]，260页，大32开（军需学校丛书）

　　收藏单位：南京馆

10366

英国航空工业概况　空军总司令部第二署技术情报室编

空军总司令部第二署技术情报室，[1947]，15页，16开（空军技术情报参考资料 第20期）

　　本书共两部分：航空研究及实验机关之性质组织及现况、飞机工业状况。

　　收藏单位：国家馆

10367

英国琼生斐利浦厂制造各种电线及变压器

信昌机器工程有限公司编

上海：泰晤士报馆，[1931]，18 页，16 开

本书为该厂产品介绍。内容包括：绪言、"极斐"橡皮绝缘电线、程式、电气压力试验等。

收藏单位：国家馆

10368

英国新工业政策 （英）孔荪著　李君素译

上海：三民书店，1930.3，148 页，32 开

本书共 5 篇：工业政策底必要、英国商业底改造、英国工业事务底改造、英国底机会、我们底地方税和我们底担负。附自由党工业考究会执行委员一览。译自《英国工业之将来》。

收藏单位：重庆馆、贵州馆、国家馆、江西馆、辽宁馆、上海馆、天津馆、西南大学馆、浙江馆

10369

英美烟公司有限公司在华事迹纪略　驻华英美烟公司编

[上海]：英美烟公司有限公司，[1911—1949]，57+41 页，18 开

本书为汉英对照。内容包括：建厂经过、设备、工人生活等。附图片。

收藏单位：国家馆、上海馆

10370

远东矿业 （俄）杜加塞夫原著　东省铁路经济调查局编译

[哈尔滨]：东省铁路经济调查局，1928.12，426 页，16 开，精装

本书共 4 编：远东矿业总论、远东五金及燃料之供需、金矿、附录。

收藏单位：东北师大馆、广东馆、国家馆、黑龙江馆、近代史所、辽宁馆、南京馆、上海馆、中科图

10371

战后初期之日本棉纺织工业　全国纺织业联

合会编

上海：全国纺织业联合会，1948.3，18 页，25 开（纺联会刊 第 3 辑 3）

本书概述第二次世界大战后日本棉纺织工业生产状况及原棉、棉纱输入输出等情况。

收藏单位：国家馆

10372

战后工业 （英）查理·马吉（Charles Madge）原著　张澍霖译述

重庆：中国工业经济研究所，1944.8，56 页，16 开（工业丛书 第 1 种）

上海：中国工业经济研究所，1946.1，再版，56 页，16 开（工业丛书 第 1 种）

本书内容包括：译序、统计图、序言、战后工业、工业界所提出之计划、工业与国家等。

收藏单位：重庆馆、广东馆、国家馆、黑龙江馆、南京馆、山西馆、上海馆、浙江馆、中科图

10373

战后日本棉纺织业之三年计划·战时日本纤维工业之统制情形　全国纺织业联合会编辑

上海：中华民国机器棉纺织工业同业公会全国联合会，1948.4，22 页，22 开（纺联会刊 第 3 辑 3）

本书为合订本。《战后日本棉纺织业之三年计划》共 4 部分：三年计划之缘起、三年计划之分析、三年计划之展望、结论。《战时日本纤维工业之统制情形》共 6 章，内容包括：统制机关、原料成品设备及企业之统制、配给等。

收藏单位：广东馆、国家馆、上海馆、天津馆

10374

战时日本工业的危机　宋斐如著

南京：中山文化教育馆，1937.10，45 页，36 开（抗战丛刊 2）

本书共 3 部分：日本工业发展上的基本矛盾、日本工业构成的低级性、日本工业的危机及其战时的发展。

收藏单位：重庆馆、国家馆、湖南馆、南京馆、上海馆、浙江馆

10375

震撼全世界之英国炭坑争议 崔物齐译述

上海：光华书局，1927.2，78 页，32 开

本书记叙 1919—1926 年英国炭坑工人的罢工斗争。共 5 部分：英帝国主义之没落、资本家之进攻、炭坑争议、劳动阶级的阵容、总同盟罢工。原著由日本产业劳动调查所编。封面题名：震撼全世界之英炭坑争议。

收藏单位：重庆馆、国家馆、河南馆、湖南馆、近代史所

10376

中国花纱布业指南 （美）克赖克著 穆藕初译

上海：厚生纱厂，1917.3，354 页，16 开

本书为美国政府商务特派员所作日本棉纺织业的调查报告。共 15 章，内容包括：日本进口棉花之盛况、日本棉业发达史、日本进口纱、日本出口纱、股线与废花之贸易等。书中题名：日本之纱业。译者原题：穆湘玥。

收藏单位：国家馆、近代史所、上海馆